撒切尔夫人传
(1984-1987)

从绝境到巅峰

[英] 查尔斯·莫尔 ◎ 著
贾令仪 贾文渊 ◎ 译

世界知识出版社

图字：01-2017-3517 号

Margaret Thatcher: The Authorized Biography
Volume 2: Everything She Wants
by Charles Moore
Copyright © 2015 by Charles Moore
This edition arranged with AITKEN ALEXANDER ASSOCIATES
through Big Apple Agency, Inc., Labuan, Malaysia
Simplified Chinese edition copyright:
2013 World Affairs Press
All rights reserved.

图书在版编目（CIP）数据

撒切尔夫人传．从绝境到巅峰：1984-1987 /（英）
查尔斯·莫尔（Charles Moore）著；贾令仪，贾文渊译．
—北京：世界知识出版社，2018.10
书名原文：Margaret Thatcher The Authorized
Biography Volume Two：Everything She Wants
ISBN 978-7-5012-5865-9

Ⅰ.①撒… Ⅱ.①查… ②贾… ③贾… Ⅲ.①撒切尔
(Thatcher, Margaret Hilda 1925-2013) —传记 Ⅳ.
① K835.617=5

中国版本图书馆 CIP 数据核字（2018）第 233655 号

责任编辑：	王瑞晴	蔡金娣
策　　划：	董保军	张天罡
校　　对：	董媛媛	

书　　名：	撒切尔夫人传：从绝境到巅峰	
作　　者：	[英] 查尔斯·莫尔	
翻　　译：	贾令仪　贾文渊	
出版发行：	世界知识出版社	
地　　址：	北京市东城区干面胡同 51 号（100010）	
电　　话：	010-65265923（发行）010-85119023（邮购）	
	010-85112689（编辑部）	
经　　销：	新华书店	
印　　刷：	三河市祥达印刷包装有限公司	
开本印张：	787×1092 毫米　1/16　27.25 印张	
版次印次：	2019 年 1 月第 1 版　2019 年 1 月第 1 次印刷	
标准书号：	ISBN 978-7-5012-5865-9	
	ISBN 978-0-140-27962-7	
定　　价：	49.80 元	

版权所有　　侵权必究

目 录

1. 人头税 "选民与纳税人" /001
2. 单一的欧洲人 "他们怎么敢这样！是我们在战争中救了他们的性命" /032
3. 货币主义的丧钟 "在与人交往方面，她是个道德上的懦夫" /063
4. 直升机坠落 "她的双手并非完全干净" /102
5. 那个该死的女人 "只要她向着我们，她自己的人民就背离她" /151
6. 与女王和英联邦对立 "让黑人和他们的家庭失业，这是道德？你来证明！" /193
7. 保住核弹 "她就像个惊叹号" /233
8. 访问莫斯科 "从西方射来的光线" /259
9. 舆论褒贬势如潮 "撒切尔夫人成了所有势利言行的焦点" /280
10. 最后一次胜利 "这个女人绝不会为下一次竞选奋斗了" /319

注释/355
大事年表/425

1.

人头税

"选民与纳税人"

  撒切尔夫人重视财产,便不喜欢财产税。为了免去财产税,她着手进行探索,终于在她的第二届任期实现了这一目标。取而代之的措施在她第三届任期中实施后,最终成为她任首相以来最不受欢迎的国内税收政策。她执拗地拒绝使用这个税种的名称,但这个臭名昭著的名称仍然流行开来:"人头税。"

  她 1979 年就任首相时,英国地方政府的资金来源至少在原则上主要是对商业和家庭的征税。征收的是各种财产税,以课税财产的名义按租赁价值征收。商业税率让撒切尔夫人感到心烦,因为这是一种没有代表人的税种。[1] 在她眼中,家庭税率似乎是在惩罚人们渴望拥有财产的本能,而她崇尚拥有财产。她在自己的回忆录中写道:"所有财产税本质上都是对人们改善家庭的努力而课税。"① 更糟的是,由于存在一种退税体系,家庭税种主要是向努力改善家庭生活的人们征收,没有财产的地方选民却根本不纳税。然而,享受地方政府社会福利等服务最多的人,则是最不可能纳税的人。撒切尔夫人对这个问题的归纳是:"受益者不纳税,纳税者不受益。"②

  财产税还对撒切尔夫人最同情的可怜人们构成惩罚:她最爱使用的例子是上了年纪的寡妇,而隔壁类似房子里可能住着一家四个工人。这两家都缴纳金额基本相同的财产税,结果这位寡妇缴纳的税额是隔壁工人邻居的四倍。不纳税的选民往往投票支持消费高昂的工党议会,因为他们知道,自己投票支持的议会可以保证他们用不着纳税。这些地方工党议会逐年增加财产税率,在 20 世纪 80 年代初期,增加 30% 并非罕见——他们感到自信,不纳税的选民不会在意,按照 20 世纪 20 年代由约翰·梅纳德·凯恩

---

1 地方选举中古老的商业选票早已被废除。

斯发明的奇怪"税率支持"系统，较高的开销可以吸纳中央政府较高的补助。极左派地方议会日益充分利用这个系统，不仅赢得地方选举，还建起社会主义的"共和体制"（人们常这样称呼），为之买单的是地方纳税人以及没有投票权不从中受益的商业纳税人。到撒切尔夫人1979年就任首相时，中央政府向地方议会支付的地方税收补助额占到地方政府开支的60%以上。财产税对撒切尔夫人称作"我们的人民"构成打击，总的来说税收严重不足不得不从国家税收中支出。按照金融条款，地方政府的支出最终要由财政部负责。这可以对公共部门借贷需求产生主要影响。因此，如果出了差错，她便不可能赢得全国性降低公共开支的斗争。出于意识形态和政治两方面的缘故，她讨厌财产税。她的梦想是废除这些税种。她还视之为1974年10月首次做过的承诺。

在1983年的竞选运动中，撒切尔夫人竭力推动这一事业，但以失败告终（参见第三卷第2章）。保守党的竞选宣言中仅仅许诺，要通过立法"抑制不负责任的地方政府为高额支出过度课税"，要引进"一套限制所有地方当局提高税负的总体方案"。宣言几乎在最后时刻还做出保证，要废除大伦敦市议会和都市郡——诸如大曼彻斯特和西米德兰兹郡。包罗万象的机构相对没承担什么职责，大伦敦市议会尤其是这样：实在的工作由伦敦各区和市议会承担了。但他们却有相当显著的地位，掌握着相当多的税金，他们喜欢用于选举活动。尤其以大伦敦市议会为主的这些大都市议会成为报纸称作"疯狂左派"的著名团体，他们促进的事业有支持新芬党－爱尔兰共和军之类活动，结果是暗中颠覆政策。他们追求与政府做斗争，用的却是纳税人的金钱。撒切尔夫人和她的支持者们似乎认为，这些议会可以通过财政和政治优势予以废除，却并不违宪。[1] 她的有些同僚对此感到怀疑。1983年5月，从环境部调任国防大臣的迈克尔·赫塞尔廷预测说："在某些情况下，对抗的可能性不是个威胁，而是一种刺激。"[3] 这话有先见之明。保守党竞选宣言并没有提到改革税收本身。

---

[1] 让政府感到恼火的另一个因素是，大伦敦市和大都市郡的税单不是单独提交给纳税人，而是"附加"的——添加在下级议会寄发给纳税人的税单上（在伦敦是附加在区议会的税单上）。这意味着选民常常为铺张浪费的当局触及他们的钱包感到愤怒。保守党选区看得出，他们的税率高归因于恣意挥霍的大都市郡工党议会。

1. 人头税

撒切尔夫人在第二届首相任期之初开始实践这些诺言,但实现根本性改革的道路仍不明朗。1983年大选胜利后,在唐宁街10号举办的一个招待会上,撒切尔夫人的政治办公室主任斯蒂芬·舍伯恩遇到了环境部副大臣特利·海泽[1]。海泽说:"我真想知道,她想怎么对付地方政府。"④舍伯恩不知道答案。

也许连撒切尔夫人本人也不知道。人们总是说,她敌视地方政府。有些人试着从心理角度解释这一现象,说这是她站在格兰瑟姆镇议员的父亲角度做出的反应,或者是对工党议员把他赶出议会的反应,⑤要么就是二者兼而有之。[2]但这些猜测都没有真凭实据。她喜欢市政当局的自豪感和能力。但是自从她早期从政开始,她便一直讨厌选民与纳税人之间脱节。她认为是工党削弱了二者之间的联系,剥夺了地方政府的权力,削弱了地方政府的力量。1949年,她首次成为达特福德郡的议会议员候选人时,便在名叫《保守的牛津》杂志上发表了一篇讨论地方政府的文章。她在文章中指责国有化,称他们通过更换机构的控制权,夺走医院等机构的管理权等手段剥夺了地方议会的征税权。如今,存在着"地方责任缺失"问题。⑥她说,地方议会只剩下一些琐细小事去处理,所以"市政当局的自豪感……将消失"。她一直持这种观点,政治极端主义和工党议会70年代和80年代初期在财政上的不负责态度,似乎证实了她的观点。假如地方政府在很大程度上能自给自足(早在20世纪60年代,地方税收补助仅占其总支出的35%),假如大多数选民理解他们必须付出的代价,通情达理的气氛便会占上风,保守党选民便会积聚。她认为这个道理再简单不过了,但在真正追求达到这种理想状态的复杂过程中,她觉得无比沮丧。

保守党竞选宣言中关于当地政府的政策除了提到替代税率问题外,其他皆不具体。撒切尔夫人在竞选中取得压倒性胜利后,经过约三个月的争论,新任环境国务大臣帕特里克·詹金斯向她提交了一份警告。他预测到,地方政府"将会在今后数年中给中央政府造成很多麻烦……我不能确定高

---

1 特伦斯·海泽(昵称"特利")[Terence ('Terry') Heiser, 1932—],毕业于温莎郡男校和伦敦大学伯克贝克学院。1949年成为公务员;1985—1992年担任多种职务,最后任环境部常务秘书;1992年受封骑士头衔。作为常务秘书,他在处理人头税工作中是级别最高的公务员。

2 这些猜想中最明智的想法出现在约翰·坎贝尔的传记中。他说到"她为受到压迫的痛苦童年做出迟来的报复"。(坎贝尔,《玛格丽特·撒切尔:铁娘子》,p.375)

级同僚是否已经体会到这种争执,但从今年秋天开始,这种争执将一直持续到下次大选以后"。⑦ 他低估了这种情形。[1]

这种争执的程度在保守党内部几乎像与工党对手的争论一样激烈。除了伦敦的几位大胆的改革者外,地方政府的保守党人都持保守态度。只要他们主政就看不出这个制度有多大的谬误,而且像工党同僚一样,为本地从白厅索取金钱。他们凭痛苦的经历知道,中央政府设计的复杂规则本意是要限制开支,但常常产生相反的效果,结果是让谨慎节俭的人资助铺张浪费者。因此他们对变革采取冷嘲热讽态度。来自巴尼特区的顾问们常常提醒撒切尔夫人,让她了解这些令人难受的现状(她自己的芬奇利选区就位于巴尼特区)。至于废除大伦敦市议会,很多人觉得这是不对的。虽然他们不喜欢肯·利文斯通,但许多保守党人在本质上表示反对。撒切尔夫人从来比自己政党的任何人都重视与左派的政治战,她于1982年在内阁讨论过撤销的事,但唯恐走漏风声,因此在大选前没有扩大讨论范围,⑧ 因此,这一手牌还没有打出。

此外,地方议会和地方政府中讲求实用主义的保守党人情绪悲观,他们预见到了太多的麻烦。威利·怀特劳本质上就持这种立场。怀特劳新任议会上院领袖后,继续就所有主要政策问题向撒切尔夫人提出建议。在原则上,他对中央政府干预并改善地方政府是对是错并不感兴趣,他只是对即将发生的情况感到担心。撒切尔夫人在税制和地方政府问题上的政策组顾问奥利弗·莱特文回忆起一次会议的情况,当时撒切尔夫人与同僚讨论是否向利物浦派政府特派员,因为利物浦故意制定了一个非法的预算。怀特劳说:"玛格丽特,你当然可以派员过去。你当然可以派。但问题是你以后怎么撤回特派员?"⑨ 他的实用性论据在这个问题上占了上风,但在一般情况下这种论据却行不通。中央政府开始派员进入,往往并不保证特派员的退路。

怀特劳实在太担心了,结果他一反常态明确(当然不是公开)反对撒切尔夫人的政策。在1983年秋季和冬季,大臣们就考虑不成熟的后果进行辩论,即使是在公布了撤销大伦敦市议会白皮书(10月7日),向议会提交了限定税额法案(12月21日)时,辩论也在进行。大伦敦市议会的哪

---

[1] 同年7月,詹金斯致函撒切尔夫人,讨论在英国进行税率重新估价,"既然我们决定要保持税种"。[詹金斯致函撒切尔,1983年7月27日,(http://www.margaretthatcher.org/document/141600)] 国务大臣认为政府永远放弃了税制改革,这表现出撒切尔夫人明显还没有打定主意。

1. 人头税

些部分该由"留守机构"管理,哪些部分该移交给伦敦区议会?如果需要撤销,该何时撤销伦敦内城教育局?该教育局雇用的非教师职员(2万多人)多于教师人数,像大伦敦市议会一样成为一支活跃的左派力量。撤销后能节省很多资金吗?是不是该有"代表伦敦讲话的声音"?(撒切尔夫人对最后这个问题的反常回答是:伦敦市长可以做这件事。这一人选并非通过民主程序,仅仅是由伦敦老城推举,为伦敦代言。她说:"这就有了必要的代表机构。")⑩攻击"疯狂左派"的政治问题也显得不利,因为态度温和、不关心政治的帕特里克·詹金斯不能与工党地方政府对手匹敌。12月份,伯纳德·英厄姆向他提交文件,抗议说:"我们不能再继续让反对党左右竞赛。"⑪詹金斯回忆道:"当时我遭遇到无法解决的麻烦。"⑫

1984年2月,怀特劳来见撒切尔夫人。体会到议会上院通过英国电信的私有化法案有多难,他已经开始动摇了;但是,他解释说,他对眼下这个问题的担心不仅仅是在议会的策略方面,"我并不担心提案在议会通不过,而是担心建议本身可能不完美"。⑬具体到大伦敦市议会的问题,他感觉政府没有对提出的所有问题做出恰当的回答。

撒切尔夫人倾听着,她与怀特劳交往从来带着尊重态度,但并没有退却。怀特劳表达完自己的意见后,没有再与她争辩。但是撒切尔夫人至少策略性地承认,仍需要做许多政治与政策工作。因为她对詹金斯应对肯·利文斯通的能力日益缺乏信心,⑭1她开始更多地依赖政策组推动变革。按她负责财政的私人秘书迈克尔·斯科拉的话说,她"对待大臣们的态度近乎欺凌"。⑮

由于人们对拟议的限定税额越来越反感,她的情绪并未改善。当时的利物浦市议会实际上由极左派激进分子把持,²在这里,斗争开始了。市议

---

1 在前一届议会中,斯蒂芬·舍伯恩一直是詹金斯的特别顾问,他担任工业大臣时,记得在1983年大选前举行过一次会议,他的上司在会议上首次看到在竞选宣言中提到撤销大伦敦市议会的政策。詹金斯"表现出惊讶和一丝震动"。(舍伯恩勋爵访谈)

2 激进分子是存在已久的打进工党运动中的托洛茨基分子组织。虽然在1982年这个组织被禁止隶属于工党,而且次年该组织的几个领导人还被逐出工党,但是在80年代大部分时间里,该组织尤其在地方工党政府中继续扮演颠覆角色。他们主办的报纸名叫《激进者》,于是该组织成员受到挑战时便推说:"激进不是个组织,而是一份报纸的名称。"肯·利文斯通自己虽然持有左派观点,但憎恨激进分子刻板的教条,他说:"这从来就是个谎言。"(肯·利文斯通访谈)

会声称，中央政府不提供他们完成选举中承诺所需的资金，便公布了自己的非法预算计划。他们提出的口号是："宁肯违法也不违背穷人的意愿。"参与行动的议员们清楚，这一计划一旦颁布，他们个人便有可能受到指控并被免去议员资格，但他们还知道，政府受到损害地方服务的指责会感到极为尴尬。詹金斯向议会提出（从住房板块）拨出更多资金，激进分子们便得意地声称击败了撒切尔夫人。趾高气扬富有魅力的德里克·哈顿[1]是市议会的副议长。他是个激进分子，而且是议会的实际控制者。他的名字变得家喻户晓。伯纳德·英厄姆在报刊文摘中向撒切尔夫人通报："（托尼）·本当时在利物浦支持非法预算案的集会上站在哈顿旁边，他说，利物浦是资本主义的墓地，是社会主义的诞生地；议会委员会投票确定了违法的税率。"[16]哈顿像利文斯通一样受到大众追捧，不过大部分媒体都将他妖魔化了。

唐宁街10号政策组的奥利弗·莱特文在主任约翰·雷德伍德领导下工作，莱特文清楚，撒切尔夫人不喜欢地方政府的作为，因为他们受左翼极端分子行为的激励多，对财政控制的关心少。她将他们视作对"英国稳定"的威胁。[17]自从在1983年大选中粉碎性地击败了工党后，反对"撒切尔"的强硬核心便以超议会立场而自诩。他们希望，通过罢工、破坏、街头示威、宣告"非核区"、唆使部分公务人员建立地方权力中心等手段，向政府发起挑战。这类活动大多数因过于疯狂而遭到嘲笑，不过有些在政治姿态上却是正确的，而且十分有力，还善于利用工党内部的主要部门。他们的活动与工会运动中的左派和地方政府中的左翼有密切联系，《每日邮报》将地方政府中的左翼描述·为"法西斯左翼"。[18]煤矿罢工于1984年3月一开始便得到了这个半革命性组织的敏锐关注。

莱特文受撒切尔夫人派遣去利物浦拜访哈顿及其同党，他在市政厅观察到的黑帮统治让他感受到"人身威胁"。他还注意到地方政府的财政如何贯穿其中。在其支配下，没有真正的责任或民主制约。[19]莱特文回顾说："我对这种情况发生了兴趣，发现谁也不知道它是怎么运作的。"[20][2]

---

1 德里克·哈顿（Derek Hatton，1948—），毕业于利物浦男生学院。1983年任利物浦市议会副议长；1986年因属于激进组织被驱逐出工党。

2 莱特文承认说："我像许多人一样，被这个复杂的体系击败了。"他记得，在一次由怀特劳主持的会议上，他用自己的电脑投影，与会者愉快地表示接受，但后来却发现有100亿英镑的偏差。他不得不为此向撒切尔夫人道歉。她表示宽容，说这是"计算机错误"。（奥利弗·莱特文访谈）

1. 人头税

从1984年春末起，在政策组从事这个项目研究的是莱特文，撒切尔夫人"对他的信任程度令人惊讶"。㉑他提交的备忘录有一种紧迫性，包含的具体细节和理智分析满足了撒切尔夫人的需要。例如，在5月底向撒切尔夫人办公室提交的关于限定税额的文件中，他断言说，内阁相关小组委员会已经"制裁了一个接近荒诞的行为"。㉒按照其建议的"解决方案"，布伦特、谢菲尔德、默西赛德等郡的议会将限定税额，然而，那里的税收却急剧上升。[1] 这也许存在"相当多的技术原因"，但"若有哪个大臣胆敢在电视节目中尝试对这种结果做出复杂的解释，都会被反对派发言人驳得体无完肤"。难道政府不能做出调整，避免"让我们的整个税收政策成为笑柄"？莱特文表示："回答是通过对大伦敦市和伦敦内城教育局采取严厉措施，弥补我们的损失。"撒切尔夫人批注道："同意。"

莱特文回忆说，当时他"没有考虑过免税的承诺"。㉓不过，到了1984年，随着改革现存制度的各种问题变得日益明显，免税变得顺理成章了。

政治形势在恶化，改革动机更强烈。肯·利文斯通在"向缄口不语说不"的口号下推动大伦敦市议会的改革。媒体认为，政府"被利文斯通空喊口号、过度宣传搞得筋疲力尽"。㉔6月底，伯纳德·英厄姆深感担忧，便写信给怀特劳，表示需要"恢复主动性"。㉕就在同一天，政府为撤销大伦敦市议会的"铺垫"性提案在议会上院没有通过。议员们抱怨称，推动撤销的过程中政府没有对领导层做出新的替代安排。撒切尔夫人的表现很糟糕，因为她要撤销民选的机构，而且要撤销那些人经民选的职务。其实，她本人最初曾反对这个想法，宁愿在撤销后保留民选议员的职务，但最后任凭詹金斯以效率而非政治性的理由说服了。许多同僚穿梭在上院议员中间，饱受大伦敦市组织有序的活动之苦。㉖英厄姆担心，人们会产生一种感觉，认为政府"正在失去公众的信任；因为魔鬼们万事如意"。新闻秘书英厄姆以自己的最佳风格勾画出主要论点："自从迪克·惠廷顿15世纪担任伦敦市长以后，伦敦市长从不向后看，伦敦不需要由大伦敦市议会作代表。""我相信，我们需要由某个与之不太接近的人（比如我）撰写一篇讲稿（对詹金斯进行含蓄的批评），坦率应对所有争论。"㉗大伦敦市和大都市郡议会花费300万英镑政治宣传费，用于有利自己的宣传，因此政府官

---

[1] 这源自一套记账的花招：议会将税金转入"特别基金"，然后在下一年度转回到"税金基金"，将它归结为"市政开支负增长"。

员们亟须做出回击。

8月份的暑假过后,撒切尔夫人召集会议,努力控制这个问题的主动权。9月2日,她邀请主要官员们在首相别墅开午餐会,讨论即将到来的年度政党大会。为了为大会做准备,约翰·雷德伍德陈述了午餐会的客人们应该考虑的所有问题。他对撒切尔夫人说,即使限定税额和撤销大伦敦市议会能在本年度实现,税率不公平现象也照样存在,而且左翼破坏政府政策的企图尚未得到恰当的应对。他做出结论说,这"依然是我们政策中一个非常薄弱的领域"。[28]

在首相别墅,帕特里克·詹金斯敦促撒切尔夫人下令审查整个地方政府财政系统。她对这个想法并不非常喜欢:"以前曾搞过两次审查……只查出最温和的小老鼠。"[29]在那个月底,她召集相关大臣和官员们开了个比较正式的会议。约翰·雷德伍德在向她作情况介绍的文件中分析道,如果按照建议再搞一次审查,结果并无变化,或者变化大得无法处理,那将是一场灾难。他写道:"在提出的所有可选方案中,由每一个选民支付某种方式的人头税最有可能满足可说明和直观的要求。"[30]当时没有迹象显示撒切尔夫人立刻对这条建议感兴趣,她是后来才形成这个想法的。在会议上,她让詹金斯首先介绍形势——形势极其令人沮丧:"整个地方政府的财政系统高度紧张,现行政策无法长期坚守,无法维持到下届议会。"[31]他想两星期后在党的大会上宣布一项审查结果。

尼格尔·劳森表示强烈反对。他作为财政大臣,负责国家的税收而不是地方税收,对于并非自己或财政部领导的税务改革,他抱着一种先天的厌恶感。"与其发起一轮审查,让人对一个完全不同的系统抱有错误的希望,还不如将重点放在改善现有运作中最不公正的地方。"[32]劳森根本不赞成全面彻底的改革。

尽管撒切尔夫人说些冠冕堂皇的词语,但她在处于困境时往往要寻求大家某种一致的意见,便说,应该允许詹金斯搞审查,并在保守党大会上宣布。但是,审查应当仅仅集中在"严重不公正"的方面——说这话时,她朝劳森点了点头。在名称上,不该称作审查,最后择优确定的名称是"实地调研",而且不能大张旗鼓进行。

一个星期后,距离召开保守党大会还有几天时间,财政部试图搅局。

1. 人头税

财政部首席秘书彼得·里斯向撒切尔夫人致函称，"担心"詹金斯的讲话有可能"激起人们对地方政府财政系统重要变革的预期。我认为这是个错误……对于税收系统难解的问题，我们能否设计并实施一项解决方案尚不明朗"。[33] 尼格尔·劳森的财政部对詹金斯的官员们评价不高。（30年后，劳森回忆说，他们"毫无用处"。）[34] 财政部干脆反对改革财政系统。也许是由于财政部并不负责地方政府，他们谁也没注意到风暴信标正在升起。撒切尔夫人没有回复里斯的信。假如写信的是劳森本人而不是他的秘书，她或许会在这个问题上多考虑一番。

结果，在保守党大会上讲的任何话很快便让人们抛在了脑后，因为发生了布莱顿爆炸案。人们没怎么留意詹金斯在讲话中宣布的实地调研情况。在撒切尔夫人原来准备的讲稿中，地方政府问题曾是她的重要论点。她原计划谴责矿工罢工中的暴力和胁迫行为，谴责所有支持这些行为的人，尤其是前一个星期工党大会的态度。她原来的讲稿将这一论点扩展到"各市政当局的高额消费"，以及各市政议会中"新左翼企图利用议会粉碎我们精心制定的合理经济复苏计划"。[35] 她指责他们"利用公共资金毒化公众思想"，还直接引述利文斯通的话，点了工党议员的姓名，说他们显然容忍违背法律的行为，准备"挑战议会"。她在暑假前向1922委员会讲话时曾说过，她认为极左派地方议会领袖们和斯卡吉尔的全国矿工工会是"内部的敌人"。矿工的罢工达到了高潮，地方政府反对她改革的运动因此获得了力量，她做好了充分的思想准备，要与之针锋相对。

爆炸发生后，她在演讲中将讨论地方政府问题的篇幅缩减为仅仅两段文字。她重申了撤销大伦敦市和大都市郡议会的计划（并未解释），赞扬地方议会中保守党议员和公开投标活动，其他问题没有深谈。虽然爱尔兰共和军的杀戮暴行让她改变了党性口吻，但坚定了信心，要击败她所谓的反对自由联盟。[1]

爆炸的震动过后，经过短暂的集体恢复期，正常业务恢复了。10月

---

1 撒切尔夫人于11月底在卡尔顿做的演讲中，提出许多从布莱顿讲话中删掉的论点："在我国范围内有恐怖分子帮派，一些恐怖主义国家在为他们提供资金和武器。在另一方面，在我们的制度中有极左派在活动，密谋利用工会的力量和地方政府的机构违背、挑战、颠覆法律。"［在卡尔顿的第二次演讲，1984年11月26日 (http://www.margaretthatcher.org/document/105799)］

底，大多数密切参与詹金斯实地调研的官员在首相别墅开会，向撒切尔夫人讲述地方政府财政运作或不运作的情况。与会者中有环境部位列第三的官员威廉·沃尔德格雷夫，有特利·海泽、莱特文和撒切尔夫人的私人财政秘书安德鲁·特恩布尔。会上没有就当地税收的新税种提出支持（或反对）意见，但是对现存体制的缺陷做了充分介绍。沃尔德格雷夫热心搞改革是因为"我认为问题是可解决的，我可以因此扬名"，㊱他要求与海泽和一个有独立思维的小团队合作六个月"扫清道路"，然后向内阁提交他们的咨询想法，以后再向大众公布。1

按照撒切尔夫人本人的建议，这个独立的团队由特德·希思的中央政策评审组（思想库）前组长罗思柴尔德勋爵主管。这是她在沃尔德格雷夫提示下决定的，㊲沃尔德格雷夫曾在评审组受罗思柴尔德领导，还一度与他的女儿维多利亚订婚。沃尔德格雷夫喜欢罗思柴尔德，认为他加入会提高这个团队的影响力，而他自己是个低级官员，独自从事这工作就缺乏影响力。撒切尔夫人"喜欢维克多·（罗思柴尔德），因为他是个科学家，也喜欢他这个人"。㊳这次会议两天后，她写信给罗思柴尔德，解释说，她已经要求詹金斯"从基本原则出发，再就地方政府财政这个令人烦恼的项目做一些研究"，㊴并聘请他对这个项目做"全新的研究"："我们需要来自局外的敏锐建议。"不过，她并没有要求设计住宅税的替代税种，因为当时还没有成形的明确设想。这个组最初的任务是研究税收的补充税种，而不是研究替代税种。㊵

罗思柴尔德接受了撒切尔夫人的聘请。他喜爱后来称作"跳出固有模式的思维"。罗宾·巴特勒像沃尔德格雷夫一样，也是罗思柴尔德那个思想库的产物，他说："他自己根本没有做那事。他从来有一些有才气的思想来源。"㊶罗思柴尔德为完成这项任务及时笼络了一小批同盟者，其中包括著名律师伦尼德·霍夫曼2。巴特勒认为，他的动机是"恶作剧、乐趣、影

---

1 财政部只有一位文职人员吉尔·鲁特从事了这项研究。虽然她的研究受到高度重视，但她当时的职位相当低。照尼格尔·劳森所说，请她参加"为的是让我们了解具体情况"。（劳森勋爵访谈）鲁特坚持说："是我主动提出参加这个团队的。财政部根本不想搞这种事。"（吉尔·鲁特访谈）

2 伦纳德（昵称"伦尼"）·霍夫曼［Leonard（'Lennie'）Hoffmann，1934—］，毕业于南非大学学院、牛津大学开普敦和女王学院，法官。1995—2009年任英国上诉法院常任高级法官；1985年受封骑士；1995年受封霍夫曼勋爵。

1. 人头税

响和行动。他能够集中注意力的时间很短,政治判断能力为零,但他有独创性"。㊷ 莱特文从来对聪明的创意感到激动,在罗思柴尔德的小圈子里让他感到兴高采烈,在这里,睿智的人们基于推理沉湎于各种难题中,在首都的酒店里边享用美食边讨论这些难题:"我爱上了这种氛围。"㊸ 可以说,撒切尔夫人也喜欢这种氛围,她倚重年仅 28 岁的莱特文。莱特文回忆道:"我从这个工作中学习,她也一样。"㊹

就在沃尔德格雷夫和他的顾问们"清理路面"获得成功时,地方政府的政治问题变得尖锐了。莱特文除了就政策提出密切相关的建议外,还从"战场"上向撒切尔夫人提交内容广泛的报告。反对限定税额和反对撤销大伦敦市议会变得"日益有力而狡猾",11 月中旬,莱特文向她发出警告。㊺ 在鲍思·马西米·波利特广告公司的一名内线向政策组透露说,该公司正在为大伦敦市议会制作一部宣传片。地方政府宣传部是由谢菲尔德郡领导人戴维·布朗奇创建的,这个宣传部放出风,称这部宣传片将是"成功的攻击手段"。伊斯林顿市议会向有"政治意识"的"短期租赁群体"支付资金,用于租用其众多空屋。㊻ 然而,并没有很多紧急情况:"反对限定税额的浪潮还没有形成势头;但政府尚未对这项政策作明确陈述。"应对矿工罢工的经验显示,应当在一开始就确定明确的方针。莱特文建议,官员们为应对叛乱做好准备,并准备与民事应急部门合作。面对叛乱,他敦促采取的策略是"边缘政策":"假如地方议会的服务崩溃,在尽可能长的时间中不采取任何行动,要不断解释说,地方议会自己会采取补救措施的。"㊼1

受到政治围攻的感觉迫使撒切尔夫人加快了全面改革的进程。收到莱特文这份文件几天后,内阁办公室就地方政府财政问题为撒切尔夫人作了更加明确的研究。诸多问题存在于地方政府过度开支与中央政府的干预;存在于现行税务体系中纳税人与选民的脱节;存在于中央政府与地方政府的关系中。㊽ 在这句话旁边,撒切尔夫人批注:"选民与纳税人"(下画了两条横线)。

不论撒切尔夫人去哪里,地方政府问题的争论都如影随形般跟随着她。在 1984 年 12 月那个繁忙的星期,撒切尔夫人在首相别墅首次会见米哈伊尔·戈尔巴乔夫,接着飞赴中国签署香港协议。她在北京时,一份电报发

---

1 这个方针后来称作"十二点一刻"学说。

到她手上，通报发生了麻烦："环境大臣今天就地方当局资本支出提交的报告内容非常糟糕。除了预料中反对派会发生骚动外，政府的后座议员们也做出一致的敌意反应。"⑲保守党党鞭已经发布了第二天要求党员参加辩论的紧急指令："特别强调失败对政府经济策略及政府国际形象的后果。"

1984年就在这样的气氛中结束了。

新年伊始，撒切尔夫人便收到罗思柴尔德勋爵有典型个人风格的挑战信，标题是"局外人眼中的地方当局问题"。他对撒切尔夫人表示："作为局外人，最强烈的感受是有关人员之间缺乏和谐以及相互间的恶感。"⑳他抱怨环境部官员素质低，抱怨"政府任凭滋生复杂的安排，令人难以置信"。他故意贬低自己的目的和工作方法，写道："要治疗这些症状形成的心神不宁，不能通过一小批官员、业余督察顾问、一位大臣或数位大臣，或临时组织牛津剑桥研讨会拼凑解决方案。"㉑他说的一句话激发出撒切尔夫人的勇气："难道首相还不该立即叫停吗？……现在需要的是一把无情的新扫帚。"超级家庭主妇"玛吉"愿意自视为一把新扫帚，而且是一把无情的扫帚。

肯尼思·贝克比他的上司帕特里克·詹金斯更有政治眼光，他也提交了一个紧急信息。他在撒切尔夫人第一届首相任期担任信息技术大臣时给她留下很好的印象，前一年受命在环境部担任地方政府部大臣。虽然他原来在希思内阁任职，不过贝克有两个她喜欢的品质：他对自己从事的工作"极其热心积极"，而且他能"轻松履行自己的大臣职责"，㉒于是在撒切尔夫人的内阁中开始受到重用。斯蒂芬·舍伯恩认为，他和沃尔德格雷夫"特别热衷于逢迎首相"，贝克的方式是刺激她做斗争。他挖掘出她的所谓"格兰瑟姆讲话"，㉓设法提高政府内部对"我们各城市中正在发展着政治危机"的意识。㉔他写道，极左派地方议会正在利用"市政控制所有活动"这是"他们的政治根基"。这些地方议会包括：利物浦市、哈克尼区、朗伯斯区、伊斯林顿区、格林尼治区、萨瑟克区和曼彻斯特市。贝克接着写道：极左派"真心希望通过城市内部的广泛行动推翻中央政府"。他引述肯·利文斯通这个月早些时候的话说："我们要在国内采取有效行动，向国家发起挑战。除了矿工的挑战外，那将是1979年以来这一届政府受到的最引人瞩目的挑战。"贝克分析道，在这个政治环境下制定地方政府政策是至关

1. 人头税

重要的。㊱

与此同时北方战线告急。由于苏格兰有不同的法律体系,这时被迫采取税制重估。(英格兰和威尔士虽然已经过期,但按照法律可以比较自由地推迟重估。环境大臣迈克尔·赫塞尔廷已经做过这项工作。帕特里克·詹金斯在撒切尔夫人坚持下也做过。)重估结果在 1985 年 2 月 13 日公布。第二天,苏格兰保守党主席詹姆斯·古尔德爵士对撒切尔夫人说,现在的情况十分糟糕。他说,财产税课税价值将增长170%,[1] "只有20%的苏格兰家庭有可能全额支付,其中大多数家庭户主是保守党人。"㊳ 爱丁堡的大百货店詹纳斯如今要支付的税金是伦敦哈罗兹百货店的两倍,而詹纳斯的占地面积只有哈罗兹的十分之一。在保守党人占统治地位的珀斯和金罗斯市,税率要提高 70%。撒切尔夫人想到政治后果,不禁感到战栗,对詹姆斯爵士说,这次重估后要采取的措施应当推迟实施。㊴

苏格兰大臣乔治·杨格后来向她解释说,她并没有推迟实施的法律权力。他解释说,"唯一的办法"㊵ 是让财政部再给他拨款 6400 万英镑,让他移交给苏格兰议会,以此补贴将财产税提高额降低一半。这个提议受到财政部的反对,最终,杨格被迫接受了 3850 万英镑。苏格兰的保守党人显得很沮丧。莱特文回忆道:"这是我见过的最让人担忧的事了。"㊶ 议会中一位苏格兰保守党议员赫克托·门罗对撒切尔夫人说,她必须防止"苏格兰的保守党人彻底失去信心"。㊷ 她对突然爆发这场毫无征兆的危机感到恼火,在杨格的恳求文件上批示:"这(指的是财政部提供的资金)很可悲,但是,苏格兰必须为没能及时挽救局面承担责任。"㊸ 与广泛的地方政府财政问题做斗争过程中,她感觉到,如果不能及时在英国其他地区挽救局面而造成选举中遭惩罚,要承担责任的显然是她自己。这让预定 3 月底在首相别墅召开的沃尔德格雷夫-罗思柴尔德调研组会议笼罩在紧急气氛中。撒切尔夫人和她的许多大臣渴望找到大思路。罗思柴尔德和他睿智的年轻人们不想让她失望。

更加严重的也许是威利·怀特劳的警告。在格拉斯哥近郊繁荣富庶的

---

[1] 人们会问,为什么课税价值增长自动提高了税金的金额,毕竟地方议会愿意收取的税额较低。除了地方政府(尤其是工党主宰的地方政府)渴望尽可能搜刮更多金钱外,这个答案在于重估中降低了某些财产的评估价值,而提高了另外一些财产的评估价值,因此,纳税额必然随之改变,反映出价值的变化。这个过程创造了新的赢家和新的输家。

贝尔斯登召开了一个大会，与会者一般是忠诚的保守党人，怀特劳在会上摈弃政治异议，就税务重估提出尖锐的质问。他在会上大受震动，返回伦敦后警告撒切尔夫人说，灾难就要降临。他对税务重估的影响感到恐惧，竟撇开了对激进改革的习惯性厌恶。这个人一般会劝说撒切尔夫人保持克制，但这时却激烈要求改革。[1]

罗思柴尔德开始劝说撒切尔夫人。罗宾·巴特勒便警告说，他要就审查的事向她提一个问题。"他的典型特征从来是提出神秘问题……我怀疑他想要问你，是否想要彻底废除家庭税。"[62]巴特勒接着随意作了评论："他渴望提出这个问题，我看部分原因是想要找到快刀斩乱麻解决这个难题的方案。但废除家庭税后就牵涉到征收高额的人头税（高于正在研究的人头税加财产税）。"这会让"低收入者受到沉重压力，超过财产税的压力"。（撒切尔夫人在这个警告文件上多处下画了横线）撒切尔夫人与罗思柴尔德的这次会见没有留下文字记录，但他看来的确提出了这个建议。在他全面阐述自己高见的过程中，她被说服了。[2]

在首相别墅会议准备过程中，安德鲁·特恩布尔在讨厌大型会议的撒切尔夫人支持下做出艰苦努力，对她所谓的"不速之客"挡驾。不过，在那个阶段，列在被挡驾名单首位的是财政大臣，另外还有内阁半数成员。在那个月后来的时间，不再考虑挡驾了。财政部注意到这种情况，要求参与会议。罗宾·巴特勒书面对撒切尔夫人表示："我建议要财政大臣出席。"撒切尔夫人表示："好的。"[63]按巴特勒的话说，谁也没有故意设法不让财政大臣参加首相别墅的会议。[64]结果，劳森谢绝了邀请，因为通知过于急促："星期日开会的时间安排不合适。"[65]他很可能感到了疲倦，在提交过一份缺乏亮点的预算后（参见第3章），他感到自己在政治上地位处于弱

---

[1] 官员们和大臣们都极为敬佩怀特劳的精明，因此，听到他在会议上说，他无法理解苏格兰复杂的税务和津贴制度，内阁委员会同僚都不敢相信他这句自嘲。后来大家渐渐明白，他说的是实话："大家以为他是在说俏皮话，但远不是这么回事。他真的根本不理解。"（布赖恩·尤恩访谈）不能理解那种情况的不只是怀特劳一人。

[2] 至于罗思柴尔德个人对撒切尔夫人的影响力，当时的参与者有不同看法。罗宾·巴特勒和查尔斯·鲍威尔相信，他的影响不大，鲍威尔甚至认为，她"不怎么喜欢他"。（鲍威尔勋爵和巴特勒勋爵访谈）但沃尔德格雷夫和莱特文等人则认为，他的影响力要大得多。罗思柴尔德与撒切尔夫人的关系确实不很密切，但他的知识和社会地位对她有相当大的影响。

1. 人头税

势。此外，他认为这次会议是"探究性的"而不是决定性的。[66] 他对笔者说："我后悔没有参会。"他没想到撒切尔夫人错误地以非正式形式召开重要会议："没有什么不恰当，只是有点荒唐。"[67] 代替劳森出席的是财政部首席秘书彼得·里斯，他事先没有得到劳森的任何介绍，也没有得到提示该对建议的事情表示反对。[68]

令人迷惑的是，就在首相别墅会议召开之前，罗思柴尔德向巴特勒报告称，他才华横溢的朋友伦尼·霍夫曼认为，"社区费（即人头税）"不可能"完全取代"[69]家庭税，不过沃尔德格雷夫认为应当取代。这是已知首次使用"社区费"这个字眼，后来采用为新税种的名称，出现在官方记录中。

这次会议于1985年3月31日星期日在首相别墅召开。雷德伍德和莱特文提前向撒切尔夫人提交备忘录称："威廉（沃尔德格雷夫）做了一流的工作。"[70] 他们赞同他的意见："财产税应当由（一种形式的）人头税取代。"他们提出这个建议中一些方面的许多问题，征求广泛的咨询意见，然后要形成"绿皮书"，最后形成"白皮书"。[1] 但他们都强烈认为，这是撒切尔夫人应当抓住的一个时机：

> 我们相信，这次审查提供了唯一的真正希望，可借此赢回对党的信任。我们还相信，它提供了战胜地方政府的长期改革前景。经过数年不彻底的修补，你现在应当尝试就建议中的方向做根本性的改革。[71]

罗宾·巴特勒在首相别墅做的讨论记录仅仅复制了五个副本，这从旁证明这次研讨会的重要性，也证明所讨论内容有可能产生导火索效应。也许是为了对财政部的潜在关键角色和潜在的不友善态度表示不满，内阁办公室只发给彼得·里斯一个副本。大臣中只有帕特里克·詹金斯得到一个副本。

根据那个记录，研讨会上肯尼思·贝克和沃尔德格雷夫两人发了言，起到相互补充的效果。贝克集中讨论了财产税体系的缺陷。沃尔德格雷夫接着陈述了解决方案建议。他说，这包括"废除住宅税，税金缺口以地方

---

1 "绿皮书"是怀特劳的说法，指陈述政府计划的官方文件，它处于立法案初期相对试探性的阶段，供提出意见。"白皮书"形成于"绿皮书"之后，这是该计划的最后版本，用于真正提交立法案。

居民税或社区费¹补足,这个税或费是向各地方所有成年人平等收取。这比任何其他课税方式都能更好地实现可说明性的目标"。对于低收入者,需要给予退税,"但花费铺张的地方议会不能提高社区费"。⑫ 按照猜测,每人每年需缴纳的费用为 50 英镑。⑬ 虽然沃尔德格雷夫最后说的话没有出现在官方记录中,但有些与会者记得,他结束讲话前说了句漂亮话:"首相,你会成功废除住宅税的。"⑭ 莱特文记得,沃尔德格雷夫"很有说服力,通情达理,而且富有魅力",撒切尔夫人聆听时不停地发出赞许的嗯嗯声。她有"同情万灵人的弱点"。⑮² 特利·海泽回忆道:"那番陈述大获全胜。"⑯

在巴特勒的记忆中,撒切尔夫人"满腔热情地欢迎它(社区费的想法)"。⑰ 巴特勒认为,这次会议是个"关键性时刻"。沃尔德格雷夫并不认为是撒切尔夫人本人开辟了道路,但她的反应非常积极:"这是世界发展的一个新阶段,我们都努力将人民拉回到现实中来,我们在对待工会和通胀时都是这样。人民要为自己想要的服务支付成本,这是她思想中一个强烈的组成部分。"⑱³ 她做正式总结时说,会议气氛是支持改革:"继续保留住宅税日益困难,调研发现,有加强地方问责并做出比较公平安排的实际需求,对这类提议,与会者表示欢迎。"⑲ 要对这类提议做更多研究,供 5 月下旬讨论,目的是入秋时产生"一份占主导地位的白皮书,一些绿皮书内容可逐渐完善",供内阁考虑是否继续推进。"有些材料"可以透露给乔治·杨格,便于让他在 5 月份于珀斯召开的苏格兰保守党年度大会上带给人们一些安慰。

首相别墅会议后,撒切尔夫人致函罗思柴尔德勋爵,感谢他做出的贡献。由于他的讨论"回到了本质层面"⑳ 因此非常有价值:"我认为,多年来我们终于有了最佳机会,为这个反复出现且日益加剧的问题找到持久的

---

1 包括撒切尔夫人在内的改革支持者喜欢"费"这个字眼,因为它反映了地方政府提供服务的成本,而不是一般用途的"税"。尼格尔·劳森则认为这个论点"完全是虚假的"。(劳森勋爵访谈)

2 从 1971 年起沃尔德格雷夫是牛津大学万灵学院的研究员。

3 沃尔德格雷夫就人头税做了清晰而滑稽的描述。(参见《不同的天气:回忆录》,康斯特布尔出版社,2015 年)。这个描述是这样开始的:"大多数人认为,人头税问题是导致撒切尔夫人下台的导火索;而我是这个问题的核心。"(p.218)奇怪的是,他没有提到在首相别墅的会议,那可是他在这个传奇故事中最辉煌的时刻。

1. 人头税

解决方案。"她请求他"以慈父般的目光注视这个婴儿的发育"。

在首相别墅的会议上，几乎没有讨论与极左派进行的政治战，但会议上人们满怀希望的情绪与政治战的时机密切相关。这个月之初，矿工的罢工崩溃了，让撒切尔夫人取得了她在劳资纠纷中最了不起的一次胜利。罢工结束后，"焦点转移到了地方市政中社会主义者的反叛"。[81]全国矿工工会失败后不久，大伦敦市议会决定不设非法税收，肯·利文斯通"知道这行不通"，[82]他不得不阻止态度更加不妥协的同行。伦敦发生了一次大规模的示威游行，其目的是通过"联合反对地方政府法案和关闭矿井"，为"扭转局势带来真正的希望"。[83]对这次游行的宣传标语是"一年！"（指矿工罢工持续时间），但是已经失去了口号的意义。看来，左翼正在分崩离析。撒切尔夫人取得保守党前任首相们从未取得的成就后，地位强硬得让同僚们无法辩驳。

首相别墅会议后，罗思柴尔德写给罗宾·巴特勒的一张便签："我相信，社区费方案是个胜利。但是我为此感到紧张，唯恐会让人偶然或故意误解，人们可能会说：'保守党人再次打击穷人……'"[84]问题是能否"避开艰难，仍收纳所需费用"。他接着写道："只有数据能回答这个问题……由于我无法理解的原因，这些数据尚缺，必须得到。"他表示，自己要去家庭住地剑桥郡找地方当局获得一部分数据。

罗思柴尔德指出了跟踪人头税发展的关键，这也跟踪了政府控制地方政府开支的所有努力。如不了解这些数据如何运作，便不可能计算出谁会赢谁会输。整个政策的成败系于这种计算。然而，在本该理解这个事情本质的环境部似乎谁也没做这种计算。公平地讲，没有哪个天才能把这些总数计算准确，由于变化太彻底，未知数实在太多了。虽然撒切尔夫人从来对数字感兴趣，有时还在相关文件上潦草计算，但她似乎没有将焦点集中在关键点上——最终结果其实是无法算出的。

到了5月中旬，环境部的官员们提交了关于地方政府财政研究的"说明报告"。报告预测，若实施建议的改革，结果会让7450000人受损失，让9250000人获益。考虑到受损者的喧嚣声自然比受益者强烈，这个数字立刻被视为危险。这项统计显示，居住在伦敦内城或北方工业区的人们受损将最重，尤其是当时年收入5000到12000英镑的中收入阶层。雷德伍德和莱特文略感紧张,向撒切尔夫人报告了这些问题:"除非能排除一些问题,否则这项改革是不吸引人的。"⁸⁵然而,怎么可能将某些问题排除在外?内阁办公室向撒切尔夫人提交的情况介绍备忘录中估计,按照计算,每人每年需缴纳的人头税是160英镑,⁸⁶比六个星期前在首相别墅猜测的数目多了两倍。

这份备忘录还附上尼格尔·劳森一份后来变得著名的备忘录。劳森称,"说明报告"提出的证据"勾画出一幅可怕的冲突前景。居住在伦敦内城领取退休金的一对夫妇要为缴纳人头税支出22%的净收入,而住在郊区的小康夫妇只需缴纳1%"。⁸⁷¹他认为矫正这些不平衡的努力不可能奏效:"我们将被迫制定众多免税规则并做出让步(必然让伦敦内城消费奢侈的地方当局受益),结果固定费率会迅速变成收入所得税的替代税种。这正是'累进居民收费'的情况。"他接着写道:"这不仅是个可怕的政治问题,而且地方当局会抓住这个机会突然增加其开销和收益,将责任转嫁给中央政府制定的不公平税收系统……人头税的建议完全不可行,而且在政治上会导致灾难性后果。"他认为,有些人不论财产税如何高企都无须缴纳税金的规则可以通过部分退税得到缓解,而不是创造新的税务系统。雷德伍德和莱特文承认"这个(劳森的)方案当然可行",而且其"政治风险"比人头税要小。人们会攻击人头税是"对选民收税"并攻击其倒退性质。⁸⁸他们重申自己的观点,认为行事不能匆忙。

令人迷惑的是,劳森对整个想法表示反对没有产生更大的影响,即使按他自己的标准衡量,他的意见也表达得清晰锐利。掌管着国家钱袋的人如此反对新的税务系统,这可是桩大事。假如是在21世纪,这种事肯定会走漏风声,成为报纸的头版通栏大标题。²但撒切尔-劳森的组合在经济复苏方面的工作实在太成功了,媒体并不关注其他方向的报道。

此外,劳森本人认为不值得打这场内部战斗,因为地方税种是财政部不能支配的公共开支,他干预的能力十分有限。他便采取观望态度,既然与他自己的税制改革目标无关,即使地方政府税制改革"无果而终",他

---

1 劳森于1985年5月16日提交的备忘录受到广泛引用,他的回忆录中对人头税的观点有完整的记录。(参见《从唐宁街11号的角度观察》,第45章和46章)

2 媒体后来确实做了一些报道(例如《泰晤士报》9月23日),称财政大臣不支持人头税。但这些报道没有引起多少关注。内部纪律压制住了这些不同意见。

1. 人头税

也会感到"非常高兴"。⁸⁹ 假如向他请教，他会提出自己的看法，但他并不会考虑借这个问题辞职。在 5 月 20 日首相别墅举行的内阁委员会会议上，他发觉自己在人头税问题上受到孤立，便在撒切尔夫人要求下开始逐步制定自己的税制改革计划，建议将计税基础定为资本价值，而不是普遍运用的住宅；但在整体上，他不很在意同僚们犯傻，自己只"待在一旁说风凉话"。⁹⁰ 照他看，他的主要任务是开创并保护自己的业务领域，因此他对这事几乎完全不插手。

劳森还感到，即使没有别的任务，他已经有足够多的事要跟撒切尔夫人争论。他回忆道："我有个印象，她对这个项目念念不忘"，⁹¹ 他却不愿为此多费口舌。他这个态度也有助于说明他从不追求对抗，当时或后来都从未抱怨过撒切尔夫人做决定的方法，这与迈克尔·赫塞尔廷对韦斯特兰危机的态度就大不相同。另外，劳森回忆道："我个人没有与她争论这事的理由。"⁹² 缺乏个人争论的原因或地盘之争，政客们往往不会固执己见。

在这场战斗的后期，出于其他原因，劳森处在了一种不自在的地位。1985 年 11 月，他没有说服撒切尔夫人让英国加入欧洲汇率机制（见第 3 章），因此感到生气。他也没有能力为人头税上前线作战。参与制定这项政策的人相信，假如撒切尔夫人当初信赖劳森，原本可以避免很多失误的。⁹³

撒切尔夫人在划分问题上似乎也有一些自己的想法。税法事务其实是她最终并未听从财政部的唯一一个问题。虽然她认真听取了劳森的意见，但在她的官员和同僚们记忆中，她没有重视过劳森的反对意见。毕竟这是她的目标，不是他的。

财政部的态度的确关系重大，然而，由于财政部没有参与具体审议，其反对人头税的意义便不很重要。沃尔德格雷夫为自己团队定的"绝对条件"⁹⁴ 是一切都要向财政部通报，但莱特文回忆说，劳森对他的官员们说："我不想让你们在这种事情上费神。"⁹⁵ 劳森自己承认说："我们为这个项目没有做过什么贡献。"⁹⁶ 由于政府的半数高智商人才都在财政部，这意味着这个项目缺乏智力投入。⁹⁷ 创建一种新的税制却没有得到财政部的帮助确实非常危险，毕竟财政部在税收问题上有独到的把握。

无论如何，地方政府财政问题并不能单单以冷静的政策思维去考虑。

苏格兰局势在政治上让政府感到极度无奈。在劳森眼中，乔治·杨格是"一个令人愉快的人，但是在这个项目上却非常愚蠢"，[98]他将人头税视为自己多年祈祷终于梦想成真的机会。在5月份召开的党的大会上，他推动这个项目表现得奋不顾身，斯蒂芬·舍伯恩见状，觉得自己必须告诫撒切尔夫人，避免冒进。舍伯恩在5月1日与杨格那次重要会见之前，曾向撒切尔夫人抱怨称，苏格兰的党组织"一直在税收问题上煽动人们的热情，导致在政治上更加具有爆炸性态势"。[99]他们要求在下次大选时将替代的税法写入法典。因此，这时面临的选择是，要么"我们就地方政府财政的新来源向议会提交议案……可我们还没有确定这一点，要么我们会在党的大会上发生激烈争吵"。他提出明确的建议："宁可在1985年开个糟糕的党代会，也不要在1987年的大选中失败。"撒切尔夫人似乎接受了这个想法，5月10日在苏格兰党代会上讲话时，没有对时间做出承诺；但她在这次大会上授权杨格说："现状不可保持。"[100]这是个明确的信号。虽然严格地讲算不上个立法计划，但政治势头变得难以遏制了。

这个势头在全国都一样。既然在苏格兰的课税值重估不受欢迎，而且尤其让天然的保守党支持者无法容忍，在英格兰和威尔士的情况肯定也一样，而且那里的反应更加强烈，因为课税值重估已经拖延了太长的时间。因此，到了这一阶段，保持原税种虽然在理论上是可能的，但其潜在的未来水平已经让重估在政治上变得不可接受。看来改换人头税比任何时候都更行得通。

在1985年夏季，政府与极左翼控制的地方议会在限定税额上的斗争策略似乎收到了回报。6月底，地区审计员对49名投票同意非法收税的工党利物浦议员发出过度收费通告。不久之后，由极端革命分子"红色"特德·奈特领导的当地市议会服输。8月下旬，也是由工党控制的爱丁堡市议会动摇了，决定出台一份合法的预算案。9月份，利物浦仍希望借"赤字预算"操作来威胁政府的干预，却不得不提前三个月向议会全体成员做出通报。环境部新任国务大臣肯尼思·贝克拒绝了其额外借贷2500万英镑的要求。有些裁员通知不得不通过乘出租车送达的方式，为的是在法律要求的时间期限内送到接收人手中。议会很快与先前支持他们的公共部门工会发生了冲突。10月初，利物浦著名的左翼圣公会主教戴维·谢泼德和罗马天主教主教德里克·沃洛克对极端主义者感到愤怒，在《泰晤士报》[101]上

1. 人头税

发表了一篇文章，标题是"挺身面对利物浦的激进分子"。[1] 撒切尔夫人正在赢得莱特文所谓的"心理战"。

极左派分子在限定税额问题上的反叛让工党领导层深感窘迫。尼尔·基诺克意识到，矿工罢工过程中，他批评阿瑟·斯卡吉尔却没有要求对是否罢工进行投票，也没有与罢工彻底决裂，这让他和工党的立场受到严重损害。虽然他努力让工党团结起来，但他的立场显得软弱，而且显得受到极端分子的支配。他不想在地方政府问题上重蹈覆辙。

10月初，在伯恩茅斯举行的工党年度大会上，基诺克的讲话将锋芒指向自己政党中的极端分子，尤其以利物浦为重点。"你们一开始就做出了牵强附会的决定，接着陷入死板的教条……最后变成工党议会中滑稽的混乱，哼，工党的议会！竟然乘出租汽车在城里乱窜，向自己的工作人员递送裁员通知。"他自然受到激进分子的质问，却在全国得到广泛的喝彩。在这个场合，基诺克的雄辩和勇气为自己赢得了声誉。然而，他锋芒转向内部的敌人，保证说，抵抗保守党地方政府改革仅仅是左翼的事业。基诺克无意攻击即将出台的人头税方案。这么做，等于向自己政党中他竭力要击败的一些人授以把柄。在这个问题上，他几乎给了撒切尔夫人一张免费入场券。在撒切尔夫人的政治生涯中，左翼对她的憎恨给工党造成的麻烦远远大于保守党。她便能够在没遇强烈反对的环境中发展自己的新想法。

9月中旬得到重新考虑的"地方政府财政研究"已经变得深化而细致。雷德伍德和莱特文这时向撒切尔夫人说，尼格尔·劳森的税制改革想法等于在"政治上自杀"。将资本估价作为收税基础会让人认为"你的支持者……是富有的纳税人"。然而，即使是支持人头税的一些人也支持保持财产税的某种形式，肯尼思·贝克对此特别支持。这能帮助应付拟议中改革的"累退税率"问题。[2] 贝克抗议说："假如我在'首相问答'中提问：'为什么公爵和清洁工该按同样的税率缴税？'你就无法作答。"在这年夏天，罗思柴尔德发明了他所谓的"雌雄同体"操作（原文是个希腊字眼，

---

1 肯尼思·贝克致函撒切尔夫人说："我上周与他们会见时，戴维·谢泼德指责哈顿'邪恶'。一个主教说这种话十分罕见。"（贝克致函撒切尔，1985年10月1日，TNA: PREM 19.1562）

2 支付税金的比例随收入的增加而提高，这种税率称作"累进税率"，如果对任何收入的人都按相同比例征税，这种税率称作"累退税率"。这些术语是客观的财政描述，并不（一定）带有赞扬或责备成分。

他喜爱玩弄学术上的模糊。这个字眼常常用于描述兼具雌雄两种特征的蝴蝶或蛾子）。这种操作是将人头税与财产元素糅和在一起，估算房产以占地面积而不是租赁价值。撒切尔夫人从来是站在自豪的房产拥有者的立场上看问题，她对此表示反对："如果按照税法的附加说明需要提高税收，那将产生副作用。"⑩但是，贝克和沃尔德格雷夫采纳了基本的建议，认为财产税的元素应当保留。

内阁办公室做的情况介绍像政策组一样再次强调了整个行动的根本目标："在实质上（贝克和沃尔德格雷夫）所提全部建议的目标，都是让中央政府退出，转而建立自动的体系，让地方选民控制当地的开支。"⑩在整个讨论期间，这一点一再提起，并得到全体与会者的同意，因此，后来发生的许多抨击称，撒切尔政府通过开征人头税是想要"毁掉地方政府"，这显然是错误的，而且与事实截然相反。[1]

然而，同样真实的是，撒切尔夫人低估了地方政府实际可以做出的回击。1985年夏天，她向相关方面咨询中，会见了保守党地方政府机构的领导人，她陈述了自己的总体看法："英国是一个整体，在政府设定的不同服务标准方面，有坚实的民族传统……地方政府不应被视为与政府分离的独立王国，而是有一定自由裁量权、提供法定服务的机构。"⑩她在本能上很可能对20世纪60年代前的传统惯例感到高兴，当时的地方政府将精力集中在不会引起争议的基本服务方面，政治色彩不很浓厚。在格兰瑟姆，她父亲曾是那个时代的典型人物——至少他在晚年基本上是个保守主义者，但他从不标榜自己属于任何政党，也厌恶工党逐渐让地方议会变得政治化。撒切尔夫人感到，左翼毁掉了传统惯例，结果制造冲突，威胁国家的民选政府。[2]虽然她真实的愿望是在税务与代表之间取得平衡，赋予地方选民权力，但在整体上，她不想让各种安排使地方政府享有更大的权力。这个矛盾她一直没能

---

[1] 对人头税的最佳完整描述是戴维·巴特勒、安德鲁·阿多尼斯、托尼·特拉弗斯合著的《英国政府的失败：人头税中的政治学》，牛津大学出版社，1994年。其中对政策的许多批评是正确的，证据充分。然而，书中分析撒切尔夫人对地方政府的恶意却言之凿凿，并没有公平分析她的政府要求问责制的严肃态度。假如政府不追求更好的问责制，就根本不会选择开征人头税。

[2] 她厌恶地方议会政治化的一个严重倾向，那就是工党成员在一个议会中是受雇的职员而在另一个议会中当选代表。她视之为滥用公共金钱和权力。这是丹尼斯·撒切尔特别喜欢猛烈抨击的一个问题。

1. 人头税

设法解决。同样的问题也适用于财产税本身：只要不横征暴敛，这并不是个不好的税种。但是，在 20 世纪 70 年代末，财产税变成个恶劣的税种。

总之，内阁的地方财政小组委员会同意，应该在贝克和沃尔德格雷夫的建议基础上推进工作，不必顾忌尼格尔·劳森的观点。到了 11 月初，奥利弗·莱特文十分喜悦，感到能够向撒切尔夫人提交书面报告，告诉她一切问题如今都解决了，其中包括制定一个统一的全国商业税种，保护商业纳税人。他在报告中表示："唯一遗留的重要问题是，用另一种形式的税种取代住宅税。"⑱ 她在"唯一遗留的重要问题"几个字下面画了曲线，还在旁边画了个惊叹号。虽然撒切尔夫人极为重视莱特文，但她天性不太乐观。他的评论有点像"别的不说，林肯夫人，你喜欢这出歌剧吗？"她有一种强烈的感觉，认为遗留的问题无比艰难。的确，她本人是这些困难的制造者。就在那个月，戴维·诺格罗夫接替安德鲁·特恩布尔担任财政私人秘书，他说："一切都变得越来越勉强，因为撒切尔夫人打定了主意，要取消财产税，然而，一切选择却指向了财产税。"⑲

政策组理解单纯收取财产税造成的损害。莱特文说：这会产生"太多的大输家"。⑳ 他和雷德伍德这时对输家的计算数字感到严重担忧。而组合税会让媒体看作是两种税。这也可能不受欢迎，而且会破坏漂亮而简单的"住宅费"。[1] 如果在即将出台的绿皮书中提出组合税可能被当成屈服。莱特文写道："我们相信，乔治·杨格可能提出一个走出这种两难境地的途径。他显然极其渴望让苏格兰充当开路先锋，试验纯住宅费……如果苏格兰的试验证明可行，就能让纯住宅费看起来合理，而不是个极端行为。"㉑ 这便是人头税想法的源头，批评家后来称苏格兰为试验"豚鼠"。不过要知道，试验用的豚鼠对自己承受的试验没有选择权。而按照当时的公众舆论和政治看法，苏格兰强烈反对提高税率，急切地要求采用一种不同形式的地方税种。[2]

到头来，希望实行组合税的环境大臣贝克和沃尔德格雷夫与想要施行人头税的纯化论者达成个过渡性折中，称作"双轨制"。在英格兰和威尔

---

[1] 在当时那个阶段，仍然拿不准该用"住宅费"这个术语还是"社区费"（人头税）。

[2] 想要苏格兰首当其冲试验人头税的重要保守党人是尼格尔·劳森，因为这种税具有破坏性效果（不过，这并不是因为他对苏格兰心怀恶意）。"我认为，'既然杨格如此热心，那就让他开征这种税吧。'我希望这会澄清它会造成什么灾难。起码这可以防止对整个国家的危害。"（劳森勋爵访谈）

士，按计划这个税制要持续十年。部分财产税要由社区费取代，剩下的部分永远不再增加，并会逐渐取消。尼格尔·劳森仍然反对临时保留财产税。但是这也意味着，改革受到无端的威胁。奥利弗·莱特文评论说，社区费阶段性取代财产税的改革是至关重要的。⑫撒切尔夫人在"取代"两个字下面画了双重横线，表示支持。假如撒切尔夫人最终没能取消财产税，整个活动将毫无意义。

然而，遗留的困难是新税种的关键困难。这个困难由高级阁僚布赖恩·昂温[1]通过内阁办公室的介绍文件向撒切尔夫人作了陈述。虽然昂温保持了这种文件要求的明确判断和正式口吻，但读者仍可以从字里行间探测到切实的担忧语气。按照戴维·诺格罗夫的话说，他的确"非常担心"，⑬而且他和他的同僚们"感觉到，我们应该在介绍中表达自己的担忧"。⑭同一天，就在莱特文呼喊"冲锋！"要把苏格兰当成破城槌时，昂温向撒切尔夫人递交了书面意见：

> 如果地方问责产生了效果，过度开支的后果对该选区必然是痛苦的，这是个根本性的问题。此外，如果扩大课税基础，有些先前从未纳过税的人将不得不纳税。因此从定义上讲，地方收费必然不受欢迎，至少在生活成本高昂的地区不受欢迎。⑮

奥利弗·莱特文在晚年谈到这一点时说："那是个重要的想法！"⑯在原则上，这是个说服力很强的论据，但与选举受欢迎程度的探索结果不一致，结果显示，选民在一定程度上强烈渴望取消财产税。回顾往事的时候，沃尔德格雷夫感到自责，说自己反驳这个基本的反对意见提出的论据"聪明而又愚蠢"。⑰一个税种怎么能单凭计算，就认定能适用于千百万以前不缴纳地方税的人，还期待人家欢迎呢？昂温的论点没有得到回答。

威廉·沃尔德格雷夫为了他所谓的"自我保护"，⑱自始至终要单独会见每一位内阁大臣，将自己的想法解释给他们听。在这个等级森严的政府

---

[1] 布赖恩·昂温（Brian Unwin, 1935—），毕业于切斯特菲尔德中学、牛津大学新学院、耶鲁大学，公务员。1968—1985年在财政部供职；1981—1983年任内阁办公室次官；1985—1987年任内阁办公室副秘书；1990年受封骑士。

1. 人头税

系统中，一个低级官员¹得到如此重要的地位是极为不平常的，所以他尽量注重策略。总的来说，他受到上司的支持。他记得乔治·杨格对他说："这是我一生都在期待的事情。"怀特劳因家乡苏格兰反对财产税重估感到震惊，但就连他也表示"完全支持"。1985 年 9 月接替利昂·布里坦担任内政大臣的道格拉斯·赫德相当担心，唯恐开征人头税会妨碍人们投票，因为他们会（错误地）认为，投票登记和登记新税种的纳税人是一码事。他指出，唯一存在的普查是接受电视节目的授权费，但受到广泛逃避，在西贝尔法斯特之类恶劣地区，难以收取到这种费用。逃税将"很快让这种新税制陷入争议"。⑲诺曼·特比特十分乐观，他消除了对税务登记的担忧（"我们为什么不知道住在我们自己国家的是什么人呢？"）说："我们终于要为我们自己的人民做点实事了。"只有迈克尔·赫塞尔廷和尼格尔·劳森大声疾呼表示反对。赫塞尔廷"认为这整个是胡说八道"，⑳但是到了即将做决定时，他深深卷入了韦斯特兰危机（参见第 4 章），没有能力打开另一条战线与撒切尔夫人斗争。劳森则感到愠怒。他恶意挖苦那位年轻的大臣说："我要把这称作沃尔德格雷夫改革。"㉑诺格罗夫说："劳森挂起了免战牌。"㉒劳森批评他的同僚们，例如，他批评赫德说："他没准备把头伸出护墙。"㉓不过他也批评自己："我非常失败，没能说服他们。"

12 月中旬，内阁地方财政分组委员会同意了整个一揽子方案时，内阁的势力平衡勉强倾向于改革。奥利弗·莱特文向撒切尔夫人汇报了持不同意见的群体人名。㉔只有五位表示完全支持：怀特劳、杨格、威尔士大臣尼古拉斯·爱德华、里德利、贝克。四位"可能"持反对意见：黑尔什姆、劳森、赫德、赫塞尔廷。其余各位意见各不相同，但大部分持摇摆不定立场。在新旧年之交，莱特文提交了跟踪报告："这份《绿皮书》如今已臻于完善，目的是在内阁通过，尽快公布，否则人们会开始龃龉。"㉕

莱特文本人称，这个想法目前"仅处于绿色阶段，政府以认真的态度想要了解，这些建议中是否存在漏检的严重问题"。㉖撒切尔夫人在这句话下面画了道曲线，批注后交给诺格罗夫，强调说，这份《绿皮书》"只有细节是绿色阶段"。㉗她认为在原则问题上的决定已经做出。有人提出，应该

---

1 虽然沃尔德格雷夫在1985年9月接替贝克担任地方政府大臣，但他承担起地方政府财政研究任务时还仅仅是个议会的部门次长。

让肯尼思·贝克向内阁单独提交一份文件，陈述财产税的谬误，她对这可能产生的后果感到紧张。戴维·诺格罗夫书面对她表示："你是否担心，对这个问题的讨论太广泛，会让怀疑论者得到机会，质询作任何改革的必要性？"[⑫] 撒切尔夫人肯定道："是的。"假如允许贝克提交他的陈述，"其他人也同样想要陈述"。她想到了正在处理韦斯特兰危机的赫塞尔廷。她想要让这份《绿皮书》尽可能变成《白皮书》，她要向前推进。

1986年1月9日，内阁认可了这份开征社区费的《绿皮书》。仿佛命运在作怪，在这次会议上，迈克尔·赫塞尔廷为韦斯特兰问题大发作，竟愤而辞职。他离开会议室后，接下来讨论的第一个问题才是社区费提案，所以他已经不在场，不能提出反对意见。毫无疑问，假如他在场，就必然产生相反的效果，因为他在这个问题上与同僚们意见不合，尤其与撒切尔夫人意见不一致。

就这个专题进行的讨论持续时间相当漫长，与会者个个疲惫不堪，辩论中人们念了很多预先准备的文本，按照莱特文的描述，那些文本的确构成了"龃龉"。根据罗伯特·阿姆斯特朗半带速记的潦草记录，[⑫] 至少对一些论点提出批评的有杰弗里·豪、约瑟夫、赫德、布里坦、比芬、约翰·麦格雷戈（前一年秋天他接替彼得·里斯担任财政部首席秘书），还有能源大臣彼得·沃克。沃克的发言直言不讳，语气也最为激烈，他说："我认为这肯定不会吸引人，恰恰相反，我们要对半数以上地方税纳税人说，你们要比以前缴纳更多税金。"他谈到登记注册"复杂得难以想象"，谈到为纳税追查人和退税问题，他还对政治后果提出警告："弱势群体将发出怒吼；而强势群体会缄口不语。"他说的一句话似乎目的就是为了激发尼格尔·劳森的情绪："假如以前的财政大臣考虑一个新税种，出于合乎逻辑的理由，他绝对不会开征人头税。"但眼前这位现任财政大臣并没有加入辩论，仅简短发言表示附和。

肯尼思·贝克最初提出这个建议并强烈为之辩护，不过他对苏格兰推动这个方案的渴望感到怀疑。然而，这确实是苏格兰人的观点，而且坚定地经受住了考验。乔治·杨格（在会议期间被提升为国防大臣，阿姆斯特朗便戏称他为"苏格兰国防大臣"）声明说："我们苏格兰人认为，最根本的是不能止步于宣言中的承诺"，[⑬] 必须在大选前通过立法。社区费应当在1989年4月1日开始在苏格兰实行，在三到四年中逐步到位。威利·怀特

1. 人头税

劳的意见与贝克相反,他表示,有强有力的证据认为不该采取任何行动,但这个情况是苏格兰的情感占了绝对上风。他支持杨格的呼吁,立刻提交立法,形成"立法约束"。既然睿智老练的威利支持推进,而且撒切尔夫人坚决赞成,谁能坚守战线抵抗他们呢?撒切尔夫人想要的一切都能得到。《绿皮书》即将付印。虽然从理论上讲,在提交立法案前还有再次考虑的时间,但苏格兰因素让这项改革变得确定无疑了。此外,谁也不可能再次面对那天上午赫塞尔廷怒气冲冲辞职走人的局面了。尽管他们谁也不允许用人头税这个字眼,但大家都同意开征这个税种。

考虑到韦斯特兰危机后撒切尔夫人的政治地位变得脆弱,在后来几周和几个月中,她竟然没有遇到同僚们就人头税问题带来的麻烦,这让人们感到吃惊。保守党的批评家们聚集起来,就诸如销售英国利兰公司这类问题反对她,这在一定程度上淡化了税务问题。她在韦斯特兰危机中经受住议会最后一次全体攻击后仅仅一天,题目叫"为地方政府付款"的《绿皮书》出版了。肯尼思·贝克在议会下院的陈述顺利。由于有时间(在10月前)向大家咨询,而且新税种根据安排要在1989年才在苏格兰开征,1990年在英格兰和威尔士开征,这缓和了人们的担忧情绪。媒体的批评相当强烈,但在议会中,尤其在保守党方面,接受情况多半不错。然而,贝克记录道,尼格尔·劳森走上前来,跟他耳语说:"那对她将是查尔斯国王的头颅。"[1] 除了苏格兰的情况,社区费在大选前不会提交立法案,而且即使是在苏格兰,也要在大选后才会实施。因此这个问题多半成了选举计划中的一个题材,而不是议会中热烈争论的主题。

公众的注意焦点从税制及其改革转移到了撒销大伦敦市议会。在这个斗争中撒切尔夫人毫无阻碍地取得了胜利。自从1981年工党的利文斯通在大伦敦市议会选举获胜那天起,撒切尔夫人便不断抨击该议会。随着矿工罢工和抵抗限定税额的崩溃,利文斯通企图发动超议会运动推翻撒切尔政府

---

1 劳森错用了引用场合,这并不符合他的典型特征。"查尔斯国王的头颅"是查尔斯·狄更斯的小说《大卫·科波菲尔》中的一个说法。书中,和蔼的迪克先生有个精神怪癖,他在谈话中一再提到查尔斯国王的头颅。劳森用这个说法似乎想说,撒切尔夫人要遭报应或出了个致命的纰漏。也许他的本意是"阿喀琉斯的脚踵"(要么也可能是贝克记错了)。

的梦想也彻底幻灭了。1986年3月31日，大伦敦市议会撤销了。几年前，利文斯通在议会大厦河对岸的市政厅楼顶树起巨大的提示牌，为的是不断提醒议员们：失业人数在增长。如今，这块提示牌也拆掉了。正如撒切尔夫人所愿，市政厅最终派了各种私营用场，包括在其中开设了两家旅店。

然而，撒切尔夫人的胜利也许太彻底了，人们并不为此感到高兴。利文斯通身居高位时，人们觉得他是个妖怪，但如今却有人开始同情他，转而认为政府因为讨厌其政治倾向便撤销了一个民选的机构。大伦敦市议会利用巧妙隐藏在各种账目下的25万英镑，在最后几天大举欢庆，活动包括在泰晤士河畔举行一场华丽的焰火晚会，最后，大伦敦市议会真的是在礼炮轰鸣声中寿终正寝。许多参加者带着徽章，上面的文字是："我们会再次相见。"[1]撒切尔夫人在自己的回忆录中仅仅两次提到大伦敦市议会，这也许是意识到她的政策没有取得预料中的成功。

虽然政治局势相对平静，但人头税问题在政府中的讨论在1986年持续了整整一年。基本的困难是，面对新授予权利的选民提出的种种愿望时，让地方政府独自以正确的方式去处理——这个单纯而漂亮的想法不断做出让步。在真实的社会生活中，中央政府袖手旁观并不批准各种免税条款，不保留干预和强制的权力，这似乎太令人恐惧了。

2月份，根据新的立法，121个地方当局被限定了税额，撒切尔夫人立刻遭遇到声称某些后果不公平的斥责，自然大多数来自保守党控制的议会。她宣称，中央政府应该有个法律机制，为社区费设定上限。⑫她在回忆录中写道，她不相信环境部同僚的"乐观看法"，认为"加强问责后，到头来根本就不需要设定'上限'"。⑬她担心左翼把持的议会能找到制造麻烦的途径："其实，不等设想完新税种，我就迫切需要设定范围广泛的社区费上限。"⑭她对政治上的可能性有一种向来正确的直觉，却对引进自己政策中不合逻辑的成分不太关心。

按照规划社区费是分散征收的，但相关措施却打算由中央控制。由企

---

1 在2000年，肯·利文斯通成为第一位在直接选举中当选的伦敦市长。他以奇特的思维方式感到，这应该感谢撒切尔夫人："撤销大伦敦市议会成为一个民主与民权的问题。假如她只是不理睬我，我可能永远不会成为一个公众人物。"（肯·利文斯通访谈）

1. 人头税

业缴纳的非社区费要统一，并且要由中央制定，这让怀特劳产生了增加企业负担的想法，而不是减轻"疯狂"的工党议会强加的负担（后来，这一想法以失败而告终）。尼古拉斯·里德利在1986年5月成为环境大臣，他意识到社区费"即使在目前的可能水平"也存在内在危险性，[135] 所以想要企业税尽可能承担压力。企业税统一意味着地方政府如今可募集的资金总额比例大为减少。

至于谁应当纳税以及如何收税，这个问题是多方面的。对全体公民征收登记税该怎么做？社区费部分退税和社会保障金缴纳之间的复杂关系该如何处理？智障人士或衰老人群该如何区别对待？对于一般认为缺乏责任感的学生群体该如何对待？尼古拉斯·里德利对最后这一类人态度严厉："英国学生群体最该懂得，公共服务需要金钱成本。"[136] 然而，大肆宣扬该从这个原本贫穷且不懂服从的群体榨取钱财，这实在没多少意义。里德利写道："社区收费的优点是普遍性。"但这也正是它的缺点，因为它不能考虑到所有人的不同情况，也不容易从所有人手中收取。

按照计划，有纳税责任的人谁也不能逃避缴纳标准社区费的20%，但如何向最贫穷的人收取这笔费用呢？社会服务大臣诺曼·福勒认为，"通过新设定的20%纳税责任提高人们（包括失业者和残障人士等）的平均成本，可全面提高计划中的支持水平，除此之外没有政治上可持续的方向"。[137]1 福勒以后续报告的形式致函撒切尔夫人称："我不得不向同僚们发出警告，公共辩论的敏锐焦点将集中在近400万实实在在的输家。"[138]

当然，尽管苏格兰在打头阵继续推进，但种种困难和反对意见都适用于苏格兰。苏格兰地方政府大臣迈克尔·安克拉姆[2] 为"要求人人平等缴纳"

---

1 1986年下半年，迈克尔·安克拉姆帮助使苏格兰改革方案在下院获得通过。他诽谤这种做法是"付给人民金钱，让他们缴纳税金"，但他这种说法被推翻了。（参见巴特勒、阿多尼斯、特拉弗斯，《英国政府的失败》，p.102）

2 迈克尔·安克拉姆（Michael Ancram, 洛锡安的13世侯爵，1945—），毕业于安普尔福思学校、牛津大学基督教会学院和爱丁堡大学。1974年2月至9月，任贝里克和东洛锡安选区保守党在议会中的议员；1979—1987年任爱丁堡南选区的保守党议员；1992—2010年任迪韦齐斯选区的保守党议员；1983—1987年任议会苏格兰办公室次长；1993—1994年任职北爱尔兰事务办公室；1994—1997年任北爱尔兰事务办公室国务大臣；1980—1983年任保守党在苏格兰的主席；1998—2001年任保守党主席；2010年受册封为终身贵族。

的效果感到担心，他支持降低养老金领取者的缴纳份额，认为学生和绝大多数家庭妇女应免予缴纳。⑬斯蒂芬·舍伯恩也为家庭妇女群体感到担忧，这个群体很可能比受新税种影响的寡妇群体人数还多。这是人们首次直接纳税，他们很有可能产生受虐待的感觉。⑭但这类反对意见均被驳回，财政部受到的反驳最猛烈。按照安克拉姆的看法，"财政大臣认定，要毁掉一个税种，最好的办法就是让它变得尽可能不受欢迎"。⑪

11月26日，在苏格兰废止住宅税的提案提交给了议会。两周前，撒切尔夫人在内阁强调说："迅速实施……具有极大的重要意义。"⑫议会便没有耽搁。工党不愿表现出反对废止住宅税，仅仅表示了非实质性的反对。投票时，迈克尔·赫塞尔廷尽管声称反对在全国开征人头税，但他投了赞成票。当时的争议对那个过渡时期有关系。1987年2月，时任苏格兰事务大臣的马尔科姆·里夫金德对"持续反对"双轨制向威利·怀特劳抱怨，⑬称具体操作细节太复杂，他的苏格兰同僚渴望仅仅采用人头税。他决定，1989年4月1日完全废止住宅税，在苏格兰全面开征人头税。

苏格兰法案有效地决定了事态。议会下院通过了在苏格兰开征人头税后，英格兰和威尔士若不按承诺开征将不但会蒙羞，而且会遭遇不必要的失败。人们的情绪几乎全都一致，反对派变得软弱。政府为扫清了大选的道路感到喜悦，将新税种视为投票的获胜因素。不久后在珀斯举行的苏格兰保守党大会上，撒切尔夫人说，苏格兰在旧税制中遭受的苦难"比大多数其他地区都多。其实，正是为了对你们在苏格兰的需要做出呼应，我们最后才决定引进社区费"。⑭

至于人头税的结果，本书将在最后一卷中讨论。在这里，需要指出一点：这个税种并不是玛格丽特·撒切尔心血来潮的产物，当然，假如没有她的极力推动，将永远不可能有这个税种。那是一个深思熟虑的尝试，认真解决了几个真正的难题——扭曲的财产税和中央政府的补贴、地方政府缺乏问责制、左翼肆意挥霍、极端主义倾向等。虽然这个尝试依赖的想法主要来自"非正规军"而不仅仅是白厅的机构，但并不出奇或一定是错误的活动。这个想法经过政府机制非常慎重的考虑。特利·海泽回忆道："我们做得非常仔细，撰写了那么多的文件。"⑮然而，在最初阶段至少能看出有三个问题没有得到解决。

1. 人头税

第一个问题是极端复杂性。不论多聪明的人也没有彻底理解正在做的是什么事情。第二个问题是原则性方面的缺陷。人人必须平等纳税的正当理由到底是什么？当时提出的论点是："这就像买一个面包，不论你是贫是富，付的价格都一样。"[146] 这与地方议会应该由所有选民问责的想法相关。但实际上面包的类比并不适宜。顾客买面包可以支付不同的价格，也可以多买或少买，没有哪条法律规定买面包需要登记，也没有因为他们过去买过就强迫他们现在必须买。另外，人头税比每周买面包的成本高昂得多，而且在课税问题上，征收的数额几乎从来是至关重要的。不知是什么缘故，设计出人头税的思想家们从来没有发现这个类比说法的瑕疵。按照斯蒂芬·舍伯恩的看法，首相的政策组和其他顾问活像"科学试验室中的一群聪明学生",[147] 因此对政治现实没有意识。

第三个问题出自撒切尔夫人。她凭本能要取消财产税，认为这可以像出售公屋一样得到人们的支持，这个想法并不愚蠢，但是，她却因此拒绝考虑财产税的所有优点，也没有对她喜欢的替代税种造成的困难给予足够的关注。正如舍伯恩所说："这是她失去与人民联系的开端，她开始失去与选举基础的真正联系。"[148]

也许，她为承诺过取消财产税后长期未能实现感到愤怒，因此行动有些过激。戴维·诺格罗夫记得，在1986年的一天夜里，在她住的公寓里吃着（她做的）炒鸡蛋，他提出人头税会造成的输家人数问题。她承认有这种危险，似乎有点后悔自己做的事，不过坚持说："我承诺过要取消财产税，就必须履行承诺。"[149] 伯纳德·英厄姆报告了大厅游说者的感觉，说人头税将非常难以收取，而且在根本上是不公平的。他引用了赞美诗中的"万物有灵且美好"，强调"住在城堡中的富人"与"守在他大门外的穷人"之间的差别。撒切尔夫人"勃然大怒"，嚷道："住在城堡中的富人已经被敲竹杠缴纳了很多税金！"她承认这个税种在"一家只有一间屋子可住的国家"或许难以收取，但这并不是普遍情况。首先，"她认为必须对地方开支进行民主的控制"。[150] 她对此的信念实在太强烈了，结果，她没有通盘考虑到后果。

2.

单一的欧洲人

"他们怎么敢这样！是我们在战争中救了他们的性命"

撒切尔夫人从 1979 年 5 月当选首相那天起，便一直为英国应该从欧共体要回"我们的钱"而争论（参见第二卷第 4 章）。她认为，希思政府在加入欧共体时协商的英国资金贡献额极度过分。1973 年开始的净贡献额为 1.02 亿英镑，而到了 1979 年竟增长为 9.47 亿英镑，[①] 若不是撒切尔夫人在第一届首相任期商定了临时解决方案，还会进一步增长。除非这种资金不平衡得到纠正，否则她就不允许欧共体采取新的行动。五年以后，在 1984 年 6 月 26 日，她终于取得了胜利。在法国枫丹白露举行的欧共体会议上，她得到了英国贡献总额 66% 的折扣。此外，各种条件也满足了她"解决方案与问题同步"的要求：成员国通过自身资源增值税收入新增 1.4% 继续为欧共体提供资金，这个折扣比例也继续维持。由此，这个方案不再是特别对待，不再需要讨价还价，这个问题就此解决了。

但这次成功几乎在最后一分钟前都并不确定。此前一直在就扣留英国对欧共体的超额预算贡献进行协商，虽然严肃但没有结果。1984 年 3 月在布鲁塞尔举行的前一届理事会上，英方曾抱有很大的期望，但最终受到阻止。皮埃尔·莫瑞尔[1]是密特朗总统的一位高级顾问，他参加过那届理事会。他说："所有与会领导人都为撒切尔夫人强烈的态度感到生气。（赫尔穆特）·科尔对她说，她和他应当仿效丘吉尔与阿登纳（战后德国著名

---

1 皮埃尔·莫瑞尔（Pierre Morel, 1944— ），1991年任法国总统外交顾问；1992—1993年任法国驻格鲁吉亚大使；1992—1996年同时任法国驻俄罗斯联邦、土库曼斯坦、蒙古、塔吉克斯坦、摩尔多瓦大使；1993—1996年任吉尔吉斯斯坦大使；1996—2002年任驻中华人民共和国大使；2002—2005年任法国驻罗马教廷大使；2006年以来任欧盟的中亚特别代表；2008年任欧盟的格鲁吉亚危机代表。

总理）的榜样，'着眼未来'。他为自己说的话感到激动，但她只说了句：'不。抱歉。我要索回自己的钱。'形势变得危险：显然她已经做得过分了。"②科尔后来写道："人人都让玛格丽特·撒切尔折磨得怒不可遏。弗朗索瓦·密特朗……在一次会餐时悄声对我说：'这种无休止的讨论我实在是受够了……我看咱们该私下同意，我们不给她做任何让步，什么都不给。'"③密特朗和科尔打定了主意，不能让这番争吵继续进行下去。他们开始为枫丹白露的最后结果做准备，私下与盟国联络，如果她不同意，就孤立她。英国外交人员风闻后，向法方指出，英国也盼望解决这事。④5月2日，撒切尔夫人在首相别墅与科尔举行双边会谈时，她以暗示的方式确认，英国准备为达成一项交易参加协商。她拒绝承认英国缺乏对欧洲的忠诚。会谈记录显示出，她说："我们都是热情的欧洲人。我们参加欧共体，为的是避免未来发生过去曾发生过的冲突。"⑤她指出，科尔、密特朗和撒切尔这三巨头目前在国内竞选中处于强有力的地位。大家应该团结起来，达成一项预算解决方案，走向欧共体发展的新阶段。

罗宾·伦威克等英国官员决定，尝试与法国人达成交易，因为法方希望在其担任六个月的欧洲经济共同体轮值主席国期间实现一个高潮。这一年晚些时候，罗兰·杜马斯[1]接替了对更加持反英态度的上司克劳德·切森[2]，担任了外交部部长。杜马斯在巴黎会见杰弗里·豪的时候对英国官员们说，他们需要找到一条新途径。他们在没有撒切尔夫人参与，甚至在她根本不知情的情况下，与法国同行秘密炮制了一个交易的开端。⑥折扣额将直接从我们支付的总额中减去（而不是先支付再退还），并正式写入共同体法律。⑦虽然英国官员根本无法确定能否在枫丹白露取得成功，但他们最大的担忧是如何"应付撒切尔"⑧而不是击败法国人。她会支持他们已经开始准备的交易吗？

在撒切尔夫人的首相生涯中，欧共体在枫丹白露举行的会议是她事后

---

[1] 罗兰·杜马斯（Roland Dumas, 1922— ），法国律师、社会党政治家。1983—1984年任欧洲事务部长；1984—1986年和1988—1993年任外交部部长；1986—1987年任国民大会外交事务委员会主席；1995—2000年任宪法委员会主席。

[2] 克劳德·切森（Claude Cheysson, 1920—2012），法国社会党政治家。1973—1981年任欧盟专员；1981—1984年任外交部部长；1989—1994年任欧洲议会成员。

做书面记录的很少几件事之一。[1] 她这次做记录的原因不明，但她离职后称："那件事发生后不久，做书面记录的目的是对曲解做出反驳。"[⑨] 她渴望记录下自己的回忆，这或许既反映出她结束一桩长期争执后的喜悦，也反映出她的担心，唯恐欧洲怀疑论批评者认为她让步太多。这篇手写的简短实录叙述了她抵达峰会时拿不准即将发生什么事。她认为密特朗还没有决定行动路线。他的选择有两个："1. 一个解决方案，法国担任轮值主席国时的胜利。2. 一场失败——皆由于英国！"[⑩] 人们在会议中的情绪"表面上亲切"。撒切尔夫人提出了自己的预算建议，按照她的建议，详细情况交由外交大臣应邀在晚宴后向各国政府首脑报告。晚宴在巴斯布雷奥酒店举行。这里昔日是巴比桑镇的一座狩猎屋，罗伯特·斯蒂文森曾在这里写下《金银岛》的大部分内容。撒切尔夫人注意到，东道主法国的切森部长带领所有外交部部长在门外露天喝咖啡，相互讲幽默故事，而不是按照安排确定预算问题的细节并且向室内的政府首脑做报告。她喊起来："他们怎么敢这样！是我们在战争中救了他们的性命。"[⑪] 伦威克和戴维·威廉森[2] 选择了这么个危险的时刻披露他们与法国谈判过的计划。他们把英国愿意接受的折扣百分比留作空白，让她觉得自己可以就此做出决定。"她恶狠狠瞪着我们，不过默许了。"

撒切尔夫人在记述中没有提到她的外交人员所做的准备，她记录道："总统（对外交部部长们的工作）显然感到不快"，[⑫] 晚上 11 点 30 分，切森来到政府首脑面前，他提议的退还额低得让撒切尔夫人觉得受到了侮辱："我感到绝望，我们从来没有受到过公平对待，假如这是他们能提出的最佳百分比，那枫丹白露会议就是一场灾难。"

伦威克曾对法国谈判对手说，低于 66% 的折扣英国不会接受，撒切尔夫人来枫丹白露要求的百分比是 70% 以上。法国名义上报出 50%，希望能以 60% 敲定，不过实际上准备接受更高的百分比。（他们没有向德国通报私下与英国的谈判，而德国坚持 60%）于是，第二天的议程有了一丝

---

1 另一件是她1985年前往莫斯科参加契尔年科的葬礼。（参见第三卷第9章）

2 戴维·威廉森（David Williamson, 1934—2015），毕业于汤布里奇学校和牛津大学埃克塞特学院。1983—1987年任内阁办公室副秘书；1987—1997年任欧盟委员会秘书长；1998年受封骑士；1999年受封霍顿的威廉森勋爵。

表演的成分，也许就连撒切尔夫人也在表演，不过她即使在私下也从不承认自己做过任何表演。由于在会议桌旁没有达成协议，密特朗建议休会后举行双边会谈，撒切尔夫人分别与密特朗和科尔会谈。"我对科尔说，我们可以接受 2/3 退还……我们也对杜马斯这么说。科尔提出 65%。"⑬ 科尔记得，撒切尔夫人"对我的态度变得非常冲动。她的大致意思是说，联邦德国应该支持英国，因为在我们国家驻扎着英国士兵"。⑭ 接着，她叫了"暂停"去跟她的官员们商量。戴维·威廉森对接受任务"应对撒切尔"的迈克尔·巴特勒[1]说："告诉她现在必须解决。"但巴特勒认为，最好听听她是怎么想的，于是缄口不语。让他感到宽慰的是，⑮ 她说："我认为我们能得到的已经几乎得到了，"接着补充，"既然我已经得到了 65%，我就能提高 1 个百分点。"回到全体会议后，她提出了这个要求，密特朗做出了让步，殷勤地说："当然，首相夫人，你应该得到。"⑯ 巴特勒记得，"身躯庞大的赫尔穆特·科尔怒不可遏地"按蜂鸣器叫他的官员们，要防止对德国不利的财政因素。但德国人不敢反对法国总统，况且他们也需要在共同农业政策上得到有利条件，于是，这事就这么定了。

撒切尔夫人写道，"午餐推得很迟，餐后大家的情绪都很欢欣"，接着是记者会，"记者们照例提出吹毛求疵的问题！然后回国"。⑰[2] 她实现了自己所谓的"根本要求"——退还缴费的百分比、欧盟接受了的这项交易将"随问题的持续而长期适用"、退还额度每年自动从缴费中扣除而不必通过欧洲议会投票决定。

枫丹白露的交易让外交家们感到喜悦。多年以后，活动发起者仍对这次令人满意的胜利津津乐道。根据官方财政数字，到 2015 年，英国累计节省了 780 亿英镑。罗宾·伦威克称之为"21 世纪最有价值的财政协议"。⑱ 然而，也存在对这个协议的其他看法。密特朗的官员们称，这是他们国家

---

[1] 迈克尔·巴特勒（Michael Butler, 1927—2013），毕业于温彻斯特学校和牛津大学三一学院。1979—1985年任驻欧洲经济共同体大使和英国常驻代表。1980年受封骑士。

[2] 一切问题都解决后，皮埃尔·莫瑞尔将预制的第一批欧共体国民护照样本摆在餐桌上，供各国首脑仔细查看。（皮埃尔·莫瑞尔访谈）莫瑞尔将这个项目留在各国同意了英国的退还缴费后进行。这种护照在英国不受欢迎，撒切尔夫人不喜欢，幸运的是她这时心情好。

的胜利。于贝尔·韦德里纳¹是密特朗的左膀右臂,他将那笔交易视为科尔－密特朗轴心迫使撒切尔接受了妥协。他评论说,她屈从时,"模样难看得吓人。她绝对不认为这是她的一次胜利"。[19] 1983年1月,法国总统在德国议会演讲时,韦德里纳相信,所谓密特朗与科尔之间牢不可破的友谊是虚伪的。枫丹白露是他们为塑造欧洲未来结成有效联盟的"分裂点",这个联盟维持到1992年签订《马斯特里赫特条约》便告终结:他们终于解决了英国的难题,作为交易的组成部分,让英国同意了较高的欧共体预算案(从增值税进项中提高缴费1%,用于将欧共体"自身资源"提高1.4%)。僵局终于打破,不论撒切尔夫人喜欢与否,他们都可以继续从事欧洲一体化事业了。雅克·阿塔利²当时并未参会,密特朗对他说,见撒切尔夫人达成交易时"几乎落泪"感到十分吃惊。[20]³

抛开两国各自夸张的成分,公平地说,英国在枫丹白露的确做了一笔财政上有利的交易。当时参加谈判的戴维·汉内赞成实现欧洲政治联合,他承认说:"我为之效力的英国首相中,谁也不可能比玛格丽特·撒切尔达成更好的交易了,若换了其他首相,达成的交易也许要差得多。"[21] 她把握细节的能力,以及在没有可靠朋友的情况下长期与对方博弈的坚韧毅力都令人惊叹。她参加谈判时,不仅携带着传统的正式讲话摘要,还带着有关具体问题的所谓"手提包论点",谈判中会忽然掏出来挫败对手。她还带着"小匕首",随时能证明对手的虚伪、故态复萌和不实借口。她在知识方面、雄辩能力方面、性格的力量方面、甚至在原始情报方面都高于自己的谈判对手,不过在外交手腕方面并不占上风。这个欧盟预算的传奇故事证明,她为英国的民族利益奋斗的精神多么令人敬畏。但法国官员也准确

---

1 于贝尔·韦德里纳(Hubert Védrine,1947—),1981—1986年任密特朗总统的外交顾问;1991—1995年任法国总统办公室秘书长;1997—2002年任外交部部长。

2 雅克·阿塔利(Jacques Attali,1943—),经济学家、高级公务员;1981—1990年及1993年以后任职法国政府;1981—1991年任法兰西共和国总统特别顾问;1991—1993年创建欧洲复兴开发银行,任首任行长;2007—2008年任解放法国经济增长委员会主席。

3 阿塔利在后来的讲述中添油加醋。在2009年英国广播公司的一次采访中,他说,撒切尔夫人得到最后的折扣百分比后,两度要求提高,而且真的放声大哭:"那就像是苦苦乞求小费,后来只得到半数小费,然后我们接着讨论更加重要的问题。"(雅克·阿塔利,2009年7月6日接受英国广播公司采访,http://news.bbc.co.uk/1/hi/uk_politics/8136326.stm)

2. 单一的欧洲人

发现了撒切尔夫人的担忧，她唯恐自己实现不了自己的愿望。在最单纯的政治层面上，她本来想要的百分比高于实际所获。[1]她还意识到国内欧洲怀疑论者的强烈情感。在议会中，有大约25位保守党中坚议员和众多工党议员持有欧洲怀疑论观点，他们注意到，在枫丹白露赢得财政益处时，付出的代价是默认了较高的欧洲支出，却没有改革农业政策，没有深化欧洲一体化。在议会下院，后来成为内阁大臣的彼得·利利[2]将这笔交易比喻为设法"说服酗酒者戒酒，为诱使他签署戒酒保证书而向他无限量供给威士忌"。㉒在这个比喻中，欧共体就是这个酗酒者。这桩交易达成后接下来那个星期，《观察家》报称，撒切尔夫人"在必须答应之前答应了没有必要答应的事情，结果放弃了产生真正变革的唯一机会。我们现在要倒退回效忠欧洲的时代……还要承受无情的成本上涨"。㉓伯纳德·英厄姆体会到她的焦虑，在她参加过欧洲议会举行记者会前向她提出建议："你必须以成功者的姿态展示成功的成果，不要不好意思夸耀。"㉔撒切尔夫人服从了，但她仍怀有疑惑。她在自己的书面叙述中，为这事得到圆满解决而庆贺，但补充说，在控制开支方面"战斗还将持续"：㉕"起码现在我们可以重新评估我们的欧洲战略。在未来岁月中，很多事情要依赖其凝聚力。"

虽然撒切尔夫人对密切欧洲政治联系感到怀疑，但她对实在的方面感兴趣。自从19世纪初叶以来，热心人士便一直促进在英吉利海峡建设连接英法的海底隧道。[3]第二次世界大战以后，英法两国政府开始更加认真地考

---

1 文件显示，66%让官员们大为喜悦，但真正实现后发现，那是他们在枫丹白露的最低目标。欧洲议会开会前夕，戴维·威廉森致函杰弗里·豪："如果真能得到，那么真正的关键在于……能高于增值税三分之二退还款/支出缺口多少。"[威廉森致函杰弗里·豪，1984年6月22日，首相文件，欧洲政策，欧共体在巴黎的会议，第18部分（在内阁办公室查询的文件）]

2 彼得·利利（Peter Lilley, 1943—），毕业于达利奇学院和剑桥大学克莱尔学院。1983—1997年任圣奥尔本思选区保守党在议会的议员；1997年后，任希钦和哈彭登区保守党在议会的议员；1984—1987年任财政大臣首席私人秘书；1987—1989年任财政部经济秘书；1989—1990年任财政部财政秘书；1990—1992年任贸易工业部国务大臣；1992—1997年任社会安全部国务大臣。

3 多年来，主要由民营投资者提出过许多精心策划的方案，其中包括海底隧道与跨海大桥的各种不同组合方案。

虑。㉖1964年，双方原则上同意了一个连接两国的隧道项目，但由于为资金担忧，进展非常缓慢。[1] 撒切尔夫人就任首相后，既没有资金来源，又无意花费纳税人的金钱。不过，如果出现民营企业的组合计划，她觉得这个想法是迷人的。1981年，经从来有说服力的伊恩·高介绍，她了解到一个方案，那是她当时心目中的英雄伊恩·麦格雷戈提出的，前一年，她任命麦格雷戈为英国钢铁公司的董事长。

麦格雷戈领导着一个名叫"欧洲之路"的集团，他向撒切尔夫人提出一个新的想法。他设想的不是传统的钻孔隧道，而是"高架桥与沉管隧道相结合的公路铁路通道"，其间造几座人工岛用于边境控制。㉗向撒切尔夫人提交的书面报告认为，这个想法是基于美国的横跨切萨皮克湾的通道，"据认为运作无利可图"。㉘她在旁边批注："我们能核实吗"（她照例省略了问号）。她和麦格雷戈会见时，她"承认这个方案有吸引力"。㉙[2]

麦格雷戈的抱负与撒切尔夫人的观念相符。她在意识形态中害怕单一依赖工会控制的国有化铁路，偏爱自由的公路交通，喜爱私有领域的能力。麦格雷戈人际交往广泛，可以游说众多内阁大臣。他心里还有一个愿望，希望建设英国与欧洲大陆之间的公路能为英国钢铁公司创造工作机会，他声称，在五年中"能创造大约每年25万人的就业机会"。㉚但是，交通和工业部门的主流观点认为，纯粹的铁路连接更好。此外，法国新上台的社会党联合政府要求一种"政治取消"安排，意思是任何一国政府在签署支持一个方案后，若将来反悔则要为毁约承担责任。法国新任交通部长夏尔·费特曼是个真正的共产党人，而撒切尔夫人的自由市场专家艾伦·沃尔特斯是个运输经济学家，他不喜欢铁路，便警告她说，公众"对隧道桥

---

1 爱德华·希思政府曾加紧推进隧道计划，但保守党下野后，撒切尔夫人提出了对成本上升的担心。[英国议会议事录，HC Deb 1974年4月30日，872/969—72(http://hansard.millbanksystems.com/commons/1974/apr/30/channel-tunnel-bill)] 1975年，政府的计划被抛弃，但在其后数年中，感兴趣的民营集团继续推进这个想法。

2 麦格雷戈通过伊恩·高设法利用撒切尔夫人吸引弗朗索瓦·密特朗总统的关注，暗示说得到了她的支持。她很高兴把麦格雷戈介绍给法国总统，但意识到自己必须置身事外："他不能说我赞成他的具体计划。"[高致函亚历山大，1981年11月25日，首相文件，运输，海峡隧道，第1部分（在内阁办公室查阅的文件）]

梁综合方案的期待"令人担忧。[31]铁路隧道要求政府做的担保是政府无法接受的，因此不该让人民产生政府可能作担保的印象。贸易大臣约翰·比芬提醒同僚，英法在协和飞机项目上的合作让英国损失惨重，"通常受法国人支配"是危险的。[32]

撒切尔夫人是谨慎的，但是，由于密特朗在福克兰群岛（马尔维纳斯群岛）[1]战争中的帮助，她同意了外交部的路线，同意英国应找到"维护与法国关系的途径，避免其不轨举动"。[33]因此，撒切尔夫人1982年5月在爱丁堡会见密特朗的总理皮埃尔·莫鲁瓦[2]时，听了他对海峡交通前景的详细解释，她同意了莫鲁瓦的意见。"她也心怀着一个固定连接的梦想。"[3]但是她没有承诺动用公共资金，还补充说，她认为（民营）资金不会单单支持铁路建设。[34]应该由民营领域提出自己感兴趣的不同建议，政府将决定哪一个是他们的最佳"选择方案"。接下来，这个问题在政治上沉寂了18个月。在1983年的大选中，压制这个问题符合保守党的利益，因为保守党占有几个代表肯特郡的席位，肯特郡的居民不想要海峡隧道带来的喧嚣和烦恼。尼古拉斯·里德利于1983年10月受撒切尔夫人任命担任交通大臣，他对隧道持怀疑态度，若需要花费公共资金，他就更感到怀疑了。

1984年初，伊恩·高再次吁请撒切尔夫人会见麦格雷戈，他仍旧在推动自己的"欧洲之路"计划。这次会见是在半隐秘状况下进行的，免得让人得知撒切尔夫人与麦格雷戈讨论即将发生的矿工罢工（参见第三卷第6章），但他抓住这个机会，让自己的项目在政治上得到关注。他对撒切尔夫人说：隧道仅有铁路"会让英吉利海峡两岸铁路工会的垄断势力更持久，甚至得到加强"。她当时对铁路工会耿耿于怀，因为存在铁路工会与罢工矿工团结起来的威胁。[35]比起传统的铁路连接，虽然撒切尔夫人对公路成分继续持偏爱态度，但她仍然没有向麦格雷戈表示支持。政策组向她提出建

---

1 福克兰群岛，即马尔维纳斯群岛。为尊重原著，本书延用"福克兰群岛"这一称呼。（译者注）

2 皮埃尔·莫鲁瓦（Pierre Mauroy, 1928—2013），法国社会党地区及全国政治家。1973—2001年任里尔市长；1973—1981年任北方国民大会议员；1974—1981年任北方地区议会主席；1981—1984年任法国总理。

3 "海峡隧道"这个说法当时并不确定，因为这个说法意味着跨越英法两国间22英里的海峡不采纳其他建造方案。政府采纳的宽泛说法是"固定连接"。

议说，固定连接属于"应该不错"的范畴，而不是"必须拥有"的，[36]因此这是个该由民营领域单独决定的事情。

然而，现状不能令人满意，而且引发了民营－国营两难处境。若干民营团体这时渴望推动这项事业，但没有政府牵头就无法采取行动。法国方面想要向前发展。英国不愿因耽搁受指责。1984年10月，密特朗来英国做国事访问，访问后，他在记者会上夸张地说，访问期间他和撒切尔夫人"一直在"讨论海峡项目，这也是她"痴迷"的项目。[37]这个取笑的说法推动撒切尔夫人采取行动：她不愿否认自己支持这个项目。密特朗还意识到，她一个月后要来巴黎参加英法峰会。

领导人们会见的这两个场合迫使政府努力思索，自己真正想要的是什么。尼古拉斯·里德利要会见法国同级别官员，他想要唐宁街指出方向。不过，到了那个时候，他什么指示也没有得到。撒切尔夫人遵循着政策组的建议，对里德利说，他只需要重申"业已存在的立场，言谈中既不看涨，也不看落"。[38]政府唯恐到头来不得不花费公共资金支持某个投标。政府还有一种担心，唯恐海峡固定连接到头来利用了英国国库资金，却变成个最大的无价值项目。

1984年11月29日，撒切尔夫人参加过与密特朗的峰会晚宴后，召集大臣和官员们到英国大使的官邸一道饮酒。也许密特朗对女性特有的高卢人式的殷勤让撒切尔夫人感到陶醉，她忽然变得兴致勃勃，大谈固定连接的事。她似乎像那位总统一样特别青睐大项目。她说："启动某个激动人心的事情毕竟是美好的。"[39]在她眼中，"激动人心"的项目包括了道路：其他选择激不起她的兴趣。她宣称："我不想搞铁路隧道。我要'欧洲之路'。"[40]这也是密特朗想要的。当时伯纳德·英厄姆在场，他为撒切尔夫人新冒出的激情感到迷惑，长期以来她对这个项目从来犹豫不定。"我递了张纸条给罗宾·巴特勒，上面写着：'这番通往大马士革之路[1]的谈话是什么时候进行的？'罗宾回答：'大约17分钟前。'密特朗真的跟她调过情。"[41]在接下来的一天，两位领导人宣布在固定连接项目上的友好态度（不过没有表示选择了哪一个方案），并保证将"以实在的紧迫性"从事

---

1 这里引用了《圣经》中的记载：圣保罗是一名罗马犹太人，他在通往大马士革的路上受到神启，后皈依了基督教。

2. 单一的欧洲人

这个项目。㊷撒切尔夫人在英国广播公司的节目中表达了自己的激动心情："许多人有一个美好的梦想，想在多佛坐上自家的汽车，一直开到加来。"在另一个英国广播公司的采访中，她说，与欧洲的这样一个连接将"让我们对未来充满自信，并且怀有启动第一次工业革命的前辈一样的远见"。㊸

尽管撒切尔夫人新获得了这种热情，但她的想象实际上并没有获胜。政策组的约翰·怀布鲁向她抱怨说："法国团队（社会党政府）也怀有撒切尔主义私营化企业的积极精神，这颇有讽刺意味……他们比英国人更有创意和热情。"㊹问题出在英国，而不是法国：这里有"太多的狂犬病烦恼、植物卫生问题和恐怖分子骚扰"。[1]这个项目如今几乎确定要实施，1985年4月发出了招标书，但是赞成铁路连接的机构势力比较强，也更加狡猾。尼古拉斯·亨德森爵士与他的法国合作伙伴组成英法海峡隧道集团，他任集团董事长，投标建造铁路隧道。亨德森在福克兰群岛战争中是英美外交活动中的英雄人物，曾任英国驻巴黎大使。他这时致函撒切尔夫人，委婉地表示："我对人们想当然地理解你的话感到担心……我最近在巴黎时，在总理办公室得知……法国人以为英国首相偏爱'欧洲之路'。"㊺他要求面见首相。他说，他的公司可以在计划的铁路隧道之外另建一条公路隧道。

发现并巧妙概述行车方向问题的人是伯纳德·英厄姆。内阁委员会开始讨论不同的"固定连接"项目时，他书面向撒切尔夫人提示："没有讨论在道路哪一侧行车问题。对于最终的选择这是一个重要的指示信号。"㊻他的意思是说，委员会没有考虑开车该靠右还是靠左行驶，因为他们一心想的是只通铁路的隧道。

11月份，共收到四份方案，其中有"欧洲之路"和英法海峡隧道集团提交的方案。做决定的最后日期是1986年1月20日，撒切尔夫人与密特朗预定当天在里尔会见，在会见中，要举行一个仪式，宣布这个项目的

---

[1] 比如，赫尔穆特·科尔就相信，撒切尔夫人怀有英国人担心大陆国家入侵的传统担忧。前美国驻德国大使理查德·伯特回忆起德国总理在这个问题上对撒切尔夫人的评论："她开始谈论自己的担忧，唯恐老鼠和其他小动物会穿过隧道带来狂犬病毒在英国蔓延。科尔将这个评论视为她与欧洲关系的隐喻。他说一辈子从未听过比这更愚蠢的说法。"（理查德·伯特访谈）英国媒体充斥着科尔认为"愚蠢"的这类担忧，其中包括毒品输入和对轮渡公司造成损失等说法。奇怪的是，考虑到21世纪的重大问题，非法移民的机会问题却很少提到。

"选定方案"。撒切尔夫人不顾相当大的压力,依循了查尔斯·鲍威尔的建议:她必须置身事外,免得"以后遭指控,说她操纵结果"。[47]不过,密特朗在一位中间人的介入下,鼓励她支持"欧洲之路"。[48]政策组也有相同的看法。约翰·怀布鲁敦促她:"让你的欧洲能力观接受一下考验。挑战民营领域承担'欧洲之路'的方案。"[49]她没有接受。

经过多次反复研究,最终的决定是选择英法海峡隧道集团的钻孔隧道方案。尼古拉斯·亨德森原先算计得不错,暧昧地提出最终在铁路隧道外增加公路隧道,大家都更容易接受。撒切尔夫人虽然喜爱麦格雷戈的华丽想法,但她对金钱一贯采取谨慎态度,而且英法海峡隧道集团与英吉利海峡两岸的权力中心有更加密切的关系。一切活动都有点仓促。查尔斯·鲍威尔在里尔参加仪式后带回一张纸,他在上面写着:

无论你是否相信,这都会成为一个历史性文件。这是首相宣布选择海峡隧道固定连接项目的声明……请存档:

英国和法国今天做出了决定,基于专家们的报告,将在英吉利海峡下面钻一对铁路隧道,通过列车将两国连接在一起。其后将建造一条公路连接。[50]

在这张纸片上,弗朗索瓦·密特朗和玛格丽特·撒切尔签上了名字。

在接下来的一个月,撒切尔夫人于2月12日在肯特郡的曼斯顿机场会见了密特朗,与他驱车前往坎特伯雷。她的卫士巴里·斯特雷文斯回忆说:"在车上,他的目光不断地盯着看她的腿。"[51]他们在大教堂的教士会议室签署了正式确定这桩交易的协议。30年后,海峡隧道极受大众喜爱,不过最终敷设的高速铁路不得不由政府支付开支,而不是民营领域。公路连接却没有建设的迹象。

※ ※ ※

通过与法国社会党政府的合作,撒切尔夫人史无前例成功地拉近了英国与欧洲大陆的通行距离。尽管如此,她对欧共体的未来走向仍然感到不安。在这一阶段，她相信欧共体是西方民主的一个象征，对欧洲和平有帮助。西班牙和葡萄牙于20世纪70年代分别抛弃独裁政体，（于1986年初）被批准加入欧共体，她对此感到喜悦。她有个日程安排，要将撒切尔式的自由和规则引入欧共体的经济事务中。具体说来，她想要英国仍通常称作"共同市场"的规则，但如今重新命名为名副其实的"单一市场"[1]。但是，在欧共体的五年经历让她饱受心理创伤，她对一场又一场工作宴会渐渐感到无比蔑视："结果证明，一切都太困难，让她大失所望。"[32] 在枫丹白露参加过一次正式晚宴后，她冲伯纳德·英厄姆嚷道："这些家伙！他们只知道胡扯趣闻轶事，从不谈正事。根本没有工作效率！"[33][2] 撒切尔夫人在欧洲大陆的谈判对手也同样感到烦恼。她为此与他们的斗争太凶狠了，结果永久性地伤害了他们的感情。"在此过程中，她得罪了所有人。"[34] "这些家伙"对"那个女人"感到无比厌烦。

撒切尔夫人的主要欧洲伙伴对欧共体未来的看法让她感到担忧。1984年3月在布鲁塞尔举行欧共体会议前几个星期，她与科尔会晤。外交部在向她提交的简报中建议，她应该提出一个论点："没有改革，就没有复兴。"[35] 从历史的角度看，这并不是个很好的建议，欧洲的文艺复兴发生在改革前很久。不过撒切尔夫人认为，还有一个疑惑。她肯定想要一场改革——打破官僚体系、保护主义、国家对经济的指导、效率低下、任人唯亲等现象，但是，难道她真的想要让所有外国人眼睛熠熠生辉的那种复兴吗？她没有产生缔结欧盟的深厚情感，这可以从枫丹白露峰会结束三个月后的一个小插曲得到证明。1984年9月22日，在第一次世界大战的可怕战场凡尔登，科尔和密特朗手拉手并肩站在一起，表示法德和解。撒切尔夫人在电视上看到了这个画面。有人后来私下问她："真的令人感动，不是吗？"她回答道："根本不让人感动。两个成人手拉着手！"[36] 她常常赞成欧洲经济共同体的发展，但从来体会不出欧洲主义的宗教式精神。

---

1 有时用"境内市场"这个说法。撒切尔夫人不喜欢这个说法，不过她有时也使用这个字眼，因为它隐含的概念是萌芽状态的欧洲合众国，而不是个贸易集团。

2 在记述枫丹白露峰会的个人手稿中，她提到过在晚宴中听到"无聊而没有意义的趣闻轶事"。
["枫丹白露"，撒切尔回忆录，未标明日期，CAC: THCR 1/20/4 (http://www.margaretthatcher.org/document/139100)］

欧洲主义像一切宗教一样，需要其教条。撒切尔夫人常常觉得别无选择，只能接受欧洲合作伙伴喜欢使用的扩张词语。1983年6月在德国斯图加特欧共体会议上，撒切尔夫人同意签署了"庄严宣言"（参见第三卷第4章），这是个典型例子，证明不论撒切尔夫人在每一个论点上如何抵抗，欧洲统一的事业仍在向前推动。

这个"宣言"是在1981年的所谓"根舍－科隆博倡议"基础上发展而来的，当时，德国与意大利两国外交部部长讨论更大范围的欧洲政治一体化，这奠定了创造单一欧洲国家的基础，并呼吁通过"欧洲法案"推动其实施。1981年11月，当时的外交大臣卡林顿勋爵向撒切尔夫人提交书面报告，以安抚的口吻表示，"根舍－科隆博倡议"并不是个协议，不需要提交议会批准。他还写道："我们此时在欧洲高于一切的目标是在欧共体预算上得到一个满意的结果，这可以是个策略性切入点。对此，我们需要德国的合作。我们会发现，如果我们响应德国建议，在广泛、模糊、理论等问题上采取同步行动，就比较容易说服我们的合作伙伴采取我们需要的大动作。"[57] 撒切尔夫人在这个文件上的批注反映出她的不安："我们不向议会通报不可能侥幸逃避关注。"她还补充批注道："这会揭开保守党的所有旧疮疤，撕开新伤口。我们决不能这么做。"[58]

但他们还是这么做了。1983年2月，弗兰西斯·皮姆接替卡林顿后，致函撒切尔夫人，敦促她在即将召开的欧共体会议上签署"根舍－科隆博倡议"。她的私人秘书约翰·科尔斯支持皮姆的立场，按照经典路线部署了长期策略："我认为签署这个冗长的文件没有任何害处，如果我们制造困难，科尔会感到不安。"撒切尔夫人批注道："我强烈讨厌这事。"[59] 三天后，她批注道："难道我们非签不可吗？难道我们不能就这么采纳吗？这是个可怕的文件。"[60] 那个月底，皮姆坚持认为，如果她拒绝签署，英国将受到孤立。他像卡林顿一样，提出了战术性路线："这个文件出现后，无疑会引起一些讨论，但我认为，我们证明它没有实质性内容应该不会引起麻烦。"[61] 接下来，他以查尔斯国王街（外交和联邦事务部所在地）的华丽辞藻写道："假如我们拒绝签署，我们将陷入一种危险，显得这个文件有更多可信度，然而它既没有做出任何保证，也不足信。"[62] 换言之，英国签署它，为的是让这份文件失去可信度。一位私人秘书在皮姆的信上写道："你愿意签署吗？"撒切尔夫人不堪其烦，批注："愿意。"

2. 单一的欧洲人

英国官员努力向撒切尔夫人保证说，即使是个庄严的宣言，其意义也远低于一个法案。他们对这份宣言中的措辞感到自豪，因为它将欧洲一体化描述为一个"过程"，而不是"终点"；⑬但其总效果却严重违背英国的实用主义精神及温和做法。欧共体在此基础上致力于"强化欧洲货币系统……作为向经济货币联盟发展的关键因素"并在五年内决定"取得的进展是否应成为欧洲联盟条约的组成部分"。官员们将欧洲人的宣言称作"华丽辞藻"或"神学"，但撒切尔夫人得到的建议从来是：为了得到实在的利益，还是值得忍受的。在有些时候，这是个不错的建议，但麻烦是那些使用华丽辞藻的人认为辞藻十分重要。祭司们把神学当成一回大事。欧洲的最高祭司们以后肯定会利用自己的神学——从他们自己的观点看，这是合情合理的。在这个问题上，他们认为合理的路径是：1981年的"根舍－科隆博倡议"和1983年斯图加特的庄严宣言是个框架，这个框架对1985年卢森堡峰会便形成了一个条约义务，其中囊括了1986年签订的《单一欧洲法案》，这与1988年汉诺威峰会形成一个系列，最后在1989年马德里峰会和1990年罗马峰会得到确认，在1991年马斯特里赫特政府间会议上形成条约。由于欧共体的缔造者认为，欧洲经济共同体是在同一方向上的连续进展，他们便将每一个条约、宣言、协议、指令等视为下一步发展的奠基石。撒切尔夫人对此感到非常怀疑，既怀疑其处理方式，也怀疑其目标的性质。但是，她也受困其中：这是成为成员国的一个条件。

在撒切尔夫人与她的欧洲同行之间，即使明确表达的理念可能相似，但潜在的态度却有着强烈反差。例如，1984年5月，赫尔穆特·科尔去首相别墅拜访过撒切尔夫人之后，在牛津大学发表了纪念康拉德·阿登纳的演讲。他提出一个论点称，欧洲一体化一定是"不可逆转的"。他接着问道："各位是否准备好为欧洲的政治统一而努力？"这个问题其实是在含蓄地向牛津那位最著名的女性毕业生发出挑战。撒切尔夫人承诺过政治上的合作，但从来没有致力于政治统一，其实，她坚定地反对政治统一。她对此的表述往往掩盖在实用主义的外衣下，但她内心的观点是坚定的。1984年10月，她接受《世界报》采访时说："我真希望有人能给它（政治统一）下个定义，首先……我不清楚欧洲政治统一是什么意思……我不相信我们可以成立一个欧洲合众国。"⑭她几乎无法理解联邦主义者的抱负："我就是想不出，他们竟然想让议会之母（指英国议会）在欧洲合众国里消失。"⑮

她自己对欧洲经济共同体的想法是有限的、刻薄的、实用主义的。这些想法的韵味可以从她自己的评论中品味出来，也可以从查尔斯·鲍威尔向她提交的评论中体会出来。鲍威尔虽然受到外交部的支持，但他一直明确表示说，他作为私人秘书，仅效忠她一个人。因此，他在通信中反映的世界观几乎总是反映甚至强化了她的观点，如果她与某部门的正统观点发生冲撞，他总是从中体会到乐趣。他常常在欧洲事务上提交给她讽刺性的函件，激发她的斗争性。一个函件的标题是"1984年制定的59个新规定"，取笑般提到"下水道污泥用于农业"、"山羊肉市场"以及关于"船具"的法律规定。他补充道："下一步，他们大概要规定童谣的和谐性了！"⑥

关于欧洲经济共同体的未来，撒切尔夫人做出的一些极为重要的决定是欧共体管理机构的人事任命。考虑到她认为欧共体主要是个经济组织，她做出的选择确实引人瞩目。她收到的建议也同样醒目。就连她的大臣们都无法理解——也许有时是刻意避免真正理解——撒切尔夫人对欧洲理想的了解少得多么可怜。例如，1984年就谁该接替加斯顿·索恩担任欧共体主席进行讨论时，杰弗里·豪为欧共体副主席比利时人艾蒂安·达维南子爵[1]拉票，撒切尔夫人的确赞成他。杰弗里·豪写信给她，赞扬说："起码他（达维南）是个不带比利时偏见的好欧洲人。"⑥ 撒切尔夫人在这个句子下面画了道曲线，表示讨厌：在她眼中，某个人是个"好欧洲人"从来算不上什么好的推荐。说他是个比利时人反倒好些。

后来发现，达维南并不参加竞选，德国人也无意提出自己的候选人，外交部得知法国有可能提出自己的新人选。他们希望人们不选持反英态度的左翼克劳德·切森，转而关注密特朗的财政部长雅克·德洛尔[2]，因为他们认为这个人更加有责任感。并没有记录显示撒切尔夫人与英国大臣们在这个人选的任命问题上讨论过他对欧洲一体化的态度。撒切尔夫人对各人选的品行了解得相对很少，于是在很大程度上依赖外交部的建议。杰弗里·豪为自己赞成的人选德洛尔拉票，致函撒切尔夫人说，这个人"在可

---

[1] 艾蒂安·达维南子爵（Vicomte Etienne Davignon, 1932—），比利时外交家、政治家、商人。1981—1985年任欧共体副主席。

[2] 雅克·德洛尔（Jacques Delors, 1925—），1981—1983年任法国经济财政部长；1983—1984年任经济、财政与预算部长；1985—1995年任欧共体主席。

能管理欧共体财政方面有着更加严肃的态度和兴趣"。⑱ 在接下来的那个星期，撒切尔夫人会见杰弗里·豪的亲密盟友罗兰·杜马斯，讨论这项任命。杜马斯向他推荐了德洛尔，理由是"德洛尔先生在预算事务上非常严谨"。⑲ 杰弗里·豪和杜马斯的陈述如此相似，而且是在这么短的时间内提出的，撒切尔夫人很难抵御他们对这事的相同看法。德洛尔本人评论说，撒切尔夫人喜欢他在密特朗最初的社会党式的经济增长冲击失败后处理法国财政问题的果断性："她是个杂货商的女儿，父亲是个勤奋劳作的人……她表现出对英国茶点休息老传统的厌恶。我敬重这一点。撒切尔夫人对我在法国的困难环境中的运作感到赞赏，她喜欢我采取的方法。我认为，这可能对她投票赞成我发挥了一些作用。"⑳ 在能力和经验方面，雅克·德洛尔管理欧共体的确有突出的资格，但是他也肯定会试图利用自己的主席地位将欧洲引向撒切尔夫人诅咒的方向。但谁也没有向她指出这一点。最后，她表示支持候选人德洛尔。

撒切尔夫人任命科克菲尔德为新的欧洲专员，负责国内市场与服务。这背后却隐藏着又一个类似的企图，让她不问大方向便投入这个体制。这一次，撒切尔夫人没有依赖自己的大臣们，而是凭自己的直觉行事。科克菲尔德是一位税务专家，信赖让市场有效运作。虽然受到尼格尔·劳森的排斥，但撒切尔夫人从来十分佩服他。她曾经半带崇敬半开玩笑地说："亚瑟经过一排邮箱，会禁不住朝每个邮箱里投一封信。"㉑ 她认为，他会使出浑身解数，使欧洲单一市场成为活生生的现实。查尔斯·鲍威尔曾警告她说，科克菲尔德是个专家型政治论者，不会成为她需要的政治盟友，并建议由更加明显亲欧洲的迈克尔·巴特勒担任此职位，㉒ 但她认为，科克菲尔德更加"属于我们"。她为这项任命会见科克菲尔德时对他说，他必须将金融秩序引进欧洲经济共同体，并"负责完善内部市场，大大减少对各行业的多头指令"。㉓

科克菲尔德满腔热情地表示同意，但上任后却认定，单一市场远比撒切尔夫人愿意支持的情况复杂。他于1985年5月拜访她时说，为了在1992年以前按计划创立单一市场，欧共体就必须排除所有财政障碍，《罗马条约》提供了对间接税的协调规定"。㉔ 这激起博学的撒切尔夫人对条约如何准确措辞的争议，她大发雷霆："英国接受税务协调绝对没有任何问题。但这会挖议会权力的墙脚……用不着英国以外的人对我指手画脚，告诉我该如何在国内收税。"⑮ 但她不断听到这种言论，对她讲这种话的人包括她原以为与之观点相同的人。雅克·德洛尔回忆起科克菲尔德时心怀敬意，认为他是个"相当坚定的人，在诸如间接税的协调等困难问题上态度尤其坚定"。⑯ 科克菲尔德发出新的指令，让撒切尔夫人极为不快。后来，科克菲尔德在1988年参选连任时，她决定不选他，而让利昂·布里坦接替他。这是个奇怪的选择，因为布里坦很可能是她的几届内阁中最热心的亲欧盟者。令人吃惊的是，直到最后阶段，她都没有意识到欧洲经济共同体中意识形态斗争的性质。受到她提升任命的人选往往是另外一方的同盟者，到头来她才感到震惊，没料到自己提拔的人竟坚守与她的信条几乎完全相悖的欧洲信条。

　　德洛尔受命担任欧共体主席后，撒切尔夫人首次会见他时对他强调说，"要讲求实用性"，避免暧昧的理想主义："例如避免不断提什么欧洲统一，那是永远不可能实现的事情。"⑰ 德洛尔不懈努力要实现的正是她反对的欧洲统一，但他没有公开自己心中的理想，只是圆滑地评论说，欧共体中有两种潮流：一种是"在实践中改进"，而另一种是"渴望签订新条约"。撒切尔夫人称，新条约的想法是"荒唐的"。然而，德洛尔想要的却正是新条约。在他完成自己的任期前，他要实现极富重要意义的两个条约。在他与撒切尔夫人的会见中，两人无疑都怀着自己一厢情愿的想法。亲欧派愿意认为，撒切尔夫人肯定与他有相同的信念，只是不能过度刺激她；撒切尔夫人则愿意相信，只要向这个欧洲大陆人揭示一些英国的常识，便一切归于正常。但是，从广义上讲，撒切尔夫人受到的欺骗多，欺骗对方的少。在大多数情况下，欧洲并不因循她的路线，而且在任何时候都不可能按她的愿望发展。除了很少几个例外，她的官员们和大臣同僚们并没有向她通报这种情况。他们往往让她在任何事情上感觉开心。德洛尔就任后不久，杰弗里·豪的个人办公室递交来如下一个间接的奉承信息："根据报告，这一星期之初，德洛尔对他的一些合作伙伴说，只有一个成员国对欧共体的路线有明确观念，并为此有效实施而努力。他说，这个成员国不是法国，而是英国。"⑱ 关于单一市场，他对英国的称赞名副其实；但是在长期而深刻的欧洲目标方面，他对英国的评论却并不准确。英国没有欧洲战略，没有可与德国或法国相提并论的目标感。

　　撒切尔夫人不但受到欺骗，心中还肯定自欺。为了她想要的单一市场得到运作，各国不能从其他欧盟国家进口货物时强加自己的规定。各国执行的规定必须在欧洲层面通过多数票做出决定（一国不能否决）。撒切尔夫人明白这一点，便有意识地支持欧盟范围最大的多数票方式，为的是实现单一市场。因此，她后来提出抱怨，等于是否定了自己一直推动的事情。

不过，在枫丹白露会议之后，尽管在精英圈子里情况不同，但撒切尔夫人在欧洲公众中获得了很高的声望。她在1982年打赢了一场战争，在1983年以压倒性多数选票再度当选。由于她制定的政策，她似乎主导了国内的经济复苏。尽管当时正处在与全国矿工工会斗争的高潮期，但这也让每个人都注意到她坚定的意志和实施经济改革的决心。不但在欧洲而且也许在全球舞台上，她都是最引人瞩目的人物。她有着"毫无争议的明星品质"。[79] 总的来说，欧洲领导人嫉恨她在欧洲经济共同体预算斗争中取得的成功，但是也感到，需要表现出在倾听她的意见，大家都希望，可以说服她赞同欧共体的发展，而不是听任她反对。有些人甚至大为赞同她的自由市场经济议程，其中有几位荷兰人，几位丹麦人，赫尔穆特·科尔也不时表示赞成。因此，在枫丹白露会议后，各国都做出认真的努力，让英国与欧洲保持一致。

撒切尔夫人内心中渴望表现得积极，却并不损失她珍视的国家独立性。她向枫丹白露会议的所有与会者发出一份题为《欧洲——未来》的简短英国文件，文件陈述了一个计划：保证"消除内部对商业与贸易的障碍"[80] 以便创造"《罗马条约》设想的真正的商品与服务的共同市场"。这份文件刻意将目标集中在开放市场，而对改革欧洲经济共同体的机构却态度谨慎或缄口不语，免得让欧共体的缔造者们感到困扰。这份文件与1984年2月欧洲议会批准的《斯皮内利条约》草案形成反差，也与在枫丹白露成立的杜奇委员会所做的工作不同，那个委员会是要推动欧洲经济共同体机构发展并支持形成一项欧洲联盟条约。

英国的愿望肯定是调动欧洲经济共同体的力量，在经济上产生变化，但除此之外并不寻求加强这种力量。于是，英国扮演了一种奇怪但前后并不完全矛盾的双重角色，既鼓励欧洲朝某种改革的方向发展，又竭力阻止其走向其他方向。马尔科姆·里夫金德当时任外交部低级官员，是英国在杜奇委员会的代表，他回忆说，他不得不反对其他成员国提出的"大冒进"

的呼吁，尤其反对欧盟过度发展的主张。他真害怕不得不发出少数派报告，但他坚持说："我以很典型的欧盟方式取得了成功。我得到其他成员国的同意，在文本上我不同意的建议旁附个星号，在脚注上注明：英国代表不同意。"㉛在唐宁街密切监督下，他必须坚持单一市场原则，反对特定多数表决制¹，反对欧洲货币联盟。欧洲货币联盟是欧洲人向往已久的步骤，目标是朝单一欧洲货币和中央银行过渡。但他的态度全都不能防止杜奇委员会违背英国意愿坚定向前发展。

这个辩论过程自始至终贯穿在1984和1985年中，很难看出谁胜谁负，就连参与者们也难以分清。英国成功地将"单一市场"置于议程的首位，但英国却在根本上与更加强大的法德轴心不和，这两国决心推进欧洲一体化的进程（德国比法国更加热心）。尽管赫尔穆特·科尔和玛格丽特·撒切尔是保守派伙伴，在冷战中和有关开支的大多数问题上是盟友，但两人关系不融洽，这也让局面变得复杂。

朱利安·布拉德爵士刚刚就任英国驻德国大使，就于1984年9月向查尔斯·鲍威尔概述自己的第一印象："英德最高层关系未达到应有的高度。"㉜他向德国总理递交了撒切尔夫人的问候信，而"他的反应却是敷衍的……外交大臣曾对我评论说，哪怕德国总理会说英语，撒切尔夫人与科尔先生的关系也不是特别亲密，他这个看法也许是对的"。布拉德建议说：保守党主席约翰·格默即将前往拜访科尔，他能否带去撒切尔夫人的信息，"表达一些热情和特别的信息"？㉝鲍威尔支持这个想法，转而向撒切尔夫人提出这个建议。她表示，可以给格默准备一个讲话提纲，"不过我认为写一封信就有点过分（尤其是还得称呼他'亲爱的赫尔穆特'）"。㉞撒切尔夫人觉得有责任在一个文件上签字，其中恭维了科尔的"远见和政治家才干"，但她感觉无法按请求写一封表达个人热情的信函，无法用"我亲爱的总理"开头。㉟

除了缺乏个人热情外，英国对德国的意图也感到怀疑，认为分裂成两部分的"德国问题"依然存在。撒切尔夫人片刻没有怀疑过，柏林墙是苏

---

1 支持提高欧洲一体化程度的人想要欧共体取消在大多数投票中全体一致同意的要求，代之以"特定"多数表决。这种提法是因为简单多数不够合理，必须在投票资格上以成员国人口比例以及不同成员国的国土面积为投票权重。

联压迫的可恶象征,但她对德国统一而强大的前景同样绝对不喜欢。西德表达欧洲主义的热情本身就让她感到怀疑。她无法想象,自己伟大的祖国能在牺牲主权后得到拯救,她不相信祖国曾抵抗过的另一个大国会充当拯救者。科尔不断地用"欧洲化的德国"这个字眼,但在她心中几乎像是个威胁,仿佛他的意思是"德国化的欧洲"。法德领导人手拉手在凡尔登举行仪式后不久,朱利安·布拉德于1984年10月初就此主题发回一个报告。他写道:"将来有一天,欧洲的政治家们要以非常具体的形式应对'德国问题',也就是为了让分离的德国人民共同的愿望得到政治解决,需要考虑对欧洲战后政治秩序做何种调整。"[86] 查尔斯·鲍威尔吁请撒切尔夫人关注,他写道:"德国重新统一是我们表达与思考必须有所不同的领域。"[87] 撒切尔夫人在这句话下面画了一道横线,但口是心非不是她的强项。她往往直接表达出自己的想法,她这时考虑到德国会重新统一,已经感到不舒服,以后会变得更加糟糕。即使是在1984—1985年间,她的想法已经变得有点阴郁。1985年2月,鲍威尔将布拉德的另一个分析函件传递给她,他在上面批注道:"这是一封有意思的信……但并不能回答你的问题:德国人的大德国认同感有何含义?他们凌驾于欧洲之上的倾向是否在日益增长?"[88] 用一个当时并未使用过的比喻:德国重新统一就像屋子里挤进来一头大象。赫尔穆特·科尔就是个身躯如大象般的人,撒切尔夫人一想到这事,心里就不舒服。

虽然这些困难真实存在,但通常并不能摆上台面。双方为培育合作关系,确实做出了真正的努力。令人颇为惊奇的是,虽然科尔通常比撒切尔夫人更加努力讨人喜欢,但玩弄一点儿卑鄙手段的不是撒切尔夫人,反倒是科尔。

随着订立欧盟新条约的压力日渐增大,形势逐渐明朗,1985年6月在米兰举行的欧共体会议将确定是否应该通过这样一个条约。对于赞成更大范围一体化的人们来说,这将是向前迈出的重要一步。按照欧共体规则,一项新的条约要求成员国的政府间会议来构建并同意。欧洲一体化主义者们热衷于签订各种条约,因为只有条约才能让各成员国国内法律奉为圣典,并通过法院实施。英国不想要这样一个条约,也就不想要政府间委员会。撒切尔夫人偏爱欧共体协议和惯例,因为没有法律约束性,也不会成为议会下院令人厌烦的法案。

"孤立"在外交人员的心目中从来是任何谈判的最糟糕结局,为了避免受到孤立,外交部建议撒切尔夫人在米兰会议上提出自己的想法,领先于法国和德国,并提前与科尔取得一致。当时有个机会,正如查尔斯·鲍威尔对撒切尔夫人所说:"你邀请了科尔总理(更准确地说是同意了他来访的提议)在5月到6月间来首相别墅会晤。"⁸⁹也许科尔对米兰会议有自己的担忧,他通过朱利安·布拉德传达了自己的愿望,希望食谱"不再包括野味或羊肉(尤其不要有薄荷酱)"。⁹⁰鲍威尔代替他的上司陈述了这次会晤的目的。在欧共体未来的会议上,有必要向前推进,做出"合理的结论":"一方面,我们必须说服热心亲欧洲的人士,让他们明白英国已经准备向前推进。另一方面,我们并不想屈从欧洲联盟。"⁹¹因此,会议的议程应该包括实现境内市场,"不再有欧洲议会的权力",不再有多数票表决(正式确立卢森堡折中方案),¹不要将现存政治合作的安排正式化,因为那意味着近乎共同外交政策。撒切尔夫人历来赞成政治合作,因为她相信,在冷战中,欧洲应当以更强有力的声音宣扬西方观念。鲍威尔就政治合作附了一份草案,用一个比喻作解释,讨厌羊肉和薄荷酱的科尔听了没准会呕吐:"政治合作不能限制我们采取行动时的国家独立性。总之,这是把老羊肉浇上汁显得像嫩羔羊肉。"鲍威尔接着写道:"专家们不会信服,但我认为你可以从政治角度让科尔总理接受,并作为英国的倡议提交给欧共体,树立起强势立场,让别国不可能把我们当成被拖着走的慢车,责备我们。"⁹²撒切尔夫人批注道:"对。看来相当合情合理。"

撒切尔夫人后来让科尔看了自己的倡议,作为"欧共体决心在外部事务上言行如一人的证据"。⁹³为了方便科尔阅读,为他准备了德文译文。撒切尔夫人尽管受到外交部的压力,但她已经下定决心,自己建议的文件不追求条约的地位,仅维持为非正式协议。按照计划,这份计划要在首相别墅会晤时递交给科尔。如果他在一定程度上喜欢这个计划,在通报科尔后,

---

1 卢森堡折中方案是个非正式的惯例,指各成员国可自由否决任何自认为"对国家利益非常重要"的措施,这至少在理论上可以推翻多数票方案。英国唯一一次援引卢森堡折中方案是在1982年5月16日的农业会议上。欧共体没有顾及英国的诉求,因此英国要求正式确立这一方案。

还将递交给法国人。

两位领导人于1985年5月18日会晤时，科尔描述说，他对英国这份文件的反应"基本上是积极的"。[94] 在回应撒切尔夫人对米兰会议内容的担忧时，他说，他不希望政府间委员会"为开会而开会"。他表示，英国的想法应当传递给法国。除了就增强欧洲议会的权力明确没有达成一致外，这次会晤基本上是和谐的。布拉德报告说："科尔在回国的飞行途中精神状态极佳，谈起首相别墅的会晤热情洋溢，还主要谈论起19世纪的欧洲历史。"[95] 科尔在公开与私下场合的确重申了他渴望政治合作应当以条约形式进行，他致函撒切尔夫人表示，这种合作还应当"以建立欧洲联盟为目标"。[96] 但杰弗里·豪向她保证说："看来我们好像已经说服了德洛尔和（意大利）总统，在米兰以选项的方式提交问题：要么是条约修改方案，要么是我们的方法。"杰弗里·豪得意扬扬地认为，英国提出建议后，已经让"吹向船帆的风转了向。有些人预料我们将着重强调不能接受的事物，而不是强调我们认为能接受的事物或应该做的事。这下他们该大吃一惊了"。[97]

但是，大吃一惊的却不是他们。霍斯特·特尔施克[1]是科尔办公室中与鲍威尔级别相当的官员，两天后，特尔施克首次给鲍威尔打电话，向他通报说，法国和德国已经准备好了欧洲联盟的条约草案。第二天，科尔将向米兰会议提交这个草案。鲍威尔后来报告称，自己立刻做出愤怒的反应："我说这是个让人深感沮丧的信息。首相从一开始就对总理推心置腹"，可现在他和法国人却让英国蒙在鼓里，[98] "在我们背后拟定一个文本……以我个人的看法，这对我们的合作是个黑暗的日子"。在某种程度上，英国受到的屈辱更严重。"在我们背后"拟定的文本其实与英国最初拟定的草案差别很小。但查尔斯·鲍威尔后来说，问题是科尔和密特朗偷换了英国向他们提交的文本，"然后称之为'欧洲联盟条约'"，添加的正是英国想要避免的东西。[99] 这一努力经过了仔细的协调。5月末，科尔去首相别墅访问过后，在康斯坦茨湖畔会见了弗朗索瓦·密特朗。科尔对密特朗说，他在首相别墅的会晤中得到的"并非都是好印象。她正在偏离欧洲而去"。[100] 密特朗表

---

1 霍斯特·特尔施克（Horst Teltschik, 1940— ），1977—1982年任德国议会组织基督教民主联盟/基督教社会联盟主任；1982—1990年任总理府部长级主管，以及国内外关系、发展政策、外部安全理事会主席；1983—1990年任总理府副主管；2003—2006年任波音公司德国部总裁。

示同意:"英国是个难题。"一周后,霍斯特·特尔施克(代表科尔)和雅克·阿达利(代表密特朗)前往罗马,与意大利同行雷纳托·鲁杰罗为米兰峰会举行预备会议。他们讨论的内容集中在如何绕过撒切尔夫人:"鲁杰罗认为,各国政府首脑向撒切尔夫人的保留意见屈服,这是不可想象的。"⑱特尔施克和阿达利建议,他们各自的国家与主席国意大利应当事先同意一个计划,由意大利人在峰会上公布。该计划必须避免要求全体一致同意的提议。这样一来,"在决定向前推进的国家之间,可以取得重要的政治进展"。鲁杰罗表示同意:"这样我们将看看英国准备走多远。"阿达利"强调指出……为了维护这些想法,显然需要绝对保密"。⑲

撒切尔夫人为米兰会议做了精心的准备。[1] 在会议上,杰弗里·豪一直信赖的主席国意大利按照与法德两国的秘密协议行事,驾驭了规则。虽然任何条约都需要全体一致同意才能通过,但援引政府间委员会的决定却只需要大多数成员国的支持。因此,意大利总理贝蒂诺·克拉克西[2]建议由政府间委员会决定,便付诸表决,这是欧共体第一次使用这种方式。政府间委员会最终在这年年底得到提倡,这与英国的愿望相悖。杰弗里·豪深感痛苦,致函撒切尔夫人称,意大利人的工作"始终是为了引起争议,而不是为了达成一致"⑳(撒切尔夫人在这句话下面画了横线),而且是在科尔的支持下这么做的。他接着写道,由于他们在枫丹白露会议的欧洲预算问题上向撒切尔夫人做了让步,科尔和密特朗便"打定主意要表现得比我们更加冒进"。杰弗里·豪认为:"任何一届德国政府都应该明白,我们能够同意的事情才会对他们有益。在米兰会议后,人们更加相信,德国人对自己的利益所在有了明确的意识。"

情况真是这样吗?杰弗里·豪不愿仔细思索一种可能性:德国人(和法国与意大利人)的把戏在始作俑者看来是完全合理的。他们对自己的利

---

[1] 撒切尔夫人平时念法语总是装作自言自语,这时却清晰地用法语读出法国人的备忘录:"Pour un Progrès de la Construction de l'Europe"(欧洲的建设进度)。她在提倡"la consultation systématique des partenaires sociaux"(成员国协商系统)这行文字旁批注:"不。"[法国的备忘录未注明日期,首相文件,欧洲政策,1986年6月28—29日在米兰举行的欧共体会议,第22部分(在内阁办公室查阅的文件)]

[2] 贝蒂诺·克拉克西(Bettino Craxi, 1934—2000),1976—1993年任意大利社会党党魁;1987—1987年任意大利总理;因涉嫌价值1亿英镑的贿赂被法庭判决流放,最终在突尼斯去世。

益有着非常明晰的认识。他们一直在策划报复撒切尔夫人在枫丹白露的行为；多年受阻后，如今终于找到一条她无法抵御的前进道路。外交部的政策一直是遏制撒切尔夫人与其他成员国发生冲突，这个政策失败了。其实，外交部受到了欺骗。尽管英国有诸多精明的算计，采用了诸多外交手腕，但最终遭到了孤立。斯蒂芬·沃尔回忆道："外交部笼罩在沮丧中，我们感到'早该发现这一点才对'。"⑩此后，杰弗里·豪悔恨不已："玛格丽特曾担心会打开潘多拉盒子。我还持乐观态度，认为我们可以跟欧共体玩个把戏，说服他们开创新的惯例，而不是利用政府间委员会或者订立新条约。但卑鄙的克拉克西和安德烈奥蒂（时任意大利外交部部长）完全背道而驰。"⑩然而，杰弗里·豪本人也是构成他讨厌的米兰状况的部分原因。按照特尔施克的话说："从一次峰会到另一次峰会……共同的策略就是要孤立她。"这让德国人壮起了胆子，因为"我们知道英国外交部与她不和。我们是通过根舍（汉斯-迪特里希·根舍，德国外交部部长）了解这一点的，而根舍是从杰弗里·豪那里得知的"。⑩

如今，潘多拉盒子已经打开。米兰有助于证实撒切尔夫人的欧洲怀疑论本能。她在内阁说，这次会议是"她参加过的国际会议中最恶劣的"。⑩她私下说，法国和德国的行动属于"会让人从任何伦敦俱乐部赶出去的恶劣行为"。⑩但她在公开场合的态度相当克制，遵循了外交部的忠告：不要绝对排斥对条约的改变，仅仅抱怨说，投票赞成政府间委员会拖延了改革，并使之变得复杂化，如果没有新的条约，改革本来会立刻进行。然而，伯纳德·英厄姆向媒体的介绍以奇怪的方式表达出她的真实感受。他向记者们承认说，撒切尔夫人对欧共体会议的结果感到"生气"，但抱怨说，媒体从来以夸张的字眼做报道："媒体仿佛只允许她有一种情感：狂怒。里氏地震仪似乎不起作用了。人们不允许她生气。只要她生气，那就是火山爆发，变成赤裸裸的喀拉喀托火山大爆发。"⑩在《泰晤士报》的一篇报道中，对媒体的这个描述受到误解（从而弥补了英厄姆的论点），描绘成他对撒切尔夫人真实看法（"狂怒"等）的描述。其中还包括了喀拉喀托火山的说法。英厄姆写信给《泰晤士报》编辑，说报纸把整个事情都前后倒置了。¹但

---

1 其他报纸也表达了英厄姆的观点——《太阳报》："玛吉对欧共体大发脾气"；《快报》："愤怒的玛吉"；《卫报》："撒切尔为峰会受挫怒气冲冲"。（"新闻摘要"，英厄姆致撒切尔，1985年7月1日，CAC: THCR 3/5/47）

是，在深层意义上，尽管这份报纸误解了英厄姆的评论，其报道却是准确的。撒切尔夫人对米兰会议的反应的确与喀拉喀托火山爆发不相上下。她尤其感到，科尔露出了本来面目。他在米兰会议后的记者会上称，"诚实的钟声已经敲响"。他不能接受欧洲堕落为自由贸易区的想法。[⑩]他吹嘘说，他和密特朗现在是改革的发动机——"奠基者们的使命是渐渐拆卸国家主权……最终让欧洲联邦国家崛起"。在撒切尔夫人眼中，敌人已经清晰地出现在视野中。

然而，撒切尔夫人利用在米兰受到屈辱的机会，从根本上改变了她的政策。外交部尽管遭受挫折，也没有质询其立场的潜在逻辑。白厅最大的恐惧仍然是遭"抛弃"，因此寻求的补救措施包括与法国和德国改善合作关系（并不顾忌这两国刚刚陷害过英国），并且在没有绝对必要的情况下不愿反对条约修正案。在这样的环境下，政府内部并没有讨论欧共体的终极方向，也没有讨论这给英国造成的难题。英国政府压抑了与欧洲大陆的各种差异，围绕单一市场项目进一步努力。

在单一市场问题上，政府的团结的确是完全真实的，亲欧盟的杰弗里·豪和持怀疑态度的撒切尔夫人对它的支持同样坚定。在成员国之间完全实现（条约第8条A款规定的）"产品、服务、人员、资金自由流动"才是欧洲经济共同体名副其实的核心问题。千百个小的方面阻碍了实现这一总原则，例如：在德国难以销售保险，对专业资质缺乏相互承认等。已经做出努力应对这些问题，并将完成单一市场的目标日期定为1992年，这些让撒切尔夫人产生了希望，认为欧共体终于将注意力集中在这些她高度重视的实践领域了。她还感到，这对英国增进其经济表现是一种挑战。开放竞争对英国经济是有益的"冷水淋浴"。[⑪]麻烦的是，这些收益的代价往往是给英国政府并没有充分讨论或认识到的其他领域造成损失。由于官僚主义和德洛尔委员会在执行这个任务中的热情，在取消旧规定时，往往又制定出新规则。

决定欧共体未来走向的政府间委员会于1985年12月在卢森堡举行。英国的策略与米兰会议上失败的立场相反。英国不打算摊牌，而要静观，看看谁提出什么建议。于是，这次撒切尔夫人在峰会前会见科尔时，她的手提包里没有预先为他准备任何东西。他们于11月27日会见之前，查尔斯·鲍威尔建议她"让科尔走出米兰会议行为的禁区，让他带着负疚感

2. 单一的欧洲人

（只要厚颜者还有负疚感）特别关注你现在的不同观点。"⑫1 你应该对科尔说，你不打算对法德联合暴跳如雷……你尤其应该让他明确，要反对在条约中做货币方面的修改"。

科尔与撒切尔夫人在伦敦会见的同时，英国驻欧共体大使戴维·汉内也在布鲁塞尔与雅克·德洛尔会见。他报告说，德洛尔发出"激情呼吁"，⑬要求取消边境隔阂，引进单一货币。汉内回答说："坦白地说，我们尚未准备好将欧洲货币联盟的概念付诸实施，因为谁也不能给这个概念下定义或做描述，这个概念显然意味着成员国与欧共体之间的关系做出根本性的改变。"在接下来的一天，财政大臣尼格尔·劳森致函撒切尔夫人，字里行间透露出喜悦："你昨天与科尔总理举行的最高级讨论证实，德国像我们一样完全反对修改《罗马条约》中的货币条款。"⑭"完全"这个字眼其实用得并不正确。西德在这个问题上当时十分矛盾，一方面想要保持德国马克，那是后纳粹时代最令德国人自豪的单一产物，另一方面又绝对不想牺牲自己对欧盟的忠诚。撒切尔夫人感到，科尔的态度是，只要有了新条约，他对健全货币的献身精神将占上风。

然而，欧共体开会时，不出所料出现了将欧洲货币联盟内容写进新条约的努力。在会议第二天，科尔请求与撒切尔夫人单独会谈。汉内未受允许参加会议，他写道："让我感到相当吃惊的是，他们会谈后说，双方已经同意接受象征性提及欧洲货币联盟……条件是与有约束力的要求谈判新条约的条款并存（因此需要各国分别批准），然后才能朝实施方向迈进。"⑮撒切尔夫人在自己的回忆录中表示，她"为德国人改变了立场感到沮丧"，⑯但总算说服科尔接受了一套正式词语，用"经济与货币政策合作"指代欧洲货币联盟。她和她的顾问们相信，"合作"这个字眼可以避免对创立单一货币的承诺。⑰撒切尔夫人和参加与科尔会谈的唯一英国大臣杰弗里·豪从未说明，为什么英国接受了科尔否定他原先的承诺。很可能是想避免欧

---

1 鲍威尔在同一个备忘录中接着讽刺了科尔，让撒切尔夫人分散注意力："如果你允许他侃侃而谈，在起初的三四个小时，应让他沾沾自喜地谈起德国最近举行的民意调查结果、德国的经济状况、他最近出版的传记的火爆销售情况（我安排递送给你一本。你可以请他在书上签名。他绝对不会怀疑这是个嘲弄）。"[鲍威尔致函撒切尔，1985年11月22日，首相文件，德国，科尔总理访英，第9部分（在内阁办公室查阅的文件）]

共体若发生崩溃会遭受指责,加上选定的词语足能起到安慰作用。也许是撒切尔夫人不愿承认自己处于弱势地位,而且不能保证自己的单一市场议程不会严重偏轨。斯蒂芬·沃尔在自己书中的陈述是公平的,他说:"撒切尔夫人后来的确感到遭科尔欺骗,但是从外交部的正式建议的角度看,她并没有遭到欺骗。"[118]撒切尔夫人在遏止科尔的愿望上把自己描写成个英雄角色,这并没有事实根据,其实是科尔的力量在逼她妥协。但英国官员们帮助创造了一种气氛,在这种气氛下,做出退让避免孤立的压力大得无法抵御。迈克尔·巴特勒像大多数其他官员一样满意地谈起这个过程,其间撒切尔夫人的"理性战胜了她的种种偏见"。[119]难怪一种观念在欧洲大陆渐渐生了根,认为"撒切尔夫人总是抱怨,但到头来总是顺从"。从结果上看,这种说法即使不是对英国意图的描述,也是对英国政府政策的概括,话虽直白却也正确。

对汉内和威廉森等赞成更大程度欧洲一体化的人们说,在欧洲货币联盟问题上做出让步是个以象征意义为主的小代价,为的是换取单一市场的实在收益。但是,对英国和撒切尔夫人却产生了麻烦,因为这个象征在欧共体发展中极为重要。在很多年里,在所有文件中一再重申并扩展欧洲货币联盟的目的,这个象征变得难以抵御面对。虽然雅克·德洛尔悻悻然抱怨说,在卢森堡会议上同意的《单一欧洲法案》建议"令人失望"而且是"进程中的退让",但他强调说,欧洲货币联盟如今被视为"一个条约目标"。[120]这断然否定了撒切尔夫人在卢森堡会议开始时的干预发言内容,当时她接受欧洲货币联盟,把它当成一种"抱负",但补充说"如果将它作为具体的条约目标,那将是不同的情况。"她当时还警告说,将它包括在条约中将有"法律影响"。[121]尼格尔·劳森在会议前向她递交的备忘录中建议道:"迄今最佳路线看来是不要卷入整个活动。"[122]考虑到撒切尔夫人在这个事务上的愿望,他肯定是对的。从此以后,欧洲货币联盟的发展会加快步伐,其前景会让20世纪剩余时间中的英国各届政府日子极其难过。

伯纳德·英厄姆就会议后的记者会讲话主旨向她建言:"昨天,很多大众报纸敦促你,应该在卢森堡挑选几个不具有高度野心的国家。"[123]她需要非常谨慎地强调完善境内市场。他提醒撒切尔夫人注意以下方面:

——你允许多数选票的程度(媒体视之为弱化我们的主权);

——动植物保护("狂犬病条款")和针对毒品贩运、恐怖分子等的边境控制;

——货币问题对你可能是最具政治敏感性的问题。[124]

在记者会上,撒切尔夫人或多或少是按照提示讲的。她强调了完善境内市场的重要性和在这个领域采用多数选票制的正当性。但在另一方面,征税方面的改变就要求成员国一致同意。她归纳了关于货币合作的文本内容:"这没有任何新意,只是对现存状况的描述。"[125] 关于英国特殊动植物的条款得到了保留。[1] 她夸耀说,英国坚持将每一个问题都表达正确,两天多来让人精疲力竭地集中讨论27小时是必要的。可她掩盖了一个事实:这个条约与她的愿望相悖,不仅提高了"欧洲议会"的地位,而且坚持按《罗马条约》中的正式称呼,而不是她从来偏爱的"欧洲大会"这个含蓄说法。[2] 她强调称,英国和其他国家都有所"保留"(指任何一个成员国尚未同意的具体问题)。有个记者做了个鲁莽的评论,称所有这些保留让协议变得"像满是窟窿的柴郡干酪"。撒切尔夫人反驳道:"柴郡干酪并非满是窟窿,你说的那是瑞士的格鲁耶尔干酪!柴郡干酪是英国货,上面没有窟窿!"[126]

英国在条约中的一项保留是在一个后来证明麻烦不断的领域。另一个成员国要求在健康和安全生产问题上采取特定多数票方式(条约第21条),但撒切尔夫人担心,这样的规定会给小企业施加沉重负担。她的同僚和官员平息了她的担心,在拖延之后,英国签了字,但这些官员中的有些人后来承认,她是对的:"她怀疑这个条款会延伸到其他领域。结果,健康与安全问题的特定多数票方式遭到指责:英国不愿强加这项社会立法。"[127] 斯蒂

---

1 这是撒切尔夫人独特办事方式的一个例子。就农产品动植物检疫问题争论三个小时后,杰弗里·豪提出一个解决方案,会议主席询问是否有人不同意,唯一回答"我不同意"的竟是撒切尔夫人。她当着别国代表的面让自己的外交大臣感到尴尬,最后却顺从了他的观点。(参见斯蒂芬·沃尔,《欧洲的陌生人》,牛津大学出版社,2008年,p.68)

2 命名问题是对欧洲怀疑论者的考验。"欧洲议会"的称呼从来存在,但是在《单一欧洲法案》之前,各项条约中都称之为"欧洲大会"。保守党下院议员贝瑟尔勋爵曾向她致函,抱怨这个用法,她发给他一封正式信函,向他证实"议会"这个说法是正确的,但是又手写补充道:"对你憎恶条约大会选举出的成员,我感到不理解"[撒切尔致函贝瑟尔,1983年8月8日,首相文件,欧洲政策,"欧洲议会"和"欧洲大会"的困惑(在内阁办公室查阅的文件)]

芬·沃尔回忆当时情况说:"我们并不是故意误导她,但我们不愿看到其后果。"⑬ 在后来的年代里,英国对欧洲立法强加给英国的特洛伊木马效果十分敏感。

撒切尔夫人回国后,她在卢森堡取得的结果在政治上没有遭遇严重的反对。媒体持赞成态度,只有《观察家报》是个特别的例外。在议会下院,工党议员布赖恩·古尔德指出,撒切尔夫人刚刚参加的是"一个她不希望召开的会议,会议议程是她不愿讨论的内容,达成的协议是她不愿签署的"。⑭ 但是,由于撒切尔夫人不是将杰弗里·豪独自留下应付,而是将自己的名字签署在欧洲议会形成的法案上,她在自己政党中只需要平息为数很少的反对派,并且将该法案确定为法律。只有17位保守党议员起而反对《单一欧洲法案》。事实上,在所有主要英国政治家中,只有玛格丽特·撒切尔有能力在英国或在她的政党中让赞成欧洲的立法轻易获得通过。她本人就是个怀疑论者,所以她可以排斥其他怀疑论者的立场:既然她说没问题,谁还会听他们的反对意见呢?单单从这个意义上看,撒切尔夫人就是英国有史以来欧洲一体化的最有效推动者。

《单一欧洲法案》于1986年2月由欧共体成员国正式签署,这标志着这一现象的全盛期。该法案是对1957年《罗马条约》的首次重要修订,它确立了1992年底前创立单一欧洲市场的目标,并规定了实现这一目标的特定多数票制度。到了这个阶段,欧洲经济共同体至少在措辞上已经有了一丝撒切尔主义的气息,当然在实际制度上有所不同。戴维·杨格当时任就业部国务大臣,于1987年6月开始任贸易工业部国务大臣,他成了将单一市场概念转化为现实的传道者,铲除了阻碍欧洲经济共同体自由贸易的所有"非关税壁垒"。他谈论的内容奇特而迷人,说他想要旅行到巴黎,将伦敦市场上买到的灯泡扭进那里的灯口中。毫无疑问,英国从《单一欧洲法案》获得了成功,例如,欧洲航运市场对英国敞开了大门,但是雅克·德洛尔和他的团队得到了比撒切尔夫人及其团队更多的权力。他们花费了全部时间提升自己对欧洲的控制,而她不得不在无数其他战线上继续奋战。德洛尔可以付出更大的精力,利用扩展的特定多数票规定,绕过《单一欧洲法案》对他在欧共体活动设置的种种限制。每一种未来的规定(即在卢森堡得到同意的措施)在引进前本来要付出的代价都规避了。四分之一个世纪后,罗宾·伦威克自言自语道:"究竟发生过什么事? 什么也没发生!

根本没有发生任何违反规定的事。"⑩ 杨格自己做的最后评估是,《单一欧洲法案》不是英国取得的一个成功。在贸易条款上,其效果"充其量是持平……劳工流动比以前更加开放……但我怀疑法国根本没做出任何改变"。⑪ 而且在政治上的效果是可怕的。

至于撒切尔夫人自己的态度,杨格感到,她与《单一欧洲法案》的关系是"爱恨交加"。她喜爱"欧洲的商业方面",可她憎恨其"政治方面……欧共体唯一让玛格丽特感到舒服的方面就是贸易"。⑫ 虽然这个评估基本上是正确的,但应该补充说明:这种关系中"憎恨"的些许成分多半是后来才出现的。戴维·威廉森回忆道,在当时她"确确实实想要那个法案",尽管她担心其政治和宪法方面的问题,但"她感到自己受到充分的保护"。⑬ 他认为,从枫丹白露会议到确立《单一欧洲法案》的那个时期是"黄金年代",撒切尔夫人在那个时期确实取得了自己预期的成就,将欧共体的精力扭转到自己的议程轨道上来。威廉森在相关谈判中始终与她密切配合,却从来不支持这个想法,后来他感到苦恼,认为撒切尔夫人没有理解那个法案的深层含义:"我完全不认为她受到了误导。"⑭ 他记得,在批准那个法案时,一天早上,她走下唐宁街 10 号的楼梯说:"这个条约我每个字都仔细阅读过,我为此感到高兴。"查尔斯·鲍威尔尽管在这个事务上的态度不像威廉森那么亲欧,但也相信撒切尔夫人有意识地真心赞成《单一欧洲法案》:"在欧洲经济共同体问题上,她经历了不同的时期,这就像毕加索的画作。第一个时期是就预算发生的争执;第二个时期是《单一欧洲法案》阶段;第三个时期是个猛烈的阶段,始于德洛尔权力的崛起和欧洲货币联盟。"⑮ 在《单一欧洲法案》阶段,"她不是个深刻的怀疑论者"。按他的想法,她的错误在于她尽力追求单一市场,却没有意识到欧洲大陆国家的政客们出于保护主义本能暗地里多么仇视这个市场,也没有意识到他们因此会挫败这个意图。⑯

撒切尔夫人在回忆录中写的内容与当时对议会下院讲话的内容一样,她说,自己"错误地"比这里的一些人低估了欧洲和政治联盟的含义。⑰ 她低估了他们措辞的效力和他们的政治方向。不过她坚持说:"我仍然相信,签署《单一欧洲法案》是正确的,因为我们想要单一欧洲市场。"⑱ 这番话是在 1993 年发表的,当时,撒切尔夫人对欧洲一体化的进程深感不安,采取的行动已经超出了语言表达的范围。从那个时期以后,她在私下交谈中,包括与笔者不止一次的交谈中，谈到她签署《单一欧洲法案》是错误的，因为这个法案走向她害怕的欧洲联盟。不过，她保持着慎重态度，在公开场合并不谈论这种情况，也许是意识到，如果她抛弃自己的成就，等于是许可别人去做同样的事。她当然从不相信自己受到了官员们的愚弄。的确，大多数官员都强烈赞成欧洲一体化，在这一时期持赞成态度的尤其是巴特勒、威廉森和汉内，而撒切尔夫人当然不赞成。但是，至少在这个阶段没有任何一方企图有组织地愚弄另一方。比较接近真相的情况是，每一方都努力把潜在的问题撇在一边，使同意的领域最大化了。威廉森回忆道："我对她说，表达总体看法不符合英国的利益。"[19] 推测起来，因为他知道她的总体看法会在欧洲大陆国家中散布恐惧和失望。从1979年喧闹的欧洲谈判开始，到1986年达到《单一欧洲法案》的高潮，撒切尔夫人从未抽出时间形成自己对欧洲的系统思维。因而，她至少在原则上坚持继承到的亲欧洲信条，那是在希思领导下保守党形成的信条，基于这个信条，保守党在这个问题上反对工党时才没有在自己内部产生分歧。撒切尔夫人是在后来才形成并公开宣布自己的想法。造成的结果喜忧参半。

3.

货币主义的丧钟

"在与人交往方面，她是个道德上的懦夫"

就在撒切尔夫人谈判《单一欧洲法案》的时候，她的财政大臣正在改变英国经济政策的基础。一些问题初露苗头时仿佛是技术性的，但渐渐显露出根本性特征，最终改变了撒切尔夫人与尼格尔·劳森的关系，也改变了她的政治命运。

自1981年预算案开始，经济开始复苏，从那以后经济一直在好转，但尼格尔·劳森并不感到高兴："通胀似乎尤其难以控制，因为货币到处流通。"[①] 在撒切尔夫人的所有高级大臣中，劳森是最富有专业学问的"货币主义"提倡者。最先提出"中期财政战略"的就是他，到了1984年，这一战略已经展示出成功的迹象。1980年高达20%以上的通胀率如今已经稳定在5%左右；市场对政府的明确目标有了信心；经济增长正在恢复，预期1984年可达3%。[②] 然而，开放市场造成的经济活动大爆发让决策者读不懂自己选择研究的图表了。取消外汇管制和放宽信贷是如何影响货币供应量的？必要的财政创新在多大程度上让货币流通量变得无法解释？这些现象在多大程度上一次性或永久性改变了财政局面？举一个例子，1984年11月，在英国电信私有化过程中，大规模超额认购其股份造成个人贷款额浪涌般飙升。这是公众对撒切尔主义平均财产所有权计划的信任投票，但这也导致了选定的货币供应量（英镑M_3）[1]大规模上升，进而削弱了英镑的价值。货币主义者的信条是：政府应当控制货币总量，而不是其交易价格。因此，用他们

---

1 货币供应量（英镑M_3）：指以下货币形式的总和：流通中的纸币和硬币、活期存款和即期账户、定期存款、储蓄存款及非机构性货币市场基金、大额定期存款、机构性货币市场基金、短期购回协议，以及较大型流通资产。

喜爱的说法，应当"让汇率自由发展"。劳森却开始考虑其他方面。

他的性格是个复杂的综合体。他是个不满足现状的杰出冒险者，可他又惦记着规则的重要性，因此才有了中期财政战略和他的著名格言："是规则在支配，对吧？"也许他在气质上有点像个炼金术士，在寻求将生活中的渣滓转变成黄金的科学配方。撒切尔夫人极为敬佩劳森，"她认为劳森非常睿智，而且颇有勇气"。③ 她在很大程度上依赖他主张经济改革的专业知识和自信心，而不听从大批学者和媒体专家。她信赖他的能力和他无懈可击的完整思想体系。但是，她看待经济主要是从道德智慧的角度，而不是从魔法伎俩的角度，便感到自己无法融入劳森的心灵世界。她曾向布赖恩·格里菲思抱怨说："布赖恩，他是个赌徒。"④ 格里菲思成为政策组领导，时间就在首相与这位财政大臣发生首次重要冲突之前 1985 年 9 月。几年来，她渐渐开始认为，劳森在拿她的经济与政治成功赌博。

在此之前，劳森也渐渐认识到，在欧洲货币体系的汇率机制内，英国的境况会更好。他的看法与大多数汇率机制的支持者不同，他坚决反对欧洲经济与货币联盟的最终目标，认为汇率机制不是整个欧洲大陆的大政治项目，而是管理英镑的指路明灯，因此可用于控制通胀。汇率机制创立于 1979 年初，将成员国的货币价值在中心汇率上下一定幅度的波动联系在一起。据称，该汇率机制的设计目标是最终采用单一欧洲货币，但英国政界很少讨论其条款。英国虽然保留了加入的权利，但当时拒绝加入（参见第二卷第 4 章）。按照劳森的说法，⑤ 他自从 1981 年起就相信，汇率机制成员资格是个好点子，但他一直等到"恰当的时机"才表达出来。⑥[1] 他指的不仅是最佳经济条件，还指等待恰当的时机去说服最难以说服的人——撒切尔夫人。然而，真正迈出的第一个步骤并不是去说服，而是利用了一个偶然的机会。

1985 年 1 月，英镑汇率下跌。1 月 11 日星期五，跌到 1 英镑兑换 1.12 美元，还不及 1981 年价值的一半。在接下来的周末，伯纳德·英厄姆向几

---

1 劳森在1981年赞成汇率机制成员国资格的动机之一是政治考虑。他认为，如果他将财政约束与欧洲项目联系在一起，便可挫败撒切尔夫人经济政策上的"湿派"，那帮人凡是亲欧洲的事都必然支持。（戴维·威利茨访谈）

3. 货币主义的丧钟

家星期日出版的报纸通报说，政府对英镑贬值不打算采取任何行动，但这一次他没有正确解读上司的愿望。这次通报后，恐慌气氛蔓延开来。不论撒切尔夫人从理论角度如何谈论让市场独自运行，她都会认为英镑－美元汇率接近等价在政治上是无法忍受的。她还往往将英镑疲软视为侮辱英国的自尊和自信。她感到极为担忧，结果劳森尚未动作，她便主动提出采取引人瞩目的行动。雷切尔·洛马克斯当时刚刚担任劳森的私人秘书，第一个星期上班，她回忆说，按照批准的正式方式旁听劳伦斯与撒切尔夫人的电话交谈："她严厉斥责他没有加入汇率机制。那次电话交谈太奇怪了。要说是劳森抓住机会说服她是不对的。劳森对汇率不感兴趣，推动改变的是她。"⑦不过，劳森还是利用了这次机会。他引述了现行政策：英国应当在"时机恰当（有时用'成熟'）时"加入汇率机制，向她建议说，政府应当重新审视这个主题。撒切尔夫人便在2月13日召集资深大臣和官员们开会。到大家开会时，劳森已经将存款利率从9%提高到了14%。

与此同时，撒切尔夫人在1月15日向里根总统发出一个密件，请求他力挺英镑。她坚持说："在紧缩政策上我已经做到了极致，但我们面对着美元持续走强。"她指出，劳森不久要前往华盛顿，参加世界五个主要工业国家（G5）的财政部长会议。她问，美国是否可以考虑参加一个"让市场重回现实的集体努力"。⑧在里根的第一届任期中，他的财政部长唐纳德·里根[1]始终拒绝接受干预，坚称只有市场才能决定汇率。因此，英国的请求遭到冷冰冰的回绝。在这位财政部长为里根会见劳森准备的谈话要点中，他否认了"美元问题"的概念，强调称，问题出在英国经济。他建议里根对劳森说："总之，英镑疲软的原因受你们控制，我们无能为力。"⑨

但事情到此并没有画上句号。里根总统给撒切尔夫人的答复远不止是建设性的：他安慰她说，美国信守1983年在威廉斯堡峰会的承诺，考虑"协调干预，只要双方同意这种干预是有帮助的"。⑩在1月7日的G5财政部长会议上，唐纳德·里根在尼格尔·劳森看来虽然仍表现出"令人厌倦的居高临下态度"，⑪但同意考虑采取措施应对美元走强的问题。G5会议随后采取了空前的步骤，发布了一份联合公报，承诺"必要时"采取协调

---

[1] 唐纳德·里根（Donald Regan, 1918—2003），1971—1980年任美林证券公司董事长兼首席执行官；1981—1985年任美国财政部长；1985—1987年任白宫办公厅主任。

干预行动。这向市场发出了明确的信号，后来有助于缓和英镑受到的压力。就是在这种干预货币市场的意愿日益增长的背景下，撒切尔夫人的大臣和官员们开会讨论汇率机制问题。

出席2月13日会议的有撒切尔夫人、劳森、杰弗里·豪、英格兰银行行长罗宾·利-彭伯顿、该银行市场专家埃迪·乔治，还有财政部的彼得·米德尔顿和特利·伯恩斯。后来就这个主题进行的所有讨论中，参加者一直是这批人。还有另一位重要的参与者——根深蒂固反对汇率机制的艾伦·沃尔特斯，不过这种会议他一次也没有出席过。他当时在美国工作，在唐宁街不担任正式角色，但是与撒切尔夫人保持着联系。他就像个筵席上的幽灵。

正式记录没有显示会议上出现过争吵。[12]劳森提出自己的观点，认为政府对汇率机制"不应当关上大门"，[13]但也明确表示，英国不应该在如此动荡的时刻加入。杰弗里·豪的发言内容与他非常相似。劳森在自己的书中写道，撒切尔夫人在会议上的总结性讲话让他感到恼怒。[14]她强调了共同的看法：这不是个加入汇率机制的恰当时机，但她没有承认同僚们观点发生的重要转变：越来越多的人支持尽快加入。会议同意，政府应增加外汇储备，在干预货币市场时更加有效。但是，伯恩斯同时做的简略记录显示，两个阵营明显发生了分歧。表达了怀疑观点的是伯恩斯本人（"欧洲货币体系……是个刚性体系"）[15]和乔治（"欧洲货币体系会加重投机资金流"）。撒切尔夫人也表达了怀疑观点。她并不责备市场的变幻无常，但责备了自己的政府在目标方面的薄弱："汇率发出了明确的信号，我们本该提前知道。政策太松懈。"[16]她对劳森提出的观点感到怀疑："从表面上看，成员国资格是诱人的，但深入研究其细节，就显得不太迷人了。"她甚至反对现有政策本身："不知道我们是不是该抛弃'时机成熟时加入汇率机制'的政策。"[17]然而，两个记录都没有记载一个要点：撒切尔夫人这时面对的三个重要相关人物一致赞成加入汇率机制（但不是现在）：财政大臣、外交大臣、银行行长。

这是尼格尔·劳森的1985年预算案中令人颇为不快的部分内容。约翰·雷德伍德致函撒切尔夫人称："利率高企，英镑疲软，这颠覆了预算方案。"[18]他担心发生经济滑坡："公共部门借贷需求不可信，这将意味着毁掉我们的承诺和多年来的抱负。"撒切尔夫人在这句话下面重重画了道横线。雷德伍德在结论中说:"我们要强调,预算案不该因过去四周的事态而胆怯或失去想象力。在这种背景下,对财政大臣和政府至关重要的是,预算案的目的性要明确,表达要清晰:应对就业问题,承诺降低利率,降低税率。"同一天,安德鲁·特恩布尔向她通报说,对公共部门借贷需求的预测结果不佳,情况同样不佳的是"个税改革,他(劳森)今年处于困难境地,因为没有足够的税收收入,未能减轻向新体系过渡的压力"。[19]

2月3日星期日夜里,劳森试图利用撒切尔夫人在首相别墅度周末后的好心情,[20]与首相讨论了他的预算方案。他说,1984—1985年度的公共部门借贷需求预计在107.5亿英镑,超出原计划35亿英镑,其中25亿超额的原因是煤矿罢工。中期财政状况在恶化:这"将会是特别困难的一个年度"。[21]两人同意,1985—1986财政年度的公共部门借贷需求必须降低到70亿英镑,但在实现这一目标的方式上,两人意见不一致。劳森提出一揽子优先方案,其中包括将增值税课税范围延伸到各家报纸。撒切尔夫人在前一年凭本能曾直截了当否决这一点,认为这肯定会让整个预算案遭遇媒体的恶劣抨击。今年,她预先得到伯纳德·英厄姆的一个备忘录:"我理解财政大臣扩展增值税的愿望。但我必须重复:向报纸开征这一税种会让平时支持政府的有力媒体转而反对政府。"[22]

劳森还追求将房贷利息税减免额限制在基本税率水平,开征一项消费信贷税(包括房贷)并对退休金总额课税。[23]但这些想法没有得到支持。撒切尔夫人尤其不赞成降低房贷利息税减免额。经济学家规劝说,这只能导致房价升高,但她认为,这是扶助年轻人获得住房的最佳途径。1983年大选前不久,她曾敦促将售房价格上限从2.5万英镑提高到3.5万,但是,面对来自杰弗里·豪的阻力,她勉强同意提高到5万镑。[24]她想要将房贷利息税减免额的上限也随之提高。首相与财政大臣最后达成妥协,保持减免额不变。

接下来的一个星期,在提交预算案前的内阁讨论中,劳森分发了一份经济战略文件,撒切尔夫人上面潦草批注:"不容乐观。"[25]2月13日,劳森与撒切尔夫人的会谈更加令人沮丧。他说,1985—1986财政年度以及以后年份的超支预期现在"日益明显"。[26]约翰·雷德伍德看了统计数字几乎要发狂了:"税收增加,公共开支增加,存款利率提高,失业率提高,就连收入所得税和国民保险费（按收入百分比）也在提高。这就是 1979 年以来这些忧郁文件的内容。"㉗ 撒切尔夫人在"1979"这个年号下画了三道横线，仿佛对政府没能取得应有的成就感到痛苦。雷德伍德鼓励她："在这个节骨眼上，你绝对不能屈服，也不能让为政府工作的其他人屈服。"

在内阁会议上，大家一致赞成采取谨慎态度："一种广泛的感觉是，这不是个彻底改革税务结构的年份，以免惹得强大的利益集团产生敌意（大臣们心里尤其惦记着退休基金行业），也免得引起价格总水平升高。"㉘ 接下来关于削减开支的讨论变得相当激烈（"社会服务大臣福勒感到深受伤害"）。㉙ 前一年劳森预算案的新机会感觉已经不复存在了。

3 月 19 日，劳森向议会下院提交的预算案被视为了无生气。增值税仅仅扩展到报纸的广告业务，为了避免焦虑情绪，财政大臣认为必须向议会保证不进一步扩展增值税范围。劳森将退休金总额免税待遇描述为"反常但广受好评"，因此没有触动。㉚ 然而，他改变了所得税负担，为支持低收入者，将个税免税额提高到通胀率的两倍。但他给富裕者增加了负担，取消了雇主缴纳国民保险分摊额的上限。他还在这份所谓"就业预算"中承诺，向青年培训计划和社区计划拨付大笔款项。

他得到的评语大半不太热情。他的预算案招致的批评不仅来自特德·希思和吉姆·普赖尔等"湿派"，还有撒切尔主义者。劳森的老朋友和前部级同僚乔克·布鲁斯-加戴恩在《观察家报》上写道，该预算案是他自己的后座议员们强加给他的，这是"游说者们的一次胜利"。㉛ 布鲁斯-加戴恩哀叹说：在下一次大选前，"这实在是激进主义最后的理想岁月"。不过，该报的编者按说，这个预算案符合劳森自己的信念，他在 1979 年称之为"撒切尔试验"，但是在 1984 年不动声色地改称"英国试验"。劳森在 1984 年 6 月的专业讲座演讲时对此做了经典表达。这种试验的理论是将"宏观"与"微观"的一般规律颠倒过来。通胀不是由"微观"价格和收入政策控制的，而是由货币供应的"宏观"措施控制的。在另一方面，正统的"宏观"措施并不能降低失业率，而要通过"微观"努力消除创造就业机会的障碍：

> 这是一份微观预算案，是撒切尔主义对 1944 年就业问题白皮书中重要确定性的应用。预算案后两到三个月内，一系列

3. 货币主义的丧钟

相关措施将由教育部、贸易工业部、就业部和卫生与社会保障部相继推出。㉜

这份极为谨慎的预算案,尽管让雷德伍德感到惊恐,但并不是个180度大转弯,它并没有引起市场的惊慌。但这个现状并不体面。政府没有迷失方向,但失去了速度。

人们情绪阴郁。劳森自己也感觉到了。他在1984年提出预算案后,撒切尔夫人曾为他安排了提交预算案后的欢庆晚会。她曾感到"狂喜"㉝(参见第三卷第7章)。但是在1985年提交过预算案后,是劳森自己组织了一个小型晚会,让人感到有点"虎头蛇尾",这天晚上早早便上床睡觉了。晚上11点,唐宁街11号公寓的门铃声把他惊醒了:

> 我下了床,匆匆穿了条裤子(我从来光着身子睡觉),下楼去开门。来客是玛格丽特,她身后还站着局促不安的伊恩·高。[1]他事先没有通知我,显然来访的决定是刚刚做出的。玛格丽特身着非常时髦的黑色带褶长裙,看来是刚从某个地方返回,以为这里在举行预算案后的欢庆晚会。她见我光着双脚,腰部以上完全赤裸,自然有点吃惊……在门口不自然地简短聊了两句,谈了谈对预算案的直接反映,她便返回唐宁街10号了。㉞

直到夏末,劳森才重提加入汇率机制问题。他对这个问题已经有更清晰的想法了。英镑的储备和利率状况这时都比较好,他已经驳倒了官员们反对他的意见,而且参与了一次国际方针的重要改革。9月22日,在G5的一次特别会议上,劳森在"广场协议"(因在纽约市广场大饭店协商而得名)上签了字,这项协议是里根的新财政部长詹姆斯·贝克[2]推动的。该协

---

[1] 实际上陪伴撒切尔夫人前来的很可能不是伊恩·高,而是迈克尔·艾利森,因为艾利森在1983年大选后便接替高担任她在议会的私人秘书。陪伴她前来的也可能是她私人办公室的一位公务员。

[2] 詹姆斯·贝克(James A. Baker III, 1930—),1981—1985年任白宫办公厅主任;1985—1988年任美国财政部长;1989—1992年任国务卿;1992—1993年任白宫办公厅主任和高级顾问。

议基于那年 1 月的 G5 联合公报，旨在降低美元币值，并认可发生严重不平衡时需要采取协调干预，这便抛弃了原先占主流的汇率"自由浮动"信条。贝克回忆说，在广场大饭店"英美的观点完全相同。尼格尔尤其充满热情。"㉟劳森清楚，撒切尔夫人尊重美国的决定远远胜过看重欧洲经济共同体的决定，便相信"广场协议"会让她态度软化："她评论说，这个协议奏响了加入汇率机制的悦耳序曲。"㊱她同意在 9 月 30 日参加一个欧洲会议。

会议之前，财政部的文件提到了表象上的有利因素，却没有分析根本性的路线改变。劳森回忆道："我们认为人们易于理解与德国马克的联系，而不太容易理解与货币供应手段的联系。"㊲他指的是 M0、M2、M3 等货币供应手段。但这份文件在结论中提高到官方高度，做出一个重要的意图性声明："财政部和银行行长认为，我们应当成为欧洲货币体系的正式成员，并抓住可利用的最近机会加入汇率机制。"㊳在 2 月份的会议之前，包括艾伦·沃尔特斯等最接近撒切尔夫人的顾问们向她发出警告，反对加入汇率机制。这一次，他们在原则上的反对意见因劳森联合了整个机构反对首相而变得尖锐，也许是因为她自己在这个问题上的态度已经相当明朗。约翰·雷德伍德在政策组任期届满离职前致函撒切尔夫人说："财政部、银行和伦敦市以一种新面貌联合在了一起。"他主张采用"更加实用主义的路线，将我们的命运掌握在自己手中，而不是让德国人操控；如果我们愿意，仍能让我们跟踪德国马克的汇率"。㊴撒切尔夫人在"面貌"这个字眼下一连画了三道横线。

她的新任私人财政秘书戴维·诺格罗夫坚持请她关注其高风险：

> 加入汇率机制最终将是议会做出的最重要经济决策，而且很有可能是你的政府做出的最重要经济决策……你与财政大臣的讨论已经让财政部觉得，最终我们必将加入。㊵

政策组的戴维·威利茨将这个问题的经济与政治方面联系在一起：

> 假如上帝有意让我们加入汇率机制，我们的工资要求就该像德国人一样既富有成效，又稳健适度……如果一个普通的房

产所有者明白,为了维持英镑与德国马克的兑换率,房贷利率要上涨,他会高兴接受吗?[41]

撒切尔夫人向来惦记着人们拥有房产的愿望,便在"房产所有者"几个字下面画了两道横线。

9月30日举行的所谓"研讨会"比2月份那次更加激烈。这一次,撒切尔夫人怒气冲冲反对加入。在特利·伯恩斯做的记录中,"变化的理由需要证明"[42]是她发出挑战的口号。财政大臣、银行行长、外交大臣等要人以温和的口吻表示赞成加入,但他们做堂皇陈述时,她往往插嘴反对:

这建议吓人。把人吓得要死——不能这么做……强化策略的需要不能令人信服……大选前利率会持续几个月走高……自己一方会分裂……丧失了自己做事的能力……不喜欢像60年代和70年代那样套住固定汇率……(人们会)说这是180度大转弯……不得不贬值……树立信誉,不把灵魂卖给欧洲货币体系……不能锚定汇率……那等于给投机者送礼……

在这次讨论中,她在任何时候都没有向劳森的论点做出让步。伯恩斯指出,她的批评加起来成了"永远不加入的论点",她直截了当回答:"是的。"[43]对此,杰弗里·豪用了几个字归纳了他对欧盟的态度:"不可能无限期保持独立。"撒切尔夫人以自己的典型态度反唇相讥:"为什么给研究设限期?这说明论点站不住脚。"

新任政策组长布赖恩·格里菲思是唯一支持撒切尔夫人观点的与会者。最后,他认为与其加入汇率机制,不如政府确定非正式的汇率目标,并且不宣布。劳森表示反对,说这样一个目标很快就能被发现。按照特利·伯恩斯的记录摘要,撒切尔夫人说:"出了错知道该责备谁。"[44]这是她让人感到不安的方式,其实是默许,而不是直接支持。在这个含糊而带有威胁的说法后,她宣布会议结束。正式记录则比较堂皇:"首相在结束讨论时说,她认为各方论点相持不下,不能让她信服该赞成加入。"[45]

撒切尔夫人心里非常清楚,自己处于孤立状态,便于11月13日又一次召开会议,这次是全体大臣参加,她希望能增加几个自己的同盟者。与此同时，劳森公开了自己的部分论点。他在伦敦市长官邸的年度会议上发言，宣布放弃英镑的 M3 货币供应目标，并嘲笑就"费解的不同货币措施"进行的辩论。⑯他并没有公布辩论内容本身，但这等于敲响了英国政府政策中货币主义的丧钟。他在结束发言时说："在一天结束时，形式明朗得毫无争议。只有通胀率才是法官和陪审团。"这么说实在够轻率的，因为并没有提出诸如独立中央银行之类的机制去监督通胀率目标。在以后的年代中，劳森将在非法法庭中受到"法官和陪审团"的审判。

撒切尔夫人则就汇率机制提出一系列问题，在会议前交给财政部。劳森轻蔑地称这组问题是个"装破布的袋子"。⑰这倒不算个不公平的描绘。记录揭示出了唐宁街 10 号称作"给财政部和银行的练兵试卷"内容。⑱撒切尔夫人在上面手写添加了几个问题，照例没在末尾用问号："假如我们加入，你们预料会产生何种动荡"、"与德国马克的汇率如何。说当天的市场汇率没用——这回避了问题的本质"。财政部两天后做出回答，撒切尔夫人在文件上画满了惊叹号和"不"、"180 度大转弯"、"鼓励投机"等批注。⑲

劳森自己准备的文件以这几个似是而非的论点为基础展开，称政府长期来一直维持着同样的政策，因此"陈述问题越来越难"。⑳他安抚撒切尔夫人说，政府一直在采取正确路线，但他与此同时设法说服她，应该采取一些其他行动了："现在需要注入一些让人兴奋的元素，这是一抹想象力，也是一种新鲜感。"接着，他向她发出最后通牒，称不仅银行行长，而且财政部和银行的资深官员们（提到了伯恩斯、米德尔顿和乔治）也赞成他的观点，[1]这样一来，他等于是在暗示说，她没有同盟者了。他说，现在做出不加入的决定会"错过一个历史机遇，不久之后便会深感后悔"。㉑

会前，戴维·诺格罗夫向撒切尔夫人通报说，劳森"已经单独会见过首次接触这个问题的所有大臣"，㉒并敦促他们尊重财政大臣和银行行长的判断。他用"科学思辨蒙蔽他们"，让他们仅从经济角度思考，"思路狭窄"，不顾她看到的政治上的不利因素，"在大选前几个星期尤其不利"。想到工党政府可能在汇率机制中不堪忍受汇率压力而屈服，撒切尔夫人的拥

---

1 这话说得不错。伯恩斯勋爵稍带惋惜地回忆说："彼得和我经过考虑，认为这事可行。"（伯恩斯勋爵访谈）

3. 货币主义的丧钟

护者们没有做出势均力敌的努力去赢得大臣们的支持。就连威利·怀特劳也没有与她形成一致意见，但撒切尔夫人遇到争端，通常总是请他来解决的。首席党鞭约翰·韦克厄姆也接到通知来开会，以便支持撒切尔夫人，但他说："事先没有向威利和我做情况介绍。㉝我们不清楚出了什么严重问题。"撒切尔夫人在为会议做准备时，对内阁层面的政治形势一无所知，这种情况不是头一回发生了。糟糕的是，她私人办公室的主要顾问和官员尼格尔·威克斯和戴维·诺格罗夫以及政策组的布赖恩·格里菲思都是刚刚就任的新手，都缺乏与白厅适当斗争的相关经验。尽管撒切尔夫人占有令人惊讶的个人优势，但几乎没有人按她的意愿采取行动。

政府几乎所有的大臣都参加了11月13日的会议——撒切尔夫人、劳森、杰弗里·豪、怀特劳、约翰·比芬、利昂·布里坦、保守党主席诺曼·特比特、首席党鞭约翰·韦克厄姆。出席会议的尼格尔·威克斯说："他们都是从唐宁街11号走过来的，一路聒噪，显得很傻。"㉞在9月30日会议的基础上，会议内容没有多少实质上的新论点，其意义主要集中在政治和个人因素。在与会的政客中，只有长期持"自由浮动"和亲欧立场的比芬反对加入汇率机制。谁也没有认真听他发言，因为他是议会下院领袖，在这个问题上的观点无足轻重。虽然诺曼·特比特有个撒切尔主义者的名声，但他这时支持劳森。多年后，他回忆起来仍然为撒切尔夫人在英国利兰问题上（见第5章）偏听一位顾问的建议而不顾大臣（他本人）的反应而感到愤怒。他感到，撒切尔夫人要么该听从负责这个业务的大臣（劳森），要么该说服他改变立场。㉟

鉴于大选前撒切尔夫人从政治角度考虑，反对让汇率机制对英镑造成压力，劳森提了个摆脱困难的建议。政府可以在大选胜利前暂时搁置成员资格问题。撒切尔夫人对这个奇怪的概念表示"坚决反对"，㊱说这种行动"会授人以柄，让人认为政府对自己的政策缺乏信心"。按照特利·伯恩斯的个人笔记，她说："不想待在铁栅栏里面。"她的意思当然不是进监狱，而是不想让一种政策拴住手脚。她重复了几年前最初反对中期财政战略时说的一个字眼：政府将处在"坐标纸的地位"。㊲一想到陷入困境，她就感到厌恶。"她竭力力排众议。"㊳

听了大部分争论后，威利·怀特劳发言说："我们已经说过，在时机恰当时加入。现在大家对我说，时机恰当。既然财政大臣和银行行长说时机恰当，那我的钱就没问题。"⁵⁹撒切尔夫人做出了反应，不同见证人后来的说法各不相同，大意是不管什么人反对，她都无法接受。照伯恩斯说，她当时说的是："把利率交到别人手里掌管，我就不能参加大选。"在利-彭伯顿的记忆中，她当时的话是："恐怕我们不能这么做。抱歉。"⁶⁰不论她的原话是怎么说的，当时形势的赤裸裸真相已经暴露出来：几乎人人都想加入汇率机制，但怎么都无法说服首相。诺格罗夫回忆说："很明显，她宁愿辞职也不加入。"⁶¹在这个僵局中，唯一能做的事就是同意不谈论发生过的事情，在正式记录中，撒切尔夫人对会议做归纳说："要严格坚持英国迄今所持的态度，在时机恰当时才会加入。"⁶²

如此结果简直是一场灾难，说来奇怪，它让所有与会者感到困惑，就连怀特劳也没有照例扮演撒切尔夫人安慰者的角色。照特利·伯恩斯所说，原本预料撒切尔夫人会同意进一步研究加入汇率机制问题，没想到"她把地板上的陷阱门突然打开了"。⁶³双方都没有给对方留下余地。约翰·韦克厄姆回忆道："我这才开始意识到，这是个人仇恨的结果。"⁶⁴结果，那成了"一次仇恨、险恶、令人不快的会议"。⁶⁵伯恩斯回忆道："那帮阴谋分子十分愚蠢，会后去了隔壁唐宁街11号，纷纷问：'我们现在该怎么办？该怎么给猫儿脖子上挂铃铛？'政客们交谈时，我待在外面。"⁶⁶按照官员们的看法，这次意见不合比干脆没讨论这事更糟糕。彼得·米德尔顿回忆说："这终结了自1976年以来的共识，在体面方面上是一次倒退。"⁶⁷尼格尔·劳森认为，这是"我担任财政大臣后最悲哀的事件"。⁶⁸

他的措辞反映了这个问题的重要性，也反映出这次会议对他与撒切尔夫人的关系产生的效果。两人的关系从此再也没有恢复如初。他自言自语问："在这么大的会议上，我在讨论中获胜，却以败北告终，我该怎么当这个财政大臣呢？我的确想过辞职。"⁶⁹戴维·诺格罗夫回忆说，尼格尔·威克斯"认定，不能再开这样的会议，因此他与撒切尔夫人再也没有真正讨论过政策问题。而撒切尔夫人只要能避免，就再也不想跟尼格尔·劳森讨论。他不时提出与她单独会谈，但她总是迅速打断他，终止讨论"。⁷⁰在这种奇怪的真空形势中，劳森决定按自己的政策行事。

后来，撒切尔夫人认为那次会议无足轻重，但其实是重要的，当时她的感觉也比较重要。她形成后来看法的部分原因是希望掩饰自己所受的屈辱。毫无疑问，在密切参与者心中，最后摊牌让她感到了不安，不过她的

3. 货币主义的丧钟

激烈争论让她摆脱了不安的感觉。会后,她邀请怀特劳和韦克厄姆上楼与她一道喝咖啡时,对怀特劳抱怨说:"我原以为你和约翰会介入稍稍帮我一把。"⑪ 怀特劳和韦克厄姆则抱怨称,谁也没有事先向他们介绍需要怎么做:"要是我们知道你有困难,那肯定会支持你。"⑫ 她自己的官员们强烈意识到出事了。"尼格尔·威克斯感到,这在根本上毁掉了他与撒切尔夫人的关系。"⑬ 撒切尔夫人在自己的回忆录中将此事作为一系列遭遇战中的一个,在这类战斗中,她孤身作战,对付集体的错误。她将这事视为就一桩重要具体事务的斗争,并没有认识到这对她领导自己政府的整体能力产生的影响。例如,她根本没有提到怀特劳在会议中的角色,也没有看出自己所作评论的重要性,因为会议中提到的论点让她相信,反对加入汇率机制"适用于原则,而不仅是眼前的情况"。⑭ 政策是"时机恰当时"加入。如果她现在否定原则,就等于反对自己政府的政策——时机可能永远不恰当。特利·伯恩斯说,以后的历史显示,"她在这个问题上自始至终是正确的",⑮ 但正确与治理得好并不能画等号。撒切尔-劳森冲突使恰当管理英国经济和英国政府变得日益困难。

那次重要的汇率机制会议是在接近年末召开的,当时政府和撒切尔夫人本人面临的政治形势持续恶化,部分原因是经济表现让人们感到失望。虽然可以证明她击败阿瑟·斯卡吉尔是她的整个首相任期中最重要的单项胜利,但这并没有给她带来直接的政治益处。其实,公共舆论似乎感到,介入危机的必要性原本是支持她的理由,但这个理由已经不再适用。选民厌倦了冲突,在寻找某种温和的因素。许多人认为,他们可能在社会民主党及其自由党同盟中找到这种因素。自由党在5月初的地方选举中赢得了302个议会席位;工党失去不多几席,但保守党损失了很多席位。民意测验结果强势支持社会民主党领袖戴维·欧文。就连尼尔·基诺克领导的工党,在矿工罢工结束后,也开始显得不太极端易怒。人们谈论起基诺克的"端庄",这与撒切尔夫人的喧嚣形成了反差。

党外对保守党的威胁日益可怕,党内与撒切尔夫人的不一致意见自然在增长。"湿派"和"干派"的说法已属老套过时,人们现在谈论用的字眼是"巩固派"和"激进派";不过分野线照旧。比如,彼得·沃克因成功应对矿工罢工如今政治地位巩固,他在地方选举日作了伊恩·麦克劳德纪念演讲。演讲中，他支持充分就业。4月份的失业总人数达到3272565人，[76]比前一年同期还要高，人们明白，他的言外之意是批评撒切尔夫人。5月份稍晚些时候，弗兰西斯·皮姆和受撒切尔主义排挤的其他资深保守党人组成一个小团体，自称"中锋"，宣传其想法，这些人包括伊恩·吉尔莫和杰弗里·吕本等。这些人因概念过时[1]并破坏组织而受到嘲弄，但他们代表了某种问题的表征。"中锋"和许多其他批评家的策略是列举撒切尔夫人的成就，赞扬她的勇气和果断，但探索一种比较有人情味的风格和不同的口吻。她遭遇到的愤怒反对比第一届任期少，但人们的厌倦感在增加。他们暗示出的意思是：如果她不再是必不可少，那她的存在就属于多余。

也许撒切尔夫人更加感到担心的是，她缺乏新一代的保守党议员的积极支持。1985年2月，她担任保守党领袖已经满十周年，议会后座议员中起初支持她的人如今已经很少。随着时间的流逝，也随着伊恩·高[2]离她而去，她可靠的支持者圈子没有得到补充。这往往意味着撒切尔夫人有能力的支持者们没有得到认识，也没有得到任职，因为高不在她身边，他们在"宫中"没多少朋友。这种情况成了个日益高涨的怨恨渊源。撒切尔夫人发现很难打破权利平衡状态。她意识到仅仅提升自己的支持者是危险的："如果仅任命自己的人……所有后座议员就都成了反对派。"[77]她退休后，提到为何这个时期提拔了根深蒂固的反对派理查德·尼达姆，她写道："让他进（政府）？让他进来能堵住有些人的嘴。"[78]其实她并不善于和朋友相处，反倒善于跟反对者共事。奇怪的是，她并不精于发现高度珍视意识形态亲和力的人，也不提拔表现出这一点的人。[3]

1983年，从新一届议会开始，与撒切尔夫人有共同意识形态热情的后座议员们开始组织起来。经济事务研究所的拉尔夫·哈里斯勋爵已经在议

---

1 足球比赛中的中锋位置已经被新的概念所取代："前锋"。

2 伊恩·高是她在唐宁街10号价值无可估量的顾问和知己，但他担任住房大臣的表现让撒切尔夫人失望。后来撒切尔夫人回忆道："这个人想让地方住房当局得到更多金钱。这个人在右翼是我的左右手。伊恩！伊恩！伊恩！让人发疯！"（撒切尔回忆录素材，CAC:THCR 4.3）

3 这一点的最佳例子是提拔约翰·梅杰。梅杰是在1985年改组时进入政府的。在很长时间中，她认为梅杰是个忠实的信徒，但后来的事实证明她错了。她后来（不够公正地）说："我们认为他智力超群，结果却并非如此。"（撒切尔回忆录素材，CAC:THCR 4/3）

3. 货币主义的丧钟

会上院组织了一个"废除团体",为的是设法消除反市场规律的立法。下院志同道合的追随者包括迈克尔·福赛斯[1]、迈克尔·法伦[2]、弗朗西斯·莫德[3]、尼尔·汉密尔顿[4]、彼得·利雷和理查德·赖德[5]。他们是"蓝筹股"(参见第二卷第 8 章)的一种对立面,包括克里斯·帕滕和威廉·瓦德格拉夫等人的这个集团成员是上届议会中撒切尔夫人的眼中钉。他们希望向撒切尔追随者搞的市场改革继续施加压力,照他们会议召集者杰拉尔德·豪沃思[6]的话说,他们的"目的就是要帮助她"。[79] 大家讨论组织名称未果,发现成员

---

1 迈克尔·福赛斯(Michael Forsyth, 1954—),毕业于阿布罗斯高中和安德鲁斯大学。1983—1997年任斯特灵选区保守党在议会的议员;1989—1990年任苏格兰保守党主席;1990—1992年任苏格兰事务部国务大臣;1992—1994年任就业部国务大臣;1994—1995年任内政部国务大臣;1995—1997年任苏格兰国务大臣;1997年受封骑士;1999年受封福赛斯勋爵。

2 迈克尔·法伦(Michael Fallon, 1952—),毕业于安德鲁斯大学。1983—1992年任达灵顿选区保守党在议会的议员;1997年后任塞文欧克斯选区议员;1988—1990年任政府助理党鞭;1990—1992年任议会教育与科学部次官;2012—2014年任商业、创新与技能部国务大臣;2013—2014年任能源与气候变化部国务大臣;2014年后任国防部国务大臣。

3 弗朗西斯·莫德(Francis Maude, 1953—),毕业于阿宾顿中学和剑桥大学科珀斯克里斯蒂学院。1983—1992年非沃里克郡北选区保守党在议会的议员;1997—2015年任霍舍姆选区议员;1989—1990年任外交与联邦事务部国务大臣;1990—1992年任财政部财政秘书;2005—2007年任保守党主席;2010—2015年任内阁办公室大臣和出纳长;2015年后任贸易和投资部国务大臣;2015年受封莫德勋爵。

4 尼尔·汉密尔顿(Neil Hamilton, 1949—),毕业于安曼谷文法学校、威尔士大学学院、剑桥大学阿伯里斯特威斯和科珀斯克里斯蒂学院。1983—1997年任塔顿选区保守党在议会的议员。1997年任职议员时,汉密尔顿卷入一桩政治丑闻,称作"金钱换问题"事件。他受的指控是接受哈罗德百货公司所有者穆罕默德·阿尔·法耶德的贿赂,列出有利于他的议会质询问题。

5 理查德·赖德(Richard Ryder, 1949—),毕业于拉德利学校和剑桥大学莫德林学院。1983—1997年任中诺福克选区保守党在议会的议员;1990—1995年任政府首席党鞭;2002—2004年任英国广播公司副董事长;1997年受封赖德勋爵。

6 杰拉尔德·豪沃思(Gerald Howarth, 1947—),毕业于布劳克斯翰学校和南安普敦大学。1983—1992年任坎诺克与伯恩伍德选区保守党在议会的议员;1997年后任奥尔德肖特选区议员;1991—1992年任玛格丽特·撒切尔的首席私人秘书;2010—2012年任国防部在议会的次长;2012年受封骑士。

数目恰好与基督的门徒一样多,是12个人,于是私下用了"门徒"这个名称。至于是什么人的门徒,他们发生了辩论。最后大家同意,成员可以选择做"海克、弗里德曼、亚当·史密斯或任何齐名者"的门徒,而不明确表示是撒切尔夫人的门徒。⑧ 他们参加推动的活动包括合同外包、私有化、免除租金控制、父母为儿女择校等。1985年6月18日,他们到撒切尔夫人在议会的办公室会见她,向她解释了自己从事的活动。他们对她说,自己的组织并不是党中之党,而是一些聚集起来促进市场经济的人,他们不能接受撒切尔政府失去势头:"我们的良好愿望是改革,而不是团结。"⑧

这年晚些时候,"门徒"们(当然并不公开使用这个名称)在11月份印制了一个小册子,书名叫《不走老路》,呼吁发起"一次选择的革命、一次机会的革命"。结果这个题目成了他们这个团体的名称:"不走老路团体"。撒切尔夫人以友好的态度对待他们,不过"没有抓住这条支持者的补给线"。⑧ 在经济事务研究所办公室的一次晚餐上,撒切尔夫人转向这个团体主要人物埃里克·福思[1]说:"埃里克,你一直保持缄默,这可不是你的典型做派。你有什么要说的吗?"福思说:"首相,既然你问,那么你打算什么时候给自己的政府里任命几位正派的人呢?"⑧ 她听了这个想法有点吃惊。迈克尔·艾利森从不善于判断政治上的细微差异,晚餐结束时,他迷惑不解地问客人们,他们说的正派人是谁。

当时,撒切尔夫人没有受意识形态束缚的顾问们从5月开始便计划恢复她的行政机构。斯蒂芬·舍伯恩对她说,现在考虑竞选宣言还为时尚早。他还提醒她说,上次的宣言是杰弗里·豪撰写的。她这次希望谁来撰写?⑧ 问题没有明显答案,这本身就意味着有麻烦。1983年杰弗里·豪负责撰写宣言十分成功,但如今让他撰写不言而喻变得无法想象,这本身也意味着是个麻烦。7月份,在威利·怀特劳和约翰·韦克厄姆推动下,内阁改组计划也已经开始。他们二人与撒切尔夫人共进晚餐,讨论他们称作"二读"的改组想法。他们追求的是可靠性和更好的表达能力,而不是激进主义做法——乔治·杨格和肯尼思·贝克在拟议中要提升,而帕特里克·詹金斯、

---

[1] 埃里克·福思(Eric Forth, 1944—2006),毕业于格拉斯哥乔丹山学校和格拉斯哥大学。1983—1997年任中乌斯特郡选区保守党在议会的议员;1997—2006年任布罗姆利和奇斯尔赫斯特选区议员;1979—1984年任北伯明翰选区保守党议员;1994—1997年任教育部国务大臣。

3. 货币主义的丧钟

彼得·里斯、汤姆·金等人要出局。为她做会议记录的罗宾·巴特勒写道："我有个感觉，法院院长（怀特劳）对'长刀之夜'持保留态度。"⑧1 在这个阶段，并没有替换任一位最高级大臣的计划。最富争议的想法是让塞西尔·帕金森官复原职，任贸易工业部大臣，接替现任此职的特比特。计划让特比特接替格默担任保守党主席，发起宣传战役，为即将开始的大选做准备。撒切尔夫人接受了助理人员的初步构想。不过，她对时间安排表示不赞成。她钟爱一个想法，觉得9月份更换同僚比7月份要仁慈一些，"我心里想到，他们离开内阁就得不到大臣的薪水，没有可用的汽车也让他们失去了声誉。"⑧ 晚两个月改组，他们可以多挣点工资，比议会开会期间受到媒体的骚扰少些。

就在撒切尔夫人和她的官员们继续讨论人事变动的过程中，一起争端出现了。她平时有效的政治雷达这次没有接收到威胁的信号。最高薪酬审查机构的主席普洛登勋爵提交了一份报告。经过对全部最高层公务员薪酬的横向研究，他建议骤然提高薪俸，其中包括给二十多位职位最高的公务员加薪32%到46%。他向撒切尔夫人陈述道，通过将常务秘书的工资手风琴拉长（即拉大人员间工资差距），可以"让低层人员看到奋斗目标，增进其动力"。⑧ 尼格尔·劳森表示反对，认为这次加薪幅度太大，公众无法接受。但撒切尔夫人相信，普洛登的建议匡正了历史积累的反常现象，而且他提出的"等级工资"理念"对提高人员能动性和管理高级公务员将是个重要贡献"。⑧ 她似乎打算拒绝劳森的反对意见。即便没有普洛登的建议，所有高级公务员也工作得很好，他们无意向她发出政治危险性方面的警告，但他们透露出某种不安情绪，安排将政府赞成最高薪酬审查机构报告的反应提交给议会，不过仅仅是对一位议员的问题做出了朦胧的书面回答。

报告公布后，书面回答于7月18日悄悄出炉，果然因其内容和鬼鬼祟祟的提交方式引起了政治上的强烈抗议。第二天，《太阳报》在头版作了

---

1 这不是指希特勒在1934年清洗冲锋队，而是指哈罗德·麦克米伦在1962年解雇内阁三分之一成员，人们给那次行动取了个源自纳粹行动的讽刺性名称。麦克米伦那次行动的意图是复兴他的政府，但实际上造成的却是反感，加快了政府的瓦解。

报道，通栏标题是"高层人士工资提高2.5万英镑"。报道称，"法官、公务员、军队高级军官"的工资将"大幅度提高"，还指名道姓称罗伯特·阿姆斯特朗是一位主要受益者。[89] 政策组的尼古拉斯·欧文勇敢地向撒切尔夫人指出："在许多人眼中，这项建议太离谱，这些人指望政府会为国家团结采取公平手段应对收入差异。他们质问，政府怎么能让与教师有纠纷的教育部常务秘书挣得远高于大多数教师的工资？"[90] 欧文清楚，他们挑出教育部常务秘书做例子，不仅因为教师正在断断续续举行罢工，还因为撒切尔夫人想要提高教育水平，但基思·约瑟夫领导下的教育部却没能实现，这让撒切尔夫人倍感受挫。欧文强调了自己的论点："国家日益繁荣，政府若不让绝大多数雇员从中受益，便会危及自身受大众欢迎的程度，无法进而参加竞选。"[91]

撒切尔夫人不顾大规模的喧嚣，并不退却。官员们惊慌不已，想要她对普洛登勋爵指出，政府并未如他所愿认可他的"等级工资"理念，但撒切尔夫人拒绝了，她批注道："'等级工资'建议至关重要，我衷心赞同。"[92] 她后来在自己的回忆录中写道："我心中毫不怀疑，只有我们付给重要岗位工作人员的工资与私营领域对等职位起码有些可比性，才可能将合适的人选保留在至关重要的位置上。"[93] 这表现出，她对公务员们情感其实并没有一般人们认为的那种敌意。但令人吃惊的是，她并没有看出自己做法的不一致性：一方面采用可比性原则向政府雇用的高层官员支付报酬，另一方面却终止克莱格在1980年在搞的可比性使命，结果在整个公共服务体系中出于利益考虑撤销了这个原则（只是推迟进行而已）。尼格尔·劳森讨论废除最高薪酬审查机构问题时说："不论我们声称最高薪酬审查机构或类似机构有多少益处，但过去的经历显示，我们并未受益。其存在并没有将所谓'高层人士'的薪俸与政治脱钩，实际情况正相反，这个问题变得更加'政治化'了。"[94] 在公开场合，她回顾时只愿承认工资报告的宣布方式不够恰当。[95] 不过，她私下对相关的部长级委员会建议，普洛登勋爵"或许可以去休个长假"。[96]

工资问题的争吵成了补缺选举的最重要题材，这把事情搞得更糟了。7月4日，在布雷肯和拉德诺郡的补缺选举中，保守党原本可以稳拿这个席位，结果却落到排名第三。最终联盟候选人（自由党人）获胜，保守党仅得到20%的选票。斯蒂芬·舍伯恩回忆说："我一度觉得，我们有可能在

3. 货币主义的丧钟

全国民调中沦落为排名第三的政党[1]。我甚至想过，如果联盟在民调中排名第二，然后继续以这样的趋势发展，这有可能成为大选的结果。我们顺着惯性下滑。"[97] 议会中的保守党议员出现了撒切尔夫人描绘为"摇摆的糟糕情形"：[98] 已经明显出现惊慌的小波动。7月底，议会下院在最高薪酬审查机构的议案上向首相发难，支持政府的大多数变为只有17票支持。议会上院对同一议案的表决结果认定没有法律效力，政府被击败了。对撒切尔夫人来说，这标志着一段不愉快插曲的不愉快结局。她评论说："人们的强烈抗议完全是不正当的，让我无比烦恼。如今，连上院也参加进来了。"[99]

撒切尔夫人完全让忧心忡忡的同僚和官员提出的无数年末忠告淹没了。伯纳德·英厄姆"在颇为艰难的政治年终"向她提交了自己的想法。[100] 他报告称，人们仍然在说政府"傲慢"、"麻木"，而"我们显然没有应对这些指控"。他抱怨政府总是担心泄露消息，这让政府无法在向媒体公布前及时做出准备。他举例提到最高薪酬审查机构问题，说自己向媒体发布消息前半个钟头才得知此事。"根据我在政府中服务18年的经验，若陈述方式受到的批评，不要太当回事，不过我认为我们现在应当认真对待"。英厄姆要求他本人"在决定敏感问题过程中在场"。这样他才能为向媒体介绍做准备。他强烈建议首相，不要因在下院介绍情况怪罪任何人。英厄姆提出的理由是：受委托完成这个任务的人必须"面对来自议员们的问题"，但他没有公开说出来的理由是：不希望唐宁街以外出现一个新闻发布中心。他将自己的论点应用到即将到来的改组："在真正的碰撞中……个性至关重要。媒体会关注你如何处理你的信息来源。你的行动不能受宣传的支配，但按照我的判断，必须让媒体看出行动的重要意义。"

虽然英厄姆写的内容是出于有利自己工作的目的，却句句在理。在某种意义上，撒切尔夫人本人就是个优秀的新闻发布者，当然，她决策时关心的是内容本身。她常常严格保守秘密，几乎从不预先考虑如何公布。假如她接受英厄姆的建议，显然要将新闻秘书拉进政府核心圈子，让他赢得内阁成员地位，惹起他人的嫉妒和猜疑。不过，这样做也能保证政府的言行更加和谐一致，让公众和保守党后座议员感到安心，毕竟他们常常感到

---

1 有一两次民调的确短暂出现这种结果。

迷惑，仿佛自己被蒙在鼓里。撒切尔夫人在实质上接受了英厄姆的建议，不过并不是接受了所有具体建议。这一来，她等于给了他较大的权力，但这必然引起争议，让他成为现代"公关专家"[1]的先驱，而不仅仅是个新闻官。

约翰·雷德伍德离开政策组之前，也努力对那年夏天的困难政治处境做出总结，并设法转化为赢得下次大选的计划。在一份篇幅很长的备忘录中，他向撒切尔夫人抛出当时用于抨击政府的无情字眼："置英国于不顾"、"鼓励阶级分化"、"导致英国衰败"（因开发商"掠夺"乡村地区），以及"改变的时刻"应该到来的感觉。⑩他就此大致勾画出全面防御策略——降低通胀、失业率至少在民调前连续六个月持续降低、经济连续七年增长、劳资关系面貌一新，让"每个雇员都成为股东"。雷德伍德追求在经济改革与关心社会结构之间找到联系，而不是形成反差。对于指控撒切尔夫人不关心健康和教育等公共服务，他认为这可以通过恪守对病人和家长的承诺做出反驳。就业问题应当正面应对："你不应忽视失业问题的政策，而应当采取进一步措施，今年秋天就需要采取这些措施……慷慨的家庭信贷加上降低收入所得税，这也许是参加大选的最佳准备，为此可以动用销售资产的资金。这其实是最后一个机会了。"⑫

由于撒切尔夫人相信，自己的政府基本上运行在正确轨道上，便倾向于遵循英厄姆的建议在重组时考虑公关，而不是对政策进行重新审视。她将内阁改组期从7月宽限到9月后，便在8月份大部分时间里考虑内阁人员调整问题。她声称这是个自己讨厌的事情。她说的是心里话。虽然她在政治斗争上残酷无情，但她对大臣失去职位受到的打击却能感同身受。对于一些情况下系统中的有些好人不得不给新鲜血液让位的情况，她既理解，又厌恶。她还意识到，她会因此树敌。[2]她认为，改组政府是"一名首相不得不做的最倒霉龌龊的勾当"。⑬她和丹尼斯在奥地利靠近萨尔茨堡的伊姆劳休假，陪伴他们的是英国荣誉领事、奥地利木材商马丁·凯德尔。休假结束回国后，她开始做一些决定。

---

1 这个说法当时在英国并不流行。
2 失去职位的人会感到痛苦，进而成为"叛逆"，对此撒切尔夫人心里再清楚不过了："一切怨恨都要归结到解雇他们的那个人。"（撒切尔回忆录素材，CAC: THCR 4/3）

3. 货币主义的丧钟

她原本寄予希望的一项变革立即受到了挫折。休假返回的当天，她接受在艺术大臣高里勋爵和雅各·罗思柴尔德组织的一个活动中担任女主角。高里查明，石油大亨的继承人保罗·盖蒂有意向英国国家美术馆（罗思柴尔德是美术馆的主管）捐赠一大笔钱，但希望得到回报，能受封骑士头衔。高里向撒切尔夫人解释了这种情况，劝她拜访盖蒂，向他暗示说，这个"奖赏"肯定会给他的。她很高兴这么做。她热衷于为艺术募集个人的金钱，部分原因是可以表现出这比公共资金运作得好，另外一部分原因是她渴望维护英国最伟大文化机构的声望。

高里介绍说，这个深居简出的盖蒂是个"一级毒品瘾君子"，[104]目前仍全天住在伦敦戒毒诊所，"每天要喝18罐淡啤酒"。盖蒂对会见感到紧张，问："我该跟她说些什么？"高里回答："别担心，她会接受你的情况的。"结果真是这样。盖蒂身穿睡袍接待了撒切尔夫人。她的口吻欢快，乐于助人，还恭维他："啊，盖蒂先生，我们一定得把你从这儿弄出去。"他愉快地接受了关于受封骑士的暗示性承诺，不久后便向国家美术馆捐赠了5000万英镑。高里回忆道："那次会见简直治愈了保罗。他恢复了自己的婚姻，变成了社会的栋梁。"

高里与撒切尔夫人分别时，请求这天晚些时候前往唐宁街10号拜会她。他靠挣普通官员的工资生活六年后"感觉接近破产了"，[1]想要接受索斯比拍卖行的提议，去担任董事长。他对撒切尔夫人说，在下次政府重组时，想要离开政府职位。"可我真的想要你担任教育大臣，"她透露道。[105]她鼓起勇气，考虑让她喜爱却日益表现出无能的基思·约瑟夫退休。高里拒绝接受他的职位，对撒切尔夫人说，不能接替一位勋爵管理一个重要的社会部门。但是在撒切尔夫人心目中，让普通官员担任大臣并不是个障碍，因为他成为"苏丹王宫中的宦官"[106]并不对她构成威胁。她说："我认为，让普通官员担任大臣能回答下院酒吧[2]中关于政策的问题。"但表现出她对宪

---

1 高里的一番话惹来媒体的嘲笑。他说，靠内阁官员3.3万镑的年薪，他维持不了在伦敦的生活。议会下院的官员因为有议员的额外津贴，收入比内阁官员高。

2 下院酒吧并不是个饮酒的场所（不过也有酒类供应），而是在议会地板上用白线标出的区域，只有议员允许进入。在某些特殊场合，冒犯议会尊严或权威的人可被召唤到"议会酒吧"作为一种惩戒形式。普通官员不能进入这个区域，这就像下院议员不能进入上院是一样的。

法的这个理解不可靠。她特别喜爱高里,认为他"思维非常敏捷清晰"。她认为,以他的"出色个性",他必然能给教育"注入勃勃生机"。但结果并未如愿。她认为高里拒绝任职离开政府是个"最重大的损失"。可怜的基思·约瑟夫对自己险些遭解雇毫不知情,继续在埋头苦干。

撒切尔夫人的其他任命进行得虽不容易但并不反常。约翰·韦克厄姆向她发出警告,说她要做出的改变"有些会是你做出的最艰难的改变"。首席党鞭谨慎提出的建议没有提到人名,只有提议改组的职位,因此,他提到帕金森只用了"贸易工业部国务大臣",而百万富翁小说家杰弗里·阿彻[1]虽然既不是议会议员,也不是贵族,但前途方兴未艾,受提议担任"体育大臣"。韦克厄姆对这两个提名提出了警告:帕金森复出显得是在"倒退";而阿彻看来并不"正确"。在阿彻的问题上,他至少应该有贵族头衔才行,他引起争议的原因是他多变的职业生涯,他因此在1974年10月大选前议会解散时被迫离开议会下院。斯蒂芬·舍伯恩也为帕金森这个人选提出了警告,因为"党内许多妇女不欢迎"他,而"真正的担忧是萨拉·凯斯可能进一步揭出问题,这次影响会连带到你,而不单单是他"。[2] 舍伯恩警告的要旨是政府政策方向是好的,但表现方式不对。为此,他提议由诺曼·特比特接替格默担任党的主席,由杰弗里·阿彻担任副主席(这是个无须两院批准的职位),并选任善于交流的肯尼思·贝克、约翰·摩尔、肯尼思·克拉克担任要职。除了克拉克外,撒切尔夫人在其他人的名字上用红笔打了勾。[3] 舍伯恩为尼格尔·劳森缺乏交流天赋感到担忧,他描绘这位财政大臣"立场坚定",但是"他的确需要某个知己,在定期的公关活动中向他提建议"。

其他建议往往集中在消息发布方式上,对风险的提示多于机会。戴

---

[1] 杰弗里·阿彻(Jeffrey Archer, 1940—),毕业于惠灵顿中学和牛津大学布雷齐诺思学院,畅销小说作者。1969.12—1974.10任劳斯郡选区保守党在议会的议员;1985—1986年任保守党副主席。因做伪证和妨碍司法公正被定罪并受监禁(2001—2003年),他的政治生涯因此终结。1992年由约翰·梅杰提名受封为阿彻勋爵。

[2] 的确有新揭出的问题。就在保守党举行大会时,凯斯小姐的书《一个判决的问题》出版了,书中内容再次对帕金森发起攻击。

[3] 不过,她在一个临时备忘录上评论说,克拉克有"出众的能力","应该受提拔"。("星期日的活动",撒切尔夫人就改组政府手写的评论,未注明日期,CAC: THCR 1/14/14)

3. 货币主义的丧钟

维·沃尔夫森本人是个犹太人，但他对撒切尔夫人说，应该让基思·约瑟夫离开内阁，因为他干得不成功，再说，"内阁已经有足够多的犹太人成员了"。⑫不过他说，基思·约瑟夫"绝对是我在政界见过的最令人愉快的人"。他还提出忠告说，帕金森复职的风险太大，而且年事已高的黑尔什姆勋爵不应该再担任大法官，他在位其实是"虚弱的明显标志"。她应当提拔那些人们认为关心失业问题的人选。他认为，撒切尔主义者尼古拉斯·里德利对大选胜利不利。沃尔夫森感到极为担忧，认为撒切尔夫人的政治基础太单薄，吸引力太微弱。他建议道："内阁成员人选应当具有一个特别条件。他们千万不能是'我们中的一员'！"

诺曼·特比特也提交了他的想法。这时他已得知自己有可能接替格默担任保守党主席。他与撒切尔夫人的关系是复杂的。他以激烈的政治演说而著名，与她的意识形态接近。他钟爱电视讽刺节目《布偶真人秀》，他被刻画成效忠她的光头党人形象。⑬1 布莱顿爆炸案后，她个人对他表现出的善意让他特别感激。由于他妻子玛格丽特在布莱顿爆炸中受伤瘫痪，一直住在靠近首相别墅的斯托克曼德维尔医院，撒切尔夫人便请特比特在她的乡间房舍住几个星期，便于他探视"他的玛格丽特"。其实他在医院设了间私人办公室，可以继续处理贸易工业部的工作，这样做的部分目的是向世界展示，爱尔兰共和军没能打败他。特比特本人也需要在医院治疗，他腹部一侧被炸伤，需要频繁做植皮手术。他一直承受着伤痛。⑭安德鲁·兰斯利2 当时是特比特的私人秘书，他说，撒切尔夫人对特比特"表现出的魅力和支持超出了惯例"。⑮她请朋友们吁请伦敦最大的住宅业主威斯敏斯特公爵向特比特一家特别提供他们需要的公寓。按特比特自己的看法，他靠近撒切尔夫人居住，

> 不仅激发出她的负疚感，而且让她觉得仿佛自己负有责

---

1 撒切尔夫人在《布偶真人秀》中的形象在第9章做详尽讨论。
2 安德鲁·兰斯利（Andrew Lansley, 1956—），毕业于艾克斯特大学。1984—1985年任贸易工业部国务大臣的私人秘书；1997—2015年任南剑桥郡保守党在议会的议员；2010—2012年任卫生部国务大臣；2012—2014年任掌玺大臣和议会下院领袖；2015年受封"议会解散授勋榜"贵族称号。

085

任。本来她是爆炸袭击的目标，但别人替她付出了代价。我每次走进她的房间，她都记起自己侥幸逃脱死亡。她是个好女人，所以才会为此有负疚感。⑯

她正由于同情这位受伤的大臣，才不喜欢他出现在眼前。

撒切尔夫人既有同情和负疚的感觉，也感到愤怒。有传言说，特比特在病床上策划自己的领导计划，⑰她似乎听信了这个谣言。特比特的特别顾问迈克尔·多布斯[1]说，她听到的消息是错误的。特比特"在爆炸发生后，已经完全排除了对任何领导地位的追求"。⑱其实，他担任党主席后不久，曾对多布斯吐露说，他要在下次选举后放弃所有政界职务，一心一意照料自己的妻子。撒切尔夫人对这些当然并不知情。她在回忆录中提到任命特比特担任党主席一事，说："我认为我们赢得大选后，他将来有一天会成为我的继任人。"她还补充道："这不只是个想法，他正是这样一个人选。"⑲但她实际上还是存有疑心。她私下回忆道："他想要担任党主席，以此做跳板夺走我的职位。"⑳她还开始怀疑他的管理能力。

虽然多布斯说过那样的话，但撒切尔夫人对特比特怀有野心的看法也许是有些道理的。资深政客们拒绝考虑担任首相的说法从来并非绝对明确。不过，特比特其实并不真正想担任党主席。他一直喜欢贸易工业部，宁愿继续担任这个部的大臣，但他也感觉到工作压力太大。他1985年1月返回工作岗位时说："我以为自己已经痊愈，其实力不从心。那个事件不仅对精神造成震动，而且我的身体也相当虚弱。我隐瞒了自己受伤的程度。"㉑当然党的主席没有政务职责，担子要轻得多，显然也适合特比特在政治上的进攻性，也和他表达清晰的能力相称。按照安德鲁·兰斯利的看法，布莱顿爆炸案对特比特造成的伤害是心理上的极度痛苦。他意识到了两个相互矛盾的后果——他有能力也有可能得到党的支持成为领袖，但他自己的健康状况其实比妻子的健康状况后果更严重，这让他不可能成为领袖。这

---

[1] 迈克尔·多布斯（Michael Dobbs, 1948—），毕业于牛津大学基督教堂学院和塔夫斯大学弗莱彻法律与外交学院。1981—1986年任政府特别顾问；1986—1987年任保守党办公室主任；1983—1986和1988—1991年任萨奇公司副董事长；1994—1995年任保守党副主席之一。《纸上谈兵》等政治小说的作者。2010年受封多布斯勋爵。

"增加了他的痛苦。他后来意识到自己已经失去了抱负，以前也没有充分表现出自己的抱负"。⑫ 这两个结果都没能让党主席与首相的关系变得和谐，而首相此时还因帕金森的问题而头疼。此外，"诺曼和玛格丽特·撒切尔从来都不是朋友。他缺乏塞西尔那种对女人的魅力"。⑬ 多布斯开始相信，撒切尔夫人一开始就对特比特担任党的主席感到不安，因此往往允许采用"双轨操作"干预党的事务，却并不咨询他。

关于内阁重组，特比特在写给撒切尔夫人的备忘录中认为，最高层职位不该调整，"理所当然"，撒切尔夫人不会感到需要替换迈克尔·赫塞尔廷或彼得·沃克。然而，他对赫塞尔廷的看法比较含糊。他写道："国防简直是一团糟，我们承受不起更糟糕的状况了。"他继续用典型的刻薄口吻写道："……迈克尔没有彻底考虑清楚，也许你感到需要撤换他，不过我倒愿意让他继续为自己犯下的错误受过。"⑭ 如果如特比特所愿，他建议让他最大的对手任职能源部，¹ 把沃克打发到卫生与社会保障部。帕金森则应当去国防部任职（"假如他现在不复职，就永远无法返回政界"）。

撒切尔夫人在撰写回忆录的过程中阅读了特比特的备忘录，她不由对迈克尔·赫塞尔廷做了几句评论。她觉得赫塞尔廷懒惰："在国防部，他不把工作带回家做……他还在自家大房子里多次举行午餐会。这通常就是懒惰的迹象。"⑮ 赫塞尔廷不愿与她亲近，在这方面她记在心里的众多小事能列出长长一个单子——她在教育部供职时，赫塞尔廷未向她通报就命令她的官员向他介绍最好的学校，让他送自己孩子去就读；1984 年，在诺曼底登陆日 40 周年纪念活动中，他没有安排牺牲将士的遗孀们参加仪式，最后是她出面解决这事；在国防部，虽然他是个著名的管理人员，却未能把握住采购武器的机会。她还记得自己 70 年代的首席私人秘书约翰·斯坦利² 对她讲过的一件事，她为复述那事感到抱歉，因为其中重复了"一个我讨厌的字眼……一个下流字眼"。赫塞尔廷曾对斯坦利说，他自己升迁的秘密

---

1 几乎可以肯定，特比特知道赫塞尔廷曾在1979年拒绝任职能源部，坚持要去环境部，因此按照特比特估计，他会拒绝接受这样的降职，离开政府。

2 约翰·斯坦利（John Stanley, 1942—），毕业于雷普顿学校和牛津大学林肯学院。1974—2015年任汤布里奇和莫灵选区保守党在议会的议员；1979—1983年任住房与建设部大臣；1983—1987年任国防部国务大臣；1987—1988年任职北爱尔兰事务办公室；1988年受封骑士。

是"我飞黄腾达因为我原本是一团臭狗屎"。[126] 当然,她说出这些是在赫塞尔廷造成她下台以后。至于当时撒切尔夫人考虑内阁重组问题,这些想法全都没有影响到她的行动。也许她偏爱特比特的暗示:如果赫塞尔廷留在国防部,就能为国防部的失误"背黑锅"。她既没有提拔他,也没有降他的职。赫塞尔廷保留了职位。

她最醒目的决定是受到改善宣传的愿望驱使。她收到的书面建议中都没有提到这一点。9月初,她邀请利昂·布里坦去首相别墅,布里坦以为是要听取他对改组的意见。结果她撤销了他在内政部的职务,提出任命他任职贸易工业部。她的理由是,目前在国家重要部门任职的三个人都不善于公共宣传。布里坦"有一流的智慧,但根本不善于表达"。[127] 伯纳德·英厄姆觉得她有点过于直率:"外交部的杰弗里、财政部的尼格尔、内政部的利昂,这三位什么都不会推销。"[128] 她仍然认为劳森是她政府中至关重要的人物,也没有借口触动杰弗里·豪,利昂·布里坦则是最脆弱的一环。[1]

布里坦的能力是不容置疑的,他在应对矿工罢工中起过重要作用,但没有在议会中吸引一批追捧他的人。人们觉得他的律师味太重,也被视为后座议员中反犹太主义幕后动作的牺牲品。他还饱受谣言中伤之苦,说他虽然结了婚,却是个同性恋者,甚至说他是个虐童者(在那个年代,许多人认为这两种情况常常并存)。对这两种谣言,谁也拿不出真正的证据。迈克尔·乔普林在撒切尔夫人第一届任期从始到终都担任首席党鞭,他对关于同僚们的大多数无聊谣传津津乐道。他回忆说:"当时我根本没听人私下谈论利昂,我非常了解他,因为他是代表约克郡选区的议员,我就是约克郡人。"[129] 韦克厄姆和英厄姆等参与讨论内阁重组的人都认定,那些谣传对撒切尔夫人做决定毫无影响。[130] 不过这些谣言确实强化了对布里坦的偏见,因而弱化了他的政治地位。英厄姆回忆道:"我觉得他从来就古怪得像只笨鹅。"不过,他也承认任何指控都没有证据。[131] 撒切尔夫人似乎丝毫也不怀疑布里坦,对他的性行为也丝毫不担忧,不过确实指出过他在议会后座同

---

1 撒切尔夫人退休后,为自己"过于重视"财政部首席秘书的职务感到自责,她因此将那个职位上原本任职很好的人们提拔过度。在她心中,布里坦就是这样一个人,约翰·梅杰也是一个。(撒切尔回忆录素材,CAC: THCR 4/3)

3. 货币主义的丧钟

僚中缺乏人缘。

她了解有些谣传的背景。前一年，也就是1984年6月21日，《泰晤士报》登载了一篇报道，否认内阁大臣参与过一桩丑闻。罗伯特·阿姆斯特朗向她报告了继而发生的事情。理查德·赖德以前做过记者，与报界关系很好，《泰晤士报》那篇报道登出的当晚，他见到《星期日邮报》的副主编乔纳森·霍尔伯罗。赖德告诉阿姆斯特朗，霍尔伯罗对他说，那份报纸对利昂·布里坦的私生活"做了件非常好的事"。⑫阿姆斯特朗的报告和媒体当时的任何报道都没有说具体是什么事，不过报道似乎暗指一个儿童的性虐待，还声称与住在布里坦的选区一个十一二岁的男孩发生性关系。⑬霍尔伯罗说，消息来源是可靠的，不过"他们的调查搁浅了，而且的确没有可用的证据"。不过，该报纸还剩下一项可用的指控："安全部门散布消息称，迈克尔·巴塔尼（军情五处官员，1984年试图为苏联搞间谍活动被抓）曾在审讯中供认，莫斯科掌握着利昂·布里坦的私生活情报，打算以此为把柄敲诈他。"阿姆斯特朗就此作了调查，向撒切尔夫人报告说，他核实这个报道时，军情五处向他保证说，巴塔尼根本没说过这话。再说，"这条报道在逻辑上是不可能的：巴塔尼在伦敦根本无法与苏联情报机构建立联系"。[1]

阿姆斯特朗解释说，他已经将这个内容完整传递给了约翰·韦克厄姆。理查德·赖德觉得，《星期日邮报》想找到利用军情五处的角度深入作布里坦的报道：他认为报纸有可能转而作情报机构对大臣们不负责的报道。⑭阿姆斯特朗说，他后来与伯纳德·英厄姆交谈，两人同意"假如周末出现这类指控的迹象，他应当绝对明确地表示，这些传言完全是无稽之谈"。结果，没有哪份星期日报纸再刊登这个传言，只有《私家侦探》报宣称这个传言不实，指出军情五处的消息来源行为不端，其实为的是重复传言，还点了利昂·布里坦的名。⑮伯纳德·英厄姆接着在发布会上指控这属于"流言杀人"行为，《卫报》刊登了一篇报道，标题是"性丑闻谣言中点了布里坦的名"。⑯布里坦通过英国报业协会发表了否认声明。一位名叫哈里·科恩的工党议员致函撒切尔夫人，要求她调查对军情五处变节官员

---

[1] 巴塔尼在叛国时迈出第一步便以失败告终。他让克格勃相信该接受他提供的秘密情报。这些情节在克里斯托弗·安德鲁授权撰写的秘密情报机构历史中得到了描述。（安德鲁，《捍卫王国》，pp. 714—22）

的指控。㊲她在给科恩的回复中拒绝了他的要求，理由是"你提到的谣言毫无根据，我认为不需要作任何进一步的陈述"。㊳对科恩继而就此事提出的调查要求，她不再作答。

总之，撒切尔夫人知道谣言是围绕着布里坦，她不相信这些谣言，也知道起码有一些方面是虚假的。她本来意识到，由于军情五处受内政部管辖，因此传播有关内政部的谣言就特别讨厌，但她认为这不是个解除内政大臣职务的好理由。[1]

虽然谣言并不是调离布里坦的理由，却让调动他变得比较可行。撒切尔夫人对布里坦有不同的批评。在一个称作《现实生活》的纪录片播放问题上，她认为布里坦与英国广播公司的斗争不够老练，该公司向爱尔兰共和军首领马丁·麦吉尼斯提供电视播放时间，让撒切尔夫人怒不可遏。她自然还重视自己的大臣在电视上应有上佳表现。由于她自己从不看电视，所以她在这个问题上的看法往往受希望影响她的人所左右。㊳在这个问题上，他们是对的。布里坦在电视上的表现不佳，看上去目空一切。布里坦自己的看法也是对的，他是政府不受欢迎的"替罪羊"，政府口碑不佳首先是由英厄姆造成的，因为他是撒切尔夫人应对媒体的主要窗口。㊵影响撒切尔夫人反对布里坦的也许还有约翰·韦克厄姆。他认为对布里坦"提拔得有点太高、太快"，其实"并不真正胜任那个职位"。在是否恢复死刑的

---

1 撒切尔夫人为宣布内阁改组做准备过程中，在职位变迁文件背后潦草写下几行，其中有："塞西尔——不复职""明晚宣布"等。这份文件在她存在丘吉尔学院的其他文件中保存下来。从内容联系上，似乎与她9月1日星期日晚上与伯纳德·英厄姆的交谈有关。她还写下："13岁"的字样。（撒切尔夫人关于改组的笔记，未注明日期，但内容联系是1985年9月1日，CAC: THCR 1/14/14）鉴于后来人们推测她调换布里坦的一个动机可能与虐童谣言有关，她写下这三个字有可能指的是这件事。然而，这似乎又是不可能的，因为自从前一年的谣言风波后，没有证据显示对布里坦的新指控传到了她那里，因此，她不会在改组前在一份文件上写下这个新谣言（考虑到她有习惯性的谨慎，她也不会在纸上记载这种事）。另有一个更可信的解释。8月22日，曼彻斯特机场发生一场可怕的空难，54人丧生。撒切尔夫人从奥地利休假回国后，改变计划去视察空难现场，接见幸存者。幸存者中有三个受重伤的13岁少年，两个女孩，一个男孩，两个女孩的父母和近亲都罹难了。在接下来的两个星期中，媒体持续报道这些孩子（以及其他幸存者）的状况。在内阁改组的当天，在曼彻斯特举行了追思弥撒。在这个背景下，撒切尔夫人受到邀请并不奇怪，或者从英厄姆的新闻摘要中了解到这三个孩子的情况，便潦草写下那三个字（笔者感谢克里斯·柯林斯在个问题上协助提供情况）。

3. 货币主义的丧钟

辩论中，他支持死刑的态度缺乏诚意，这也对他不利。[⑪]

撒切尔夫人在首相别墅与首席党鞭约翰·韦克厄姆讨论拟议的人事变动时，他预测说，如果她调动布里坦，布里坦首先向她提的问题会是："我的新职位是什么级别？"撒切尔夫人从来没有等级观念，便问："级别？那是什么东西？"仿佛她不熟悉这个字眼。她跟布里坦谈话后告诉韦克厄姆，他的话跟首席党鞭的预料一字不差："约翰，你说得太对了。他只提了这么个问题。"[⑫]撒切尔夫人向布里坦保证说，他的级别保持不变，但他感觉自己的地位不安全，觉得受到了欺侮。虽然贸易工业部的职位在撒切尔夫人政府的改革使命中无疑比内政部更处于核心地位，但在等级传统上地位较低。[1]接替布里坦担任内政大臣的是道格拉斯·赫德。撒切尔夫人认为赫德是个"非常平静的大块头"，[⑬]不过他绝对不是个撒切尔主义者。他原来的职位北爱尔兰大臣由汤姆·金继任。虽然怀特劳和韦克厄姆有反对意见，但他仍然留在内阁里。

与人们预测的一样，诺曼·特比特成为保守党主席。杰弗里·阿彻没有受封贵族头衔，因此不能任命担任部级职务。不过他被任命为特比特的副手，担任保守党副主席，为的是恢复保守党"草根"的热情。此时事先没有与特比特商量，他便"有点恼火"。[⑭]迈克尔·多布斯说，撒切尔夫人让阿彻担任这一职务，还为了顺便"替她盯着点儿诺曼"。[⑮]

塞西尔·帕金森没有复职。对萨拉·凯斯进一步攻击的担忧是合理的，不过，撒切尔夫人让帕金森认为，是韦克厄姆等人阻止了他重返内阁，但她真的跟他们一样担心，觉得"有点太早"。[⑯]在黑尔什姆的去留问题上，谨慎同样占了上风。原来的计划是让迈克尔·哈弗斯继任大法官一职，但唯恐哈弗斯从下院调往上院后会引发补缺选举问题。1983年，保守党几乎失去威利·怀特劳留下的职位空缺，让她感到惊慌（"那事让我得到了一个教训"）。[⑰]撒切尔夫人不能冒这个风险，便决定在下次大选前让77岁的黑尔什姆保留这个职位。

---

1 不久之后，布里坦担任贸易工业部大臣后的一个行动与电视剧《是，大臣》中的情节如出一辙，他推翻自己任内政部大臣时提出的建议，书面反对就空白盒式录音带征税。（安德鲁·兰斯利访谈）

撒切尔夫人开始相信，右翼大臣在宣传方面的能力不及保守党左翼。例如，里德利是政府中的"智囊"，但"他上不得电视"。⑱在这种活动中，她主要关心的不是意识形态，而是宣传表达能力，便委任肯尼思·贝克为环境大臣，推进"社区费"，并应对左翼工党的地方议会。为此，她解除了帕特里克·詹金斯的职务。她还任命肯尼思·克拉克担任财政部总会计长，在内阁任职。他事实上是就业部在议会下院的主要代表，因为他的情况与高里相反，高里不接受教育部的职位，但克拉克不愿离开就业部，她便任命了同级别的官员杨格勋爵任国务大臣。

撒切尔夫人任命戴维·杨格为就业大臣。他以前在人力服务委员会供职，后来成为这个委员会的一名官员，此次提拔后，他以强有力的手段继续进行已经在从事的工作。1984年8月，首相曾试探性询问他是否愿意担任英国石油公司董事长。他没有就此直接回复，而是利用这个机会做由头，要求任命自己为办公室主任或高级官员或大臣。⑭她决定任命他为（不领薪金的）不管部大臣（指没有明确职责但其他部门不管的事都可处理）。杨格是个传奇般的就业机会创造者，如今他在忙着为自己创造工作机会。部级同僚本能地厌恶他，因为他并不是个职业政治家。有人常常引用撒切尔夫人的话说（不过，没有记录显示这是她亲口说的话）："其他人带给我的是麻烦，但戴维带给我的却是解决方案。"⑮¹这自然激怒了他的同僚，他们把他当成"导师的宠儿"。汤姆·金有理由特别感到自己受到了威胁，他向艾伦·克拉克抱怨说："戴维·杨格不是这个俱乐部的成员，他从来没有为竞选奋斗过，总是甜言蜜语骗好处……"⑮杨格后来承认，这种怀疑有一些道理。例如，他接替金之前，"偶尔会背着他去唐宁街10号，了解事情是否进展顺利，这让我感到羞愧"。⑯其实，这是撒切尔夫人鼓励他做的事。杨格回忆道："她要我核查她的就业大臣。在与人交往方面，她是个道德上的懦夫。"

现在，撒切尔夫人任命杨格全面负责。她对利昂·布里坦进一步表现出不尊重，将贸易工业部额外的领域交由杨格负责，例如他要求负责的旅

---

1 随着时间的流转，人们日益给这个说法添油加醋。最初的说法似乎源自1984年《金融时报》工业记者艾伦·派克写的戴维·杨格简介。杨格当时任人力服务委员会主席，并不是大臣。派克引用了撒切尔夫人的话："其他人带给我的是他们的问题。戴维·杨格带来的是他的成就。"（参见艾伦·派克，《金融时报》1984年4月7日；读者来信，2010年11月4日）

3. 货币主义的丧钟

游业和小公司。杨格的态度与就业部的传统大相径庭，这个部门在历史上的职责一直是应对工会。他不仅要改善众多失业者的处境，还想要减少失业人数。他处理一切找工作中的艰难或不快的事务——救济困境（通过他的再起步计划应对）、缺乏技术和职业训练、让小企业难以创建和增长的税务和管理困难等。撒切尔夫人任命杨格担任就业大臣时对他说："我想要你在下次大选前处理失业问题。"㉝ 他坚信撒切尔夫人努力实现的目标，也极为崇拜她的领导能力，因为她"关注和持久贯彻的能力令人惊奇"。她后来对自己的这个人选决定极为满意。[1] 他确实属于她任命后丝毫没后悔的少数几个重要人物。她后来说："我认为我们能赢得了1987年的大选，多亏了他的就业政策。"㉞

也许是因为内阁改组引进一些新面孔，保守党在会议季受到媒体许多言过其实的赞扬。在伯恩茅斯举行的工党会议上，尼尔·基诺克因抨击利物浦战斗派的行为（参见第1章），得分明显上升。保守党人则没有可与之对应的改变情况或方向感。最让他们难堪的是，在一次大会采访中，新任命的杰弗里·阿彻抨击"害怕工作的年轻人"，还将自己从濒临破产到重新致富归因于没有走他们的道路。会议主席诺曼·特比特刻意离开会场时，对迈克尔·多布斯说："那个大会简直一塌糊涂，我们能逃出来算是走运。根本就没有主题。"㉟

撒切尔夫人在黑潭市发表的领袖发言中抨击基诺克在伯恩茅斯表现出的"胆量"，说事件过去"这么久才有所表示，未免迟钝"。㊱ 她用上工矿工、卡车司机、钢铁工人、铁路工人和码头工人在矿工罢工期间表现出的"真正勇气"与他做对照。她还以"根据实际情况负责任地运用权力"和"理想主义与现实主义相结合"为自己政府缺乏醒目的经济进展找借口。她竭力强调自己对失业问题的承诺。"没有任何问题……占用了我更多的精力"，她这话基本属实。她自夸说，到圣诞节前，"青年培训计划"培训人

---

[1] 艾伦·克拉克是杨格的部下，他先前对杨格很反感。杨格受任命后，克拉克记载了他们的首次会议情况："他神情愉快，态度几近迷人……他的语速足有汤姆·金的两倍，不过他也倾听别人的话，爱讲笑话，满脑子聪明创意。我这才明白夫人为什么会喜欢他。他跟内阁其他人完全不同——然而，他的做派中丝毫也没有卑鄙。"（克拉克，《日记》，1985年9月3日，p. 119）

数将超过100万人,过去两年间英国额外创造了65万个就业机会。她请会议听众回顾十年前的情景,当时她在同一座会议厅发表唤人奋起的第一次大会演讲时,曾受到满腔热情的欢迎。她的这次演讲受到忠诚的鼓掌喝彩,但人们的情绪并不热烈。

此前不久,若干城市的黑人聚居区爆发了动乱。用政治术语说,这对撒切尔夫人是个不祥中的幸运。动乱与城区贫民总的贫穷状况和种族不满有关,而直接导火索是与警察发生的冲突。9月份,布里克斯顿和伯明翰的汉兹沃思发生动乱;10月初,伦敦北部的托特纳姆也发生动乱。虽然动乱范围远不及1981年那几次事件,但程度十分凶猛,有些行为非常残忍。托特纳姆的布罗德沃特农场是个现代"水槽"庄园,那里的步道和黑魆魆的楼梯很容易发生犯罪案件,暴民抗议警察在搜捕中打死一名黑人妇女,他们投掷汽油瓶纵火,还向保护消防队员的警察发起攻击。基思·布莱克洛克警长从楼梯口出来时滑了一跤,遭到暴民袭击,浑身受了40处刀伤,脖子上插进一把六英寸长的刀,很快气绝身亡,这是150多年来,英国本土死于暴民之手的第一位警察。哈林盖地区议会的黑人工党领袖伯尼·格兰特[1]说:"这里的年轻人认为,星期日发生的事情该怪罪警方,他们遭到了警察的痛殴。"⑰这番话被广泛视为给杀人犯开脱。他还说:"没准是一个警察刺死了另一个警察。"⑲

布莱克洛克警长遭杀害时,保守党人正在开大会。这场野蛮的暴行让保守党人更加团结。伯尼·格兰特的评论引发了警察与工党的冲突,尼尔·基诺克迅速出面谴责格兰特说的那番话。诺曼·特比特以他一贯言简意赅的口吻说:"100个人扑上去杀害一名警察,我看谁也不能说这是失业造成的。假如真是源于失业,那我们在20世纪30年代的警察人数就太少了。"⑱撒切尔夫人将保守党传统的法律与秩序元素插入自己的演讲中。她"抨击乔装成社会抗议的罪行",说大多数英国人"认为警察是自己的朋友",将极左派的利物浦、朗伯斯区(布莱克斯顿暴乱发生地)和哈林盖区议会的"社会主义行动"视为对法律的颠覆,这一席话赢得了最热烈的掌声。她并不仅仅主张权威性,还在其中注入一个同情的音符:"我们人人都

---

1 伯纳德(昵称"伯尼")·格兰特[Bernard('Bernie')Grant, 1944—2000] 1985—1987年任伦敦市哈林盖区议会领袖;1987—2000年任托特纳姆选区工党在议会的议员。

有责任,不能对另一面视而不见。"⑩她表达了对各城市内城落后状况的关心,她说,这种状况的根源是地方机构、教会势力、家庭和学校向国内残酷的操纵者让步。布莱克洛克警长惨死的具体情况让撒切尔夫人深感惊骇,她亲笔给警长的遗孀写了吊唁信:"面对几乎无法忍受的痛苦,任何言辞都不能给你安慰。但我想要你知道,没有你已故丈夫和许多像他一样勇敢的人们,英国将不再是我们熟悉和热爱的国家。在我们中间发生的这种新恐怖主义就像一个癌瘤,必须除去。"⑩

在遭遇混乱的时刻,撒切尔夫人一般比大多数政治家关心事件发生的细节,尤其关心暴乱中的受害者,而不太倾向于直接讨论政策改变。内政大臣道格拉斯·赫德在黑潭向她报告发生在托特纳姆的暴乱时,她做出意识流式的反应:

> 那一夜事件的残暴和使用的武器是新形势的证据……没有抓捕更多的人是个极大的遗憾……为了帮助警察,甚至有必要拆除不同区域的房子。或许应当额外设置探照灯。总之,政府应当支持警方。⑩

警察协会对她的政策组说,他们希望向她汇报布莱克洛克警长惨死的详情,政策组劝阻他们,免得让她感情过于激动。政策组的哈特利·布斯对她说:"我们认为,除非你提出要求,否则不该让这事烦扰你。"⑩布斯还据警方消息来源向她通报说:"有人向托特纳姆区的个人提供了凝固汽油弹的原料。"如果这个情况属实,警察就需要保护服装,并使用塑料子弹。撒切尔夫人感到担忧,也许还过于轻信,结果上了圈套。她写道:"这让人极为不安。帮助警察执勤的一切可能安排都做了吗?"⑩后来,她的私人秘书戴维·诺格罗夫温和地向她指出,眼下谣言满天飞。若不是她的顾问们没有充分运用抑制手段,撒切尔夫人关心具体情况的倾向从来有受到误导的危险。斯蒂芬·舍伯恩回忆道,在撒切尔夫人任首相的中期,人们对她的权威太敬重了,于是白厅提到她的名字时十分谨慎,免得人们以为是她的愿望而采取过激反应。⑩在政策方面,首相真正想要做的与她一时冲动表达的内容必须区分开来:她的真实愿望有时与她心血来潮的口头说法并不一致。她自己也清楚这一点，所以她喜欢通过书面方式处理政府事务，而不愿坐在沙发上口头讨论做决定。

一个显著的情况是，撒切尔夫人对各城市的内城区非常感兴趣，一段时间以来，她越来越多地考虑到这些地区。"我对内城区（的状况）感到厌恶。没有人为此负起责任。"这也是她任命戴维·杨格担任就业大臣的原因之一。她不愿看到所谓城市优先区域的居民成为恶劣体制或政府忽视的被动受害者，而想要他们参与塑造更好的未来。为此，必须让他们易于得到商业机会，她相信，地方政府的财政必须改革。例如，左翼地方议会在不影响其竞选的前提下将营业税定得太高，业务和就业机会便会离开这个地区。这有助于她考虑采纳人头税（参见第1章）。

当时关于内城区的官方文件显示，撒切尔夫人面对的是两种截然相反的激动局面。不断传来的既有关于暴乱的坏消息，也有她大规模城市复兴项目的好消息。1985年10月3日，肯尼思·贝克在向她递交的文件中称："昨天，我会见了一批美国的银行家和开发商，他们想在伦敦码头区建设一个新的金融中心。"他们计划向金丝雀码头金融区投资15亿英镑，这将创造45000个金融行业的工作岗位，以及数目相同的支持性就业机会。这些计划看上去简直太惊人了。时至今日，这项庞大的发展仍然是伦敦金融成功的核心。撒切尔夫人和迈克尔·赫塞尔廷在1981年创立的伦敦码头区开发有限公司正在取得这些成就，因为它有能力克服地区政府的反对，并可为商业开发和私营房地产公司颁发规划许可。在当时，在大伦敦地区有约3万套闲置的私人民居，往往由工党议会控制不出售，也没有能力翻新。伦敦码头区开发有限公司也购买闲置的公共土地，帮助改善交通线路。将这种机会延伸应用于其他内城区往往比较艰难，因为那些城区与伦敦码头区不同，那里的人口并未减少，因此难以做实质性改造。

从广义上看，撒切尔夫人的政府在内城改造的途径上意见不统一。按照各部门的条件，人多手杂反而误事。从意识形态角度看，存在一种心照不宣的争论：持"民族一体"观点的保守党人认为，政府的资金应当用于这项工作，然而撒切尔主义者对改造内城感兴趣的手段却是经济机会、非政府机构和个人品行。政策组心怀理想主义的年轻道德家布斯和莱特文致函撒切尔夫人，指出大臣们想要同时实现各种不同的目标——杨格勋爵想要培养黑人中产阶级企业家，肯尼思·贝克想要翻新议会公房街区，道格拉斯·赫

3. 货币主义的丧钟

德想要减少年轻人的疏离倾向。但这些全都不是实质问题。他们表示：

> 在20世纪30年代大萧条中情况最糟糕的时候，布里克斯顿的人出门时，照样把订购食品杂货的钱装在购物袋里，挂在正门前……犯罪和社会分化问题完全是由人的品行和态度造成的。只要道德恶化在持续，改善内城的所有努力终将失败。戴维·杨格的新企业家们只会创建迪斯科舞厅和贩毒生意。⑩

如果补助金给错了人，相关的问题便是谁会成为最好的地方合作者。"利物浦（激进分子为解决种族问题从伦敦左翼引进）毁灭性的黑人活动家萨姆森·邦德就是受到了内政部的资助"，⑯ 撒切尔夫人在这个句子下面一连画了好几道横线。政府内部就如何行事反复进行争论。撒切尔夫人想要更加关注内城的年轻人，但是，对该由谁负责此事仍然拿不定主意。

这时，英国国教加入了讨论。11月底，坎特伯雷大主教罗伯特·朗西向撒切尔夫人发来一封手写的信函，并附了一份长篇报告《城市的信念》，陈述他的委员会对城市优先区域执行的调查。封底的文字称，报告勾画出大城市"令人不安的画面"，那里的经济、市容、社会条件等都极其糟糕，令人沮丧。朗西写道："当然，大主教和首相阅读这个报告都会感到不舒服。尽管我对某些方面的描述持保留态度，但我相信其内容应得到重视。"⑳ 在朗西支持下，委员会提交了这份内容惨淡的报告，该委员会几乎是清一色的英国国教当时自由左派领导人物，由于60年代南岸教区的影响，人们有时称之为"南岸宗教"。委员会主席是理查德·奥布赖恩爵士[1]，撒切尔夫人为支持戴维·杨格，渐渐把奥布赖恩从人力服务委员会排挤出去了。委员会成员还包括利物浦主教戴维·谢泼德[2]、基督教励行会会长埃里克·詹

---

1 理查德·奥布赖恩（Richard O'Brien, 1920—2009），毕业于昂德尔学校和剑桥大学克莱尔学院。1976—1982年，任人力服务委员会主席；任坎特伯雷大主教的城市优先区域委员会主席，该委员会1985年出版了《城市的信念》；1984—1990年任政策研究协会主席；1980年受封骑士。

2 戴维·谢泼德（David Sheppard, 1929—2005），毕业于谢伯恩学校、剑桥大学三一学院、里德利神学院。1975—1997年任利物浦主教；1983—1985年任城市优先区域委员会副主席；1998年受封谢泼德勋爵。

姆斯教士[1]、主要的社会主义社会学家前里斯大学讲师阿尔伯特·亨利·哈尔西[2]教授等人。

朗西当时的专职牧师约翰·威瑟里奇说，朗西"带有一点保守党湿派倾向，在政治上感觉相当困惑"。[171]他对撒切尔夫人怀着"平静的敬重"，从不打算从政治上发起攻击，但他的政治困惑感等于留下一片空白，让意识形态比较强的同伴向撒切尔夫人（不过并没有指名道姓）及其所有成就发起攻击。那篇报告在教会的外衣下提出1945年式的新凯恩斯主义政府顽固守旧的观点。报告将教会描绘为"国家的良心"，称政府"对个人主义给予了太多的侧重，对集体义务却强调不足"。[172]报告以尊敬的口吻提到马克思和开明神学（属于准马克思主义思想，当时在南美洲教士中十分流行），蔑视新教的职业伦理和"舒适英国"观，接着，报告引述了经过批准的一份材料说："排斥穷人是普遍的，而不是偶然孤立的现象。"[173]撒切尔夫人阅读时，在旁边画了两个大问号，还在"不是偶然孤立的现象"下画了一道粗横线，她内心意识到是在指责自己。[3]后来担任伦敦主教的理查德·查特斯[4]在最初收到这份报告时是朗西的专职教士，他认为，报告中的建议和城市教会的生活是有价值的，但其中引用的神学体系"令人悲哀"。[174]

《城市的信念》提出23条主要公共政策建议，每条内容都需要增加政府开支。报告反对出售地方公房，反对住房私人租赁市场，反对私营办学，反对削减大学开支。报告攻击政府的"武断而顽固的宏观经济立场"，声称"对大多数低收入城市居民来讲，自由选择是一场残忍的骗局"。在"秩序与法律"的标题下，报告的一个章节故意扭曲保守党大会热爱的一个常

---

1 埃里克·詹姆斯教士（Canon Eric James, 1925—2012），毕业于达格南郡高中和伦敦国王学院。1979—1990年任基督教励行会会长；1984—1995年任女王陛下的专职教士。

2 阿尔伯特·亨利·哈尔西（Albert Henry Halsey, 1923—2014），毕业于凯特林文法学校和伦敦政治经济学院。1977年在里思大学任讲师；1978—1990年在牛津大学任社会与管理研究学教授；1962—1990年在牛津大学纳菲尔德学院任教授研究员。

3 撒切尔夫人还为一项发现感到不快：负责这份报告的秘书两年来一直受到环境部以公共资金资助，而且在其不工作期间还在文职人员中得到提拔。

4 理查德·查特斯（Richard Chartres, 1947— ），毕业于哈特福德文法学校、剑桥大学三一学院、牛津大学卡兹登神学院、林肯神学院。1995年后任伦敦主教；2013年4月17日在圣保罗大教堂为撒切尔夫人葬礼做追思弥撒；1980—1984年任坎特伯雷大主教的专职教士。

3. 货币主义的丧钟

用术语，质疑服从法律的必要性，还集中讨论强制执行法律可用于排斥穷人。看了这个章节，哈特利·布斯非常激愤，警告撒切尔夫人说，这个报告"有可能起到危险的作用，颠覆强制执行法律与秩序的努力，并可能激起种族紧张关系"。⑮

布赖恩·格里菲思不但是个经济理论学者，还是个宗教知识丰富的教徒。他就这份报告为政策组写了一份"批评性评价"提交给撒切尔夫人，建议她对"真实问题做的认真调查"表示欢迎，不过要准备对某些遗漏和假设"表示惊讶"。他劝告说："要对报告中建议对中央和地方政府的侧重远远多于家庭表示惊讶。"⑯ 戴维·诺格罗夫在这份评价文件封面上附了个给她的建议："我觉得这个评价是对的。要不动声色地扼杀那份报告。假如教会与政府发生争吵，这份报告准会登上报纸头版。"就连好斗的英厄姆也建议不要采取"先发制人的打击"，因为这会"让这份报告吸引更多关注"。⑰ 然而，一位大臣匿名对《星期日时报》描绘了这份报告的内容，称它"纯粹是马克思主义的神论"，⑱ 结果点燃了导火索。¹ 这正是报纸热衷的话题，因为每一位读者都可参与讨论其中几乎所有问题。总的效果是放大了政府的一般理念，撒切尔夫人尤其被认为"漠不关心"。

撒切尔夫人可不欢迎这种争论。尽管她有好斗的天性，但她绝对不愿跟教会发生争斗。约翰·格默与她讨论过这份报告，他注意到，她感到报告让她受到了"伤害"。她的政治活动有着很强的道德和宗教基础，她"视教会为社会稳定的重要组成部分"。⑲ "她讨厌说她漠不关心，因为她其实真的关心。"她觉得不能反对朗西本人，这既出于他的职位，也由于他"打过一场正义的战争"。² 约翰·威瑟里奇觉得，可惜朗西未能与她私下会见谈论这事："如果他有更多自信心，或许能发挥更多影响力。"⑳ 总的来说，撒切尔夫人对教会比较宽容，而教会对她比较无情："她比较礼貌，而我们本该礼貌相待。"㉑ 她私下感到恼怒，说这个报告"糊涂得让人难以置

---

1 人们常传说，这位匿名的大臣是诺曼·特比特，但他予以否认："那不是马克思主义。我根本不知道哪位大臣会用这种说法描述。很可能是英国广播公司或《卫报》的人假定是持撒切尔主义的大臣会这么说。（特比特勋爵访谈）

2 朗西于1945年在威利·怀特劳率领的苏格兰卫队服役时，因作为坦克指挥官作战勇敢荣获一枚战功十字勋章。自从中世纪以来，他是唯一一位已知有意屠杀过自己同类的大主教。

信"，⑱而且表现出对经济运作丝毫也不理解。当然，凡是一眼看得出是左翼的文章，她都不喜欢。格默承认自己把她刺激得格外愤怒，因为向她指出说，报告中提议，城市优先地区的教堂应当使用"本地设计制作的旗帜"⑱用于自己的宗教崇拜活动。也许报告撰写人心里想要描绘的是当代背景下基督教的场景和象征，但她却认为旗帜是活动分子在抗议游行中高举的东西。

按照格默的看法，撒切尔夫人心目中的教会是"我父亲（一位教士）所说的'插花宗教'"——精致保存展示，但没有生命。她自幼吸收了格兰瑟姆卫理公会的训令，就停留在原点不再发展："后来我再也没有受过其他宗教的影响。"⑱虽然撒切尔夫人绝对无意与教会或宗教体系发生争论，但这个报告是不对的。她继续认真思考基督徒对上帝的职责以及由此对其同胞的职责。她与其他人不同，认为基督教不应该仅仅是个人的事，而应当与社会生活密切相关，但她感觉到，教会在利用其精神和道德威望对自己不理解的经济事务发表意见，这让她产生受挫的感觉。

撒切尔夫人便从其他宗教权威那里寻找对自己观点的支持。她很高兴看到首席拉比伊曼努尔·雅克博维茨[1]的文章。雅克博维茨就《城市的信念》写了一篇评论，标题是《从厄运到希望》。撒切尔夫人与雅克博维茨首次相遇是在她担任教育大臣的时候。她对雅克博维茨的评论记忆犹新：她工作起来"活像担任的是国防大臣。"⑱他强调说，教育努力是克服贫困和偏见的途径。在《从厄运到希望》这篇评论中，首席拉比分析说，犹太人从贫民区摆脱出来，因为"我们自力更生努力工作，而不是依靠别人"，而且"我们将自己的生活神圣化了"。他认为《城市的信念》"没有为工作之美而欢呼"，他认为"做报酬微薄的苦工也比接受救济更体面"。他用希伯来语引用了中世纪一位犹太教导师的谐音词强调自己的观点："贫穷者(rash)会成为未来的领袖(rosh)。"她真希望自己能任命雅克博维茨为坎特伯雷大主教，但她没这个权力，便在1988年建议封他为贵族，使他成为进入议会上院的第一位首席拉比。可以说，《城市的信念》刺痛了她的良心，

---

1 伊曼努尔·雅克博维茨（Immanuel Jakobovits, 1921—1999），毕业于伦敦大学、伦敦犹太学院和犹太法典学院。1967—1991年任英联邦希伯来联合会首席拉比；1981年受封骑士；1988年受封雅克博维茨勋爵。

3. 货币主义的丧钟

但不是以报告预期的方向刺痛她。

撒切尔夫人认为，与雅克博维茨信奉同一宗教的戴维·杨格应当负责内城创新项目，推进私营领域"任务组"的工作，这也许并非纯属巧合。这些努力会"在各市的内城开发可行的私营基础"，[18] 并不为"黑人的敌意"而烦恼，也不卷入身份政治。撒切尔夫人偏爱自己认为圣经时代来自约旦河岸的思想，胜过60年代来自泰晤士河南岸的念头。

罗伯特·阿姆斯特朗在一份潦草手写的备忘录中向撒切尔夫人建议，任务组计划应尽快宣布，为的是"先发制人……杨格勋爵怀疑，亨利镇的成员（指赫塞尔廷，他因韦斯特兰危机三周前辞去在政府的职务）不久后会焦躁不安地把精力投入内城，特别是利物浦"。[19] 撒切尔夫人便按他的建议行事。

4.

直升机坠落

"她的双手并非完全干净"

玛格丽特·撒切尔在20世纪90年代初开始撰写自己的回忆录时,有人听到她说:"我现在甚至不记得韦斯特兰究竟是怎么回事了。"① 她并不是唯一有这种感觉的人。当时和后来的许多人都感到,在议会拥有140个多数席位的成功政府,竟为西部一家市值仅3000万英镑的直升机公司的前途发生争执而受到猛烈震撼,这事说来简直不可思议。然而,这却是不争的事实。整个争执结束时,她的政府运作或失灵的很多细节全都揭示出来。撒切尔夫人的个人声望首次遭受到猛烈的冲击,不仅受到政治对手的攻击(她已经习惯了这种情况),还至少受到一个"国内的敌人"进攻,甚至还受到同盟者的攻击。她行使权力的手段暴露出来,她的正直受到严重的质疑。

导致事件爆发的直接原因其实并不是韦斯特兰公司本身,而是国防大臣迈克尔·赫塞尔廷。据说,赫塞尔廷不愿为女人效命,所以跟撒切尔夫人的关系从来不佳,不论个人关系还是政治上的关系都不好。尽管撒切尔夫人对赫塞尔廷个性的看法有所保留(参见第3章),但他在国防部的工作在政治上对她是有利的,特别显著的是,他在英国部署美国巡航导弹时曾强烈指责核裁军运动。1984年7月,他自己部门一位名叫克莱夫·庞廷的文职人员向工党议员塔姆·戴利埃尔[1]泄露了一些文件的内容,文件反映出

---

1 托马斯·戴利埃尔爵士(昵称"塔姆")[Sir Thomas('Tam')Dalyell, 1932—],毕业于伊顿公学和剑桥大学国王学院。1962—1983年任西洛锡安选区工党在议会的议员;1983—2005年任林利斯戈选区议员;1975—1979年任欧洲议会议员;他从不用托马斯这个名字,也从不用自己的头衔。

4. 直升机坠落

阿根廷的"贝尔格拉诺"号被击沉事件中政府的态度表里不一。赫塞尔廷的反应比撒切尔夫人更强烈,[1]坚持按照《公职人员保密法》起诉庞廷。(最终败诉,让政府觉得难堪)但是,赫塞尔廷历来持有与撒切尔夫人显著不同的看法,他比较亲欧洲、更富社团主义、对地区政策更加狂热。到了1985年,他看出现存的职务分配结构中自己没有进一步得到提升的前景,感到烦躁不安,欲挣脱束缚。撒切尔夫人对这些迹象并非毫无察觉。那年2月,她访问华盛顿时赫塞尔廷同行,访问结束前,她把当时在英国大使馆工作的戴维·汉内拉到一旁。"我记得她逼我回答,赫塞尔廷在那儿做过什么事。这种情况暗示出,她完全不信任赫塞尔廷。"②

赫塞尔廷最先警告撒切尔夫人说,英国唯一的直升机制造商韦斯特兰公司的问题日益严重。1984年,一些麻烦的苗头出现了。到了1985年4月底,赫塞尔廷向她通报说,由于与印度的一宗大订单谈崩,这家公司濒临倒闭。撒切尔夫人曾为促进印度的订货做过大量工作。他说,他赞成"市场化方案"搞变更经营,认为可以由名叫艾伦·布里斯托的企业家来经营。他觉得"一家专业经营直升机的英国公司,要长期在世界范围里参与竞争"是很困难的。③他认为英国不该为拯救韦斯特兰公司而额外向它订货。

不过,政府的想法倾向于为这家公司找到更多订单。撒切尔夫人欣然接受了赞比亚总统肯尼思·卡翁达的一项奇特要求。卡翁达书面要求购买12架韦斯特兰直升机,购买资费从英国海外援助计划中支出,飞机用于监控偷猎大象、犀牛、大羚羊、花豹、猎豹和驴羚。④撒切尔夫人在这封函件的附信上批注:"我希望迅速实现。这可以帮助韦斯特兰公司。"外交部对援助计划的适当性感到担心,出面反对卡翁达的要求,杰弗里·豪对撒切尔夫人说:"这几近荒唐。"⑤在卢萨卡的特派使节拦截了她鼓励卡翁达的信函。

其他想法均不够成熟。这年初夏,布里斯托的提议失败,因为政府不支持他的要求。撒切尔夫人匆匆召集大臣开会,试图避免破产接管和萨默

---

[1] 最初怀疑庞廷泄露消息对他停职停薪时,撒切尔夫人在度假,她发来信息说:"我觉得这有点太粗暴。他和他家人必须有生活来源才行。我认为,我们该等到结论出来……"[撒切尔夫人致函巴克利,1984年8月18日,首相文件,安全,"贝尔格拉诺"号被击沉文件泄露的调查,第1部分(在内阁办公室查阅的文件)]

塞特郡约维尔选区1700人失业。[1] 会议没有排除外国利益介入，不过贸易工业大臣诺曼·特比特[2]阻止了芝加哥美联集团公司，原因是"我认为让美国拥有的前景不会受到欢迎"。⑥唐宁街10号与韦斯特兰公司的董事长约翰·卡克尼[3]关系良好，卡克尼是最近受命去解决问题的，他有军情五处的背景，还有个"公司健康医生"的声望，曾拯救约翰·布朗工程有限公司，让撒切尔夫人刮目相看。撒切尔夫人为这家公司在西伯利亚石油管线的利益曾与里根总统坚决对抗（参见第二卷第6章）。卡克尼担任董事长初期采取的一项措施是秘密雇用戈登·里斯，就政治关系和公共关系向自己提供建议。[4] 美国联合科技公司的直升机子公司西科斯基公司先前已经有意向，卡克尼便有意向该公司出售韦斯特兰公司最大份额的非控股股份。

唐宁街10号的政策组热衷于推进撒切尔主义的开放竞争原则，讨厌国家拯救的想法。早在7月5日，政策组便主张不应排除外国资本成为业主："从国防和工业角度看，西科斯基公司投标或许好得多（胜过布里斯托再次投标）。"⑦本着这样的主张，撒切尔夫人的办公室向贸易工业部发出通知说："虽然她注意到反对美国收购的普遍论点，但她相信应当对各种来自美国的意愿做出判断，评判其优劣。"⑧在这一阶段，政治因素并没有明显参与其中，但卡克尼已经对迈克尔·赫塞尔廷感到有点恼火了。卡克尼曾在

---

[1] 约维尔是保守党政府特别关心的一个选区，自由党的帕迪·阿什当曾在上次大选中从保守党人手中夺走了这里的席位。他们想把这个席位夺回来。但这个席位直到2015年一直保留在自由党手中。

[2] 贸易工业部是韦斯特兰事务的牵头或"发起"部门，国防部是韦斯特兰的实际的和潜在的客户，因此有利益关联。不过，两个部参与不可避免地引发了冲突。

[3] 约翰·卡克尼（John Cuckney, 1925—2008），毕业于什鲁斯伯里学校和圣安德鲁斯大学。1985—1989在不同工业和金融公司任职，包括担任韦斯特兰公司的董事长；1995年受封卡克尼勋爵。

[4] 这个雇佣关系掩盖得很深，直到圣诞节后事件发展到高潮，周末出版的报纸纷纷威胁要报道里斯向韦斯特兰提供内部建议，伯纳德·英厄姆不得不写信给正在首相别墅度圣诞假期的撒切尔夫人，询问此事是否属实。结果证明属实。（里斯离婚了，独自一人过圣诞节，撒切尔夫人邀请他去首相别墅主要出于友谊而不是政策缘故）她发出的答复没有记录可查。[参见英厄姆致撒切尔，1985年12月28日，首相文件，航空航天，韦斯特兰直升机公司，第2部分（在内阁办公室查阅的文件）]

6月底会晤赫塞尔廷，感到他"相当傲慢懈怠……他身穿一件套头衫，坐在一张长沙发上，见面时都没起身。他对我极不感兴趣，要我去找（常务秘书）克莱夫·惠特莫尔"。⑨

那年9月的内阁改组对韦斯特兰的事态产生了重要影响。虽然赫塞尔廷保留了国防大臣的位置，但利昂·布里坦如今接替了诺曼·特比特在贸易工业部的职务。这一来，不论正式地位如何，布里坦清楚自己离开内政部属于降级，心理受到了严重打击。唐宁街10号注意到，他的"性格发生了轻微的改变"。⑩在这种乖戾的心境下，他遭遇到韦斯特兰公司的难题。

迈克尔·赫塞尔廷无意替他铺平道路。他一直渴望得到布里坦勉强接受的这个职位，他还认为在国防部"我可以制定我自己的工业政策"。⑪本着这样的看法，他提出帮助新国务大臣，他认为自己在与欧洲人交往中掌握了大量欧洲战机方面的专门知识。⑫布里坦的看法则截然不同："在他看来，我不过是只小蝌蚪，他才是大青蛙。"⑬虽然赫塞尔廷接受韦斯特兰问题时，对这家公司的未来并没有成熟的想法，但他先前与撒切尔夫人共同处理工业问题时积累了一些经验。他向内阁经济委员会散发了一份文件，陈述自己的干涉主义观点，以此树立自己在工业政策上的地位。她勉强允许他这么做。虽然同僚中支持者寥寥，但这已经让她"相当愤怒了"。⑭在前一年年底，在新建造两艘22型护卫舰问题上，他与诺曼·特比特和撒切尔夫人进行过斗争，他因此变得坚定。特比特原本想在泰因河畔的亨特造船厂建造，但赫塞尔廷总是在推动利物浦的事业，便有不同的想法。照他看，特比特改变竞争规则是不公平的做法，因为他坚持允许默西塞特郡的卡梅尔莱尔德造船厂参加一艘或两艘护卫舰的竞标，而亨特造船厂可以为两艘护卫舰竞标。赫塞尔廷暗示，假如不能按自己的意思做，他就辞职。他回忆说："玛格丽特支持我。"⑮但她这么做仅仅因为她感到赫塞尔廷威胁要辞职，想要"安抚"他。⑯

在这个事件中，诺曼·特比特也是个重要角色，但这时还不能确定他是不是撒切尔夫人的同盟者，因为他曾在英国利兰公司的政策问题上与她发生过争执（参见第5章）。他像赫塞尔廷一样，也感到需要从卡梅尔莱尔德争论中汲取教训。特比特与副首相威利·怀特劳关系密切。怀特劳曾向撒切尔夫人建议，在卡梅尔莱尔德问题上让赫塞尔廷按自己的意思行事，但他也私下对特比特说，他认为赫塞尔廷在这个事务上从来是个"该死的混蛋"。[1]特比特和怀特劳一道冷眼旁观赫塞尔廷在韦斯特兰问题上的作为，发现了一些毛病。特比特回忆道：他们很早就做出结论，认为他是在"找台阶辞职"。[17]

10月初，利昂·布里坦最初致函撒切尔夫人讨论韦斯特兰的未来时，讨论的口吻在方方面面都很理性。他解释说，不论西科斯基的投标还是德国梅塞施米特－博尔科－布洛姆公司、法国航天公司、意大利阿古斯塔公司的欧洲联合投标都是合理的。他对约翰·卡克尼建议政府承诺包销45架W30－160型直升机表示反对，认为韦斯特兰公司"不是航空工业的核心企业"。他认为西科斯基公司是最可能的买家，但也认为应当鼓励韦斯特兰公司"寻求欧洲解决方案的可能性"。[18]查尔斯·鲍威尔向撒切尔夫人通报说，布里坦想要尽早开会讨论这个问题，但他没有看出其紧迫性，还让她看了紧凑的日程安排说："你根本没时间做这事。"[19]赫塞尔廷开始采取行动了，他后来重视布里坦的建议，认为欧洲解决方案应当受到鼓励。布里坦回忆说，他对这个事务没有个人偏爱，还说他就赫塞尔廷对欧洲解决方案感兴趣做出的反应是："'祝你好运！不过这是个工业事务，并不是国防事务。'政府不该强迫任何人；政府并不是这家公司的股东。"[20]

赫塞尔廷凭直觉偏爱欧洲的计划，而撒切尔夫人在本能上喜爱美国的方案，这话不假而且后来证明确实如此。赫塞尔廷为自己在促进欧洲战机中发挥的作用感到自豪，欧洲防御合作属于他赞成的"贵宾席"社团主义。另外，撒切尔夫人的打算是自由市场，而赫塞尔廷的想法是政府干预和"选择赢家"，这种差异也真实存在。两人总是存在哲学理念上的争执。但韦斯特兰问题不能简单归类为赞成或反对欧洲，这一次甚至不能以市场理论划分。在《单一欧洲法案》通过的前一年，撒切尔夫人并非总是怀疑各种欧洲的计划，在涉及加强防御方面尤其不怀疑。不过出现了侧重点的差异。特比特、查尔斯·鲍威尔和卡克尼怀疑欧洲投标的动机，卡克尼的

---

1 赫塞尔廷认为，怀特劳"从来对我不满"，至于是什么缘故，他从来没弄清楚。有可能是因为怀特劳对商业的看法，他曾对赫塞尔廷一连串地说道："我讨厌商人。我讨厌商人。我讨厌商人。"赫塞尔廷说："威利，我就是个商人。"（赫塞尔廷勋爵访谈）

4. 直升机坠落

疑心最重,他对贸易工业部官员说:"三家(欧洲)公司的动机完全是消极的:他们感兴趣的只是阻碍西科斯基。"[21] 在整个事件中,他知道自己必须认真对待欧洲的真正投标,但"我们(韦斯特兰公司董事会)在所谓合伙联营方面缺乏凝聚力而受阻"。[22] 赫塞尔廷则加紧与欧洲谈判。他开始相信,西科斯基想收购韦斯特兰公司完全是为了将这个公司变成一个销售渠道,向国防部推销他们自己的黑鹰直升机。

赫塞尔廷因卡梅尔莱尔德造船厂参与竞标一事取得胜利,感觉勇气陡增,如今要在韦斯特兰问题上追求新的胜利。按他自己的话说,在这场争斗初期他曾对查尔斯·鲍威尔说过,这个情形就像特比特在建造新的海军护卫舰上试图"锁定竞争"一样。[23] 照鲍威尔的话说,赫塞尔廷坐在在内阁办公室外面对他说:"这一次她不会击败我。"[24] 于是,鲍威尔为她参加争斗做准备。

1985年11月29日,两个会议在伦敦分别举行,不过内容密切相关。两个会议都是由赫塞尔廷在国防部召开的。一个会议的与会者是欧洲公司及其投标保证银行劳埃德商业银行;另一个会议的与会者是四个有关国家的军备主管,赫塞尔廷决定本着自己的欧洲理念动员这些以前不知名的官员。虽然这两个会议关系到韦斯特兰公司的未来,但是该公司没有一个代表参会。赫塞尔廷匆匆拼凑起来的协议虽不稳当,倒也精彩,那是个由欧洲人投标韦斯特兰的协议,附带了四个国家军备主管的谅解:欧洲各国政府将仅从欧洲公司购买直升机。如果这个协议能够成立,将形成一个欧洲国防联合企业,西科斯基的投标就毫无成功的机会。

一段时间以来,卡克尼一直担心国防部和布里坦主管的贸易工业部在韦斯特兰问题上意见不一致。他有良好的关系网,在戈登·里斯的建议支持下,他决定:"猴子们在瞎折腾,我得找指挥它们的街头风琴师。"他请求访问唐宁街10号。[25] 赫塞尔廷召开那两个会议之前,查尔斯·鲍威尔便向撒切尔夫人报告说,卡克尼对事态感到不安,担心西科斯基有可能"生气,撤回标书,让欧洲的投标顺利中标,逗得柴郡猫露齿一笑"。[26] 两次会议后,卡克尼感到被出卖了:"赫塞尔廷没跟我解释,为什么对欧洲的投标着迷。"[27] 国防大臣扮演的角色活像这家公司的上帝,卡克尼便向更高的神祇求助。他想要撒切尔夫人站在自己一边。

人们加入了在白厅的战斗。财政部首席秘书约翰·麦格雷戈向赫塞尔廷通报说,他对各国军备主管的建议感到不安:"如此偏离我们的竞争政策,在任何情况下都值得怀疑。"这将"韦斯特兰置于令人难以忍受的地位"。㉘利昂·布里坦同意这个看法,撒切尔夫人支持他的意见。她的政策组将此事巧妙地与哈罗德·威尔森在60年代重建汽车工业做对比,做出的归纳激起她对赫塞尔廷的愤怒。

  迈克尔·赫塞尔廷是在建议保守党政府干预,扼杀私营领域拯救这家原本无须政府资助的韦斯特兰公司,为的是促进一笔与欧洲人的交易,但这桩交易会降低竞争性,导致韦斯特兰公司被剥夺经营权,结果必然是今后很长时期里这家公司只有受国家资助才能存在。这无疑是行不通的。㉙

撒切尔夫人对此表示强烈赞成。

政府准备集体确定此事,赫塞尔廷匆匆出访,试图给他的欧洲投标中注入新元素。12月5日,赫塞尔廷发来一份备忘录"揭示出他刚刚发现(?),英国航空航天系统公司准备与欧洲合伙,因此让这个投标的'外国'成分减少了",这段话和其中的问号带着查尔斯·鲍威尔的讽刺口吻。㉚第二天,大臣们开会讨论此事,赫塞尔廷提出这个问题的角度是:韦斯特兰是由"外国控制"(指西科斯基)还是由欧洲合伙集团拯救,然后"随时回到英国手中",㉛这是个颇有想象力的表达角度。主持会议的撒切尔夫人说:"此时此地的明显多数可以让政府做出决定,应当拒绝国家军备主管们的建议。"㉜但是少数人"强烈反对"这个观点。少数派包括杰弗里·豪和诺曼·特比特,他们看到欧洲投标的优点,对撒切尔夫人要求会议立即排除国家军备主管的建议,他们表示不能认同。特比特后来声称,他支持延期的动机是为了"给迈克尔足够长的绳索去上吊",但撒切尔夫人觉得这不是个理由,为这一插曲责怪他。赫塞尔廷后来回忆道:"她认为特比特是个叛徒,对待他的态度就特别粗鲁。"㉝鉴于人们有不同的看法,撒切尔夫人勉强决定,当天不坚持就国家军备主管的建议做决定,星期一要参考经济委员会全体会议的意见。约翰·卡克尼和他的同僚应撒切尔夫人之邀出席会议,解释自己的观点,这是个极不寻常的做法,她认为这对他的事业有帮助。气氛变得高度紧张了。

查尔斯·鲍威尔在向上司递交的备忘录中写道："周末期间,斗争在继续。"㉞赫塞尔廷冒出几个新点子,给欧洲投标增加甜头——法国人承诺签订分包合约,这是在空间计划中的资金交易。鲍威尔相信,利昂·布里坦并不持坚定的反对态度:"面对这场花样滑冰表演,贸易工业部的表现绝对是措手不及。"㉟最新的事态是,关于韦斯特兰投标的截止日期"并不像声称的那么僵死",现在似乎可以推迟到圣诞节前几天,㊱推迟期限会削弱布里坦的立场,增强赫塞尔廷的态度,让他得到更多时间巩固自己的地位,为自己推动欧洲投标游说。这位国防大臣知道,有些大臣持同情态度,现在或许可以将这事提交给内阁全体。鲍威尔在与卡克尼密切接触,鼓动贸易工业部采取同样的步骤,因为必须做出决定,他确信撒切尔夫人会占上风。

从赫塞尔廷办公室的角度看,唐宁街10号日益参与这个业务简直是挑衅。赫塞尔廷的私人秘书理查德·莫特拉姆[1]认为,只要唐宁街10号采取政府的恰当行动,而不带有高度的党派立场,韦斯特兰的难题是可以解决的……不幸的是,政府决定把事情搞大。㊲特别值得注意的是,鲍威尔觉得韦斯特兰属于他调任前移交的事务范围,用他自己的话说,他"咬住"了这个话题。㊳尽管尼格尔·威克斯是撒切尔夫人的首席私人秘书,但遭到"排挤",㊴她的新任私人财政秘书戴维·诺格罗夫本该处理这个范围的事务,但也遭到同样对待。鲍威尔的自我辩白是,威克斯"有点胆怯",只好让"别人来做这事"。他感到唐宁街10号受到了"孤立"。撒切尔夫人"想搞一次强劲的反攻,而利昂·布里坦不擅长此道"。㊵[2]鲍威尔是他上司好斗个性的有力反映,或许有力得有些过分了,他指出首相与国防大臣之间的冲突,不但有职位上的内在冲突,还有两人个性的冲突。过去,在下院大堂偶然相遇时,撒切尔夫人曾对赫塞尔廷说:"迈克尔,你一定意识

---

[1] 理查德·莫特拉姆（Richard Mottram, 1946—）,毕业于伯明翰爱德华六世国王营地山学校和基尔大学。1982—1986年任国防大臣私人秘书;1992—1995年任公共服务与科学办公室常务秘书;1995—1998年任国防部常务秘书;1998—2002年任环境运输与地区部常务秘书;2002—2005年任就业与退休保障部常务秘书;2005—2007年任智能、安全与可持续部常务秘书;1998年受封骑士。

[2] 在唐宁街10号私人办公室内部,有人持另一种看法,认为鲍威尔俨然像个"帝国功臣"了。（与戴维·威利茨通信）

到了，你我同属一类人。"㊶ 两人都知道自己想要的是什么，用赫塞尔廷的话说就是："冲出前线攫取它。"他这句嘎巴脆的分析有助于解释韦斯特兰猛烈碰撞的原因。这两个人之间的碰撞已经变得几乎不可避免了。查尔斯·鲍威尔相信，赫塞尔廷看到在撒切尔夫人手下通过传统方式已经没有再升迁的可能，便"早已打定了主意：要么获胜，要么离开"。㊷ "要么获胜，要么离开"也正是撒切尔夫人的心态——但她绝对没有离开的打算。

12月9日的经济委员会会议让撒切尔夫人感到不如愿，尽管参加了前一半会议的卡克尼解释了延期对市场信心的威胁（按计划，韦斯特兰的糟糕账目要在12月11日星期三公布，会显示亏损额达9800万英镑）。他在会上的表现不错，但大臣们对他出席会议感到恼怒，认为撒切尔夫人让大家受到过度压力，因此倾向于同情赫塞尔廷。尼格尔·劳森说："虽然争论明显对迈克尔不利，但人们的感情却偏向他。"㊸ 这次会议召开的时间仅仅在加入汇率机制讨论后没几天（参见第3章），在那次争论中，她受到大臣们的孤立，人们对她缺乏善意。卡克尼为"她在一页标准纸上用大字做的丰富记录"而感动，㊹ 但是，人们开始提出不同意见后，他感觉形势开始恶化，"活像营长发现两位连长发生争吵，让她有点发慌"。㊺ 欧洲投标没有得到压倒性的支持，但人们认为重要的是，在收拢投标提交给韦斯特兰公司前应该抓紧时间。公司董事会继而可决定是否在星期五（12月13日）向股东们推荐这次投标，让他们独自决定，拿出自己的看法。如果董事会不批准欧洲的投标，大臣们将拒绝四国军备主管们的建议，给西科斯基扫清道路。赫塞尔廷没有提出异议，但最后提出个孤注一掷的要求：韦斯特兰董事会星期五下午做出决定后，举行一次特别会议，届时大臣们一般会分散在全国各地。他提出这个要求的原因是相信在欧洲的投标得到改进后，自己会拥有说服力。就像12月6日的情况一样，撒切尔夫人不得不妥协，而不是立刻做出最后决定。

经过那两次会议，赫塞尔廷后来便能够说："我看她会因为两次在同僚面前败给我而感到相当焦躁不安。"㊻ 但她并没有失败，在两个场合里，她都明显占多数，但她确实感到踌躇。她认为不强迫做出决定比较谨慎。第二天，韦斯特兰的股票因一项协议待宣布而暂停交易。

大臣们当时并没有意识到，但大家散会时对以后采取什么步骤怀有不同的看法，这个问题后来变得极为重要了。罗伯特·阿姆斯特朗说，赫塞

4. 直升机坠落

尔廷"相信（或假装相信）"⁴⁷已经承诺要进一步召开委员会会议。撒切尔夫人则相信，只有欧洲的投标为进一步讨论充分改变条件，才需要再次召开会议。起初，内阁办公室开始打电话联系大臣们，说13日星期五开会，但后来又通知不开会了。赫塞尔廷称感到气愤，撒切尔夫人说，打电话只是核对大家是否能来，而不是确定要开会。但制止电话通知的是她的办公室，因此仍然值得怀疑。12月12日，赫塞尔廷在内阁提出这个问题，指出打电话通知的不同说法有差异。内阁正式备忘录是根据罗伯特·阿姆斯特朗的手写活动记录后来撰写的，按他的手写记录，赫塞尔廷说："我有些话必须说出来，现在能说吗？"撒切尔夫人回答："你应该提前预告。"⁴⁸这有效地裁定他违反了规定。照赫塞尔廷说，他对此提出抗议，不过对此阿姆斯特朗当时的记录中并无记载。赫塞尔廷相信自己提出过抗议，说罗伯特·阿姆斯特朗没有将此事写进正式备忘录中，这事后来添加进了指控撒切尔夫人内阁核心政府腐败的案情记录。利昂·布里坦回忆说："赫塞尔廷声称没有进行全体内阁讨论，这种说法还是比较得力的。我认为他有权向内阁提出。"⁴⁹

赫塞尔廷开始给韦斯特兰问题定性，称这事具有压倒一切的重要性。他以为13日会举行一次会议（至少他怀有这样的希望），便没有通知利昂·布里坦，在最后一分钟向他的三位欧洲同级别官员发出一份热情的请求，明确敦促他们帮他抵御西科斯基的投标："我们能否老实说，在如此具有根本意义的问题上，我们不能与之匹敌？（指西科斯基的坚决态度）"⁵⁰他还收到吉姆·普赖尔的一封信，提出对他的欧洲投标给予资金支持。普赖尔是个反撒切尔主义者，以前是赫塞尔廷的内阁同僚，如今是英国通用电器公司的董事长。英国通用电器加入，让欧洲投标的英国概念更浓厚了。这个想法是在星期五开会时，让同僚体会到欧洲投标的重要性高于西科斯基。根据卡克尼说的所有情况，赫塞尔廷看得出，要说服韦斯特兰的董事会在星期五接受欧洲投标的可能性相当小。但他感觉到，假如能让内阁同僚相信这个投标有利，就明显只有欧洲的选项能保证让韦斯特兰未来能拿到订购合同，接着便有可能说服股东们拒绝董事会接受西科斯基的建议。当然，假如内阁倒向赫塞尔廷的欧洲一方，这将是撒切尔夫人的一场大失败。赫塞尔廷还在打拖延时间战术：假如大臣们已经明确拒绝了欧洲的投标，要赢得韦斯特兰股东们的支持就没机会了。按照赫塞尔廷的想法："假

如我接受取消这次会议的安排，那我就完了。"㉛ 布里坦认为这个看法是对的："那是他的最后一根救命稻草。"㉜

查尔斯·鲍威尔拿到一份内阁办公室的备忘录，内容是赫塞尔廷在12月12日的内阁会议上抱怨称，他曾寻求经济委员会重新讨论12月9日的内容，并抗议"取消了"12月13日的会议。官方称，并没有取消会议，因为根本就没有安排过。㉝ 鲍威尔将备忘录拿给撒切尔夫人看："虽然没有严格要求你过目，但你或许想看一眼，这是国防部的活动记录。"㉞ 鲍威尔敦促她施压："是否可同意我们在星期五下午4点钟后不该禁止公布国家军备主管们的建议？"撒切尔夫人批注："同意"，但她重新考虑后决定改变初衷，写下更加冠冕堂皇的答案："我认为决定该取决于韦斯特兰是否接受欧洲交易。"㉟ 与赫塞尔廷争斗的渴望与保持体面的渴望在她心中发生了碰撞。

韦斯特兰董事会投票这一天，约翰·卡克尼在会议前给查尔斯·鲍威尔打电话。他警告说，假如董事会投票赞成西科斯基的投标，他就致函撒切尔夫人，投诉"国防部对他们采取敌视的和有害的行动"。㊱ 卡克尼说，他掌握着"具体证据，能证明国防部的可耻行为……包括耽搁付款、取消或推迟订单，以及指示国防部负责合同的职员将韦斯特兰作为即将破产的公司对待"。㊲ 董事会会议后，卡克尼立即向鲍威尔通报说，董事会决定不向股东推荐欧洲的投标。他的原始函件在鲍威尔的说服下降低了调门。函件递交给了撒切尔夫人。信中谈起国防部（没有提赫塞尔廷的名字）几度"阻碍韦斯特兰问题的解决方案"，要求"英国政府不要公开声称女王陛下的政府不购买美国的黑鹰直升机"，㊳ 因为这与完全公平竞争的政策不符。

明显带有敌意的第一个星期就这样结束了。总的来说，赫塞尔廷落败了。然而，欧洲投标中的新资金、新承诺和含蓄的谅解不断涌来，仍不能排除最终说服韦斯特兰股东的可能性。撒切尔夫人显然在任凭自己被拉入一种不愉快的境地。她的私人办公室越来越多地卷入了这个事务，其实主要是查尔斯·鲍威尔，因为贸易工业部控制不得力。这种行为是可以理解的，但争斗变得越来越严重后，撒切尔夫人便有可能受到伤害。她在政治斗争中的坚韧不亚于任何人，但并不是个不择手段的权谋政治家。

赫塞尔廷指责她取消会议而引发的争议就是个恰当的例子。故意以那次会议误导赫塞尔廷几乎肯定不是她的错，取消会议的人是她的首席私人

4. 直升机坠落

秘书尼格尔·威克斯，内阁办公室官员已经开始电话通知临时会议安排时，他迅速下令撤销会议。[59] 她的愿望是让那个会议尽可能变得没希望，威克斯是在遵照她的愿望行事。不过她的本意是要保证赫塞尔廷可以按自己的意思开会，但同样保证不让他在会上占上风。照赫塞尔廷看来，她处理那次会议的做法让"灾难变成铁钉的事实"。[60]

到了这个阶段，媒体为韦斯特兰风波激动起来，把大臣之间的分歧爆料给公众。杰弗里·史密斯在《泰晤士报》上写道："这是近年来英国政府最独特的一个插曲。政府高官公开愤怒争斗在美国政府中难以避免，但不是英国政府的作风。"[61] 利昂·布里坦 12 月 16 日星期一在下院发表了一个声明，解释了政府的政策。他说，政府在韦斯特兰招标中不偏倚任何一方，而是留给市场去做决定。赫塞尔廷与他都坐在议会前排座位上，人们见他听了摇头表示不同意。

12 月 18 日星期三，撒切尔夫人在唐宁街的公寓中召集了一个非正式会议，与会者有首席党鞭约翰·韦克厄姆、怀特劳、布里坦、罗伯特·阿姆斯特朗和伯纳德·英厄姆。她召集这一小批人的目的大概是想要汲取上个月在汇率机制问题会议上的教训。不过，这次她没有面对那次的孤立，她需要得到政府中最精明大脑的帮助。她感觉到整个政府的立场受到了威胁，她想要找到一种途径，遏止赫塞尔廷偏轨离线。她相信，他是故意明显破坏内阁的集体责任。

会议开始时，仅政治家们在一起讨论，官员们在外面等候。布里坦是与会者中蒙羞最大的，他建议说，撒切尔夫人应当会见赫塞尔廷，命令他停止自己的活动。其他人对此没有深谈，不过这是行不通的，因为撒切尔夫人与赫塞尔廷的关系实在太糟糕了。[62] 布里坦想要撒切尔夫人采取的另一个手段是给他写一封信。韦克厄姆认为这个主意不好，因为"我想让船行驶到平静水面"，[63] 不过他认为这不是他说这话的场合。他转而建议说："这样一封信必然会泄露出去，所以咱们得把信写得非常恰当。"[64] 他们便把罗伯特·阿姆斯特朗叫进来。他写的信稿通过了，信的内容简短，措辞生硬。后来，他念，撒切尔夫人写："在昨天的下院会议上，你坐在前排座位。关于韦斯特兰公司的未来，我表明了政府的立场，也就是说，这是个要由这家公司决定的事务。"大家同意这一点后，这封信接着回顾了 12 月 9 日经济委员会的情况。接着是最后通牒:"在这种情况下,只要是仍在政府任职的大臣,就不该利用自己的地位偏袒一种商业选择,而打压其他选择。"⑥⑤

这封信的内容完成后,撒切尔夫人对是否该发出仍拿不定主意。韦克厄姆建议她叫英厄姆来,听听他的意见。英厄姆读了信稿说:"我觉得有点软弱。""软弱!"撒切尔夫人嚷起来。"怎么才算坚强?"英厄姆说:"解雇他。""你是说,我该解雇他?""不,我只是说,什么才算坚强。"⑥⑥ 按照这位新闻秘书的观点,假如赫塞尔廷收到这么一封信,或者应召来见撒切尔夫人,听她口头说出同样的内容,"他就会辞职"。⑥⑦ 撒切尔夫人后来回忆起英厄姆的话,说:"公众还没有这样的心理准备,不会理解的。"⑥⑧ 布里坦仍然在生英厄姆的气,认为政府重组中自己降职是他的点子,便抗议说,不该在下级公务员在场时作政治讨论,而英厄姆正是个非政治性的公务员。⑥⑨ 他讨厌英厄姆"过度且有害的影响"。⑦⑩1 但撒切尔夫人同意英厄姆的意见:"我不愿解雇一位大臣,除非这么做有绝对清楚的合理理由。"⑦① 英厄姆留在会场上,而那封信并没有发出。

于是,任何结果都没有产生。伯纳德·英厄姆认为,这是一个例子,证明威利·怀特劳尽管有个调停者的声誉,却只是个"轻量级人物":"他在韦斯特兰问题上无所作为。他本该对赫塞尔廷说:'我们不能这么做。'"⑦② 奇怪的是,赫塞尔廷也相信,怀特劳"或许会帮助斡旋,实现一种可接受的结果",⑦③ 但他发给怀特劳的信息却没有收到答复,因为怀特劳外出打高尔夫球了。⑦④2 撒切尔夫人写回忆录时回顾了这个事态的全过程,说对她最公正的批评应该不是欺侮赫塞尔廷或者过度刺激他,而是对他约束过度。她不愿自我辩白的说法是从英厄姆关于公共舆论的反映中得到提示的:"我清楚这其中的政治问题。"⑦⑤ 换言之,赫塞尔廷在乡下地区的保守党中极受欢迎。让他离开缺乏基础。

第二天,内阁开会,这是圣诞节前的最后一次会议。英厄姆恼火地书

---

1 布里坦还认为,英厄姆根本没有理解韦斯特兰问题涉及的种种背景:"在这个约克郡人直率的面孔下,只不过是个直率的约克郡人。"(布里坦勋爵访谈)

2 按照查尔斯·鲍威尔的看法,韦斯特兰风波的细节层次太复杂,怀特劳根本无法应付。(鲍威尔勋爵访谈)

面对尼格尔·威克斯表示:"上午 11 点我需要内阁关于韦斯特兰的方针。（如果你不提出告诫建议）我可以继续以辞职相威胁。"他在这张便签上写了个问题，留下让威克斯填写的空白:"赫塞尔廷先生在内阁受到孤立了吗？请回答。"[76]

对英厄姆那个问题的扼要回答是:"是的。"利昂·布里坦陈述了政府的方针，并通报了那家公司的最新消息：股东们要在 1 月 13 日决定该公司的未来。根据罗伯特·阿姆斯特朗同时做的记录，撒切尔夫人对布里坦表示支持，说:"任何一位大臣……都没有得到授权去为一方或另一方游说，因为那违背我们的决定。"[77] 她接着向赫塞尔廷发起挑战，补充说:"这一点清楚了吗？可以接受吗？"赫塞尔廷说，他作为大臣必须应对两个投标的问题，他称之为政府对这家公司的"工作责任"。在阿姆斯特朗的记录中，撒切尔夫人说:"千万不能以任何方式支持一方，不支持另一方。"赫塞尔廷要求有最大限度的谨慎时，她重复了同样的话。尼格尔·劳森发言支持她，威利·怀特劳也表示支持她的意见，说完宣布结束讨论。怀特劳说，这天，首相要在下院回答问题。他接着转向她说:"你再次重申政策时，一定要以内阁统一的口径讲话，希望我们可以坚持这一点。希望内阁能同意，你是在代表整个政府讲话。"撒切尔夫人问所有与会者:"这一点能确认吗？"阿姆斯特朗对会议结论的记录是:"内阁：确认。"不论赫塞尔廷个人有何想法，他默认了全体一致的回答。

在那天下午的首相问答环节，尼尔·基诺克寻求利用赫塞尔廷与撒切尔夫人的明显差异。她简单回答道，韦斯特兰的未来"应由该公司自己决定……这就是我们的立场，在今天上午的内阁会议上再次确认了这一点"。[78] 英国广播公司这天晚上报道称，这对赫塞尔廷是个"斥责"。赫塞尔廷私下向朋友们抱怨称，自己在内阁"蒙羞了"。[79]

赫塞尔廷的小动作并未就此停止，活动反而变本加厉了。他频频与报纸编辑们谈话。他的常务秘书克莱夫·惠特莫尔回忆说，他"总是打电话游说"。[80] 撒切尔夫人把他当成"斯文加利式的催眠师或者拉斯普京式的巫师"，正在威胁英国航空航天公司和英国通用电器公司，假如他们不支持欧洲投标，将为国防部失去合同承担责任：简直成了"使用暴力手段"。[81] 她觉得他把自己当成"身穿闪亮甲胄的骑士"。[82] 不过她用这个字眼可不是在恭维他。

赫塞尔廷还力图推翻在韦斯特兰投标问题上内阁达成共识的政府中立立场。12月23日,他致函撒切尔夫人,谈他所谓的"重要事态发展"[83]——欧洲投标(12月20日)的最新出价。他说,自从上个星期内阁会议后,他从未公开表示过"个人的偏爱"。(撒切尔夫人生气地批注道:"星期日电台广播说,订购的六架海王直升机仅供应欧洲。")但他现在相信,更加广泛的政治问题与此利害攸关,"照我看,这能保证进一步集体讨论顺利进行"。政府若在他所谓"英国牵头的报盘(他对欧洲投标的想象说法)和美国报盘"之间"不表现出倾向性",那准会受到批评的。他的最新一招是抓住了西科斯基投标的参与者中有意大利的菲亚特公司,而利比亚在这家公司拥有股份。他声称,鉴于利比亚领导人卡扎菲上校的敌意,"利比亚参与的可能性"会导致政府"严重尴尬",给国家利益造成危害。[1]他说,已经要求联合情报委员会调查这一情况。赫塞尔廷的结论是,政府应当表明,"出于保护有关各方商业利益的考虑,政府更喜欢英国-欧洲方案。"[84]

赫塞尔廷在信中附了一张个人便签,提醒她说,利昂·布里坦10月份曾赞成欧洲的解决方案,他强调说,没有向任何同僚抄送这个信函。关于政府该支持欧洲投标的最后一句话,他写道:"我知道这对你并不容易。我还知道你会理解我深信此事的深刻含义。"[85]她当然理解,尤其是赫塞尔廷的盟友们已经将他上个周末来信的要点泄露出去了。他们还公然宣称,国防部决不购买黑鹰直升机。这等于在对股东们表示,西科斯基的投标是个死胡同。圣诞前夜,国防部向欧洲联合机构的商业银行劳埃德银行发出一封信,称假如继续生产英国国防部既不需要也没有资金购买的黑鹰直升机,韦斯特兰公司就不能参与任何欧洲直升机项目。

赫塞尔廷的信念确实太强硬了,他甚至寻求直接动摇约翰·卡克尼的地位。赫塞尔廷最大的绊脚石始终是这家公司的董事长。卡克尼讨厌赫塞尔廷试图替这家公司决定未来的手段。赫塞尔廷无视12月19日内阁不干预的共识,在肯特郡请卡克尼来他家拜访,谈论一项"计划",说服他支持

---

[1] 利比亚在菲亚特拥有的股份占14%,而菲亚特在西科斯基为韦斯特兰投标中占14.9%。菲亚特还向英国供应大量国防产品,并没有受到政府的任何异议。因此赫塞尔廷这个说法有点太夸张。

4. 直升机坠落

欧洲的投标。[1] 卡克尼对他说，他在照顾病重的妻子，不能离开家。于是，赫塞尔廷说，他要带几个人去向他介绍这些建议。卡克尼回忆说："他惹我恼火。那不是个迷人的事态。他有点感觉迟钝。"[86] 卡克尼不愿会见赫塞尔廷，打电话给自己的律师们，他们建议他不接受会见，因为赫塞尔廷正在"企图推翻你"。[87] 结果会见没有举行。卡克尼在圣诞前夜对赫塞尔廷说："我无权做你要求的事。"[88]

韦斯特兰事态的参与者都没有度过一个非常愉快的圣诞节，可能只有戈登·里斯是个例外。他得知在撒切尔夫人请求下，他要受封骑士头衔了，在前一届议会中，他感觉自己受了欺骗（参见第二卷第1章）。他在首相别墅与撒切尔夫人、丹尼斯和其他宾客共进午餐。[2]

迈克尔·赫塞尔廷在引人注目方面有非凡的天资，他看到了证明一个论点的机会。在圣诞节次日，英国国家通讯社政治新闻编辑克里斯·蒙克里夫[3]接到这位国防大臣的电话："你得知我的家人在尼泊尔度假的消息吗？这个嘛，我自己不去了。"蒙克里夫说："那就该报道才对。"赫塞尔廷说："你该向我的新闻办公室打听，不该问我。"滑稽的是，蒙克里夫按赫塞尔廷的提示询问时，那位新闻秘书不愿向赫塞尔廷核实这条消息，称不该在圣诞节后第二天就打扰一位大臣。最后，赫塞尔廷的新闻秘书还是打扰了他，结果，这条报道刊登出来。[89] 他想要人们知道，他已经早早留在国内准备作战了。

预期韦斯特兰公司的股东们将在1月13日做出决定，投标双方在圣诞期间都在忙着准备摊牌。在这个阶段，争斗的形式是一系列信函交锋。第一封信发自卡克尼，他希望平息不利于西科斯基的潜在权力争论。赫塞尔廷的阵营称，假如欧洲以外的实体拥有这家公司的哪怕少数股份，就不再认为韦斯特兰是"欧洲的"，因而会对它关上欧洲市场的大门。卡克尼与鲍

---

1 该计划包括德国对EH101直升机项目感兴趣的甜头，韦斯特兰为这个项目一直在与意大利竞争，计划还称，假如西科斯基拥有韦斯顿，将关闭欧洲市场大门。

2 撒切尔夫人认为自己被视为持中立立场是重要的，因此在整个韦斯特兰事态中与里斯没有其他直接联系。她与里斯的非正式联系是通过伍德罗·怀亚特的渠道。

3 克里斯·蒙克里夫（Chris Moncrieff, 1931—），1980—1994年任英国国家通讯社政治新闻编辑。

威尔事先安排后致函撒切尔夫人，想要确认这个说法不是真实的。[90] 撒切尔夫人自然有责任向卡克尼做出答复。第二天，由查尔斯·鲍威尔撰写的答复也送交到赫塞尔廷的办公室，供他做出评论。紧接着，唐宁街收到总检察长办公室的一封信，信中表达了副检察长[1] 帕特里克·梅休爵士[2] 的观点。信的内容是警告撒切尔夫人，政府"有责任不隐瞒它所了解的任何相关信息"[91]，若不传达事实真相将可能"冒严重风险"，因为有迹象显示，韦斯特兰目前期待与欧洲国家和公司的多项目组合合作，若接受西科斯基的投标，韦斯特兰将失去与其他欧洲国家的合作机会。撒切尔夫人在"事实真相"和"迹象"两个字眼上各画一个圈，用一道线连在一起，在上面画了个惊叹号。

这封信很显然是受赫塞尔廷敦促写成的，这激怒了撒切尔夫人。赫塞尔廷和帕特里克·梅休在牛津大学时便是老朋友。国防大臣追求在对卡克尼准备做出的反应上压倒撒切尔夫人，便驱使副检察长上阵。梅休写这封信主要是为了支持他的朋友，从法律角度看并非完全必要，也欠考虑。利用政府的司法官员是个敏感的问题，因为法律与政治属于两个不同的领域。在英国的政治体制下，这种冲突是内在化的：司法官员虽然是政治家，有资格向政府提法律建议，却不允许有政治行为。出于同样的原因，大臣们不该为政治目的利用司法官员的建议，没有得到司法官员的同意，不能公开这种建议，甚至不能公开表示有过这样的建议。因此，司法官员的建议由于其客观性难以受到挑战，便可成为有权势的政治武器。赫塞尔廷清楚，撒切尔夫人面对这样的建议会谨慎从事的。

撒切尔夫人在元旦这天给卡克尼的回信中，听从了梅休的法律建议。不过她也确认说，只要韦斯特兰仍然在英国存在，政府将继续认为它是英国的，因此，也将视为一家欧洲的公司："政府希望，韦斯特兰在目前和未

---

[1] 梅休的上司检察长迈克尔·哈弗斯因病休假。

[2] 帕特里克·梅休爵士（Sir Patrick Mayhew, 1929— ），毕业于汤布里奇学校和牛津大学贝利奥尔学院。1974年2月—1983年任皇家坦布里奇韦尔斯选区保守党在议会的议员；1983—1997年任坦布里奇韦尔斯选区议员；1983—1987年任副检察长；1987—1992年任总检察长；1992—1997年任北爱尔兰国务大臣；1983年受封骑士；1997年受封梅休勋爵；2015年从议会上院退休。

4. 直升机坠落

来的欧洲合作项目中充分发挥作用。"[92] 这就做出了韦斯特兰不受歧视的保证。两天后，赫塞尔廷通过又一轮书信来往进行反击。他回复了自己授意收到的一封信——其实那封信是他通过电话向寄信人口授的，寄信人是负责代理欧洲投标的劳埃德商业银行的戴维·霍恩。赫塞尔廷装作向劳埃德提供实际建议，他陈述了一些会让股东反对西科斯基投标的论点。在这封回信中，他提出了想要撒切尔夫人答复卡克尼的所有问题。但她并没有讨论这些问题。他写道："政府没有采购黑鹰直升机的意图。"[93] 赫塞尔廷发出这封信前没有让撒切尔夫人看，是国防部后来泄露给《泰晤士报》的。

在谁购买韦斯特兰问题上，虽然政府在表面上保持着中立，但赫塞尔廷和唐宁街10号两个阵营的所有精力这时都用于对付对方。

人们不时提出，没有证据显示撒切尔夫人受到美国政府支持西科斯基投标的压力。她肯定不喜欢赫塞尔廷的社团主义大杂烩，可她对两种投标的优点也没有多少个人的明确看法。让她光火的是其他原因。用鲍威尔的话说："她不喜欢这个西科斯基公司。她想要的是一个董事会的解决方案（而不是政府发起的方案），想要一个能保证她战胜赫塞尔廷的方案。"[94]

鲍威尔实际上成了保证她在这场运动中获胜的唯一负责人。不过他的下一个步骤却是在撒切尔夫人的直接授意下采取的，因为她意识到，赫塞尔廷最近写给戴维·霍恩的信中有个事实性的错误。鲍威尔后来回忆说："在首相别墅中我陪着她时，她说：'我们一定要让检察官知道这一点。'接着，她指示我与帕特里克·梅休联系。"[95] 报复是情有可原的。照鲍威尔的话说："赫塞尔廷试图把这位检察官部署在我们面前。"[96] 这时，撒切尔夫人直接参与了有潜在危险的报复游戏。1986年1月4日，鲍威尔向撒切尔夫人报告说，他已经让布里坦去跟这位副检察长谈话，副检察长此前没看过赫塞尔廷写给戴维·霍恩的信。帕特里克·梅休读过这封信后，用了个后来名噪一时的措辞做结论："材料不准确。"[97] 鲍威尔认为这位工业大臣懦弱，他表现出愤怒，接着说：

> 由于布里坦先生显然没有提出要求，我便向副检察长建议，请他写信给赫塞尔廷先生，说在《泰晤士报》上读到他给劳埃德国际银行的信（信的内容已经登载出来），他为事先不清楚此事感到遗憾；信中材料不准确；赫塞尔廷应当另写一封

信予以纠正。

鲍威尔补充说，还应当要求赫塞尔廷向媒体公开自己纠正错误的信，因为他先前那封信已经通过媒体公开了。他接着直接与梅休接触，按他自己的话说："告诉他应该怎么做。"⑱这可不是梅休喜欢做的事，他并没有迅速做答，不过也没有表示反对。

第二天是星期日，撒切尔夫人在首相别墅会见了怀特劳和韦克厄姆，讨论如何应对赫塞尔廷。她对两人说，那位副检察长有可能对赫塞尔廷致霍恩信函的内容提出反对，不过她并没有说会通过什么渠道提出反对。他们一致认为，在1月9日星期四举行的下次内阁会议上，应当让赫塞尔廷停职。她仍然不愿解雇他。那天晚上，她打电话对伍德罗·怀亚特说："我不想显得没有肚量。"⑲1 她和她的同僚们甚至没有试图策划让他辞职，不过大家意识到，他辞职的可能性很大，因此指定苏格兰大臣乔治·杨格在需要时接替他。他们设法策划一种迫使赫塞尔廷就范的方式。

1月6日星期一中午之前，副检察长发出给迈克尔·赫塞尔廷的信。发出的时间太晚了，无法在韦斯特兰董事会这天下午开会前产生信中声称的效果。前一天，梅休曾打电话给赫塞尔廷，提示他要采取这个步骤：在应对整个事态中，他对赫塞尔廷的友好态度胜过对撒切尔夫人，因此他指责国防大臣无非做个姿态而已。然而，尽管他的信内容谨慎而友好，但仍然证明了鲍威尔想要的一个论点：在赫塞尔廷致霍恩的信中"材料不准确"。赫塞尔廷称参加投标的所有欧洲公司都表示说，韦斯特兰与西科斯基若发生联系，将阻止韦斯特兰进入欧洲战斗直升机市场，梅休说，这一点是错

---

1 怀亚特是个专栏作家，为《世界新闻报》和《泰晤士报》撰写专栏文章。他想为撒切尔夫人和拥有这两家报纸的鲁珀特·默多克充当非正式中间人。他与撒切尔夫人关系密切，在文章中为读者解读她、捍卫她。在绝大多数星期日里，他会给她打电话，她通常都会接听他的电话。从1985年起，他一直在写日记。按照他的意愿，他去世后这些日记于1997年公开出版，结果受到广泛的抨击，其材料可靠性受到质疑。然而，人们的愤怒多半源自怀亚特违背了保密协定。虽然日记形式有其自私的性质，事实也不够精确，但仍不失为一个好的信息来源，也让人们了解到当时包括撒切尔夫人在内的主要人物私下的评论和态度。这些日记常常揭示出，她与朋友们在一起时，对公共事态做出的私下反应。

误的。两家公司有过这样的表示，但一家（意大利公司）没这么表示过。这算不上个惊天动地的论点。由于韦斯特兰公司董事会和股东有可能依赖致霍恩的信做决定，"因此我建议你应当致函霍恩先生，纠正这些不准确的材料"。⑩查尔斯·鲍威尔将这封信的副本转交给撒切尔夫人时在上面批写："令人非常满意。"谁也没有装作认为这封信是对法律建议的精细调整。梅休这封信与第一封一样，显然也是受到了斗争某一方官员的鼓动。这一次，冲突进一步加剧了。利昂·布里坦后来回忆说："她和她的那批人极为渴望看到这封信公开发表。"⑩这位副检察长的信透露给了媒体，但这违背了惯例。这是布里坦的新闻官员科莱特·鲍[1]透露的，那天下午2点刚过，她通过电话把信的部分内容念给英国国家通讯社的克里斯·蒙克里夫。

那天下午，赫塞尔廷以最快速度写信给帕特里克·梅休（事先在电话上向他做了通报），向他抱怨泄露信的内容，还认为梅休信中的批评过度夸大其词。那封信泄露后，他感觉可以自由公布他自己版本的完整背景。卡克尼看了副检察长的这封信感到高兴，但就连他也认为透露这个内容"没有商业理由"上的必要性，认为"只不过是反对赫塞尔廷而已"。⑩

这次泄露不仅不合适，而且令人吃惊的是，它激怒了梅休。这封信也带有偏见——虽然不是全部带有偏见，但念给克里斯·蒙克里夫的内容中其中一点对赫塞尔廷有害。蒙克里夫回忆说："那是个重要的欺骗活动。"⑩梅休回忆说："我感到怒不可遏。我对那场争吵的结果不感兴趣，人们不该对副检察长感到如此大的兴趣，并用于有偏见的目的。"⑩实际上，他在一个星期中任凭自己两次受到有偏见目的的利用，一次是受到赫塞尔廷利用，另一次是受到撒切尔和布里坦的利用，因此梅休肯定为自己在这个事态中露面感到特别恼火。他立即致函赫塞尔廷，可怜巴巴地为这次泄露表示"沮丧"。[2]由于梅休知道，贸易工业部要求他发出第二封信是

---

[1] 科莱特·鲍（Colette Bowe, 1946— ），毕业于利物浦圣母高中、伦敦大学玛丽女王学院和伦敦政经学院。1984—1987年任贸易工业部信息主任；2009—2014年任英国通信管理局董事长；2014年受封女爵士。

[2] 梅休提到赫塞尔廷本该看到并据此做出结论的附加材料（他并没有看），他这时允许赫塞尔廷对前一封信中要求做出的纠正可以自行决定不纠正。赫塞尔廷抓住这一点，立刻通知戴维·霍恩说，没有需要纠正的错误。

受到鲍威尔的敦促，便将自己的怒气发泄到他假定的始作俑者："我立刻要求唐宁街10号做出解释。"⑩他以辞职相威胁。第二天上午，梅休受到总检察长迈克尔·哈弗斯的支持。哈弗斯对这个泄露事件恼火极了，竟然从病休中气冲冲返回，私下威胁说要派警察进唐宁街10号调查。哈弗斯还致函罗伯特·阿姆斯特朗，要求对泄露进行正式调查。¹这对撒切尔夫人是个非常危险的事态。副检察长一般不是个出头露面的人物，但是，假如证明唐宁街10号出于政治目的滥用了他的建议，首相正直的名誉便面临危险。

星期二上午，支持撒切尔夫人的《太阳报》以醒目的通栏大标题刊出指责赫塞尔廷的文章："你这个骗子！"（"人猿泰山从最高司法官员手中得到火箭"）⑩²赫塞尔廷立即寻求迈克尔·哈弗斯帮助，要起诉这家报纸。³他得到了帮助。他不可阻挡地走向自己心目中的道德高地。

撒切尔夫人清楚，必须在那个星期四举行的内阁会议上驾驭住赫塞尔廷。她研究了布里坦就韦斯特兰问题向她提交的讲话建议。查尔斯·鲍威尔照例要在大臣们提交的材料上加个注释，在封面便签上称这个讲话建议"有点浮夸冗长"。⑩罗伯特·阿姆斯特朗担心，其中要求赫塞尔廷不批评约翰·卡克尼的段落是"没有必要的刺激"："赫塞尔廷让卡克尼激怒了，听了这句话会勃然发作的"。⑩但是对内阁会议的目的没有不同意见，这次会议就是要明确指出，赫塞尔廷必须停止活动。准备印发的报纸剪辑有："也许没有哪份报纸比《星期日电讯报》更加忠实地支持政府了，但该报上个星期日称：'国家丑闻……英国政府……可怜惨遭分裂。'这一事态'让政府遭到国内外的取笑'。"有一句话简单明了地说道："我们不能再这样下去。"⑩这是活生生的事实。尼格尔·威克斯在一个草

---

1 梅休认为哈弗斯的这个行动"非常勇敢"，因为哈弗斯想担任大法官，这么做是冒着得罪撒切尔夫人牺牲自己抱负的风险。但实际上次年6月她给了哈弗斯想要的职位。假如她不这么做，就会显得肚量太小怀恨在心了。查尔斯·鲍威尔却并不佩服他："最大泄露的始作俑者是哈弗斯——他每天午饭时在嘉里克俱乐部的酒吧里都向自己的密友透露消息。"（鲍威尔勋爵访谈）

2 该报在头版另外一半重复了同一个标题，内容是解释斯诺克球员亚历克斯·希金斯说起的一桩丑闻。

3 这个行动最终没有实施。

稿中列了个名单，一边是受到"威利"游说的内阁大臣的名字，另一边是受到"韦克厄姆"游说的大臣名字。为这次内阁会议做的准备十分紧张。伯纳德·英厄姆致函撒切尔夫人："在韦斯特兰问题上采取迅速行动是重要的。上一次会议时，大法官（怀特劳）走出内阁时对我简短地这么说过。"⑩

就连英厄姆也不知道行动需要多快才好。

1月9日星期四上午10点，内阁会议照常举行。首相陈述了韦斯特兰的局势，布里坦向同僚们介绍了韦斯特兰股东即将举行非常股东大会的情况。罗伯特·阿姆斯特朗照例用自己独特的速记法在内阁秘书笔记簿上记录下谁说过什么话。撒切尔夫人警告说："虽然事情在逐渐好转……但有重大损害的危险。"⑪她说："我们必须恢复政府的地位。"她要求人人遵守集体义务，并重申内阁圣诞节前的上次会议中做出的结论。起初，赫塞尔廷的口吻温和。他说"没什么要补充的"，在介绍韦斯特兰投标情况时说，要采取"绝对中立立场"。

意见差异似乎并非不可避免，但撒切尔夫人急切地想要保证政府处理韦斯特兰问题的方式不能模棱两可。她从手提包中掏出赫塞尔廷所谓"皱巴巴的一张纸"。⑫鉴于这是个跨部门的敏感问题，她坚持"问题的答案内阁办公室必须明确，以便向有关议员阐明。这就是集体义务的意思"。赫塞尔廷表示反对。他同意不再发表新的声明，但他表示自己必须能够回答关于欧洲投标的问题，因为这个问题的答案有赖于政府的国防政策。比方说，假如有人问，国防部是否需要购买黑鹰直升机？假如不让他回答这个问题，结果将有利于西科斯基的投标。"有些关于在哪里采购的紧要问题必须做出回答"；⑬假如回答必须事先明确，这可能要花费12个小时，到头来照样产生不确定性。

诺曼·特比特扮演了赫塞尔廷坦诚朋友的角色。他说，他对欧洲的投标有"强烈的个人认同感"，全体大臣可以"本着理性的善意"坚持同一条路线。他警告赫塞尔廷"不要在有利形势下做多余的冒险……我们必须相互宽容"。劳森、杰弗里·豪等人也敦促赫塞尔廷接受豪所说的"团结的需要"，但赫塞尔廷不愿松口。他用不同方式表达了同一个主题："我无意发表进一步的声明，但我必须重申已经说出的话。"⑭撒切尔夫人一再重复她集体义务的说法。最后她竭力终止毫无结果的辩论："我们重申，内阁办公室一致认同12月19日的回答。"¹ 赫塞尔廷说:"在这些事情的讨论中,不存在集体义务。我不能接受这个决定。因此我必须离开这个内阁。"⑪ 说完,在上午11点5分,他收拾起自己的文件,起身走出会议室。

坐在内阁会议室后面的查尔斯·鲍威尔注视着赫塞尔廷,只见他出了会议室门猛地转身向右,走进卫生间去"梳理头发"。⑯² 他走出卫生间,走出唐宁街10号的正门,门外只有一位摄影记者在等候,走上来问他发生什么事了。赫塞尔廷说:"我辞去内阁的职务了,晚些时候我再做个完整的声明。"³ 说完他穿过马路走向国防部。他走进办公室,他的私人秘书理查德·莫特拉姆没想到他这么早就回来,说:"会议够短的。"赫塞尔廷说:"我辞职了。"莫特拉姆拿不准这是不是真的,是不是不可挽回的正式辞职,便"以我典型的公务员方式问:有人知道吗?"赫塞尔廷说:"有。我告诉了门外的一个摄影记者。"⑰ 莫特拉姆感到担心,不知道赫塞尔廷是不是做好了辞职的准备,他此前曾向跟他有良好关系的查尔斯·鲍威尔发出过赫塞尔廷可能辞职的警告,但他从未想到过,这种事会发生在内阁会议过程中。他也不相信赫塞尔廷会这么做。赫塞尔廷私下同意这个判断。他回忆说,自己是一时冲动辞职的,"假如我接受那样的屈辱,我知道唐宁街10号的官僚机器会怎么处置我"。辞职并不符合他的最佳利益:"假如我没有辞职,我很有可能当上首相:如果那样,我将永远无法面对自己的内心。"⑱ 他还认为,撒切尔夫人"没预料到我会径直走出内阁。我自己都没料到!我不相信她想要我离开"。⑲

在唐宁街,此时人们感到一种混杂的情感,惊愕和压抑的喜悦兼而有之,这是突然发生破坏性和戏剧性的事件后政客们的感觉。有些人认为,赫塞尔廷并没有真正辞职,而是上演了一幕愤而出走的闹剧。有些人甚至

---

1 有些提法认为(例如:约翰·坎贝尔,《玛格丽特·撒切尔:铁娘子》,p.488),交通大臣尼古拉斯·里德利提示赫塞尔廷不要走极端,因为里德利已经"准备好"推动内阁办公室做出一致声明。但唯一完整的会议记录是阿姆斯特朗的笔记簿,该证据并不支持这一点,但是里德利在自己的回忆录中说,他三次敦促赫塞尔廷同意一致声明的做法。(尼古拉斯·里德利,《我的政府风格:撒切尔岁月》,哈钦森出版社,1991年,p.49)

2 赫塞尔廷否认了这一点。(赫塞尔廷勋爵访谈)

3 前一天赫塞尔廷的常务秘书克莱夫·惠特莫尔曾与他共进晚餐,这时并不知道他要辞职。他见唐宁街没有摄影记者,怀疑他并没有辞职。(克莱夫·惠特莫尔爵士访谈)

4. 直升机坠落

认为，他或许要返回来。罗伯特·阿姆斯特朗受命出去查看他是否还在房子里，返回来时私下对撒切尔夫人说，他已经离去，还与门外的媒体交谈过。撒切尔夫人让内阁会议休会半小时。按她自己的说法，她属于少数对这一幕并不感到惊讶的人们："我原来就知道他会辞职。"⑫ 她的意思不是说知道他要在会议过程中辞职，而是说根据赫塞尔廷强烈不妥协立场，辞职是合乎逻辑的结果。她并没有预料到会发生在那个时刻，不过已经为此做好了准备，甚至希望它发生。查尔斯·鲍威尔回忆说，按照计划，那次会议有"决定性的意图"。⑬ 她明白了发生的情况后，立刻与乔治·杨格私下说了句话，提议他担任国防大臣职务，他接受了。[1] 接着她任命马尔科姆·里夫金德接替杨格在苏格兰事务部的职务。她返回内阁会议室，向与会者介绍了杨格担任的新职务。内阁接着讨论其余事务。

那天下午赫塞尔廷发表了辞职声明，声明实在太长了，有些人指责他在愤然走出会议室前早已准备好了声明。他没有照惯例在自己辞职前的部门向议会下院解释自己辞职的原因，这让议员和部级同僚感到恼怒。但他同时却利用国防部的电报网络向欧洲各国国防部长通报称，他将继续为欧洲联合机构工作。

赫塞尔廷在声明中对撒切尔夫人做了非常有害的陈述。他指责首相召开一次次特别会议，绕开其他同僚，"封堵对欧洲的选择"。他说，下发的12月12日内阁会议备忘录丝毫没有提到他表达的抗议内容，他在会上曾抗议没有机会在会议中讨论对欧洲的选项。他抗议副检察长的信函及其内容遭泄露（"我的回答不需要纠正"）。他指责利昂·布里坦会见英国宇航公司总经理雷蒙德·莱戈爵士时，威胁要切断其公司与欧洲联合机构的关系，以此干涉其招标进程。最后，他解释了那天上午内阁会议的情况，称自己不能放弃在欧洲投标问题上已经做出的保证，不能接受要他保持缄默的要求。因此他采取辞职行动："既然首相与国防部长之间的信赖基础已不复存在，我便不能既保持体面，又留在这样一个内阁中。"赫塞尔廷从这个事态中挤出了每一滴苦水，除此之外，那次辞职电视访谈没有包含其他

---

[1] 任命这个职位还必须得到女王直接认可，而女王当时在桑德林罕姆庄园。（与阿姆斯特朗勋爵通信）

内容。[1]

撒切尔夫人对赫塞尔廷辞职不无喜悦,她对英厄姆说:"起码我们能做一些决定了。"[12]但她对事态的影响却故意不去关注。伍德罗·怀亚特这天晚些时候打电话与她讨论这次风波,她告诉怀亚特说,要由布里坦出面搞公共宣传,而不是她自己:"我星期一会向下院说起这事。为什么我不在公开场合谈论?就因为一个大臣辞职?"[13]撒切尔夫人如此表达自己的愤怒是可以谅解的。大多数保守党人的看法也许是对的,他们认为赫塞尔廷抓住这么桩小事,咄咄逼人,搞得太过火了。然而,她没有看出,在这个过程中,赫塞尔廷对她造成了伤害,她也对自己造成了伤害。她在回忆录中对韦斯特兰风波的描述含糊其辞,尽管人们指责她的行动或揭露她做过的事,但她对那些事几乎没有插手。她对赫塞尔廷的评价是精确的。她将韦斯特兰描述为"一个自我意识强烈的人利用一桩小事制造的危机",[14]但她从来没有审查自己的作为或不作为,而她也是个有强烈自我意识的人。

政治处领导人斯蒂芬·舍伯恩向她提交了一份文件,深刻分析了赫塞尔廷辞职后的政治局面。他写道:"我并不担心有人借'政府风格'攻击你。人民希望首相控制局面,也期待你会以自己的风格控制。"[15]问题出在相反的一面:"赫塞尔廷风波最具有损害性的效果是表现出政府的严重无序状况,而且让你仿佛表现出失控状态,这可不是你的典型特征。"因此,"重要的是尽一切可能表现出团结与果断"。这一点是对的。撒切尔夫人的典型特征是进攻性与谨慎并存,如此有效的特征在这个事态上却让她的处事规则变得非常困难。对于赫塞尔廷,她一向怀恨在心,却不敢出击。

赫塞尔廷辞职这天,伯纳德·英厄姆提交给她一份备忘录,解释了媒体后续报道的目标。他说,这个目标是"挑动保守党政客之间内讧;挑起

---

[1] 记者尼古拉斯·科尔里奇在赫塞尔廷辞职时不巧生病,当时躺在病床上连续观看电视直播。他注意到,赫塞尔廷在一天之内系过六条不同的领带——詹弗兰科·费雷设计的蓝黄相间领带、有皱边浮雕的白色领带、单纯黑色的领带、佛罗伦萨的普奇设计的绿色几何图案领带、接着在6点钟新闻出现时系了条禁卫军的领带,最后系了一条黑背景上有暗红色圆点图案的领带出现在新闻提要中。(《观察家报》1986年1月25日)

4. 直升机坠落

种种对你本人和你的施政风格的指控"。[130]1 他呼吁做出协调反应，将压力分散给道格拉斯·赫德和肯尼思·贝克，让他们作"最有用的抚慰性发言人"。撒切尔夫人如果以这种精神主导协调会做得更好，但是，她却将这副不愉快的议会重担交给布里坦去挑，而他的肩膀承担不起这副重担。

对赫塞尔廷提交的辞职函，内阁办公室起草了复函，查尔斯·鲍威尔对这个草稿内容作了抨击，这既抚慰了撒切尔夫人的情感，或许也抚慰了他自己的情感。这个草稿赞扬了赫塞尔廷在提高"英国及其武装部队地位"、计划更新核威慑以及在欧洲部署中程核力量中发挥的作用。鲍威尔致函尼格尔·威克斯："列出的成就没有一项是他的贡献。"[127] 最后发出的复函中仅仅感谢他在改善采购和改组国防部等方面做出的次要成就。鲍威尔还准备了反对赫塞尔廷的 16 条所谓"诋毁广告"内容，[128]供伯纳德·英厄姆在星期日向媒体发布。

接下来的星期一是 1 月 13 日。布里坦就整个风波在下院作了陈述，结果中了赫塞尔廷的埋伏。布里坦否认赫塞尔廷指控他向雷·莱戈施压让英国宇航公司撤出欧洲投标组合。对此，迈克尔·赫塞尔廷起身提出一个明显粗俗的问题。他想知道"政府是否从英国宇航公司收到过信函，提到该公司对（布里坦与莱戈）会谈的看法"。[129]赫塞尔廷提出这个问题是因为他得知，就在布里坦来下院之前，唐宁街收到英国宇航公司董事长奥斯汀·皮尔斯爵士的一封信，信中支持莱戈做出的解释，对布里坦的行为提出抱怨。唐宁街向布里坦的办公室通报收到这封信的事，也通报了其内容，不过指示他不要在下院提起此事，因为信上标着"机密"字样。布里坦对赫塞尔廷答复说："我没有收到你提到的信函。"[130] 这属于律师性质的答复，不夸张地说是对的，因为收到信的是唐宁街而不是他，但效果上完全具有误导性。撒切尔夫人坐在前排布里坦旁边，神情显得不安，也没有向布里坦表示支持。于是谣言传开了，说实际上信已经收到，因此布里坦是在下院撒谎。那天晚上，他只好返回议会，解释说他现在得到了皮尔斯的同意，可以提起这封信的事，并为先前没有提到表示歉意。许多人要求他辞职。

---

1 这个备忘录上的日期是1月8日。假如这个日期是正确的，那就证明撒切尔夫人提前得到了赫塞尔廷的辞职函，这就是个引起轰动的大事件。备忘录的标题是"处理赫塞尔廷辞职"。然而，内部证据证明，这个备忘录是1月9日写的。

影子贸易工业部发言人约翰·史密斯[1]指出，那天下午撒切尔夫人本来可以在议会对他的话做出纠正，却无所作为。

第二天，撒切尔夫人对日益增强的压力做出反应，宣布对副检察长那封信函的泄露问题进行调查，由罗伯特·阿姆斯特朗牵头，在保密情况下做调查。鉴于那位副检察长的愤怒，她只得做这个决定，但她这个决定大大增加了自己面临的风险。按照人们的传说，信函内容是从布里坦的办公室泄露的（情况确实如此），这显然让布里坦变得易受攻击。人们都知道，在韦斯特兰风暴中，布里坦与撒切尔夫人密切合作，反对赫塞尔廷。这场调查要引向何方？发起这场调查意味着那次泄露被视为严重违规，在这种狂热的背景下，首相掌握的任何线索都将是毁灭性的。

到了这时候，撒切尔夫人的朋友们开始感到真正的担忧，唯恐她的政治地位受到威胁。他们知道，假如最终欧洲对韦斯特兰的投标获胜，她将受到严重伤害。传媒大亨兼联合技术公司主管和西科斯基公司业主鲁伯特·默多克与伍德罗·怀亚特通电话，考虑设法让西科斯基公司在韦斯特兰问题上"达成一笔交易"。西科斯基可以与英国宇航公司和英国通用电器合作，排挤欧洲人，这样可以给撒切尔夫人救驾。他想要怀亚特帮助说服通用电器公司的总经理温斯托克勋爵。㉛其实，对于赫塞尔廷辞职，把他和其他欧洲投标的支持者撇下独自面对撒切尔夫人的怒火，温斯托克感到怒不可遏，㉜正在设法研究自己的对策。他与菲亚特的老板詹尼·阿涅利会谈后形成自己的想法：让西科斯基-菲亚特得到允许加入欧洲联合机构，"整个变成一个团结的大家庭"。㉝温斯托克同意让怀亚特向撒切尔夫人转达自己的想法。于是怀亚特这天晚上做了转达。撒切尔夫人嚷道，"这是一道明亮的光线"，还承诺不告诉任何人，甚至不向利昂·布里坦通报。㉞

在这之前的那个星期，一个神秘的买家陆续买进韦斯特兰将近15%的股份。很快，这个买家的身份被锁定为汉森勋爵。他的部分动机是在韦斯

---

[1] 约翰·史密斯（John Smith, 1938—1994），毕业于达农文法学校和格拉斯哥大学。1970—1983年任兰开夏郡北选区工党在议会的议员；1983—1994年任芒克兰兹东选区在议会的议员；1978—1979年任贸易部国务大臣；1992年起担任工党领袖和反对党领袖，1994年心脏病发作去世。

4. 直升机坠落

特兰股东投票中帮助撒切尔夫人如愿。此事公之于众之前，唐宁街似乎对此知情并支持。⑬ 这也许是范围更大的行动中的一部分。前国防大臣约翰·诺特是在1983年大选时离开议会的，这个时期他是拉扎兹商业银行的董事长兼首席执行官，而韦斯特兰公司是拉扎兹银行的客户。诺特在回忆录中写道："时至今日（2002年），我的一位好朋友迈克尔·赫塞尔廷……仍然感到，伦敦金融区搞了一系列小动作，避免让欧洲联合机构获胜。但我的记忆与迈克尔不一致，毕竟操纵竞争什么益处也没有。除了迈克尔，所有人早已淡忘了那场竞争。"⑯ 这番冷漠的话语没有多少意义。然而，翻阅诺特这本书的索引时，发现了三个名字：阿涅利、汉森、詹姆斯·戈德史密斯爵士，但这三个名字并没有出现在正文里。这种现象的解释应该是：诺特曾写下这些人在韦斯特兰风波中发挥的作用，但是最后又删掉了，唯恐对他们构成诽谤，可是，谁也没记住整理对应的索引。诺特确实暗示出，这三个人计划组成一个"协同控股方"¹ 或类似的小团体。⑰² 因此赫塞尔廷的怀疑并非空穴来风。³

其实，阿涅利与温斯托克的组合和默多克计划皆无果而终。毫无疑问，撒切尔夫人的商业支持者们参与韦斯特兰事务并不是因为对一家生产直升机的小公司感兴趣，而主要是为了帮助她。⁴ 套购韦斯特兰股票的另一位买家是默多克，他通过自己的特纳电视网购买了接近5%的股票，超过这个百分比，买家的身份就要公开。默多克坚信撒切尔夫人对他的业务有利，对英国有利，他此时不能眼看着她陨落是有特殊理由的，因为他正要采取一个大步骤，在他位于沃平的造纸厂采用新技术生产他的全部用纸，这必然与印刷工会的势力发生对抗。在未来的战斗中，他指望得到撒切尔

---

1 "协同控股方"这个术语指秘密协同行动的个人，其目的是套购一家公司的股票，实现控股。

2 约翰·卡克尼被指以"协同控股方"支持西科斯基的投标，他称自己喜欢用另外一个说法："崇拜者俱乐部"。（引述迈克尔·赫塞尔廷，《丛林中的生活》，霍德斯托顿出版社，2000, p.323）

3 笔者为赫塞尔廷勋爵当面指出这一点表示感谢。

4 艾伦·布里斯托也套购了股票，但他后来改变立场，转而支持欧洲的投标。于是，在2月份爆出一个中等规模的丑闻，称支持撒切尔夫人的两名贵族曾诱使他转变立场（后来公布了这两个人的名字：福特勋爵和金勋爵），许诺授封他爵士。具体情况不得而知，但那两个人显然都没有爵位颁授权。

夫人的支持。1月19日星期日在首相别墅举行的午餐会上，默多克和伍德罗·怀亚特也是受到邀请的宾客。午餐会后，默多克带怀亚特去参观在沃平的工厂。[138] 韦斯特兰与沃平交织在了一起。

1月15日星期三，撒切尔夫人不得不在议会辩论中讲话，赫塞尔廷辞职后，她一直希望避免露面讲话。虽然她在讲话中没有出灾难性的错误，但她的气势孱弱。布里坦的特别顾问约翰·惠廷德尔[1]在早上读了她的讲稿，后来在日记中评论说："完全是逃避。没有试图驳倒赫塞尔廷，甚至没有说他辞职前行为恶劣。"[139] 她的行动方针是有理由的。首先，正如她那天早上对怀亚特说的："我攻击赫塞尔廷只会把事情搞得更糟。我不愿让人看到我抨击自己的同僚，因为那会让他得到更多口实，造成更多伤害。"[140] 第二条理由与第一条相关联，但不便明说。怀亚特建议她就指控布里坦泄露副检察长信函的事澄清事实，但她当然不能。她口吻颇为沮丧地说："调查泄露有程序惯例，但是围绕着这个风波中有大量泄露事件。"[141] 由于她自己在其中的角色，她显得虚弱，既不愿意多说，也无意陷入争吵，只是对这个调查会导致的后果感到担忧。

撒切尔夫人沉默无语，结果将不受欢迎的关注集中到了布里坦身上，因而削弱了他的地位。那天辩论中，他代表政府作了总结讲话，但是，没等他按计划谴责赫塞尔廷，他的讲话时间已经用完。[2] 事后，撒切尔夫人向他热情祝贺，但媒体第二天上午对他的评论却并不令人鼓舞。两天后，韦斯特兰公司的股东投票赞成西科斯基的投标，但没有达到一次解决问题所需的75%票数。于是，斗争在继续。

星期日，约翰·惠廷德尔与贸易工业部首席信息官科莱特·鲍谈话，内容令人惊骇。向英国联合通讯社透露副检察长信函关键词语的人正是她。

---

1 约翰·惠廷德尔（John Whittingdale, 1959—），毕业于温彻斯特学校和伦敦大学学院。1992—1997年任科尔彻斯特南选区和莫尔登选区保守党在议会的议员；1997—2010年任莫尔登和东切姆斯福德选区的议员；2010后任莫尔登选区的议员；1984—1987年任贸易工业部国务大臣的特别顾问；1988—1990年任首相政治秘书；1990—1992年任玛格丽特·撒切尔的私人秘书；2015年后任文化传媒与体育部国务大臣。

2 议会前排座议员的总结发言按惯例必须在晚上10点准时结束。如果先前的辩论拖得太长，总结发言就必须简短。这意味着这种讲话有时极为扼要。

4. 直升机坠落

在此之前,她从未公开露过面,但她已经担心自己在议会上要被指为泄露者。她向惠廷德尔通报说,她曾向阿姆斯特朗通报了泄露的真实情况,还说"如果受到询问,会告诉特别委员会"。⑫惠廷德尔回忆说:"到了那时,我才意识到,我们要有大麻烦了。"⑬在此之前,参与者还觉得可以掩盖事实,但这时已经不可能了,特别是官员们得不到保护不得不在特别委员会出面时,就更不可能掩盖。他们不得不实话实说讲出真相。鲍对阿姆斯特朗说过的话必然影响到她的一些上司和政治领导人。惠廷德尔在日记中写道:"可能让我们大家都完蛋。"⑭三天后,消息传开来,称阿姆斯特朗对泄露的调查认定,贸易工业部是泄露源。塔姆·戴利埃尔在议会点了科莱特·鲍的名。

谣言开始四下流传,称布里坦必须辞职。下午,布里坦见到阿姆斯特朗和撒切尔夫人,他了解到调查的结果。大家同意撒切尔夫人第二天(1月23日)在议会就调查报告做一个声明,可一周前她曾说过不发表这种声明。紧接着发生了杰弗里·豪所谓的"短暂的连夜争斗"。⑮豪是布里坦的朋友,他赞成使用让他能公开防御的措辞。他的论点是让听众感觉到,布里坦一直在按撒切尔夫人的授权行动。在撒切尔夫人的记忆中(有可能随着时间的流转变得有些夸张),这是杰弗里·豪的一种企图,是布里坦通过他企图改变证据的措辞,而那些证据已经提交给了罗伯特·阿姆斯特朗。"我(对豪)说,你以前担任过副检察长,现在来要求我修改已经交给罗伯特·阿姆斯特朗的证据,而且是在调查布里坦的时候来做这事。"她没有明说,但她似乎还感觉到,有个觊觎她职位的人正以无形的威胁企图推翻她。她回忆说,杰弗里·豪递给她一张纸,上面写着他建议的改变内容,"我把纸撕碎了……我把纸撕碎了"。⑯是否真有人提出过修改建议是值得怀疑的,(阿姆斯特朗已经完成了报告,谁能在这个阶段提出修改呢?)可她确实向豪和布里坦做出了让步,她向议会做的声明做了一些修改。她的感觉有点像落入陷阱。

撒切尔夫人于1月23日下午来到议会下院。正如她前一个星期已经表明的那样,她这时确认不公布阿姆斯特朗的报告内容。她依据先例捍卫了这一点,但指控她掩盖的抗议声因此更加强烈了。首相陈述了调查的主要发现,对下院说,赫塞尔廷的"材料不准确",应当得到纠正,这是个"责任问题",而且要在1月6日下午4点钟前公布,因为此后卡克尼要向媒体宣布董事会对西科斯基投标的建议。她说,布里坦是那天下午 1 点 30 分得知梅休信函内容的。[1] 他想要泄露这个消息(撒切尔夫人坚持用"披露"这个字眼),并且告诉自己办公室的人员说,他希望这事由唐宁街 10 号来做。然而,她接着说,布里坦后来明确表示说,"在我的办公室同意后,他得到授权由贸易工业部披露,而不是由唐宁街 10 号披露"。[140] 至于是如何披露的,她说,布里坦"没有明确表示过"。

撒切尔夫人接着谈到自己的作用或者没有起过的作用。她说,她的办公室受到过调查也做过"掩盖"(这是布里坦要求的关键字眼):"他们没有寻求我的同意,认为我与布里坦的意见应当是一致的,他们这么想当然是对的",材料应当迅速披露。她的办公室"同意"贸易工业部通过电话将信函内容向联合通讯社披露。她接着说:"假如向我咨询,我会说,必须采取不同方式公布相关事实。"她补充说,副检察长读了阿姆斯特朗的报告后,认为根据《公职人员保密法》没有必要起诉。她没有提到任何官员的名字。她处于尴尬的地位,既承认发生了恶劣的行为,又不承认任何人(当然除赫塞尔廷之外)有错误。

艾伦·克拉克在撒切尔夫人发表声明前不久看到讲稿的一个副本,他说:"一开始就是个虚伪的笑话……她说这样的话怎么会不闪烁其词呢?可她并没有结结巴巴,神态表现漂亮极了……半恐惧半崇拜的议会似乎受到了恐吓。"[141] 其实,议会的反应主要是愠怒而不是恐惧。保守党的议席上,人们感到不安,一位名叫亚历山大·弗莱彻[2]的保守党人尖锐地向她提问:她是否为"今天下午做的声明强化了政府的正直而感到满意"。反对党的尼尔·基诺克和戴维·欧文则质问她本人是否了解真相,何时了解真相的。欧文的质问更加咄咄逼人,质问她开始泄露调查时"完全清楚自己的办公室受自己暗示完全卷入了这场卑鄙勾当,这些人如何能继续赖在现任要职上。"[142] 就连她最热心的崇拜者伍德罗·怀亚特也承认:"她还没有摆

---

1 她并没有说,他和他这个部的前常务秘书被人发现在一起吃午饭,这位前常务秘书如今在支持西科斯基投标的摩根建富银行任职。

2 亚历山大·弗莱彻(Alexander Fletcher,1929—1989),毕业于格陵诺克高中。1973年11月—1983年任爱丁堡北选区保守党在议会的议员;1983—1987年任爱丁堡中选区议员;1983—1985年任贸易工业部大臣;1987年受封骑士。

脱追捕。"⁽⁵⁰⁾

鉴于事实没有澄清，议会中保守党人的情绪开始变得不安宁。许多人感到，必须归咎于某个人；另外一些人感到，布里坦是撒切尔夫人之外唯一可归咎的大臣，如果归咎于他，撒切尔夫人将有可能成为下一个受害者。她的声明在她自己和布里坦之间留下一个空档，因为她在声明中明确表示，下令泄露的人是布里坦而不是她。她的声明让布里坦易于受到攻击了。在这之前克拉克报告说，曾在议员休息厅遇到后座议员马库斯·金伯尔[1]，他"当时闲站着，这从来是个要发生某种事的迹象。他谈起自己前一晚与威利一道进餐，两人谈起'内阁犹太人太多'的事"。⁽⁵¹⁾在那天晚上的1922委员会会议上，批评的锋芒直指布里坦，但掩盖在下面的是反犹太主义的潜流。杰拉尔德·马龙[2]是布里坦的首席私人秘书，当时也在场，他说：一位后座议员[3]"不光彩地"抱怨说，布里坦以前任职的内政部只应当由"体面的英国人"任职。⁽⁵²⁾当时有一种感觉：假如布里坦不辞职，后座议员们在周一举行的关于韦斯特兰的辩论中就不支持撒切尔夫人。党鞭们并没有在拯救布里坦问题上发挥自己的影响。克拉克记录道："当时的情绪是完全支持她，为此需要找个替罪羊。"⁽⁵³⁾

撒切尔夫人不欢迎这种情况，部分原因是她感到应该支持布里坦，但主要原因是她为自己的政治生命感到忧虑。后来，1922委员会迫使布里坦辞职，她没有坚持想要留下布里坦的立场。她感到极为担忧，唯恐布里坦感觉受了委屈，会把责任推卸给她，导致她下台。她清楚，布里坦了解的一些情况让他有能力这么做。布里坦本人也意识到这种可能性，似乎也在玩弄这种可能性。副检察长的信函被披露后，他很快告诉杰拉尔德·马龙说："是撒切尔夫人亲自授权泄露的。"⁽⁵⁴⁾他对笔者谈起这事的说法稍有些

---

[1] 马库斯·金伯尔（Marcus Kimball, 1928—2014），毕业于伊顿公学和剑桥大学三一学院。1956年2月—1983年任盖恩斯伯勒选区保守党在议会的议员；1985年受封金伯尔勋爵。

[2] 杰拉尔德·马龙（Gerald Malone, 1950— ），毕业于格拉斯哥阿洛伊修斯学院和格拉斯哥大学。1983—1987年任阿伯丁南选区保守党在议会的议员；1992—1997年任温彻斯特选区议员；1985—1986年任贸易工业部国务大臣的首席私人秘书；1992—1994年任保守党副主席；1994—1997年任卫生部国务大臣。

[3] 这位议员指约翰·斯托克爵士，他是黑尔斯欧文和斯陶尔布里奇选区在议会的议员。

不同，他说那次泄露"实际上是由她授权的"。⑮布里坦接着说：这个情况"绝对没有疑问"；那封信函的"目的肯定是为了促成公开"。⑯他和查尔斯·鲍威尔从不同的角度同意，第一个想法是把副检察长的信函直接递交给撒切尔夫人。后来，他们意识到，从法律角度上看，收信人应当保密，便认为递交给撒切尔夫人是不明智的，便策划了把信交给赫塞尔廷的策略。⑰这表明，泄露这份文件可能是两人都有的想法。按照布里坦后来的说法，他在泄露前一天1月5日星期日夜里接听了一个电话，来电者是"代表她的人"。⑱虽然出于一贯的忠诚他克制自己不与撒切尔夫人反目，希望未来有晋升的希望，也害怕继而发生毁灭性灾难自己脱不了干系，但他也感到愤怒。1922委员会的会议之后，撒切尔夫人必须谨慎从事。

第二天1月24日上午，在是否该辞职问题上，布里坦从媒体、文职官员和同僚那里得到相互矛盾的信号。媒体的大多数提法都毫不含糊，通栏标题有："把他踢出去"（《每日星报》）、"布里坦必须离职"（《太阳报》和《镜报》）、"玛吉深感痛苦——大多数议员称布里坦必须辞职"（《快报》）等。⑲

布里坦相信，伯纳德·英厄姆的媒体信息介绍对他不利。他见到首席党鞭约翰·韦克厄姆，韦克厄姆向他指出，他已经失去了党的支持。⑳1 下午，他见到撒切尔夫人，对她说，自己必须辞职。她恳请他留下，言语表情极为诚恳。然而他去意已决，因为他担心不辞职造成痛苦拖延后终究还得离开。他立刻拟写了辞职函，在其中说："自从你昨天在议会发表声明后，我明显认为我不再得到同僚们的全力支持……"他将她的声明与自己辞职联系在一起，暗含对她那个声明的批评，甚至可能威胁要报复。撒切尔夫人希望表达自己的良好愿望，在复函中一开始便表示："我非常难过，尽管我今天下午提出种种论点，却未能说服你留下，"接着她补充道："我希望不久之后你能重返高级职位，继续你的大臣生涯。"㉑对一位辞职的大臣，这番话是非同寻常的。在布里坦心里，这话具有"非正式谅解"的意义。㉒

---

1 布里坦还与威利·怀特劳谈过，怀特劳建议他留下。但是第二天，布里坦辞职后，怀特劳以自己典型的口吻对伍德罗·怀亚特说："布里坦当然得辞职。"（怀亚特，《伍德罗·怀亚特日记》，第一卷，1986年1月25日，p.71）

4. 直升机坠落

从某种意义上讲，布里坦辞职比赫塞尔廷辞职对撒切尔夫人的影响更恶劣。大多数人都认为，赫塞尔廷是本人违反了自称珍视的内阁集体责任，而且是在一个极为重要的问题上横下一条心与撒切尔夫人搞分裂。她在处理他行为的问题上该受到严厉批评，但人们理解，事情已经发展到了"有她无他"的极端地步，离去的自然该是他。但布里坦的情况就不同了。他尽自己努力满足内阁的要求，尤其是按撒切尔夫人本人的意愿去做的。他还与撒切尔夫人密谋策划了击败赫塞尔廷的最佳方案。因而，他的辞职表明，她有些不光彩的方案出了错，而且她在困难时没有忠于自己的朋友。布里坦在将近30年后做出的判断是："假如她真正保护我，我认为这事便会平息，我就不会批评她。不过我辞职是一个协调做法的组成部分。"⑱ 同时代许多同僚的判断就不这么宽宏大量了。她与反对者斗争态度坚决，保护盟友却态度懦弱，这本身对她就具有损害性。工党要求星期一在议会辩论韦斯特兰问题，这时，她便失去了亲密同僚们的保护。

撒切尔夫人的团队为她一决雌雄的斗争做了大量准备工作。许多人参与为她准备讲稿，斯蒂芬·舍伯恩向尼格尔·威克斯抱怨说，这工作变得难以忍受了。参与者实在太多，只得集中在内阁会议室中，而撒切尔夫人不喜欢在那儿工作，宁愿待在自己的书房。舍伯恩恳请威克斯和查尔斯·鲍威尔与撒切尔夫人从头到尾回顾一遍这场风波，"要以'布赖恩·沃尔登的风格'[1]……做得非常精确……因为他们向首相发起质询时肯定会竭尽精确之能事。"⑭ 他后来回忆说："我担心基诺克会提出两三个致命的问题。"⑮ 比方说：关于这次泄露，在公布调查报告前，或者说在开始进行调查前，她的办公室是怎么向她通报的？她的办公室是否了解贸易工业部有意将那个信函的部分内容透露给联合通讯社？如果了解，办公室为何不征求她的同意或反对意见？如果她既没有同意也没有反对，这难道不是"等于承认首相迄今所说是错误的"？⑯ 布里坦是否对她说过自己在泄露问题上起的作用？如果说过，是什么时候？

撒切尔夫人感到既迷惑又疲惫，在这个过程中多少有点像个随波逐流的乘客。那个星期六晚上，她出发去芬奇利选区参加一个活动时，得知当

---

[1] 电视政治节目非常有影响的主持人。

地党的高官不能如约来迎接她，因为那人精神崩溃了。她嚷起来："他精神崩溃了！那我呢？"⁶⁷怀亚特私下打电话问她如何解释最近发生的各种事态，她疲惫地"说了好几遍：'真相比虚构更奇怪。'"⁶⁸后来这句话成了她在公开演讲中的口头禅。她当过律师，对周到的礼仪十分敏感，因此卷入涉及副检察长的丑闻中感到尤其难堪。她担心受到法律形式的讯问，而这种担心是有充分理由的。她肯定还感到了良心的不安。她仿佛变成个受到汽车大灯照射的兔子，一时不知道该采取什么行动。

她出发前往芬奇利前接到白宫打来的电话，顿时振作起来。在韦斯特兰危机过程中，美国驻伦敦大使馆出于外交上的考虑，丝毫没有露面，但是，美国大使查尔斯·普赖斯向撒切尔夫人寄发过一封信函，表示他个人的支持。此时，里根总统打来电话，因为"他认为她或许想听到一个友好的声音"。⁶⁹鲍威尔记录道："他为有人竟敢挑战她的诚实感到愤怒。他想让她知道，'在这边的殖民地上'她有一位朋友。他鼓励首相走出去，做自己最擅长的事。"¹一位普通公民送给她的一束鲜花和一封信让她鼓起了信心，寄赠者是不久前大学毕业的年轻人，名叫安德鲁·M. 福克斯，如今是一位国际债券交易员。他驳斥了有人认为她赞成西科斯基投标是为了讨好里根的传言，说那"纯粹是过分夸张"，还感谢她自1979年以来在公共态度方面带来的变化。他在信中写道："许多变化已经成为不可逆转的思潮，而斗争的目的是为了恪守自由和自由经营的原则，这为今天的年轻人提供了众多机会。"⁷⁰在这些友好话语的激励下，撒切尔夫人在这封信上列出她希望埋头处理的一系列事务："市中心教育资费——教师支付社会保险费的变化……公共秩序民营化。"她还补充道，"重新鼓起力量和决心，提出并实施这些积极的政策。"

在整个周末，最大的担忧（对有些人是希望）是利昂·布里坦可能利用自己的能力推翻首相。星期日道格拉斯·赫德接受的电视采访突显了她的脆弱性。赫德在电视中捍卫她，不过呼吁内阁政府要正派——这是一种含沙射影的攻击。他还说："对这个国家，现在最糟糕的事情是陷入对领导

---

1 里根谈起"这边的殖民地上"的友谊是重复了1975年4月首次写信给撒切尔夫人时用的诙谐说法，虽然当时的背景完全不同，但他当时对她说了同样的话。[里根致函撒切尔，1975年4月30日，撒切尔 MSS (http://www.margaretthatcher.org/document/110357)]

人的讨论。"⑪但这更能引起这种讨论。顺着这个提示，约翰·帕滕[1]称，得到了保守党左翼的另外两个年轻大臣的支持：克里斯·帕滕和威廉·沃尔德格雷夫。他在那天晚上向赫德建议：参与竞选领导人。⑫赫德拒绝了，不过，他也许对人们产生更换领导人的想法感到不无愉快。

在那个星期日，杰弗里·豪在外交大臣官邸饶有兴致地观看赫德在电视节目中的表现。照杰弗里·豪的首席私人秘书理查德·赖德所说，假如撒切尔夫人倒台，"杰弗里相信自己能成为领导人，而且他能把事情安排得井井有条"。⑬因此，杰弗里·豪的朋友们看那个电视采访时抱怨说，赫德在"耍花招"。他们的人决定"采取低调"，但是他对赖德说，假如发生竞争，他会挺身而出。他向赖德征求自己获胜机会的看法。赖德对他说："按照百姓们盛传的流言，你有80%的获胜机会。"⑭

后座议员们也发生了骚动。按照赖德的看法，1922委员会主席克兰利·翁斯洛（韦斯特兰接受报酬的顾问）"并非总站在她那一边"。⑮极度忠诚的伊恩·高那天给撒切尔夫人打去电话，但就连他也私下渐渐认为，她没希望了。⑯撒切尔夫人的顾问们知道，她在星期一辩论中的发言会激怒布里坦。星期日的后来几个小时中，杰弗里·豪、韦克厄姆和其他同僚与阿姆斯特朗一道，把那篇讲稿从头到尾过了一遍，不过她不在场，免得让她的紧张情绪分散大家的注意力。大家的目标是"让自己对这篇讲稿感到满意，让讲话尽可能有说服力，把加剧政府政治问题的风险压缩到最低限度"。⑰

1986年1月27日星期一举行了辩论。这天上午，对布里坦做出反应的恐惧一直沉沉压在人们心头。问题还不仅仅是布里坦本人，还有他手下的官员发生反叛的可能性，他们憎恨受到伯纳德·英厄姆和查尔斯·鲍威尔的摆布。那天上午的《金融时报》报道了他们对英厄姆的愤怒，因为他"在决定那封信函该如何泄露上起了积极作用"，而且在先前发生的事态中也发挥了作用。⑱同一个消息来源宣称，撒切尔夫人星期四在议会做的情况介绍不完整。英厄姆致函尼格尔·威克斯，抱怨"贸易工业部的种种流

---

[1] 约翰·帕滕（John Patten, 1945—），毕业于温布尔登学校和剑桥大学西德尼苏塞克斯学院。1979—1983年任牛津城选区保守党议员；1983—1997年任牛津西和阿宾顿选区的议员；1987—1992年任内政部国务大臣；1992—1994年任教育部国务大臣；1997年受封帕滕勋爵。

言蜚语"。⑰那天上午,贸易工业部的常务秘书布赖恩·海斯爵士¹对威克斯说:"证词明显有冲突,我认为揭露这个是对的——不过我希望本来能以相对无伤大雅的方式揭露。"⑱在讨论撒切尔夫人讲话稿时,杰弗里·豪充当了布里坦代理人的角色,他也在唐宁街与她自始至终进行讨论的一小批人之中。当着这一小批人,她说:"今晚六点钟后,我可能就不再是首相了。"⑪²照布里坦所说,她有这个想法,是因为她恐怕自己"被认为阴谋使用不正当手段对付手下的大臣们。而这正是她的作为"。⑫当时在场的人们听了这句评论,内心中都承认,她这话可能是对的,所以大家谁也没有表示反对。杰弗里·豪觉得,在她需要时帮助她是一种富有刺激的感觉,因为"尽管我目光短浅,但是也没看出除了我谁能接替她"。⑬

议会下院人头攒动,所有席位坐满了议员,出入通道也让议员挤占了。尼尔·基诺克首先做辩论发言。起初他提出几个相关的问题,但很快就偏离了原定方向。他误把韦斯特兰说成"赫塞尔廷"引起一阵骚乱,他指责保守党人不诚实,还与会议主席发生争吵。后来,他重操人们熟悉的夸张口吻,开始泛泛而谈。正如艾伦·克拉克所说:"有几次,基诺克把撒切尔夫人逼到窘境,人们能从她那对蓝眼睛里看出恐惧。但是,他接着便空穴来风失去了目标,让她得到了喘息的机会。"⑭议会的气氛转变了。年轻的托尼·布莱尔当时还是个首次进入议会的工党议员,他那天在观望中从基诺克的失败领导中得到了教训:"在尼尔滔滔不绝的演讲过程中,我看出保守党人个个舒了口气。她原以为断头台的刀要落下来,结果得到的却是缓刑。"基诺克的方法不对:"假如用司法剖析,她便不堪一击。需要做的是剖析,可她从尼尔那里得到的却是一只软绵绵的棒球手套。"⑮基诺克同意对他的批评意见:"我在演讲开头部分添加的论点太多。那是不明智的。完全是我犯了该死的错误。"⑯他没能揭露他所称的"错综复杂的欺骗"。⑰作

---

1 布赖恩·海斯(Brian Hayes, 1929—),毕业于诺威奇学校和剑桥大学科珀斯克里斯蒂学院。1985—1989年任贸易工业部常务秘书;1980年受封骑士。

2 她明显感到焦虑,因为去议会之前她在书房里对戴维·诺格罗夫重复说了这句话(或者类似的意思),在唐宁街登上汽车之前对罗伯特·阿姆斯特朗再次重复了这句话。(戴维·诺格罗夫和阿姆斯特朗勋爵访谈)

4. 直升机坠落

为反对党领袖,他错失了自己唯一最重要的机会。

撒切尔夫人做答时对最糟糕的一点讲得很快。她承认自己差一点就参与了决定公开副检察长的来信。她重复了以前表达过的遗憾,说没有征求他的意见就透露了信的内容,她还以比以前更加痛悔的口吻补充说:"事后回顾起来,此事属于许多本该处理得更好的事务,也是我感到后悔的事务之一。毫无疑问,这样的事例还有不少。"⑱她解释说,泄露发生几个小时后,她才得知此事。为了解释她自己的办公室和布里坦的贸易工业部各自的行为,她引用了阿姆斯特朗仔细斟酌后想出的一句官场套话:两个机构之间对此事的"理解有实在的区别"。这个说法比"误解"要好,因为它的含蓄意义是:哪个办公室都没有错。这符合海斯关于"证词明显有冲突"的论点。舍伯恩回忆说,她的讲话是成功的,因为"她的逻辑一致",⑱这就够了。艾伦·克拉克写道:"表演精彩,勇敢而不带羞愧。我们脱离险境了。"⑲

基诺克缺乏辩论才干,但戴维·欧文接着提出一系列不利于撒切尔夫人的具体论点,内容口吻皆强烈,点了鲍威尔和英厄姆的名字;但是后来议会认定她赢得了这场辩论。赫塞尔廷出面干预,说这与他的初衷不符,称撒切尔夫人表达悔意"对一位首相在这种情况下是艰难的,是勇敢的行为",他还为过去的行为表达了自己的悔意。他说,她现在已经给"此事中的政治问题画上了句号"。保守党议员席上爆发出响亮的欢呼声,赞赏他表现出的宽宏大度。布里坦辞职后首次出面讲话,他证实了撒切尔夫人说法的真实性,为自己在这次泄露中起的作用承担责任。他说,他手下的官员们"不该受到责备"。了不起的保守党传统发挥了作用,其中忠诚、谎言兼而有之。撒切尔夫人渡过了难关。

第二天早上,各报纸报道她侥幸逃脱一劫。《电讯报》断定,"撒切尔逆流而上",《每日邮报》称,"玛吉制止流言",而《快报》评论称,她"毕竟不是个邪恶的女巫"。⑲2月12日在神秘买家和金融城炒作大笔收购后,韦斯特兰的股东们最终同意接受西科斯基的投标,撒切尔夫人便感到更加宽慰。到了这时,政治的大篷车已经隆隆向前驶去,很少有人觉得韦斯特兰本身还值得再炒作。这场丑闻的详情不具有性、间谍、金钱等刺激性元素,不久便消失在混乱与厌倦中。

不过，奇怪的是赫塞尔廷宣布终结这场政治危机时显得对撒切尔夫人太仁慈了。这背后的真实情况以及她了解的背景仍然不为人所知，这些疑惑后来被用于攻击她的官员们和她的施政方法。撒切尔夫人在议会获胜当晚，查尔斯·鲍威尔向她递交了一封个人信函，祝贺她的"激动人心的表现"，[18]感谢她"为保护伯纳德和我而争斗。你对工作人员表现出的忠诚是我在20年为政府服务中所仅见"。他表示愿意牺牲自己："如果你认定，让一位不太声名狼藉的人接替私人秘书之职更好，我会很爽快地表示理解，并提出离去——但是我会为曾服务于你而永远感到自豪。"[19]鲍威尔的信中明确提出的辞职意向是撒切尔夫人不能接受的，不过，他将自己丑化为"声名狼藉"，实际上让她注意到韦斯特兰风波的一个重要侧面。在此之前，虽然鲍威尔已经在白厅崭露头角，但公众对他并不了解。非政治性官员出头露面活动是让文职人员反感的，这种情绪在当时比现在更强烈，尽管鲍威尔有个人抱负，但他也不愿发生这种情况。本来是有才气的高层职业公务员"正规军"，却暗中耍伎俩，开始显得像她的"非正规军"了。英厄姆与21世纪的新闻秘书和媒体人员不同，公众对他的了解胜过鲍威尔，可他也是一位没有党派偏见的职业公务员。例如，他从不参加保守党大会，更加令人惊奇的是，他并不定期列席内阁会议。有人认为，鲍威尔和英厄姆是首相之下两个最有权势的人物，而且实际上操控着政府的运作，这个看法简直有爆炸性，重要的是还并非完全子虚乌有。另外一个看法也同样具有爆炸性：在媒体战争中，不同部门的官员会攻击其他部门的高官。不过在当代，这种情况几乎司空见惯了。

鲍威尔和英厄姆这两个人的关系常常不稳定，这是一种无法挽回的状态。英厄姆认为，"真正的麻烦在于查尔斯·鲍威尔，因为他把其他私人秘书的生活搞得十分困难，也把外交部搞得焦头烂额，还想插手做媒体的事"。[18]鲍威尔则认为英厄姆嫉妒心太重，觊觎自己的小天地，从欧洲或其他地方举行的峰会提交报告时，往往看重国内报界的报道，因此引发争论，惹得盟国感到不安。[19]

在比较正常的情况下，他们的部分困难源自一种极大的优势。两个人都有出色的能力，也许比各自的所有前任都出色。在扼要归纳一篇报道方面，谁的能力也比不上英厄姆，他把握撒切尔夫人的态度和习惯用语的能力也没人能比。他每日提交的新闻摘要语言非常明晰而生动，是一份谁说过什么话和各种要点的有用归纳,但许多内阁大臣回忆起来,却抱怨说他的新闻摘要报喜不报忧,歪曲对她的评论。尽管常常有这样的指责,但英厄姆却很少隐瞒消息,因为撒切尔夫人可能不喜欢这样做。鲍威尔有着惊人的勤奋和智慧,书写的速度和用词贴切程度极高。在他为撒切尔夫人服务的岁月中(1984—1990年),他几乎是日日夜夜都在提交备忘录,常常周末也在工作,形成了一套完整的高质量珍贵文件记录。这套文件对政策做出了详细的说明,还巧妙而且常常睿智地解释了外交手段,涉及如何应对其他国家领导人和本国大臣们。各种文件还反映并揭示出她当时的想法,强化了她采取行动的自由范围和能力。鲍威尔回忆道:"请不要误解这一点,不过在一种奇怪的意义上,有时很难分辨出,哪些是我的想法,哪些是她的。[1] 我了解她的行事方式,了解她的愿望,因此我能看透她的心思。"[2] 撒切尔夫人极为看重英厄姆和鲍威尔,也信赖他们。在韦斯特兰风波期间,她的个人办公室运作得不很好。她的首席私人秘书尼格尔·威克斯虽然能力强,工作也勤奋,但过度谨慎焦虑,有对抗情绪,不能提供必要的牵头作用。他和上任不久的首相私人财政秘书戴维·诺格罗夫都缺乏远见,在1985年11月就是否加入汇率机制问题上(参见第3章),没能预见到与尼格尔·劳森等人开会时首相遭遇孤立的尴尬情况。韦斯特兰风暴爆发时,撒切尔夫人需要更加老练敏捷的建议。鲍威尔看到了这个真空,以令人刮目相看的手段出面填补。的确,如果没有鲍威尔的帮助,完全无法想象撒切尔夫人会如何渡过韦斯特兰危机。斯蒂芬·舍伯恩回忆道:"鲍威尔和英厄姆以自己的专长为她提供了极好的服务,而且她对查尔斯的依赖胜过伯纳德。但我认为这是个麻烦。他们与她的个人关系太密切,而且也太强势了。"[97]

---

1 鲍威尔的这个评论许多同事都赞同。后来珀西·柯利达写道,有时候"很难辨别出哪些是撒切尔夫人说的话,哪些是查尔斯·鲍威尔说的"。(珀西·柯利达,《追求英国的利益:反思玛格丽特·撒切尔和约翰·梅杰在任期间的外交政策》,约翰默里出版社,1997年,p.14)

2 鲍威尔与撒切尔夫人的主仆关系偶尔会发生颠倒。1984年圣诞节前夕,他们从签订香港公报的艰难旅程返回后(还包括在戴维营会见里根),罗宾·巴特勒为撒切尔夫人安排了一个非正式酒会。大家聚会时,查尔斯·鲍威尔办公桌上的电话铃响了。撒切尔夫人不假思索就抓起听筒说:"对不起,他正忙。我能记下你的留言吗?"(与戴维·威利茨的通信)

鲍威尔和英厄姆受到广泛报道后，这个问题本身就成了个麻烦。随着几个特别委员会准备调查韦斯特兰风波，一个问题出现了：包括贸易工业部的科莱特·鲍、鲍威尔和英厄姆等相关官员是否该受到调查？罗伯特·阿姆斯特朗不得不运用没有先例、一事不二审原则（他已经在自己做的调查中与他们单独谈过话）等论点阻止让他们出面。结果，为了保护一些正式级别并不太高的官员，不得不动用最高级别的官员和政治影响力。这个过程相当艰难，但最终奏效了。罗伯特·阿姆斯特朗代表这些官员们出面，布赖恩·海斯则代表贸易工业部出面接受调查。英厄姆和鲍威尔两人都未受到讯问，他们对撒切尔夫人的重要性也提高了。她只有任凭她钟爱的人在捍卫他们两人时遭受更加直率的攻击。假如英厄姆和鲍威尔倒下，那将是她的灾难，但他们最终保住了自己的地位，他们的势力未受损害也没有稍减。韦斯特兰风波的应对模式和内阁参谋团的非正式势力便奠定了基础。在未来的岁月中，这种情况会以不同的形式再次出现。

经过几个月的听证和审议，防卫委员会提交出报告，虽然内容难以让政府感到满意，但没有给撒切尔夫人个人造成进一步伤害。这个风波的热潮已经消退。公布这份报告的那天，伯纳德·英厄姆就他的新闻发布会向威克斯写了一个嘲讽的短简：

> 发布会仅持续了十分钟，到场的媒体人员寥寥，引人注目的是人们兴致索然……我扫兴地摇了摇头，对炒作泄露一事喷喷声不断……媒体对泄露的关注大大减退，我说……这是不是我最后一次发布此事？对此我感到怀疑，我还没有停止想象。当然，已经有人表达了对所提官员的信任。⑱

※　※　※

特别委员会没能准确认定泄露副检察长信函风波的详情。委员会就政府掩盖事实的问题提得切中要害，却没能得到完整的答案。这个机构设法运用足够多的纪律约束自己，避免发生灾难。然而，假如这个委员会了解并公布真实情况，并允许讯问相关的官员，很难想象撒切尔夫人会继续留任。

在 1 月 27 日的辩论中，撒切尔夫人最终胜过对手的回答是真实的，

4. 直升机坠落

但并非全部真相。撒切尔夫人十分幸运，这场泄露风波的核心人物科莱特·鲍女士是一位高度专业的公务员，她是撒切尔"革命"真心而坚定的拥护者。假如不是这样，她的证词便可能摧垮政府。鲍女士在与本书作者交谈之前，将这场风波经过的个人记录锁进一家银行的保险箱中，除了在阿姆斯特朗调查时讲过实情，对任何其他人都没有说过。[1]

自从70年代起，科莱特·鲍一直在贸易工业部工作，近期担任诺曼·特比特的新闻秘书，布里坦接替特比特的职务后，她保留原职。在她记忆中，对那位受过伤害不情愿上任的新大臣，贸易工业部"有点保护倾向"。11月份，赫塞尔廷突然开始将韦斯特兰问题用作武器，"与撒切尔夫人较量"，鲍和她的同事们认为这"有点不公平"。[19] 布里坦并没有完全参与这桩看上去微不足道的小事。他的公务员觉得，撒切尔夫人默认并支持他，但"没有明说"，他必须独自决定执行政府的政策。[20] 鲍女士根本没有注意到唐宁街在行使很强的权威，她觉得没人管："我当时想：'尼格尔·威克斯上哪儿去了？'在那个时候，我甚至没听到查尔斯·鲍威尔的声音。"[21] 她回忆道："当时好像一切都混乱不堪。我现在还认为，仿佛当时中央缺乏一些控制，赫塞尔廷偏轨离线，只有首相才能真正把他引上正轨。"[22]

当时没有公关专家，没有移动电话，更没有电子邮件，在人们心目中，假期是神圣不可侵犯的，于是，科莱特·鲍在休两个星期的圣诞假期时，谁也联系不上她。布里坦的私人秘书约翰·莫格[2]也是一样。1月6日，两人返回工作岗位后，"感觉这里成了个大漩涡"，而且仍然感到"没有中央的组织力量"。[23] 那天早上她走进办公室，"没有意识到要发生什么事"。[24] 媒体打来的电话接连不断，鲍女士一概挡驾，说星期四举行的内阁会议将解决各种问题。

---

1 尽管媒体发出过众多刺激与挑衅，但她始终没说。《太阳报》的一个标题是："贸易工业部的间谍是个裸体模特。"该报如此报道是因为科莱特·鲍在学生时期曾为斯莱德美术学院的一位朋友当过裸体模特。

2 约翰·莫格（John Mogg, 1943— ），毕业于萨顿科尔菲尔德的维西主教文法学校和伯明翰大学。1985—1986年任贸易工业部国务大臣的首席私人秘书；2003年受封爵士；2008年受封莫格勋爵。

那天午饭时间，布里坦出去吃午饭，约翰·莫格要鲍去利昂·布里坦的办公室，他和贸易工业部另一位主要参与者乔恩·迈克尔让她看了副检察长给赫塞尔廷的信函复印件。大家都在期待这封刚刚送到的信函。原件已经送交赫塞尔廷了。鲍读着信，"倒吸了一口冷气"。[205]迈克尔解释说，韦斯特兰的董事会要在下午4点钟召开记者会，该让人们在那个时候得知这个消息。莫格便给布里坦打电话，把他从吃午饭的地方找回来。他对布里坦说，那封信送到了，还提醒他时间安排的事。布里坦对莫格说："是她的（即撒切尔夫人的）信。如果她想要这么做，好吧。把它公布出去，不过要先通过唐宁街10号。"[206]莫格回忆说："我只好给查尔斯（·鲍威尔）打电话，确认是否该采取行动。"[207]鲍威尔对他说，这封信函必须公开。按照莫格的看法，那是两位私人秘书基于隐含假定的交谈，也就是说，如果那位私人秘书说想要做某事，就是代表他的上司说这话的。再说，"查尔斯在猜测上司的愿望方面极为在行：他说话便具有她的权威性。"[208]莫格问，以何种方式公布这封信最合适，鲍威尔说："我已经把一个复印件交给伯纳德了。"[209]然而，鲍威尔也"附带传达了一个意思：唐宁街10号不想自己做这事"。[210]鲍先前没有暗示要唐宁街10号参与，便认为，"那个立场看来不无道理"。[211]莫格便把电话内容告诉鲍，要她给英厄姆打电话。鲍说："等一等"，对正在发生的事情感到担忧。"这是检察官的来信。咱们给（常务秘书）布赖恩·海斯打电话吧。"[212]他们打了电话，但海斯正开车去外地（当时的政府汽车并不配备车载电话）[1]无法接通。考虑到时间紧迫，她同意给英厄姆打电话。

鲍和英厄姆不但是同事，而且她认为两人"关系友好"。[213]当时与布莱尔时代不同，白厅没有一个统一的媒体指挥系统，他不是她的上司，不过在政府的新闻官员中，他是职位最高的。在莫格与鲍威尔通话后，她便相信给英厄姆打电话用不着提出是否该泄露信函内容的问题了。她认为她是在与同行切磋泄露（她喜欢使用"公开"这个字眼）的"方法与途径"，是在讨论"谁来做什么事"。[214]按照英厄姆的说法，他回忆说，鲍对他说："我已经得到允许披露这封信函。"[215]他一听这话，惊得两道浓眉高高挑起，在听她接着说话过程中，两道眉毛一直没有回归原位。"我们想要你来公

---

[1] 当年的车载电话与移动电话不同，是安装在汽车发动机舱里，体积庞大，当时并不常见。

开。"他拒绝了，不过并不阻止她这么做："我对她没有管辖权。"㉒⁰ 在鲍的记忆中，她问过英厄姆："会产生什么后果？"他回答道："查尔斯给了我一份这个信函的复印件，说必须传播出去。"不过他补充说，"我得避免让首相卷入这场纷争。"㉒¹ 鲍回忆说："我深吸了一口气，心想：'好吧，那就由我来做这事。'"她对英厄姆说："我把它交给克里斯（联合通讯社的蒙克里夫）。"英厄姆问，蒙克里夫能不能为消息来源保密。她说他能，于是英厄姆同意了。她没有感到自己接受了英厄姆的命令，也没感到自己因害怕而屈从，但她确实相信，假如他建议别这么做，她就不会泄露这封信函。将近 30 年后，她说："在这中间有个默认契约问题，我既不是罗森克兰茨，也不是吉尔登斯吞。"㉒¹² 下午 2 点刚过，她联系上克里斯·蒙克里夫，透露了信函内容。那天下午，地狱恶魔瞬间释放出来。

第二天上午，布里坦的特别顾问约翰·惠廷德尔来见科莱特·鲍，她正全力应对泄露的后果。惠廷德尔说，他刚去过唐宁街 10 号，明确得知"首相看了副检察长的信感到非常轻松"。㉒¹⁹ 两人认为应该把这个信息传达给布赖恩。因此，贸易工业部的官员们感到，唐宁街 10 号会在这个事情上保护他们。唐宁街 10 号的任何官员都没有批评他们泄露消息。因此撒切尔夫人宣布进行调查时，他们都惊呆了。"我们张口结舌，说：'见鬼，这个调查是要干吗？'"㉒²⁰

查尔斯·鲍威尔对他与约翰·莫格的谈话有不同的叙述。他认为莫格是个"相当不正直的人"，唆使他行动，为的是等到人们开始质询时利用他。㉒²¹ 鲍威尔否认对莫格说过要公开信函内容的话。他记得莫格问："媒体都会知道这事吗？"鲍威尔回答："我预料会的：别的各种事情似乎都会让媒体得知。"鲍威尔指出，英厄姆和鲍的谈话"似乎比这更加深入"。鲍威尔相信，这也是贸易工业部在敦促唐宁街 10 号。他并没有允许贸易工业部泄露，还一口咬定说：与新闻界联系不是自己的工作。布里坦辞职后，这位前贸易工业部秘书想要鲍威尔也辞职，作为对撒切尔夫人的惩罚，因为

---

1 在英厄姆的记忆中，他当时说的是："我得避免让首相卷入这种事情。"（与伯纳德·英厄姆爵士通信）鲍后来证实他是这么说的。

2 罗森克兰茨和吉尔登斯吞：莎士比亚悲剧《哈姆雷特》中哈姆雷特幼年的伙伴，篡位国王利用他们监视哈姆雷特，后在押送哈姆雷特去英国的航程中，两人死去。

她任凭忠诚的大臣离去而没有给予适当的保护。[22]

假如阿姆斯特朗没有做过调查，"谁做了什么事"的争论或许没有多少意义，不过是出事后相互推诿责任。但这种争论一旦发端，官员们便担心出现大崩溃局面。罗伯特·阿姆斯特朗自然害怕危害首相的声誉及自己的内阁办公室和文职官员系统，就要找个替罪羊，最可能的人物是鲍、莫格和迈克尔。幸运的是，他们的常务秘书布赖恩·海斯爵士坚持陪伴鲍出面接受阿姆斯特朗的调查，还威胁说，假如他领导下的官员遭受惩罚，他就辞职。[23]尤其让鲍感到愤怒的是，他们认为她泄露信函违反了《公职人员保密法》，因此与克莱夫·庞廷泄密事件相提并论。她坚称自己是授权行动，她的行动动机与庞廷完全不同，她是要让自己的大臣和政府免受困扰。她把情况向阿姆斯特朗和盘托出，其中包括唐宁街10号通过惠廷德尔传递给贸易工业部的信息。她警告执行泄露调查的内阁办公室官员，假如指控她违反《公职人员保密法》，"咱们就在法庭上见"。[24][1]

鲍的说法能解释出阿姆斯特朗调查的结果，也解释出为什么没有允许有关官员出面接受特别委员会的讯问。阿姆斯特朗本人作证时，不得不讲述事情来龙去脉的准确说法，不过在很大程度上隐瞒了真相。假如由鲍向议会委员会讲述她与英厄姆之间的谈话（转而牵扯到鲍威尔与莫格的谈话内容），然后揭示出她知道撒切尔夫人支持这次泄露，那将给撒切尔夫人引来一场风暴。因而，撒切尔夫人措辞谨慎地说，她赞成公布副检察长的信函，但不知道是如何公布的，假如知道公布的方法，她不会批准，因而才有了所有参与官员皆因"理解有实在的区别"的重要陈述，撒切尔夫人也因而坚称自己得知阿姆斯特朗的调查结果前没有询问发生过的真实情况。当然，她的确没有询问发生过的真实情况，她相当精明，知道了解真相会让自己感到极为窘迫。特别委员会在收集材料的那几个星期中，撒切尔夫人不止一次书面警告她的官员们，要防止她所谓的"虚假精确性"。[25]她指的是要求人们提供正式证据时，凭记忆做出的回答并不准确，这倒是真的。但在这个案例中，她真正害怕的是精确本身。正如查尔斯·鲍威尔所说：

---

[1] 科莱特·鲍对违反政府保密法的指控感到无比气愤，甚至拒不接受该法给予的豁免权，称自己没有做过任何违法的事。最后布赖恩·海斯说服她，必须接受这一豁免权的保护。

4. 直升机坠落

"她的双手并非完全干净。"[26]

1月底,撒切尔夫人收到两个相互矛盾的信号。英厄姆警告她说,待在大厅的媒体人认为,政府就像"在苦海中沉浮……我有一种感觉,党内正传播着大量流言蜚语,而且内阁大臣们也参与其中。他们自称为下次大选深感担忧,需要团结。"[27]但她收到的邮件显示的却是另外一种说法。在1月31日开始的那一周政治官员们报告说,撒切尔夫人收到700封信(是平时的五倍)。"这些信几乎都是在表达无条件支持你的领导。"[28]到了2月中旬,撒切尔夫人试图撇开这桩风波继续工作。她对《芬奇利时报》说:"那是非常非常艰难的几个星期,但如今都已成为往事。"[29]阿姆斯特朗在他自己搞的调查结束时致函贸易工业部,称"在本案中官员们没有不负责行为,不该受惩罚",所有人都该继续留任,其职业生涯不受影响。但舆论并不愿轻易向撒切尔夫人颁发类似的健康证书。这倒不是因为许多人同意迈克尔·赫塞尔廷的意见。虽然人们崇拜他炫耀的派头,有些人支持他的干涉主义工业政策,但保守党中很少有人喜欢他对韦斯特兰问题的痴迷,大多数党员认为那事影响了他的升迁。他的虚荣心曾受到广泛的评论。(忠诚的后座议员费格斯·蒙哥马利致函撒切尔夫人:"他真是个自负的家伙。")[30]人们也承认,政府一位资深成员决意摆脱控制时,要管理政府实属不易。撒切尔夫人处理赫塞尔廷动手缓慢,宁肯信赖同僚而不愿卸包袱。她表示反对说,假如她早些采取行动,批评家们便会说:"瞧哪!又在耍老一套专横把戏了。"[31]她这种担忧是可以理解的。赫塞尔廷寻求对着干的确不是她的错,而且证据明显表明,破坏集体责任感的人是赫塞尔廷,而不是撒切尔夫人。

让撒切尔夫人感到极为困难的是韦斯特兰风波中暴露出的其他方面。在整个事件结束时,她的政府好像一个满嘴牙齿都让敲掉却久久没找牙医的人。等到去检查时,才发现嘴巴已经烂得一塌糊涂。在12月和次年1月,一切都处于混乱状态——内阁政府运作不良;内阁办公室运作不良;管理保守党舆论的党鞭状态不佳;向媒体介绍情况不得力;政府部门间关系松散;她的个人办公室工作散漫。自然该归咎负责所有这一切的那个女人。该归咎的不仅是她履职不力,还有她的个性缺陷。用她自己的话说,韦斯特兰是一场"性格剧,而不是现实事件",[32]如果真是这样,两个主要的性格人物有一个就是她,而且剧情并没有给她打上有利的光环。她的领导才干和正直这两种最突出的素质受到前所未有的质疑。在这场危机过程中，她写信给一位支持者说："保守党不该有那样的表现。"[233] 副检察长信函风波也表现出，她的行为未能满足人们的期待。

至于人们广泛谈论的撒切尔夫人的"施政风格"，批评家们所揭示的与查尔斯·鲍威尔说的一样："运行在两个并行宇宙中。"[234] 一个是有着机构、规则、委员会之类结构的"政府"，但是她往往视之为异类，时而会说："政府到底想干吗？"仿佛她不是这个政府的首脑；另一个是"她的宇宙"，[235] 其中容纳着"灵感、思想、论点、伟大事业"等。在她自己的宇宙中，她"自视为孤独的征战者"与形式主义做斗争，要"改变有名无实的政府首脑状况"。鲍威尔接着说："以攀登喜马拉雅山作类比，她需要在这个征程中让政府把她推向某个海拔高度。此后，她就要在寥寥几位夏尔巴人搬运工帮助下自己攀登。自行其是有着明显的危险性。"在韦斯特兰风波中，这两个宇宙发生了碰撞，"她表现出迟疑不决，虽然自己在领导着一场决定市场权利的斗争，但缺乏击溃赫塞尔廷那些肮脏手腕的政治计谋。"[236] 鲍威尔评论说，在这个事例和所有其他情况下，"她表现出一种奇怪的天真或纯真，大多数人认为她是在作假，然而她却真实得令人惊讶！"[237]

虽然撒切尔夫人对自己在韦斯特兰风波中的所作所为明显表现出不安，但她没有从这场灾难中得到正确的教训。她最信赖的同僚注意到了她的这个方面，然而那个同僚在这场危机中成了耻辱的代名词。按照伯纳德·英厄姆的话说："她的意志肯定变得坚定了。"[238] 韦斯特兰风波之后，"她总是以相当保密的方式办事，感到要维持政府运作就必须这么做。"查尔斯·鲍威尔曾以为"我要被迫辞职了"，后来感激她不贰的忠心，不过他注意到撒切尔夫人在施政方面"并不感到遗憾，也没有发生转变"。虽然她暂时有所收敛，但她的态度其实变得更加武断了。例如，她对前任首席人秘书克莱夫·惠特莫尔没有帮助她对付赫塞尔廷感到非常愤怒，并不考虑惠特莫尔是赫塞尔廷的常务秘书，要忠于他而不是她。她在自己的回忆录中写道："这让克莱夫·惠特莫尔付出了代价，他从此失去了升迁为内阁大臣的可能性，因为我当时确实认为他该向我们发出警告才对。"[239] 她还认为没必要再次与后座议员在休息室品茶培养关系，因为她早先已经搞过这种活动。她对鲍威尔说：不管喜欢还是不喜欢，"他们已经选择了领导人，我就是这个领导人"。[240] 她认为在这个问题上自己是正确的，这加强了她的自信心，这

4. 直升机坠落

个问题本身当然不错。假如本来有合理的私营领域买家，可她领导的政府却要对韦斯特兰公司组织一次亲欧洲的、垄断性的、国家支持的拯救，那将是荒唐的，也与政府的一贯政策相悖。由于她的勇气和自主思维，在别人出错时，她往往是正确的。但是，在这个至关重要的时刻，她没能静下来仔细自省，思索一下是哪里出了错。

1986年初，英国发生的另一个大事件是鲁珀特·默多克针对印刷工会采取的意外行动。就在工会眼皮底下，他秘密安排沃平工厂印刷他拥有的全部英国报纸：《泰晤士报》《星期日时报》《太阳报》和《世界新闻报》。印刷工会也许是英国所有工会中抵制改革、抵制新技术最强烈的工会。多年来，他们拒绝迁移到沃平，不愿离开各家报社后面的"浇铸版"印刷工厂。1985年初，默多克决定结束长期以来的苦恼，迁移工厂。1983年底，他目睹了地区报纸经营者埃迪·沙阿在印刷《沃灵顿信使报》问题上与工会发生争执获胜。沙阿援引撒切尔政府的新工会法，在开除六名印刷工会的工人后，克服了困扰工厂的大规模纠察活动，那个名叫全国印刷协会的工会被取缔。"我们感到大气候在改变，而且我们这个工厂处在闲置状态。"[20]默多克决定不达成任何协议就秘密行动，让采用新技术的沃平准备印刷他旗下的所有报纸。他在一个头版报道中称，他要使用这个厂址发行一份伦敦"24小时"报纸，叫作《伦敦邮报》。奇怪的是，工会和媒体都缺乏好奇心，没弄明白究竟发生了什么事。

1986年1月24日，国际新闻集团的6000名工人罢工，抗议公司试图更新技术，反对在沃平印刷《星期日时报》的号外版。这天碰巧也是利昂·布里坦辞职的日子。这次冲突正中默多克的下怀。他当下做出应急反应，联系弗兰克·察柏尔和埃里克·哈蒙德领导下长期反对共产党渗透的右翼电工工会（电气、电子、电信和管道工联合会），让这个工会的会员一夜间替代了罢工的印刷工，印出报纸。罢工的工人全部遭他开除。为了规避继而发生工会抵制发行报纸的企图，他用自己特纳电视网的运输公司通过公路运送报纸，没有像通常那样经铁路运输。大批相当暴力的人群组成纠察线，周六夜里达数千人，他们聚集在沃平工厂外面，试图阻止上班的工人进去。抗议者玩弄了各种诡计，其中之一是向警察马匹的臀部投掷飞镖，马儿惊得前蹄腾空，让摄像机拍摄下来，仿佛马匹要踏向纠察者。有些记者拒绝参与向沃平迁移的活动。工党宣称，不与默多克旗下的各报社代表打交道。

撒切尔夫人当然没有参与这个计划。据默多克说，他在那场争执期间从未给她打过电话："我避免与她联系，为的是在有人问起时，她可以保持较强的地位。"[②] 但是，在1985年夏季，《泰晤士报》编辑查尔斯·道格拉斯休姆（当年死于癌症）去见她，对她说："这里的局面非常严重，我们都在应付。"[③] 默多克相信，撒切尔夫人得知后，通知当时的内政部长布里坦说，如同煤矿工人罢工期间常发生的情况一样，有可能需要大批警察。默多克本人说："假如她没有改革工会法，我们可能就不会这么做了。"[④] 保证国际新闻集团在这次较量中获胜对她极为重要，因为这是在她搞的改革之后，首次发生一流的私营企业与工会发生对抗。假如报刊业最终遭到失败，她在这个领域先前取得的成就将大打折扣，舰队街对她的坚定支持将失去。

然而，令人吃惊的是，在政府现有的首相文件中，没有一个是关于沃平争执的，而且根本没有从任何方面提到此事。撒切尔夫人的所有私人文件都没有提及此事。这并不是因为她与这桩争执的联系被视为绝密没有留下记录，而是因为她与此事根本没有关联。其中有个完美的理由：她改革工会法做得非常成功，因此这场斗争不需要政府出面。这是她成功的反映，但还有进一步的原因。受韦斯特兰风波的影响，撒切尔夫人的地位十分衰弱，她不敢投身围绕沃平进行的斗争。在下院的首相问答中，她在这个问题上持完全支持态度，但是比较低调，也保持了一定的距离："我祝愿那些报纸用最新设备印刷的努力取得成功。管理层和包括工会在内的所有人都有权充分利用法律。"[⑤] 她的就业大臣肯尼思·克拉克持反撒切尔主义立场，因为默多克在这场争执中公关表现恶劣，便大胆批评他，而撒切尔夫人感觉自己地位不够坚实，没有压制他。英国报纸的一个新纪元开始了。

沃平争执开始的那个周末，撒切尔夫人正在准备周一去下院就韦斯特兰问题摊牌。默多克咨询过伍德罗·怀亚特，"他说：'遗憾的是，《世界新闻报》上要登载一套卡通画，挖苦撒切尔夫人被韭菜肉片汤噎住。你认为她对此在意吗？'"[⑥] 怀亚特认为她不会在意。怀亚特在那天晚上的日记中写道："我跟鲁珀特交谈时，我说我有两个朋友遇到了困难：他和玛格丽特。可他说：'是啊，不过我会赢。'"[⑦]

5.

那个该死的女人

"只要她向着我们,她自己的人民就背离她"

韦斯特兰风波的直接效应是削弱了撒切尔夫人的政治地位。就韦斯特兰问题在议会下院的最后辩论过后,赫德在英国广播公司的《今日》节目中说,撒切尔夫人"千万不能以唱独角戏的方式管理政府"。第二天,《伦敦晚报》的头版头条标题是:"赫德警告玛吉。"[①] 凡是对她的工作方式和风格感到恼火的同僚,这时都尽最大努力控制她。约翰·比芬警告说:"保守主义不是刺耳的政治内讧。"彼得·沃克说,如果保守党对刚刚抬头的失业率表达更多的关心,仍可赢得下一次大选。1月份宣布的失业人数为3407729,这是有史以来的最高值。[②] 费迪南德·芒特写道:"集体责任仅仅是个凝缩的字眼,它代表的意思是:'不激进、不引发争议的平静生活。'"[③] 这个字眼的意义历来隐含着对撒切尔夫人的批评。她本人相信许多资深的保守党人都在设法赶她下台。她对伍德罗·怀亚特说:"我不走。我要始终跟他们斗争。"[④]

1986年春季是撒切尔夫人度过的一段艰难时光。她的内阁同僚直接关注的问题是英国利兰公司的前途。她在自己的回忆录中写道:"韦斯特兰风波最有害的影响是给反美火焰上添加燃料。"[⑤] 英国汽车工业遇到个机会,可以把这种烈焰拨得更旺。

在韦斯特兰危机之前,为英国利兰公司决定未来已经变得相当紧迫。在韦斯特兰风波中,这个问题达到了严重的临界点。长期以来,撒切尔夫人一直为英国利兰公司未能实现其承诺的改进感到不耐烦。她后来回忆说:"我们一再预测的改进始终未能实现。"[⑥] 到了1986年,英国利兰公司得到英国纳税人一笔十年期的20亿英镑资金。[⑦] 撒切尔夫人相信,这家公司的最佳前景是进行拆分,在可能的情况下进行私有化改造。捷豹在这方面做得很成功。1984年7月，捷豹从英国利兰公司分离出来，成为独立的上市公司。国际上对这个品牌的兴趣在上涨。日本本田公司于1985年4月在史云顿与英国利兰公司签订了一个联合开发车型的协议。美国通用汽车公司表达了与利兰卡车和巴士合作的愿望，另外还分别表达了与路虎品牌合作的愿望。撒切尔夫人与当时的贸易工业部大臣诺曼·特比特有不同意见。她想尽量开放市场，而特比特认为路虎"在产品设计和制造上是具有英国优点的品牌，具有很强的市场认可度，"⑧他对她说："我相信，将这样一个特别具有英国特色的企业交给美国控制，公众不容易接受。"撒切尔夫人对这种反对意见感到不耐烦。她后来回忆说："在英国没有任何解决方案，这便是事实真相。"她还心怀着极大的担忧："我不想让德国人控制它。"⑨1985年夏季，特比特怀疑她的政策组泄露了对他不利的消息，两人之间的紧张气氛加剧了。她的私人财政秘书安德鲁·特恩布尔向罗宾·巴特勒报告说，特比特"极度敏感"。她或许要在两种情况之间做出选择："要么在英国利兰公司推行自己的想法，要么不断讨好特比特先生。"⑩没等这种选择变得不可避免，她便在1985年9月的改组中撤换了特比特，让他担任了保守党主席（参见第3章）。

利昂·布里坦接替特比特后保持着与通用汽车的洽商。但是撒切尔夫人的政策组警告她说："通用汽车仅处在起跑线上；不等他们到达第一面格子旗¹，英国利兰公司就会驶入很多加速弯道。"⑪到11月底韦斯特兰风波变得具有戏剧性时，布里坦对她说，他要加紧向通用汽车推销，不过补充说："真正的麻烦是政治方面的；有足够多的人从本能上反对这桩交易，有些还是我们的后座议员，西米德兰的游说团也会反对我们销售奥斯丁路虎品牌，这些都是我们该避免的。"⑫这是个实在的危险，因为就在布赖恩递交了他的备忘录的同时，福特对他表示了购买奥斯丁路虎的意向，这是英国利兰汽车制造厂产销量很大的品牌车。从一个角度看，这对撒切尔夫人的工业革命是个好消息，世界终于想要拥有一个停滞不前公司的一些部分了；从另一个角度看，这个时机实在太糟糕了。正如政策组的彼得·沃里对她说的："到1986年中期，英国利兰公司就可以成为历史了。将英国利兰公司整体向多国买主出售，不利之处是给政治上造成的困难。"⑬通用汽车购买

---

1 F1赛车比赛中，挥动黑白方格旗，表示一个赛段即将结束。

5. 那个该死的女人

项目的代号是索尔顿，福特投标购买的是翼虎。

1985年12月初，撒切尔夫人、布里坦和尼格尔·劳伦斯开会讨论后，同意继续与福特洽谈。大家都很明智，谁也没有向迈克尔·赫塞尔廷通报进展情况。撒切尔夫人敏锐地意识到了其中棘手的政治问题。假如美国人投标而英国或欧洲公司却没有机会投标，那将是韦斯特兰事件的翻版，而且其重要性大得多。1986年1月27日，就在她最终在议会平息了韦斯特兰风波的这天，她得知了诺曼·特比特的看法：两家美国公司的投标引起的争议太大。他"不能建议"此时推动与福特公司交易。[14] 他说，他赞成的想法是奥斯丁路虎和福特共同形成一个"欧洲控股公司"，这可以"象征创建一个欧洲汽车工业的前瞻性重要步骤"。在这个问题上，尽管特比特不再是相关部门的领导人了，但他是保守党主席，也是政府中主要的撒切尔主义者，他的支持是必不可少的。假如她最主要的干将不喜欢翼虎，还会有多少人支持呢？

在那个周末，福特的意向和通用汽车的投标消息泄露出去了，撒切尔夫人相信是由英国利兰公司的人泄露的，消息在星期一上了几家报纸的头版。《每日邮报》警告说，对通用汽车公司的好消息对英国并不一定好。[15] 2月3日星期一，布里坦辞职后继任他在贸易工业部职务的保罗·钱农只好在议会承认已经发生的事情。两天后，议会就此进行辩论，爱德华·希思津津有味地带头向政府发起攻击。"我们摆脱那种所谓的反美主义吧，"他说，可他其实是在为此煽风点火；[16] "由于韦斯特兰问题，现在对于这事，公众的情绪开始变得反美了。他们不愿看到我们的国家和我们的工业越来越多地移交到美国公司手中。"虽然他和诺曼·特比特在一般情况下是死对头，但他俩提出的解决方案却几乎如出一辙："欧洲解决方案……联合经营。"[17] 这是反映在媒体上的议会心态。撒切尔夫人则认为这是"一种虚伪爱国的狂热"。[18]

次日，在撒切尔夫人描绘为"极端困难的内阁会议上"，[19] 只有劳森支持她推动销售翼虎。同僚们吵吵闹闹，称不能再重蹈韦斯特兰的覆辙。那天下午，钱农在议会说，不接受福特的投标。媒体将这一决定报道为撒切尔夫人"屈服"或"屈辱"。《快报》称，这是"正式记录中最快的一次180度大转弯"。[20]

但这在很大程度上是议会的决定。事情发生几天后，道格拉斯·赫德对笔者说："要知道,是我们阻止的,"他加重语气说出"我们"两个字。[21]撒切尔夫人感到沮丧,她致函福特汽车公司董事长唐纳德·E. 彼得森,向他深深致歉。她谴责泄露消息的行为以及由此"导致的猜疑、不确定性和公众的忧虑"。[22] 彼得森在复函中表示,福特公司并不怀疑她自己的心愿,但是感到惊讶,没料到英国对其"真诚的提议"做出"相当敌意的反应",[23]对此"仍感到完全难以理解"。撒切尔夫人感到"我们非常尴尬,因为福特在英国有非常大的业务活动,要把业务转移到欧洲大陆易如反掌……我们竭尽全力安慰福特,才让他们平静下来"。[24]

反对福特投标的行动者对自己的胜利并不感到满足,接下来不可避免地将目标转向通用汽车的投标。撒切尔夫人怒不可遏了。官员们不断敦促她,要在政府中集体解决这个问题,要对其他向路虎公司的投标表现出开放姿态。为了保证这一点,她组建了一个内阁官员小组,解决与通用汽车推进工作的方法。第二天是2月20日,这天内阁的同僚们警告她说,通用汽车的投标无法进行了。特比特说:"我收到无数邮件,寄信人普遍对此持有敌意。"怀特劳说:"我们有遭受重大灾难的危险。"[25]她抱怨说,自己感到"厌倦。因为相当富有的人自己并不出面为英国投标,却要英国纳税人为此买单"。她说:"我为拒绝福特的后果感到害怕。"[26]保守党和公共舆论的压力的确太大了。政府试图让步,说服通用汽车只投标购买路虎公司一半股份,但这个尝试失败了。3月25日,钱农不得不对议会说,如果我们不允许控股,通用就不准备购买利兰卡车公司及其货运业务。撒切尔夫人是现代英国首相中态度最亲美的,她被迫放弃这两笔交易证明她的政治地位已经变得多么虚弱。

仅仅两个星期后,在4月初,在此时明显充满敌意的大气候中,撒切尔夫人的亲美态度再度公开化了。利比亚支持的恐怖主义袭击一度是个日益严重的问题。1985年曾发生过几桩暴行。12月27日受到利比亚支持的阿布·尼达尔组织竟然袭击罗马和维也纳两个机场,造成19人罹难。1986年1月7日,里根在电视直播的记者会上宣布制裁利比亚。他还威胁说,假如制裁未能产生适当效果,将采取"进一步措施"。他秘密致函欧洲国家领导人,请求给予支持。

英国无疑讨厌卡扎菲上校的政权。1984年4月17日,利比亚驻英国大使馆外发生反卡扎菲示威，女警官伊温妮·弗莱彻在维持秩序时被大使馆一扇窗户里射出的子弹击中身亡。在追查元凶过程中利比亚不给予合作，英国中断了两国外交关系，禁止对该国出口武器，严格限制信贷和移民。[27] 1985年7月，撒切尔夫人对美国副总统乔治·布什说："与卡扎菲很难交往，因为他是个疯子。"[28] 不过，她长期以来一直讨厌采取经济制裁手段。她相信制裁不会产生效果，只会让实施制裁的国家遭受损失。最显著的一个例子是对南非的制裁，她当时执意反对几乎所有英联邦成员国的立场（参见第6章）。1月10日，她就里根的制裁呼吁做出反应，对几位美国记者说："听我说！如果其他人提供货物，制裁就没有效果。其他人确实在供货。"[29] 她相信，里根在破坏一般原则，因为他在南非问题上支持过她的论点。

更糟糕的是，美国有可能诉诸军事行动。她私下密对伍德罗·怀亚特说，如果发生这种情况，"我们不能支持他们。"[30] 据推测，她想起了格林纳达的往事，她在记者会上的讲话中努力劝阻美国总统：

> 我必须提醒你们，我不赞成违背国际法搞报复性打击。我们在英格兰和北爱尔兰遭受过恐怖主义袭击。假如我说……我们有权以其人之道还治其人之身，采取报复性打击，你们会做何反应？你们绝对会反对我。因此，尽管我同意恐怖主义是违背国际法的，但因为你们采取的行动违背国际法，所以我反对……我认为，我们必须以合法手段与之斗争。[31]

这个声明是在迈克尔·赫塞尔廷辞去国防部长职务当天做出的，当时正处在韦斯特兰危机过程中。在这个节骨眼上，她最不想采取引起争议的军事冒险。

然而，撒切尔夫人在对里根的信函做出个人回复时，将焦点集中在反对制裁上，对报复性打击没有做什么表示。里根的参谋人员抓住了她忽略的问题："这封信比较重要的一点也许是没有说的内容。她没有提起自己做的公开评论：国际法禁止对庇护恐怖分子的国家实施报复性打击。然而，她巧妙地请求'在我们的想法发展过程中保持密切接触'"。[32] 参谋人员们注意到撒切尔夫人是在对未来事态的谨慎定位，他们的想法没有错。她感觉到，美国人在这个问题上是认真的，她不愿将自己排除在讨论之外。

在那个星期，总统派遣副国务卿约翰·怀特黑德前往欧洲各国首都，为的是坚定盟国反对利比亚的决心。怀特黑德传达了美国政府的愤怒心情。他对杰弗里·豪说，撒切尔夫人最近的公开评论"被视为对总统抽了一记耳光。"杰弗里·豪的办公室向唐宁街报告了怀特黑德的看法："采取攻击行动推翻卡扎菲的时机已经成熟。"——"他的私人信息令人不安，他的口吻明显带有强制性。"[33]

到了这个阶段，撒切尔夫人心里在反复思索，考虑如何帮助里根反对利比亚，却不必采用制裁手段，也不涉足非法领域。在接下来的那个星期一，她访问法国里尔宣布启动英法海底隧道工程（参见第2章）时，与密特朗总统讨论了这个问题。她对密特朗说，美国在利比亚问题上没得到英国的支持感到非常"生气"，而她不清楚军事打击恐怖主义训练营地是否正当。她担心这与"攻击那个国家"没有多少区别。密特朗对她说，他支持"精确打击"（撒切尔夫人在谈话记录文本上给这个字眼下面画了一道横线）。他还建议，盟国应当秘密给卡扎菲制造"内部困难"。[34] 几天后，在爱尔兰共和国的斯莱戈郡和罗斯康芒郡几个地点发现隐藏着大批利比亚的武器弹药——是卡扎菲向爱尔兰共和军提供的。这一发现适逢其时，它让撒切尔夫人了解到，卡扎菲正在活跃地威胁着英国。英国政府研究着各种方法，要让卡扎菲的生活变得艰难，同时没忘记自己反对的目标应当是"那个政权，而不是那个人"。[35] 查尔斯·鲍威尔在外交部提交给首相过目的备忘录上批注道："（令人不情愿的）结论是，我们能做的事情不多。"[36]

美国人独自强行对这事立即做出决定。3月份，他们开始在苏尔特湾进行一系列海军演习。虽然那是国际海域，但卡扎菲声称是利比亚的领海，因此利比亚从海岸上发动导弹攻击，美国袭击了导弹发射基地，并击沉两艘利比亚巡逻船。卡扎菲向他的所有欧洲"人民办公室"（他对利比亚大使馆的说法）发出一道综合指令，下令他们对美国的军事及平民目标发动恐怖袭击。在切尔滕纳姆的政府通讯总部协助下，这道指令和其他包含具体信息的利比亚电报被截获。4月4日，东柏林"人民办公室"发给的黎波里的一个电讯被截获，内容是："我们的一个计划行动会让你感到高兴……炸弹不久将爆炸，美国兵必须受到打击。"[37] 利比亚人的行为与言语一样恶劣。4月5日凌晨，一枚炸弹在西柏林美国军事人员驻地的拉贝尔舞厅爆

5. 那个该死的女人

炸，包括一名美国士兵在内共有三人丧生。美国人立刻决定，既然找到了"冒烟的枪"，就应该回击。他们将总统的信息发给盟国。

最重要的一条信息发给了撒切尔夫人。总统说："我不情愿地做出决定，将动用美国军事力量对利比亚的这些袭击做出反应。"[38] 他要求美国F-111S战机从目前使用的英国空军基地起飞，去袭击利比亚。[1] 他的信息是在4月8日收到的，要求第二天中午（格林尼治时间）给予答复。美国人误以为，英国自然会同意。但是，撒切尔夫人为韩国总统举行正式晚宴后会见了杰弗里·豪和新任国防部长乔治·杨格，她为争取时间而拖延答复。[2] 后来她的外交政策顾问珀西·柯利达说："这没有完全出乎我们的意料；不过我们仍感到担忧。他们的要求远不够明确，我们拿不准美国政府是否考虑过种种后果……最重要的是，黎巴嫩还扣押着英国人质（贝鲁特一所美国大学的英国雇员，这两名人质由利比亚人代管，因此处于极度危险境地）。"[39] 在韦斯特兰风波和英国利兰公司销售失败后，英国的反美情绪仍然高涨，里根在这个节骨眼上提要求相当不合时宜。第二天一早，撒切尔夫人做出答复，复函中没有顾忌美国做决定的最后期限，反而要求提供更多信息。[3] 她重申了自己对恐怖主义的立场和自己一贯支持美国的"本能"，不过她又解释说："你的信函让我深感担忧……我想要你更加准确地把你的想法告诉我。"她想知道，准备打击哪些目标？会不会涉及其他国家？她还提出了更加广泛的关心——"卷入报复、再报复这一恶性循环的风险，其中更多无辜平民丧失生命"。她要知道行动合法性的确切性质，还再次以北爱尔兰做对比："我不得不忍受北爱尔兰与爱尔兰共和国之间的边

---

1 从军事角度看，美国本来可以单独利用海军发动袭击。决定使用空军，结果让撒切尔夫人更加密切地参与其中，这是美国国内政治中两军竞争的结果。（约翰·雷曼和约翰波因德克斯特访谈）

2 利比亚事件使撒切尔夫人与外交大臣的关系变得更加紧张："那是杰弗里·豪的做法……乔治·杨格态度非常强硬。"（撒切尔回忆录素材，CAC: THCR 4/3）

3 有一个问题英国没有向美国明确提出：他们根本拿不准根据1952年美国利用英国军事基地的协议，这类飞行是否需要得到英国的批准。官员们认为，最糟糕的结果是英国拒绝这项请求，但"美国政府照样采取行动"。[鲍威尔致函高尔斯华绥，1986年4月9日，首相文件，利比亚，关系，国际政治局势，第4A部分（在内阁办公室查阅的文件）]为了避免这种结果的影响，英国最好还是答应。

境每天有恐怖分子来往。过去十年间，我们的人民有2500人丧生，但我们从未跨越边境实施报复。"她辛辣地补充道："假如我们实施报复，我真不知道美国会做何反应。"[1]自卫比惩罚行动在法律上更正当。此外，"对阿拉伯世界的影响……可能是灾难性的，我们在那里有非常重要的经济利益"。她最后写道："你的提议让我深感不安，"但她补充道，她是"本着忠诚和友谊的精神"写此信的。㊵

撒切尔夫人在回忆录中写道："这个最初的反应也许太负面了。"㊶国家安全委员会的参谋霍华德·泰彻回忆说："我们没料到撒切尔夫人会做出这样的答复，"㊷不过她的问题确实迫使美国人做出回答，因此也迫使他们更加仔细地考虑自己的行为："我觉得公平地讲，她对总统是有影响力的。总统的确认真考虑了她的回复，也确实说过：'我需要她的帮助。我要保证能正视她的两眼，说我尽力按你的要求做了自己能做的一切。'"㊸在咨询过程和美国军方做计划过程中，美国的最后期限松动了。

但是，在4月10日午夜刚过撒切尔夫人收到的答复中，里根态度坚定。他说，虽然她的担忧是"可以理解的"，但她害怕的报复循环很久前已经启动。总统写道，西方不做出坚定的反应，"会让卡扎菲的势头和名声得到巩固"。其他阿拉伯国家的态度与英国的看法相反，他们希望看到利比亚受惩罚，这样一次打击有着"充分的法律正当性"，但他没有提到撒切尔夫人认为非常重要的自卫性质。里根还回答了她关于打击目标的要求。打击的不是经济目标，而集中在卡扎菲的"几个主要司令部和卫戍部队"。㊹接着，总统表现出外柔内刚的一面："假如我们阻止这些犯罪行为的行动得不到最亲密盟友的支持或只得到不够热心的支持，就不能低估这对美国人民的深远影响，我们承诺承担起捍卫我们亲密盟友的义务……我们是唯一能果断行动的西方大国。面对这样的责任，我感到不能退缩。"㊺

撒切尔夫人在这些词语下面画了横线，在凌晨做出了决定。查尔斯·鲍威尔记得，"她早上下楼走进个人办公室的时间特别早，坐在我的办公桌旁的扶手椅上说：'查尔斯，这事我考虑了一整夜。我们必须在这个问

---

[1] 撒切尔夫人后来承认，这个对比逻辑上不可靠。"不同之处是利比亚这个国家支持恐怖主义，而爱尔兰共和国并没有这么做，他们在努力制止恐怖分子。"（撒切尔回忆录素材，CAC: THCR 4/3）

题上支持美国。这是盟国义不容辞的责任。'"㊻鲍威尔开始行动。他书面向杰弗里·豪的个人办公室通报说："首相认为,（里根的）答复理由充分,她毫不怀疑，总统决意对利比亚采取军事行动。我们不能阻止他；现在需要提供肯定的答复信息，我们不愿进一步提供答复是没有道理的。"㊼那天上午，撒切尔夫人召集杰弗里·豪和杨格开会，陈述了这一立场。杰弗里·豪嘟囔着说，他"仍然怀疑总统提议的这个行动能否实现预期效果"，㊽但两人勉强同意了。撒切尔夫人没有正式开会寻求大臣们的同意，便向里根做出了答复，改变了先前内阁办公室答复草案中的口吻。她说，对他面临的情况"感同身受"："因此，这次回信的要点是向你保证，你可以依赖我们的绝对支持，采取行动直接打击利比亚明确涉及和支持恐怖主义活动的具体目标。"㊾总统迅速做答表示感激，称她的表现"再次证明了我们两国的特殊友谊是力量之根本"。㊿[1]

此事结束后，撒切尔夫人想要使自己的推理显得有理。两个星期后，她会见美国裁军谈判代表保罗·尼采时说，左右自己决定的是对绥靖政策的厌恶感。美国人对利比亚的立场"让她首次体会到鲍德温和张伯伦反对的局面，她要与之做斗争"。(51)这个说法确实出自真心，正如鲍威尔所说："她对抗恐怖主义的决心非常坚定，成了她生命和生活的核心，在这个问题上没有别的道路可选择"；(52)她非常谨慎地权衡了各种论点："最让她担忧的是被扣押在黎巴嫩的英国人质的命运。她事前对此感到极为痛苦，因为她得到的忠告说，这两个人会被干掉……她心里清楚，做出这个决定可能等于判了两人的死刑。"(53)她还想要保证，适当的国际法能为打击正名。在总检察长的观点支持下，她坚持认为这次打击的法律依据是联合国宪章第51条，这属于自卫而不是报复。珀西·柯利达在这个问题上向她提供建议，按照他的看法，"报复的原则"成功地"扭转"成了自卫。(54)她为盟国强硬的甚至是暴力的行动做准备时，从来受到她对合法性的严格制约。

假如其他要求没有得到满足，撒切尔夫人本来不会同意里根的要求，不过她对打击利比亚从不主动，更不热心。让她改变立场的是她对美国态度的判断。既然她断定美国决意采取行动，便要决定英国是否再次像格林

1 与某些作品中描述的情况相反（例如：史密斯,《里根和撒切尔》, p. 193），里根和撒切尔夫人在美国对利比亚发动打击前并未通过电话讨论关于利比亚的任何问题。

纳达事件一样进行争论。这一次，她不能像上次那样抱怨事先被蒙在鼓里。这次里根事先咨询过她，向她提出理由，还提到了两国高于一切的共同利益。假如她拒绝合作，而美国仍然采取行动，她不但会让里根失望，还会让世人看出，在这个问题上她未能影响里根。她感到不快，心里强烈意识到英国舆论和她的同僚都不会支持这个决定，但她明白，反对打击是个死胡同。假如她表示反对，报纸会为她"勇敢抵御美国"刊登两天的头版报道，但长期的效果是严重削弱她和同盟苦苦建立起的关系。官员们评论她的想法说，从严重怀疑转向坚定支持打击，她不到24小时发生的转变快得让人奇怪。戴维·古多尔回忆说："她发生了彻底的转变，"⑤ 仿佛受到了逼迫。里根肯定逼迫过她，但证据显示她认为里根并未使用不合理的压力。这种变化通常是撒切尔夫人决策中的典型方式。她总是先迟疑不决，疑虑重重，为相关琐事耿耿于怀，最后才做出决定。决定既出，她会变得坚定不移。

4月12日，里根的特使弗农·沃尔特斯将军拜会撒切尔夫人，更加详细地讨论美国的意图。在沃尔特斯的记忆中，撒切尔夫人态度"高尚"："她对我说：'40年来，你们向欧洲派遣了35万年轻人，帮助我们保持自由。你们提出使用英国军事基地的要求，我怎么能对你们的请求说不呢？'"⑥ 她也许真的说过这话，但官方记录描绘的却是显然不同的另一幅画面。撒切尔夫人没有撤回向总统承诺的支持，但她就自己担心的每一个问题提出追问。她抱怨说，美国扩大了总统"让人放心的合理目标界定"："国务卿舒尔茨确定的众多目标让打击显得像是未经宣布的战争。根本无法确定这会导致何种局面。这是以最小的步伐开始最长的旅程。"⑦ 她重申了自己坚持自卫的观点，认为这才能为打击正名；不能以"反击、报复、复仇"等字眼来表达。她的评论实在太尖刻了，其要点很可能让反对美国打击的人泄露给了《泰晤士报》，该报两天后刊出一篇报道称："据信，首相拒绝美国使用英国F-111轰炸机基地对利比亚发动打击。"⑧

4月14日星期一中午，这个问题在内阁国防委员会上会讨论，并得到同意。撒切尔夫人在罗伯特·阿姆斯特朗的建议下决定，⑨ 这个问题在较小的安全小组讨论比在内阁全体会议上讨论更恰当。撒切尔夫人在这次会议上的讲话提要归纳了各种问题，但做出结论："我们必须与他们站在一起，这就像他们在福克兰群岛战争期间站在我们这一边是一样的。"⑩ 当天

5. 那个该死的女人

17点20分，唐宁街得知，F-111S轰炸机刚刚从英国空军基地起飞，便立即向女王通报。

这次飞行距离比较长，因为西班牙和法国拒绝飞越其领空的请求（尽管密特朗总统私下谈到支持反卡扎菲的行动）。鲍威尔注意到撒切尔夫人对欧洲盟国表示了轻蔑："这是毫无必要地故意危及美国人的生命。"[61] 就在轰炸机起飞时，她还面临着另一场政治危机，其性质完全不同，而且近乎荒诞——这是典型的各种事件随机组合，却让首相的职位受到挑战。

那天晚上，议会下院就有争议的商店法案进行辩论，法案的要点是允许商店在星期日开门营业。这一改革已经酝酿了好几年。鉴于基督教的信念，法律从来禁止在星期日做交易，但社会和技术的变化在逐渐蚕食这个规定。各种相互交织的法律如今允许某些商店开门，却不准另外一些商店营业。例如，有个荒唐的规定是：周日可以购买色情文学作品，却不能买《圣经》。零售商自然赞成采取开明态度做出统一规定。撒切尔夫人有格兰瑟姆卫理公会恪守星期日为安息日的背景，但她赞成周日营业。四年前，她在法案原稿上批注道："我认为这是个合乎人们愿望的法案，而且会产生更多业务，还可能产生更多就业机会。"[62] 尽管她意识到，她所谓的"下院与店员工会、遵守礼拜日协会和小店主结成的坚强联盟会持反对意见"，但她坚持自己的立场。[63] 实施这一变化的政府法案形成了。

撒切尔夫人的顾问们意见有分歧。大多数持自由市场信念的人赞成改革。蒂姆·贝尔和戴维·杨格等人代表的商业界立场是强有力的，其中还包括了保守党资金的捐献者。在另一方面，政策组的负责人布赖恩·格里菲思和她的首席私人秘书迈克尔·艾利森是坚定的福音派，他们持反对意见。格里菲思向她提交的书面意见口吻"仿佛教会委员"，对她说"这是松懈家庭纽带的又一个诱因"。[64] 他接着写道，她的许多支持者

> 欢迎你在经济和社会事务上的道德立场。人们还感到，传统的星期日是我们民族基督教传统的组成部分。鉴于你在其他问题上的立场，人们因此对你准备以行政手段实施这些拟议的改变感到困惑。

他在结论中写道:"倘若这个法案提交给议会,我预料反对的力量会大大增强。"⑥⑤

格里菲思对自己所述内容十分了解,因为他与反对这项法案的主要运动人士有密切关系,这些人士组织起所谓"保持星期日传统"运动。糟糕的是,这个运动的发起日碰巧是迈克尔·赫塞尔廷辞职那天,因此吸引了公众的注意。政府一时产生了安全的错觉。这个运动组织的"瓦伦丁行动"在圣瓦伦丁日(即"情人节")举行了近180个公共集会,旨在游说各选区的保守党后座议员,敦促保守党实现其承诺,保持运动主管迈克尔·施吕特所称的"犹太-基督教思潮"。⑥⑥议会中的保守党人开始为反对呼声的强烈程度所感动。到了3月初,唐宁街收到32000多封反对该法案的来信,一个月后,反对该法案的请愿书吸引了100多万人签名。政策组的哈特利·布思感到了危险,对她写道:"政府缺乏灵活性正危害到你的个人声誉,"还补充道,"苏格兰教会强势出面,支持修改法律,限制贸易。"⑥⑦1撒切尔夫人模仿曼蒂·赖斯戴维斯的口吻批注道:"他们会这么做,不是吗?"按照布赖恩·格里菲思的观点,"她并不真正想知道。她认为这事会发生的"。⑥⑧

但是,商店法案危害撒切尔夫人声望,与她在韦斯特兰风波后不得人心有关,也与人们抵制向美国出售利兰公司有关。内阁对这个法案持怀疑态度,2而她个人表示支持,这就更让人们感到她一意孤行,感到她的上帝就是金钱,甚至认为她有点不像英国人。所有这些感觉或说法都包含虚伪成分,因为包括经常去教堂做礼拜者在内的绝大多数英国人在星期日都会随意购物的;这种虚伪性是英国人永恒的品质,如果政客们忽视了这一点,就要承担风险了。⑥⑨

---

1 另一个引起争议的异常现象是,传统上更加严守星期日为安息日的苏格兰并没有限制星期日贸易的法律,这是因为苏格兰人直到20世纪末叶还没想过有人胆敢在安息日做生意。

2 起草商店法案时的一张列表显示,内阁多数成员持反对态度,"赞成"项下有10人,而"反对"项下有12人。政府较低级官员中,持反对态度的人更多。总计为:国务大臣中4人支持,18人反对;议会的次官中9人支持,38人反对;党鞭中7人支持,7人反对;议会私人秘书中9人支持,34人反对。[手写记录,CAC: THCR 1/3/21(这个列表上没有注明日期,但内容显示可能与商店法案有关)]

5. 那个该死的女人

该法案在下院投票表决前一个月,迈克尔·艾利森向他的上司提交了一份篇幅很长的备忘录,以典型的谦恭口吻描绘自己是个"尽责的反对者",要求允许在表决时弃权。他陈述了反对这个法案的实质,主张通过新立法,将星期日定为"特殊"日子:

> 众多传统的标识正在悄然消逝,道德和宗教的多元主义则蜂拥而至,因此,改变星期日状态的政府立法决定……将是一个象征,是对我们昔日基督教价值观的重新确认……这个措施可与君主久已失去真正权力后继续保持君主制相提并论;其实,君主的真正权力越微弱,人们对它的热情和喜爱就越强烈!我相信,这能解释出千百万善良的保守党人星期日去教堂做礼拜的高涨热情,也能解释出他们乐于在有限的方面购物的原因。[70]

虽然撒切尔夫人赞同艾利森的弃权请求,但记录没有显示出对他提出的更多理由做出的反应。对待类似的批评,她的态度是礼貌倾听,偶尔认可在策略上做出改变,但仍然推动提交该法案。

随着投票表决之夜临近,反对的人数在增加,反叛者开始为自己阵营的规模产生安全感。这次辩论持续九小时,撒切尔夫人担心,轰炸利比亚的消息传来时,议会仍在开会,担心议会要求她即时对此做出解释。她和工作人员在内阁会议室等候着,焦急地关注着自动收报机,等待首轮打击的报告。结果,打击推迟,在英国时间子夜一点钟才开始打击利比亚的目标。政府的《星期日营业法案》以14票之差未获通过。70多位保守党议员倒戈,在撒切尔夫人认可后,绝对忠诚的迈克尔·艾利森投了弃权票。这是政府向议会提交的法案首次也是唯一一次在二读时未获通过。议会投票赞成休会。当时打击的消息尚未传来,免去了撒切尔夫人深夜就此发表声明的麻烦。

里根向全国发表广播讲话的时间是美国时间前一天晚上,这篇讲话内容曾是伦敦竭力游说的目标。撒切尔夫人深信,那次军事行动有正当的自卫理由,便认定里根的措辞应当谨慎,不该用常常谈论的报复字眼。泰彻回忆说:"我们意识到她明确坚持:我们是基于自卫发动打击的……我们的行动基础对她的投入有影响。"[71]里根讲出了撒切尔夫人需要听到的词语:

"自卫不仅是我们的权利,更是我们的职责。这是今晚执行任务的目的,这项任务完全符合联合国宪章第51条的规定。"[72]

在那天和星期四的两次内阁会议上,大臣们的表现得极其缺乏热心。威利·怀特劳说:"年轻人认为里根是个危险的老傻瓜。他们对那家伙感到恐惧。"[73]诺曼·特比特不满自己被排除在核心顾问圈子之外,[74]他的态度特别激烈,捡起怀特劳的论点说,里根的风格"在阿肯色州的小石城没问题,但激怒了赖代尔的选民(约克郡的选区,一般是保守党人安全保有的席位,但补缺选举在即)"。[75]只有大法官黑尔什姆勋爵积极支持这次打击行动,他大谈自己的母亲是个美国人。[76]但是,因为撒切尔夫人已经得到了国防委员会的支持,同僚们的意见对她的政治地位并不构成严重威胁,也不能指责她在宪法上行为不当。然而,特比特的话对他与撒切尔夫人已经紧张的关系毫无助益。他的私人秘书安德鲁·兰斯利后来回忆说:"在我记忆中,那是诺曼唯一一次发那么大的火。"[77]特比特抱怨称,他作为保守党主席,应当提前得到通知,这才能为打击行动做辩护。特比特回忆说,当时他还担心,允许这次打击会造成政治上的损害,但他回顾往事,认为"她是对的:没有造成损害"。[78]当然,公众对英国支持这次打击的直接反应是彻底负面的。斯蒂芬·舍伯恩向她通报说,保守党中央办公厅收到"异乎寻常的众多电话,表达对这一事件的关切……这是福克兰群岛战争以来公众做出的最强烈反应"。[79]撒切尔夫人在这个文件背面批注:"恐怖主义因姑息而肆虐。"

那天下午,在首相问答环节,议会下院中反对党对撒切尔夫人的声明做出愤怒的反应。听了托尼·本的批评,她陈述了自己的总原则:"假如只考虑后果而拒绝冒任何风险,恐怖主义政府必将获胜,我们在他们面前只能畏缩。"[80]她发表声明的过程,被侮辱声打断(工党议员安德鲁·福尔兹高声呼喊,说里根是"她的白痴朋友",议长强迫他住嘴)。撒切尔夫人一再重复提起自卫的重要性,坚定捍卫自己的立场,没有遭遇到自己一方的严厉批评。美国大使查理·普赖斯报告说:"她作为盟友和朋友态度无比坚定。"[81]事后,里根给她打电话致谢,她则向他重复了对托尼·本的回答内容。里根评论说:"英国和美国40多年前便懂得了绥靖是危险的。"[82]他说,他"在昨晚的讲话中提到与欧洲盟友的合作时心里只想到一个国家:英国。深表谢意"。

5. 那个该死的女人

毫无疑问，这些话语在撒切尔夫人的心田洒下一片温暖的光辉，让她在接下来一周接待保罗·尼采时采取类似的缓和态度。但是在与里根的电话交谈中，她坦率地表达了自己的担忧。她担心几轮打击不会产生很大的效果，或者不一定找准目标，结果证明，她的担忧是对的。她还对里根说，"要取得英国公众的广泛理解和支持是困难的"。[83] 她确实表示过，他欠她的人情。

从撒切尔夫人的角度看，她所谓的"公众的理解"确实没有改善。英国广播公司对轰炸的报道明显带有敌意，英国报界的很多社论的口吻也一样带有敌意。《金融时报》称，这次行动"无效、凄惨、事与愿违……撒切尔夫人屈服于美国的压力是犯了个错误"。[84] 在接下来的一天，议会下院举行辩论，撒切尔夫人使出彼得·里德尔所谓"最有效的一招"，[85] 她牢牢坚持住自己的准则："恐怖主义既不能容忍也不能回避，必须被击败。我最希望其他方式能取得成功，但不能奏效时，就该让恐怖分子知道，会采取坚决步骤阻止他们。这是正确的步骤。"[86] 为了在辩论中让自己的论点深入人心，她本想提到与利比亚恐怖袭击相关的情报。但是，她保护秘密情报机构时从来特别谨慎（然而，托尼·布莱尔在 2003 年入侵伊拉克之前，却使用了秘密情报内容，按照批评家们的指责，他滥用了那些情报）。在这一方面，撒切尔夫人接受了官员们的观点，认为相关情报来源太敏感，不能冒险暴露。珀西·柯利达回忆说："我们拒绝提到有关卡扎菲的情报。她表示理解。她从来没有以任何方式连累情报工作。"[87] 在议会下院，她竭力安抚持怀疑态度的人们，说没有自己的特别批准，美国战机不会再从英国基地起飞发动打击。这一点阿姆斯特朗已经提前与美国政府取得了谅解。

次日，国际市场研究公司的一项（显然是在她的下院讲话之前做的）民意调查显示，71% 受调查者不赞成美国使用英国基地，对撒切尔夫人不满的受调查者百分比从 3 月份的 61% 增加到 68%。[88] 4 月 18 日，被扣押在黎巴嫩的两名英国人质利·道格拉斯和菲利普·帕德菲尔德的尸体在贝鲁特被找到（一名美国人质也遭杀害）。撒切尔夫人并不为支持美国感到后悔，公开重申"我们不能因害怕遭报复让打击恐怖主义的斗争偏离方向"。[89] 但她自然感到不安。她的记者密友伍德罗·怀亚特记录道："她一直感到非常孤独。"[90] 普赖斯致函里根，作了同情的评估："虽然她照例不屈不挠以自己的风格挺身面对政治狂热，但看起来她要为自己的决定付出代价。"

因此，除非情况极为紧迫，我认为撒切尔夫人很可能无法支持再次进行类似的打击。"⑨

普赖斯说撒切尔夫人不能再接受这种情况，这基本上是对的，但是她面对困难局面的典型态度是抵抗国内后退的企图。查尔斯·鲍威尔代表她向外交部发出一份内容尖刻的备忘录。他表示，内阁小组在利比亚问题的备忘录中称"政府已经向美国明确表示，再次使用英国基地的请求不会受到欢迎也不会做出肯定的响应"，首相对此感到"惊讶，她并不知道大臣们做出过这样的决定"。鲍威尔接着表示，政府当然没有向美国开出过"空白支票"，但也没有排除采取进一步行动。⑨ 法国总理雅克·希拉克在那个周末来首相别墅拜访她的时候，对她说，法国的民意测验显示，支持美国发动的打击，并支持法国政府的立场。撒切尔夫人气得发作了：

> 法国人在美国采取行动时袖手旁观还自鸣得意，这是一种玩世不恭的态度。法国与英国的重要区别是法国土地上没有美国驻兵。法国有幸受到美国保护却不全心全意承担对盟国的义务……她还争论称，这就构成紧急情况下应额外承担的义务。⑨

她对自己的方针作了归纳。"首相说，英国并非盲目忠于美国。其实，我们常常非常坦率地向他们提出自己的看法。但这是个忠诚的问题。"她尖刻地补充说："法国和英国在这一点上有不同感觉。"⑨

空中打击后过了两个星期，撒切尔夫人受到的政治磨难在继续。美国大使馆报告说："尽管她做出种种努力扭转公众舆论，但只要他向着我们，她自己的人民就背离她。"⑨ 特比特预测得不错，5月初在赖代尔选区的补缺选举中，政府失去了那里的席位。尽管如此，撒切尔夫人仍然为自己对利比亚的立场收获了政治益处。在韦斯特兰风波中，她的领导能力曾受怀疑；尽管这项政策不受欢迎，但她始终如一的表现，有助于恢复人们对她的尊敬。无论如何她的行动都没有表现出优柔寡断或怯懦。她执行自己的决定态度明确，捍卫原则处置恰当。随着时间的流转，她还指出，尽管美国空中打击没有取得实质性成功，但利比亚恐怖主义确实变得不活跃了。除了1988年12月发生的洛克比空难，卡扎菲在很大程度上已经收敛。按照美国国务院反恐巡回大使保罗·布雷默的话说："利比亚曾计划

后来对美国在欧洲的 34 到 35 个目标实施恐怖打击。但这些计划立刻遭到遏止。”(96)1

更重要的是，她以强势口吻对希拉克强烈说出对盟国的忠诚，这一点得到了华盛顿的认可，这也极大地增加了她的政治资本。里根本人一再表达了自己的谢意，既在公开场合表示，也在私下说过，既有书面表达，也在交谈中表示。霍华德·泰彻回忆说：“在事件刚刚发生后，我怀疑英国能否要求或得到其他更好的结果。”(97)

撒切尔夫人想要美国帮助引渡恐怖分子。尽管美国政府总的来讲讨厌恐怖主义，但美国政治往往将北爱尔兰视为例外。从英国的角度看，国会中的爱尔兰裔美国人在这个事务上的态度不端正，而美国政客们往往顾忌爱尔兰后裔的选票。美国与英国之间的引渡条款存在一个漏洞，假如所指行动具有“政治”性质，就阻止引渡。1984 年 12 月，纽约联邦法院就是以这样的理由拒绝引渡名叫约瑟夫·多尔蒂的爱尔兰共和军枪手。政府爽快地答应堵上这个漏洞，但产生的“补充引渡条约”在参议院受阻。对这一政策变化的反对派领袖人物包括约翰·克里和乔·拜登（克里赢得 2004 年民主党总统候选人提名，后来成为奥巴马总统的国务卿；拜登在 2009 年成为美国副总统）。里根的国家安全事务顾问约翰·波因德克斯特向总统解释这个局势时陈述了“政治”豁免的运作方式：“比如说，在布莱顿市设置炸弹几乎谋杀了撒切尔夫人的罪犯，假如他们来到美国，就不能引渡回英国。”(98)

撒切尔夫人本人不喜欢利用利比亚“公开要求作‘交易’”，认为应该让英国以自己的行动“为自己说话”。(99) 但普赖斯向里根汇报了他与杰弗里·豪的会谈：“杰弗里还善意地提醒我，他们迫切想要批准引渡法。我相信，如果我们能利用撒切尔夫人目前在华盛顿的声望敦促该条约通过，那将是我们感谢英国支持的重要表示。”(100)

1 轰炸打击利比亚后，在保护撒切尔夫人个人安全的讨论中，“提出让侦探携带一件防弹背心的可能性，为的是需要时让首相穿上”。［艾迪生致函威克斯，1986年4月23日，首相文件，安全，对撒切尔夫人出国旅行的安排与保安措施（在内阁办公室查阅的文件）］撒切尔夫人接受了这个建议。据说，这件防弹背心比前一年在黑潭市举行保守党大会时让她试穿的那件有所改善。当时她的警卫巴里·斯特雷文斯帮她穿上防弹背心时，她顿时被背心的重量压倒在地。（巴里·斯特雷文斯访谈）

里根立即采取积极行动。第二天，他便致函参议院外交委员会主席理查德·卢格："上周英国的表现又一次显示，撒切尔夫人是我们与国际恐怖主义斗争中最坚定的盟友。拒绝通过'条约'会被英国和世界视为美国做决定时懦弱的表现。千万不能发生这种情况。"[⑩]5月份在东京举行的G7峰会上，里根和撒切尔夫人进一步讨论了这个问题。在这个月底，总统在他每周一次的广播讲话中向美国人民发出呼吁。他重申了自己的论点，要堵住条约中的漏洞，以便"防止恐怖分子绑架、杀害、伤害英国人民后，在我们国家寻求逃避"。他还接着说："拒绝通过这个条约将是对英国首相玛格丽特·撒切尔的公开侮辱，然而，在我们打击卡扎菲恐怖主义的行动中，这位欧洲领导人冒着极大的政治风险，与我们并肩站在一起。"[⑩]7月17日，参议院以87票赞成10票反对批准了这个条约，就连克里、拜登、特德·肯尼迪等参议员也投了赞成票。

里根立刻打电话向撒切尔夫人通报了这一消息，还为打断她与政府中的党鞭们的晚餐会向她致歉。

> 撒切尔夫人回答说，听到这么好的消息，她不在意晚餐受到打扰。她态度优雅地说，如此积极的结果该归功于总统。他答复说，这是共同努力的结果，首相和她的政府在获得参议院通过的过程中扮演的是主角。首相再次强调说，总统若没有做出无数个人努力，就不会有如此令人满意的结果。[⑩]

撒切尔夫人对利比亚事件做出的结论，认为自己对美国盟友的忠诚是正确的，不可靠的欧洲盟友证明自己"懦弱无力……"。她后来说，"在所有欧洲国家中，只有我们独自出手帮助"了美国人。[⑩]5月底，就在里根为引渡条约活动达到高潮时，戴维·弗罗斯特和迈克尔·谢伊为即将出版的一本书请她回答几个问题，这本书的书名叫《富潮》，内容是关于跨大西洋合作关系。查尔斯·鲍威尔觉得，"外交部代撒切尔夫人撰写的答复耗时太长，内容贫乏，"便重新撰写了建议她做答的内容。撒切尔夫人对他重写的回答感到喜悦，批注道："我认为你创造了奇迹。我只删掉一个句子。"[⑩]删掉的句子拟回答的问题是："英美之间的特殊纽带关系是否在英国与其他国家间并不存在？"鲍威尔撰写的答案做出了肯定的回答，不过补充了限制

5. 那个该死的女人

条件："我们与英联邦的民主国家和欧洲国家关系也十分密切。"撒切尔夫人划掉这一句，换用斩钉截铁的词语："特殊的意思就是独一无二，英美关系是独一无二的。"⑩

美国为打击利比亚做准备时，撒切尔夫人正在首相别墅第一次讨论下次大选的参选策略。她原本就情绪急躁，由于不能随意向同僚做出解释变得更加急躁。前一晚，诺曼·特比特在首相别墅吃晚饭、过夜，但没有从她那里了解到打击利比亚的计划。最高政治统帅人物参加了讨论——杰弗里·豪、劳森、特比特、杨格和怀特劳（不过怀特劳不得不匆匆离去，回家接待皇室客人）。杨格出席讨论让特比特感到不快，因为他怀疑杨格向自己的职责范围插手。⑩协助参会要员的官员有舍伯恩、布赖恩·格里菲思、迈克尔·多布斯，还有萨奇广告公司的总经理约翰·夏基[1]。自从戈登·里斯在1978年代表撒切尔夫人授权后，萨奇广告公司便保存着保守党的账户。4月13日星期日讨论会的具体目的是考虑参选活动的运作策略，包括介绍特比特要求萨奇广告公司搞的民意研究结果。

多布斯介绍了民意研究结果。虽然他为特比特从事全职工作，但仍然保留着萨奇广告公司副董事长的职务，该公司不但支持他，还向他支付薪金。这种情况产生了一个不舒服的感觉，仿佛多布斯不仅关心保守党的命运，还支持萨奇广告公司的想法。他报告称，民意研究结果显示，韦斯特兰危机中领导混乱给公众造成了影响。夏基后来回忆说："公众对撒切尔夫人的观念发生了转变，从主要是正面的转变为稍带负面。"⑩照萨奇广告公司和特比特的看法，研究展示的是"对领导的感觉，而不是对她本人的看法"。⑩大家回忆时说起当时的情况有所不同。按照斯蒂芬·舍伯恩的说法，在展示的一些视频短片中，许多妇女接受采访时用轻蔑的口吻谈起撒切尔夫人。⑩在那个时候，媒体在谈论他们所谓的"TBW因素"，认为这是在大众面前不利于保守党的因素。TBW这个英文缩写的意思是"那个该死的女人"。撒切尔夫人在前一年6月份就听到过这个缩写字眼，当时戴维·弗罗斯特在广播中对她提起过。⑪虽然在介绍中没有使用这个无礼的

---

[1] 约翰·夏基（John Sharkey, 1947— ），1986—1989年任萨奇广告公司几名总经理之一；2010年受封夏基勋爵。

缩写字眼，但撒切尔夫人感觉到暗指的正是这个意思。[1]她不喜欢人们向她通报的内容。虽然没有大声吵闹的场面，但是，多布斯准备用图表归纳自己的讲话时，"没等他展示，她就把图表一把夺走，丢在屋子角落"。[⑫]

所有人并没有立即明显看出形势已经变得恶劣。夏基离开讨论会时觉得，一切都"相当顺利"。[⑬]然而，舍伯恩更加了解撒切尔夫人，他注意到她的愤怒："多布斯几乎抓起提包走人。"[⑭]没过多久，流言便反馈回来，显示出形势不佳。多布斯很快便发现"每一次竞选计划会议都没有邀请他参加"。[⑮]由于他是特比特的左右手，这种情况等于把特比特拒之门外。在首相别墅的展示让撒切尔夫人感到不安，不仅她的虚荣心受到伤害，而且她的怀疑还得到了证实。尽管前一年9月她任命特比特担任党的主席，但并没有寄予他完全的信任，这一来便给他制造了麻烦，也给她自己制造了麻烦。特比特在党内支持者中是个非常受欢迎的大人物，他与撒切尔夫人的关系不和或许会动摇她的基础。在韦斯特兰的余波中，人们有一种强烈的感觉，认为她的领导不稳固。保守党研究处的处长罗宾·哈里斯[2]当时看出撒切尔夫人和特比特的很多问题，他回忆说："我认为由于韦斯特兰问题她已经无法挽救了。假如她离去，诺曼很可能就是个继任人。我并没有与他合谋，不过我真的支持他（成为领导人，如果撒切尔夫人垮台的话）。要说他甚至没考虑过这事，那是荒唐的。"[⑯]杨格认为，"诺曼的人缘实在太好了，与他对比之下，撒切尔夫人患上了年迈狮王综合征。"[⑰]她怀疑多布斯，尤其害怕他与萨奇广告公司的密切关系。这年早些时候任命多布斯之前，她与特比特就多布斯的官职名称发生一次争论，期间她明显表现出一点焦虑的症状。特比特建议说："副主席。"撒切尔夫人说："不行。个人助理。"最后达成的妥协是让他做"办公室主任"。[⑱]

即使是在首相别墅那次会议之前，与撒切尔夫人关系密切的一些人已经让她感到焦虑了。她在广告和公关界最喜欢的两个人是戈登·里斯和蒂

---

1 在普通民意调查中，这些研究结果得到了确认。1986年4月，仅有28%的受访者对撒切尔夫人有正面看法，这是1981年以来的最低点。（参见坎贝尔，《玛格丽特·撒切尔：铁娘子》，p.499）

2 罗宾·哈里斯（Robin Harris, 1952—），毕业于坎福德学校和牛津大学埃克塞特学院。1985—1989年任保守党研究处处长；1989—1990年为唐宁街10号政策组成员；1990—2003年任撒切尔女男爵的顾问。著有《决不转向：玛格丽特·撒切尔的生活》，矮脚鸡出版社，2013年。

5. 那个该死的女人

姆·贝尔,但贝尔与萨奇广告公司发生了争吵,与之分手了。该公司与他做了一个奇怪的安排,每年向他支付4.8万英镑预付金,要求他不得到公司的同意就不得为保守党做任何工作。[119] 不过,这并未阻止撒切尔夫人私下会见她的老朋友贝尔,贝尔也为她需要自己的建议感到欣喜。照多布斯的话说:"蒂姆是藏进垃圾箱偷运进去的。"[120] 然而,特比特反对贝尔。他从塞西尔·帕金森那里得知,贝尔在1983年大选期间吸毒,几乎无法与他交往。[121] 对此,他持有坚定的老看法。1985年,贝尔致函撒切尔夫人,谈起自己吸毒,说如今已经戒掉了。她和蔼地作答:"如果你已经戒掉,这事就结束了。"[122]2 贝尔这时正在康复,但特比特仍感到不安。既然他决定在中央办公厅团队中不愿给贝尔任何职位,便设定了与撒切尔夫人作对的方向。[123]

在此过程中,贝尔的同盟者是戴维·杨格。杨格还与特比特在撒切尔夫人面前争宠。虽然杨格不是经选举当选的官员,却有极其强烈的政治抱负,一心想做党的主席。[124] 作为一个贵族,他显然对撒切尔夫人的领导地位不构成任何威胁。作为一名顾问,他可以对她产生强烈的影响,常常对选举当选的官员构成不利。按照斯蒂芬·舍伯恩的看法,撒切尔夫人"喜爱戴维,崇拜蒂姆"。[125] 她对特比特的看法比较模糊费解。在这个政治生活领域,只要是在政策和政府的严格机构之外,撒切尔夫人就比较容易受到奉承和操纵,大有宫廷般的气氛。特比特回忆说:"我对都铎王朝的历史理解更深了。"[126]

只要有贝尔和杨格,就意味着在大选中有可靠的协同操作者。他们两人都质疑萨奇广告公司的工作,还说服撒切尔夫人秘密查看另一家竞争公司的民意研究结果,那家公司名叫"杨格和鲁比坎"[3]。照那家公司的董事长约翰·班克斯所说,撒切尔夫人"在任何时候都想限制(杨格和鲁比坎公司)的传播活动,还想让该公司避开特比特"。[127] 贝尔和杨格也蔑视特比特做的努力。杨格回忆说:"诺曼几乎什么事都没有管理过。我看得出,在中央办公厅任何工作都没有多少进展。"[128] 令人尴尬的是,他们的批评在一定程度上是对的。萨奇广告公司正经历着一个缺乏创造力的阶段。特比特尽

---

1 蒂姆·贝尔说,承诺给他的钱他一个子儿都没拿到。(贝尔勋爵访谈)

2 撒切尔夫人对毒品的影响一无所知,不过她知道在1983年竞选过程中贝尔身体不佳。贝尔没有作为的时候,她不时问起:"蒂姆现在好点吗?"(舍伯恩勋爵访谈)

3 "杨格和鲁比坎"中的"杨格"与戴维·杨格毫无关系。

管是个公开场合杰出的表现者，也是个政治上的街头斗士，却不是个组织者。就连迈克尔·多布斯也承认："诺曼在中央办公厅不能与人交往。人们不喜欢经常见不到他的情况。他心里往往挂念家里的妻子。"[128]中央办公厅的人们认为，特比特和多布斯是"好朋友，两人常常把自己关在办公室里开怀大笑"，而不是鼓励大家协调工作。撒切尔夫人曾回忆说："他们对我说，诺曼是个没有工作秩序的人，[130]总是不在中央办公厅。"[131]在多布斯记忆中，"那是一段倒霉的可怕时光"。[132]

所有这些情况自然造成了严重的反感。撒切尔夫人是最后一个得知该解决这个问题的人，虽然她乐于跟同僚们就各种问题做激烈争论，但不喜欢个人之间发生冲突。这是一系列补缺选举失败的背景。那次首相别墅不愉快的会议前一个星期，工党从保守党手中夺走了富勒姆选区的席位。5月初，自由党夺走了保守党在赖代尔选区的席位，而且自由党在西德比郡以100票之差险些获胜，保守党人前矿工帕特里克·麦克洛克林[1]当选了这个选区的议员。

议会下院领袖约翰·比芬的日记中记录了这样一些情绪。比芬从来有自己独立的思想[2]，偶尔有点婆婆妈妈，他觉得撒切尔夫人从来缺乏同情心，有时把她描绘为"既情绪化，又报复心重"。[133]在1986年，他在日记中发了很多牢骚。撒切尔夫人逃过韦斯特兰一劫后，他和杰弗里·豪颇有同感，认为她"态度专横跋扈无节制……我看不出她现在如何能感到安全，我认为她应该在下次大选前下台，但也许不会"。[134][3]2月份，他引述了威利·怀

---

1 帕特里克·麦克洛克林（Patrick McLoughlin, 1957—），毕业于坎诺克的天主教格里芬主教学校。1979—1985年在利特尔顿煤矿当矿工；1986—2010年任西德比郡保守党人在议会的议员；2010年后任德比郡谷地选区的议员；2012年后任运输部国务大臣。

2 比芬是内阁中始终如一的欧洲怀疑论者。在1984年的欧洲选举中，他在选票上涂鸦"填饱布鲁塞尔"，结果选票作废了。（约翰·比芬，《半独立》，拜特巴克出版社，2013年，p.384）

3 撒切尔夫人似乎怀疑有妇女参与。一次在首相别墅的交谈中，她与希思时代留下的资深公关人士杰弗里·塔克和她的演讲词撰稿人罗尼·米勒把内阁名单过了一遍，"研究大多数成员如何不忠实，以及比芬和杰弗里·豪等大臣的妻子们如何谈论她下台。她一度说：'诺曼怎么样？'他们点了点头，她便说：'我知道准是这样。'她为此感到特别烦乱，无法理解他怎么会这么做，因为她邀请他的妻子来首相别墅住，对他们夫妇照顾十分周到"。（戴维·巴特勒的文件，采访杰弗里·塔克，1987年7月27日）

5. 那个该死的女人

特劳的担心说法：她会"把保守党拖垮"。[135] 5月份，就在赖代尔选区和西德比选区的补选结果公布之前，比芬应邀在布赖恩·沃尔登节目中露面，他表示："谁也不会真正认为，首相会在整个下一届议会期间依然担任首相。因此首相和几位最强有力的保守党人物出现在差额候选人名单上丝毫不足为奇，保守党的一个人物未来可能作为团队的代表成为首相。"[136]

由于比芬公开预言了撒切尔夫人政治生命的终点，他的评论自然让媒体抓住不放。伯纳德·英厄姆照例通过不点名的说法，暗示比芬是内阁中的"半独立"成员。按照英厄姆的看法，这不过是个亲昵的玩笑（而且十分准确），为的是捍卫比芬的品格，抵御对他不忠实的指控，[137] 但是比芬的解释却是自己或许要遭解雇了。他承认自己说的话"愚鲁"，但认为那"不是什么了不起的冒犯"，[138] 对自己因大意引起不可避免的反应肯定感到难过："（在议会）首相问答过程中，我坐在她旁边。她一句话也不跟我说。我又不能首先开口。"[139] 此外，比芬说的是真心话："我真的感觉她在第二届任期变得专横跋扈，到了'我不做谁也不能做'的地步。'"[140] 这话说得不错。撒切尔夫人的确像民间故事《小红母鸡》中的那只小母鸡了。在这个民间故事中，小母鸡向猪、猫等动物求助，为的是播撒小麦种子。所有动物都拒绝了。"小母鸡'咯咯咯，那我自己来种。'"她自己动手播种。由于她的努力，小麦长大了。这时，所有其他动物都想吃，但她拒绝了。作为对他们懒惰的惩罚，她独自享用麦粒。

"差额候选人名单"尽管肯定隐含了对撒切尔夫人的批评，但希望她留任的资深保守党人也都想挤上这个名单。他们赞赏这只"小红母鸡"付出的精力，不过他们觉得种植过程太艰辛，只想利用其结果。他们像政客在严酷局面中经常做的那样，追求更好的宣传，也追求政府集体行动方针，而不是独自在政治农场上独自四处咯咯叫。

几次补缺选举过后，比芬对沃尔登做出评论没几天，撒切尔夫人改组了内阁。忠实的基思·约瑟夫事先表示了离去的愿望。不言而喻的是，约瑟夫尽管在她在激进与成功道路的起点对她至关重要，然而在大臣职位上的表现却让她失望。她讨厌他过分注重细枝末节，对他的可靠性感到怀疑，不满他往往向官员们做出让步。他在教育部的结果是让使用教育券受教育的激进想法渐渐枯竭，没有做出真正的成果。她安排肯尼思·贝克接替了约瑟夫。她十分崇拜贝克的交际能力。她的愿望是把教育提到她的优先事务表之首。她对一项研究结果做出反应，那项研究显示，人们认为保守党"在所谓'关怀问题'上薄弱"。⑪，这一问题在几天前于珀斯举行的苏格兰保守党大会上就是她演讲的一个主题。她一再重复说："这是由于我们关怀……"⑫她还将这个主题运用在针对老年人、残疾人、创造就业机会等问题上。一个公共参与计划在制订时使用了同样的"关怀"理念，并将内容更加个人化，展示出撒切尔夫人"在个人和非正式环境"中的品质。⑬

她新任命的运输部国务大臣是约翰·摩尔。摩尔有一张英俊的年轻面孔，在运用撒切尔主义推进私有化中取得成功，深受她的青睐。她还将尼古拉斯·里德利从运输部提拔到环境部。她并没有声称，这是为了宣传上的优势，她这么做其实是因为她想要在竞选宣言中添加"激进政策"内容，而且相信他具有"洞察的智慧"，可以应付诸如住房和即将开征的人头税等问题。⑭她保留了比芬的职位，不过从这时起，比芬感到自己在"走下坡路"。⑮

斯蒂芬·舍伯恩建议组成一种非正式的内阁核心，部分目的是增进政府的团结，部分原因是可以更好地为大选做准备。首席党鞭约翰·韦克厄姆接受了这个想法，致函撒切尔夫人，建议设立一个策略组。这将意味着资深大臣们可以就政策领域的问题提交与竞选获胜方针协调的文件。他对撒切尔夫人表示："你全身心投入政府管理，党认为你对下次大选没有给予足够的思考。"⑯韦克厄姆以他典型的态度认为这不是个实质性的活动，而应当表现出和谐与团结。他提出这个想法后，撒切尔夫人问："那么这个组的存在应该是秘密的还是公开的？"他回答道："我不在意这个组是不是开会。问题是人们应该认为要开会的，因此应该公开。"

实际上，这个组确实要开会讨论，媒体便立刻给它取了个名字叫"A组"，成员有撒切尔夫人、怀特劳、杰弗里·豪、劳森、特比特、赫德、韦克厄姆，但既没有比芬，也没有杨格。[1]A组的大多数成员明显认为自己是"整合者"，但A组孵化出多个政策组：劳森负责经济问题，摩尔负责青年问题，里德利负责计划和环境，这些政策组往往由所谓"先行者"牵头，他们在气质上和意识形态上都更加靠近撒切尔夫人。先行者们的想法可以

---

[1] 比芬认为把他排除在外证明下次大选后他要被解雇。杨格在后期加入了这个组。

5. 那个该死的女人

用布赖恩·格里菲思在4月份首相别墅会议前的话归纳："没有激进主义，撒切尔主义就不复存在。"⑭不同的思想流派代表了保守主义集体思潮的永恒趋势。保守党要想在政治上获胜，内部就必须保持平衡。

A组的首次会议讨论如何顺应两种民调结果，一种是特比特请萨奇广告公司做的，另一个是杨格和鲁比坎公司搞的。⑭会议还同时讨论即将举行的保守党大会的主题，以及与竞选有关的几个主题，还要协调媒体的关系与一般公关。[1]会议讨论了竞选的恰当基调。例如，在策略组的第二次会议上，撒切尔夫人提请与会者关注费迪南德·芒特最近发表的一篇文章，标题是"英国流氓卷土重来"。"重要的是呼吁追求安全的'中产阶级主流派'和以年轻人为主寻求冒险的人们。"⑭但是这个组的秘书罗宾·哈里斯认为，A组取得的成果"并非十分有用"。这个组的优点是"证明我们想要赢得选举，而且我们想要在她领导下获胜"。⑮

斯蒂芬·舍伯恩以更加策略的方式向她提交的一个信息与多布斯和特比特最初提交的信息并无太大差异。他书面向撒切尔夫人表示："在下次大选中，主要问题是你和你的个性。不论是支持者还是反对者，谁也不会怀疑你有坚定的信念。"在1979年和1983年，选民清楚他们为什么需要撒切尔夫人，但是"在下次大选中，人们潜意识中的问题是：'在第三届议会中，什么是唯有撒切尔夫人才能完成的？'换言之，'为什么我们需要这个坚强的女人？'"⑮舍伯恩其实是再次提到他4月份在首相别墅会议上提出的问题，当时因多布斯的介绍激起撒切尔夫人的愤怒而受到搁置。那次他曾书面阐述了丘吉尔在1945年失败的原因，并提出个著名的说法："政治上没有感激。""对于现任政府，这个问题在每次竞选连任后都会变得更加强烈——特别是在八到九年任期过后，政府如何让人看到新鲜的面貌？"⑮撒切尔夫人在这一点上批注："1959。"这是当时的领袖哈罗德·麦克米伦领导下的保守党连续三次获胜，那一年她首次当选议会议员。到了6月份，撒切尔夫人比较愿意考虑这个问题了，上半年她一直受到迫在眉睫的威胁。

---

[1] 伯纳德·英厄姆强烈认为，在这个时期处理媒体关系的方法是错误的。首次A组会议后，他书面向撒切尔夫人提出了这个问题。大臣们打电话向英国广播公司提出一般性抱怨是个糟糕的策略，正确的策略是澄清事实："我恐怕特比特先生在几个广播员中间得到了抱怨者的名声。"（英厄姆致撒切尔，1986年6月24日，CAC: THCR 2/7/5/8）

有一个情况人们都清楚，但谁也没有直说，更没有对撒切尔夫人说起——保守党以前曾连续赢得三次大选胜利（1951、1955、1959年），但是在20世纪，没有哪个政党曾在一位领袖的领导下连续获胜。假如在撒切尔夫人领导下保守党连续三次获胜，那将是史无前例的。

尽管政党领袖和政党主席之间的方向感有了改善，但双方的各种关系仍然不好。3月份，《泰晤士报》上出现一篇头版报道，称诺曼·特比特要独自撰写竞选宣言。[153]撒切尔夫人看了感到不悦，她既不喜欢似乎来自特比特阵营的这种宣传，也不喜欢这个想法。她开始撰写回忆录时回忆说："我不喜欢上次（1983年）的宣言……这次决心要由自己掌控。政策是我的强项。"但她补充说："诺曼是个顶尖的政客，我们不想与诺曼发生争吵。"[154]她的意思是说，特比特想要篡夺她的特权——这是她退休后表示的。在另一方面，她并不想公开提到这一点，因为在当时的逆境中，特比特再次成了她的朋友。然而，当时几乎发生公开交火。例如，《泰晤士报》的报道让罗宾·哈里斯相信，"必须驾驭住诺曼"。[155]整整一个夏天，这种冲突在持续，当然或多或少是在秘密进行的。到了7月底8月初，媒体出现大量报道，揭示出党的领袖与党主席之间的不和。这事恰逢制裁南非造成的英联邦国家危机，因此对撒切尔夫人是个极度紧张的时期。从特比特的角度看，虽然参加了A组，但他认为A组侵犯了中央办公厅的工作，因此感到厌恶，决心击退（杨格和鲁比坎）的民意研究，捍卫自己委托搞的（萨奇广告公司）的调研。

7月29日，舍伯恩警告撒切尔夫人说："党主席明天要来见你，因此我不能出面。媒体充斥着报道，称你的意图是放弃萨奇广告公司，让杨格和鲁比坎公司取而代之。"[156]他接着说："就我所知，唐宁街10号谁也没有向媒体透露过这一点。我不知道谁是始作俑者，不过这显然可能是萨奇广告公司的一个计策。如今已经公开了，也许可以成为对所有人开放的事情。"她该考虑是否告诉特比特说，无意改换宣传机构，同时也告诉他，也会请杨格和鲁比坎公司做宣传，或者告诉他说，会在秋季整个重新考虑这个主题（"他不会喜欢这一点……但是你同样可以说，不能让媒体的猜测强迫党接受决定"）。

第二天，特比特来到唐宁街。他"面色阴沉"，[157]带来一捆报纸剪辑，丢在撒切尔夫人面前，指责她的人鼓动做这些报道。撒切尔夫人否认了解此事——"她擅长避免了解情况"。[158]特比特说，假如这些报道不停止，他

5. 那个该死的女人

就辞职。撒切尔夫人请他别这么做，但这次会见导致新一轮的报道浪潮。8月5日，撒切尔夫人去爱德华七世国王医院，右手接受一个手术，这只手患了掌腱膜挛缩症，手指蜷缩向掌心不能舒展。丹尼斯和两个孩子都不在场。她的警卫巴里·斯特雷文斯陪伴着她，"为她孤零零待在医院感到难过，她走向手术台时，抱着花园房的女雇员们送给她的一只泰迪熊玩具"。[159]

两天后她露面了，因为舍伯恩递交了一份备忘录，恳求她解决争执，安排周例会上与特比特会面，让他不再闹事，并在杨格和鲁比坎公司与萨奇广告公司之间做出取舍（他坚持用萨奇广告公司）。[160]舍伯恩对她说："有人想利用你跟杨格和鲁比坎公司的关系，怀疑你对中央办公厅的信心。"她还收到特比特手写的一封短信（尼格尔·威克斯警告说，那是一个"强烈抗议"）。[161]短信上对她的称呼是"首相"——这是个不祥的兆头，因为他写的非正式短简一般称呼她"玛格丽特"。他开始祝愿她迅速康复，接着便像是咬牙切齿般陈述说："媒体对我担任党主席的猜疑在继续，如果不采取行动终止，似乎有可能继续下去。继续这种报道对党和政府都会造成损害。"[162]他接着写道，他在推进党的大会计划，要让全体大臣都参加："我的这个计划需要你月底前在同僚面前给予全力支持。"威克斯委婉地表达了担忧，建议道："不知道你是否希望打电话给诺曼，并让人们知道你给他打过电话，这样可以终结所有谣言。"[163]

撒切尔夫人在威克斯的书面建议上批注："已经给诺曼打过电话，请吉姆·科（唐宁街10号的一名新闻官）遏止报道。"[164]她并没有关上杨格和鲁比坎公司的大门，但她确实表达了对特比特的信任，允许他继续让萨奇广告公司做宣传。他感到那次两人不愉快的会见起了作用："也许她害怕我成为一些对她不利报道的消息来源，我去拜访她时保证说我不会那么做。"[165]她按照舍伯恩的建议召开周例会。这至少算是一种休战。特比特和他妻子启程去法国度假。撒切尔夫人和丹尼斯与沃尔夫森一家待在康沃尔，他们同意在海滩上合影，照片中她手上缠着绷带，还牵着一条借来的活泼小狗。[1]

撒切尔夫人与之搏斗的另一个对手是英国广播公司。丹尼斯喜欢谈论

---

1 撒切尔夫人喜爱动物，一直想养一条狗或一只猫，但丹尼斯不让她养。

英国广播公司的"左倾分子们",在他鼓动下,撒切尔夫人从来认为英国广播公司在政治上和个人方面与她作对。在福克兰群岛战争期间,这一度是个让她愤怒关注的事,她感到英国广播公司不但给英国特遣部队制造了很多困难,还散播失败主义(参见第二卷第10章)。她长期以来还反对英国广播公司的放肆言行,认为其广播的材料不得体,职员受工会控制,机构臃肿人浮于事;她讨厌其传播策略,[1] 不满它的资金来源是强制收取收视费(其实也属于一种形式的人头税,但她反对这个项目,收视费是对全国所有电视机拥有者或租赁者强制征收的费用)。她赞成一种想法:英国广播公司的资金来源至少一部分该出自广告费,但在该公司严格的内部神学体系中,这是一种有违圣灵的罪过。对于英国广播公司的方方面面,几乎没有一样是她喜欢的,只有其初创时高尚的"里思标准"(以其原领导人约翰·里思爵士命名)和多语种的对外广播是两个例外。她相信,在向共产主义世界提供准确消息方面,对外广播特别有价值,而所有其他广播节目都是宣传。

撒切尔夫人从就任首相之初,便一贯无情地批评英国广播公司,不过更多的情况是私下批评。例如,在1980年5月,她在广播大厦与主要高管共进午餐时,痛斥了收视费的做法,建议广播一台(流行音乐电台)应当插播广告。伯纳德·英厄姆当时在场,他后来写道:

> 辛格先生(无线电广播部总经理奥布里·辛格)也反对在年轻人收听的节目中插播广告(例如在广播一台中),因为这会鼓励他们产生贪婪心理。这番话引发了激烈的交锋,首相追问,餐桌周围哪一个人不渴望提高生活水平,谁拒绝了过去12个月中提高的薪水?[16]

午餐会继续进行中,她攻击这家公司对爱尔兰共和军的畏缩态度。在后来几年中,双方有过很多次"激烈的交锋",但是,她改革的愿望遭遇的

---

[1] 例如,1982年撒切尔夫人收到书面问题:福克兰群岛战争期间,资深公务员是否可在英国广播公司的《全景》节目中露面,提供信息并做宣传。她批注道:"任何大臣或官员都不能出现在这个节目中。这不是追求真相,而是给英国广播公司脸上贴金。"[阿姆斯特朗致函撒切尔,1982年8月6日,TNA: PREM 19/663(http://www.margaretthatcher.org/document/134887)]

5. 那个该死的女人

麻烦是，一个又一个负责英国广播公司的内政大臣都与她意见相左。反对意见最强烈的是她第一任的内政大臣威利·怀特劳。尽管他在1983年离开内政部成为副首相，但他尽自己之所能，竭力维护英国广播公司的现存形式，仿佛那是他个人事业的关键。1986年，他甚至在大臣专题会议上称，假如英国广播公司插播广告，"他就觉得不能继续留在政府中"。[18]撒切尔夫人肯定认为，不值得付出怀特劳辞职的代价。结果，像常常发生的情况一样，她言辞激烈，而行动沉稳。不过她的看法并没有改变，而且她预测得不错——网线和卫星直播等技术最终将颠覆英国广播公司和英国独立电视台的双头垄断，也破坏英国广播公司的资金来源。她反对英国广播公司占领每一个新技术领域，而是让大家在这些技术领域公开竞争。

撒切尔夫人在第二届任期中意识到，要想左右英国广播公司的未来，唯一的办法是利用收视费这件粗笨的武器。政府在收视费的收取及金额方面做了革新，因此可以行使调节。1984年12月，英国广播公司古典音乐电台"第三台"的总监伊恩·麦金太尔[1]秘密拜访她，这位总监是他自己机构中一位思想保守的批评家。拜访前，他向撒切尔夫人发了一个文件，上面罗列了对英国广播公司"无能领导层"的许多批评意见，她在上面做了热心标注。麦金太尔在文件的结论中表示：

> 在里思的时代，英国广播公司的力量之一是能够给工作人员打下烙印。今天则是自由舆论给英国广播公司打烙印。其先知是加尔布雷斯[2]和达赫伦多夫[3]之流，其圣经是《卫报》和

---

[1] 伊恩·麦金太尔（Ian McIntyre, 1931—2014），毕业于普雷斯科特文法学校、剑桥大学圣约翰学院、比利时布鲁日欧洲学院。1976—1978年任英国广播公司无线电4台总监；1978—1987年任英国广播公司无线电3台总监；1989—1990年任《泰晤士报》副主编。

[2] 约翰·肯尼思·加尔布雷斯（John Kenneth Galbraith, 1908—2006），经济学家。1949—1975年任哈佛大学经济学教授；1961—1963年任美国驻印度大使；出版过许多书，其中有《1929年大股灾》（1954年）、《富裕社会》（1958年）；自由政治事业的游说者。

[3] 拉尔夫·达赫伦多夫（Ralf Dahrendorf, 1929—2009），德国社会学家、学者、政治活动家。1970—1974年任欧洲经济共同体专员；1974—1984年任伦敦经济学院主任；出版过许多书，其中包括《工业社会中的阶级与阶级冲突》（1959年）；1987—1997年任牛津大学圣安东尼学院学监。1982年受封骑士；1993年受封达赫伦多夫勋爵。

> 《观察家》报，其（本不该有的）政治观点是社会民主主义。
> 英国广播公司蔑视政客，向观众谄媚，越来越将自己视为国中
> 之国了。⑱

撒切尔夫人在最后这个字眼下面一连画了三道横线。她恨不得推翻这个国中之国。麦金太尔建议她抓住机会，仅限两年内可提高收视费，设定条件，迫使英国广播公司"表现不佳"。与此同时，她要组织一个委员会质询"英国广播公司的目标、组织、管理和活动范围"。⑯1

撒切尔夫人或多或少听从了麦金太尔的建议，不过她勉强接受了内政部长利昂·布里坦的建议，不与之发生"正面"冲突，⑩但是将质询范围缩小到英国广播公司的未来融资方面，因为质询新闻标准有政治危险。她对布里坦说，这次质询的价值要依赖执行人。"她提出，伍德罗·怀亚特爵士或许是个好的人选。"⑰布里坦回去考虑后书面回复认为质询该由艾伦·皮科克教授主持，2 因为他是个自由市场经济学家。布里坦和同僚都认为，质询应当局限在英国广播公司引进广告和赞助式广告问题上。⑫撒切尔夫人在皮科克的名字旁边批注："不够坚强。"她拒绝接受布里坦的建议："不——质询的项目太少太少。也许该征求我的意见才对！？"她后来对布里坦说，皮科克教授知道的情况不够多，"不能防止受他们蒙蔽"，⑬可她后来还是让步了。然而，她还是成功地保证了质询的项目足够宽广，包括了英国广播公司未来融资的所有方面。在推动融资变化方面，撒切尔夫人受到自己政策组的坚强支持。彼得·沃里向她致函预测说，技术将"在90年代颠覆收视费的合理性"：网线、卫星直播、家用计算机将"把电视转变为一件家用设备，而不是专门用于收看英国广播公司和独立电视台节目

---

1 罗宾·巴特勒收到一个私人办公室文件，附在封面上的便签警告说，撒切尔夫人把麦金太尔的文件保存起来了："如果您同意，这个文件本该送到内政部，我们需要从她的手提包中拿回来。"〔英厄姆致函巴特勒，1984年12月14日，首相文件，广播，收视费，第1部分（在内阁办公室查阅的文件）〕

2 艾伦·皮科克（Alan Peacock, 1922—2014），毕业于格鲁夫学校、敦提高中和圣安德鲁大学。1957—1962年任爱丁堡大学经济学教授；1962—1978年任约克大学经济学教授；1978—1980年任白金汉的大学学院经济学教授；1980—1983年任校长；1983—1984年任白金汉大学副校长；1987年受封骑士。

5. 那个该死的女人

的机器。"⑭1

皮科克在1986年6月提交的报告中建议,英国广播公司不应当插播广告,这也正是内政部的愿望。(当时的内政大臣)道格拉斯·赫德后来写道,这个报告"让我大感宽慰"。⑮ 皮尔斯也指出,技术革新产生众多频道,最终将在广播市场创造出真正的竞争局面。他感兴趣的想法是"按观看次数收费"。皮科克这个想法的长远后果是激进的。地区独立电视台专营权这个舒适的体制向竞争性投标敞开了大门。他的建议提供了一个改革框架,是针对电视广播整体,而不只是针对英国广播公司。撒切尔夫人在她的第三届任期中将全力应付这项改革,但短期结果是她对英国广播公司发起的进攻受阻,她起初质疑对皮尔斯的任命时其实已经料到了这个结果。布赖恩·格里菲思回忆说:"她原来以为会产生比较强烈的后果。"⑯ 格里菲思是她的政策组领导人,向她提出的建议不但涉及经济政策,也包括广播问题。收视费没有受到触动,编入了1988年4月1日的零售价格指数。²

关注的焦点转向了这个机构的高层人员,以及关于节目选择的一两场象征性的斗争。1986年8月底,英国广播公司的董事长斯图尔特·杨格因癌症去世,年仅52岁。他是戴维·杨格的兄弟,是一位会计师,撒切尔夫人任命他担任这个职务为的是重组这个机构,³ 但英国广播公司的大亨们不是他能够撼动的。这时,撒切尔夫人得到个机会,要安插一位能产生重要影响的董事长。与此同时,有两个广播节目让英国广播公司容易受到她的攻击。

《全景》节目中"好斗的玛吉"板块自从1984年1月开播以来在持续

---

1 这是撒切尔夫人没有打破英国广播公司制度化权力的一个标志。虽然没出十年就证明政策组的预测是正确的,但在本书出版时(2015年)英国广播公司仍然通过收视费收敛了其收入的主要部分。

2 皮科克在报告中提出一个小建议:英国广播公司应当拍卖深夜后的广播时段,这个时段的利用率和效果都很低。撒切尔夫人在一次大臣会议上问,在那个时段一般播送什么节目,结果谁也不知道。她打发自己的私人秘书去买了一份《标准晚报》,然后与同僚们一道仔细查看电视节目表。撒切尔夫人的注意力集中在凌晨3点钟的节目预告上,她嚷道:"看哪,有一部罗纳德·里根的影片!不知道丹尼斯是不是知道。"(斯特林勋爵访谈)

3 按照规定,英国广播公司的董事长要由政府任命,总经理则由董事长和主管层任命。

播放。该节目声称三位保守党议员尼尔·汉密尔顿、哈维·普罗克特[1]、杰拉尔德·豪沃思参加了极右翼势力的活动,但证据极少或根本不可靠。该节目并不能证明保守党内部存在类似工党好斗派一样的极端组织。节目还使用电影剪接伎俩,例如画面上豪沃思在一个铁路热心者的集会上身穿蒸汽火车驾驶员制服,但并列的画面称他在意大利参加一次法西斯分子的会议,暗示他身穿的是法西斯党徒的制服。汉密尔顿和豪沃思起诉,而英国广播公司以总经理阿拉斯代尔·米尔恩[2]为首的执行经理们向主管层保证说,这个案件是"防火"的。直到1986年下半年这个案件要在法庭审理时,他们还坚持自己的立场,寄希望于两个议员没有多少个人财力用于打官司。最后,他们在副董事长巴奈特勋爵[3]逼迫下承认,那个节目经不起法律推敲,在最后一刻认输。受害人最终得到大致100万英镑的诽谤损害赔偿。[4]

英国广播公司在美国打击利比亚当晚的《9点钟新闻》节目让撒切尔

---

1 哈维·普罗克特(Harvey Proctor, 1947—),毕业于斯卡伯勒男子高中和约克大学。1979—1983年任巴斯尔登选区保守党在议会的议员;1983—1987年任比勒里基选区议员。辞去议员职务后不久,他被指控猥亵罪被判有罪。

2 阿拉斯代尔·米尔恩(Alasdair Milne, 1930—2013),毕业于温彻斯特中学和牛津大学新学院。1968—1972年任英国广播公司苏格兰总监;1973—1977年任节目主任;1977—1982年任英国广播公司电视节目总经理;1982—1987年任总经理。

3 乔尔·巴奈特(Joel Barnett, 1923—2014),毕业于德比街犹太学校和曼彻斯特中区高中。1964—1983年任兰开夏郡海伍德和罗伊顿选区工党在议会的议员;1974—1979年任财政部首席秘书,任此职期间,他设计出巴奈特公式,按此公式向苏格兰、威尔士和北爱尔兰分配公共资金;1986—1993年任英国广播公司副董事长、理事长;1983年受封巴奈特勋爵。

4 关于此案的详情,参见珍·西顿的《左倾分子与叛徒:英国广播公司与国家1974—1987》,轮廓图书公司,2015年,pp. 309—13。在这部正史中,西顿提出个奇怪的说法,称撒切尔夫人在"(吉米·)萨维尔节目"中出现次数太多,英国广播公司便"给她的露面限定了次数"(西顿,《左倾分子与叛徒》,p. 10)。后来在21世纪,萨维尔被揭露犯了一系列儿童性侵犯罪。他当年在英国广播公司做了很多节目,但他一般并不担任主持人,而且他做的节目并不适于撒切尔夫人频繁露面。西顿似乎把吉米·萨维尔与吉米·杨格混淆了。她喜欢上吉米·杨格的无线电2台节目。在撒切尔夫人的从政生涯中,在萨维尔的《吉姆帮你处理》节目中露面共三次,但在《吉米·杨格秀》节目中出现了18次。

5. 那个该死的女人

夫人和特比特义愤填膺，他们认为，该公司宁愿接受利比亚政府的宣传，大谈美国炸弹对平民造成的伤亡，却拒不播发美国和英国的立场。记者凯特·艾迪对的黎波里爆炸现场的采访让他们尤其感到焦虑。特比特与他喜爱平静生活的前任不同，长期以来便决定应当为英国广播公司的偏见和报道不准确让这家公司吃苦头。在《好斗的玛吉》节目问题上，他以55条投诉猛轰这个节目。⑰在利比亚的报道上，他让中央办公厅准备了一个内容翔实的大篇幅材料，指出广播内容中的错误和失实情况，交给一个匿名的独立"学者"律师进行态度中立的评论，这人是工党提名的贵族古德曼勋爵，是个著名的法律调停人。⑱古德曼的评论主要对特比特有利。10月30日，特比特向巴奈特提交了报告，说："你可以得出结论，英国广播公司对这次打击的报道，糅合了新闻、观点、猜测、错误、不加评判地直接传递利比亚的宣传，这给英国广播公司的声誉造成了严重的损害。"⑲

在试图为杨格任命一位继任人时，撒切尔夫人在英国广播公司几乎找不到一位能帮她秘密监视对这个国家撒谎的朋友。然而，一个难得的例外是帕特丽夏·霍奇森[1]。撒切尔夫人在70年代见过她，当时霍奇森管理着保守党的智库"鲍集团"。撒切尔夫人每年都要请她来喝茶或吃晚饭，霍奇森觉得撒切尔夫人对待自己的职业生涯像母亲或大姐姐一样用心。⑳霍奇森自己的政治观点是保守的，米尔恩及其执行经理对待《好斗的玛吉》节目的表现让她觉得站不住脚，让她感到不安。她认为英国广播公司的左翼倾向过度政治化。但是，她对这个机构的看法既守旧又带有里思的公共服务理念，不认同自由市场化。这是英国广播公司传统中的一个侧面，撒切尔夫人对此极为同情。帕特丽夏·霍奇森于1985年被任命为英国广播公司的秘书时对领导层说，她认识撒切尔夫人。他们要她保证，以后不再与首相进行友好会见。霍奇森回答说："别担心，我会利用这一点为英国广播公司谋利益的。"但挑选她的人态度坚决。㉑霍奇森便说："我不久后要去首相别墅。我会对她说，我以后不能再去了。"在那以后，霍奇森信守诺言，没有再会见撒切尔夫人，但是，自从不再从事与政府联络的工作后，也自从

---

[1] 帕特丽夏·霍奇森（Patricia Hodgson, 1947—），毕业于布伦特伍德高中和剑桥大学纽纳姆学院。1983—1985年任英国广播公司副秘书；1985—1987年任秘书；2014年后任职英国通信管理局；2004年受封女爵士。

她与布赖恩·格里菲思去北伦敦同一座教堂做礼拜后,她便能与格里菲思讨论相关的事务,知道他会把自己的评论反馈给撒切尔夫人的。

斯图尔特·杨格去世后,帕特丽夏·霍奇森从格里菲思那里得知,撒切尔夫人任命董事长人选的候选人包括英国航空公司的金勋爵、伍德罗·怀亚特(起初由皮科克在报告中提议)以及右翼的前电工工会领袖弗兰克·查普尔。霍奇森认为这个名单上的人都不能胜任,还害怕撒切尔夫人选择金勋爵,因为他必然会跟英国广播公司的记者们发生对峙。她"撰写了一份董事长职务的工作规范,交给布赖恩。我认为董事长应该懂新闻工作才对"。[182]格里菲思认为,出于这个理由,金勋爵不适合这份工作,便提出自己的人选:马默杜克·赫西[1],昵称"杜克"。赫西在《泰晤士报》停刊期间曾担任该报的总经理,该报由鲁伯特·默多克收购后,他继续为该公司工作。他的妻子是女王的侍女,他与威廉·沃尔德格雷夫还是连襟,有良好的上层关系。把赫西介绍给撒切尔夫人的可能正是沃尔德格雷夫。[182]2 他具有经商必不可少的坚韧性格,有牢固的关系网,还有对新闻工作的知识,这些都符合帕特丽夏·霍奇森对这个人选要求的描述。撒切尔夫人任命了他。他难得看电视,但人们认为这无关紧要。赫西不久引进约翰·伯特[3],起初担任副总经理,帮助改造英国广播公司。按照伯特的说法,赫西"善于收集情报,注重情绪和品位,不注重精确的细节。他极富勇气。他自己的观点和信念与撒切尔夫人形成共鸣。但他是个老兵,对公共服务有根深蒂固的看法。"[183]假如赫西领导下的英国广播公司最终撒切尔化了,那也将改造成里思式的,而不符合纯市场原则。

各种情况综合起来,最终有利于撒切尔夫人对英国广播公司的期盼,结果让特比特就利比亚报道问题攻击该公司开始显得危险了。布赖恩·格里菲思书面向她发出警告说,特比特的一个侧面在最后一刻或许能让英国

---

1 马默杜克·赫西[Marmaduke('Dukie')Hussey,1923—2006],毕业于拉格比中学和牛津大学三一学院。第二次世界大战中在英国近卫兵第一团服役;1986—1996年任英国广播公司董事长、董事;1996年受封赫西勋爵。

2 第一次把赫西介绍给撒切尔夫人的人可能正是沃尔德格雷夫。

3 约翰·伯特(John Birt,1944—),毕业于利物浦圣玛丽学院和牛津大学圣凯瑟琳学院。1987—1992年任英国广播公司副总经理;1992—2000年任英国广播公司总经理;1998年受封骑士;2000年受封伯特勋爵。

广播公司主管层"在抵御外部政治干预的旗帜下"抱成一团。[185]1 这将是可怕的，因为他们正准备以《好斗的玛吉》节目为由解雇米尔恩，因此不该让他们偏离方向。格里菲思回顾往事时说，特比特"对抗性太强，结果适得其反。"[186] 另一种可能性是政府内部发生了争执，因为英国广播公司断然拒绝对特比特的第一封信做出答复，他感到气愤，打算发出第二封信。负责英国广播公司事务的是内政大臣道格拉斯·赫德，他对另一名内阁大臣插手自己的事与公司发生严重争执感觉不快，尽管他代表的是保守党。工党希望利用这里的意见分歧。尼格尔·威克斯致函撒切尔夫人表示："我看出，这个插曲中有重蹈韦斯特兰覆辙的危险因素。一位同僚态度痴迷，办事方式不遵循集体责任感，而且还是在政府处于顺境的时候。"[187] 撒切尔夫人表示赞同。在她指示下，斯蒂芬·舍伯恩要求多布斯向特比特传达她的意思，放弃第二封信，要么起码应该向 A 组澄清情况。[188] 其实，特比特在最后这个阶段几乎难以放弃第二封信，因为这时爆出一篇报道，称他受到了指责。但是，他寄出第二封信后，没有追究那篇报道。照他自己所说，"最后，那场风波平息了。"[189] 总之，他认为对待英国广播公司采取激烈态度有助于迫使该公司做出改变，这一点肯定是对的。

1 月份，赫西在帕特丽夏·霍奇森协助下解雇了阿拉斯代尔·米尔恩，聘用严肃的会计师迈克尔·切克兰德[2]新任总经理，发布了一份简报，将英国广播公司的业务纳入正轨。在独立部门崭露头角的伯特受到聘用，担任切克兰德的副手，负责审查节目，尤其是与新闻和时事有关的节目。撒切尔夫人感觉十分愉快。任命赫西几个月后，帕特丽夏·霍奇森在一次公共集会上见到撒切尔夫人，她说："任命杜克显然极为成功。他对英国广播公司的大亨和记者都毫不畏惧。"撒切尔夫人的口吻仿佛是她独自想出这项任命的："他当然不畏惧，他在战争中失去一条腿。"[190]3

---

1 11月4日，伯纳德·英厄姆向撒切尔夫人报告了 NOP 调查公司为《独立报》做的一项民意调查，结果显示，"特比特先生误判了国民的情绪：四分之三的受调查者认为，英国广播公司持中立立场。"（"新闻摘要"，英厄姆致撒切尔，1986年11月4日，THCR 3/5/62）

2 迈克尔·切克兰德（Michael Checkland, 1936— ），毕业于伯明翰五街心爱德华国王文法学校和牛津大学瓦德汉学院。1987—1992年任英国广播公司总经理；1992年受封骑士。

3 赫西在登陆意大利安其奥的战斗中脊柱受重伤，被德军俘获，最终失去一条腿。他因偶尔取下自己的义肢敲打桌子向人们发警告而著名。

鉴于撒切尔夫人先前经历过的种种困难，尼格尔·威克斯在11月份的信中说"政府处于顺境"是对的。显著重获公众尊敬的第一枚种子是尼格尔·劳森3月份的预算案。经济增长率达到3.75%，通胀率降低到3.4%。经过多年的奋斗，公共部门借贷需求如今控制适度，占GDP的1.5%。劳森希望在1986—1987年度将这个指标控制在1.75%，由于意识到石油收入会降低，所以他的活动余地不大。然而，他认为政府必须进一步减税，这并不仅仅是出于竞选的理由。从政治角度看，专好"减税"的保守党自从杰弗里·豪在1979年预算案中将基本税率降低为30%后，就没有再继续降低，这事非同凡响。劳森比较愿意采取减低收入所得税的定向措施，就是将收入所得税起征点提高到通胀率以上，让更多低收入者免于缴税。

然而，他在最后时刻改变了主意。他想把减税产生的影响面拓得更宽。然而，他没有多少活动余地，也担心减税1%会被视为捉弄人，但这却是他真正能支付得起的额度。他担心，降低后的税率29%与原来30%这个整数比较起来显得可笑。劳森信任他的特别顾问彼得·克罗珀。克罗珀看出，这可以转为有利，他书面对劳森表示："降低到29%将会视为无条件恪守削减税务负担的承诺。人们会看出，在一两年后将基本税率止于29%是荒唐的。"[191]劳森以发明中期财政策略而著名，如今这项发明可以描绘为中期税务策略。在议会下院宣布对预算作了一分钱的削减，也是在提醒下院，这是自1979年以来的第一次："只要本政府依然执政，这就不是最后一次减税。"[192]他恢复了杰弗里·豪最初宣布的目标：将基本税率降低到25%，明确表示出选民要让保守党政府再次当选才能实现这一点。在此过程中，尽管撒切尔夫人热情支持一分钱的削减，需要劳森就即将减税的承诺做出解释，[193]但她在这个过程中充其量不过是个旁观者，毕竟她当时让韦斯特兰风波折磨得虚弱不堪。她在回忆录中只用了六行文字讲述1986年的预算案，都是有利的内容。[194]

这次减税的结果让工党在政治上处于尴尬境地，决定放弃在议会下院的表决中投票，但一些工党左翼议员表示反对，投了反对票。保守党再次将税收问题当成政治武器，基诺克领导的工党态度踌躇地试图搞现代化，却发现难以做出团结一致的响应。到了秋天的政党大会期，税收问题和经济状态问题将成为竞选的焦点。劳森的1986年预算案设定了正确的政治框架。

5. 那个该死的女人

A组的工作带来了政治上的益处，确保政府的方案被视为完整的计划。为了准备1986年的保守党大会，特比特和多布斯决定请各部大臣提交今后三年的立法和政策计划，说服他们各自上台发表讲话。他们提出"下一步发展规划"的口号，把这些综合在一起。设计这个口号既为了强调团队参与，也为了摈弃这年早些时候的紧张和分裂。这很可能是大选前的最后一次保守党大会；在计划和展示方面肯定是这样考虑的。

保守党大会照例在自由党和工党大会之后召开。那两个大会都表决赞成单方面核裁军。在自由党的大会上，这一问题在党和领导层之间造成了分裂（领导层反对主张片面限武论的议案），也在党与同盟中的社会民主党伙伴之间造成了分裂。在工党的大会上，尼尔·基诺克的强烈片面限制武器论点破坏了过去12个月中的现代化努力。他在一次电视采访中说，没有核武器的英国可以拒绝受美国核保护伞的庇护，因为这个核保护伞是"不道德的"。大会还表决将正准备私有化的英国电信和英国天然气公司重新收归国有；取缔举行罢工前的秘密投票权；取缔购买公房的权利。在基诺克日渐重要的顾问彼得·曼德尔森[1]的建议下，大会的会标由红玫瑰取代了红旗帜，但工党的政治色彩似乎比上一年基诺克痛斥好斗分子时更红了。工党承诺要对富人惩罚性征税，戴维·布朗奇是左翼崭露头角的新星，他自豪地宣称，工党的计划只有在提高标准收入所得税基础上才能奏效。

10月6日，撒切尔夫人来到伯恩茅斯参加保守党大会时，在一个井盖上绊了一下，脚踝扭伤挺严重。不过，在特别棘手的一年过后，她对目前出现的政治机会感到异常高兴。她最喜欢的情况就是保守党与各反对党之间有着泾渭分明的区别。如今，双方有了这道分界线。她在最后一天的大型演讲中一开始就嘲弄工党："我戴的玫瑰是英国玫瑰。"⑩她鼓吹大众资本主义和道德选择。她自夸取得了20年来最低的通胀率，50年来最少的罢工次数。她接着谈到卫生保健的主题，向听众列举了她在全国各地巡视

---

[1] 彼得·曼德尔森（Peter Mandelson, 1953—），毕业于亨登郡文法学校和牛津大学圣凯瑟琳学院。1985—1990年任工党竞选与通信主任；1992—2004年9月任哈特尔普尔选区工党在议会的议员；1997—1998年任内阁办公室不管部大臣；1998年任贸易工业部国务大臣；1999—2001年任北爱尔兰事务大臣；2008—2010年任商业企业规制改革部国务大臣（后更名为商业、创新与技能部）；2004—2008年任欧洲贸易专员；2008年受封曼德尔森勋爵。

过的医院，还宣布了对高质量教育的新承诺。她将最猛烈的火力集中在防卫问题上，强调指出工党上星期的决定"极其错误"："受到核讹诈时，那就除了投降别无选择。"假如由工党主政，"将是苏联40年来最大的收获"。她向听众提起昔日工党政客盖茨克尔·贝文，说他反对单方面核裁军，以此与尼尔·基诺克作对照。工党传统的爱国选民留在党内不会感到舒坦。"我相信如今只有保守党三次连续获胜，英国的利益才能得到维护。"她甚至特别赞美了保守党主席诺曼·特比特。

政治环境的变化让撒切尔夫人恰好得到自己最擅长的演讲内容，而且不包含向党内"湿派"和温和派挑战的内容。她后来回忆说，那次大会是"一次彻底的成功。回顾起来，我在伯恩茅斯演讲释放的信息让人们真正感到，必须投票支持保守党，因为不能在国防问题上信赖工党。我们真的抓住个想要的把柄"。[18] 时机十分恰当，民调结果反映出，韦斯特兰危机以来保守党的支持率首次领先于工党。

就在保守党大会结束两个星期后，《世界新闻报》指称杰弗里·阿彻向一名自称与他睡过觉的妓女支付现金。阿彻与这条糟糕消息的提供者迈克尔·多布斯短暂吵闹后辞去了保守党副主席的职位。这让撒切尔夫人感到窘迫，因为她任命阿彻后曾驳回人们说他判断不可靠的建议。如今，她的说法受到了批评。诺曼·特比特如释重负。首先，他不想让阿彻得到任命，其次，这个逍遥的小说家根本就无法向他提供最需要的帮助——随着大选临近，这让保守党中央办公厅紧张得拉不开栓了。

为了应付眼下的工作，特比特在得到撒切尔夫人同意后任命了另一名副主席：彼得·莫里森。撒切尔夫人在担任保守党领袖前就因为得到莫里森的支持而喜欢他，他也因勤奋工作受到同僚们的敬重，虽然他是个没什么亮点的下级官员，但适合担当这份任务。他忠心耿耿，在党内人缘很好，而且不对任何人构成威胁。[1]

莫里森有两个麻烦，一个是事实，另一个是个传言。人们相信这两个麻烦相互有关联。第一个是他饮酒过多，起初是因为他患有严重的背部疼痛，[19] 后来饮酒成癖。莫里森不是个酒后多言的人，只会在"12点钟开始

---

1 他不愿在下院的讲台前发言，因为他觉得那让他感到"慌乱"。（罗宾·哈里斯访谈）

喝伏特加"，⑱ 有点"酒后微醺"，显得精力不集中，模样仿佛十分劳累。按照当时在保守党大会上观察他的医生所说，他表现出明显的酒精中毒症状。⑲ 在饮酒司空见惯的文化中，他平静的饮酒状况并不突出，但的确引起人们的担忧。

另一个问题是莫里森的性行为传言。对此没有非常明确的指控，只是暗示说莫里森或许参加过同性恋聚会，还偶然跟男人有染。早在 1983 年大选前，媒体有时在莫里森家门前逗留，一次还追踪到他在伊斯莱岛的宅子。党鞭就这个传言询问过莫里森，他从来矢口否认。这个说法让他感到紧张，人们觉得这也构成他酗酒的原因。⑳ 特比特回忆说："他在中央办公厅为我工作时，我开始听到来自他那个选区（切斯特）的传言，说他对学校的男生特别感兴趣。我就此当面问他，他发誓说绝对没有这回事。但我没有完全相信。"㉑ 然而，特比特没有跟撒切尔夫人讨论过这个传言，她也从来没有提起过。这类传言的唯一效果是给莫里森的职业生涯设了上限。人们知道，他的愿望是在 1987 年大选后当保守党主席，但人们认为这太危险了。㉒ 罗宾·巴特勒回忆说，他 1985 年之前担任撒切尔夫人首席私人秘书时，没有收到过对莫里森的指责。然而，巴特勒在 1987 年担任内阁秘书时，出现一些指责，说莫里森是同性恋者而不是娈童癖。这件事有可能是苏联特工提供的。㉓1

巴特勒并不知道，这个问题先前已经出现过了。1986 年初，罗伯特·阿姆斯特朗通过英国安全局得知了关于莫里森的谣言。他问自己办公室的人员，这个问题是否有现存的文件。工作人员说，只有一份没有注明日期的内部文件，是内阁办公室给他的手写便签，落款是"MS"（撒切尔夫人）："我们没有其他文件。看来以前的联系人是通过口头交流的，没有记录。谣言在继续传播，而且传播范围更大了，不过没有 1983 年以后的新内容。"那份备忘录称："尼格尔·威克斯说，首相已经得知此事。他不想就此做进一步调查，只要我们密切关注就行。"㉔ 1 月 13 日，阿姆斯特朗致函军情五处的处长安东尼·达夫爵士，对他表示："我确信首相意识到，这事具有潜

---

1 在当时，这两种情况往往混为一谈，部分原因是公众对同性恋的偏见，不过也由于对同性恋界定的年龄是21岁，而异性恋的界定年龄是16岁。男人与之发生关系的人当时称作"男孩"，如今在法律上则被视为"成人"。这与一般视作娈童癖的行为是截然不同的。

在的麻烦。"㉕1

次年 6 月份，莫里森担任能源大臣并兼任保守党副主席时，阿姆斯特朗致函尼格尔·威克斯。威克斯这时接替巴特勒担任了撒切尔夫人的首席私人秘书。阿姆斯特朗得知莫里森要对苏联进行部长级访问，他警告说：

> 过去六年来，舰队街就莫里森先生同性恋活动传闻不断。他明确表示，假如刊登出这种东西，他就以诽谤罪起诉……然而，一定有一种更大的可能性，而且几乎是肯定的——苏联情报机关已经注意到这个谣言。莫里森先生有可能对苏联压他妥协的企图做出让步。㉖

撒切尔夫人在最后这个句子下面画了一道横线。阿姆斯特朗建议说，莫里森应当一直有人陪伴，而且"强烈建议他在苏联时不能饮酒"。撒切尔夫人批注道："更简单的办法是让塞西尔·帕金森从事这项使命，我以长者身份可以提出这个要求。"2 后来出访苏联的不是莫里森而是帕金森。

后来又提出有关莫里森的类似一些问题，但情况基本没变化，撒切尔夫人得知的除了谣言没有别的信息，而莫里森对那些谣言矢口否认。迄今，既没有真凭实据，也没有警方提起控告，甚至没有发出过警告书。她对这种事的态度是保持谨慎（因此她提议帕金森替代莫里森出访莫斯科），不轻易处罚。在她心目中，采取任何其他措施都是不公平的。当首相常常能听到关于同僚们的很多不愉快传言。要是完全听信这些八卦，首相的麻烦就大了。此外还有个复杂情况：假如莫里森没有违法，但只是有个同性恋伙伴会发生什么情况呢？撒切尔夫人不赞成这种行为，但她认为这不关她的事。

---

1 1986年11月，达夫告诉阿姆斯特朗说，有个新的谣言来自两个不同的渠道，称莫里森"倾向于喜爱小男孩"。就这个谣言向莫里森询问时，他否认。达夫的结论是：."政府遭遇政治尴尬的风险大于安全威胁"，此事便没有继续跟踪。[达夫致阿姆斯特朗，1986年11月4日，内阁文件（在内阁办公室查阅的文件）]没有证据显示这些出格的谣言曾向撒切尔夫人做过汇报。达夫致阿姆斯特朗的信函保存在内阁办公室的档案中，直到2015年在彼得·万利斯和王室法律顾问理查德·惠塔姆进行独立审查时才发现。(《泰晤士报》，2015年7月23日）

2 帕金森于1987年6月担任能源大臣，重新回到内阁。

5. 那个该死的女人

就像听到利昂·布里坦的传言一样，撒切尔夫人只是留意，并不采取行动。

有关彼得·莫里森的传言还通过其他渠道传到撒切尔夫人耳中。她的警卫巴里·斯特雷文斯回忆说，大约在1987年秋天，柴郡警察局一位资深警官请他给首相传递一个信息，说几名记者一直在彼得·莫里森家乡柴郡选区的男人聚会上四处打探，"特别关注与15岁男孩有关的聚会"。[20]她在自己的寓所会见了斯特雷文斯，当时在场的还有阿奇·汉密尔顿[1]。汉密尔顿在大选后被任命为她在议会的私人秘书。斯特雷文斯替警官传了话，不过没有提到15岁男孩的情况。"她只是为我的汇报表示感谢。"[20]不过，这个说法也不构成证据。其实，按斯特雷文斯的话说，那位警官本人说："只是个谣传。"看来，谁也认为这事不值得追究。汉密尔顿证实了那次会见中斯特雷文斯的说法："据称他搞了一次聚会，参加者全是男人。他可能说了'包括年轻男子'。这提示出，彼得是个同性恋者，不是变童癖者。"[20]汉密尔顿从1982年到1986年担任党鞭，他记得"隐隐约约听到过莫里森在公共卫生间的谣言"，在当时"同性恋被视为不光明正大的行为"。然而，这位党鞭的态度明确，认为如果被怀疑犯罪，或已经犯罪，该由警方来处理。他们从来没有掌握任何证据，也没有收到过投诉。撒切尔夫人听巴里·斯特雷文斯传递的说法后，她说的话好像是"啊，天哪，我们知道了"。[20]她并不认为有关同性恋（或有关她私下不赞成的个人行为）的谣言需要她采取任何行动。

不论莫里森个人行为的真实情况如何，反正他在中央办公厅的工作与特比特配合默契。保守党的士气在上升，特别是撒切尔夫人本人的精神开始变得饱满了。几乎所有经济指标都有利。就连1986年1月创下最高点的失业率，如今也开始回落，11月份，连续三个月回落（这是1983年5月以来最猛烈的下降）后，失业人数为3237154人。[21]10月底，伦敦金融城的"大爆炸"项目开始取得成功。12月初，英国天然气公司私有化接受了450

---

[1] 阿奇博尔德（昵称"阿奇"）·汉密尔顿［Archibald（'Archie'）Hamilton, 1941—］，毕业于伊顿公学。1978—2001年任埃普索姆和尤厄尔选区保守党在议会的议员；1987—1988年任首相的首席私人秘书；1988—1993年任国防部国务大臣；1994年受封骑士；2005年受封汉密尔顿勋爵。

万个申购申请。撒切尔夫人正在取消财产税。一切有利因素都综合在了一起。撒切尔夫人在90年代初构思她的回忆录时说：

> 仅仅到了1986年，我才意识到，一切都开始纳入正轨，因为在那之前，我一直为这个国家接受了那么多社会主义的东西怕得要命，真担心企业精神要离我们而去了。小企业创业率不高。可是到了1986年，我们开始复苏……我这才知道一切都顺利，只是个让人理解的问题了。[212]

伯纳德·英厄姆回忆说，大致在这个时期，一天，他正在唐宁街陪着撒切尔夫人时，"她似乎忽然感到一种单纯的快乐。她终于相信，自己的政策真正奏效了"。[213]

6.

与女王和英联邦对立

"让黑人和他们的家庭失业,这是道德?你来证明!"

在1986年整整一个夏季,撒切尔夫人追求恢复自己在国内的政治地位,也投身国际舞台在南非政策上的斗争中。她反对给南非白人少数派政府施压的经济制裁,并决定保持与彼得·威廉·博塔[1]总理(后任总统)的联系,这些政策引起了极大的争议。国内外都指责撒切尔夫人同情种族隔离。这成了两届英联邦大会的主要难题,一届于1985年在拿骚举行,另一届1986年在伦敦举行。友邦和盟国坚持指责撒切尔夫人将英国的商业利益放在南非黑人利益之上。就南非问题的争吵的确给撒切尔夫人与外交部部长杰弗里·豪之间的关系造成了持续的损害,而且还在唐宁街10号与白金汉宫之间造成了不和。然而,在撒切尔夫人的心目中,与国内外机构之间的这一切冲突都有一个目的。她希望维护英国自身的贸易权,并维护自己独立外交政策的权利——英国是南非最大的贸易伙伴,也是南非数额最大的投资国,她看到了这么做在国内政治上的好处。她相信,通过保持与南非白人政府的联系而不是断绝联系,英国可以对南非的多种族未来发挥更多影响。虽然她的政策在许多方面让她受辱,但在英国社会的几个重要方面却引起了共鸣。[2] 到了1986年底,她在英联邦和英国外交部部长的攻击下没有屈服,不但保持了自己的地位,而且发展成自己执政较好的时期。

---

[1] 彼得·威廉·博塔(Peter Willem Botha, 1916—2006),1978—1984年任南非总理兼国家情报局部长;1984—1989年任总统。

[2] 1986年8月,撒切尔夫人得知,就这个问题收到7000封人民来信,其中5000封支持她的立场。这是5月份以来的一次重大转折。此前的来信"几乎一致反对政府的立场"。(弗莱舍致函撒切尔,1986年8月13日,CAC: THCR 1/3/21)

在撒切尔夫人的第一届首相任期中，她对南非的方针受到罗得西亚/津巴布韦问题的牵制。（参见第二卷第 2 章）但这个问题解决后，英国在非洲大陆上最后一个殖民地的义务便告结束，她感到比较轻松，可以集中关注这个大陆上最重要的国家了。有三个因素支配了她的思维：英国贸易的重要性以及与南非的亲密关系；对和平终结种族隔离和白人少数派统治的愿望；冷战中对苏联冒险主义打进这个地区的担忧。在影响变革方面，她比她的前任们都更加有雄心，但是她认为自己的任务是在这三个因素中取得一种平衡。撒切尔夫人确实反对其他国家大声呼吁的制裁，因为她相信制裁会给英国商业造成损害，她也相信制裁给南非黑人带来的是贫穷，还会让白人政府退而"据守"。早在 1980 年，她曾责备南非外交部部长鲁洛夫·弗雷德里克·博塔[1]，指责他对非洲黑人的态度，对他说，别以为政策"仅仅是个经济和饥饿问题：尊严问题是重要的"。① 这个单纯的情感后来发展成一种虽有争议却经过深思熟虑的政策。

20 世纪 80 年代中期，冷战因素在撒切尔夫人心中占有最突出的地位。她决心将苏联的代理人古巴军队从葡萄牙前殖民地安哥拉赶出去，还要确保纳米比亚的独立与古巴撤军相互关联，而纳米比亚当时受到南非军队的非法占领。[2] 她对南非最大的黑人团体非国大（非洲人国民大会）感到怀疑，因为它与共产党有联系，而且不断地采取暴力行动。她对这个团体的垄断势力感到担忧："他们并不代表所有非洲人，有关各方的利益必须受到保护。"②

然而，撒切尔夫人无疑认为种族隔离是不公正的，这是一种压迫性的"种族社会主义"[3] 强迫人们迁居，让人们处于贫穷状态，不承认他们作为人类的价值，不承认他们的选举权。南非最后一任白人政权总统弗雷德里克·威廉·德克勒克[3] 回忆说：南非白人领导人始终清楚，她"从不支持种

---

1 鲁洛夫·弗雷德里克·博塔（Roelof Frederik Botha, 1932— ），1977—1996 年任南非国民党在国会的议员；1977—1994 年任南非外交部长；1978—1986 年兼任信息部长；1994—1996 年任能源部长；1992—1996 年任德兰士瓦省国民党主席。

2 南非政府把纳米比亚称作"西南非洲"。

3 弗雷德里克·威廉·德克勒克（Frederik Willm de Klerk, 1936— ），1989—1994 年任南非总统；1994—1996 年任副总统；1996—1997 年任南非国民大会反对党领袖。1993 年（与纳尔逊·曼德拉共同）获得诺贝尔和平奖。

6. 与女王和英联邦对立

族隔离"。④其实，她认为种族隔离是"令人无比痛恨和厌恶的"。⑤从1984年起，她认为受监禁的著名黑人领袖纳尔逊·曼德拉[1]和其他非国大囚徒应当获释。曼德拉即使在狱中也感到，撒切尔夫人是一位他想要拉到自己一边的领导人。[2]1990年，他在获释不久后说："她是种族隔离的敌人。"⑥

撒切尔夫人在寻求替代白人政权，但不是暴力推翻该政权。在这个意义上，她改变南非的态度也反映了她在戈尔巴乔夫时代改变对苏联的态度：她反对现存政权，想看到它被取而代之，但不愿看到国家崩溃导致革命。

然而，撒切尔夫人个人对南非被统治的种族确实怀有同情心，这一点与苏联的情况不同。丹尼斯·撒切尔在南非有亲戚，常常因业务关系去拜访。他1964年去南非时发生过精神崩溃，当时以为与玛格丽特的婚姻要就此终结（参见第一卷第8章）。他总是把南非称作"上帝的国度"，⑦对阻止它参加板球对抗赛和国际橄榄球赛的企图感到厌恶，而且对非洲各黑人政府的工作效率颇有微词。对英联邦理解或改善这种状况的能力，他也出语尖刻。在南非问题上，这是英联邦秘书长施里达斯·兰法尔[3]所称的撒切尔夫人的"枕边风"。⑧撒切尔夫妇对英联邦同样感到恼怒，但是对南非由多数派统治的可能性，撒切尔夫人的态度嘲讽成分较少。她主动寻求会见持不同政见者和为和平变革而努力的各种族领导人。对黑人大众尊严受辱的状况，她比丹尼斯更感到震惊。其实，她的观点与资深的南非白人反种族隔离政治家海伦·苏斯曼[4]没什么不同，她与苏斯曼保持着友好交往。然而她坚信，英国在南非的利益和在那个国家达80万持英国护照者的利益必

---

1 纳尔逊·曼德拉（Nelson Mandela, 1918—2013），1991—1997年任非洲人国民大会主席；1994—1999年任南非总统；反种族隔离活动分子；1962年被判五年监禁；1963—1964年因进一步指控受审，被判终身监禁，1990年获释。1993年（与弗雷德里克·威廉·德克勒克共同）获得诺贝尔和平奖。

2 欲了解曼德拉对撒切尔夫人领导素质的兴趣，参见安东尼·桑普森，《曼德拉：授权传记》，哈珀出版社，2011年，pp. 333—8。

3 施里达斯·兰法尔（Shridath Ramphal, 1928—），毕业于伦敦国王学院；律师；20世纪60年代和70年代在圭亚那政府中担任过若干职务，包括担任外交部部长和1972—1973年担任总检察长；1975—1990年任英联邦秘书长；1970年受封骑士。

4 海伦·苏斯曼（Helen Suzman, 1917—2009）著名反种族隔离活动家；1953年进入南非国会；1959年是进步党的创始成员（后更名为南非进步联邦党）；1989年退休前一直任国会议员。

须受到关照。¹ 因此，她的战略是和平过渡，她的策略是与白人政府进行接触，因为他们处在这场变革的核心。

撒切尔夫人是对的。英国由于历史的原因以及在南非的经济和人员方面的参与，在那里的地位比任何其他西方国家更加突出。当时她也意识到，同样的历史原因使这个问题变得微妙。南非白人政府几乎清一色由祖籍荷兰的布尔人组成，而不是英国后裔。执政党国民党自认为，他们的祖辈于20世纪初曾在布尔战争中与英帝国主义统治者交锋。南非国民党在1948年大选中获胜等于从此断绝了英国的传统联系。1948年后新成立的国民党政府实施彻底的种族隔离，其支持者认为，英国曾剥夺了他们的权力与财富，而种族隔离是保证他们权力与财富的手段。所以，若一位英国首相就南非政府该如何施政对他们说教，结果很可能事与愿违。在这个意义上，南非总理博塔（后来成为总统）与津巴布韦总理罗伯特·穆加贝（后来成为总统）十分相似，不过两人若得知有人拿他们做对比，准会感到怒不可遏。这两个人都自认为与英国做斗争是争取解放的组成部分。撒切尔夫人清楚，假如她要为任何事说服国民党领导人，就千万不能对他们说教。

博塔几乎是南非白人心态的完美代表。他1916年出生在一个坚韧不屈地反英的布尔人家庭，他喜欢当众吹嘘说，南非白人"几乎让英帝国主义下跪"。⑨ 在1966到1978年间，他担任国防部长，以"枪手皮特"而著称，对源自英国的任何批评都极为恼怒。他对外部世界表现出阴郁而缺乏魅力的神情并没有危害他的南非白人政治。由于他的相貌和他的政治手段皆冷酷，人们有时称他为"大鳄"。然而，他于1978年从约翰·沃斯特手中接任总理时，并不愚顽反对任何变革。次年，他发表了一篇著名讲话，要南非白人"要么顺应，要么消亡"，这刺激一个新的保守党与之分崩离析，反对他的改革。撒切尔夫人要应付的就是这么一个前途无望但并非彻底冷酷无情的人。

1983年11月，白人选民在全民公决中支持博塔提出的新宪法。该宪法

---

1 当时广为报道的80万这一人口数字是基于内政部的估计，不过并不准确（有些报道称，人口总数为100万）。1986年5月的数字显示，1976年索韦托暴乱后南非移民的移出人数首次大于移入人数。（《星期日泰晤士报》1986年5月11日，《泰晤士报》1986年6月16日）

6. 与女王和英联邦对立

取缔了只有白人拥有选举权的制度，但是仅仅给印度后裔和所谓"开普有色人种"选举权，[1] 共同组成三院议会。仍然没有选举权的黑人在多少算是真实的"故乡"获得了更多的自治权，那些地方是南非政府早先为分割黑人权力建立的行政区划。准备设立总统一职，负责白人统治的多种族总统议会。总统是博塔为自己设计的角色。

虽然国际和国内黑人对这一变化持敌意，但英国政府却表示了谨慎的欢迎。那个月，英联邦大会在新德里召开，会上出现不同意见的迹象，不久变得更加严重。[2] 撒切尔夫人的意见激怒了英联邦的同行，她坚决支持里根将古巴撤出南部非洲与纳米比亚独立"联系"在一起的政策。但是，在1984年3月，在南非与莫桑比克签署两国加强安全合作的《恩科马蒂条约》后，撒切尔夫人支持博塔迫使莫桑比克反共游击运动离境的行动，此举让她在里根政府的朋友们感到恼火。[3] 这时，她感到地位巩固，可以邀请博塔来英国进行"工作访问"，与她会面。

尽管有些抗议，但会见照旧进行。[4] 最著名的抗议者是德斯蒙德·图图

---

[1] "开普有色人种"这个说法用于描绘南非混血人种，由于在西开普省这个人种占绝对多数而得名。

[2] 在这次大会上，丹尼斯对具体安排感到怒不可遏。在果阿邦领导人的"休息寓所"，停电频繁发生。他站在分配给撒切尔夫妇的小屋阳台上大骂："这是个鸡奸率最高的鬼地方。"（卡萝尔·撒切尔，《护墙之下：丹尼斯·撒切尔传记》，哈珀柯林斯出版社，1996年，p. 210。）撒切尔夫人在比较高的政治层面与他有同感。她对英联邦表面做作发表《国际安全宣言》感到恼火，致函罗纳德·里根称："这根本算不上个理想的文件，你真该看看早先的版本！"〔撒切尔致里根电报，编号2018，1983年11月30日，首相文件，英联邦，英联邦政府首脑会议，第5部分（在内阁办公室查阅的文件）〕

[3] 虽然对强硬路线者是个坏消息，但撒切尔夫人反对莫桑比克抵抗力量让中间派议员感到喜悦，觉得有机可乘。后来担任里根总统国家安全顾问的弗兰克·卡卢奇回忆说："我从来认为莫桑比克抵抗运动不是个有责任感的组织。我借玛格丽特的名义（对里根）说：'我们可以让玛格丽特·撒切尔出面。'这个手段从来能奏效。但我们最不愿意做的事就是与玛格丽特交锋。"（弗兰克·卡卢奇访谈）

[4] 鉴于撒切尔夫人是否该更加强烈地呼吁释放曼德拉存在争议，多年后人们注意到，反种族隔离的国家领导人们就博塔访英向她致函时，没有向她提出关押曼德拉的事，写信的人们包括卡翁达、坦桑尼亚的朱利叶斯·尼雷尔、特雷弗·赫德尔斯顿主教，以及图图本人。

主教[1]，他提出的问题十分极端："难道你会跟犯下大屠杀罪的希特勒合作吗？"[⑩]博塔于6月2日乘直升机来到首相别墅，[2]但撒切尔夫人没有在他降落时前去迎接，因为直升机螺旋桨有可能把她的头发吹乱。[⑪][3]在会见的全体会议上，撒切尔夫人陈述了自己对他的方针："许多英国人在南非有亲属，所以这是个自然的善意源泉。但是我们的政治态度受到巨大难题的影响：我们强烈感到，人民的权利不应由皮肤的颜色来决定。"[⑫]按照参加会见的南非外交部部长鲁洛夫·博塔所说，撒切尔夫人"是左右会谈方向的人物"。[⑬]

在此之前，撒切尔夫人与博塔单独会见过。撒切尔夫人为这次会见准备的谈话提纲是她认为事情优先次序的线索。除了"一般性"的标题外，撒切尔夫人涂鸦了几个字："我们认为此访的重要性。"接下来的内容是：

> 打破孤立是好事
> 西方潜在的好意——由于国内局势不能表现
> 我们的外交政策有赖于国内的自由化[⑭]

在最后一点旁边，撒切尔夫人写下"要么顺应，要么消亡"，这是博塔本人在1979年说过的话。撒切尔夫人事后立刻向她的私人秘书约翰·科尔斯通报说，博塔捍卫自己做的宪法修改，还提出许多杂七杂八的话题，其中包括暗示（没有深入讨论）他想购买英国侦察机，[4]并试图说服撒切尔夫人关闭非国大在伦敦的办事处，[5]但没有得逞。撒切尔夫人这方面坚持了阻

---

1 德斯蒙德·图图（Desmnond Tutu, 1931—），1986—1996年任开普敦和南非大都市的大主教；1978—1985年任南非教会理事会秘书长；南非黑人主要发言人；1984年诺贝尔和平奖得主。
2 博塔那次访欧之旅还去波恩会见了赫尔穆特·科尔。科尔会见时拒绝与他握手。[特里萨·帕彭法斯，《博塔和他的时代》，德国文学出版社（英文翻译桑德拉·米尔斯），2010年]
3 乘直升机和保持发型从来是撒切尔夫人面临的一对麻烦。每次乘坐直升机，她都把耳机的头环翻到下巴下面，而不是戴在脑袋上，以免弄乱发型。
4 在制裁辩论中具有讽刺意味的是，尽管法国赞成制裁南非，但社会党领导下的法国却秘密向南非供应战斗机的发动机。英国并没有出售类似的物资或武器。
5 在撒切尔夫人的讲话提纲卡片上，她涂鸦了这样一些字句："恐怖主义——没有呼吁美国政府关闭爱尔兰共和军/北方援助办事处在美国的办事机构——而且，爱尔兰共和军在英国有选举权"。（"博塔先生"，讲话提纲，1984年6月2日，CAC: THCR 1/10/154）

6. 与女王和英联邦对立

止体育交流的 1977 年格伦伊格尔斯协议。她反对武力迫使黑人迁居。她向博塔尖锐地提起自己的一个经历，回忆说，她担任教育大臣时曾访问过南非，"在开普敦 6 区见到的一个人对我说，他被迫第二次迁居，因为正在为白人腾空那片土地。难道博塔先生能说，让黑人迁居不是为白人腾出地方"？[15] 她还问博塔，拒绝搬迁的人有什么遭遇。他回答说："我们有劝说的办法。"她认为这个评论"违反了个人自由的理念"。[16]

在那次会见结束前，撒切尔夫人"趁机提出纳尔逊·曼德拉的案子。博塔说，他注意到了首相的评论，但他没有能力干预司法程序"。[1] 一方寻求让持不同政见者获释，另一方试图搪塞敷衍，这次交锋几乎是撒切尔夫人敦促苏联领导人释放政治犯安德烈·萨哈罗夫的翻版。两次交锋的策略都是如何违背对话者的意愿提出问题，还不能妨碍其他方面的谈判或讨论。采用"提出问题"这个说法而不是"要求释放"，英国可以避免引发正面拒绝。纳尔逊·曼德拉自从 1963 年起一直受关押，但撒切尔夫人似乎是向南非政府提出释放他的第一位英国首相。

会见没有突破性进展。撒切尔夫人感觉到博塔有反英的成见（她在与其他一些国家领导人会见时也体会到同样的成见，例如穆加贝和以色列领导人梅纳赫姆·贝京），对他"没有特别表现出热情"。[17] 查尔斯·鲍威尔在首相别墅峰会后不久接替约翰·科尔斯应对南非问题，作为他提出情况介绍工作的一部分。按照鲍威尔的看法，撒切尔夫人"在首相别墅会见后便把博塔抛在脑后了"。[18] 真实情况并非如此：那次会见奠定了一个对话的基础。博塔和撒切尔夫人开始偶尔通信，尽管双方常常爆发攻讦，不过相互确实表现出敬意，也对相互的立场表现出兴趣。起码在最初阶段，撒切尔夫人对博塔个人心怀希望。无论如何，"重要的是表现出做了努力"。[19] 她认为变革只能出自南非自身，一旦发生变革，南非政府会看到，她是个值

---

1 从撒切尔夫人的讲话提纲看，她本打算在全体会见时提起曼德拉的命运问题（"敏感话题——但这是敦促让曼德拉等人获释的一个行动，会受到广泛的欢迎"），但她没有按原计划做。她认为与博塔一对一交谈比更多人在场时可能更容易说服他。见博塔没有多少灵活性，她在讲话提纲卡片背面记下博塔的借口："'纳尔逊·曼德拉 / 非国大 / 不受选民欢迎 / 受到右翼压力 / 满足国内民意绝对没可能 / 少数派的国家。'"她对会见的草草记录奠定了科尔斯记录的基础。（撒切尔的批注，"博塔先生"，讲话提纲，1984年6月2日，CAC: THCR 1/10/154）

得信赖的外部对话者,她可以帮助推动变革。她最担心白人的压力和黑人的暴力最终导致这个国家燃起战火。

次年是1985年,这一年撒切尔夫人的担心似乎极有可能变为现实。1984年11月德斯蒙德·图图荣获诺贝尔和平奖成为国际上对南非的关注的象征。1985年1月,博塔宣布了进一步改革的措施,第一次公开宣布要释放曼德拉,"只要他无条件拒绝以暴力作为政治手段"。曼德拉必然会拒绝这一提议,因为这不适用于他的非国大同志们,但这个没有先例的提议还是引人瞩目的。撒切尔夫人与赞比亚的肯尼思·卡翁达讨论此事的时候写道:"不论对南非的国情有多了解,博塔主席都不可能忽视他(曼德拉)拒绝放弃暴力的难处。"[20] 假如他要释放某个积极承诺武装反对其统治的人,他如何能保住白人选民对自己的支持?3月份,在1960年沙佩维尔大屠杀纪念日,民众在黑人城镇朗加举行葬礼游行,悼念前一个星期遭警察杀害的15名黑人活动分子。在继而发生的骚乱中,警察开枪杀死至少另外19个人。黑人活动分子以新的武器——"项圈"——进行报复,他们将浸过汽油的车胎套在受害者脖子上点燃焚烧。撒切尔夫人有时对具体的极端行为感到强烈的恐惧,她对爱尔兰共和军分子在梅兹监狱搞的"肮脏抗议"(参见第二卷第7章)曾深感震惊,这次也感到了深深的震惊。[21]1

6月份,南非部队袭击了博茨瓦纳疑似非国大的基地,撒切尔夫人感到怒不可遏。她致函博塔,警告他说,假如再次发生此类事件,英国就不得不"采取特别步骤,断绝与南非的关系"。[22] 博塔回信称,她应当理解他的困境,因为她也强烈谴责爱尔兰共和军。她的回信措辞尖锐:

> 你提到爱尔兰共和军。正如你所知,恐怖主义分子在北爱尔兰制造的一系列事件造成大约2000名士兵、警察、监狱看守和平民丧生。假如英国跨越边境进入众多恐怖分子藏身

---

1 一年后,纳尔逊·曼德拉饱受争议的妻子温妮宣布:"我们要用火柴和项圈解放这个国家。"这番话让非国大深感担心。1985年,曼德拉夫人违抗南非政府的禁令,返回她在索韦托的家。就那一年出版的《温妮·曼德拉传》,撒切尔夫人对内维尔·张伯伦教士评论说:"我浏览了一两章,特别是对曼德拉夫人强加禁令的描写,这突显出种族隔离以及与之相关的不顾人权的做法令人无法接受。"(撒切尔夫人致函张伯伦,1986年2月25日,CAC: THCR 3/2/184)

6. 与女王和英联邦对立

的爱尔兰共和国发动报复性打击，国际社会对英国将有何种看法？㉓

她提醒博塔："在企图抵御针对南非的经济措施方面，英国几乎是国际社会中唯一的国家。"她从来清楚，不能拿爱尔兰共和军作对比：爱尔兰共和党人可以在民主选举中投票，但非国大的支持者却不行。几天后，博塔强行实施国家紧急法，这是沙佩维尔大屠杀以来第一次。

全世界做出了反应。法国单方面冻结了对南非的投资，并呼吁联合国安理会要求自愿实施制裁。在美国，里根政府的温和路线受到攻击，白宫受到国会日益增强的压力。最具毁灭性的是以大通曼哈顿银行为首的美国各大银行停止南非公司的展期贷款，并冻结了所有闲置的信贷额度。接着抛售兰特（南非货币单位）。仅在8月份，就有4亿美元撤出南非，大致相当于美国各银行贷款的十分之一。博塔在同一个月发表的重要讲话让局势变得更加岌岌可危。讲话暗示，紧急法有可能包括向纳尔逊·曼德拉认真提出建议，而且紧急法是个信号，表示博塔现在将领导南非白人"跨过卢比孔河"举行谈判。[1] 等到真正实施紧急法后，博塔退却了，也许由于受到了警方的警告。他对自己的支持者们说，他不能带领他们"走向弃权和自杀"。[2]

对撒切尔夫人不友好的人们责备她。德斯蒙德·图图写道："博塔先生想通过恫吓逼黑人屈服。他知道自己背后有撒切尔夫人、里根总统和科尔总理在支持。[3] 他们相当明确地表示，在他们看来，黑人是可以牺牲的。"㉔
迄今，撒切尔夫人从反对制裁的立场上获得了宝贵的一点点益处，却遭到众多毁谤。她抱怨博塔袭击博茨瓦纳时暗示的没错，她被孤立了。如今，

---

1 卢比孔河是现意大利北部的一条小河。"渡过卢比孔河"是一句成语：根据古罗马法律，将领不得带领军队越过作为意大利本土与高卢分界线的卢比孔河，否则视为叛变。

2 后来德克勒克继博塔之后任总统，他回忆起听到关于卢比孔河的讲话时感到的沮丧心情："有人对我说，撒切尔夫人正坐在电视机前听这番讲话。我参加了撰写他的讲稿，我们认为大家都同意了讲话内容。可他却把讲稿丢还给我们。"（德克勒克访谈）

3 图图提起科尔在制裁南非问题上是个重要人物，这一点没错。西德需要南非的煤，因此反对制裁。尽管科尔和撒切尔夫人在其他方面有不同立场，但在南非问题上却保持着相当密切的合作。

英联邦决定让她体会孤立的感觉。

　　撒切尔夫人凭直觉对各种国际组织都不热心，不过她认为北约等一些组织是必不可少的。她讨厌这些组织喋喋不休的饶舌，讨厌其自以为是的虚伪。她还将许多组织的行为视为颠覆西方利益的阴谋，热衷于给英国的势力强加限制。在这一点上，英联邦是个特别让她尴尬的问题，这个国际组织是原来大英帝国的遗存，不过失去了原来名称的含义。撒切尔夫人在原则上喜欢"说英语人民"的全球大家庭概念——她喜爱借用温斯顿·丘吉尔说过的这个字眼。她本能上同情加拿大、澳大利亚、新西兰等老英联邦国家和认真实行民主的新英联邦国家，最首要的是印度。然而，在实际交往中，让她感到恼火的是，英联邦对有些成员国实施暴政视而不见，在南非问题上，她感到这个组织结成了旨在孤立英国的联盟。尤其让她愤怒的是，制定经济制裁法的英联邦国家与南非几乎没有或根本没有贸易关系。她蔑视诸如加拿大和一些所谓"前线国家"，[1]这些国家表面上支持实施制裁，暗地里却继续与南非做贸易。[2]她觉得历届英联邦首脑会议都太冗长，没有意义，组织涣散。会议往往在热点度假地举行，领导人花费纳税人的钱享受乐趣的照片在国内影响恶劣。她感到，贫穷国家的领导人为这些欢乐聚会花费了太多的金钱。撒切尔夫人对英国支付的成本不会视而不见。当时负责这个项目的外交部官员马尔科姆·里夫金德回忆说，当时有这样的感觉："我们为英联邦支付了大笔资金，有点像美国向联合国支付巨额会费，但我们得到的回报却是遭受许多挖苦。她偶尔也会想，我们为什么要参加这么个组织？"[25][3]

---

1 "前线国家"是与南非和纳米比亚接壤的国家——安哥拉、博茨瓦纳、莱索托、莫桑比克、坦桑尼亚、赞比亚和（1980年后的）津巴布韦。这些国家联合起来，协调对种族隔离的立场。

2 一些"前线国家"的领导人私下十分坦率，称他们倚重与南非的贸易。1986年，在津巴布韦的英国高级专员传给撒切尔夫人一份备忘录，报告该国副总理说的话："我们决不对南非实施制裁，那等于自杀。"另一位当地政客解释说："英国为我们的态度感到吃惊，这让我奇怪，教我们学会虚伪态度的正是英国。"（梅尔休伊什致函里夫，1986年8月26日，CAC: THCR 1/3/21）

3 当时酒吧里带有种族主义的笑话说，"英联邦政府首脑会议"其实该叫作"花政府金钱度假的黑人帮"。有人认为这个说法是丹尼斯·撒切尔发明的，其实并非如此，但是他喜欢这个俏皮说法。（参见卡萝尔·撒切尔，《护墙之下》，p.152）

6. 与女王和英联邦对立

1985年10月在巴哈马的拿骚举行的英联邦政府首脑会议，就制裁南非问题提出了她不喜欢的种种有害因素。撒切尔夫人照例在峰会前与她自己的官员们展开堑壕战，压缩英国代表团的人数，甚至试图（不过没有成功）要将内阁秘书罗伯特·阿姆斯特朗排除在外（"首相说，她为这个问题争论感到厌倦"）。㉖ 她拒绝每天做头发，认为那是奢侈，㉗ 不过她的日志秘书卡洛琳·赖德未得到她许可便在每日计划中插进做头发的安排，因为她认为在巴哈马的炎热天气中，这是必不可少的。撒切尔夫人还拒绝了金勋爵的提议，不同意英国代表团乘坐协和飞机。她唯恐这有跟女王比奢华的嫌疑。女王照例要参加英联邦首脑会议。她草草批写道："乘坐VC10型飞机。"㉘ 会期临近时，她不安地意识到，皇室对英联邦在南非问题上达成一致的意向十分强烈。查尔斯·鲍威尔对她说，"显然皇室极为关心"在南非问题上的结果，㉙ 而且在会议开始前一天的10月17日，女王想要安排一次觐见，"她希望能在与英联邦国家领导人交谈时利用你对她说的内容"。㉚1

对大会内容和安排，撒切尔夫人的态度相当克制。在会议开幕式上的讲话中，她试图转移南非问题的焦点。照查尔斯·鲍威尔的话说："我们的目的是设法将南非稍稍'隐没'在东西方问题、军备控制等更加广博的议题中。"㉛ 她还反对设立英联邦南非问题联络组的想法，当然也反对搞经济制裁。在来佛礁举行会议的第一天晚上，加拿大总理布赖恩·马尔罗尼赞成采取新措施，撒切尔夫人对他说："我先前就全听说了。"制裁"只会对带头瓦解种族制裁的企业造成损害"。㉜ 马尔罗尼后来在回忆录中写道："女王亲自要求我与其他领导人合作，防止集团内部发生大分裂（即撒切尔夫人与其他领导人发生分裂）。"㉝ 他努力说服撒切尔夫人，对她说，英国若提出一项南非倡议便能让英联邦成员"全都肃然起敬"。㉞ 但撒切尔夫人不为所动，她的看法正相反，认为英联邦将英国视为抨击目标而不是指路明灯。澳大利亚工党总理罗伯特·霍克²的说法在策略上与马尔罗尼类似，

---

1 撒切尔夫人的办公室似乎在10月16日得到了王宫的具体通报。这封函件或电报的信息非常敏感，尼格尔·威克斯便向女王的私人秘书提出建议：将这个信息保存在王宫档案中，而不是存进首相的档案，不过，两个档案库至今没有发现这个信息。[参见威克斯致函摩尔，1985年11月8日，首相文件，南非，与南非的关系，第8部分（在内阁办公室查阅的文件）]

2 罗伯特（昵称"鲍勃"）·霍克［Robert（'Bob'）Hawke, 1929—］，毕业于西澳大利亚大学和牛津大学学院。1983—1991年任澳大利亚总理。

他说自己并不想让英国感到困窘,敦促撒切尔夫人支持英联邦派名人去南非执行使命的建议。她表示不同意,说"正常外交渠道"比特别小组好,她就香港问题与中国打交道时便体会到这一点:"让人用枪指着脑袋,南非政权绝对不会谈判。"㉟她还认为,"统一的国家,一人一票"在南非是"不现实的"想法,最好考虑联邦制取代种族隔离的解决方案。㊱

在这两天里,她分别与肯尼思·卡翁达和津巴布韦的罗伯特·穆加贝会谈,讨论中她同样无意接受必须通过革命结束种族隔离的主张。卡翁达想到拿骚会议达不成一致英联邦可能分崩离析的前景"不禁用白手套捂住脸饮泣",㊲撒切尔夫人向他强调,需要既维护黑人大众的尊严,又维护经济繁荣。她提醒穆加贝,他自己在罗得西亚的爱国阵线已经放弃了暴力手段。她说,有些非国大领导人在走向另一条路,而她要支持温和派。穆加贝反驳说:"历史证明,温和路线从来是一条死路。"㊳她语气激烈地回答道,支持恐怖主义就等于支持前一年杀害甘地夫人的人。撒切尔夫人坚持说,她要"做一名建设者,而不是破坏者"。因而,她向穆加贝强调说,千万别以为她会支持经济制裁。她对英国广播公司也表达了同意的意思。她回顾说,当年对罗得西亚的经济制裁"没有奏效,制裁根本没用……我不愿重蹈覆辙"。㊴谁也不能指责她没有明说。

然而,英联邦国家领导人们却指责她搅局。查尔斯·鲍威尔报告说,领导人们在"休息"时间聚在一起,讨论那个星期五要在来佛礁确定的核心问题时,她反对制裁的声明"显然让非洲国家和其他国家领导人视为挑衅"。㊵次日,由穆加贝、马尔罗尼、卡翁达、霍克和拉吉夫·甘地[1]组成的非正式起草委员会草拟了协议草案,请她过目。撒切尔夫人用了足足两个小时向他们解释了无法接受的原因。按照鲍威尔的看法,"他们在这个阶段的做法近乎幼稚:指望首相出于对英联邦的好意而倒向大多数"。㊶在此之后,形势急转直下,在更多代表参加的三小时会谈中,"有时言语变得刻薄,首相与霍克先生的交锋尤其尖锐"。[2] 布赖恩·马卡罗尼从来渴望运用

---

[1] 拉吉夫·甘地(Rajiv Gandhi, 1944—1991),毕业于新德里希夫尼基坦学校、伦敦大学帝国理工学院、剑桥大学三一学院。1984—1989年任印度总理(母亲英迪拉·甘地遇刺身亡后接任);在1991年竞选中遭自杀式炸弹爆炸身亡。

[2] 霍克本人对他们当时的交锋描述相当慷慨,称之为"经典的撒切尔表演,玛格丽特既有上佳表现,有时也极为拙劣"。(鲍勃·霍克,《霍克回忆录》,海涅曼出版社,1994年 p.321)

他对撒切尔夫人的个人魅力,在讨论过程中,他递给首相一张手写的条子,"照我看,对任何持保守信念有理性的人,这次会议都是一次终极考验"。㊷如果这个说法成立,那她在这次考验中可以算是一败涂地。英方离去,连夜准备自己的协议文本。桑尼·兰法尔"感到沮丧……谈到英联邦遭受的损害,分裂可能无法修补"。㊸

第二天的全体会议情况愈发糟糕。鲍威尔报告称:"首相受到道德方面的指责,说她宁要英国人的就业而不顾非洲人的生命,说她关心金钱胜过信念。"㊹她则以自己典型的口吻"提醒批评她的人自己在与南非做贸易、保持着其他方面的联系,还指出他们各自社会中令人不满的特征,尤其是人权方面的现状"。她指出,他们非常愿意与苏联做贸易,而苏联是个比南非更具压迫性的政权。

在这几次会议上,撒切尔夫人综合运用了她独特的信念与手腕。她反对制裁的原则性和对其他成员国的愤怒绝对出于真心,但她也采用一些手段将他们对英国的要求压缩到最低限度。尽管她对英联邦在道德方面的做作感到轻蔑,但她实际上的确想看到出现正式的分裂。全体会议在午餐时间休会时,她与自己的官员们讨论,认为需要"提出两个非常克制的附加措施"㊺——英国禁止进口南非的克鲁格金币,终止支持南非的贸易促进活动。这些想法是撒切尔夫人和她的官员们在大会前准备的,为的是维持她的主动性。如果英联邦同意呼吁"暂停使用暴力",英国就向他们提出这些措施。[1] 除此之外,英国不准备采取更多的措施了。

撒切尔夫人的表现从愤怒转变为感觉受到了伤害。下午3点半,她返回来与起草委员会进行"非常冷淡的会见"。㊻她说,她对上午听到的一些评论"深感痛苦",因为那些说法不"符合英联邦公平的精神"。撒切尔夫人回忆说:"那是一种非同凡响的情况。"

> 政治家们的群体心理怎么会将一群平时礼貌甚至有时还富有魅力的人转变成一群恶棍呢……于是我一开始便说,我从来

---

[1] "暂停"而不是"终止"暴力,这个措辞本身就是撒切尔夫人做出的一个让步。她勉强接受了专家们的看法,认为非国大绝对不会发誓在原则上抛弃暴力手段,但在实践中暂停暴力或许是可以的。

没有受过类似这间会议室中发生的侮辱,像这样讨论国际问题是完全不可接受的。[47]

受到一个女人的轻蔑,人们感觉心情恶劣,有些与会者"劝她不要把那些评论当成是针对个人的"。撒切尔夫人便趁机提出她的两个让步措施,说自己反对制裁的立场受到国内支持者的欢迎,所以,如果她提出的让步措施被拒绝,她在国内反倒比较轻松。如果大家不接受,她就撤回提议,英国就在大会结束时发表一个单方面的声明。一些领导人要求短暂休会,考虑这个提议。"大约十分钟后,兰法尔露面时明显面露喜色,说:'我们干活儿吧。'"[48]

下午5点钟的会议通过了她要求的文本,而且丝毫未作改动。人们在发言中对撒切尔夫人大加赞扬,鲍威尔描绘说,"那是对上午会议做出的羞愧反应,撒切尔夫人让他们都感到自己表现恶劣。会议结束时,人们掌声雷动,为首相喝彩。"[49]撒切尔夫人在回忆录中自嘲:"我忽然变成个接受'妥协'的女政治家了。"[50]作为妥协的一部分,英联邦要派遣一个高级专家代表团赴南非调查那里的局势,并提交报告。如果专家的报告认为结束种族隔离的进展不力,将重新讨论制裁问题(撒切尔夫人为淡化这个概念力促采取"进一步措施"这个字眼)。

鲍威尔的看法源自对撒切尔夫人的忠诚,不过在这个问题上是正确的。他认为撒切尔夫人以"尽善尽美的能力"克服了种种困难,[51]通过让反对者感到内疚,最大限度地摆脱了彻底孤立的地位。她深谋远虑,看出他们极其渴望达成某种一致,便抛出两个小诱饵,让英国加入到最后"协议"中来。她并未让任何一位领导人信服她是对的,但她赢得了最想要的两个结果——至少目前不实施制裁,没有牺牲英国在这个问题上采取独立观点的权利。

对于高级专家代表团这个想法,她后来的感觉并不比最初听到时好多少,不过既然她同意了,就可以强势干预对其成员的选择。在来佛礁,她私下跟杰弗里·豪谈起这事,对他说,自己担心南非政府不接受这批人到访。如果外交大臣本人领导这个代表团,便会克服这个难题。他"将是最具说服力的发言人,也是控制代表团活动的最佳人选"。[52]她显然没有看出,英联邦不能接受英国的重要大臣担任独立的代表,因为英国对所调查的问题有自己的政策。按照鲍威尔的正式记录,杰弗里·豪"不反对"她的想法,不过他"担心自己不能兼顾各种责任"。然而,这次会见的真实气

6. 与女王和英联邦对立

氛颇为复杂。杰弗里·豪问自己不在岗时工作该怎么办。撒切尔夫人轻描淡写说："哦，那没事。我就充当自己的外交大臣呗！"杰弗里·豪不愿发生正面冲突，没有直接提出抗议，但在他看来，这是"致命的一击"。[53] 但她提名杰弗里·豪的想法很快受到了劝阻。她几乎是天真地明确表达出自己的真实愿望，但对他却是个无法忘却的羞辱。

最后的协议达成后，伯纳德·英厄姆书面问她，该如何对媒体发布消息？他从来只关心国内听众和读者，便给这个问题设了个框架："你的主要难题是需要抵御一种指责：说你为了达成协议而放弃了很多东西，也就是说你来了个180度大转弯，因视为无价值而没有立即采取额外的手段。"[54]

实现这种平衡不是撒切尔夫人凭本能擅长做的事。让她感到自豪的不是她同意的事，而是没有同意的事情。正式结果是英联邦终于有了个针对南非的政策，但她并不为此感到激动。电视主持人问她对这次峰会的感受时，她把食指和拇指几乎并在一起说，比起"我们面对的林林总总"她只受到"一丁点儿"触动。[55] 她说这话时，杰弗里·豪陪在她身旁。他后来写道："她用这四个字同时羞辱了三十多位其他国家的政府领导人，贬低了他们刚刚达成一致的政策，也贬低了她自己。"[56]1 他写下这番话时语气激烈，也许是借此弥补当时没有表达的抗议。他随撒切尔夫人飞回伦敦时，"我们都没有谈什么重要的事"。[57] 他默默品味着苦果。他以前也品味过，以后还会再次品尝，不过日益感到艰难，感到厌恶。[2]

---

1 一个重要因素让撒切尔夫人变得霸气：英联邦领导人们资历远不及她本人，却个个表现出做作的自傲，这让她感到恼怒。她尤其认为拉吉夫·甘地"浅薄，故作姿态"，觉得"他和马尔罗尼显然渴望在这次会议上崭露头角，却没有真正的经验扮演自封的角色"。[鲍威尔致函阿克兰，1985年10月21日，首相文件，1985年英联邦政府首脑会议，巴哈马，第10部分（在内阁办公室查阅的文件）]

2 按照最初的计划，丹尼斯要陪同撒切尔夫人去拿骚参加英联邦政府首脑会议，可到头来他没去。一丝不苟的政府记录记载了首相访问团返回英国前谁在免税店购买过什么东西。撒切尔夫人花6.5英镑购买了一条罗斯曼牌香烟，花4.97英镑购买了一瓶杜松子酒。由于她既不抽烟，也不喝杜松子酒，这两样商品准是礼物，要送给喜爱烟酒的丈夫。[首相，免税店，未注明日期，首相文件，首相出国访问，1985年英联邦政府首脑会议，巴哈马，第2部分（在内阁办公室查阅的文件）]

英联邦的高级代表团组成了,[1] 英方成员是爱德华·希思政府的财政大臣巴伯勋爵[2]。撒切尔夫人对这个代表团的工作缺乏热心。外交部告诫她要保证得到南非所有种族的各种来源的消息,她听了怒不可遏。南非叫作"故乡"的行政区划中有个名叫卡恩瓦尼的地方,11月份,这个地方的行政长官以挪士·马布扎求见撒切尔夫人。外交部建议她不要会见,因为这是个政治激进分子,但查尔斯·鲍威尔对她说,这有点"不合适。我得知劳伦斯·凡·德·普司特赞成你见他"。[58] 她接见了他。

撒切尔夫人向社会生活中的大多数"非正规军"寻求意见,其中凡·德·普司特是最非同凡响的。他出身于南非白人家庭,是个英俊、迷人、才华横溢的老人,他在作品中以强烈的情感描写自己的家乡,描写各种"高尚野蛮人"的历史、文学作品和人种起源。许多人将他视为精神顾问,威尔士亲王将他视为自己的精神领袖,请他当自己长子威廉王子的教父。有一点是撒切尔夫人不知晓的,他还是个幻想家,声称拥有自己其实并不拥有的知识和经历,并以此与重要人物建立联系。[3] 他长期以来一直真心反对种族隔离制度,也反对非国大,因为他不信赖这个组织的共产主义元素。他对非洲黑人非西方元素的光辉有一种浪漫的痴迷,部分原因是他崇拜祖鲁人,还暗示说自己会说他们的语言,其实他不会。这让他赞成祖鲁人首席部长曼戈苏图·布特莱齐[4]领导的英卡塔运动,布特莱齐反对制

---

1 代表团的两主席是澳大利亚前总理马尔科姆·弗雷泽和两度担任尼日利亚政府首脑的奥卢塞贡·奥巴桑乔。

2 安东尼·巴伯(Anthony Barber, 1920—2005),毕业于雷特福德文法学校和牛津大学奥里尔学院。1951—1964年任唐卡斯特选区保守党在议会的议员;1965—1974年任奥特林厄姆和奥里尔选区的议员;1970—1974年任财政大臣;1974—1987年任英国渣打银行董事长;1974年受封巴伯勋爵。

3 例如,凡·德·普司特说,他是由布西曼族保姆养大的,其实并非如此。他还说,在第二次世界大战末期,他担任过蒙巴顿勋爵的军事政治顾问,但这个说法也不真实,而且在蒙巴顿去世后,这个说法才出现在《名人录》的文本中。包括这事在内的许多往事让他的授权传记作者J.D.F.琼斯揭出后引发争议,那部传记是《劳伦斯·凡·德·普司特的多重生活》,约翰默里出版社,2001年。

4 曼戈苏图·布特莱齐(Mangosuthu Buthelezi, 1928—),南非布特莱齐族酋长;1975年创建英卡塔自由党,之后一直任该党领袖;1976—1994年任夸祖鲁立法大会首席部长;1994—2004年任内政部长;1994年后任国民议会议员。

裁，这一立场得到众多祖鲁人的支持，支持者主要来自乡村地区。1985 年 8 月，凡·德·普司特首次将布特莱齐介绍给撒切尔夫人，按照查尔斯·鲍威尔的看法，他这是“愚弄她”，(59) 让她以为布特莱齐的重要性和影响力超过实际情况。由于她像凡·德·普司特一样总是寻找非国大垄断势力以外的多元化黑人领袖，便愿意受到说服。布特莱奇是势力仅次于非国大的黑人领袖。她后来转而深入考虑将他作为平衡非国大势力的人物。

撒切尔夫人在反对党时期就结识了凡·德·普司特，当时是艾雷·尼夫和他的律师伊恩·高向她介绍的。他以博学者的智慧和给她打电话时的奉承话语让她着迷，在福克兰群岛战争期间的压力下，他尤其让她倾倒。查尔斯·鲍威尔认为，“他的谈吐纯粹是垃圾”，(60) 但鲍威尔通常帮他安排与撒切尔夫人会见，还保证让她看到他话题内容广泛的来信，其中南非问题是一个重要话题。[1] 凡·德·普司特对撒切尔夫人有真实的影响力，让她在所有引起争议的政策领域得到需要的感觉：在官员们敦促她做决定时，其实有别的选择。[2] 由于有了凡·德·普司特，唐宁街 10 号便在南非政府高层中有了个消息提供者，这个人就是皮特·库恩霍夫部长[3]，他从 1979 年起一直通过中间人秘密通报博塔内阁中的紧张气氛，以及变革的机会。库

1 凡·德·普司特的来信常常以“玛格丽特，亲爱的”开头，接着会赞颂她容貌漂亮，衣着可爱，或者说威尔士亲王如何如何崇拜她：“查尔斯王子昨晚与我们在一起，我真希望你能来坐在原来那张椅子上，听听他和我们如何谈论你，感觉与你比任何时候都亲密。”［凡·德·普司特致函撒切尔，1980年10月30日，首相文件，首相与劳伦斯·凡·德·普司特会见（在内阁办公室查阅的文件）］

2 向撒切尔夫人提供违背外交部标准路线的情报来源包括：政策组专门研究科学和商业政策具有长期在南非经历的乔治·吉斯、前军情6处人员艾雷·尼夫的朋友尼古拉斯·艾略特、与白人政府和商业精英有良好关系的老牌帝国主义者朱利安·埃默里议员、自由南非领导人英裔美国人哈里·奥本海默、黄金钻石矿业巨头德·比尔斯，另外还有她的密友伍德罗·怀亚特。她也喜欢伊恩·普莱耶，伊恩是著名高尔夫球手加里的兄弟。普莱耶是南部非洲著名的自然资源保护主义者，对拯救白犀牛很有贡献。他帮助凡·德·普司特推动撒切尔夫人朝支持祖鲁的方向转变。他还是查尔斯·鲍威尔的妻子卡拉的朋友。

3 皮特（昵称“皮特”）·库恩霍夫［Piter（‘Piet’）Koornhof, 1925—2007］，毕业于斯泰伦博斯学校和牛津大学。1964年进入南非国会；20世纪70年代和80年代在国民党内阁担任过不同部门的部长；1987—1991年任南非驻美国大使。

恩霍夫领导着凡·德·普司特所谓的"南非国内政策进步运动"。[61]他提供的那类知识让撒切尔夫人感到，她眼下受到的压力也许能让她有所成就。[62]

在这个问题上，她另一个备选观点的来源是弗里茨·鲁特威勒[1]。鲁特威勒是瑞士国家银行前行长和国际结算银行董事长和行长。她是在瑞士格洛弗夫人那里度假时结识鲁特威勒并喜欢他的，他当时就她1980年的货币政策向她提出了警告（参见第二卷第5章）。1985年，鲁特威勒同意精心安排拯救南非免遭发端于大通曼哈顿银行的银行危机。德国和瑞士几家银行支持他的行动，因为美国同行没有咨询他们便从南非撤资，让他们感到愤怒。鲁特威勒这事办得十分成功，赢得了撒切尔夫人的崇敬。[63]她赞同他的信念：他谈成的贷款展期将"为引进政治改革赢得时间"；[64]也认为他的警告是对的：假如博塔动作太大太快，白人就有可能强烈反对他。她的愿望是有序地终结种族隔离制度，她还对非国大感到担忧，鲁特威勒在这两点上与她有同感。当时，鲁特威勒成为她与博塔的"主要联络人"。[65]

尽管撒切尔夫人偏爱凡·德·普司特目光炯炯讲述勇士竞技、失去的世界、祖鲁人的荣耀，而不喜欢在英联邦大会上听人们说教，但她对事态发展保持着讲求实际的原则。既然已经组成了高级专家代表团，她便意识到，必须设法指挥它走上正确方向，而不是否定它。所以，在11月12日，博塔致函对她表示，尽管她"（在拿骚）强烈坚持有原则性的反对经济制裁立场"，他的政府仍不能同意她与英联邦倡议合作的要求。[66]她坦率地回复道："我必须说，我对你的信息感到非常失望。"[67]她亲手在"失望"二字后插入"和沮丧"。她接着写道：

> 我帮助维护现存状态的努力有成功的机会，这正是你寻求的内部对话方式，如果拒绝，这一努力将受到严重的或许是致命的破坏……如果你珍视我持续的帮助，我最强烈地敦促你不要这么做（拒绝合作）。我认为我说得不能再直白了。

面对这封信，博塔迅速屈服了，同意接见高级专家代表团。

---

[1] 弗里茨·鲁特威勒（Fritz Leutwiler, 1924—1997），1974—1984年任瑞士国家银行行长；1982—1984年任国际结算银行董事长和行长。

6. 与女王和英联邦对立

与此同时，撒切尔夫人从情报中得知，南非政府直接与曼德拉交谈，讨论可能释放他的问题。只要非国大支持暴力行为，她就拒绝与之对话，不过她很高兴让军情6处在南非以外秘密与之接触，例如在卢萨卡和伦敦。[68] 同一个情报来源说，非国大提出，如果释放曼德拉和所有关押的非国大领导人，而且该组织不再遭取缔，他们就"下令停止一切暴力活动"。[69] 博塔在12月14日致撒切尔夫人的信函中说，他要继续执行改革，"积极进行谈判……我们接受放弃白人支配"。[70] 杰弗里·豪对所有这些信息感到喜悦，对撒切尔夫人说，博塔"显然信赖你——你也许是他感到可信赖的唯一西方领导人"。[71] 他建议她建立一条"额外的个人联系渠道"，让博塔与"得到你信赖的人"交谈，但他建议的人选是英格兰银行前行长戈登·理查森，这下把事情搞砸了，这是她特别讨厌的一个人（参见第二卷第3章）。鲍威尔代表她做答："她认为，如果她与博塔主席这手牌打得太频繁，价值就会贬损；她心里有自己想用的其他使者。"[72] 她考虑的主要人选是鲁特威勒，不过她不愿让外交大臣了解这一点。撒切尔夫人喜欢鲁特威勒的另一个原因，是他与赫尔穆特·科尔关系密切，并在南非事务上向科尔提过非正式建议。她一直渴望在反对经济制裁方面加强与科尔的同盟关系。[1]

另一位联系人是朱利安·埃默里[2]。在当时，埃默里能见到博塔靠的完全是自己的能力。1986年，他问撒切尔夫人是否要他给博塔传递信息，她表示需要，便潦草批写了如下内容：

> 凡·德·普司特向我提到一个问题，就是博塔要对付黑人极端分子，就必须形成一个联盟，由这些人组成：
>
> 白人

---

1 与撒切尔夫人应对杰弗里·豪的方式如出一辙，科尔也对德国外交部部长汉斯迪特里希·根舍隐瞒了自己与南非的接触。不过，根舍和科尔是不同政党的领导人，因此在德国的政治制度中，缺少交流造成的伤害较小。

2 朱利安·埃默里（Julian Amery, 1919—1996），毕业于伊顿公学和牛津大学贝利奥尔学院。1950—1966年任普雷斯顿北选区保守党在议会的议员；1969—1992年任布莱顿穹顶宫选区的议员；1970—1972年任环境事务部住房与建设大臣；1972—1974年任外交与联邦事务部国务大臣；1992年受封埃默里勋爵。

印度裔

有色人种

祖鲁族

南非斯威士人

将这些人联合起来，再团结一些黑人，他就能形成大多数。[73]

如果大致归纳她的南非内部解决方案，这就是个清单。[1]

博塔在1月份的一次讲话中保证深化改革，包括建立由各种族在内的国民法定委员会。博塔还公开谈到释放曼德拉的可能性。他提出一个建议：由囚犯交换扣押在安哥拉的一名南非官员和与苏联持不同政见者阿纳托利·夏兰斯基。撒切尔夫人从报告中得知，博塔是从西德与东德和苏联交换人员的做法中得到这个奇特想法的。[74]也许在博塔脑海中，这个做法的部分原因是想通过这项交易证明，非国大是苏联的爪牙。他似乎并没有考虑过，假如释放非洲黑人最伟大的英雄是苏联的功绩，西方是否感觉美妙。但非国大毫不犹豫地拒绝了这一提议。

撒切尔夫人认为博塔的演讲"非常富有勇气"，[75]这一看法或许有点天真。外交部的反应让她恼火，觉得"相当苍白"。[76]她认为博塔果断地偏离了原先的政策，但实际情况是不怎么果断。布特莱奇宣布说，他不加入新的议会，博塔指责他的外交部部长皮克，因为皮克说，将来有一天，南非会有一位黑人当总统。国际社会仍怀疑不会发生真正的变化。

然而，有些事物正在发生变化。例如，巴伯勋爵秘密向英国政府传递消息称，高级专家代表团的一位同事去监狱拜访了曼德拉。曼德拉说，如果获释，他可以与布特莱奇合作，并表示他想要让南非白人放心。[77]3月份，高级专家代表团全体七名代表会见了曼德拉。在这次会见中，他转向巴伯说："我得知，撒切尔夫人说，戈尔巴乔夫总统[2]是个她可以与之打交

---

1 然而，撒切尔夫人认识到，没有布特莱奇参与，任何解决方案若没有触及有意义的改革都不可能成功。她对保守党议员罗伯特·杰克逊说，这意味着"坚定承诺取缔种族隔离……我怀疑他是否意识到，没有这样的承诺，占人口大多数的黑人就不能参与更不能接受谈判。有些南非白人希望，可以通过政治交易有效维持自己在政府中的权力，我看这不现实"。（撒切尔夫人致函杰克逊，1986年2月27日，CAC: THCR 3/2/184）

2 其实，在1990年以前，戈尔巴乔夫并不是苏联的总统。在这个阶段，他的头衔是共产党总书记。

6. 与女王和英联邦对立

道的人。能否请你转告她,跟纳尔逊·曼德拉打交道要容易得多,也安全得多。"⑱ 不知道这番原话是否转告给她了,但巴伯将这个信息向她和杰弗里·豪做了汇报。他告诉他们说,曼德拉和奥利弗·坦博[1](巴伯会见曼德拉时在场)会参加与南非政府的谈判。代表团与南非部长们的会见也相当顺利。但他们与博塔的会见却是"一场灾难",⑲ 巴伯的结论是,南非政府并不准备彻底取缔种族隔离制度。撒切尔夫人说,假如真是这样,那就必须让他们改变立场:"在确定的时间期限内,起码要有转变的前景。"

巴伯因此请求她,将高级专家代表团的"谈判概念"介绍给博塔,因为他迄今对此一无所知。这个概念是:南非政府要结束国家紧急状态,从乡镇撤走部队,释放曼德拉和其他非国大领导人,解除对非国大的禁令。作为回报,非国大将同意暂停暴力活动并参加谈判。三天后,撒切尔夫人致函博塔和里根总统,解释了这一方案。[2] 她对博塔说,高级专家代表团的概念"提供了产生进展的独特的机会"。⑳ 如果没有发生一些转折,她就没有机会劝英联邦的同行不要实施制裁。对此,博塔做出了积极回应,心照不宣地放弃了要非国大发誓绝对放弃暴力的要求。不过他也在寻求高级专家代表团保证承认:假如曼德拉获释后暴力活动在继续,将使用惩罚手段。撒切尔夫人将他的函件交给鲍威尔时,在上面批注:"如果再次爆发暴力活动,他不会袖手旁观。"㉑

鲍威尔不愿让他的上司成为博塔和高级专家代表团之间的调停人。他请撒切尔夫人在回信中说,不能让二者"把我当成调解人插在中间"。㉒ 不过她还给博塔写道,他充其量只能要求"暂停"暴力活动。如果他采取"合理的安全措施",她就会支持他,但高级专家代表团不能给他开出"空白支票"。她还在他面前为非国大辩护:"他们那一方面愿意谈判;但现实

---

[1] 奥利弗·坦博(Oliver Tambo, 1917—1993),1958年任非国大副统帅;1960—1990年流亡伦敦、坦桑尼亚和津巴布韦,领导非国大的活动;1967—1985年代理统帅;1985—1990年任主席;1990年从流亡基地返回南非;1990—1993年任非国大全国主席。

[2] 里根在南非问题上遇到国内政治上的麻烦,不愿过多参与,但站在撒切尔夫人一边。他的国家安全局顾问约翰·波因德克斯特写道:"我们通过平静地支持撒切尔夫人等人的努力,可以寻求维护影响力,但美国并不直接参与,也不显得认为非国大现在的行动是合法的。"(波因德克斯特致函总统,1986年4月4日,19446号备忘录,执行秘书,国家安全委员会:系统文件,文件号8602655,里根图书馆)

213

地说，他们需要向支持者们证明下令停止暴力的正当理由。"博塔收到这个信息后，南非政府很快向高级专家代表团发出一个表示支持的信息。撒切尔夫人还警告博塔说，"受到挫折的民族主义"是共产主义的温床。有趣的是，两星期后海伦·苏斯曼在监狱中拜访曼德拉时，曼德拉重复了同样的话。苏斯曼说："他强调说，自己首先是个非洲黑人民族主义者。他说他不是个马克思主义者。"[83] 十天后，曼德拉对巴伯说，他不反对高级专家代表团的谈判概念，也"愿意合作"。[84] 虽然撒切尔夫人对英联邦的虚荣做作感到恼火，但她真心希望推动他们寻求的"概念"取得突破。

撒切尔夫人从内阁南非问题政策组（名称叫MISC 118）收到的报告，或许能帮助理解当时围绕整个南非问题的希望与恐惧。20年后，这份报告成为衡量各种可能性的尺度。按照其衡量，可能导致长期内战的恶化程度为55%；中央政府崩溃和"黑人革命接管"的可能性为10%；"和平转移向黑人大多数统治"的可能性"也许为5%"。[85] 对局势的不安全感沉沉压在撒切尔夫人心头。

1986年5月19日，南非部队突然出动陆军和空军，打击在赞比亚、津巴布韦和博茨瓦纳的非国大机构。后果之一是终止了高级专家代表团的使命。对撒切尔夫人而言，这次袭击肯定像电影《土拨鼠日》一样尴尬（影片中，土拨鼠预报的春天已经到来，但气象播报员菲尔执行任务却遭遇暴风雪，停留在原地始终无法再前进一步）。这次袭击与前一年6月份对博茨瓦纳的袭击如出一辙，同样惹得她怒不可遏。她致函博塔，追问：

> 南非的何种利益让你不顾自己国际地位的巨大损害，难道这种利益压倒了英联邦的倡议？你（在最近给我的信函中）没有提到我强烈支持的英联邦倡议，而且我认为这个倡议是为你着想的。坦白地说，这一疏忽让我感到惊讶。[86]

博塔称，恐怖分子对谈判不感兴趣。她说，袭击发生时，高级专家代表团正在卢萨卡，"与非国大探索的正是谈判问题"。人们会说，这些袭击是"你的政府故意破坏一个进展良好的倡议"。她想表明自己个人情感受到了伤害："我本人觉得，这些行动难以与我认为双方已经建立起的信赖和

6. 与女王和英联邦对立

信任关系相一致。"这是一个"分水岭":"假如我相信谈判解决方案的最后一次机会受到了拒绝,我们对南非未来的深刻忧虑我再怎么强调都不过分。"既然她根本无法改变这个顽固的家伙,如何能指望在她寻求的方向上影响事态发展呢?也许从这个时候开始,撒切尔夫人做出了决定:要使白人政权内部发生真正的变化,就不能依赖博塔,于是她开始在南非白人中寻找戈尔巴乔夫式的人物。

博塔称,他对撒切尔夫人感到愤怒,用了八页纸写下自己的怨言,谈到她"蒙着面纱的威胁",[87] 谈到自己从她信的内容和"蕴含"中感到"深深的幻灭感"。如果他的政府面临"要么接受马克思主义革命力量的支配,要么受西方某些国家威胁,要么决心维护文明标准和自身的存在,我们就没有选择的余地",他颇为含糊地做出结论,"只能遵循我们自己良心的驱使"。同一天,他向她另外发出一份国家情报局破获的南非共产党的秘密文件,为的是让她对革命夺取政权的企图感到震惊。鲍威尔口吻冷淡地评论说:"实在算不上个有启发性的文件。共产党都是这个样子。"[88]

在这次挫折后,撒切尔夫人受到英联邦和英国外交部更大的压力。鲍威尔建议说,应该让杰弗里·豪"谨慎地试探"外交部部长皮克·博塔,是否可让欧洲政府领导人会见博塔总统,撒切尔夫人颇为绝望地批注:"行,咱们能想到的每种办法都试一试。我们必须拖延时间。"[89] 6月12日,博塔恢复了原先已经取消的全国紧急状态。同一天,高级专家代表团的报告公布了。报告表示,在取缔种族隔离方面,南非没有取得进步。尽管查尔斯·鲍威尔以蔑视的口吻向撒切尔夫人评论了这份报告,但他对曼德拉的有利评论为的是引起她注意:"他显然是个非凡的人物。"[90]

报告公布那天,撒切尔夫人会见高级专家代表团的两位团长时陈述了自己总的意见:

> 在南非,政府最终与黑人必须进行谈判……我相信……曼德拉掌握着谈判的钥匙。但是他获释肯定有激发新一轮暴力浪潮的危险,尽管这不是他本人的愿望。另外,我不知道曼德拉在多大程度上能控制非国大,更不用说控制乡镇中的年轻黑人了。但是在没有其他出路的情况下,我认为南非政府肯定会将释放他视作一个焦点。

她接着表示："将注意力集中在一个人和一个事件上，这事很值得商榷。"㉛两位团长之一尼日利亚人奥卢塞贡·奥巴桑乔将军对撒切尔夫人说："博塔总统只愿意与她坦率谈论自己的担忧和自己准备采取的行动。"㉜鲍威尔报告说，这是"有趣的。但首相刻意避免对此做出反应。她认为博塔的可信度已经耗尽，至少眼下是这种情况"。㉝以后与他对话或许是"可能的选择"。第二天，鲍威尔与撒切尔夫人交流时强调了释放曼德拉对南非大使丹尼斯·沃洛[1]的重要性。他对撒切尔夫人说："我不准备将这一点传达给外交部。"㉞[2]撒切尔夫人和鲍威尔制定唐宁街最高政策方向时避开了杰弗里·豪和他的官员，在一些其他外交方面也是这样——在冷战的一些方面，在与沙特阿拉伯的关系方面，以及在与南非的关系方面。沃尔是位改革主义者，有自己的政治抱负，鲍威尔几乎将他当成自己在南非官员中的一名间谍。

　　那个月底，在海牙举行欧洲理事会之前，霍克和马尔罗尼劝说准备参加欧共体会议的撒切尔夫人采取制裁行动。撒切尔夫人仍在试图拖延，重新提出任命杰弗里·豪作为"名人"担任欧洲理事会的特使，赴南非和前线国家。这个提议得到同意，赫尔穆特·科尔的支持尤其显著。理事会宣布未来将禁止从南非进口金币、生铁、钢材、煤炭，并建议各成员国自愿禁止给南非新的投资，但不是全面制裁。在采取各国同意的各种行动之前，给杰弗里·豪预留了三个月的斡旋时间。撒切尔夫人希望，这会让预定8月份举行的英联邦伦敦"审查会议"难以占上风。撒切尔夫人对杰弗里·豪说："我们无论如何必须避免（他的访问）做出不成熟的结论，"也许她潜意识中为他要离开很长时间觉得喜悦。"否则将会让德国人失望，这是首相无法想象的。"㉟她对德国人的情感一般并没有这么温柔。英联邦领导人们明白她这是要做什么，因此感到愤怒。㊱

---

1 丹尼斯·沃洛（Denis Worral, 1935— ），1984—1987年任南非驻英国大使。1987年创立（南非）独立党。

2 6月6日，撒切尔夫人致函一名支持自己经济制裁立场的工党贵族北安普敦的佩吉特勋爵："正如你所知，我厌恶恐怖主义。但纳尔逊·曼德拉作为黑人领袖的地位受到各方的接受，我深信他获释是创造对话正确条件的必要步骤……我意识到，纳尔逊·曼德拉没有准备为自己获释宣布放弃暴力行动（这当然与宣布要继续进行恐怖活动不是一回事）。"（撒切尔致函佩吉特，1986年6月6日，CAC" THCR 3/2/193）

6. 与女王和英联邦对立

劳伦斯·凡·德·普司特打电话祝贺她在海牙"得到了尽可能好的结果",再次避免了制裁:"如果我们开始制裁,那将是南非的末日。"⁹⁷出于同样的原因,博塔也向她致谢,但抱怨说,欧共体此前向南非下了最后通牒。⁹⁸博塔口吻傲慢地对撒切尔夫人表示,他见到杰弗里·豪时,如果他真想见曼德拉,将根据他的使命决定是否让他见。有报告警告称,非国大无论如何将阻止杰弗里·豪会见曼德拉。⁹⁹¹ 在撒切尔夫人向博塔的复函中,明确坚持对高级专家代表团的支持:"承诺尽早释放纳尔逊·曼德拉并对非国大解禁,换取停止暴力活动,但这比任何其他步骤都有效,因此可创造信赖的气氛,在这样的气氛中,才有可能进行对话。"⑩ 她接着表示,如果他不能会见英国外交大臣,"会让我感到十分烦乱":"我相信,会见是让我捍卫符合你方利益的最佳途径,也让我们在迅速增强的反南非压力面前能捍卫自己的利益。"面对这样的请求,博塔照例让步了。² 至于倒霉的杰弗里·豪,尽管他对撒切尔夫人递给他的这杯毒酒心怀怨恨,却不愿拒绝如此重要的角色。

在接下来的那个月,在伦敦召开的审查大会之前和大会过程中,撒切尔夫人经历了空前艰难的外交时期。她穷于应付英联邦国家领导人、(在伦敦的)英联邦秘书处以及女王的焦虑。女王伊丽莎白二世是英联邦的元首,她担心英国与其他成员国发生分裂。此外,撒切尔夫人还要面对自己政府的资深大臣,他们在韦斯特兰风波后对她的施政风格本来就感到担忧,如今对南非问题的做法感到不满,杰弗里·豪尤其越来越厌恶她在这个问题上的态度,厌恶她的处理方式,厌恶她对待他的方式。在这场对峙中,只有罗纳德·里根和赫尔穆特·科尔是她真正的却是低调的支持者,另外还受到几家报纸和较广泛民意的坚定支持。制裁南非是撒切尔夫人行动方式的一个典型案例——不顾政策精英和外国领导人,一再重申她自认为的逆

---

1 劳伦斯·凡·德·普司特谈到了这一点,对撒切尔夫人说:"曼德拉不仅仅是南非政府的囚犯,还是个非国大成员。"他说,曼德拉的印度律师和曼德拉夫人要阻止他会见杰弗里·豪"尽管曼德拉本人希望会见。"[鲍威尔致函高尔斯华绥,1986年7月8日,首相文件,与南非的关系,第11部分(在内阁办公室查阅的文件)]

2 按照惯例,发给博塔的所有信函都是由外交部起草的,但经过查尔斯·鲍威尔大幅度修改,一般是将指责的口吻弱化,但更加有说服力。

耳忠言，忍受着孤立，相信最终会证明自己是对的。

然而，一个真正的危险是英联邦国家领导人对撒切尔夫人忍无可忍，他们从自己的道德正气中获得了力量，要对她实施毁灭性的最后一击。在这个计划过程中，他们拥有几件武器——伦敦审查大会，适逢英联邦运动会此时在爱丁堡举行；在英联邦秘书桑尼·兰法尔的鼓舞下，他们相信女王站在他们这一边。

6月底，女王收到德斯蒙德·图图的一封信。他在信中写道，在亨德里克·维尔沃尔德（1958—1966年任南非总理，种族隔离的最主要鼓吹者）不忠于女王的时候，南非黑人却一直忠于她。他呼吁道："夫人，我们的国家处在历史性的大灾难边缘。"⑩他说，他是个54岁的主教、诺贝尔奖得主，却没有投票选举权。高级专家代表团的和平使命被越界袭击打断。南非政府的骇人行径受到英国、美国和德国的保护。为什么"自纳粹以来最邪恶的体制"受不到制裁？"陛下，我为此发出大声呼吁。请帮助我们创造一个新南非吧。"

这封信直接引发的棘手问题是该由谁来回复。信函是经坎特伯雷主教（英国国教的主教）的特别代表特伦斯·韦特[1]亲手递交到白金汉宫的，看来是向身为英国国教最高统帅的女王发出呼吁。在另一方面，由于事关外交事务，难道不该由女王的大臣们来处理？此外，由于女王是英联邦的元首，而且伦敦审查大会即将讨论有关制裁的关键事务，此事真的该由她的英国政府来处理吗？这在一定程度上是女王的不同角色引起的尴尬。

这封信函递交两个星期后，查尔斯·鲍威尔将这个难题摆在撒切尔夫人面前："图图主教近来就南非问题以相当讨厌的口吻写信给女王。收到这封信的事已经公开。"⑩鲍威尔报告说，杰弗里·豪认为，如果由女王自己的私人秘书威廉·赫塞尔廷[2]写回信，这个局面的政治影响可以压缩到最低

---

[1] 特伦斯（昵称"特利"）·韦特 [Terence ('Terry') Waite, 1939—]，毕业于柴郡的惠姆斯洛斯托克顿希思教会学校和伦敦教会军学院。1980—1992年任坎特伯雷大主教的圣公会事务顾问，曾作为英国教会特使赴黎巴嫩设法营救四位人质，他本人也被扣为人质，从1987年1月到1991年11月遭关押。

[2] 威廉·赫塞尔廷（William Heseltine, 1930— ），毕业于西澳大利亚大学。1968—1972年任女王的新闻秘书；1986—1990年任女王的私人秘书；1982年受封骑士。

限度。鲍威尔附上赫塞尔廷写的回信稿,说,女王"意识到你提及的非历史联系,而且最近几个月密切关注着南非的发展,感到极为关心"。她寻求"尽早结束苦难,为你们国家的问题找到和平的解决方案",还强调了"有影响力的人物公开出面反对暴力的特殊责任"。鲍威尔对杰弗里·豪的建议提出质疑:"媒体必然认为,这强化了女王与你之间的观点有差异"。他建议应该由杰弗里·豪以不引起争议的措辞写回信。撒切尔夫人表示同意:"我认为这个拟议的回信稿确实让女王卷入了政治……我对拟议的建议感到非常不快。媒体必然声称,女王与她的政府之间产生了裂痕。"[103]关于鲍威尔建议的另一个不同意见是,由英国驻南非大使给图图写回信。

然而,经过一个星期的深思,威廉·赫塞尔廷爵士致函杰弗里·豪的办公室,说女王仔细考虑了由白金汉宫或大使给主教写回信的多方面因素。女王陛下认为,由外交大臣本人写回信是不对的,经过多方考虑权衡后,决定由私人秘书写回信。[104]鲍威尔认为,尽管最后回信的版本与他和撒切尔夫人担心的那个版本差别很小,但鲍威尔出于一些原因愉快地默认了。他对撒切尔夫人说:"这是个简单而令人满意的解决办法。"[105]

女王对图图的回复没有引起公众非议,但整体形势让有关各方都不感到满意。撒切尔夫人就像在拿骚会议时一样完全被激怒了,因为人们认为她反对制裁的立场是不道德的。其实,她喜爱的观点是:"制裁本身是不道德的",这个观点是凡·德·普司特提出的。虽然她原则上对主教们存有敬意,但主教们的不赞成意见并不能平息她的怒气。7月9日,杰弗里·豪出发赴南非和前线国家执行自己的使命,这天撒切尔夫人公开谴责批评她的人们。她对《卫报》的雨果·杨格说:"我从他们身上根本看不出道德观念,他们坐在舒适环境中,领取优厚的薪金,有免受通胀影响的养老金,有好工作,却大谈道德问题,说我们让千百万黑人失去了工作。"[106]她声称,仅仅是提议中的水果蔬菜抵制,就会让9.5万人失去工作。"让黑人和他们的家庭失业,这是道德?你来证明哪!道德?没有社会保险,这是道德?"[107]

外交部前资深外交家彼得·马歇尔爵士如今担任英联邦秘书处副秘书长。他的职责是保证英国与英联邦国家保持紧密团结,可他感到沮丧,在日记中写道:"真是令人气馁的一天……《卫报》记者雨果·杨格咄咄逼人的采访更出火上浇油。"[108]他注意到报道称,有几个国家退出了英联邦运动会:"裂痕在扩大。"⑩ 早在 6 月 20 日,他曾暗自心想:"不知英联邦是要应付规模如此宏大的问题,还是要成为削弱我们的手段?"⑩ 随着审查大会会期临近,削弱的可能性变得更加明显了。

压力并非仅仅来自一个方面。赫尔穆特·科尔坚定支持杰弗里·豪的使命,称博塔对豪的粗鲁让他回想起自己母亲的智慧。她"以前对我说:'要是喜欢尽管摔门,不过别忘了,你以后还得打开这扇门'"。⑪ 按照科尔的观点,非国大"是一个大杂烩,他们的领导人并不真正想让曼德拉获释:他在监狱里是个殉道者,对他们有用,出狱后就成了他们的竞争对手"。⑫ 里根自己也受到压力,就制裁问题说,要指望白人"直接接受"一人一票的选举是"不切实际的"。他担心共产党渗透进非国大,但"并不排除与他们对话的可能性"。⑬ 7 月 22 日,总统公开发出号召,反对"要求惩罚性制裁的狂热情绪"。⑭

然而,在制裁问题上反对撒切尔夫人的人们的势头增强了。高级专家代表团让英联邦其他国家领导试图说服她改变主意的信息潮水般涌来。她参加 1986 年世博会访问加拿大,布赖恩·马尔罗尼会见她时,一展自己巧舌如簧的功夫,结果遭到她生硬的回绝。她的语气变得越来越生硬刺耳,马尔罗尼正色道:"玛格丽特,我不是贵国政府的成员,我是一个主权国家的领导人!"⑮ 他说,如果她不对审查大会让步,英国在英联邦的领导地位会"处于危险中"。她反驳说:"一个人必须明白领导地位与追随者地位的区别",⑯ 消除种族隔离要通过谈判,制裁只能导致暴力。马尔罗尼对她说,他们不同意,这可"不是个愉快的局面"。他后来面带讥笑地评论说:"从她的脸色、她做作的微笑和看我的神态,能看出她有多愤怒。假如她能撕开我的喉咙走掉,她准会那么做。"⑰ 非国大领导人奥利弗·坦博在卢萨卡会见杰弗里·豪,因为他判断得没错,杰弗里·豪的使命只不过是拖延政策的一部分:"退一步讲,英国首相的声明完全无益。"⑱

对撒切尔夫人而言,更糟的情况是杰弗里·豪越来越难以驾驭。虽然他一向赞成撒切尔夫人的看法,认为不该将南非视作"世界的麻风病人",⑲ 但他更在乎英联邦,并同意其观点:南非是其烹饪实习(指实施英联邦影响)的一部分。⑳ 因而,对英联邦的参与,他体会不到撒切尔夫人那种愤慨。6 月 24 日,在一次招待会上,他私下对彼得·马歇尔说:"麻烦的是首相。"㉑ 前一天,就他在欧洲理事会召开前向国防委员会提交的文件,撒

6. 与女王和英联邦对立

切尔夫人当着同僚们的面对他发脾气,抱怨说:"这给人的印象,仿佛我们政策的主要动机是附和群众意见。"㉒杰弗里·豪就像韦斯特兰风波后应对英国利兰公司一样,试图通过大臣们的影响约束撒切尔夫人,他拉拢资深同僚,让彼得·沃克向她致函:"威利(·怀特劳)、诺曼(·特比特)、昆廷(·霍格大法官)、党鞭(韦克厄姆)和我都表达了我们的政治判断,认为我们必须表现出愿意参加谈判。"㉓第二天在内阁会议上,大家普遍支持杰弗里·豪的想法:假如他在南非的斡旋使命失败,应采取进一步措施。㉔

在此基础上《星期日电讯报》7月6日报道称,假如撒切尔夫人在杰弗里·豪从南非返回后不实施制裁,他就辞职。㉕1 他恪守对英联邦团结的承诺,其象征是他在布莱尼宫参加了英联邦外长板球赛,为的是传递善意。彼得·马歇尔记录道:"埃尔斯佩思(·豪)上场击球,桑尼在防守,并捕捉住两个球。"㉖两天后,杰弗里·豪出发赴南非前致函撒切尔夫人说:

> 我们继续积极坚持反对全面制裁,这导致(英联邦国家领导人)做出与海牙谅解相反的结论,认为我们排除了朝这个方向的所有努力。这不仅让他们中许多人认为我们是这个方向上的障碍,而且往往将我们视作种族隔离的捍卫者。㉗

鲍威尔为她做了归纳:"这是外交大臣最担心的事。"杰弗里·豪敦促她说,英国必须在审查大会上做出一些让步。

越来越多的传言称,王室对英联邦的未来感到担忧,对撒切尔夫人处理这个事务的做法不满。有些还出现在媒体上。劳伦斯·凡·德·普司特打电话给唐宁街,说他刚刚见过威尔士亲王,亲王"为他母亲卷入目前的争论中感到非常沮丧。查尔斯王子对劳伦斯说,他们(王室)空前团结一致支持你……他们完全赞赏你的立场,而绝对不持批评态度"。㉘在查尔斯王子的官邸克拉伦斯宫用午膳时,女王的母亲伊丽莎白王太后在没有人提示的情况下对伍德罗·怀亚特说:"媒体和人们试图将女王拉进关于制裁的争吵中,这多么不光彩啊。"㉙她否认她女儿与撒切尔夫人不和的报道。怀

---

1 四天后,利昂·布里坦自1月份摆脱内阁职位的束缚后,成了首位与撒切尔夫人决裂的资深保守党人,他公开呼吁对南非实施制裁。(美联社,1986年7月10日)

亚特补充说："我猜想，她想要我让撒切尔夫人知道，女王不反对她。"

这两条善意的评论反映出女王希望举止正确的愿望，以及希望与她的首相保持良好关系的愿望。[1]没有证据显示，这两位女士曾在这个问题上相互说过严厉的话语。但白金汉宫在这个问题上的利益确实与唐宁街不同，而且努力促进自己的利益。女王在当时以及在21世纪都一直有维护英联邦团结的终生义务。她忠实恪守她父王乔治六世的观点，于1947年与前殖民地共和国协商了印度的独立，并与愿意与英国王室保持关系的许多前殖民地协商解决了英联邦成员身份。结果，英联邦成为一个世界范围多种族的组织。英联邦的支持者们相信，假如这个组织因前成员国南非臭名昭著的行为而分崩离析，那对这一传统是个悲剧。

然而，王室尽自己所能保持了英联邦的团结，也许由于威廉·赫塞尔廷爵士的帮助，才做得更加成功。他是个澳大利亚人，最近荣升最高职位，他是唯一非英国人升任此职，因而受到英联邦的同情。赫塞尔廷与桑尼·兰法尔保持着密切接触，向他咨询如何在谋略上胜过撒切尔夫人。[130]兰法尔是个让撒切尔夫人"无法忍受"的人，[131]他充分利用自己在马尔堡宫的办公地点靠近王宫的优势，经常觐见女王。6月23日，就在海牙峰会前几天，他见到女王，后来向彼得·马歇尔报告说："觐见非常融洽……她会尽一切努力帮助。"[132]7月10日，鲍威尔向撒切尔夫人通报说，尽管王室先前"对任何形式的招待……没有表现出多少热情"，但女王如今在"认真考虑举办一次晚宴，时间在星期日晚上"（会议第一天）。[133]鲍威尔通报称，照威廉·赫塞尔廷所说，"改变心意"是由于"桑尼·兰法尔对王室说，你对此十分热心。可我不记得有这回事"。[134]撒切尔夫人也一无所知。她在"热心"二字下面画了道曲线，表示不赞成。真实情况是，女王史无前例地决定中断在巴莫洛的夏季休养，返回伦敦拯救英联邦的团结。[135]这一举动让撒切尔夫人比任何人都感到为难。

---

1 然而，很难相信凡·德·普司特的说法是完全准确的。当时一篇引起争议的长篇匿名特写刊登在《经济学家》杂志上，对威尔士亲王的叙述中有大量批评撒切尔夫人的内容。尽管文章没有明说，但其内容是基于该报政治编辑赛门·詹金斯对亲王的采访。（《经济学家》，1986年7月19日）

6. 与女王和英联邦对立

7月20日,为迫使撒切尔夫人改变主意而掀起的运动发生了戏剧性的转折。《星期日泰晤士报》以"女王为撒切尔'满不在乎'而沮丧"作头版标题,报道称王室与首相在南非和英联邦问题上的裂痕真实存在,而且裂痕在扩大。该报基于女王几名顾问的介绍,报道说:"女王认为首相的方法常常对社会中的对抗和分裂满不在乎。"[136] 这几名顾问充分意识到,他们的介绍会公布出来。报道接着写道,女王感到,政府对社会中的弱势群体应当更加"关心",还担心矿工罢工的结果"从长远看正在损害国家的社会结构",而且对允许美国轰炸机从英国基地起飞打击利比亚的决定"感到担忧"。后面版面的一个长篇新闻特写以"非洲女王"为标题,陈述伊丽莎白二世女王在英联邦非洲大陆国家的角色与撒切尔夫人的方法发生了冲突。桑尼·兰法尔以自己的职位了解内情,按他的看法,"这篇报道真实反映了王室的观点"。[137]

加兰绘制的插图生动描绘了女王与首相在制裁南非问题上的紧张关系。《每日电讯报》1986年7月。插图下面的文字:撒马利亚人(《圣经》中描述的乐善好施者)。图中倒地者胸前文字:英联邦。
(插图在原文575页)

星期六夜里,媒体印制出第一批报道时,白金汉宫匆匆发表了一个声明,称:"女王如同赞赏所有前任首相一样赞赏与撒切尔夫人亲密无间的关系,凡声称女王对政府政策意见的报道皆属毫无根据。"《星期日泰晤士报》的编辑安德鲁·尼尔大吃一惊,因为报道的消息来源是女王的新闻秘书迈克尔·谢伊(按照新闻业的惯例,他不能透露)。尼尔太生气了,认为这是

223

两面三刀的欺诈行为，便拒绝在后面的版面上登载王宫的声明，他后来承认，这也许是个错误的决定。⑱

其实，这篇报道是有根据的，只不过由于夸张，实际效果受到了弱化。如果仔细研究，会发现王宫的声明并不是做出否认，但从文字效果上让读者感到是在否认。《星期日泰晤士报》发表的大部分内容确实是谢伊对该报说的，该报甚至事先将完整的内幕报道（不过不是在头版）大部分读给他听过。更加非同凡响的是，谢伊在报道发表前私下吹嘘自己的所作所为。7月19日星期六，这天恰巧在白金汉宫召开所有欧洲君主的王宫资深官员会议。上午讨论的议题是媒体处理与公关。威廉·赫塞尔廷爵士回忆说："迈克尔·谢伊走进来讲话……他对自己在《星期日泰晤士报》突然采取的绝妙行动洋洋得意。"⑲谢伊感到，他"让他们发表了一幅女王的和谐画面：关心罢工的矿工，关心英联邦"。到了下午，谢伊"夹着尾巴走进来，一副羞愧模样，说《星期日泰晤士报》上有一篇引起轰动的报道，内容是首相与女王之间有裂痕，伯纳德·英厄姆狂怒不已"。⑳1

在怒气冲冲的讨论过后，赫塞尔廷和唐宁街10号的同级别官员尼格尔·威克斯同意，赫塞尔廷给安德鲁·尼尔打电话要他撤下报道是毫无意义的，那将刺激他"格外有兴趣"刊登这篇报道。赫塞尔廷转而匆匆赶往温莎城堡去见女王。女王正要向所有欧洲王室官员祝酒。他对女王说："这会成为一桩引起尖声惊叫的轰动事件。我认为，你最好与首相个人联系。"女王立刻给首相别墅打去电话，对撒切尔夫人说（按照赫塞尔廷的叙述）：她"无法想象这样的报道是如何流传出去的，但报道与我了解的事实根本不符……"女王与首相"作了一次非常和蔼的交谈"。㉑

赫塞尔廷在《泰晤士报》上发表的公开信中再次否认。许多人自然倾向于相信王室的否认（或表面上的否认），便对《星期日泰晤士报》发泄怒气。但这篇报道源自女王新闻秘书，这个事实意味着该报及其业主鲁珀特·默多克有能力抵御这种怒气。因此，撒切尔夫人明白，报道必然有其真实性。默多克非正式授权兼任专栏作家的伍德罗·怀亚特向撒切尔夫人"暗示"消息来源。㉒他言听计从，给她打电话指出谢伊扮演的角色，她说："谢谢你警告我。我知道何时何地该小心谨慎。"㉓怀亚特建议，若议

---

1 英厄姆得知，《星期日泰晤士报》越过他发表了这个报道。

会问起该报道,她可以说:"这是个愚蠢的时期。"但撒切尔夫人按规则行事,回答说:"不……我会说,否认是白金汉宫发表的,我对此没有更多评论。"⑭

撒切尔夫人坚持了这一点,即使在私下也不曾谮越。她与君主的关系从来是被动而正确的,从来没有对此说三道四,没有抱怨,甚至没有在私下引述女王对她说的任何话。按照传统,她照例每周二在白金汉宫觐见女王,并无任何官员在场。离开王宫后,她"渴望喝一杯加苏打的威士忌",⑮然后接受她自己和女王私人秘书们的询问。由于撒切尔夫人感到紧张,所以这类觐见几乎从未有多少成效。觐见时,她总是小心翼翼坐在椅子边上,从提包里取出准备好的禀报材料。某些纪实剧描述称,觐见时,撒切尔夫人要向女王扼要地发号施令,但实际情况完全不同。她所说的通常是对当前事务的安抚性叙述。赫塞尔廷曾询问女王,是否与维多利亚女王与格莱斯顿的经验相同——"她对我说话时,仿佛我是公开会议的听众。"女王否认道:"与那种情况完全不同……但我对所说内容没有多少机会作评论。"⑯撒切尔夫人从来没有与女王交朋友的信心,这一点与她的有些前任不同,两人的关系"绝对正确,不过也许并不非常惬意"。按照赫塞尔廷的看法,女王在撒切尔夫人停顿时,以及将谈话转向类似讨论时,"女王这方面或许不对",她没有抓住机会参与。虽然两方面的私人办公室人员关系从来良好,但两位主要人物的非正式交流却不佳。

结果,女王自己的新闻秘书显然发表了一篇对撒切尔夫人如此有损害的报道时,首相与女王却没有一种宽松的关系帮助抚平这一事态。她知道谢伊的行为,甚至还收到了他在皇家私人秘书的会议上发表吹嘘演讲的敏感报告。⑰谢伊持苏格兰社会民主党的观点,虽然他推行自己的政治意图该受责备,但撒切尔夫人有个感觉,认为如果没有他为之效力者鼓励,报界绝对不会得到这篇报道的内容。[1]按照罗宾·巴特勒的看法,她"深受伤害。她像牛津不向她颁发荣誉学位时一样保持着缄默(参见第9章),从来没有说过她感到不安"。⑱此外,撒切尔夫人相信,《星期日泰晤士报》还

---

[1] 值得注意的是,与王室有良好关系的威利·怀特劳私下对人们说,女王对撒切尔夫人的政策感到担忧,"对发表那篇报道不无喜悦"。(安德鲁·尼尔访谈)

会在政治上给她造成伤害。她对查尔斯·鲍威尔说:"那些小老太太们会说,撒切尔夫人让女王感到沮丧。我会因此失去选票。"[181]1 在相反的方面也有风险。彼得·马歇尔在日记中自问:"是支持英联邦的英国人自己提出问题的,不知女王是否了解这一点?"[18] 他回答了自己的问题:"她了解。"在英国有强烈的反制裁情感,"英联邦最好注意到这一点"。[18] 当然,王室从发生的事态中看到了危险,结果在政治上变得更加谨慎了。

杰弗里·豪感觉到撒切尔夫人的政治地位变得脆弱,看到向上司施加更大压力的时机到来了。查尔斯·鲍威尔意识到了这个危险,因为它出现的形式非同凡响。前一个星期六,谢伊发表了吹嘘性的讲话,《星期日泰晤士报》撰写了报道,撒切尔夫人整个上午都待在首相别墅接受格雷厄姆·特纳的采访,准备在下个星期的《星期日电讯报》上发表。特纳是撒切尔夫人的一个好朋友,对她的政治活动持同情态度,因此在没有官员在场时,她与他交谈十分坦率。到了接下来的星期四,距《星期日电讯报》付印只剩两天时,鲍威尔向撒切尔夫人发出了警告。他读过特纳的采访稿,感到惊慌,便通过伯纳德·英厄姆劝《星期日电讯报》不要采用稍嫌煽动性的文字。但他的努力没有奏效。2 撒切尔夫人就英联邦和南非表达了犀利的观点。她提醒特纳,英联邦不是英国的,"那是他们的俱乐部、他们的联邦。假如他们想要让这个组织分崩离析,我认为那是愚蠢的"。[182] 她还指出,许多英联邦成员国不是民主国家,"有些在军政府统治下,有些处于紧急状态,有些在不同时期实施审查制度,有些搞过可怕的内部大屠杀,有些国家的政府不经审判就把反对派投进监狱"。[18] 提到是她对制裁的立场造成了分裂,她喊起来:"胡说!"她进入这个主题的核心:"在他们有些人提到的众多问题中,这个问题在任何情况下都让我马上产生同情。"鲍威尔

---

1 至少在短期内,撒切尔夫人的担忧也许是有道理的。7月23日,安德鲁王子与莎拉·弗格森女士的婚事让王室受欢迎的程度大增,民选的政客与之发生冲突是桩危险的事。《泰晤士报》8月1日发表的民调显示,工党支持率突然领先了9个百分点;认为"政府在南非政府问题上不够强硬"的百分比从原来的42%骤然上升到56%。

2 格雷厄姆·特纳记得,英厄姆曾"威胁"他说,假如他不按要求删改,就再也不准他见撒切尔夫人了。英厄姆说到做到:特纳和撒切尔夫人此后再也没见过面;但这种"欺凌"策略让特纳恼火,他坚持自己的立场。他认为,假如当时与他礼貌磋商,他会做出让步的。(格雷厄姆·特纳访谈)

6. 与女王和英联邦对立

以忠实的顾问采取的克制语言书面对她表示："我不得不说……这篇文章有可能为你招致尖锐的批评，说你在一个非常敏感的时刻对南非问题过于热心"，此外，在杰弗里·豪仍然在南非"进行敏感谈判的时候"不该公开说这番话。[155]

虽然撒切尔夫人在南非问题和英联邦问题上怒火中烧，但她立刻明白鲍威尔的论点是对的。她为自己不加提防感到自责，因为接受那次采访时，双方同意不涉及南非问题。她对鲍威尔说："务必尽最大努力协商删除这些内容……尤其因为局势在上个星期恶化了……另外《星期日泰晤士报》刊登后）会让星期六和星期日以后的事态形成我们不想承受的局面。"[156]鲍威尔第二天提醒她，事态确实恶化了。审查大会一个星期后要召开，却"没有释放曼德拉进展的明确消息"。[157]她采取进一步措施的计划必将在表决中以6比1败北。她能玩弄的拖延策略只剩下一条：等待外交大臣9月底完成使命。"这将是个不光彩的结果，但我们或许能挺过这一关。"

鲍威尔发现，他无法阻止《星期日电讯报》发那篇报道，便认为该向仍在南非的杰弗里·豪发出警告。他意识到他的上司与外交大臣之间的紧张关系在加剧。他在电报中说："我就不发文本内容了，因为你无法左右其内容……我意识到这让你想到那份犹太人的电报：'开始担心吧，信函随后到'！"[158]《星期日电讯报》按时刊登了7月26日星期六晚上那次采访内容，报道传给了正在比勒陀利亚的杰弗里·豪。与杰弗里·豪同行的私人秘书写的回复充满了半带克制的痛苦感觉："虽然（那次采访）有一些积极内容，但也包含了一些可能无助改善局面的材料。"[159]杰弗里·豪意识到，自己的使命即将失败，感到"整个活动的焦点……已经扩展到原订目标之外。而原来的目标是设法影响南非的未来，保护英国的利益免受英联邦伙伴国日益增长的威胁"。他警告说，《星期日电讯报》的报道"肯定不会让那个威胁减小"。他会见过博塔主席，认为他"气势汹汹，完全不顾外部世界的压力"。他请求撒切尔夫人不要再攻击"制裁的不道德性"转而明确表达，英国已经采取了种种措施——"最近发生的一些插曲破坏了我们需要展示的效果"；人们会认为英国政府是"种族隔离制度的捍卫者"。

奇怪的是，《星期日电讯报》的采访报道并没有引发进一步的强烈抗议。也许因为这事已经变得有点不再新鲜，自从女王与撒切尔夫人之间让人故意操纵的风暴爆发以来，已经成为陈词滥调。但杰弗里·豪与撒切尔夫人之间的麻烦如今在某种程度上变得比较严重，压倒了英联邦的敌意。鲍威尔相当坦率地做了归纳，回复杰弗里·豪的办公室说："我不得不说，显然存在着一些根本性的评估差异。"[159]他解释说，撒切尔夫人的策略是在审查大会之前"设置态度坚定的障碍"，但自己手中掌握让步的可能性。杰弗里·豪灰头土脸地回国向撒切尔夫人述职，对她说，美国不久将采用额外的措施，英国应当仿效。[1]她对杰弗里·豪说，他"在工作中表现出极大的尊严和耐心"，她同意，如果欧洲经济共同体全都参与，英国应当考虑进一步措施，但"她仍然极不情愿考虑采纳进一步的经济措施，更不用说主动提起建议了，因为她坚信外部制裁不会促成内部变革。此外，政府坚定反对制裁的立场在国内受到了相当大的支持"。[160]杰弗里·豪向她递交了准备提交给内阁国防委员会的形势报告。鲍威尔向她指出，这个报告还不错，不过，报告描绘的意图是，假如英联邦会议不能达成协议，其可怕后果"是让你的同僚们起一层鸡皮疙瘩"。[161]他敦促国防委员会保持低调，因为可能有政治上的危险，"应当避开会引起与外交部发生争议的主题，原因是：一、这会刺激财政大臣（劳森）和内政大臣（赫德）支持他；二、引发内阁与国防部不团结的报道具有危害性"。她应当等待时机："你在英联邦会议上发言时，只说必要的内容，最重要的事情是避免被束缚住手脚。"伯纳德·英厄姆寻求向媒体通报的内容主线，以自己习惯的直率向撒切尔夫人提出：

夫人是否要转向？
如果不转向，英联邦是否会分崩离析？[162]

显然，英厄姆把杰弗里·豪逼急了。对7月31日平稳的国防委员会会议，杰弗里·豪的理解是对的，官员们同意支持欧共体的进一步措施。然而，会议结束后，他得到的报告称，英厄姆向媒体介绍说，政府"不准备采取进一步的制裁"。[163]于是，杰弗里·豪相信，英厄姆等于对媒体说，杰

---

1 那年10月份，美国国会不顾里根总统的否决，通过了全面反种族隔离法，对南非实施惩罚性的制裁。照鲍威尔所说，这非但没让撒切尔夫人改变主意，反而使她"更坚定了"。（鲍威尔勋爵访谈）

6. 与女王和英联邦对立

弗里·豪两个星期前在议会声明中承诺有可能采取进一步措施是"放了个空炮"。他预料"卡翁达、穆加贝等领导人会情感爆发",并不在意审查大会因此"解体"。无法判断来源的传言称,杰弗里·豪要辞职。在埃尔斯佩思鼓动下,⁶⁴他坐下来,在他的首席私人秘书理查德·赖德帮助下给撒切尔夫人写信。这是一封长信,内容颇为苦涩,可他认为"非常重要"。⁶⁵他将这封信全文收录在自己的回忆录中。⁶⁶

杰弗里·豪在信中陈述了英厄姆的作为,指出其对审查大会的偏见。但是,他说,他的最后一点"更加具有根本的重要性"。虽然信是以批评英厄姆的口吻写的,但显然既批评其上司,又批评其喉舌。"我们密切合作达 11 年之久,我认为是成功的。"他想要继续保持合作,帮助赢得下次大选。"这意味着我们必须继续彼此保持信心,比方说,在这个星期保持密切的合作关系,若没有这种关系,将无法获胜。"换言之,假如唐宁街 10 号的新闻秘书让"大臣之间产生矛盾,破坏我党的秘密武器(忠诚),将毁掉我们赢得第三届任期的机会。"这个问题必须应对,不过不能在召开令人忧虑的审查大会这个周末期间。"假如我们要继续在相互信赖中合作……我希望我们能找到为此交谈的机会。"撒切尔夫人宁愿认为,这封信既不是个威胁,也不是个恳求,而是个稍有些胆怯的尝试,想要她解雇自己忠实的新闻秘书。在大会前的间歇时间里,杰弗里·豪向撒切尔夫人简短提出这事,但她回答道:"伯纳德不是那样的。但是我们现在不能谈这事。"⁶⁷她在回忆录中没有提到杰弗里·豪的这个手段。¹ 杰弗里·豪的情况接近了迈克尔·赫塞尔廷在韦斯特兰风波时的情况。毫无疑问,假如他决定辞职,对撒切尔夫人的处境造成的损害将更加严重。他比赫塞尔廷更接近整个撒切尔事业的核心,而且他受到广泛的尊重,人们都认为他稳健和蔼平易近人,在党内的盟友也多。他与撒切尔夫人的争执发生在首相与诺曼·特比特因其他原因发生争执的时刻(参见第 5 章),这便让她面临着一些真正的危险。幸亏这事几乎没有公开化,同时也幸亏她的外交大臣太忠诚,也太优

---

1 伯纳德·英厄姆让笔者看了一份杰弗里·豪的信函副本,另外写道:"我对他当时的动作丝毫不知情,也不记得我向媒体做的那个介绍冒犯了他,让他以此反对我。假如真是这样,那倒比较奇怪,因为我是根据我没有参加的会议的纪要作汇报的。"(与伯纳德·英厄姆爵士通信,2012年5月23日)

柔寡断，没有就这个问题穷追。

8月2日星期六，撒切尔夫妇在爱丁堡访问了英联邦运动会的运动员村，住在这里的运动员来自没有因英国的制裁南非路线而抵制这次运动会的国家（59个国家中的27个国家）。[1] 他们遭遇到抗议的牢骚和嘘声。她后来在回忆录中写道："我与丹尼斯的看法不无相同，他说这是我们从未有过的'一次最讨厌的访问'。那天晚上我们与我的好朋友劳伦斯·凡·德·普司特共进晚餐是愉快的，普司特以良好的判断谈论起南非问题……"[168] 她尤其厌恶一种观点，认为英国为了正常召开这届运动会而做出让步。桑尼·兰法尔对她说："首相，正遭受损害的是你的运动会。"撒切尔夫人反驳道："不，秘书长先生。不是我的运动会，是你们的。"[169] 她对英联邦种种冗长的废话和繁文缛节深感恼怒——既有反英思潮，又要搭乘大英帝国荣誉的顺风车，还妄自尊大，外加让女王卷入后导致的复杂情况。在审查大会召开的第一个夜晚，七位领导人按计划在白金汉宫出席晚宴，其中包括撒切尔夫人加上兰法尔和杰弗里·豪。按照桑尼·兰法尔的看法，女王"明确表示，英联邦不能在这个问题上分崩离析。玛格丽特不喜欢这一点。女王在根本没有明说的情况下显示出与撒切尔夫人的意见不一致"。[170]

奇怪的是，这次大会本身并没有以灾难而告终。大会在马尔堡宫举行，撒切尔夫人在彼得·马歇尔的房间里工作。（马歇尔记录道："我们认定，撒切尔夫人喜欢海格牌威士忌。"）[171] 尽管撒切尔夫人与杰弗里·豪在如何打英国牌的策略上有争议，她还是期待达成协议的。会议前夕，她接受了鲍威尔的分析，认为卡翁达、甘地等人"尽管众说纷纭……但仍盼望避免谈崩。"[172] 由于她处在这样艰难的地位，她也抱有同样的态度。她甚至在会前向赫尔穆特·科尔通报说，她"可能不得不做出一点儿让步"。[173] 她没有试图阻挠英联邦努力以"国际化"为名采取进一步措施。她接受了杰弗里·豪的警告，不重复拿骚会议后贬低交易的态度。审查大会同意，种族

---

[1] 这届运动会遭到印度和许多非洲国家和加勒比地区国家的抵制，这些国家的政府谴责撒切尔夫人对制裁南非的立场。参加运动会的国家中包括澳大利亚、加拿大、新西兰还有两个前线国家：博茨瓦纳和莱索托。

6. 与女王和英联邦对立

隔离正在逐步取消,因此需要新措施。撒切尔夫人说,英国接受实施欧共体在海牙同意的措施(包括禁止进口煤炭、生铁、钢材和克鲁格金币),前提是欧洲伙伴也同意实施这些措施。[1] 会上谁也没有公开抨击其他人。

一切纷争骤然平息下来。杰弗里和埃尔斯佩思·豪外出去度假。撒切尔夫人入院接受手术,那是很久前便计划好的手术,为的是矫正她的掌腱膜挛缩症(参见第5章)。在相当长的一段时间里,政府对迈克尔·谢伊在白金汉宫的行为评价很差,[114] 他平静地从那个职位上退出(按照威廉·赫塞尔廷的看法,"退出得不够快")。[115]

这一切究竟是为了什么?难道这是公开展示撒切尔夫人典型的弄巧成拙和执拗武断?为什么要让女王、同僚和众多友邦领导人感到不安?当然,她常常造成没有必要的对抗。当然,在外交年报上,这不是正常的行为。还有一点也是对的,在这个阶段,她打动南非白人政府的努力没有什么积极效果。然而,这也是撒切尔夫人独特的办事方式,既表现出力量,也有毛病。她相当确定,经济制裁不会实现预期效果,她与大多数政客不同,不会为了生活平静而轻易表示同意。她不想为了避免被困,就按杰弗里·豪的建议接受自己并不真心同意的原则。她不愿让英国公司失去业务,也不愿让南非黑人失去工作。她相信南非可以向多种族政府和平过渡,只要纳尔逊·曼德拉获释并找到正确的对话者进行谈判。在这个阶段,她感到南非最终可以实现类似瑞士行政区高度独立的宪法安排。那年11月,她对里根说:"南非永远不会有一人一票的普选。"[116] 在这一点上,她与非国

---

1 审查大会的附录犹如电视剧《是,大臣》的风格。1986年11月,撒切尔夫人收到尼格尔·劳森以造币厂主管身份寄来的一封信。他说,他想要铸造一种新的一盎司金币,定名为"不列颠","取代实际上已经消亡的克鲁格金币"。[劳森致函撒切尔,1986年11月3日,首相文件,经济政策,铸币(在内阁办公室查阅的文件)] 撒切尔夫人问:"我猜想我们是要从南非购买黄金吧。"劳森回答说,也许部分黄金是南非产的。鉴于英联邦的禁令,杰弗里·豪就此致函劳森提出抗议。(杰弗里·豪致函劳森,1986年12月17日,出处同上)撒切尔夫人谨慎地问:"我相信,其中没有来自苏联的黄金吧?"(她在苏联这个字眼下画了三道横线)造币厂向她通报说,部分黄金也许的确产自南非,有些产自苏联。撒切尔夫人指示:"干吧。但我简直无语了!我们不能进口克鲁格金币,所以我们要自己铸造新币,结果里面……含有南非和苏联的黄金。这算什么政策!!"(诺格罗夫致函撒切尔,1986年11月3日,出处同上)

大意见不一致，但她肯定不是企图阻止改革。她就像对苏联和戈尔巴乔夫，对于如何与南非政府首脑的正确伙伴打交道，她持乐观态度。在这一点上，她对博塔感到失望，但她相信，正确的伙伴最终将出现，并希望帮助影响这个出现的过程。在这一方面，历史证明她具有远见，胜过仅仅希望对种族隔离表示不赞成的人们，她考虑的是如何以最佳方式终结种族隔离。

她在南非和英联邦问题上付出的高昂代价是恶化与杰弗里·豪的关系。照查尔斯·鲍威尔所说，由于她"在办事方法、个性和观点方面都与杰弗里·豪不同"，⑰ 所以对他不够尊重。处理1984—1985年的英-爱谈判问题时杰弗里·豪受到的挫折，其实是他们在南非问题上产生分歧的预兆。理查德·赖德回忆道："杰弗里有强烈的凯尔特人品质，那是威尔士人的激情。在罕有的情形下，他一旦发怒，便会非常非常愤怒。"⑱ 1986年7月，他对许多事情感到愤怒——为自己被打发到南非受愚弄感到愤怒，为受到撒切尔夫人漠视感到愤怒，为他认为首相对南非白人政府太慈善、对英联邦太粗鲁感到愤怒。

也许他还对自己感到愤怒，因为这年年初没有在韦斯特兰问题上向她发起更加猛烈的挑战。也许他已经失去了战胜她的机会，结果遭到伯纳德·英厄姆的粗鄙对待。⑲1 撒切尔夫人没有回复他关于英厄姆的信，他不安地意识到，自己没有采取进一步举措。他在自己的回忆录中写道："我提出的是请她考虑的问题。"⑳ 他认为她没有认真考虑自己提出的问题，这一点是对的；但他也没有就此下定决心。因此这个问题不了了之。

在伦敦的审查大会结束那天，彼得·马歇尔有机会与罗伯特·阿姆斯特朗长谈："他说，撒切尔夫人不信赖杰弗里·豪……她充满了使命感，却没有人支持她（特比特失宠了）。"㉑ 这是个公平的总结。

---

1 杰弗里·豪在南非问题上的行为其实已经成为撒切尔夫人认为他领导不力的记录。她曾对伍德罗·怀亚特说："杰弗里·豪没有担任首相的才干。"在（拿骚召开的）英联邦大会上，他表现懦弱。在制裁南非问题上与其他国家斗争的是她。（怀亚特，《伍德罗·怀亚特日记》第一卷，1986年2月9日，p. 87）

7.

保住核弹

"她就像个惊叹号"

1985年11月19日，罗纳德·里根和米哈伊尔·戈尔巴乔夫在日内瓦举行了期待已久的首次峰会。这是努力与苏联建立友好关系的一块里程碑，早在戈尔巴乔夫成为总书记之前，撒切尔夫人便一直敦促总统迈出这一步。里根从日内瓦返回时，确认信赖她的判断。在白宫的任务报告会上，他说："玛吉是对的。我们可以跟这个人打交道。"[①] 在日内瓦并没有真正达成重大交易，但象征意义却是重要的。会晤情景受到3500名记者的记录，两位领导人相处融洽。乔治·舒尔茨写道："最重要的是，会晤开创了严肃而直接讨论的先河。"[②] 按照撒切尔夫人一个月前向里根提出的建议，两位领导人在日内瓦同意，将在华盛顿和莫斯科举行两次峰会。

在接下来的一年里，撒切尔夫人以忠实而有影响力的盟友身份，尽自己所能推进美苏关系向前发展。当时，两个超级大国的领导人相互试探，谈论会晤却并没有真正确定会晤日期，她便鼓励双方抓紧时间。然而，等到他们真正会晤时，她体验到的却是最猛烈的震动。1986年10月，里根总统对苏联领导人意外的邀请做出积极回应，在冰岛首都雷克雅未克与戈尔巴乔夫单独会见，为长期计划中的华盛顿峰会做前期讨论。关于他似乎要向苏联领导人提出的内容泄露出来后，撒切尔夫人感到惊骇。即使到了几个月以后，她回想起当时的情况，仍然感到浑身发抖。她对里根政府两位来访的官员保罗·尼采和理查德·珀尔说，雷克雅未克"对英国不啻一场地震。她一生中首次感到，自己在地球上没有安全的立足之地了。仿佛整个欧洲都将成为奉献的祭品"。[③] 她最强大的盟友和最伟大的意识形态灵魂伴侣好像差一点儿就要放弃西方安全的保障——核威慑。

鉴于撒切尔夫人与里根的关系非常稳固，雷克雅未克发生的事让她感到措手不及。两人高度相互信赖，若有不同意见能坦率地讨论。她认为，自己的角色将为美国的坚定立场赢得欧洲的支持，并保证美国始终牢记欧洲的利益和情感及其在东西方关系上的态度。例如，在1986年4月轰炸利比亚后，美国政府中的鹰派立刻引证指出苏联违反了《限制战略武器条约》（第二阶段限制战略武器条约谈判），想要放弃该条约对美国强加的限制。[1]他们决心向莫斯科发出一条明确的信息：美国不能容忍不公正的片面协议。前一年，撒切尔夫人曾帮助说服美国坚持《限制战略武器条约》的规定，这一次，她再次做出努力。她在致里根的信函中表示："正如你所知，我认为你去年6月决定继续遵守《限制战略武器条约》的限制是政治家的重要举措。我希望你感到有能力维护该立场，因为它为美国赢得了极大的尊重。"④打击利比亚后保罗·尼采代表里根来拜见她时，她的观点变得尖锐了。美方的记录中评论道："首相说，假如我们宣布，我们要破坏法律，就等于向戈尔巴乔夫总书记献上一份他们获得巨大胜利的厚礼……"

> 戈尔巴乔夫会说："这个人……刚刚轰炸过利比亚，如今又宣布要违反法律。"苏联宣传对舆论的影响会非常有效。她说她此刻为联盟感到非常担忧，也为欧洲极易受到攻击感到担忧——"他们（欧洲国家）感到恐惧，所以才会让步。"⑤

然而，撒切尔夫人并没有将抗议内容公开，那年5月在东京举行的G7峰会上，也没有就条约发生争吵。那个月晚些时候，里根在致函撒切尔夫人时重申，他无法再"单方面"坚守那个条约，但承诺保持克制，将美国技术上处在其限制下的状态多保持几个月。⑥撒切尔夫人意识到，这不是该由她带头冲锋的战斗，便决定公开强调称，里根的决定是"临时性的"，⑦是向苏联人提供了一个遵守承诺的机会。她尽自己最大努力在美国和欧洲之间起到桥梁作用，不过她从来避免使用这个字眼。

在处理战略防御计划及核裁军这个核心问题上，撒切尔夫人和里根保

---

[1] 据从未得到证实的消息，双方先前同意自愿遵守该条约规定的限制。

7. 保住核弹

持着密切接触。在日内瓦，戈尔巴乔夫注意到里根对消除全世界的核武器有一种痴迷，便认为可以将这一点转化为自己的优势。1986年1月，他致函里根，提出以2000年为期限，彻底销毁核武器，条件是总统放弃战略防御计划。苏联人立刻公开提出这个建议。这个想法完全符合莫斯科长期以来的努力：通过建议彻底裁军向西方献上一杯毒酒，尤其是苏联人担心西方在军备竞赛中领先。美国政府中的许多人自然对这个建议的价值产生了怀疑，但乔治·舒尔茨视之为朝里根公开宣布的立场迈进的标志。里根表示同意，而且想要走得更远。他问自己的顾问们："为了没有核武器的世界，为什么一定要等到20世纪末？"[8] 里根自然无意在战略防御计划问题上让戈尔巴乔夫满意，但他授权做出了友好的回复。在欢迎苏联建议的声明中，他提醒全世界注意：他早在1983年便公开呼吁彻底消除核武器。"我们要与盟国一道仔细研究戈尔巴乔夫总书记的建议。"[9]

撒切尔夫人的"仔细研究"让她的怀疑态度比先前有增无减。对这个根本性的假定，她简直无法相信，她不相信核武器能够从地球上消失。她私下与理查德·珀尔讨论过这事。"我记得她说：'无法想象苏联最终会交出他们的核武器。他们会欺骗。要是换了我，也会欺骗。'"[10] 她在公开场合态度非常坦率，将她自己摆在与这两位超级大国领导人对立的地位。她对杰弗里·史密斯说："总统和戈尔巴乔夫先生都说，他们希望看到一个没有核武器的世界。我却看不出世界怎么会没有核武器。这是块'空中蛋糕'。"[11] 让她害怕的是，这个在她看来显而易见的事实，里根却真的不理解。"在少有的几种情况下，我觉得他的愿望背离了人性的现实。"[12] 哪怕这只是个试图让苏联人仓皇失措的策略，她也怀疑其优点何在，因为她清楚，在这个问题上，她与里根总统的立场不同。

1986年2月11日，撒切尔夫人为核武器的前景感到深深的担忧，给里根写了封六页纸的长信，提出"关于你下次与戈尔巴乔夫先生会谈时处理军备控制问题的一些想法"。[13] 她措辞谨慎地就戈尔巴乔夫的提议发出警告，一年前，美国人曾想要向她提出同样的警告：

> 他显然比他的前任更加诡计多端，在利用西方舆论方面的知识也更丰富。但是在外表的虚饰下面，他跟我们过去了解的苏联共产党人同属一个类别，为了追求苏联的利益冷酷无情，

并不惜为此耗时费力。

她诠释了他的宣传目标：

> 你启动战略防御计划时，描绘了世界没有核武器的高尚愿景。戈尔巴乔夫便抓住这一点，提出他20世纪末实现这一目标的虚伪时间表，我认为这是表明他精明的一个好证据。

她担心的是，这会让公众产生不现实的期待。她提醒里根，没有核武器的世界"其实将是个非常危险的地方，西欧将尤其更加易受攻击，除非在常规部队方面同步平衡裁减，打破苏联的巨大优势"。她还担心核扩散，评论说："虽然从理论上讲核武器本身可以销毁，但制造核武器的知识却绝对不会清除掉。最大的风险在于破坏了公众对我们同意的核威慑和灵活反应战略给予的支持。"[14]1

撒切尔夫人一再重申，她支持里根的观点："必须继续从事"战略防御计划；不过也表达了担忧：西方有可能在这场宣传战中受挫败，"需要应对真切的苏联焦虑症"。她接着提出一系列想法："在战略防御计划开发的可能形态、范围和时序方面让苏联产生极大的安全感。"[15]2 虽然她谨慎地强调称，自己的建议并不限制研究，但她寻求对远远超越政府同意范围的研究计划加以限制。除了战略防御计划，她还在信中再次提到自己的担忧，唯恐试图将英国的核威慑纳入军备控制谈判。她也告诫说，反对寻求从欧洲撤除中程核力量（所谓的"零选择"），唯恐北约核威慑失去可信度。

撒切尔夫人对里根无核世界的渴望感到深为担忧，她的担忧与总统自己政府内部的许多人产生了共鸣。波因德克斯特海军上将回忆道："我认

---

1 根据"灵活反应战略"，如果受到袭击，北约可以做出一系列选择，从动用常规部队到战术核武器、中程导弹直至战略核力量。这使盟国对不同程度的苏联袭击做出反应时保留了北约核威慑力的可信度。

2 这些包括"加强并细化《反弹道导弹条约》，将单方面推出该条约的所需通知期限延长，并承诺在某个具体日期前不进入防御计划的具体阶段。"（撒切尔致函里根，1986年2月11日，CAC: THCR 3/1/52）

7. 保住核弹

为舒尔茨也许支持总统，但我们其余的人认为那是不现实的。"[16]怀疑论者与里根进行争论，但"他会倾听，也理解所有反对论点，还会热情表示感谢。接着，十分钟后，他会开始谈论没有核武器的世界多么美好！"[17]最终，他们决定，应对这个问题的最佳方法是设法无限期推迟实现里根的愿景，要列举出考虑消除核武器前需要实现的一系列必要条件。美国军备控制和裁军署署长肯尼思·阿德尔曼回忆说："这些基本条件包括了一切——从消除街头犯罪到消除行凶抢劫，甚至到消除蛀牙！我们对里根的信念其实没有发挥多少影响，但我们确实在设法实现那些条件。"[18]这些条件确实罗列在一套国家安全决策指令中，其内容宽广——不仅包括常规部队的对等和"和平解决地区冲突……不受干涉"，还包括非常模糊的需要"苏联领导人表达和平竞争的承诺"。[19]

2月底之前，总统回复了首相的信函。信中几乎逐字重复了他的署长列出的所有条件。照查尔斯·鲍威尔所说，这让撒切尔夫人感到安慰："我记得在与里根通信中出现过的所有'但是'，而且全都出现在我方发出的信函中。这些条件看来永远实现不了，因此成为一道绝对的保障，永远也用不着使用'消除核武器'这个字眼了。因此我们可以放心了。"[20]里根的回信让撒切尔夫人壮起了胆子，她立刻给戈尔巴乔夫写信：

> 我了解您和里根总统都心怀让世界消除核武器的目标。但这是个长远的抱负，简单设定一个武断的实现时间表在我看来不该是个实践取向。我们需要应对让核武器成为必需的不安全原因。在您那次给我留下愉快记忆的英国之行时我向您表示过，核武器目前为保持和平与稳定做出了必要的贡献。我相信，在可以预见到的未来，东西方将继续依赖核武器的威慑作用。[21]

在英国的独立威慑力方面，里根也给予了撒切尔夫人一些安慰，他承诺，这将与任何中程核力量交易脱钩。[22]但是在战略防御计划方面，他什么表示也没有。撒切尔夫人及时回信感谢里根提出的中程核力量想法，不过也寻求他深入的回答："我期待在适当的时候收到你对我2月11日信函中其他论点的反应。"[23]在战略防御计划问题上，里根和他的人员希望尽量保持不受妨碍。[1] 他们并不急于讨论这事，即使与关系最密切的盟国也不愿讨论。

撒切尔夫人设法推动里根朝战略防御计划方向发展时，杰弗里·豪却更加坚定地推动她朝里根的方向努力。3月份，他向查尔斯·鲍威尔预先发来一份演讲稿，其中提到他一年前在皇家三军联合研究所的讲话，他曾抨击战略防御计划（参见第三卷第9章）。鲍威尔向撒切尔夫人提议说，应当将这一点删掉。她极力表示赞同："在皇家三军联合研究所的讲话危害极大，我认为其目的是破坏战略防御计划。使用的是戈尔巴乔夫的论调。"[24] 在接下来的一个月，杰弗里·豪直接向撒切尔夫人提交了一封长达15页表示担忧的信函，提出不超越研究阶段的重要性。[25] 她把这封信称作"愁云密布的信函"，评论说："外交部变得越来越啰唆了。"四天后，她收到尼格尔·劳森的一封信，不由感到吃惊，因为劳森一般不会对这种问题表现出兴趣。他支持杰弗里·豪信中的立场，警告要避免"新一轮的军备竞赛"。[26] 鲍威尔警告撒切尔夫人说："外交大臣在寻找一些盟友。"撒切尔夫人潦草批注："我想不出财政大臣写这么一封信要做什么。"[27] 这事的确异乎寻常，资深大臣们感到她在韦斯特兰危机后地位屡弱，才会发生这种事。劳森的信是个危险的小迹象，也许她没有关注这些迹象。也许可以用关于战略防御计划辩论中的一个说法，将杰弗里·豪与劳森的联合描述为控制撒切尔夫人的企图如今"进入研究阶段"了。

直到这年夏天，撒切尔夫人才收到里根的实质性答复。他在7月20日的回信中表示，两个超级大国应当同意在不少于五年的时间里在《反弹道导弹条约》的范围内保持战略防御计划技术的所有研究、开发和试验。[2] 然而，他接着提出一个引人瞩目的新建议：五年后将启动如何分享战略防

---

1 国家安全委员会对撒切尔夫人建议做分析时，怀疑一项可行的战略防御计划研究计划能否真正在她建议的限制下得到维持。不过，这项分析勉强做出结论称："等到形势完全明朗时，我们最终可能不得不朝首相建议的大方向迈进。"［"对撒切尔首相2月11日信函的评论"，撒切尔夫人讨论战略防御计划／《反弹道导弹条约》，1986年3月（1），第92083号文件盒，罗伯特·林哈德文件，里根图书馆］

2《反弹道导弹条约》允许的具体研究、开发和试验的性质则是华盛顿和莫斯科争议极大的问题。里根在信函中完全忽略了这一争议。

7. 保住核弹

御的成果，并彻底销毁双方的进攻性弹道武器。如果两年内未能达成协议，各方将在期限为六个月的通报期后，按自己的意愿单方面部署战略防御武器。[28]

乍一看，彻底销毁进攻性弹道导弹的想法令人吃惊，因为这是现存武器中最具潜在破坏性的核武器。然而，这种想法对美国人最具吸引力，因为这种武器若从苏联发射，能够命中美国的任何目标，而苏联的这种武器占有数量上的优势。这也瓦解了苏联的论点：战略防御计划能让美国抵御弹道导弹，从而在捍卫自己方面占有优势，但是，假如弹道导弹不复存在，显然战略防御计划就失去了意义，只能对以后重新获得导弹构成威慑。美国的北约盟国却认为这个计划不那么精彩，它会破坏"灵活反应战略"。更糟的是，它会让英国建议的新三叉戟导弹系统面临威胁，因为三叉戟是美国提供的一种弹道导弹。这项计划称，"其他核国家"应参与裁军谈判。看来英国的核威慑要被谈判裁减掉。

令人吃惊的是，尽管这封信的内容与撒切尔夫人在雷克雅未克会谈后提出的论点唱反调，可她并没有提出强烈抗议。在她的建议下，里根确实从他的建议中删掉了"其他核国家"的说法，[29]但保留了彻底销毁进攻性弹道导弹的提法，这是撒切尔夫人深恶痛绝的字眼。于是，尽管没有直接提到名称，但三叉戟计划受到了威胁。在里根7月25日致戈尔巴乔夫的信中，（在分享战略防御计划研究成果的同时）销毁弹道武器占了头等重要的地位。撒切尔夫人对这些建议没有做出激烈的反应，她似乎依赖里根早先做出的保证，其中包括他3月份在正式指令中郑重承诺的条件："在可预见的未来，核武器显然将继续是关键因素。"[30]英国人不相信，提出如此激进的几个建议便会克服以往军备控制谈判的瘫痪状态。其中有自鸣得意的成分。照查尔斯·鲍威尔的话说："至于我们是否重视他销毁弹道导弹的评论，人们或许会为此争论，但我们不重视。我认为我们的态度是：'哦，那个老孩子冒出个控制核武器的新念头，但北约战略就是北约战略，因此什么事都不会有。'"[31]

或许撒切尔夫人只是对自己与苏联人对话的角色太感兴趣了，不忍心在这个节骨眼上大吵大闹。5月份，她正准备离开伦敦去东京参加G7峰会时，苏联驻英国大使列昂尼德·扎米亚京向撒切尔夫人通报说，戈尔巴乔夫渴望年底前安排一次在华盛顿与里根的峰会。"这位大使明确表示说，戈尔巴乔夫亲自要他在撒切尔夫人启程赴东京前传达峰会的信息。"[32] 隐含的信息是，撒切尔夫人这时要为戈尔巴乔夫向里根求情。她在东京传递了这个信息，并巧妙地评论说："我真的不知道该作何理解。"[33] 里根向她保证说，他保证那年晚些时候安排一次峰会。然而到了7月初，没有取得任何进展。戈尔巴乔夫便向撒切尔夫人致函，邀请她访苏，再次请她传递与美国举行峰会的愿望，并希望"尚未明朗的国际局势向好的方向转变"。[34] 查尔斯·鲍威尔建议撒切尔夫人先稳住，等到秋天再给戈尔巴乔夫答复，届时接近美苏峰会的预定时间，"我们可能提出重要的新论点，将两方拉近"。[35] 但撒切尔夫人坚持近期做出答复。[1] 她要在1987年上半年访问莫斯科。她提醒苏联领导人，自己与他的美国对话者关系密切，称里根在日内瓦会谈时对苏联的建议所做的回复是在"与我密切磋商后做出的"。她说，收到戈尔巴乔夫的信函后，"我与里根总统接触过。他像你一样确认，他非常渴望举行第二次峰会……很难想象任何继任者能有他那样的地位，去说服国会批准军备控制协议，那也正是我希望峰会能达成的协议"。[36]

然而，要真正确定会期，就只能是在9月份。戈尔巴乔夫相信，与美国谈判取得进展可帮助他在国内搞的改革，便迈出大胆的一步，突然建议在华盛顿峰会前与里根私下举行非正式会谈，双方讨论协议的内容，便于在华盛顿峰会上签署。戈尔巴乔夫建议了两个非正式会谈的地点：伦敦或雷克雅未克。美国人对这些建议感到又惊又喜，因为这两座城市都是北约国家的首都。照乔治·舒尔茨所说："总统很想选择伦敦，真希望玛格丽特能出席会谈，但他知道这不合适。"[37][2] 最终美国人决定选择雷克雅未克，因为这座城市相比之下比较与世隔绝。然而，在同意这次会晤前，里根向撒切尔夫人（和其他盟国）通报了戈尔巴乔夫邀请的事，寻求她的建议。

---

1 收到鲍威尔的建议前一天，撒切尔夫人的右手接受了掌腱膜挛缩症矫治手术，手掌裹着绷带。鲍威尔在提交的备忘录上画了几个方框，于是她要做的只是用左手在自己同意的选项上打钩。这恰巧也是里根对工作人员所提建议的通常选择方法。

2 没有证据显示，撒切尔夫人本人了解伦敦曾是这次最高级会晤的候选地点。假如她了解，肯定会竭尽全力让伦敦得到这个机会。查尔斯·鲍威尔事先知道，但他不相信美国人会认真考虑这个选项，于是没有告诉她。（鲍威尔勋爵访谈）假如她能坐在谈判桌前，会谈过程肯定会有所不同。

7. 保住核弹

撒切尔夫人对这个会晤的想法表示欢迎。[1] 戈尔巴乔夫此前做出的保证让她感到鼓舞，她对里根说："苏联愿意不提及英国和法国的武装，这是个极大的进展，当然，这也是我们接受任何协议的前提。"关于美国和苏联在欧洲应保留多少中程核力量，她写道："我想要你了解，我们能接受的协议应基于任何武器在欧洲的同等上限，要保证亚洲的上限（即部署在亚洲的中程核力量）与此不能有太大差异，另外还应满足盟国的其他条件，首先是短程核力量。"[38] 她重申了在 2 月份的信函中表达的对战略防御计划的态度："关键是向苏联人做出保证：不会突然从研究转入部署阶段。"[39] 她与美国政府的观点一致，认为雷克雅未克会晤将为一次重要峰会奠定基础，她在致戈尔巴乔夫的信中表达了同样的看法："我非常欢迎你们会晤，为一次峰会做准备，我希望这次峰会能在今年年底前举行。我相信峰会上有可能达成裁军协议，并讨论区域争议和人权问题的进展。"[40] 她将雷克雅未克会晤视为程序性的有益步骤，仅此而已。她担心自己致里根的原稿篇幅太长，便潦草批注道："我们必须记住，这不是一次峰会。"[41]

里根对即将举行的会晤的看法与她大致相同。会晤开始前三天，里根在 10 月 8 日致函撒切尔夫人："我在雷克雅未克的目标是增加美国峰会产生成效的可能性。预期我们的事务性会晤要私下举行。我并不期待会达成任何正式协议。"[42] 他向撒切尔夫人保证说，他仍然"敏锐地意识到你在中程核力量协议领域的特殊利益"。他的最高优先考虑是"有效而稳定地减少战略性进攻武器"。[43] 查尔斯·鲍威尔看了这封信，就此写道："首相：这封信发出时他还没有看到你的上一封信。信中只是对讨论过的主题做一般性的安慰，几乎没有实质性的内容。"[44] 美国国务院欧洲局局长罗兹·里奇韦在雷克雅未克是高级谈判人员，照他的说法，鲍威尔的评价是正确的："没有新东西。"[45] 美国政府全神贯注考虑的是减少，而不是销毁核武器。撒切尔夫人感到安心。她在会晤前致里根的最后一封信没有涉及重大问题，而是感谢他要向戈尔巴乔夫提出奥列格·戈德尔维斯基家庭困境的问题。

准备制造意外的是提出在雷克雅未克举行峰会预备会议的戈尔巴乔夫。

---

1 伯纳德·英厄姆对这个时间安排感到喜悦。他对撒切尔夫人说："里根和戈尔巴乔夫的会谈恰好与工党大会时间重合，会让工党大会相形见绌。"（"新闻摘要"，英厄姆致撒切尔，1986年10月1日，CAC: THCR 3/5/61）

根据事前举行的苏联政治局会议上由戈尔巴乔夫的外交政策顾问阿纳托利·契尼耶夫做的记录，戈尔巴乔夫警告他的同志们说，假如雷克雅未克会议失败，"我们将被拖进自己无法控制的军备竞赛，最终我们会在这场竞赛中落败"，因为"目前我们的能力已达到极限"。[46] 戈尔巴乔夫受到的巨大压力不仅来自战略防御计划，而且还来自因新技术而受益越来越高效的西方常规部队。他的目标是离间里根和他的盟友，破坏北约。他向政治局解释说："为了打动里根，我们不得不让他尝点甜头……我们必须强调我们建议销毁核武器……假如里根中途不能满足我们的要求，我们就向全世界宣传此事。"[47] 按照契尼耶夫的理解，戈尔巴乔夫的意图是利用雷克雅未克"把里根绊个四脚朝天"。[48] 在撒切尔夫人非常沮丧的看法中，他几乎得逞了。

1986年10月11日星期六上午，里根和戈尔巴乔夫在冰岛政府名叫首宅的官方宾馆会晤。起初是两人单独会晤，其他参加者只有他们的翻译和记录人员，在后来的会晤中有双方的外交部部长乔治·舒尔茨和爱德华·谢瓦尔德纳泽[1]。两位领导人表达了自己赞成全面销毁核武器的愿望。美国人感到惊讶的是，戈尔巴乔夫迅速将这一愿望转化为具体军控建议。戈尔巴乔夫称作苏联的"一揽子"建议中包括裁减战略武器50%，在欧洲销毁所有中程核武器并对亚洲剩余的中程核武器进行谈判（没有提到法国和英国的导弹）。[49] 戈尔巴乔夫还建议，双方同意在不少于十年期内遵守《反弹道导弹条约》，尔后在接下来的三到五年中谈判如何继续进行；在这段时间里，战略防御计划的研究可继续，但"不能超越实验室范围"。里根称，这些建议全都"非常令人鼓舞",[50] 他的工作人员听了不由感到惊恐。罗兹·里奇韦回忆说："我们原本针对苏联人已经提出的各种想法准备了相应答复，却没料到戈尔巴乔夫会提出全新的想法。总统没为此做事先准备。谁知道总统面对这些材料会做何种反应？"[51] 撒切尔夫人肯定不知道。由于事态发展迅速，任何信息都没有透露出来传给盟国。

---

1 爱德华·谢瓦尔德纳泽（Eduard Shevardnadze, 1928—2014），1972—1985年任格鲁吉亚共产党中央委员会第一书记；1985—1990年任苏共政治局成员；1985—1990年任苏联外交部部长；1991年成为民主改革运动的创始人；1992—1995年任格鲁吉亚最高议会主席和国家元首；1995—2003年任格鲁吉亚总统；2000年获颁圣迈克尔和圣乔治荣誉十字勋章。

7. 保住核弹

星期日上午，里根和戈尔巴乔夫同意了裁减各自50%的战略武器，并从欧洲完全撤出中程核导弹。[1] 这些是符合美国长期立场的戏剧性转变，中程核武器交易反映了里根1981年提出的"零选择"。这些交易远远超出了撒切尔夫人的预期。她前一个月给里根的信函中表示，愿意接受中程核力量在欧洲的"上限"，但"上限"自然不是零。"零"超出了里根在雷克雅未克会晤前向盟国领导人通报中的期待。[52] 尽管里根之前向撒切尔夫人做出保证，说自己"敏锐意识到了她的特殊利益"，但他在星期日上午与戈尔巴乔夫协商交易时，新消息绝对让他暂时丧失了意识。

中午时分，舒尔茨召集美国团队开会时，美国人开始意识到，应当向盟国通报更多情况。他们认为，这桩建议的中程核力量交易是个伟大的胜利，用阿德尔曼的话说，他们这时渴望"将这个令人兴奋的消息从雷克雅未克传达给盟国"。[53] 里奇韦马上开始给欧洲各国首都打电话。美国驻伦敦大使查尔斯·普赖斯记得，事态进展太快了，里奇韦急匆匆传递消息，竟然未使用保密电话线路。[54] 他们没想过咨询盟国，只想让他们在全世界得知前赶紧向盟国通报。[55] 不清楚里奇韦有限的通报内容是否传递给了撒切尔夫人。她当时为信息真空感到越来越不安。到了午饭时间，撒切尔夫人从首相别墅给查尔斯·鲍威尔打去电话，急切地问："得到雷克雅未克的消息没有？查尔斯，我们得采取点行动才行。"[56] 鲍威尔立刻跳上汽车驶往首相别墅，帮助她分析形势。虽然里根与戈尔巴乔夫会晤的实质信息直到下午4点之前还没有传来，她已经开始紧张不安了。

在雷克雅未克会谈中，战略防御计划是个障碍。里根坚决不愿让这个项目困在实验室中达十年之久，而戈尔巴乔夫绝对不相信美国要分享此技术的说法。按照计划，这次峰会的最后一次会议是星期日上午的谈判，两位领导人围绕着这一点反复讨论，无法达成一致。他们不愿以僵局结束会晤，同意让舒尔茨和谢瓦尔德纳泽寻找打破僵局的机会。

美国人这时意外更换了一种激进的行动路线。舒尔茨与谢瓦尔德纳泽讨论时，理查德·珀尔和国家安全委员会的一位职员罗伯特·林哈德起草零弹道导弹建议的协议草案，这个草案的提纲在里根7月25日致戈尔巴乔夫的信函中首次提到过。波因德克斯特曾在前一晚与里根和舒尔茨讨论过

---

1 在这一阶段，根据建议，苏联将保持在亚洲的全部导弹，美国则保持在阿拉斯加的全部导弹。

必要时提出这个草案的可能性,他回忆说:"我们原本不计划在雷克雅未克提出这个草案。"[57] 舒尔茨将这个草案给谢瓦尔德纳泽看(具体内容尚未经里根批准)。草案建议,任何一方十年内不得退出《反弹道导弹条约》。在前五年中,双方各削减50%的战略核武器;在后五年中,双方同意销毁剩余的全部进攻性弹道导弹。谢瓦尔德纳泽不太喜欢这个想法,他指出,这等于允许在十年后部署战略防御武器,但两位外交部部长同意请示各自的上司,然后在最后一次会谈中接着讨论。

午饭后,里根和戈尔巴乔夫开始最后一次会谈,这次讨论几乎谈崩。珀尔-林哈德的草案建议销毁进攻性弹道导弹,而这是苏联的强项。戈尔巴乔夫在会议一开始就迫切要求销毁全部战略武器,这将使美国失去从本土打击苏联的核能力。里根得到过不接受这一点的建议,他将这场游戏的层次提得更高。"在对各类武器讨论中,他似乎要么不知晓要么不在乎弹道武器与战略性武器的区别,漫长讨论结束时,里根宣称,'假如我们销毁所有核武器',那样很好。戈尔巴乔夫回答道:'我们可以这么做。我们可以销毁这些武器。'舒尔茨不愿做个默默无闻的旁观者,插嘴说:'我们动手吧。'"[58] 杰克·马特洛克是国家安全委员会的苏联问题主任,他回忆时以保守的口吻陈述说:"总统的确超越了我们原计划的范围,超越了我们认为他能实现的目标。"[59] 里奇韦的说法富有生动的色彩:"总统与戈尔巴乔夫的对话涵盖宏宇。"[60]

不过,两位领导人都不清楚下一步该怎么走。戈尔巴乔夫始终坚持,战略防御计划在十年内应限制在实验室内,而五角大楼也以同样坚定的口吻向总统坚持说,这将扼杀这项计划。里根因此拒绝了戈尔巴乔夫的要求,请求戈尔巴乔夫"'就做这一件事',不要将战略防御计划限制在实验室中,'这不过是一个字眼的问题。不能因一个字眼拒绝整件事'"。戈尔巴乔夫回答道:'这不仅是一个字眼的问题,是个原则问题。'"[61]

结果,这次会议未达成协议而告终。由于戈尔巴乔夫提出的是"一揽子"提议,结果任何部分都不能成立。提议全都告吹了。

没有达成协议,而且乔治·舒尔茨在其后的记者会上神情阴郁,全世界便明白,这次峰会失败了。但是在撒切尔夫人看来,至少在这个阶段唯一的好事就是会谈失败。

7. 保住核弹

她并没有马上准确得知里根曾在会谈中走了多远。当然就连美国政府中也很少有人知晓。大多数知情者们为曾经发生过的事感到惊恐,绝口不提里根和戈尔巴乔夫曾非常接近销毁所有核武器,转而将焦点集中在销毁弹道导弹上。[1]不过,搜集到的不完整消息已经让撒切尔夫人感到惊恐了。她的首席私人秘书尼格尔·威克斯回忆说:"她彻底吓坏了。"[62]她喊起来:"他怎么能这么做?他要干什么?"[63]密特朗总统当时的特别顾问雅克·阿达利说,在雷克雅未克会晤的余波中,"我首次听到玛格丽特·撒切尔说,美国人疯了"。[64]让她深感不安的既有会谈内容,也有美国人的态度。她一直坚持认为从世界上销毁核武器是不可能的。因此,西方人追求无核世界,等于是在追逐鬼火,只能让自己变得无比脆弱,对英国和欧洲大陆国家尤其如此。如今,西方的领袖真的追逐过它,而且没有与盟国协商一致。既然这一次违背她的意愿还不让她知道,"很可能在一些其他场合"还会提出新的裁军建议,她为此感到"痛苦的折磨"。[65]

第二天,里根打电话给撒切尔夫人,祝贺她61岁诞辰。他证实了弹道导弹的提议。虽然他起初没有提到销毁全部核武器,但撒切尔夫人抓住对透露出的消息所做的准确解释,就此指责莫斯科。她坚持说:"苏联人的想法是销毁全部核导弹,换取将战略防御计划十年内限制在实验室中,这是极其危险的。"[66]里根似乎不太信服。撒切尔夫人提醒他常规部队的不平衡状况,他表示不同意,称"我们不相信常规部队的状况非常不平衡。此外,苏联人不想要战争"。[67]她谨慎地对总统表示赞扬,说他在谈判中的"表现非同凡响",[68]不过她当时的看法却不是这样——她指责苏联人试图在会晤中"制造分歧";但是她明确表达了自己的担忧。销毁核武器的建议"让她相当担忧"也让"欧洲舆论感到不安"。查尔斯·鲍威尔为那次电话交谈做记录,他认为这次交谈内容太敏感,后来写了两个不同的版本,一个用于严格限制范围的通报,在另一个版本中,他以忧虑的口吻记录道,里根谈起《反弹道导弹条约》时"不屑一顾";当撒切尔夫人"谈到欧洲常规部队的不平衡状况时,一再强调核威慑的重要性,总统的反应颇为含糊"。[69]

---

1 只有一次是个例外,总统办公室主任唐纳德·里根在最高级会晤后立刻向媒体作介绍时说出了真相。他宣称:"我们对苏联人说,我们将销毁所有核武器……所有武器都公开讨论过。"(《华盛顿邮报》,1986年10月13日)

里根没有对撒切尔夫人让步："没有迹象显示他打算改变自己的想法，他的思想是在十年内销毁核武器，而且对此想法感到自豪。"他要撒切尔夫人读一读汤姆·克兰西和拉里·邦德写的新小说《红色风暴》，这部小说的场景在冰岛，对苏联在常规战争中可能取得军事成功的可能性表示怀疑。

实际上，销毁全部核武器的前景是非常短命的。一小批对里根提议知情的官员明白，这个想法具有煽动性。好在这个想法没有产生任何实质性结果，他们便希望隐去这次假定的让步，这是可以理解的。他们认为最好忘掉这事。10月16日，海军上将波因德克斯特向总统提交了一份长篇备忘录，最后的结论是：

我强烈建议你：

a) 不参加关于十年内销毁全部核武器的讨论，要将精力集中在十年内销毁所有进攻性弹道导弹问题上；

b) 不公开评论在与总书记的讨论中曾认可十年内销毁全部核武器的想法。⑦

里根勉强顺从了这个建议，但是在撒切尔夫人看来，这不过是个小恩小惠。总统继续坚持其销毁所有进攻性弹道导弹的承诺，她则认为这几乎跟销毁所有核武器一样糟糕。波因德克斯特提醒里根说，撒切尔夫人质疑"假如没有弹道导弹，我们能否有效行使威慑。她认为，不重新调整常规武器和化学武器方面的不平衡就做出重要削减，这是不谨慎的。撒切尔夫人还担心，销毁弹道导弹会削弱她在国内的政治地位"。⑦

最后这一点最让撒切尔夫人感到心焦。仅仅在雷克雅未克会晤一天前，她还在保守党年度大会的演讲中捍卫这次峰会（参见第5章）。一个星期前，工党大会投票一致赞成单方面核裁军，并关闭美国在英国的核武器基地。在伯恩茅斯举行的保守党大会上，撒切尔夫人严词抨击尼尔·基诺克的领导能力，说："工党否定北约的核战略将不可避免地削弱大西洋联盟和美国对欧洲防御的承诺。"她接着说，在那个周末，里根和戈尔巴乔夫将在雷克雅未克会晤，"假如西方已经解除了自己的武装，谁能想象出戈尔巴乔夫先生还会参加谈判？"⑦她认为工党的单边主义是她赢得下次大选的关键突破口，她因此可以像1983年一样，在1987年顺利参选。

7. 保住核弹

但是，她那次演说才过了两天，里根本人却仿佛开始和着工党的旋律起舞了。撒切尔夫人在电话中责备总统说："放弃核武器正是尼尔·基诺克提倡的事情。这等于是缴械投降，所以我们必须非常、非常小心。"⑬ 就连当时只考虑自己难得关心世界大事的工党也开始注意到了变化。基诺克的主要参谋查尔斯·克拉克[1]回忆说，在雷克雅未克会晤之前，工党"不欣赏里根对核武器的考虑。但雷克雅未克会晤后，我们开始明白这些考虑了"。⑭ 如今有可能说，在思想上基诺克比撒切尔夫人更接近里根。对工党听众最缺乏吸引力的理查德·珀尔说："我们是在建议解除英国的武装。"⑮ 但是，尽管里根给撒切尔夫人制造了成堆的问题，但她与总统交谈时保持措辞谨慎，避免恼火无礼。10 月 13 日，那次让她充满忧虑的电话交谈结束时，她感谢他在雷克雅未克的出色工作，说他没有辜负"我们对你的信任"。⑯ 她的称赞并非完全虚伪，因为他毕竟到头来坚持了反对戈尔巴乔夫的路线，拒绝在战略防御计划问题上让步。即使是在那个可怕的夜晚过后，第二天早上她开始看出，可以利用那个近乎灾难的雷克雅未克会晤。她最初不太热心战略防御计划，但由于其威胁性和里根在这个计划上毫不退让的坚持，它变成了西方的救星。回顾起来，雷克雅未克会晤凝固了一个时刻，它让苏联人意识到，这场游戏结束了。她退休后回忆起当时的情况："谢天谢地。谢天谢地。（拟议在雷克雅未克达成的交易）原本会让苏联的常规武器方面占得全部优势。我们为之奋斗的一切会因此失去。为罗纳德·里根的意志力欢呼！我们可以继续从事战略防御计划。结果，那事整个成了一场空。"⑰

近距离观察撒切尔夫人的人常常会发现她与罗纳德·里根的态度差异，雷克雅未克危机就是个主要的例证。有些人相信，尽管她口称崇拜，但她心怀严重的疑惑。波因德克斯特说："在当时，她总是与总统非常友好，而且坚定不移。但我的直觉告诉我，她并非真正尊敬总统。照我看，她认为总统不够精明。她也许觉得他太单纯。"⑱ 罗宾·巴特勒有类似的看法，他

---

1 查尔斯·克拉克（Charles Clarke, 1950— ），毕业于海格特学校和剑桥大学国王学院。1981—1992 年任尼尔·基诺克的办公室主任；1997—2010 年任诺威奇南选区工党在议会的议员；2001—2002 年任不管部大臣和工党主席；2002—2004 年任教育和技能部国务大臣；2004—2006 年任内政大臣。

相信撒切尔夫人"从来没有幻想过里根有什么内涵。参加完国际会议后,她往往说:'罗宾,这种事他一窍不通!'"[79] 其他人则认为,她对里根的尊重是真诚的。1986年年底接任白宫国家安全副顾问一职的柯林·鲍威尔评论说:"许多外国领导人在深思中或许认为,他们不是在与智慧水准相当的人打交道。但玛格丽特从来没有表现出这种看法。她知道她是在与自己智力相当的最高水平的抽象化和概念化打交道。"[80] 用"抽象化"和"概念化"这样的字眼谈论罗纳德·里根听起来有些奇怪,但鲍威尔这么想是对的,因为撒切尔夫人对总统的敬意源自她信任里根总统的信念力量,这些信念大多数与她的相同。她的确相信里根的智慧水平与她相当,他对政治上和意识形态上的时代挑战领悟深刻,而其他西方领导人却未能领会。这正是她在任何情况下都坚持依靠里根的原因。

另一位姓鲍威尔的人(查尔斯·鲍威尔)对撒切尔夫人的了解也许超过了所有同僚,他注意到,她时时处处保护里根,即使是在自己内心中也从来如此。"每逢他表现不佳,她总是为他开脱。她偶然会说:'要是他那么想,准是他们对他掩盖了一些情况。'但是在有些问题上她与里根的意见不能调和,便会感到迷惑:他为什么不明白自己不同意的原因。"[81] 在这类问题中,迄今最严重的是核武器问题。雷克雅未克会晤不可避免地让她对里根才智的信赖受到极大的压力,但是并没有削弱她的信赖。她竭力维护一种纯精神的观念,替里根考虑他真正想要的目标。在雷克雅未克"地震"两个月后,她对亨利·基辛格说,她"主要关心的依然是让总统认识到他在雷克雅未克的行为可能产生的影响,那与他的真实目标截然相反"。[82]

撒切尔夫人设法让里根总统认识到这一点的方法是去拜访他。她在回忆录中,非常具有戏剧性地称:"我不由自主地要把美国人拉回坚实的地面,让他们重返核威慑的可靠政策。于是我安排了飞往美国去见里根总统。"[83] 其实,她那次访问是在雷克雅未克会晤之前就安排好了的。她规避了试图阻止她的官僚羁绊,通过查尔斯·普赖斯将自己的要求直接传递到里根手中,里根则异乎寻常地亲手给工作人员写信,让他们按她的意愿安排在戴维营会见,并列出详细安排:"玛格丽特·撒切尔想来这里做一天的会晤……只有他们的大使和她的秘书查尔斯·鲍威尔陪同。她要在11月14日抵达,15日午饭后启程离去。她表达的愿望是在戴维营会晤。如果可

7. 保住核弹

以这样安排，我十分喜欢。那是个周末，现在的安排正是去戴维营。"[84] 然而，这次访问是在雷克雅未克会晤后才公开的，因而世人感觉像是对那次会晤做出的反应。

国家安全委员会的一份备忘录中有这样的抱怨："我们认为已经尽了一切可能顺应英国人，而且总统直接参与访问安排是从未有过的事。尽管如此，英国人的要求在继续增加。"[85] 但是撒切尔夫人要求的不仅是物质和"保安工作"方面的问题，她做了尽可能周详的计划，要改变里根的思想。

撒切尔夫人和查尔斯·鲍威尔几乎是完全独立精心策划出最佳方式。在雷克雅未克会晤九天后，鲍威尔提醒她说："你还有个外交大臣得应付——在街对面工作戴眼镜的胖伙计有些日子没露面了……他随时了解你的各种讨论和你采取的路线。"[86] 他并没有建议让杰弗里·豪帮助制定这项政策。按照1984年那次在戴维营成功会见的模式，首相和他的私人秘书开始制定出自己喜欢的新闻发布方式。撒切尔夫人从鲍威尔的新闻发布稿中删去了"我们同意这样的看法，即雷克雅未克会晤就平衡问题和军控协议取得了重要的进展"，因为她认为平衡或查证都不可能实现。[87] 发布稿支持中程核力量的谈判，认为这是优先考虑的问题，还支持战略防御研究计划，但坚持认为"在可预见的未来，西方联盟的安全有赖于核威慑"。[88]

一星期后，就雷克雅未克会晤后如何对待里根，鲍威尔向撒切尔夫人陈述了自己的建议。外交部和国防部曾提出建议，认为英国应当"设法让美国人在战略防御研究计划上与苏联谈判一个双方同意的限制"。[89] 鲍威尔对此做了不赞成的评论，写道："我们必须问一问，这究竟是否现实。这正是总统在雷克雅未克坚持的论点，并指望以此获得声望。"撒切尔夫人在最后这句话下面画了一道横线并打钩表示赞同。鲍威尔接着写道，要想控制战略防御计划，除了不可实现外，还可能不"真正令人满意"。他们或许会认为"我们很可能要面临在固定的时间段内消除核武器和弹道导弹的协议。我们要让总统关注我们的政治需要：威慑、三叉戟导弹，因此我们也必须尊重他高于全部战略防御计划的政治利益"。按照鲍威尔的看法，"我们目前这道酸味菜肴"是由"过度继续集中讨论症状（核武器）造成的，却没有足够重视其病因（意识形态差异、苏联的颠覆等）"。[90] 英国没有能力将销毁弹道导弹问题从谈判桌上排除掉，但或许可以用比较策略的方式让美国人明白这个建议。他建议了一种"与总统商谈基本相当的方法",还发明了一种私下讲演方式,让撒切尔夫人在戴维营对里根说。她仔细在建议的一些位置画了横线。

"罗,你在雷克雅未克的会晤中表现出色,你看透了戈尔巴乔夫的游戏策略,没让他反过来逼你放弃战略防御计划。这恰恰表现出,对付苏联人该多么谨慎:你绝对不能信赖他们,他们提出的每一个建议都需要在细微的具体问题上反复推敲。"这个"演讲"接着写道:因此,里根需要顶住对战略防御计划的"不合理限制",收回对苏联提出消除中程核力量所做的让步(尽管谈判并不包括英国和法国的中程核力量),其真正目标是深度削减战略核武器。在中程核力量方面他应当一步步重新开始,"将雷克雅未克会晤时的一揽子计划分解成若干个构成部分"。接着谈到的是困难的问题:"罗,我们的真正难题在于,你谈到十年内要消除弹道导弹。我清楚你这么做的原因……让世界没有核武器是你的愿景之一……但你确实需要考虑这对欧洲造成的冲击。欧洲人觉得,这个建议等于撤出美国承诺为和平提供40年的核保护伞,让欧洲受到占巨大优势的苏联常规武器的威胁。"欧洲国家不会试图弥补这一固有的差距,他们会转向中立主义。因此,总统谈起消除弹道导弹,也必须谈到常规武器的不平衡,谈到需要"处理东西方冲突的政治原因"。

这篇想象中的演说末尾是撒切尔夫人向里根的个人恳求:"假如你过分积极地坚持消除弹道导弹的建议,你还会给我造成非常实在的政治困难。在我们人民的心中,这会引起两个问题:工党想要消除核武器毕竟是对的,不是吗?既然要在十年内销毁,我们究竟为何花费那么多资金购买三叉戟导弹?"下次大选可以因这些论点而"转向",所以"你一定要帮我应对这些争论。最好的方式就是坚定重申:在可以预见到的未来,盟国将继续依赖核威慑"。[91]

难得有公务员写的稿子能如此明晰地陈述政策想法和政治策略,并展示出对上司的心理和性格如此深入的理解。鲍威尔的超强能力和信心展示出他是撒切尔夫人不可或缺的助手,因此也让外交部感到恼火,外交部的官员们感到,自己被排除在核心顾问圈子以外了。杰弗里·豪对媒体的声明草案做出反应,要求采取更加谨慎的态度:在戴维营达成一项好协议或许是不可能的,因此最好比较谨慎,干脆不敦促做联合声明。[92]但鲍威尔

7. 保住核弹

肯定是正确的,他归纳出了英国的问题,对撒切尔夫人个人与最密切盟友的争论,他也有大胆的直觉。关键是做一个重要的让步。如果想避开消除弹道导弹问题,她就必须欢迎不在欧洲部署中程核导弹的建议。鲍威尔回忆道:"她不喜欢排除中程核力量的计划,完全坦率地说,她根本就不喜欢任何形式的裁军。要让她接受那类事情,就得对她催逼敦促才行。为了部署这些导弹经历了那么漫长的过程,我认为她不情愿放弃。但是她具有充分的实用主义思维,意识到要做成某种类型的交易,就没有其他选择。"[93] 鲍威尔运用自己的各种方法十分老练。他与美国大使普赖斯培育起密切的关系,他保证让她私下通过普赖斯在戴维营会谈前传递自己的想法,可以"直接送达总统,而不必通过电报传递,免得美国国务院飞短流长"(撒切尔夫人在这句话下面画了道横线)。[94] 到头来,她愉快接受了鲍威尔的建议,事情办得十分成功。

就在撒切尔夫人为华盛顿之行做准备时,贝鲁特的一份报纸上爆出一篇报道,对里根总统任期的稳定性构成了威胁。这篇报道揭出的丑闻后来被称作"伊朗门"事件,文章揭露里根政府曾秘密向伊朗出售武器,以此换取伊朗释放扣押在黎巴嫩的美国人质。[1] 这违背了美国政府不与恐怖分子谈判的政策,也很可能违反了美国法律。假如证明里根知晓这项操作,他将有可能受到弹劾。后来揭出的事实证明,是波因德克斯特下属的国家安全委员会成员奥利弗·诺思中校密谋策划了这件事,并没有知会舒尔茨和国务院。随着事态发酵,在撒切尔夫人抵达华盛顿前一天,里根公开予以否认。他坚持说,这事"纯属虚构"。[95]

虽然白宫可能不知情,但撒切尔夫人知道,里根没有说实话。[96] 照查尔斯·鲍威尔的话说:"我们知道此事,因为在切尔滕纳姆的政府通信总部与美国国家安全局的合作特别密切。"[97] 向美国人提供的情报是由政府通讯总部搜集后通过英国渠道传递的。英国分析家因此知道发生的事态,并对其性质做出准确的判断。虽然撒切尔夫人对事态感到不快,但她估计,向美国政府通报此事无益。鲍威尔回忆说:"我们不能提出这事,因为我们本不该知情,所以不能坦率讲出这事,免得断绝与美国国家安全局非凡的情

---

[1] 结果,出售武器的资金转给尼加拉瓜反政府武装,用于打击左翼的桑地诺政府。

报交流。"⁹⁸ 出于这个原因，而且整个事态与撒切尔夫人无涉，她的最佳路线就是"保护这个人，而不是捍卫美国的政策"。⁹⁹ 但是，在她访问华盛顿过程中，各种消息累积成了一场危机和戏剧性的事件。

在华盛顿，在销毁核武器问题上支持撒切尔夫人的大有人在，很多人也同情她在政治地位方面的困难。就在查尔斯·鲍威尔为上司起草那篇"演讲"时，参谋长联席会议主席威廉·克罗海军上将认为，十年内零弹道导弹的想法"完全不可接受"，⁑ 他在10月27日的会议上对里根说："总统先生，我作为你的首席军事顾问，建议你不要提出这个建议。"⑩ 然而，十年内销毁全部弹道导弹的政策并没有真正撤回，而是已经包含在总统11月3日签署的一份国家安全决策指令中。⑩ 舒尔茨对里根说，他们想在戴维营让撒切尔夫人以这种方式表示同意。不过他同时强调说，重要的是让"她返回伦敦时，政治地位更加稳固，而且对我们的政策方向感到安心"。⑩ 美国人感到，他们可以藉三叉戟导弹给予她保证，既然雷克雅未克会晤谈崩了，这意味着核武器的更新换代可以继续进行，起码目前可以继续。真正的任务是"找到双方均可接受的准则，这可以应对撒切尔夫人的坚决主张：只要欧洲的常规武器和化学武器不平衡状况在持续，就不能在进攻性弹道导弹等方面骤然削减核武器"。⑩

按照鲍威尔的建议，撒切尔夫人决定欢迎零中程核力量交易，但美国人还不了解她的这个想法。在为她的访问做准备时，人们的情感即使不是恼火，至少也是担忧，唯恐她在一系列抱怨中包含中程核力量问题。美国人感到，欧洲人多年来一致敦促他们谈判削减核武器。如今，已经达成了消除导弹的协议，欧洲领导人们似乎反而又想保留导弹了。国家安全委员会的一位成员泰·柯布建议里根："如果撒切尔开始抱怨'没有考虑欧洲的利益'，就向她提起这个过程。我知道里根总统不愿采取强硬姿态，对撒切尔夫人尤其不愿意，但我认为该向他们倾吐这个过程了。他们根本不该逼我们这么做那么做，等到我们真的做了，他们又找借口反对。"⑩ 美国人回想起1984年在戴维营的事不由感到神经紧张，担心撒切尔夫人会拿出事先准备好的一份联合声明草案。鲍威尔对美国驻伦敦大使馆表示："首相无意这么做……总统和首相或许会同意，在会谈结束时想要发表一份联合声明，但这要看情况。"⑩ 其实，美国人的担忧是有道理的。撒切尔夫人于11月

7. 保住核弹

14日星期五抵达华盛顿，手提包里确实装着一个文本。

第二天上午，伯纳德·英厄姆向她提交了一份备忘录，解释"你如何将这次访问转化成一次轰动的成功"。[107]他警告说，媒体想要就雷克雅未克事态、伊朗门、美国支持对福克兰群岛捕鱼区的批评等问题大做文章。他在建议中提到的最佳结果是将焦点集中在与她有关系的问题上："这次访问对你的国内政治地位至关重要。你需要回国后展示出，你对美国人的魅力依然在发挥作用，并展示出，在你的控制下，西方的防御是安全的。双方同意的戴维营声明口吻越强势，就越能将焦点集中在这个问题上，并淡化其他问题。"于是，尽管她与里根的交谈将是友好的，但她有种种动机要强硬地讨价还价。

撒切尔夫人采取了自己偏爱的策略，要首先对其他人发泄一番自己的沮丧心情，见到总统时可以态度平和，言谈礼貌。她抵达那天，先分别会见了卡斯帕·温伯格和乔治·舒尔茨。她对温伯格说，这次访问"也许是她所有访问中最重要的。自由世界的防卫正处于险境"。[108]对舒尔茨，撒切尔夫人则明智地声称，她支持零中程核力量交易。舒尔茨回忆说，除此之外，她表现给他的是"赤裸裸的地狱"。[109]她特别强调指出欧洲人与武装到牙齿的苏联人共处一块大陆的观点。舒尔茨设法安慰她，说："要在里根总统剩余任期中接受协议中的内容，实际上是不可想象的（指雷克雅未克裁军提议）。"[110]撒切尔夫人并未感到满意，"她怎么强调都觉得不满意，说美国就弹道导弹提的建议太过分，说美国事先没有就此磋商，说美国破坏了欧洲的信心"。她对舒尔茨说，这项建议彻底"破坏了西欧的安全"。最后她发出致命的一击：假如执行这个建议，"你们将失去我，也失去英国"。[111]

由于国务卿和首相谈不拢，考虑到这种危险，他们认为有必要找到"双方可接受的公式"，这个公式是舒尔茨向里根提出的。查尔斯·鲍威尔等人连夜重新撰写访问结束时要发表的声明，撒切尔夫人赞扬他们是"金笔杆子"。[112]第二天上午，他们飞往戴维营，英国人将他们的声明稿交给舒尔茨、波因德克斯特和里奇韦，他们接受了这个内容。撒切尔夫人一度坚持做一些小的修改。波因德克斯特深为感动："记得事后我想，难怪他们称她是'穿铁裤子的女人'，真够强硬的。"[113]甚至在撒切尔夫人还没有抵达戴维营，艰难的谈判已经完成了。

查尔斯·鲍威尔回忆说，在戴维营，撒切尔夫人"会见里根时非常紧张，需要人紧紧拉着她的手才行"。⑩当然，她下的赌注从来没有这么大。然而，到头来却没什么值得她担心的事情，只需要担心里根的驾驶技术。查尔斯·鲍威尔回忆说："她走下直升机时，里根向她伸出双手，一幅浪漫景象，活像《飘》中的情节。"他望着撒切尔夫人坐上总统的高尔夫球车。"由里根开车绕来绕去，把她吓坏了，她深信总统会把她甩下车，掉进树丛之类地方。这可不是她喜欢的游戏。人们都看到了她脸上那种定格的惊恐神情。"⑩两人在名叫山杨小屋的总统别墅会面交谈。里根解释了伊朗问题，当然说的并不都是真话。他向首相保证说，绝对没有为释放人质做交易。接着，他长时间介绍了雷克雅未克会谈的情况。撒切尔夫人重复了向乔治·舒尔茨提出的论点，不过口吻相当克制，她还"强调了单独使用吸气式武器（即非弹道武器，如巡航导弹和飞机等运行中要吸入大气中的氧）不能构成威慑力"。⑩对于战略核武器更新换代、英国独立的威慑力及其"三叉戟导弹更新换代"，里根毫不迟疑地重申了美国的承诺。会谈结束前，撒切尔夫人将一份联合声明摆在他面前，"总统爽快地接受了"。⑩

这时，舒尔茨、里根的办公室主任唐纳德·里根、波因德克斯特等人走进来，大家喝鸡尾酒，吃午饭，泛泛交谈。虽然撒切尔夫人没有放任自己照老习惯说个不停，但交谈非常亲切友好。里根的执行助理吉姆·库恩瞅空把里根拉到一旁对他说："总统先生……你还什么都没说呢。有很多问题需要你讲清楚。"但是，"总统只是微微一笑，说：'吉姆，你得明白，玛吉和我是老朋友了，我不能那么插手干预。对这么亲密的老朋友，不能那么做。'"⑩不过，里根最后还是得到个机会，对雷克雅未克会晤做了进一步的描述。他赞扬戈尔巴乔夫是"没有重申共产主义统治世界目标的第一位苏联领导人……他也是建议销毁苏联已有武器的第一位苏联领导人"。在另一方面，"他回忆起戈尔巴乔夫先生在雷克雅未克不愿认真讨论东西方冲突的原因"。里根回忆起谈崩后自己的愤怒心情。"戈尔巴乔夫先生分手时说，还有的是时间，总统对此答复说：可我没有了。"⑩

那天早上启程飞往戴维营前，撒切尔夫人与副总统乔治·布什共进早餐。布什坦率地对她谈起伊朗武器换人质导致的危机。他说："长期以来从没见过这么糟糕的气氛……人们不相信总统的话了，这是他就任总统以来

7. 保住核弹

头一次。国会准备采取行动（即准备斗争）。"⑲ 这个沮丧的想法沉沉压在撒切尔夫人心头，不过她什么也没说，但她向里根提出这个问题，说在记者会上媒体会向她提出这个问题的。鲍威尔记录道："她会说，总统向她重申过，美国不为任何种类的人质支付赎金。这当然也是我们的政策。"⑳

撒切尔夫人太喜欢双方一致同意的这个声明了，后来全文收录在自己的回忆录中。㉒ 她感到满意是有充分理由的。声明宣布，军备控制的先决条件是"签订一个中程核力量协议，限制短程武器系统；美国和苏联五年内裁减50%战略进攻性武器；禁止化学武器等"。㉓ 声明强调，双方领导人支持《反弹道导弹条约》允许的战略防御研究计划"。[1] 接下来的内容对撒切尔夫人至关重要，声明再次提出核威慑的主张："我们确认，北约的前瞻性防御和灵活反应战略将继续要求有效的核威慑，其基础是一种组合的武器系统。与此同时，减少核武器使消除常规武器差异的重要性提高了。"最后，"总统重申了美国继续更新战略核武器计划的意图，其中包括三叉戟导弹。他还证实，完全支持更新英国基于三叉戟导弹的独立核威慑能力"。

伯纳德·英厄姆愉快地向撒切尔夫人报告说，媒体对她在戴维营的表现满是"热情洋溢的赞誉"，他特别提到《每日电讯报》的头版标题："撒切尔乘三叉戟凯旋"。㉔ 对她引为得意的声明唯一没有报道的，就是她拒绝销毁弹道导弹时用的措辞。《泰晤士报》的外交事务记者注意到："会谈没有架起一座桥梁，跨越欧洲谨慎的逐步核裁军与华盛顿大视野的鸿沟。"㉕ 每个政党都能从核威慑的模糊措辞中找到理由："其基础是一种混合的武器系统。"这既不是个协议，也不是个表达争执的协议，更像是个假装一致的协议。按照撒切尔夫人的看法，重要的是总统同意优先考虑她赞成的建议，这必然将销毁弹道导弹的讨论推向无限远的未来。

---

[1] 杰弗里·豪依然感到不快，认为撒切尔夫人或许给里根开发战略防御计划留了太多的余地。他的私人办公室发给查尔斯·鲍威尔的一封信表示，她关于战略防御计划所说的内容"仅仅是陈述了一个常识"，本该充实才对。[巴德致函鲍威尔，1986年11月20日，首相文件，国防，激光技术在太空的军事用途，第4部分（在内阁办公室查阅的文件）] 撒切尔夫人在页眉潦草批注道："常识性词语不能用于外交政策，这种说法我不能接受。"

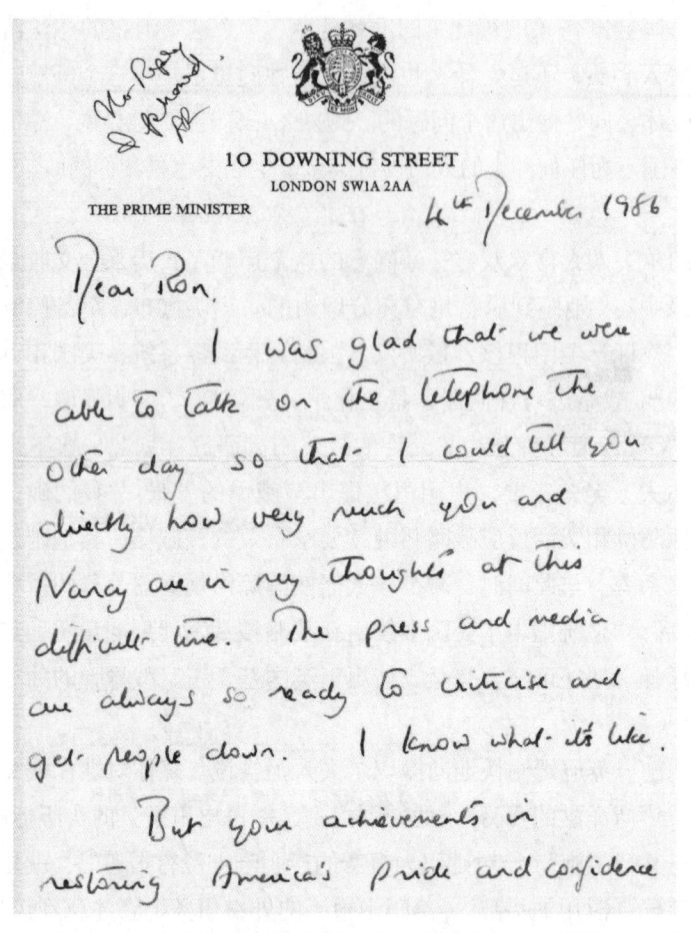

1986年12月，撒切尔夫人在"伊朗门"最严峻的时刻致里根的安慰信："削弱你的领导就是削弱美国，削弱美国就是削弱整个自由世界。"
（原图在原文611页）

当然，里根讨论核裁军的雷克雅未克议程受到弱化有若干个因素，其中有参谋长联席会议等机构方面的反对意见；有亨利·基辛格等外部专家的反对意见。[1] 最重要的是伊朗门丑闻的影响。11月25日，奥利弗·诺思被解职；出售武器给伊朗的资金转给尼加拉瓜反政府武装的消息爆出后，约翰·波因德克斯特辞职，他的国家安全顾问职位由弗兰克·卡卢奇接

---

[1] 在11月18日的《华盛顿邮报》上，基辛格写道："雷克雅未克动摇了整个战后的威慑结构，因为它使美国能否使用核武器捍卫其盟国变得更加不可信了。"（《华盛顿邮报》，1986年11月18日）

7. 保住核弹

> and in giving the West the leadership it needs are far too substantial to suffer any lasting damage. The message I give to everyone is that anything which weakens you, weakens America; and anything that weakens America weakens the whole free world.
>
> Whatever happened over Iran is in the past and nothing can change it. I fervently believe that the message now should be that there is important work to be done and that you are going to do it.

（原图在原文612页）

替。[1]卡卢奇任职后对总统说，他"不同意雷克雅未克会谈内容"。⑱卡卢奇试图让里根返回核武圈子，便很高兴借用撒切尔夫人的名义恳求他："我最后说：'总统先生，如果您采取行动消除核武器，不出五分钟玛格丽特就会

---

1 在这个时段，因撒切尔夫人给予里根道义上的支持，撒切尔夫人与里根的关系更加亲密了。12月初，她通过个人渠道向他寄发了一封手写的信函，表示与他团结一心："报界和媒体总是随时准备滥加批评，想把人打倒。我了解这种感觉。但是，你在恢复美国人的自尊与信心，以及在给予西方所需的领导方面取得的成就太实在了，遭受的伤害不会持久。我要让人人都知道，削弱你的领导就是削弱美国，削弱美国就是削弱整个自由世界。"（撒切尔致函里根，1986年12月4日，总统的手写文件，第169号卷宗，里根图书馆）

打来电话.' 她说: '哎哟, 我可不想那么做.'"[127]

到了年底, 里根被迫考虑撒切尔夫人和自己周围工作人员的焦虑。苏联人也明确表示, 他们无意接受他的弹道导弹建议。思潮已经发生了转变。柯林·鲍威尔说: "1987年1月1日, 我担任国家安全副顾问时, 记得雷克雅未克已经不再是个引起争论的紧要问题了。"[128] 这时的谈论主题不是让世界免于核武器, 而是核裁军。乔治·舒尔茨记得, 销毁弹道导弹的建议"有点淡化了。她就像个感叹号, 她走后, 一切归于平淡"。[129]

在后来的岁月里, 撒切尔夫人变得比较体谅里根在雷克雅未克取得的成就了。她在回忆录中写道: "里根总统在几乎实现自己无核世界的梦想时, 拒绝拿战略防御计划做交易, 这对战胜共产主义至关重要。他没有受到苏联人愚弄。"[130] 里根的许多支持者认为, 里根引诱戈尔巴乔夫做出无法撤销的让步。他对战略防御计划的坚持态度让他变得更加坚强, 而戈尔巴乔夫则变得懦弱。在原则上, 撒切尔夫人接受这一论点, 但她对雷克雅未克最深刻的记忆是恐惧, 对可能发生的事态感到的恐惧。查尔斯·鲍威尔说: "我认为她从来没有把那次会晤看作成功。"[131] 伯纳德·英厄姆说: "我认为雷克雅未克的教训是, 里根在国际事务上并不真正可靠。必须对他严格约束。照我看, 雷克雅未克是个典型的例证, 证明她有理由担心里根对生活的理解。"[132] 但是, 在雷克雅未克的余波中, 她在戴维营也证实了自己影响事态良性发展的能力, 并充分利用了与罗纳德·里根的真正友谊。在伊朗门问题上, 她给予里根坚定的个人支持, 在困难时与他站在一起, 给他以安慰, 这有助于强化双方的友谊。在她眼中, 克服了雷克雅未克的困难后, 里根任期的剩余时间便相对平静了。

8.

访问莫斯科
"从西方射来的光线"

撒切尔夫人在戴维营与里根总统会晤刚刚取得成功,便将注意力再次转向米哈伊尔·戈尔巴乔夫。由于她几个月后要访问苏联,便渴望与这位苏联领导人保持密切接触。她感到自己已经说服里根抛弃了雷克雅未克会晤的激进态势,这次要确保峰会的另一位对话者能理解这一点。戈尔巴乔夫在最近相当频繁的通信中提出:"有些欧洲领导人似乎害怕苏美谅解的前景。"撒切尔夫人直截了当否定了这个说法。她解释说:"我们只是对苏联在雷克雅未克提出一步到位的全面军控建议感到怀疑,我们怀疑这样做是否明智。过去的事态让我相信,比较易于实现的较小改革步骤成功的机会较大。我非常希望你能回归到这样的步骤。"①她建议将讨论内容集中在她与里根在戴维营同意的领域。

1986年12月15日,布赖恩·卡特利奇成为1963年以来第一位受到苏共总书记单独接见的英国驻苏大使。他带去撒切尔夫人的一封信,但是,根据他的报告所说,他在念信之前,却不得不聆听"戈尔巴乔夫对英国在雷克雅未克会晤后的立场所做的强烈批评,有时还是愤怒的批评"。②戈尔巴乔夫说,他极为敬重首相,认为她是个"有趣的谈判对手",他认为首相即将成行的访问十分及时,"他想要……弄明白,她展望未来时是手中握着步枪,还是准备伸出来握手,他相信是后者"。他抱怨说,欧洲对雷克雅未克会晤的反应显示,"一旦销毁核武器的真正机会出现时,伦敦和巴黎会发生'恐慌'。英国人对'社会主义'的敌意太深,不能接受苏联的想法,即使对他们有利也不接受。世界正在发生变化。然而,英国保守党人却一成不变"。这个态度散发着"史前山洞中的潮湿霉味"。

接着,卡特利奇朗读了撒切尔夫人的信,并做了一些解释,强调循序渐进的重要性。戈尔巴乔夫听了感到不快。"戈尔巴乔夫相当激动,抨击英国像帕默斯顿首相时期一样,试图把自己的意志强加给世界。"③他说:"撒切尔夫人已经让他和里根吃了一顿'口头鞭笞',说我们在雷克雅未克'就像小孩子'一样失去了理智。"她吹嘘自己在戴维营取得了"伟大成就",但效果其实是负面的,因为给日内瓦会谈造成了僵局:"她极大的潜在影响力应当用于产生好的结果,而不是对苏联说教。"但是,尽管卡特利奇说戈尔巴乔夫"偶尔口吻严酷刺耳",但他做出结论认为:"那不是一次呆板的会见,他(戈尔巴乔夫)的态度不无友好。"最后双方同意了访苏日期(1987年3月28日到4月1日)。戈尔巴乔夫请卡特利奇转达他对撒切尔夫人"热情的个人问候"。

听了戈尔巴乔夫对她能力的诠释,以及对她的角色虽然带批评性质却是正确的解读,撒切尔夫人自然感到喜悦。查尔斯·鲍威尔向卡特利奇转达了她对这次会见表现的祝贺。鲍威尔写道:"首相已阅(卡特利奇的电报),十分有兴趣(并颇为欢喜)。"④

既然戈尔巴乔夫公开表示渴望会见交谈,他的好战风格中便没有任何东西能激怒撒切尔夫人。他的激烈辩论态度加上对他敌手的强烈兴趣恰恰是她的反应。她感觉到苏联的强烈敌意,但也夹杂着日益增长的好奇心,想从中找到改善的机会。一个月前,她接见过苏联持不同政见者兼莫斯科的赫尔辛基监督小组组长尤里·奥尔洛夫。他劝撒切尔夫人不要支持苏联想要在莫斯科举行的东西方"人权大会"。她表示同意,对他说,人们对苏联监狱系统的残酷性了解太少,"很容易受到老奸巨猾的戈尔巴乔夫误导",以为"苏联本身已经发生了改变"。她总是渴望让人们全面看问题,而不仅仅看到军备控制:《赫尔辛基协议》的妙处在于让西方能够找到一个质询苏联人权状况的缺口。"⑤奥尔洛夫概述的一个论点对她的思想十分重要:苏联的一个极大的"谬误"是"裁军等于和平"。

撒切尔夫人感兴趣的既有突出揭露苏联的压迫手段,也有改善现状的会谈。12月份,戈尔巴乔夫终于变得温和,亲自给持不同政见的著名科学家安德烈·萨哈罗夫打去电话,允许他离开在高尔基城由克格勃监控的国内流放地,返回莫斯科。自从萨哈罗夫在70年代中期开始抗议活动后,撒切尔夫人就一直公开支持他,这次向他和他妻子寄去圣诞贺卡。萨哈罗夫回复:"我们深深感谢你多年来对我家人的关心。新年快乐!心怀希望。"⑥

8. 访问莫斯科

她坚持要求在春天的莫斯科之行中允许她会见萨哈罗夫。

撒切尔夫人在准备莫斯科之行时，迫不及待地想要了解发生在苏联的更多真实情况，也想理解戈尔巴乔夫日益出名的概念 glasnost（俄语：开放政策）和 perestroika（俄语：重组）。后来，她对女儿卡萝尔说："我想我从来没有对详细情况做过这么多准备，也没有对想要做的事这么仔细思考过。"⑦ 她想要深入考虑苏联问题时，就像以前一样在首相别墅组织研讨会。（她草草批注道："不要记者参加。他们会把这次研讨会用于自己的目的。"）⑧ 她照例尽可能将人数压缩到最少，只允许不可或缺的极少数官员参加，[1] 但聘请了外部的专家。她甚至没让内阁秘书罗宾·阿姆斯特朗参加，她不顾阿姆斯特朗的反对，没让他的副手克里斯托弗·马拉比[2]参加，尽管马拉比是个苏联问题专家。在2月27日举行研讨会之前，查尔斯·鲍威尔书面向她集中介绍了这个活动的目的："你需要判断出戈尔巴乔夫真正有意让苏联做出多大程度的改变，并判断这么做成功的概率多少。许多事情有赖于判断，其中包括你该如何处理与他的交谈，以及我们该如何介绍你这次访问。"⑨ 鲍威尔还请她考虑，是否让戈尔巴乔夫明白她主要凭自己的能力成为里根的"向导和导师"，而且对象不仅仅是戈尔巴乔夫一个人，"你准备通过诸如电视节目等方式向苏联人民传递什么信息？"

结果，这次研讨会加上她自己的广泛阅读让她得到了大量信息，但没有让她轻易形成自己的判断。参加研讨会的外部专家包括出席过1983年研讨会的罗纳德·阿曼、阿奇·布朗和克里斯托弗·唐纳利，以及这次新邀请的罗伯特·康奎斯特、迈克尔·霍华德爵士、休·托马斯和美国哥伦比亚大学的休厄林·比亚勒。按照撒切尔夫人的要求，至少要有一位美国专家出席，于是邀请了比亚勒。查尔斯·鲍威尔归纳他们漫长的讨论时承认："讨论苏联事态时，传递的负面看法也许稍有些谬误。"他将专家划分成两

---

1 最后确定的官员有查尔斯·鲍威尔和珀西·柯利达（来自撒切尔夫人办公室）、布赖恩·卡特利奇和戴维·拉特福德（外交部），以及马丁·尼克尔森（内阁办公室）。

2 克里斯托弗·马拉比（Christopher Mallaby, 1036—），毕业于伊顿公学和剑桥大学国王学院。1977—1982年任外交与联邦事务部苏联和东欧计划处军控处长；1985—1988年任内阁副秘书；1988—1992年任英国驻西德大使；1993—1996年任英国驻法国大使；1988年受封骑士。

派:"热心派"往往是苏联问题专家、"怀疑派"则主要是非专门研究苏联问题的人员。[⑩]

热心派说,戈尔巴乔夫对苏联经济表现深感"震惊",他有"一种强烈的紧迫感"。大变革即将进行,在意识形态及如何处理人权问题方面已经出现"更多的实用主义苗头"。然而,怀疑派感到,他们"以前就见到过所有这些迹象",还将现状与沙皇尼古拉斯二世统治下斯托雷平搞的流产改良相提并论。怀疑派视戈尔巴乔夫为"昙花一现的人物"。在鲍威尔的记录中,做出的归纳是"根本性改革并不在他的日程中,苏联充其量在20年后才会发生类似今日南斯拉夫的演变"。[1] 至于目前的事态对西方的意义,专家们提出的前景似乎令人困惑。假如戈尔巴乔夫的经济改革取得成功,"根本不能自我证明"对西方有利,但是,让苏联经济遭受无法忍受的压力"既不现实,恐怕也不令人满意"。[⑪] 可怜的杰弗里·豪没机会发表看法。人们让他发言时,撒切尔夫人阻止了他:"别费心了,杰弗里。你要说什么,我们完全清楚。"[⑫] 多年后完整回顾起那次会议,阿奇·布朗做出结论:历史证明,会上人们表达的许多预测是错误的。"他们没有撤出阿富汗,他们的意识形态没有发生改变,他们丝毫不允许东欧有独立性。照我看,这次研讨会做出的判断在整体的洞察力方面不及1983年那次研讨会。"[⑬] 从这次研讨会上,撒切尔夫人本人并没有就戈尔巴乔夫的最终目标形成明确的结论。她在本质上属于怀疑派,但她也希望热心派是正确的。[2] 她提出的问题只有在访问时才能找到答案。

撒切尔夫人还咨询了奥列格·戈德尔维斯基的意见。前一年5月份他们在首相别墅的第一次会见曾出现过有点尴尬的情况。查尔斯·鲍威尔在报告中写道:"首相对安全问题特别敏感,始终将戈德尔维斯基先生称作柯林斯先生。这是个非常成功的策略,不该听到对话的人会感到迷惑,但受

---

1 从鲍威尔的记录中看得出,这些结论"似乎得到广泛赞同",但明显倾向于占多数的怀疑派观点。两派观点差距太大,无法形成共识。

2 1983年在首相布举行的研讨会上,阿奇·布朗对下一代苏联领导人的评论吸引了撒切尔夫人的关注,但在这次研讨会上,他的热心派看法过于激进,让她难以忍受。事后她对罗伯特·康奎斯特说:"我以后不请教他了。"(罗伯特·康奎斯特访谈)

邀请的客人也感到了迷惑。"⑭戈德尔维斯基回忆道:"真是犯傻。我不是柯林斯先生,从来就不是!"⑮撒切尔夫人放任自己滔滔不绝的习惯。"那次会见总共持续了约三个半钟头。首相在大部分时间里泛泛谈论生活,特别介绍这座首相别墅,为的是让戈德尔维斯基先生放松……对苏联问题的讨论不容易记录,因为首相没有向戈德尔维斯基提出问题,而是提出自己对苏联的观点和假设,试着让他证明。"⑯戈德尔维斯基回忆道:"我很抱歉这么说,可她说啊说啊说个不停……看得出这是她的个性。"⑰他对撒切尔夫人的饶舌感到恼火,但她说的内容也让他深有体会:"对共产主义她只了解非常基本的东西,但她与里根一样,对共产主义有本能的理解,不过比里根更加细致入微。"她"不能从历史角度理解,但道德方面的理解非常出色"。撒切尔夫人对戈德尔维斯基说,她不能预期在自己有生之年看到苏联发生本质的变化,但她感兴趣的是如何影响那个制度。⑱

这次会见的时间是第二年 3 月,地点在唐宁街 10 号,由于有秘密情报处副处长柯林·麦科尔"牵着他的手",⑲戈德尔维斯基与撒切尔夫人的会谈比较富有成效。由于所有内容都集中在撒切尔夫人这个月底的苏联之行,她"做了事先准备"。⑳戈德尔维斯基回忆说:"她说:'我需要在记者会和其他采访中的材料'……我说:'首相,你跟我谈算找对人了。我是个宣传专家。'"㉑他挑选出最能吸引苏联公众的论点,例如,"'英国人口大约 70% 住在独立的房子里。对苏联人口而言,这绝对是个引起轰动的数字,因为他们像昆虫一样蛰伏在公有套房里。'那是一次很好的讨论。"他对撒切尔夫人说,只要出现在电视中,讲话就要"尽可能明晰而尖刻",她应当"用统计数据明确阐明西方繁荣的现实"。㉒

戈德尔维斯基还对撒切尔夫人说,戈尔巴乔夫在自己国民中并不受欢迎,"人民憎恨对烈酒的限制,认为他发表的演讲太多"。戈尔巴乔夫可能搞的改革并不通向民主。至于经济改革,1922 年的新经济政策(那是列宁改变了自己先前的控制主义)曾经奏效,因为当时的自由经济传统依然存在,但是"如今要走向市场经济,谁也不知道如何采取哪怕最起码的步骤"。苏联确实需要与西方搞好关系,因为苏联亟须资金,但戈尔巴乔夫的"长期目标是销毁核武器,让西欧在军事上变得无能"。首相"不应该直率地"指出西方"在没有常规武器优势的情况下必须依赖核武器",而应当提出人权问题,也不必避讳讨论苏联在第三世界的冒险主义行径。

撒切尔夫人问，戈德尔维斯基对她的访问有何期待。戈德尔维斯基说，一方面，他寻求"树立自己声誉的机会，想要被看作长期有利于西方的领导地位"。另一方面，"他恐怕首相关于军控的强硬路线会让另一次美苏峰会偏离他非常希望的路线"。[23] 综合来看，里根因伊朗门丑闻在国内的地位式微，撒切尔夫人便处于关键地位。

首相对自己外交大臣的忠告既不尊重，也不重视。她没有理会杰弗里·豪的一项建议：设法说服苏联人和美国人搁置在战略防御计划问题上的不同意见。杰弗里·豪打算在苏联杂志《新时代》上发表的一篇文稿让她感到恼怒。她反对外交部在稿件中的口吻，抨击它为"叛逆"（要求"大量删除"）。杰弗里·豪写道："撒切尔夫人和我视此次访问为一个重要契机。"撒切尔夫人在"撒切尔夫人和我"几个字上画了个圈，批注："不行，不行，不行。"[24] 她还蔑视外交部为她准备送给戈尔巴乔夫的正式礼物——两把银柄梳子，抗议说："可他完全是个秃头呐。"[25]

工党清楚大选临近，便渴望阻碍撒切尔夫人可能取得的成功。3月19日，影子外交大臣丹尼斯·希利向外交部通报说，他要立刻飞往莫斯科。然而，第二天，卡特利奇从莫斯科报告说，苏联共产党和外交部无意会见希利："我们随后得知……希利先生觉得此时旅行到莫斯科'不方便'。这显然是一次政治动机的自我招供，结果以失败告终。苏联人显然不准备接招。"[26] 撒切尔夫人在这条消息旁边愉快批注："！！"。虽然苏联人对工党有着天然的同情，与之有比较密切的接触，但他们认为，撒切尔夫人更可能在即将开始的大选中获胜，值得与之交往。尼尔·基诺克本人也做出一些努力，想让撒切尔夫人访问莫斯科失色，他计划同时访问美国首都华盛顿。然而，白宫无意做任何事帮助基诺克，这次访问引人注目的特点就是事与愿违（参见第10章）。

当然，撒切尔夫人莫斯科之行的重大考虑也是即将举行的大选。在计划这次访问时，外交部对时间选择表达了担心，唯恐这次出访"可能与选举发生冲突"。[27] 然而，撒切尔夫人有非常不同的看法。查尔斯·鲍威尔回忆说：是大选的时间安排"决定了"访问的日期。撒切尔夫人追求的是引起轰动的突变。[28] 她不仅要在访问实质内容上取得成功，还要给人们留下正确的视觉印象。她在穿着选择上比平时更加仔细。帮她收拾行包的阿曼达·庞森比（婚前姓科尔文）说："她选择自己要在苏联穿的衣服时心情激动。"㉙她的个人助理克劳福德注意到，撒切尔夫人对戈尔巴乔夫的"迷人的亮眼睛"非常着迷，曾对她说："如果你要去莫斯科，我认为我们最好给你买几身新衣服。戈尔巴乔夫太太总是身穿（著名服装设计师）伊夫·圣·洛朗的服装，所以你最好也穿得漂亮些。"㉚克劳福德在雅格狮丹服装店的橱窗里看到一身黑色外套，得到批准后买回来。她还找到一件有黑貂皮领子的骆驼毛外套，并从朋友那里借来一顶黑貂皮帽。撒切尔夫人打算引起一番轰动。人人都清楚，这次访问意义重大。丹尼斯不陪同她，说："祝你好运，亲爱的，"还带着异乎寻常的担忧说，"我们都很紧张。"㉛

撒切尔夫人在做的最后准备是谨慎地向盟国做了详细的通报。3月23日，她分别会见了弗朗索瓦·密特朗和赫尔穆特·科尔。这位法国总统成为"热心派"人物，不过照她看，密特朗依然立场坚定，他称："我们必须抵御从欧洲撤除核武器的企图。"㉜撒切尔夫人在自己的手写笔记中记录道："他相信戈氏在改革制度上准备长途跋涉——'改变了形式，就在朝改变本质方向迈进。'"㉝德国总理却符合"怀疑派"的品质。科尔担心苏联宣传对他的国家产生影响，不喜欢苏联发生的变化，他说，戈尔巴乔夫"想要的是现代化的共产主义制度，不是民主制度。而且比以前更加反对宗教信仰"。㉞1

两天后，撒切尔夫人致函里根，完整介绍了自己的访问计划，有些部分反映出戈尔巴乔夫的想法。"我首先要自己做一些评估，看看戈尔巴乔夫在国内政治和经济结构方面的构想有多认真，以及这对苏联的外交政策有何影响……我怀疑他是否真正能够迈出必要的步伐，是否完全清楚所需的一切。仅仅生活在共产主义制度下的人们觉得难以理解自由市场的运作。"㉟她要"明确指出，希望不会给苏联的改革制造困难。根本不会。只要他们实施《赫尔辛基最后文件》确认的自由权，善待自己的人民，我

---

1 撒切尔夫人是与戈尔巴乔夫缔结关系的第一位西方国家领导人，科尔则是最后一位。1986年10月，这位德国领导人将戈尔巴乔夫与纳粹宣传部长约瑟夫·戈培尔相提并论，大大得罪了莫斯科。直到1988年秋天之前，这位苏联领导人都没有同意与他会见。(参见阿奇·布朗，《坚强领袖的神话》，博德利海德出版社，2014年，pp. 136—7)

们便能逐渐培养对他们的信赖和信心，这是必不可少的……我们要看实际结果"。

关于军备控制，她预测这个主题在会谈中将耗时最多，她避免提到"雷克雅未克"这个字眼。"我的目标是让戈尔巴乔夫接受你我去年11月在戴维营认同的优先次序，即使不是正式接受，至少也要实际上接受。"㊱ 处在首位的是中程核力量交易。如今，前景看来比较有利，因为戈尔巴乔夫在2月28日宣布，苏联将考虑单独交易方式，而不是他在雷克雅未克提出的要么全盘接受要么全盘拒绝。她会接受消除中程导弹，前提是这并非里根倾向于让欧洲彻底消除核武器的一个步骤。"我要提醒他（戈尔巴乔夫），尽管民主国家投入战斗速度缓慢，但他不该怀疑我们基于核威慑维持强势国防的决心。他也不该抱有幻想，认为他可以离间欧洲和美国。"㊲ 她还援引了1984年在戴维营双方同意的战略防御计划立场，不过警告里根说，她要向戈尔巴乔夫提到，可能在"计划的模式、范围和时序方面向他做出一些保证"。甚至在雷克雅未克会晤前，她便向里根提到了这一点，但总统对此没有什么热情。其实，里根想打消她提出这个主题的想法，但撒切尔夫人没有顾忌他的担心。她承诺不暗示说里根赞同她的想法，但她拒绝了不讨论这个主题的建议。3月28日星期六傍晚，她抵达了莫斯科，走下飞机时身穿黑色外套，头戴黑色毛皮帽，挎着黑色鳄鱼提包。克劳福德回忆说，她接受献上的一束玫瑰花时，"看上去美得令人目眩"。㊳

这次莫斯科之行最独特的一面是允许撒切尔夫人去她要求去的任何地方，允许她会见基督徒、持不同政见者和普通苏联公民，并且在苏联电视节目中高谈阔论。戈尔巴乔夫鼓励她这样做，为的是加强人们的印象：他坚持开放，也由于他认为撒切尔夫人认同他搞的改革在国内的价值。[1] 公开露面与会谈交替进行，会谈对象主要是戈尔巴乔夫本人。但是按照查尔斯·鲍威尔的看法，"最难忘的一个方面是苏联人民的反应。她是第一位到任何地方都坚持人们有权来见她的领导人。到处都遇到大批的人群……她成为反对共产主义的象征"。㊴ 陪伴着撒切尔夫人的私人秘书阿曼达·庞森

---

[1] 对戈尔巴乔夫的改革持嘲讽态度的学者们喜欢指出，"开放政策"其实不是"开放"而是"公共宣传"。

比深感触动,因为公众的激动情绪越来越强烈。他们一行的车队从机场驶来时,街道上看不到人,但第二天撒切尔夫人身穿潇洒的浅褐色靴子和黑貂皮领驼毛外套,前往扎戈尔斯克的东正教修道院,人们开始聚拢过来。在修道院的教堂里参加宗教仪式的时候,他们请撒切尔夫人点燃一支蜡烛。她是个虔诚的卫理公会教徒,对仪式中蜡烛的作用毫无经验,并没有意识到点燃的蜡烛应插在祭坛前祈祷。她虔诚地双手握着蜡烛不知所措,直到有人提醒,才知道该怎么做。在后来的讨论中,撒切尔夫人注意到,至少有几位与她对话的神职人员是这个政权的支持者,克格勃已经彻底渗透进了东正教会。"我抛开事先准备的谈话提纲,(对一位主教反对核武器的演讲)答复时转而强调需要释放政治犯。"[40]

那天下午,撒切尔夫人去一家超市并参观莫斯科的一套样品房时,一个女人站在另一套房子外面,不顾一切要见她,庞森比便带着首相走进她的家门。友好的群众聚集在门外,"有人开始推搡她"。[41]1 撒切尔夫人回忆说:"我决心要看看人们的真实生活……克格勃特工把他们推开,我就说:'别这样!不要把他们推回去!'"[42] 最后一天的访问是在格鲁吉亚的第比利斯,人们拥挤在她经过的路旁,足有"7排"。庞森比回忆说:"人们有一种感觉,仿佛她是一阵扫过的新鲜空气。人们全都不知所措,但人人都非常愿意接受。她喜爱受到关注,也做出呼应。"

撒切尔夫人抵达莫斯科后不久,便正式拜会了戈尔巴乔夫夫妇。第二天晚上,她在他们的陪同下前往莫斯科大剧院观看芭蕾舞剧"天鹅湖"。她身穿的长裙让阿曼达·庞森比在行程记录中描写为"埃莉诺黑蕾丝之夜"。埃莉诺是借给她这身衣服的格洛弗夫人的名字。[43] 幕间休息用夜宵时,戈尔巴乔夫喝着格鲁吉亚葡萄酒对撒切尔夫人说:"改革虽然不容易实现,却比革除苏联人的(过量)饮酒习惯更容易,我觉得戒酒简直是不可能的。"[44] 两人的交谈太全神贯注了,返回剧场的时间有点晚,结果,照撒切尔夫人的翻译理查德·波洛克所说:"观众显然在黑暗中足足等候了五分钟。"[45]

---

1 撒切尔夫人记得,那家超市"货物少得可怜,我一辈子从没见过货物那么奇缺,有一两块熏肉,很肥腻,却很少,有些鱼,还有些罐装鱼和一点点巧克力。我随身带着许多巧克力,送了一些给孩子们。"(撒切尔,回忆录素材,CAC: THCR 4/3)

星期一，撒切尔夫人开始与戈尔巴乔夫在克里姆林宫进行全面会谈，很明显的是，杰弗里·豪没在场。在这个阶段，撒切尔夫人宁愿旅行时尽可能不要外交大臣陪同，这次曾试图阻止他来莫斯科。但是在外交部强烈抗议下，她态度软化下来。1984年会见戈尔巴乔夫时担任翻译的外交部资深官员托尼·毕晓普回忆说："撒切尔夫人在那次访问中会见戈尔巴乔夫时，便会安排杰弗里·豪与谢瓦尔德纳泽或其他与他官职对应的官员在不同的大楼里会谈。这是她的典型做法。"㊻她与戈尔巴乔夫的谈话就像上次在首相别墅一样，漫长而折磨人，有时语言还十分粗鲁，但最终却是成功的。在七个小时的漫长会谈中，除翻译外，唯一一名英国官员是查尔斯·鲍威尔。鲍威尔在会谈过后立刻撰写出一份30页的报告，他评论说："会谈是坦率的，丝毫没给对方宽恕。如果威灵顿公爵在场，准会认为这是强力猛击。会谈中的情绪始终在变化，时而如暴风骤雨，时而发生高声尖叫，但也有云散日出的明亮时刻。"㊼会谈大大超时，结果撒切尔夫人在克里姆林宫那晚的宴会前没时间去大使馆更衣。她便决定放弃对正式场合的重视，"身着穿了一整天的短毛料裙"露面。㊽

会谈开始得并不顺利。波洛克注意到，"戈尔巴乔夫起初似乎感到紧张，身体僵挺地靠在椅背上，双手交叉搭在腹部"。㊾戈尔巴乔夫的助手阿纳托利·契尔尼亚夫也记录下当时的场面：

> 撒切尔夫人像以往一样极富魅力，态度诚恳而坚定，不但顽固，还时而对人说教。戈尔巴乔夫则出语尖刻，带着讽刺口吻，有时甚至十分唐突。戈尔巴乔夫对自己正确事业的信仰让他在个人交往中表现出自信……甚至在与女人交往时也显得自信。撒切尔夫人尽管拥有实践智慧和惊人的能力，但往往表现出女性的一面。她"温情地"望着坐在她对面的男人们，仿佛想要确认自己是否以女人的魅力打动了他们。㊿

---

1 契尔尼亚夫有个亲近女人的名声，他鼓励戈尔巴乔夫与撒切尔夫人建立密切关系。他本人不仅崇拜撒切尔夫人，根据他的个人日记，还对她有着性幻想。（阿纳托利·契尔尼亚夫的日记，1989年9月16日，国家秘密档案）

8. 访问莫斯科

让撒切尔夫人感到吃惊的是，戈尔巴乔夫一开始就提起她九天前在托基举行的保守党中央会议上的演讲，她在演讲中保证要以"现实主义和实力"对抗苏联的压迫行为，反对尼尔·基诺克提出的"幻想或屈服"，[51]并攻击"在阿富汗的屠杀"。戈尔巴乔夫抗议道，他和他的同行"感到了来自40年代和50年代的思潮"。[52]他说："'共产主义和苏联再次被表现为邪恶的势力'，这种言论与加强西方强势地位的老套如出一辙。我们听了感到惊讶。说实话，我们当时甚至想知道，首相是否要取消这次访问。"她反驳说："我难以相信这一点。你们不可能有那种想法！"[53]

不过，撒切尔夫人非但没有退却，反而努力解释了西方畏惧苏联的原因。她接着说，她在托基的演讲中本来可以说却没有提起的一点是："没有证据"显示苏联人已经"放弃了勃列日涅夫主义"。[54]1 他们颠覆南也门、埃塞俄比亚、莫桑比克、安哥拉、尼加拉瓜，支持越南征服柬埔寨，占领阿富汗，"我们自然得出结论，认为苏联仍在追求将共产主义扩散到全世界的目标"。[55]她想知道，戈尔巴乔夫的国内改革是否会引起这些对外政策发生改变。戈尔巴乔夫立刻回答说，共产主义统治世界"仅仅是苏联理论的推演……不过是个科学概念而已"，[56]但撒切尔夫人提起勃列日涅夫主义打中了他心中的要害。他赶紧招架，攻击西方干涉别国事务，"或许谈谈英国支持南非种族主义政权更切中要害"。撒切尔夫人答复说："种族隔离不可能持续。必须消灭。"但她坚持说，制裁南非"只会导致大规模饥馑"。

戈尔巴乔夫说，苏联无意破坏西方的商业需求，只想要西方"接受社会主义是个现实存在。将十月革命看作离经叛道，或者将苏联看作历史的错误，都是没有益处的"。各国都必须尊重别国的制度。他对撒切尔夫人说，自己不可能将她转变成个共产主义者；她也不该指望将他转变成资本主义者。"首相说，她正要设法弄明白，戈尔巴乔夫先生身上真正的共产主义者成分究竟有多少。"[57]撒切尔夫人没有放弃对苏联冒险主义的攻击。她

---

1 在明确提起勃列日涅夫主义的问题上，她接受了罗伯特·康奎斯特的建议。（"关于我们与莫斯科关系的备忘录：1987年3月"，CAC: THCR 1/10/113）勃列日涅夫主义坚称，在社会主义国家引进资本主义的努力是整个社会主义集团的一个问题，而不仅仅是有关国家的问题。这种改革必须抵制，如果必要，应通过武力抵制。

声称，一个国家一旦确立了共产主义制度，"所有其他选择便告终止"。戈尔巴乔夫说：但是看看资产阶级民主吧，它"滋生出一种机制，以近乎芭蕾的巧妙技法愚弄人民，不让人们了解是谁真正控制了权力的杠杆"。他抱怨说，撒切尔夫人和保守党都"与夫人的利益紧密相关"。撒切尔夫人反驳说，"比起社会主义制度，资本主义制度展示出可以将更多的利益分配给普通百姓"。㊽她在回忆录中说，她当时对戈尔巴乔夫说："我努力要实现的，是创造一个'富人'的社会，而不是富人的阶级。"㊾

辩论十分激烈，鉴于两位辩论者个性固执，辩论周而复始。戈尔巴乔夫后来向政治局报告称："她是个无畏的女人；她的表现仿佛是在自己国家的议会中。就是在舞台上，也见不到那种情景。"⑥ 在查尔斯·鲍威尔的记忆中，戈尔巴乔夫"非常严厉"地抨击保守党和英国在北爱尔兰的角色。有时候，气氛实在太紧张了，"我觉得我们会立刻被扔出门外"。⑥ 但后来发生了变化，按照戈尔巴乔夫的说法，是撒切尔夫人"奏响了比较和谐的调门。她突然转变了谈话方向，说：'我们怀着极大的兴趣关注你们的活动，而且我们完全赞赏你们改善自己人民生活的努力。我承认你们有权拥有自己的制度和安全，正如我们也有同样的权利，我们建议以此为基础展开讨论。'"⑥ 当时的记录显示，她表示说戈尔巴乔夫说的有些事让她感到"惊骇"，但那些话有助于"让气氛明朗"。⑥ 戈尔巴乔夫说，不错，这搅活了"一潭死水"。接着，谈判顺理成章转向了军备控制。

戈尔巴乔夫再次变得凶猛了。两天后，撒切尔夫人向里根总统通报会谈情况时写道："我长时间聆听他大倒苦水，称西方对苏联的主动倡议制造了新的关联和条件。"⑥ 她掩盖了一个事实：那番苦水其实是泼给她本人的，而不是泛泛针对西方。那位苏联领导人对她在戴维营明显取得的成功感到愤怒，是她把里根从销毁核武器的谈判中拉开的。实际上，她的论点与苏美两国领导人的愿望都对立。她一如既往地对戈尔巴乔夫坚持说，将核武器从世界上消除掉是不现实的：实际情况是核武器数量太大了。

戈尔巴乔夫向她发起了挑战："撒切尔夫人，你以自己对核武器的立场阻碍谈判，妨碍真正裁军的努力……你庄严宣告核武器是有利的，就明显属于核武器的热心支持者，便准备接受战争的风险。"⑥ 这番话激怒了撒切尔夫人。契尔尼亚夫写道："人们真该看看这些话对她的刺激效果。"

8. 访问莫斯科

她顿时浑身紧张，涨红了脸颊，沉下脸，伸出手一把抓住戈尔巴乔夫的袖子，开始滔滔不绝，不让他插嘴，大谈她认为不可能放弃核武器的理由：核武器已然保障了欧洲40年的和平……他怎么能怀疑她有这么丑恶的意图？

她变得无比激动，会谈彻底失控了。他们开始相互打断对方的话，一再重复说过的内容，向对方保证自己有最良好的意愿。她一再祝贺戈尔巴乔夫和他制定的新政策，希望他取得成功。⑯

趁气氛比较缓和的机会，撒切尔夫人便开始仔细解释她的担忧，并提出一些具体想法。她说，苏联领导人一定明白，若发生常规战争，欧洲是特别脆弱的。她支持两个超级大国裁减50%的战略核武器，还赞成中程核力量方面的协议。戈尔巴乔夫谈起停止军备竞赛和降低核武库水平，而她寻求的是"更深层面的内容：对维护和平的保证。她宁愿要少数核武器保障下的和平，也不要没有核武器的战争危险"。⑰ 按照鲍威尔的记录，"戈尔巴乔夫先生戏谑道，他和首相当然都同意各自销毁一枚核武器"。撒切尔夫人回答说："戈尔巴乔夫先生对这事不够严肃。"她敦促他抓紧里根总统任职的最后一年半时间，达成一项协议。

午餐休会时，撒切尔夫人与苏联持不同政见者们共进午餐（这次她又迟到了）。他们对她说，他们支持戈尔巴乔夫搞的改革，她"口吻坚定地对他们说，现在支持他还不够，等到前面的道路变得崎岖时，应当继续支持他。改革会在很长时期内付出代价，以后才会得到实惠"。⑱ 但是她也倾听并记录下萨哈罗夫的评论，其中一条评论作为此访的结论传递给了里根："我们有意支持他的改革政策，尽管结果可能并不十分如意。正如萨哈罗夫所说，开放的社会对其邻国比较安全。我们应当推动戈尔巴乔夫认识这一点。"⑲

午餐后，撒切尔夫人在克里姆林宫与戈尔巴乔夫再次会谈，按照鲍威尔的描绘，这次会谈"气氛活跃"，⑳ 以他的国内改革话题开始。戈尔巴乔夫比她更健谈，让客人足足承受了65分钟喋喋不休的介绍，解释了即将开始的改革。按照撒切尔夫人致函里根时的描绘，他谈起自己的计划时带着"几乎像救世主般的激情"。㉑ 戈尔巴乔夫说想要让工商企业自由创汇，

271

还说他追求"民主化"。⑫他说，中央计划委员会要放权，私营企业要取得自己的权利，要有更加符合科学规律的发展。"信息与计算机技术在繁荣发展。苏联科学家已经建造了能存储10亿字节信息的计算机，到了目前这个五年计划之末，这一数字将达到100亿。[1]他们还解决了个人计算机的问题，如今正在开发工厂化生产的微处理芯片。"⑬他向撒切尔夫人承认说，苏联"在民主的进程中落后了"，但是恳请"首相不要从重组中得出西方已将苏联丢进历史的垃圾堆的结论，也不要再使用邪恶帝国这一措辞。"⑭[2] 撒切尔夫人这时的态度与前面讨论时不同，没有再抓住一个论点与他辩论。她就科学应用于工业的问题向戈尔巴乔夫提了个问题（"戈尔巴乔夫先生说，这是个薄弱环节"），此外没有打断他的长篇大论，也没有质疑他说的话。撒切尔夫人接受了他的发展方向的重要意义，仿佛不愿追究先前发生近乎滑稽的不体面冲突。她想要更多了解正在发生的变化。其实，戈尔巴乔夫主动承认"几乎没有触及问题的本质"，这是个潜在的评论：她应当"过两三年后再来看看进展情况"。⑮

他们也讨论了战略防御计划。尽管里根曾阻止撒切尔夫人支持任何种类的约束条件，但她对戈尔巴乔夫说，她相当理解苏联的这一地区可预见性的愿望，⑯双方建议的活动内容可以公布，并相应承诺固定周期内不部署战略防御武器。苏联将使削减战略武器会谈（限制战略武器条约谈判的后续谈判）与限制战略防御计划"脱钩"。戈尔巴乔夫谨慎地评论说，这是个"有趣而实际的建议"。⑰

下午的会谈的火药味不像上午那么浓。[3] 撒切尔夫人就人权问题提出一系列强硬的观点，其中包括犹太人得到较好的待遇和遵守《赫尔辛基协定》（她再次提起奥列格·戈德尔维斯基家人的问题，这次是在会谈间歇时间，当时只有译员在场）。但是她提出这些观点时补充说，她比以往

---

[1] 10亿字节大致相当于21世纪初一张普通DVD光盘存储量的五分之一。

[2] 用"邪恶帝国"这个字眼给苏联定性是里根1983年3月在全美福音派协会上讲话时首先说的（参见第二卷第6章）。

[3] 唯一的例外是戈尔巴乔夫就福克兰群岛问题批评撒切尔夫人，她回答说："这不是个非常明智的评论"。[鲍威尔致函高尔斯华绥，1987年3月30日，首相文件，苏联，首相访苏，第1部分（在内阁办公室查阅的文件）]

8. 访问莫斯科

任何时候对苏联持更加乐观的态度。[78] 她后来向里根通报说，戈尔巴乔夫"强烈反对我提出人权问题，不过对处理某些个案做出了一些相当有益的保证。"[79]

在那天晚上的正式宴会上，撒切尔夫人在发言中没有对人权问题或无核世界的危险手下留情，不过用的是一种建设性的口吻。发言结束时，她赞扬了戈尔巴乔夫的改革努力："你确实开始做出一个了不起的努力，我们最为诚挚地祝愿你和你的人民顺利。"[80]1 尽管如此，按照波洛克的看法，晚宴过程中"争执再起"。撒切尔夫人后来向里根通报说，戈尔巴乔夫夫人在她访问过程中始终扮演着"显著角色"，[81] 她"似乎热衷于……一再重提'军备控制'主题，而这个主题在这天早些时候的讨论已经非常充分了。"[82] 戈尔巴乔夫在晚宴结束时说，他开始觉得，与美国人谈判容易，跟首相谈判难。波洛克觉得"如此结束宴会，这口吻有点让人讨厌"。他猜测，苏联人有个"负面"游说集团，"对着录音机"谈话时，他们得让那些人高兴才成。他这话也许是对的，但戈尔巴乔夫的抱怨反映出他对撒切尔夫人的双重情感，一方面，她是个根深蒂固的意识形态对头，另一方面，他也许强烈感到她是个真诚、睿智、强有力的领导人，可以与之达成协议。三个月后，戈尔巴乔夫与津巴布韦领导人罗伯特·穆加贝讨论起撒切尔夫人，穆加贝当然不是撒切尔夫人的朋友。戈尔巴乔夫就她强烈热衷核武器评论说，她有"一种反苏心态……她是帝国主义政策的先锋"。[83] 穆加贝回答道："她是个难以对付的女人。"但是戈尔巴乔夫说出了自己的准确想法："在另一方面……她又是个坦率的人。心里怎么想就怎么说，并不斟酌用词。她讨厌模棱两可的外交辞令。"[84]

第二天上午，撒切尔夫人与苏联总理尼古拉·雷日科夫举行的会谈只是个形式而已。不过这天的重头戏是她在苏联电视台接受三位记者的采访。外交部事先向她通报说，三位主持人有可能采取"相当恭敬的态度"，而

---

1 原先准备的讲话初稿谈到了1984年撒切尔夫人首次会晤戈尔巴乔夫，其中有这样一句："我们为自己事先看中了一位赢家感到非常高兴。"虽然这反映了撒切尔夫人的情感，但这句话还是删掉了，以免显得以高人一等的姿态对待戈尔巴乔夫。（帕克致鲍威尔，1987年3月20日，CAC: THCR 5/1/549）

且"这次对来访首相的采访可能不会成为一次激烈的争论"。⑧ 虽然撒切尔夫人仔细阅读了这份报告,并在一些文字下做了下划线,但她从来擅长激烈争论,并没有把报告内容挂在心上,乐于向那三位迟钝冷漠的男性询问者发起挑战,打断他们的话,反驳他们的看法。她向观众们解释了苏联如何囤积核武器,提出她赞成核威慑的观点,指出常规战争的危险。她指出,苏联曾受到希特勒德国的入侵,在常规战争时代遭受过巨大的苦难。她详细解释了自己"一步一步"裁减核武器的方法,捍卫战略防御计划,并称赞戈尔巴乔夫搞的改革。这次电视采访引起了轰动,并不是某一条具体回答有多精彩,而是苏联官方允许那天晚上未经剪辑全程播出了这次采访,这种情况以前从未有过。托尼·毕晓普看了那晚的电视节目,向外交部报告了这次采访引起的反应:

> 从观看这次采访中,苏联公众首次了解到自己国家的诸多实情、自己国家的军备等情况,而这些情况此前都是保密的。她对这次采访的掌控引来广泛的崇拜,尽管有时也不乏悔恨感……节目播出不久,一位苏联工会会员对我们的大使用不雅的语言评论说:"她像宰小兔子一样干掉了他们"……苏联公众真心喜欢这个节目。⑧

戈尔巴乔夫后来说:"我冒了个险,但这是我深思熟虑的选择,因为我想要她和所有其他人都看到,我的开放政策不是骗人的。"⑧

珀西·柯利达转交给查尔斯·鲍威尔一封信,是"一位年轻的苏联知识分子"阿列克谢·亚辛寄给一位英国地质学同行的,用的英语不完美,不过颇有表现力。信的内容反映了撒切尔夫人个人对苏联公众产生的巨大影响。亚辛写道:"她的表现非常专业,非常富有魅力,甚至是真诚的……她非常有理性有同情心。如今,我常常看到女人们身穿玛格丽特·撒切尔夫人风格的服装,留起她那种发型。"他说,那次采访后两个星期,群众在《消息报》大楼外排起长队,参观撒切尔夫人与戈尔巴乔夫会谈时的照片展:"她彻底改变了人们对英国的态度,如今……人们不再认为英国是个没有诚信的国家,不再认为它仅仅是美国的镜像和政治应声虫。现在,我认为英国是个富有个性的国家,非常迷人。"⑧ 按照亚辛的看法,撒切尔夫人远远胜过采访她的主持人:"那三个身躯肥硕的政治评论员向她发起攻击……很缺乏策略,非常不专业,简直是粗鲁。"那次电视采访成为"她那次访问中受崇拜的高潮"。

这天晚上,撒切尔夫人参加了戈尔巴乔夫在苏联外交部宾馆举行的一次小型非正式晚宴,气氛远比前一天晚上轻松。查尔斯·鲍威尔评论说:"显然做出了努力,要创造那次首相别墅壁炉中火苗熊熊的气氛。"⑧其他参加者只有雷日科夫、两国的大使、鲍威尔和译员们(杰弗里·豪又没有参加)。理查德·波洛克注意到,戈尔巴乔夫夫人"表现非常活泼",⑩与她丈夫友好争论工人阶级有哪些组成成分。⑪戈尔巴乔夫提出自己的改革计划时,思想交流变得自由了。撒切尔夫人后来在写给里根的信中说:"他的有些想法显得过分单纯",但她对他大方向的印象很好。戈尔巴乔夫提出个想法,"提高人民的收入,然后为健康和教育等服务收取费用",⑫就连资本主义的英国也往往觉得这属于危险的异端观念。从苏联领导人嘴里说出这么激进的内容,的确非同凡响。主人"再次支配了谈话,奇怪的是他难得询问主要宾客的看法",⑬这个态度后来引起英国同僚批评撒切尔夫人。然而,她似乎并不反对,两人通过眼神相互沟通。卡特利奇判断说:"从来没见过两国政府领导人之间会如此眉目传情。你能从他们流连的目光中看到闪烁的光芒。"⑭查尔斯·鲍威尔报告说:

> 我们坐在餐桌旁时,戈尔巴乔夫先生指着墙上一幅描绘田园景色的画,画的背景是清澈的天空,他评论说,这让他想到,他与首相的谈话,有暴风骤雨,但总是极为清澈。首相指着画说,那是从西方射来的光线。⑮

第二天上午,撒切尔夫人在克里姆林宫向戈尔巴乔夫告别。波洛克描述了当时的情景:

> 只有戈尔巴乔夫夫妇在场,这具有非常重要的意义,不仅表现出他们个人与首相之间关系的真诚承诺,可能还表现了戈尔巴乔夫对自己的地位日益自信……毫无疑问,简短的告别话语、分别前在一起的短短几分钟、双方的面部表情都证明了他

们对首相及英国的友谊和尊重。⁹⁶

双方会谈的参与者心中丝毫也不怀疑,撒切尔夫人的莫斯科之行取得了巨大的成功。戈尔巴乔夫向他的政治局同志们提问:"还记得我们为是否邀请她辩论了多少时间吗?现在我们可以说,我们的选择是正确的。"⁹⁷ 卡特利奇在访问结束时写道:"在这次访问中,双方在几乎所有与东西方关系有关的方面都坦率而明确地交换了意见,就我所知,这是苏联领导人与西方任何国家政府首脑间从未有过的。"⁹⁸ 卡特利奇向杰弗里·豪提交的书面报告中详细阐述了这个想法:

> 访问中充满了矛盾。在主要问题上,既没有预料到会有突破,也没有取得突破,但每一位客观的观察家都认为这次访问是个非同凡响的成功。众多观点争论让一致意见相形见绌,但引人瞩目的是个人和政治两方面的气氛热烈。尽管有这些矛盾,也许正由于这些矛盾,我才毫不犹豫地将这次访问描述为"历史性的"。它确立了东西方对话品质的新基准。⁹⁹

撒切尔夫人还赢得了政治背景各异的众多报刊一致喝彩。在 4 月 1 日愚人节,《每日镜报》头版刊登了虚构的撒切尔夫人亲吻戈尔巴乔夫图片,标题是:"独家新闻——玛吉解除了戈尔巴乔夫的武装"。《卫报》的领导人称,撒切尔夫人"在莫斯科的表现出色,她不仅表达了自己的观点,还倾听人们的呼声"。《太阳报》更加直截了当:"不论在国内还是在国外,撒切尔夫人都是一头猛狮。"¹⁰⁰

东西方对话此时增添了关于戈尔巴乔夫国内改革议程的讨论,这一点具有重大意义。撒切尔夫人刚抵达莫斯科时,还拿不准如何理解苏联的开放和重组。访问期间,她不仅直接从戈尔巴乔夫的讲述中得知了他的改革努力,还亲身体验到一些新的开放性。在这个阶段,她对戈尔巴乔夫具体改革虽有兴趣,但更有兴趣的是感觉到正在发生的变化。由于这个原因,她离开莫斯科时感到振奋。她现在相信,虽然戈尔巴乔夫依然是个坚定的共产主义者,但他搞改革的努力是真诚的,应该得到西方的支持。撒切尔夫人在感谢他接待的信函中写道:"我们双方都欣赏讲话坦率,我肯定这是实现加深理解的最佳途径。我很高兴向你证实，我们欢迎你的开放、重组、民主化政策。"[⑩]比起首相别墅研讨会的谨慎气氛，她走出相当远的一步。那次研讨会的结论是："西方政府公开评论那里的改革进程，无论如何不可能产生多少效果。"但评论的重要性不可能不引起戈尔巴乔夫的关注。他在政治局说："她对苏联发生的事态有真正的兴趣，而且十分强烈……也许她自己也没料到，可她对我们表达了许多积极的内容。她内心发生了一些转变。"戈尔巴乔夫接着说，重要的是"撒切尔实际上支持改革政策。美国人称，这是她最大的错误"。[⑩]在后来的岁月里，撒切尔夫人对戈尔巴乔夫改革的支持在增加，尽管如此，戈尔巴乔夫认为，华盛顿的许多人质疑这条路线是否明智。

　　当然，这次访问在政治上对撒切尔夫人非常有益。查尔斯·鲍威尔回忆道："她成了个灵魂人物，魅力四射——在俄罗斯严寒的冬季，她身穿毛皮领外套，头戴毛皮帽子，数万人拥上街头向她欢呼。仿佛她对东西方关系变化的理解是个举世瞩目的重要因素，她俨然是个领路人。"[⑩]在这个方面，戈尔巴乔夫愿意推波助澜。他对自己的同志们说："提高英国在国际事务中的作用对我们有利，"还强调指出，撒切尔夫人的观点可以影响欧洲人和美国人。[⑩]值得注意的是，戈尔巴乔夫在接待这位客人时，花费的时间和精力是空前的，他在苏联人民中利用撒切尔夫人推动他自己的改革。戈尔巴乔夫相信，他坚持让记者报道撒切尔夫人在公开场合的评论，这"解除了她的戒备"。[⑩]然而，他允许对撒切尔夫人的电视采访不经编辑直接播出也树立了一个至关重要的先例，两个星期后，到访的乔治·舒尔茨也受到了同样对待。舒尔茨回忆道："他们（在电视上）播出了我说的关于阿富汗的内容。这确实显示出情况在发生变化。"[⑩]

　　尽管戈尔巴乔夫好斗的风格当时表现出抵制，但他接受了撒切尔夫人说的许多内容，特别是关于他的国内改革与苏联并无变化的强硬外交政策相互脱节问题。他在政治局说："她强调了信赖问题"。

> 　　她说，苏联破坏了别国对苏联的信赖。"我们不相信你们的话。你们采取严重不负责任的行动：匈牙利、捷克斯洛伐克、阿富汗。我们无法想象你们会派军队入侵捷克斯洛伐克，但你们这么干了。你们在阿富汗再次采取同样的行径。我们害

怕你们。假如你们撤走中程导弹,美国人也这么做,那么我们面对你们的军队就会束手无策。"这就是她的想法。她确实认为,我们还没有放弃勃列日涅夫主义。同志们,这确实是个需要考虑的问题。我们不能不顾及这个问题……"

苏联人不失时机地跟进。4月8日,查尔斯·鲍威尔报告说,苏联大使馆的科索夫先生到访伦敦。他对鲍威尔解释说,撒切尔夫人访苏前,莫斯科官员们对她在托基大会上的演讲内容极为担心,因此戈尔巴乔夫在第二天晚宴上才那么咄咄逼人。科索夫描述说,撒切尔夫人关于战略防御计划可预见性的想法受到"非常仔细的注意",询问这个想法是否事先征得了美国人的同意。鲍威尔答复说,事先向美国人通报过,但没有征得他们的同意。科索夫说:"戈尔巴乔夫先生希望维持他与首相的'特殊关系。'"英国官方的反应表现出喜悦,同时也对这个往往用于描述英美关系的字眼保持着警惕。外交部的德里克·托马斯回复鲍威尔时说,这个想法"无疑具有双重含义,既是个奉承,又想要离间。但我们不该忽视其真诚的可能性……我们应当以谨慎的态度对待苏联建立特殊关系的尝试,但是还没有到了需要劝首相拒绝的地步"。

然而,撒切尔夫人不会忘记谁与自己有真正的特殊关系。她在尚未返回英国前,就写好了向里根做的通报,内容全面,基本真实。她对里根说,她认为自己已经让戈尔巴乔夫接受了"去年在戴维营同意的一步一步(裁军)的方法"。关于中程核力量,她说,戈尔巴乔夫不接受西方有权与苏联短程武器系统保持平衡(我说这是个关键)。她接着写道:"他的目标显然是让欧洲非核化。我斩钉截铁地表示我绝对不接受这一点。"但是她还是认为,"在今年年底前达成一个满足我们需要的协议有相当合理的前景"。她明确表示,没有受到戈尔巴乔夫甜言蜜语的欺骗:"假如以前我对戈尔巴乔夫是不是真正的共产主义制度的'信徒'有所疑惑,在这次谈判中这种疑惑也彻底打消了。"但是她强烈坚持认为,这次访问"非常值得"。"需要将西方的观点毫不掩饰地坦率告诉戈尔巴乔夫。有趣的是,他……并未让我的直率影响我们之间的个人关系。"西方支持他的改革政策是有益的。苏联人民对她访问的热情反应"引人瞩目"——西方应当利用其开放推动传递自己的信息。

8. 访问莫斯科

当然，从选举的角度看，铁娘子也成了个带来和平的人，这是个比什么都好的信息。撒切尔夫人6月份去参加投票时，深切体会到了这一点。但是除了国内政治的考虑，访问莫斯科也是重要的。正如查尔斯·鲍威尔所说，这在"一定程度上开启了终结冷战的进程"。⑪

尼古拉斯·加兰德画，《独立报》，1987年4月1日。
（原图在原文634页）

9.

舆论褒贬势如潮

"撒切尔夫人成了所有势利言行的焦点"

莫斯科之行的成功加强了人们认为撒切尔夫人是西方勇敢斗士的观念。随着她任首相即将满八年，她在国内外的各种斗争成为家喻户晓的美谈。她在任长久，显然有意连任首相，这些都有助于证实她的支配性优势。人们全都认识她；人人对她都有个看法。她是许多人的希望，也是某些人的梦魇。在撒切尔夫人掌权的鼎盛时期，她带来的心理、文化和政治上的直接冲击是深刻的。她成为各大洲"坚强女人"的典型，有些人说，她成了出租车司机和所有为改善自己生活者的保护神，俨然变成个神话人物。也许正是由于这个缘故，她成为许多英国作家和知识分子出语特别尖刻的挖苦对象。

1987年6月的大选之前，许多这类批评分子发出喧嚣了。小说家朱利安·巴恩斯[1]写道："这次大选的主要功能，就是赶走撒切尔夫人和她的阉人内阁，他们在过去八年中的主要成就是让利己主义合法化。"① 电视剧作家丹尼斯·波特[2]认为，撒切尔夫人是"战后显然最傲慢、最不诚实、分歧最大、最危险的政府中最令人讨厌的代表"。② 戴维·黑尔[3]写道："撒切尔

---

1 朱利安·巴恩斯（Julian Barnes, 1946— ），毕业于伦敦城市学校和牛津大学莫德林学院。出版过许多小说、散文和短篇小说，因《终结感》一书（2011年出版）成为2011年布克奖得主。

2 丹尼斯·波特（Dennis Potter, 1935—1994），毕业于科尔福德贝尔文法学校、伦敦圣克莱门特丹恩斯文法学校、牛津大学新学院。电视剧作者和记者。1964年曾竞选（工党）东赫特福德郡选区议员。他的作品包括半自传性剧作《起来，奈杰尔·巴顿》（1965年）、《歌唱神探》（1986年）等。

3 戴维·黑尔（David Hare, 1947— ），毕业于兰辛学校和剑桥大学耶稣学院。剧作家，他的剧作包括《充足》（1978年）和《竞赛的魔鬼》（1990年）。1998年受封骑士。

夫人那艘新闻船上的奴隶桨手们不厌其烦地对我们说过，她是个十字军改革者。然而，她搞的改革代表的完全是她自己以及与她有相同怪癖气质和念头的人们。"③他认为，选民最终会像他一样认识到，她是在刺激贪婪，因此，他预测，她离开政坛后，她的影响会迅速消逝，"仅仅会给人们记忆中留下那种怪诞的口音和朦胧的羞愧感"。④他提到撒切尔夫人的口音，也许这正是批评她的知识分子出于本能讨厌她的一个原因。不仅她坚持的想法让他们感到讨厌，而且她的言谈举止各方面都让他们联想起"粗鄙"这个字眼。小说家兼电视剧作家汉尼夫·库雷什[1]后来在《卫报》上表示："英格兰已经变得污秽不堪……成了个令人难以忍受的老鼠窝，这里种族主义盛行，憎恶同性恋者，当政者思想狭隘、性情恶毒、施政独裁、行为粗鄙、只注重金钱，像古代腓利士人一样俗气。"⑤

即使没有竞选运动，在英国重要思想家和文化人物的流行话题中，撒切尔夫人也被看作腓利士人的首领。记者格雷厄姆·特纳采访了许多这样的人物后，在《星期日电讯报》上发表了一篇文章。小说家兼旅行作家乔纳森·拉班[2]认为，她是个彻头彻尾的腓利士人，"她不欣赏双重性、矛盾、悖论、讽刺、歧义性"，在她看来，画作、书籍和思想"只是块黑森林里的蛋糕"。⑥戴维·黑尔认为，她"没有个人道德感"。⑦艾伦·本奈特也指责撒切尔夫人是个腓利士人，他在一篇没有发表的文章中把她描述为性无知的专横人物："我把她看作一位态度专横的姑妈……属于那类对婚姻无所不知却没结过婚的老姑妈。"⑧剑桥大学格顿学院女院长、哲学家玛丽·沃诺克[3]

---

1 汉尼夫·库雷什（Hanif Kureishi, 1954—），毕业于伦敦国王学院。出版过长篇小说、短篇小说、电视剧作和电影剧作，因小说《郊区的菩萨》获1990年最佳首部长篇小说惠特布莱德奖，电影剧本有《我漂亮的投币洗衣店》（1985年）。

2 乔纳森·拉班（Jonathan Raban, 1942—），毕业于赫尔大学。散文家、旅行作家、小说家。发表的作品包括《上帝、人和撒切尔夫人》（1989年），这篇批评文章剖析了玛格丽特·撒切尔在苏格兰教会会员大会上的发言。

3 玛丽·沃诺克（Helen Mary Warnock, 1924—），毕业于温彻斯特市圣斯威辛学校和牛津大学玛格丽特夫人学院。1966—1972年任牛津高中校长；1972—1976年任牛津大学玛格丽特学院塔尔伯特公寓指导教师；1985—1991年任剑桥大学格顿学院女院长；1973—1981年任独立广播事务管理委员会委员；1974—1978年任特殊教育调查委员会主席；1982—1984年任人工受孕调查委员会主席；1985年受封沃诺克贵妇。

说，撒切尔夫人"对大学完全缺乏了解"，即使她改变观点，她也不会被接受，因为"看看她在玛莎百货挑选服装吧，品位真的不入流"。⑨1 博学的戏剧导演乔纳森·米勒2博士说她"在几乎任何方面都令人反感、憎恶"，⑩ 特纳决定删掉他的一句评论，⑪ 因为他说她的"用词是芳香的臭屁"。

只要撒切尔夫人想要表现一点儿对文化的兴趣，都会遭遇这类批评家的嘲弄。1980年，诗人菲利普·拉金来唐宁街拜访撒切尔夫人时，为她引述自己的一首诗所感动。那首诗题目叫"欺骗"，内容是维多利亚时期一位穷苦女人讲述自己受麻醉后遭欺凌的故事。撒切尔夫人当着拉金赞扬这首诗，还提到一个诗句，说："她的脑海中装满了利刃。"可原来的诗句本来是："在那个从容的日子／思绪如拉开的抽屉／里面装满了利刃。"艾伦·本奈特以轻蔑的笔调写道："拉金喜欢认为，那位夫人知道那首诗，否则就不会引用了。比较合理的解释是她事先听到的介绍不准确，3 总之，由于那个诗句说的是思想开放，所以这个伟人弄错也就不足为奇了。"⑫4 其实，引人注目的是撒切尔夫人竟然特别关注这首诗。任何女政治家吸引人们关注一

---

1 玛丽·沃诺克等人后来抱怨称，《星期日电讯报》引用他们的话时断章取义，他们赞扬撒切尔夫人的一些评论没有包括在发表的文章中。

2 乔纳森·米勒（Jonathan Miller, 1934— ），毕业于圣保罗学校和剑桥大学圣约翰学院。作家、学者、播音员、众多戏剧、歌剧、影片和电视节目的导演。1981年后为伦敦大学学院资深会员。2002年受封骑士。

3 虽然本奈特感到怀疑，但撒切尔夫人真心喜欢诗歌，尤其喜欢丁尼生和吉卜林的诗歌，还能背诵许多首诗，但她不喜欢先锋派的诗。丹尼斯·撒切尔决定向她求婚，一个原因是他去她的住处拜访时曾念了一句诗，她接着背诵出全诗。可惜他后来不记得那首诗的名称了。（丹尼斯·撒切尔爵士访谈）

总的来说，撒切尔夫人根本不喜欢先锋派艺术，对此了解也很少。一天开会时，她描述某事说，这就像"等待戈多"，但她这个法文名字念成了"戈多特"。卡林顿勋爵低声对她说："首相，那个名字的读音是戈多。"她厉声问："那个词怎么拼写的？"他说："G-o-d-o-t。""这不对了，戈多特，"她坚持道，这次把"特"这个音念得更重。（克莱尔·帕克南访谈）

4 假如本奈特真的认为这行诗讲的是他理解的开放的思想，那么引用这首诗中的一个说法，撒切尔夫人就"没有受骗"。然而，拉金想象中的奸污受害者思想仿佛拉开的抽屉，里面装着刀具——这与自由开放的思想毫无关系。这句诗描写的是纯粹的痛苦，是呼应乔治·赫伯特的诗《苦难》："我的思绪仿佛一箱利刃／刺痛着我的心灵。"

首关于强奸的诗,都会得到左派的一些赞颂。但撒切尔夫人擅长的不但是激励人们讨厌她的对手,还激励人们大肆谴责他们。小说家伊恩·麦克尤恩在她2013年去世后立刻颇有洞察力地说:"讨厌她永远没个够。我们喜欢讨厌她。"⑬ 批评她的人自我纵容却往往对她有利。指责撒切尔夫人"腓利士风气"的部分原因,是她没有下意识地钦佩自炫博学的作家,而那种人习惯于受到上流社会的赞扬。戴维·赫尔回忆说:"英国的知识分子从来梦想着影响讲求实际的政客,但具有讽刺意义的是,当一位喜欢知识分子的首相终于出现时,她愿意倾听的却是些吹牛大家:基思·约瑟夫、阿尔弗雷德·谢尔曼、休·托马斯之流,而不是所谓的怀疑论者。"⑭ 小说家安东尼·伯吉斯[1]对她的抨击是:"她读畅销小说。"⑮ 可公众觉得这算不上个罪过。

在撒切尔夫人时代,英国小说、电影、戏剧和音乐往往由一种雷同的放纵感占上风。歌手兼歌词作者比利·布拉格坦率承认撒切尔夫人的强有力影响,把她描述为"我最大的灵感来源……撒切尔夫人的保守党就像两道愤怒的皱纹线,左右着我的活动,迫使我质疑我对英国状态做出的推测,以及对自己在其中地位的看法"。⑯ 他在自己写的歌《撒切尔支持者》(1997年)中抱怨道:"你搞私有化,却逼我们纳税/我们有一天定会撤销索回/记着我的话,记着我的话吧。"[2]

涉及或反对撒切尔夫人的歌词有"特别乐队"的《鬼城》,在1981年暴乱中,这是单曲唱片销量最高的一首歌,另外还有"纯红乐队"的《她必须下台》(1989年)和莫里西的《送玛格丽特上断头台》(1988年)。在《践踏泥污镇》(1989年)中,埃尔维斯·科斯特洛唱道:"等人们最后把你按倒在地/他们会放声大笑,践踏这泥污镇。"[3] 庞克乐队"被剥削者"的歌《玛吉》(1985年)有这样一段副歌:"玛吉,玛吉,你这个婊子/玛吉,

---

[1] 安东尼·伯吉斯(Anthony Burgess, 1917—1993),毕业于曼彻斯特圣芳济学校和曼彻斯特大学。学者、作者、批评家和作曲家,出版的小说包括《发条橙》(1962年)、《尘世的权力》(1980年)等。

[2] 那一年工党开始上台执政,一直持续到2010年,但是在"撤销"私有化方面几乎什么都没有做。

[3] 这个预言在撒切尔夫人去世后基本实现了。一些反撒切尔活动分子组织一次又一次模拟葬礼以示庆祝。

玛吉，玛吉，玛吉，你这个该死的婊子。"也是在1985年，庞克乐队"天使暴发户"在他们的单曲唱片《布莱顿市炸弹》的封面画了个漫画，上面的撒切尔夫人胳膊腿全被炸掉，还号召"杀手们团结起来"，大概是要求彻底消灭她。奇怪的是，销售最成功的反撒切尔歌曲不是在英国发行的，"法国的鲍勃·迪伦"雷诺的这首歌名叫《玛吉小姐》，在1984年成为法国销量第一的歌曲。歌词中祝贺妇女没有成为流氓、杀手，没有犯下种族灭绝罪，但声称撒切尔夫人是唯一的例外。从法语翻译成英语后，歌词最后一句是："假如我能留在尘世间，我要变作一条狗，每天都把撒切尔夫人当成一根灯柱（撒尿）。"

在英国，关于撒切尔夫人的最著名歌曲一直是非常成功的音乐剧《比利·艾略特》中的唱词。音乐剧的背景是1984—1985年的矿工罢工，剧情线索是一个矿工的年轻儿子希望成为一名芭蕾舞演员。撒切尔夫人是受到憎恨的对象。合唱曲《玛吉·撒切尔圣诞快乐》中有这样的唱词："圣诞快乐，玛吉·撒切尔/我们都在为今天庆祝/因为离你的死亡又近了一天。"[1]

有些报纸的漫画家专门通过画政客反映政治，在如何处理撒切尔夫人的题材方面，他们面临着直接的职业挑战。虽然雪莉·威廉姆斯和芭芭拉·卡素尔等现有的女政客已经有大量卡通形象画，但是大多数漫画家都觉得，至少由于性别缘故，她是个很难把握的题材。著名政治漫画家尼古拉斯·加兰德[2]起初为《每日电讯报》作画，后来为《独立报》作画，他回忆说，在撒切尔夫人当政的整个时期，他首先感到一个女人主政是"畸形的"。他觉得撒切尔夫人"非常非常难画"，部分原因是她的性别，"女人比男人变化多——发型、服装、化妆。她们难以捉摸"。[17]他对撒切尔夫人的第一个不利印象是：她简直是个"保守党中的少数民族女人"。她担任教育大臣时，他将夸张点集中在她头戴的蘑菇帽，而不是她的面孔。[18]1975年她在竞选中击败希思那天，他记得自己曾想过："这活儿我干不了。"不久之后，撒切尔夫人参加了《每日电讯报》组织的社论作者大会，加兰德便有机

---

1 玛格丽特·撒切尔于2013年去世后，这出音乐剧在继续上演，唱词并没有改动。
2 尼古拉斯·加兰德（Nicholas Garland, 1935— ），毕业于斯莱德美术学院。1966—1986年和1991—2011年担任《每日电讯报》政治漫画家；1971—1978年担任《新政治家》杂志政治漫画家；1986—1991年担任《独立报》政治漫画家；1979—1995年还定期为《观察家》杂志作画。

会当面研究她。他吃惊地发现"这个女人原来相当迷人,而且风度翩翩"。[19]

这次亲眼得见让加兰德脱离了讨厌撒切尔夫人者的阵营。虽然他本人的政治立场稍有些偏左,而且还加入了汉普斯特德知识分子圈子,但他"从不讨厌她"。他记得有一次参加好朋友乔纳森·米勒的晚餐会,会上有个客人抨击撒切尔夫人是个法西斯分子。这完全是一派谎言,加兰德抗议道,撒切尔夫人是个民主主义者,是通过民主程序当选的,"可是谁也不同意我的看法"。[20]他作为一名漫画家,开始更加仔细地研究撒切尔夫人,注意到"她目光迟钝,外眼角比内眼角低垂,高颧骨显得坚韧,嘴巴稍有点撅"。[21]他设法让她的面孔表现出"权力和激进导致稍有些坏脾气",让她闪亮的眼睛表现出"潜在的惊慌可能性"。"她精力充沛,擅长处理突发事件,这种品质有两面性。她常常举起一根手指,申斥别人。"她总是带在身边的手提包当然是漫画家要抓的陪衬,这就像女王的王冠。她的提包被画成一件挥舞的武器。

加兰德画笔下的撒切尔在不同阶段有不同的形象。他注意到,经历过福克兰群岛战争后,她的形象变化很大。"我把她画得更加坚强,显得更有思想,也更加精力充沛。"接下来相当长一段时间里,她的精力集中在国内事务上,他往往把她表现得富有不列颠气质,或维多利亚女王的气质。她渐渐上了年纪,两颊比较凹陷,服装发型更加别致。大致从1988年开始,她进入"末尾时期"。在他的卡通画中,她成了个"无所不能的形象,稍带一点疯狂"。[22]1

其他漫画家一向把她处理成个疯子或者邪恶的人。主要在《星期日泰晤士报》上发表作品的杰拉尔德·斯卡夫[2]凸出她的尖鼻头和红嘴唇。他把撒切尔夫人夸张表现为一头鲨鱼、一条翼手龙、一个食人族的凶残家伙、一团核爆炸后的蘑菇云。撒切尔执政晚期,《卫报》的主要卡通画家是斯蒂

---

1 在20世纪80年代初的裁减国防预算时期,加兰德笔下的撒切尔夫人身穿全套甲胄戎装,但是女式灯笼裤的裤脚耷拉在脚踝旁边。他的编辑比尔·迪兹以这幅画格调低下为由没有刊载。(尼古拉斯·加兰德访谈)然而,这种顾虑即使是在当时的报刊中也十分罕见,如今就更难得见到。

2 杰拉尔德·斯卡夫(Geralk Scarfe, 1936—),毕业于皇家艺术学院。1967年后担任《星期日泰晤士报》的政治漫画家;1993年后担任《纽约客》杂志的画家。他还广泛为电视和电影作画,在世界范围多次举办过个人画展,其中包括2015年在鲍斯博物馆举办的"杰拉尔德·斯卡夫,牛奶抢劫者——撒切尔题材画作展"。

夫·贝尔[1]。他的画作抓住撒切尔夫人的左眼比右眼稍圆的特点作夸张。他把两只眼睛都画得硕大而具有威胁神色，左眼显得癫狂。他也曾把撒切尔夫人夸张为一头鲨鱼、一只吸血蝙蝠、一个蛇神、一尊南大西洋企鹅粪堆成的塑像。这些漫画家的作品有些独出心裁十分有力，尤以贝尔的画作最显著；但它们无情的敌意和夸张太过分，完全失去了幽默或讽刺的成分。由于在他们眼中撒切尔夫人始终是彻头彻尾的邪恶，他们便没有表现出时间段方面的细微差异，他们的漫画也通常不能提供什么信息。没有一幅画能成为她的形象代表。没有一幅能与维基为哈罗德·麦克米伦作的漫画"超人麦克"相提并论，也不能与斯蒂夫·贝尔为撒切尔夫人的继任人约翰·梅杰作的漫画媲美：梅杰将内裤穿在长裤外面。然而，所有漫画都有个共同点：关注撒切尔夫人。例如，在撒切尔夫人担任首相期间，加兰德每日发表的漫画中，总数的25%以她为题材。[23]相比之下，在温斯顿·丘吉尔执政期间，戴维·洛的漫画总数只有6%以他为题材。撒切尔夫人题材的漫画数目超过了分别表现在漫画中的内阁成员数目总和。[2]

受到公共资金资助的戏剧几乎无一例外将撒切尔夫人当成攻击对象。《短缺造成的强震动》（1980年）让艺术大臣诺曼·圣约翰－斯蒂瓦斯[3]不得不为滥用公共资金在下院道歉。这出戏由霍华德·布伦顿[4]和托尼·霍华

---

[1] 斯蒂夫·贝尔（Steve Bell, 1951— ），毕业于斯劳文法学校。从1977年起一直是自由撰稿的漫画家和插图画家，以发表在《卫报》上的连环漫画"假如……"而著名。

[2] 然而，撒切尔夫人对漫画家们的兴趣并没有给予酬劳。她与许多主要政客不同，并不向画家购买描绘她的漫画原稿。只有在1998年因诺克·鲍威尔去世后，她才偶尔表现出这个愿望。加兰德画的漫画中，撒切尔夫人望着鲍威尔的雕像，漫画仿拟伦勃朗的"亚里士多德望着荷马半身像沉思"。撒切尔夫人想要购买这幅漫画的原稿，但鲍威尔的遗孀也提出购买，加兰德决定让给鲍威尔夫人。（尼古拉斯·加兰德访谈）

[3] 诺曼·圣约翰－斯蒂瓦斯（Norman St John-Stevas, 1929—2012），毕业于赖特克里夫学校、剑桥大学菲茨威廉学院、牛津大学基督教会学院，前所未有地同时在牛津大学和剑桥大学任职）。1964—1987年任切姆斯特福选区保守党在议会的议员；1979—1981年任议会下院领袖和艺术大臣；1987年受封约翰勋爵。

[4] 霍华德·布伦顿（Howard Brenton, 1942— ），毕业于奇切斯特男校和剑桥大学圣凯瑟琳学院。剧作家，作品颇丰，其中包括《恋爱中的克里斯蒂》（1969年）、《罗马人在不列颠》（1980年）、《欲海情天》（2006年）等。

德创作,在许多耸人听闻的场景中,有一个场景表现撒切尔夫人逼迫就业大臣吉姆·普赖尔饮下装在可乐瓶子里的自由市场经济学家米尔顿·弗里德曼的精液。同一年,在国家大剧院上演了霍华德·布伦顿的《罗马人在不列颠》,这出戏将古罗马人入侵不列颠类比为撒切尔政府对待北爱尔兰,用一个赤裸裸的男人强奸的场面点出主题。布伦顿还与戴维·赫尔合作,创作了一部观察深刻的剧作,名叫《真理报》(1985年),该剧以匿名方式讽刺鲁珀特·默多克在撒切尔时代的权力。

除了其他元素外,这些剧作确实反映出经常光顾剧院的阶层强烈的情感。戴维·赫尔后来说:"观众反响如能量大爆炸,因为他们想要的正是反撒切尔和反默多克的大爆炸。"[24] 布伦顿在撒切尔时代末期接受采访时归纳了这种能量背后的思想:

> 80年代的小说、电视剧、戏剧中有一个最显著的共同内涵:那十年中我们受制于某种恶毒的东西。这话听起来太夸张,但仿佛那是我们社会中原本没有的一种邪恶,它明显让人们的精神堕落了。[25]

爱德华·邦德写的《德里克》(1982年)揭示了福克兰群岛战争期间工人阶级受到的剥削,《战争游戏》则描述了核战争场面,这些剧目将撒切尔夫人表现为他憎恨的一切事物的象征,这种情况在当时并非独一无二。1987年大选前,他对《卫报》表示:"我投票时,将忠于为我们而献身的人们,他们保护我们免遭法西斯主义、军国主义和撒切尔主义的蹂躏。"[26] 但他没有指出为反对撒切尔主义而献身的是些什么人。

在那个时期,只有一出戏剧坚强地抵御了当时的潮流。这出戏就是伊恩·柯蒂斯创作的《福克兰群岛之战》。柯蒂斯是一位成功的作家,受英国广播公司委托写了这部电视剧本。剧中,撒切尔夫人被明确刻画成福克兰群岛事件中的女英雄,在其他人犹豫摇摆时,她表现出果断坚定,是一个富有同情心而且勇敢的女人。英国广播公司最初的热情过后,对这个项目渐渐变得冷淡。剧组领导人彼得·古德柴尔德对柯蒂斯说,他反对剧中撒切尔夫人写信给阵亡将士家属的情节,尽管她确实做过那事。[27] 他想要插进一段对话,表现保守党政客们讨论那场战争可能对选举产生优势。柯蒂斯表示拒绝。1986年7月，英国广播公司取消播放这套电视剧，理由是它可能在1987年大选中引起争议。这一行动被广泛解释为封杀该剧的借口，继而引发媒体的大波澜，柯蒂斯称，他成为英国广播公司政治立场的受害者。英国广播公司一套节目的总监迈克尔·格拉德提出一个看法，结果是火上浇油，他先前就曾认为，这套节目本来就不够好。英国广播公司还以大选在即为由停播了另一套以福克兰群岛为题材的电视剧《摇摇欲坠》，这个节目的内容是反撒切尔的。然而，《摇摇欲坠》仅仅推迟播放，后于1988年播出，而《福克兰群岛之战》则受到了封杀，直到21世纪才当成个历史探秘题材播出。英国广播公司总共播出过七部有关福克兰群岛事件的连续剧，内容多多少少都是反对福克兰群岛战争的，没有一部表示赞成。

在电影方面，汉尼夫·库雷什创作的两部影片剖析撒切尔时代英国的弊端。极为成功的影片《我漂亮的投币洗衣店》（1985年）突出了库雷什眼中撒切尔夫人对种族关系的恶劣影响。《萨米和罗西上了床》（1987）讲的是社区的崩溃，按照导演斯蒂芬·弗里斯尔[1]雄心勃勃的意图，是要"推翻政府"。[28] 尽管这个企图失败了，但那个意图中包含的激情却反映了那个时刻的情绪。电影《致勃列日涅夫的信》（1985年）将撒切尔夫人给利物浦造成的破坏类比苏联的破坏，《照常营业》（1987年）是一部露骨反撒切尔的辩论影片，讲的是掠夺成性的老板们和工人们的权利，两部影片反映的情绪同出一源。《照常营业》中的主角是约翰·索（后来以摩尔西巡视员出名）和格兰达·杰克逊[2]，杰克逊于1992年成为工党在议会的议员。[3] 卡里

---

1 斯蒂芬·弗里斯尔（Stephen Frears, 1941—），毕业于霍尔特的格雷沙姆学校和剑桥大学三一学院，电影导演。他执导的影片包括：《我漂亮的投币洗衣店》（1985年）、《危险的联络人》（1988年）、《高度忠诚》（2000年）等。

2 格兰达·杰克逊（Glenda Jackson, 1936—），毕业于西科比郡文法女校。1957—1992年是皇家戏剧艺术学院的女演员；1992—2010年任汉普斯特德和海格特选区工党在议会的议员；2010—2015年任汉普斯特德和基尔伯恩选区议员。她出演过许多部影片，包括《恋爱中的女人》（1971年）、《男友》（1972年）、《苏格兰玛丽女王》（1972年）等。

3 2013年撒切尔夫人去世后，在议会下院的休会辩论中，格兰达·杰克逊仍攻击撒切尔夫人，称虽然她是第一位女首相，但她并不能代表她的性别："女人？我说她不是。"（议会议事录，HC Deb, 2013年4月10日560/1650）

尔·丘吉尔[1]创作的《卓越女子》(1982年)是一部露骨反撒切尔的影片,影片刻画了名叫马琳的女人,她决心取得商业上的成功,不但不帮助其他女人,还以寡廉鲜耻的男人为自己的行为样板。批评撒切尔夫人的人有个共同的主题:撒切尔夫人不是个"真正的"女人。这属于歧视妇女的奇怪本能,批评她的人们也显示出,由于她的性别,她受到特别极端的猥亵攻击便是合理的。

在电视节目方面,英国广播公司二套节目播出艾伦·布莱斯蒂的连续剧《铺柏油路的小伙》,故事讲述利物浦的五个铺设柏油路面工人的故事,后来,被英国电影学院描述为"电视剧对撒切尔时代最完整的表现",[29]尽管连续剧是基于1978年写成的剧本,当时吉姆·卡拉汉的工党政府仍在执政。有时,这类反应让批评家自己受到挖苦。一部英国广播公司的系列喜剧名叫《年轻人》(1982—1984年),描写四位龌龊学院的学生合住一套肮脏的房子。剧中有这样一句对白:"那间浴室免费使用。这可跟撒切尔集团统治的国家不一样!"这个系列喜剧的多位演员和多位作者包括:本·埃尔顿、里克·梅耶尔、阿列克谢·塞利。

就连长期播出的儿童节目《神秘博士》也开始暗中插入攻击撒切尔夫人的内容。从1987年到1989年扮演博士的演员西尔维斯特·麦考伊说:"我们是一群有政治动机的人们,似乎做了正确的事情……我们都有这样的情感,认为玛格丽特·撒切尔比博士遭遇的任何魔鬼更可怕。"[30]安德鲁·卡特梅尔回忆说,制片人在后期制作的访谈中问他,他想在自己的角色中实现的目标是什么。"我当时说的原话是:'我希望推翻这个政府。'我对撒切尔统治下的英国社会的不公平现象感到愤怒,我很高兴将这种情感注入节目中。"[31]1988年播出三季《神秘博士》电视剧,在卡特梅尔笔下,名叫"幸福侦察兵"的坏蛋变成了海伦·A(由约翰·索的妻子希拉·汉柯克扮演,她是一位激烈反对撒切尔夫人的演员),这个女坏蛋是泰若阿尔法星球上人类移民地的暴君。那位博士鼓动受奴役的人们起义反抗海伦·A。然而,英国广播公司儿童节目的颠覆分子也有一个麻烦,如果他们的政治意图表白得过分露骨,就有可能丢掉饭碗,因此他们必须谨慎处理。看

---

[1] 卡里尔·丘吉尔(Caryl Churchill, 1938—),毕业于蒙特利尔的特拉法加学校和牛津大学玛格丽特夫人学院。剧作家,剧作包括《九重天》(1979年)和《卓越女子》(1982年)。

上去谁也没注意他们要做什么。这套连续剧的播出时间纵跨了十年，其收视率从最高峰的 1600 万滑落到 300 万，海伦·A 这个角色也未能扭转颓势。一位名叫托尼·阿特伍德的作家当时写了一部儿童小说，名叫《特洛和地球连线难题》，这是《神秘博士》的衍生作品，其中有个坏蛋名叫尔切撒，是把撒切尔夫人的姓氏倒过来写的。但这部小说也同样没什么人关注。

截至那时，剧情与撒切尔夫人有关且最受欢迎的节目是《仿真人木偶戏》，独立电视台从 1984 年到 1996 年定期播出的这套节目中，木偶角色是夸张仿拟那个时期的公众人物。节目将撒切尔夫人描述为对内阁颐指气使的权威角色，[1] 常常身穿细条纹套装，系着领带，活脱脱是个有男性特征的专横女人，有时手指间还夹着丘吉尔抽的那种雪茄。[2] 有一个场景表现她站在男厕所的小便池前。虽然这套节目对她的角色处理十分粗野，但是传达的信息往往在人们心目中强化了她的权力，也许对她造成的伤害小而益处大。她的内阁同僚反而有很多理由提出抱怨，因为他们的木偶形象模样十分凄惨。

说来奇怪，那个时期最成功诙谐的政治电视喜剧《是，大臣》（英国广播公司）并没有真正涉及撒切尔现象，这部电视系列剧是从 1986 年到 1988 年逐步发展成《是，首相》的，两位作者是安东尼·杰[3]和乔纳森·林恩[4]。其

---

[1]《仿真人木偶戏》的角色深深进入了公众的意识，常常有人对本书作者讲述有位服务员问撒切尔夫人，她想为内阁上什么肉菜。她回答道："请来盘生牛排。"接着服务员问："上什么蔬菜？"撒切尔夫人回答："哦，我点什么就给他们上什么。"这是《仿真人木偶戏》中的讽刺对话，但人们在心中已经当成了真事。（由于长期以来的玩笑把撒切尔夫人当成"真正的"男人，那位服务员对她的称呼是："先生。"）

[2]《仿真人木偶戏》的角色创造者彼得·福拉克和罗杰·劳还委托别人生产了一批瓷质"撒切尔夫人茶壶"，茶水从她鼻孔里倒出来。结果这种产品销路不佳。

[3] 安东尼·杰（Antony Jay, 1930— ），毕业于圣保罗学校和剑桥大学莫德林学院。自由撰稿作家，1955—1964年任 BBC 制片人和编辑；1962—1963年任《今晚》节目的编辑；1980—1988年任《是，大臣》和《是，首相》中（与乔纳森·林恩共同）编剧；他出版的作品包括《管理与马基雅维里》（1967年和1987年下半年）。1988年受封骑士。

[4] 乔纳森·林恩（Jonathan Lynn, 1943— ），毕业于巴思的金斯伍德中学和剑桥大学彭布罗克学院。导演过的众多戏剧和电影包括：(电影)《修女也疯狂》(1990年)和《我的表兄维尼》(1992年)。以演员和编剧参与的作品有（与安东尼·杰合作的）英国广播公司电视系列剧《是，大臣》和《是，首相》(1980—1988年)。

实，这两位作者的灵感来源是威尔森-卡拉汉时期的几本日记，这部系列剧于80年代开始播放时，撒切尔时代的其他类似作品尚未出现。每一部电视剧不变的情节结构都是基于一个笑话：（以尼格尔·霍桑扮演的常务秘书汉弗莱·阿普比为首的）公务员们总是自行其是，到头来总是胜过并拯救他们的大臣。剧中的大臣吉姆·哈克（保罗·爱丁顿饰）是个和蔼可亲但怯懦的喜剧丑角，他最终成为首相。该节目对白厅的官僚风格是个绝妙的刻画，但根本没有触及一位首相让公务员们感到害怕的现实危险。也许因为剧中的讽刺不关撒切尔夫人痛痒，她便随意表示自己非常喜欢这个电视剧。林恩在1983年她竞选胜利向她道贺时，她说自己"喜爱"他的电视节目："对话和时机选择都妙极了。对政客与公务员之间思维交流过程的洞察体会感同身受。"㉜在1984年为该剧颁奖的仪式上，她甚至同意与爱丁顿和霍桑一道表演一个颇为呆板的小品。¹

另一部成功的电视系列剧是《推迟进天堂》（1986年）。这是英国广播公司改编自约翰·莫蒂默同名小说（1985年）的剧作，内容含蓄而不是直接地反对撒切尔。有点像弥尔顿《失乐园》中的撒旦，在《推迟进天堂》中莱斯利·蒂特马斯（戴维·思雷福尔饰）尽管令人厌恶，但也是最扣人心弦的角色，这是个类似保守党内阁中诺曼·特比特式的人物，还是个地产开发商。莫蒂默的意图是让蒂特马斯代表撒切尔夫人推翻1945年决定中他最不喜欢的方面，但他将蒂特马斯塑造得太令人信服了，结果基诺克的影子内阁成员都受到鼓励去读这本书，从中理解工党需要反驳的种种论点。㉝

除了莫蒂默的作品外，其他小说在认真对待撒切尔时代的问题方面比其他媒介慢。不过在《撒旦诗篇》（1988年）中，萨尔曼·拉什迪²随意提到过"折磨夫人"。涉及撒切尔夫人的小说大多数是在她离任后才出版的，而且往往把她当成个练习攻击用的稻草人，而不是个富有魅力的角色。例如，乔纳森·科的小说《大瓜分》（1994年）讲的是一个姓温莎的约克郡家

---

1 安东尼·杰与撒切尔夫人保持着友好的关系，偶尔为她作演讲以及接受英国广播公司采访提出建议。

2 （艾哈迈德）萨尔曼·拉什迪（Ahmed Salman Rushdie, 1947—），毕业于拉格比的孟买主教堂学校和剑桥大学国王学院。作家，作品包括《午夜的孩子们》（1981年）和《撒旦诗篇》（1988年）。《撒旦诗篇》导致阿亚图拉·霍梅尼于1989年发出追杀令，号召处死拉什迪。2007年受封骑士。

庭,这家人十分可怕,体现了人们认为撒切尔夫人支持者的种种邪恶——有贪婪的银行家、野蛮的农夫、寡廉鲜耻艺术品经纪人、虚伪的小报记者、军火商等。戴维·皮斯的《不列颠84年》(2004年)是一部残忍的反撒切尔畅销小说,故事背景是1984—1985年的矿工大罢工,人们在欧格里夫炼焦厂庆祝抵抗"英国国家大规模的势力"。即使是非政治题材小说也往往以撒切尔时代为背景,例如伊恩·麦克尤恩的《准时的孩子》(1987年)将那个时代描述为反理想化的,人们行为野蛮,唯利是图,腐朽堕落。艾丽斯·托马斯·埃利斯在她的小说《天空的鸟》(1980年)中嘲笑英国人的癖好是把人看作动物:

> 就连政党领袖们也变得类似小动物了。左边是只泰迪熊(迈克尔·富特)……右边是只小耗子——商店卖的面包干酪皮上用饼干渣和没营养的调和蛋白做的小老鼠头,代表了杂货店商平庸的想法。[34]

休·汤森在杰出的喜剧作品中创造了一个叛逆少年艾德里安·莫尔,这个虚构的人物甚至在自己的日记中写了一首名叫"撒切尔夫人"的诗:

> 你哭泣吗,撒切尔夫人,你哭泣吗?
> 你会在睡梦中醒来吗,撒切尔夫人?
> 你会像一棵伤心的垂柳一样哭泣吗?
> 对着你头下玛莎百货公司的枕头?
> 你的泪水像熔融的铁水?
> 你会哭泣吗?
> 你醒来头脑中想到"300万人"了吗?
> 你是否为他们再也不能工作感到难过?
> 你身穿蓝色套装,是否看到排队的人群?
> 你哭泣吗,撒切尔夫人,你哭泣吗?[35]

很少有作者怀着同情心创造出撒切尔时代的典型人物,比如工人阶级中升入上流社会的人们、首次创业的人们、以撒切尔夫人为榜样有能力追求更加有抱负的职业妇女等。当然,小说家没有受到任何压力,没必要支持撒切尔夫人,但他们似乎受到强烈的反撒切尔压力,而且令人失望的是,他们没有在艺术上做出努力,表现在她的时代英国生活和更加广泛的世界发生的变化。正如小说家兼批评家D.J.泰勒所说:"几乎没有一位当代小说家费心理解撒切尔魅力的性质。"㊱虽然戴维·赫尔持极端仇视她的观点,但是他代表剧团讲话时,同意这个说法。他认为,左翼没有看出撒切尔夫人会出现。他们预见会发生左翼的革命,认为社会将在20世纪70年代分崩离析,但是,"突然间从右翼蹦出个想要改变现状的人,当时许多人有慌了手脚的感觉。历史朝不同方向转折。我无语了。"㊲赫尔相信,撒切尔夫人执政六年后,左翼作家们才开始充分理解到变化的实质内涵,也理解到(从她自己的角度看)她的事业取得了成功。他相信撒切尔夫人是自私的象征,便在他参与的剧作《真理报》中捕捉住这个特征:"默多克处在她冒险行径的核心,他将媒体引向虚无主义。"㊳

对撒切尔夫人的魅力真正感兴趣的一位小说家是菲利普·亨舍[1],他利用自己在撒切尔夫人执政末期在议会下院当职员的经验创作了第二部小说《厨房蛇毒》(1996年)。书中有撒切尔夫人支配议会活动的迷人片段,在一个场景中,书中名叫简的人物审视内阁时说:"那里只有她的的确确是个卓越人物。"㊴这本书根本没有点撒切尔夫人的名字,却展示了她在议会的手法——例如,她如何利用首相问答环节的喧闹,作为"咏叹调前的试唱"。㊵小说中的有些章节想象出撒切尔夫人内心深处的思想,诸如她想要享有难得的"半个钟头空闲",甚至想要有机会当个解说员。虽然亨舍当时自称是个"意志薄弱的左倾主义者",㊶但他认为,老一代作家一心纠缠撒切尔夫人的问题和社会阶级问题,却不关注英国正在发生如此大规模的变革。㊷"她是个难得的好素材",作为小说家,"你总是需要一个像伊丽莎白一世那样明确的声音,那才是个能支撑小说的绝妙声音"。㊸亨舍是个同性恋者,他意识到,撒切尔夫人是个"同性恋者的偶像"。她有"女主角登台

---

[1] 菲利普·亨舍(Philp Hensher, 1965—),毕业于谢菲尔德的塔普顿学校、牛津大学玛格丽特夫人学院、剑桥大学耶稣学院。1990—1996年在议会学院任职员。他的小说包括《北方的仁慈》(2008年)、《童年场景》(2013年)等。

亮相般的堂皇壮丽"，她的外表能"让他人的内心发生转化"。[44]

《厨房蛇毒》的平装本有一幅插图，内容是首相脚穿高跟鞋，正在踩灭一个烟头。插图是根据亨舍对撒切尔夫人步态的描述绘制的："她步行时，仿佛每走一步都在踩灭一个烟头，看得出，她这种步态是有道理的。"[45]他不是观察过撒切尔夫人步态的唯一一位作家。阿兰·霍灵赫斯特的小说《美的线条》（2004年）也许是出版的小说中以撒切尔时代为背景的最知名小说。主人公是个名叫尼克·格斯特的年轻同性恋男子，故事讲述了他在一个比自己个人生活更加博大精彩的世界中的经历。故事的时代背景是撒切尔主政中期的1983—1987年间，正值她权力的巅峰期。尼克在一位名叫杰拉尔德·费登的新兴保守党政客家讲究的房子里做房客，他目睹了一些蒸蒸日上的社会形势。费登最得意的一点是最终说服撒切尔夫人来他家参加一个聚会，她（令人难以置信地）竟然"与尼克共舞，动作颇具挑逗性"。霍灵赫斯特描述撒切尔夫人参加聚会时写道："她脚步匆匆，步态优雅，带着笨拙地掌握权力后长期掩盖的一丝尴尬。"[46]对撒切尔夫人的这一描写算是出色的敏锐观察，显示出虚构作品可以成功想象出她所处的环境，也表现出与她一样为飞黄腾达而奋斗者的情感。

撒切尔夫人对小说或舞台剧如何表现她不感兴趣。这倒不是因为她缺乏自负或自尊，而是因为她早在"牛奶抢劫者"时期就从艰难困苦中学会不能在别人怎么看她方面浪费情感，如果那些人对赢取选票不重要，就更不值得关心。这种态度导致的一个悲惨的结果是，她最不喜欢的戏剧《谁支持丹尼斯？》绝对不是最不友好的。她不喜欢这出戏的原因仅仅在于她只看过这出戏，却没看其他戏。这出戏1981年5月开始演出，在福克兰群岛战争期间因品位不佳停演。这是根据《私家侦探》中"亲爱的比尔"信札改编成的舞台剧。约翰·威尔斯[1]和理查德·英格拉姆[2]声称，信札是丹尼斯写给老朋友比尔的，人们广泛认为，这个比尔是当年《每日电讯报》的

---

1 约翰·威尔斯（John Wells, 1936—1998），毕业于伊斯特本学校和牛津大学圣埃德蒙学堂。作家、演员、导演。在《谁支持丹尼斯？》中饰演丹尼斯（并与理查德英格拉姆共同编剧），1981—1982年在白厅剧院演出。

2 理查德·英格拉姆（Richard Ingrams, 1937— ），毕业于什鲁斯伯里学校和牛津大学大学学院。1963—1986年任《私家侦探》杂志编辑；1992—2014年任《老人》杂志编辑。

编辑W.F.（比尔）·迪兹[1]。信的内容描述了他饱受"老板"或"老姑娘"的欺凌。蒂姆·贝尔等人力劝撒切尔夫人，说他们夫妇去看这个演出会表现出大度。他们出席一个特别慈善演出时，媒体和观众密切注视着撒切尔夫妇的反应。警卫人员害怕自己听到嘲弄上司不由发笑时被拍照，坚持坐在他们身后隐蔽的位置，让伯纳德·英厄姆坐在她身旁。[47]照卡萝尔的话说，这个节目让撒切尔夫人"深感受到冒犯"，不过她尽职尽责，一直保持着喜悦表情，离开时一直咬牙切齿地说："精彩的闹剧。"她不喜欢这出戏是受了丹尼斯的影响。丹尼斯感到恼怒，没想到自己被塑造成个酗酒的笨蛋（不过这个形容字眼并非毫无根据）。[48]然而，在人们心目中，那些挖苦的信札让撒切尔夫妇的婚姻显得十分人性化。而且还让人们相信，丹尼斯不可能对妻子施加任何政治影响，不过，这并非完全属实。比尔·迪兹说："《私家侦探》让人民认为，他不是个严肃的人物，这把人们都蒙蔽了。"[49]

然而，撒切尔夫人一般不关注对她的文艺刻画。这几乎可以肯定是一种正确的心理态度。她上了年纪后，小说家塞巴斯蒂安·福克斯与她在一次午餐会上见了面。福克斯对她说，她该读读《美的线条》，因为书中有对她的描写。她没听说过这本书，但仔细倾听了他的话。两人分手时，她对福克斯说："《美的线条》，我会记住的。"[50]这是个典型的误解，说明她与英国大都市文艺界在对世界的理解方法上有一道鸿沟。

当然，文艺界有真心崇拜撒切尔夫人的作家、知识分子和普通人。一次，格雷厄姆·特纳为写一篇文章采访金斯利·艾米斯[2]。艾米斯像许多逃避左派观点的人一样受到撒切尔夫人的吸引，他尤其为一件事赞扬她，结果触怒了大多数在文化上批评她的人："政府越少插手文艺，对文艺越

---

1 W.F.（昵称"比尔"）·迪兹（W. F. "Bill" Deeds, 1913—2007），毕业于哈罗公学。1931—1937年任《晨邮报》记者；1950—1974年9月任肯特郡阿什福德选区保守党在议会的议员；1954—1955年任议会秘书、住房与地方政府大臣；1955—1957年任议会的内政部次官；1962—1964年任不管部大臣；1974—1986年任《每日电讯报》编辑；1979年受封骑士；1986年受封迪兹勋爵。

2 金斯利·艾米斯（Kingsley Amis, 1922—1995），毕业于伦敦城市学校和牛津大学圣约翰学院。他的小说《幸运吉姆》（1955年）赢得萨默塞特·毛姆奖，《老魔鬼》（1986年）获得布克奖。艾米斯不但出版了24部小说，还出版过诗集、短篇小说和文学批评文章。1990年受封骑士。

好。"㉛他发现了左翼对她的某种嫉妒心理:"另外一个问题是她的性别,工党原本想要首先有一位自己的女首相,结果让保守党插进来偷走了这一荣誉。"㉜巴里·汉弗莱[1]是一位作家兼喜剧演员,还是埃德娜·埃弗雷奇女爵士形象的创造者,他在撒切尔夫人去世后作过类似的评论:"只要有人当着我的面抱怨人们忽视妇女取得的成就时……我总是喜欢提到杰出的玛格丽特·撒切尔。她们听了总是怒不可遏。"㉝小说家彼得·阿克罗伊德[2]指责以高人一等的口吻蔑视撒切尔夫人的势利言行,㉞英国知识界的著名学者和历史学家诺埃尔·安南[3]说:"有人称,在她的计划方案中没有知识分子的位置,这个说法是错误的,"㉟她只是改变了知识分子的属性。安南还说:"她对知识分子充当管理者表示轻蔑,这完全合情合理。"㊱

约翰·勒加雷的政治观点与撒切尔夫人相去甚远,但是福克兰群岛战争后也不由自主对她产生了好感:"我从没料到会钦佩她,可我莫明其妙有了这种感觉。尽管直接的结果至少让我难以接受。"㊲她讨好般地敦促勒加雷接受一项荣誉,可他拒绝了。虽然他本能地倾向于左翼,却不喜欢左翼作家"把她塑造成个暴君式的保姆"。㊳在他看来,她似乎"完全是个民主人物。天生好斗,以她自己的角度看完全是公平的"。他还觉得她非常迷人,体会到她"迫切需要受到保护,这让他觉得仿佛成了她的一个朝臣"。[4]

---

[1] 巴里·汉弗莱(Barry Humphries, 1934—),澳大利亚喜剧演员、演员、讽刺家、作家。以写作和在舞台及电视中演出埃德娜·埃弗雷奇女爵士和莱斯·帕特森爵士这两个角色的两面个性而著名。

[2] 彼得·阿克罗伊德(Peter Ackroyd, 1949—),毕业于伊灵市圣班尼迪克学校、剑桥大学克莱尔学院和耶鲁大学,小说家、专家作家、诗人。他的小说包括《奥斯卡·王尔德的最后遗嘱》(1983年)、《霍克斯莫尔》(1985年);非虚构作品包括《T.S. 艾略特》(1984年)、《托马斯·莫尔》(1998年)、《伦敦:传记》(2000年)等。

[3] 诺埃尔·安南(Noel Annan, 1916—2000),毕业于斯托学校和剑桥大学国王学院。1956—1966年任国王学院教务长;1978—1981年任伦敦大学副校长;1965年受封安南勋爵。

[4] 在不多几个场合中,就连撒切尔夫人的死敌也会崇拜她。1984年爆炸发生的那一周,戴维·赫尔和霍华德·布伦顿碰巧在布莱顿市,共同创作一个剧目。爆炸发生后第二天,两人观看她的电视演讲时,布伦顿说:"我不赞成她当首相,可是,天哪,她简直是个了不起的坦克指挥官。"(戴维·赫尔访谈)

在真正的暴政下有直接体验的知识分子对撒切尔夫人的看法与英国的左翼批评家截然不同。例如，安德烈·萨哈罗夫（参见第三卷第8章和本书第8章）和弗拉基米尔·布科夫斯基[1]就极其崇拜她。萨哈罗夫是苏联核物理学家、持不同政见者；布科夫斯基是一位科学学者和作家，1977年从苏联监狱释放后受到西方的保护。布科夫斯基回忆说："她喜欢争论。俄罗斯人喜爱争论。伊顿公学和牛津大学毕业的人们太礼貌，不愿与一位女士争论。她争论有时激烈到拍桌子高声嚷叫，我看出她喜欢这种事。"⑲ 布科夫斯基觉得可以信赖她："她是个极其忠诚的人，我一直为此感到惊讶。我们会发生激烈争吵（通常是因为她与戈尔巴乔夫的亲密关系，对此布科夫斯基表示强烈反对），可事后她仍会愉快地把我介绍给大家。"按照布科夫斯基的看法，"她非常清醒。完全不依赖直觉。百分之百依靠智力。而里根正相反"。⑳ 然而，布科夫斯基认为她不懂什么是意识形态：她只是有一种正确的直觉，认为共产主义是可怕的。"她比其他所有人更富有勇气"，他以这样的判断高度称颂她。

撒切尔夫人非常善于利用自己夸奖知识分子的能力，由于她的崇拜通常是真诚的，因而增强了夸奖的分量。她喜欢她称作"语言大师"的人物，因为他们能以比她高明的方式表达事物，她也喜欢有"大思想"的人物。例如，1986年笔者与她发生争论，认为她不该建造拟议中的英国图书馆，而应当翻修大英博物馆的旧阅览室，她回答说："戴维·艾克尔斯[2]想要英国图书馆。他是个大思想家。这样的人物想要某种东西，我不会阻拦。"㉑ 她对著名科学家的态度尤其反映了她对伟大思想家的崇拜，她对这样的人物怀有敬畏之心。查尔斯·鲍威尔回忆说："在我记忆中，撒切尔夫人只有一次心慌意乱，表现得像个女学生一样谦恭温顺，当时她原来在牛津的

1 弗拉基米尔·布科夫斯基（Vladimir Bukovsky, 1942—），苏联持不同政见者，作家和人权活动家；20世纪60到70年代在苏联监狱、劳改营和所谓"精神病院"中遭关押整整12年，获释后移居英国。

2 戴维·艾克尔斯（David Eccles, 1904—1999），毕业于温彻斯特学校和牛津大学新学院。1943—1962年任奇彭勒姆选区保守党在议会的议员；1954—1957年和1959—1962年担任各种部级职务，其中包括教育大臣；1970—1973年重回政府担任财政部主计长和艺术大臣；1963—1999年任大英博物馆托管人；1973—1978年任英国图书馆委员会主席；1953年受封骑士；1964年受封艾克尔斯子爵。

导师来唐宁街与她一道喝茶，那位导师名叫多萝茜·霍奇金[1]，是位化学家还是位诺贝尔奖得主。"[62]她有意引导所有学科的知识分子。1987年，艾伦·布卢姆[2]的作品《美国魂的终结》面世并取得极大的成功，当时担任大学大臣的乔治·沃尔登[3]建议她会见布卢姆。他渴望让撒切尔夫人分享布卢姆对非功利研究的热情。撒切尔夫人乐于接受布卢姆的论点：美国教育中的相对主义远没有打开学生们的新视野，反而让他们失去了向伟大思想家学习的能力。她邀请布卢姆（与沃尔登一道）来首相别墅共进午餐。他们抵达后，丹尼斯把沃尔登拉到一旁问："'你到底给了玛格丽特一本什么书，让她一直看到凌晨2点半？'午餐时，她向布卢姆提出几个具体问题，然后仔细聆听他的回答……让我感到肃然起敬。布卢姆则感到有点慌乱。"[63]沃尔登相信，这是撒切尔夫人对这种事真心感兴趣的一个事例："她其实不必见这个人，既不会向记者公布消息，在政治上也毫无用处，但她却感兴趣。"[64]

菲利普·拉金崇拜撒切尔夫人的原因是"她有确信无疑的伟大美德，而美德从来不得人心。"[65]他喜欢她的强硬政治路线，但是他也喜欢受到她的崇拜。撒切尔夫人提出给予他桂冠诗人称号，尽管他表示拒绝，但心中非常喜悦。拉金写信给罗伯特·康奎斯特，赞扬她对此的理解，还赞颂她的美丽，但补充写道："这个国家太懒惰自私，会让她失望的。"[66]詹姆斯·利斯-米尔恩在日记中写道，她是"21世纪最伟大的首相"。[67]

关于撒切尔夫人对艺术的态度，人们的意见分歧极大。艺术家吉尔伯特和乔治[4]扼要表达了他们的想法："我们极为崇拜玛格丽特·撒切尔。她

---

1 多萝茜·霍奇金教授（Professor Dorothy Hodgkin, 1910—1994），毕业于约翰·莱曼学校和牛津大学萨默维尔学院。著名化学家，以她对分子结构的结晶分析而著名，后来发现了青霉素结构的重要信息；1964年诺贝尔化学奖得主；1965年获英国功劳勋章。

2 艾伦·布卢姆（Allan Bloom, 1930—1992），毕业于芝加哥大学。美国政治哲学家，作家、卢梭和柏拉图作品的译者。他最著名的作品是《美国魂的终结：高等教育为何缺乏民主并让今天的学生灵魂贫乏》(1987)。他还出版了散文集《巨人与侏儒》(1990)和《爱情与友谊》(他去世后于1993年出版)。

3 乔治·沃尔登（George Walden, 1939— ），毕业于拉提默中学、剑桥大学耶稣学院和莫斯科大学。1967—1983年任外交官；1983—1997年任白金汉选区保守党在议会的议员；1985—1987年任议会教育科学部次长。

4 吉尔伯特·普罗什（Gilbert Prousch, 意大利人，1943— ）和乔治·帕斯莫尔（George Passmore, 英国人，1942— ）于1967年在伦敦圣马丁艺术学校相会，从此作为艺术家保持合作。

为艺术做了大量工作。社会主义想要人人平等。我们想要的是不同。"⑱有些艺术家赞扬她的热情,甚至赞扬她对音乐认真的兴趣。皇家歌剧院院长克劳斯·莫泽¹回忆起有一次在科文特花园剧场皇家包厢接待她的情景,那次演出的剧目是《游吟诗人》:"她出席时光彩照人,仿佛世界上没有需要她操心的事情,完全没有我们一天工作后疲惫不堪的模样。《游吟诗人》是所有歌剧剧目中情节最为复杂的。我自己肯定没有彻底看懂。我们落座前,撒切尔夫人对我说:'第二幕有一场我不是很明白。'我当然无法向她做出解释。"⑲

撒切尔夫人总是渴望获得更多文化知识。1984年8月,她在瑞士住在格洛弗女士家时,曾前往奥地利的阿尼夫城,在德国著名指挥家赫伯特·冯·卡拉扬²家与他共进午餐。卡拉扬不喜欢寒暄闲聊,很高兴她一开口便直接问他:"演奏者相互关系不同,间距也不同,指挥家如何创造一种整体感呢?你控制管弦乐队的最佳方式是什么:凭意志力还是靠说服?指挥家是必不可少的吗?"⑳他太喜欢这种提问思路了,回答后以同样的手法向她提问:"现在轮到我就你的职业提问了。"㉑他问了她类似的问题:关于运用权力的问题以及权威的性质等。结果那次午餐时间远远超出了预期。

在白厅,撒切尔夫人有个坏名声:她关注政府收藏的有趣艺术品和古董家具,并把它们强行搬运到唐宁街。一次,她不顾白厅只准专业人员挪动一对珍贵花瓶的规定,自己动手抱起一只,命令罗伯特·阿姆斯特朗搬起另一只。㉒她与政府艺术收藏品主任温迪·巴伦结成友好关系,请她提供"展示不列颠荣耀"的艺术品。㉓巴伦博士向她提供了汉弗莱·戴维和拜伦的女儿艾达·洛芙莱斯(最早提出计算机语言概念者)等科学家的肖像、格兰瑟姆镇另一位最著名居民艾萨克·牛顿爵士的半身塑像,还按她的要求提供了惠灵顿与纳尔逊的肖像。在高里勋爵的影响下,人们还说服

---

1 克劳斯·莫泽(Claus Moser, 1922—2015),出生在柏林一个犹太人家庭,全家1936年逃离纳粹德国定居英国,毕业于弗任萨姆海茨学校和伦敦经济学院,统计学家。1961—1970年担任许多学术和行政高级职务,包括伦敦经济学院社会统计学教授;1967—1978年任中央统计局局长和政府统计处处长;1974—1987年任皇家歌剧院院长;1973年受封骑士;1981年受封莫泽勋爵。

2 赫伯特·冯·卡拉扬(Herbert von Karajan, 1908—1989),奥地利人。1955—1989年任柏林爱乐乐团首席指挥。

她陈列了比较现代的作品，包括亨利·摩尔的雕塑作品。她对画作有自己独特的审美看法，例如，她认为画作应当有她所谓的"聚焦点"，她指的是特别有趣的小景物（因此她崇拜L.S.劳里的作品）。一次，她观看巴伦博士展示卡姆登派的一幅画作时，她说："那不是一幅很好的画作。我上学时老师说，一幅画不该有两种明亮的颜色。"㉔有一幅画是撒切尔夫人自己发现并说服政府基金会为唐宁街购买的，那是温斯顿·丘吉尔的一幅水面上日落的画作（质量不佳）。她相信，丘吉尔曾把这幅画挂在查特韦尔庄园的书房中。她酷爱自己身边的布置。有一年的8月份，巴伦博士以为撒切尔夫人外出，便来唐宁街10号检查那里的收藏品，不料与首相邂逅，见她正忙着给从维多利亚－阿尔伯特博物馆借来陈列在内阁的众多瓷器掸灰尘。撒切尔夫人说："你看，巴伦博士，我离开这里后最怀念的事物就包括这些漂亮的画作。"㉕她认为画作太贵，自己买不起，但她自己也收藏一些物品：例如中国卷轴画、王冠德比瓷器等，而且她总是渴望了解更多知识，私下请博物馆主管带她参观介绍那里的收藏品。㉖然而，她担任教育大臣时，曾陪她参观藏品的维多利亚－阿尔伯特博物馆馆长约翰·蒲柏－亨尼西回忆说："她给我留下的清晰印象是，她对艺术品一无所知。"㉗

很少有哪位知识分子对撒切尔夫人没有强烈的情感。以赛亚·柏林[1]戏谑道，他没有培养起对撒切尔夫人或罗纳德·里根的热情，这是他的一个缺憾："我真希望胸中能酝酿出某种对他们不利的个人情感，但我不能。这是朋友和盟友们反对我的缘故。"㉘

1985年牛津大学为是否向她颁发荣誉学位发生争论，这是最常提到的撒切尔夫人与知识分子之间的冲突。1983年的一件事成为那场争论的先兆，英国最著名的科学研究院皇家学会决定提名撒切尔夫人为第一位担任首相的科学家，并颁授研究员职位。皇家学会的44位研究员联名在《自然》杂志上抱怨称，向她颁授荣誉研究员职位是对学会"良好声誉的损害"。㉙学

---

[1] 以赛亚·柏林（Isaiah Berlin, 1909—1997），毕业于圣保罗学校和牛津大学基督圣体学院。1957—1967年任牛津大学奇切利学院社会与政治理论学教授；1974—1978年任英国社会科学院院长；牛津大学万灵学院研究员；1971年受封骑士。

会开会投票表决时,他们的反对未能奏效,不过撒切尔夫人只勉强赢得所需的三分之二多数票。反对她的人提到她的国民医疗保健制度政策和削减医学研究基金的做法。在1981年,拨付给大学教育资助委员会的政府资金削减了18%,在此基础上,1983年基思·约瑟夫又进一步削减了2%。由于行政管理的复杂性而不是由于政治意图,导致拨付给"纯科学"(即非应用科学)的资金发生不成比例的削减。学术界反对这一潮流的情感高涨。牛津大学理事会于1984年底提出向撒切尔夫人颁授荣誉学位的建议时,有些曾阻止她加入皇家学会未遂的人再次出面阻止。

撒切尔夫人对牛津的舆论状况不很了解。向她颁授荣誉学位的提议如果是在1979年她最初担任首相时提出的,几乎可以肯定毫无争议。然而,随着时间的流转,这一提议开始引起了争论,因为对她的怨恨已经在积蓄。她收到学位提名正式邀请函的同时,也收到了保守党历史学家罗伯特·布莱克[1]的一封信。布莱克是牛津大学女王学院的教务长,他在信中表达了自己的喜悦,并请她不要为附件中提到的情况担心:此事有可能由(大学的学术人员)集体表决。"可以想到,有些左翼教师会发出挑战。我个人认为,他们根本不可能得逞,不过我的估计也可能是错的。然而,假如进行投票表决,我确信你会获胜。"[80]她的首席私人秘书罗宾·巴特勒却不太确信。他递交布莱克的信时写了一个注释短简,警告她说:"大学中的左翼分子要利用这个机会,在集体表决前发起反对你的运动。"[81]他建议撒切尔夫人以后再考虑接受邀请。撒切尔夫人勉强同意了,但后来于12月14日接受了布莱克勋爵的当面劝说,同意接受邀请。她对自己母校几乎有敬畏的感情。对巴特勒的担忧,她回答说:"罗宾,既然牛津想颁授给我一个荣誉学位,我还能跟谁讲条件呢?"[82]她在同意接受的信函中表示,这一提议让她"感到极大的自豪与喜悦",[83]她说的是真心话。

反对她的人比支持者更加卖劲。反对者们特别笼络了科学家、政治哲

---

[1] 罗伯特·布莱克(Robert Blake, 1916—2003),毕业于诺威奇的爱德华六世国王文法学校和牛津大学莫德林学院。1968—1987年任牛津大学女王学院教务长;1971—1987年任牛津大学副校长。历史学家,著名作品有传记著作《迪斯雷利》(1966)、著作《保守党:从皮尔到丘吉尔》(1970)、修订后的《保守党:从皮尔到撒切尔》(1985);1980—1990年担任《国家名人传记辞典》联合编辑。1971年受封布莱克勋爵。

学与经济学教职员，收集了275个抗议者的签名，其中包括皇家学会的11名研究员。他们在声明中称，撒切尔夫人的政府"给英国的整个公共教育系统造成了深深的系统性伤害"。

他们发起的反对运动启动后，从若干种因素中吸取了力量——从政府得到的资金少于以往，让人们普遍感到愤怒；拒绝各大学的愿景而表现出功利主义态度；当时阿瑟·斯卡吉尔即将失败的漫长的矿工罢工让人们反对撒切尔夫人的情绪尤其高涨。按照牛津大学的章程，1985年1月29日，教职工在谢尔登报告厅开会，就此问题进行辩论。首席生理学家丹尼斯·诺布尔[1]发言反对颁授学位。他说："这个国家几乎每一位了解科学试验室事态的人都极为惊慌，并感到深深的担忧。"[84]他描述了因资金难题"周复一周"给研究理事会造成"简直令人难以置信"的混乱。他还就总体情况发难："我们在此聚会的目的是保护数百年来的知识传统"，历史也许会认定这是个"转折点：我们是否俗气（强调语气）到了任凭这一个国家传统崩溃的地步。"他辩论说，比起向首相们颁授荣誉学位的"惬意传统"，这是个更加重要的问题。

"俗气"这个字眼打动了知识分子们反对撒切尔夫人的情绪，而且有这种情绪的人范围之广远远超越了牛津的范围。政治学者彼得·普尔策[2]是另一个反撒切尔阵营的领导人，多年后他反思说，当时有一种强烈的反撒切尔夫人"美学观"："那当然影响了我，也影响了很多其他人……那也许是共同因素中最大的一种因素。"[85]他否认那是因为大学教师们从社会阶层的角度蔑视撒切尔夫人。普尔策说，恰恰相反，他本人的教育背景是普通的文法学校，"要说大家有什么特殊的情感，那应该是：'她本该是我们的人，结果却并非如此。'"[86]牛津大学理事没有料到争议会达到如此激烈的程度，

---

[1] 丹尼斯·诺布尔（Denis Noble, 1936—），毕业于伦敦伊曼纽尔学校和伦敦大学学院。1984—2004年在牛津大学伯登桑德森学院任心血管生理学教授；1963—1984年在牛津大学贝利奥尔学院任辅导助教；1984—2004年任教授研究员。

[2] 彼得·普尔策（Peter Pulzer, 1029—），毕业于瑟比顿郡文法学校、剑桥大学国王学院和伦敦大学。1960—1984年任牛津大学政治学讲师；1962—1984年是基督教堂学院政治学学生和导师；1985—1996年任牛津大学格莱斯顿学院政府与公共管理学教授；1985—1996年任牛津大学万灵学院研究员。

领导人们在付诸投票表决前没有进行足够的宣传,[1]也不知道该如何抵制这场运动。结果,教职员大会以 738 票对 319 票拒绝向撒切尔夫人颁授荣誉学位。辩论中没有女教工发言。

当时的反应非常偏激。双方在争论中都认为自己是勇敢的反叛者。反对颁授荣誉学位一方认为,他们是在支持教育的完整性,反对权势。保守党高级官员佩雷格林·沃索恩[2]尽管对牛津投票表决持批评态度,但他认为造成这个结果的部分原因在于撒切尔夫人本人。在紧接着那次投票后的星期日,他写道:"听着撒切尔夫人的说法,人们不由会产生一种想法,那就是文明的统治阶级也属于她决心在人民帮助下消灭的敌人,这可是在泼掉社会主义的洗澡水时连保守党的娃娃也倒出去了。"[87]

支持向她颁授荣誉学位的人们认为,投票反对的教师因怨恨自己作为知识分子失去了政府的尊重和补贴,失去了在社会中的地位,便认为撒切尔夫人是个暴发户。《观察家》杂志评论说,冷落成为首位女首相的牛津大学萨默维尔学院毕业生"证实了许多人的看法:牛津是这个'机构'的代表,而撒切尔夫人尽管为这个机构感到自豪,却是个局外人"。[88]哈罗德·麦克米伦担任首相期间即当选了牛津的校长,此时仍保持着校长职位。相比之下,撒切尔夫人缺少他任首相时的什么品质竟连个荣誉学位都得不到?"我们只能想到一点——与他母校齐名的虚荣心。"[89]

约翰·文森特[3]教授属于少数同情撒切尔夫人保守主义的著名学者,他本人也是 80 年代受左翼攻击的受害者。他在综合评价撒切尔夫人的历史地位时(写于她第三次竞选胜利后),分析了她遭人痛恨的原因:

---

1 议会议员和前牛津大学教师约翰·帕滕私下报告说,大学副校长杰弗里·沃诺克曾"做出种种努力"要为撒切尔夫人得到好的结果。他妻子玛丽·沃诺克后来对《星期日电讯报》说了撒切尔夫人很多刺耳的话,但当时"在女子学院做了大量工作"推动支持撒切尔夫人的事业。帕滕将这些情况传达给了唐宁街。(帕滕致艾利森,1985年1月28日,CAC: THCR 2/1/5/142)

2 佩雷格林·沃索恩(Peregrine Worsthorne, 1923—),毕业于斯托的学校、剑桥大学彼得豪斯学院、牛津大学莫德林学院。专栏作家;1976—1986年任《星期日电讯报》副编辑;1986—1989年任编辑;1991年受封骑士。

3 约翰·文森特教授(Professor John Vincent, 1937—),毕业于比黛尔斯学校和剑桥大学基督学院。1970—1984年任布里斯托大学现代史教授;1984—2002年任历史教授。在80年代,他兼任《太阳报》和《泰晤士报》的专栏作家。

这是因为她以"诚挚而讲求实际的态度"对渐进的正统观念提出异议。撒切尔夫人成了所有势利言行的焦点：知识分子中的势利者、社会上的势利者、布鲁克斯的势利者（反对王权的辉格派伦敦俱乐部）、受过艺术教育对科学持势利言行者、大都市藐视乡下的势利者、南方人藐视北方人的势利者、男人藐视职业女人的势利者，等等。[90]

辩论双方都能引经据典提出好论点。但回顾起来最奇怪的一点似乎是，几乎没有人突出关注一点：撒切尔夫人是牛津毕业生，而且是第一位女性首相。可以想象一下，假如哈佛大学拒绝向美国首位黑人总统巴拉克·奥巴马（哈佛法学院毕业生）颁授一个荣誉学位，理由是不同意他的教育政策，我们便可看出牛津的决定今天在全世界看来是什么效果——甚至在当时看来是什么效果。罗宾·巴特勒的妻子吉尔是个牛津毕业生，她说得非常直白："假如是对男人，他们绝不会这么做。"[91]她丈夫后来很久才成为牛津大学学院的硕士，因此直接体验了那种效果。他回忆说：牛津的决定"在为大学筹募基金方面具有毁灭性效果，尤其是从美国筹募基金时更是如此。"[92]

撒切尔夫人做出的公开反应十分简洁："如果他们不愿颁授这项荣誉，我就是最不愿接受它的人。"[93]但是，罗宾·巴特勒感到，她私下感到"受伤害程度极深"。[94]尽管她对牛津感到不快，但那是她职业生涯的基础，因此对那里心怀敬意。她向支持她的三一学院院长安东尼·昆顿致函说，虽然"我自然感到失望……但我对遭到拒绝并非不习惯：我必须声明，我的内心宁静更多地基于自己大学毕业后取得的成功，而不是能否获颁一个荣誉学位"。[95]她致函自己的朋友、母校萨默维尔学院院长达芙妮·帕克说："我向你保证，这次投票表决丝毫不能减损我热爱熟悉的大学，我尤其不会减少对母校萨默维尔学院的热爱。能在那里就读是我的荣耀。假如不曾待在那里，如今就不会待在这里（即唐宁街）。"[96]1

---

1 牛津大学友好的教师迈克尔·吉林—托什表示安慰，寄赠给撒切尔夫人一本乔纳森·斯威夫特的《格利佛游记》的珍本。她对他表示："长期以来这本书就让我非常着迷——但以前我从未想过，斯威福特不但是个十足的讽刺专家，而且还是个感觉敏锐的经济学家。我完全同意你在来信中关于生活中经济与工业本质的所有内容——假如拉普他岛黯淡的浮云之间有更多现实主义者该多好！"（撒切尔夫人致函吉林—托什，1985年2月14日，CAC: THCR 3/2/159）

撒切尔夫人后来说,她的荣誉学位风波显示出家庭可以带来温暖。她说,消息传来时,马克在美国从电视上看到了报道。他立刻给母亲打来电话说:"妈妈,别难过,"还说,"不出两个钟头就会有人送来花。"⁹⁷她说:"这种亲密的情况……是我生活的一部分,天天都有。"她举出这个例子其实恰恰反映出,遭到拒绝让她心里有多难过。

她当然得到了丹尼斯的全力支持。丹尼斯感到怒不可遏。他写了封现实版的"亲爱的比尔"给比尔·迪兹:"只有我们的上帝知道为什么要人在这种可怕的气氛中承担起这么可怕的工作,过这么可怕的生活。我真的哭了。祝福你。"⁹⁸他这位朋友和高尔夫球友回复说:"让我分担你的苦恼,但你们俩谁也不要过分操心这种事。唉,牛津已经失去了其根深蒂固的特有文化……恰恰相反,对不太著名的高等学府造成影响的外来品质也让它成了牺牲品……原谅我的打字机,我一生气,打出的字就歪歪扭扭。"⁹⁹回顾撒切尔夫人任首相的岁月时,丹尼斯对笔者说,照他看,牛津荣誉学位风暴给他夫人造成的心理烦乱程度之深超过她在任时的任何事,只有离职时是个例外。¹⁰⁰¹

1991年,牛津主要的反对者彼得·普尔策得知,那次投票表决让撒切尔夫人真正受到了伤害,他说:"我对此没有同情。她那种政客总是就任何事向任何人说教,因此就必须准备承受冷落。"¹⁰¹

在文学界和学术界人士的心目中,这个受冷落的女人太土气,太严厉,太缺乏教养。对于每天为她工作的人们,她是个类别迥然不同的人物。总的来说,职员们的感觉与受她欺凌的内阁同僚不同,觉得与她配合是相当愉快的体验,虽然她有个相当吓人的名声,但他们的感觉却出乎意料的好。有这种感觉的不仅仅是从事相对卑微的开车、烹饪、打字等工作的人们,撒切尔夫人对他们总是态度友善,说话直截了当,对他们的生活十分体贴,就连高级公务员也有这种感觉,尽管撒切尔夫人对这类人员在整体上存有戒心。

撒切尔夫人的外交事务私人秘书约翰·科尔斯在1984年6月离职不久写了篇短文,描述自己为她工作的体验。¹⁰²科尔斯在文章中说,公众对

---

1 她后来做出了报复。1997年到了该把她的文件存入一个档案库时,她选择了剑桥大学。

撒切尔夫人的理解往往与她的真实情况相去甚远。科尔斯感到，她的体形"比公众的想象略矮胖一些"。她"在穿着打扮和发型上总是花费很多工夫"。她要根据露面的场合考虑穿着，既考虑适于拍摄电视，也要考虑政治上的效果。1982年，在北京人民大会堂主持大型宴会时，[1]"她决定身穿色彩艳丽的红裙露面，并不是表示奉承共产党中国，而是由于她事先得知，中国人认为红色是喜庆色，适合在庆祝场合穿着"。科尔斯认为，撒切尔夫人的体形"并不特别好，不过她的面部表情变化极为丰富——能够表现出几乎是爆炸性的凶猛、幸福的平静、调情般的深情、最高度的关注。为她工作能学会关注她的情绪"。

尽管她在任何情景下都喜爱极尽简练和抓住"本质"，但科尔斯感到，"她本人（的性格特征）却是复杂的"。[⑩]"她的主导特征是果断"，不过他也感到，这位铁娘子的形象有些误导性。虽然她会推翻一切讨论结果，但"更多的情况下她应对新问题时却表现出踌躇和谨慎。假如认为她的果断等于独断专行，那就错了。她的果断仅仅意味着严格分析过各种论点得出结论后……她坚持将结论付诸实施"。

科尔斯认为，撒切尔夫人的许多行为源自她是唯一掌权女性的这一独特情况，这让她感到需要在公开场合保持坚韧性。例如，她极少对失业问题在一般公开场合表现同情，不过科尔斯注意到，她常常注意到"一些个人的艰难生活境况"。她会拒绝白厅提供的解释性文件，"坚持重新审视这些个案，表现出更多的人情味"。她担心自己作为男人中间唯一的女性，如果在公开场合表现出人情味，或者"过度表现出女性行为"，有可能让人认为不胜任领导角色。她内阁中男性的同僚友情有很多渊源，有的是公立学校、大学的校友，有的是军队中的战友，有的是共同俱乐部的会员。科尔斯写道："他们在接受思想和行为、男性的幽默、论点和符号语言方面对女性有排斥性……她也许感到妥协语言本身也带有男性特征，有俱乐部中文雅交谈的特征。"这些她全然陌生，感到不得不防止自己因此受到窒息。

科尔斯认为，这种情况很好理解，"这一过程给她造成的情感代价和她为挑战惯例而采取的做法却不太容易观察到"。[⑪]她的处境造就了她的奇怪行为："为了维护自己的意志，这个非常娇柔的女人在与几乎所有同僚讲话

---

[1] 在人民大会堂举行招待会是个惯例，既由东道主主办，也由外国外交部门主办。

时，不得不采取刺耳的声调，至少她选择采用这种声调。有时候，她的语言风格近乎辱骂，粗鲁而令人不快。"她很高兴利用性别歧视者的看法：女人都是非理性动物，"假如她发现自己的逻辑思路通往错误的方向，便会表现出非理性特征"。遇到一位内阁大臣以辞职相威胁，她要么不理解这是一种惯例，目的是强烈请求重新考虑，要么她宁愿忽视这种惯例。在一个具体场合，她做出的反应是："这要由你自己决定。不过你这么做是极不明智的。"科尔斯写道：每逢遭遇到这种情况，"她会表现出相当没有女性特征的坚定和强硬……但总的来看，我坚持认为她具有阴柔特征。她是位慈爱的母亲，具有母亲的各种情感。尽管他们的婚姻像那个时代大多数婚姻一样，缺乏感情的火花，但她忠于比她年长很多的丈夫。她很容易为别人的不幸而伤感。"

她的思想更多地按照女性的类型运作，而不是顺应自己的职业和教育资历的要求：

> 她不像科学家一样……仅仅在证据得到明确证明后才得出结论，也不像律师那样通过逻辑推理证明一个案件。如果我声称完全理解她的思维过程，那我就是在说假话。在有些场合，她得出明确结论的速度快得惊人，显然没有经过任何中间步骤。在这些情况下，她的思维速度之快远远超过了内阁所有同僚。至于她是凭本能还是靠思维敏捷迅速从始至终考虑过每一个环节，就不得而知了。[105]

也许这种品质能解释出，为什么撒切尔夫人在交流中常常"有点不连贯"——科尔斯认为这是她"缺乏文学基础"的缘故。"人们听她讲话时常常露出迷惑神色，想要从相互没什么联系的不完整句子中了解她的真正意思。"尽管如此，她的即席演讲远比按讲稿朗读要好，也许准备过分反而失去了讲话风格或者失去了丘吉尔式的措辞。"我觉得她从来没做过一次好的演讲"，不过也没有做过糟糕的演讲，"她的讲话从来都值得聆听。她坚定的信念、清晰的表达、满腔的热情、她使用通俗易懂的语言而不是政治术语，这些让一批又一批听众心中荡漾起激情"。

虽然撒切尔夫人算不上个凭理智行动的人，但她"对各种思想有强烈的兴趣"。因此她避开政府这部机器，不过常常崇拜并信赖政府中一些个人成员。她喜欢"未经官僚过程处理的原始形式的思想。她利用自己认为的新思想，那种急切的渴望仿佛焦渴的沙漠旅行者忽然得到一杯冰镇饮料"。出于这个理由她不问贫贱富贵，对任何人一律平等看待，不过她对自己职位的尊严却一直保持着极度的担忧。"她也许是英国最没有浮夸表现的首相。"她欢迎各种想法，不论是来自内阁大臣、学者、企业家，还是门卫。

科尔斯在文章中问自己，她的动力究竟源自何方。他做出结论认为，首先是她的早年经历，尤其是从她父亲那里学到的东西，还有她后来在工作中恪守承诺，哪怕需要她与别人做出牺牲也在所不辞："她一直感到一种良心的自责：假如她有更多的时间陪孩子们，他们的生活会轻松得多。"科尔斯试探性补充道："假如她性格的感情方面得到充分满足，可能她后来就不会形成她那两种最强的品质：惊人的活力、异常的果断。"他是在暗示说，在她的婚姻或任何其他关系中，她可能没有全面体验过性激情或者没有体验过全身心投入的爱情。

另一位高级公务员戴维·古多尔也对撒切尔夫人做了一番描述，不过他与撒切尔夫人的关系并不亲密，而且这番描述是在她离职后写的。古多尔强烈同情爱尔兰民族主义，非常关心解决他认为造成爱尔兰分裂的北爱问题。他讨厌撒切尔夫人的不同看法，认为她令人有点迷惑的偏见太强硬。从1982到1984年，他在内阁办公室与撒切尔夫人交往，从1984到1987年与她个人工作关系密切，当时他担任外交部副次长，处理与《英－爱协议》相关的各种事务。"我就像为她效劳的许多人一样，既喜欢她、崇拜她，也同样讨厌她、为她感到恼火。然而，回顾起来，总的来说崇拜的成分占主导地位。"

例如，官员们可以跟她开玩笑，这是他喜欢的一点。一次，她受不了官员们反对她按自己愿望做事，喊起来："别老跟我说'不行，不行，首相。'"我们就换了个说法："但是，首相。"她抱怨说："但是，但是，但是；你们说的但是太多啦。"我问："我们不能说不，也不能说但是，那该怎么表示不同意呢？"她听了嫣然一笑。

她对一些小事或小人物十分关注，这个行为引人瞩目。古多尔于1987年受命担任驻印度高级专员时，撒切尔夫人为给他送行会见了他。见面时泛泛谈论了印度的情况，包括她做过的宣告，称印度占多数的中产阶级

"可以带动其他阶层发展：这正是中产阶级的作用"，后来，她的话锋转向在德里的高级专员住地。"我们是前殖民地的统治者，我们的佣人应该得到良好的照顾，标准不应低于德国人或美国人。你在那里有那么好的一名脚夫——那么好的脚夫。要是你为了改善佣人住房条件发生了矛盾，要告诉我，别踌躇，我会帮你敲打外交部的。"[108]她一直关心着那位名叫卡奇鲁的脚夫。她辞职几年后，还为没有给予他应有的高级荣誉表示愤怒，并亲自向他寄赠礼物。

她毫不虚饰地直接说出心里话，这种情况会让在场的人感到可爱，也感到滑稽。她最初任首相时，在与德国总理赫尔穆特·科尔会晤前，古多尔应召向她介绍情况。他与外交部的常务秘书迈克尔·帕利泽一道走进唐宁街10号。撒切尔夫人在门厅迎接他们：

> "你们觉得我的新地毯怎么样？比原来那块肮脏的椰绒脚垫好多了吧。（对帕利泽说）顺便问问，你那里有灯泡吗？我需要一些灯泡装在柱厅里。"我俩小心翼翼站在地毯边上，注视着地毯。这时正门开了，（时任外交大臣的）卡林顿勋爵走进来，抱着一捆文件，显得颇为生气。"彼得，你踏上一张昂贵的新地毯啦。"卡林顿露出迷惑神色。"地毯？什么地毯？""另外，彼得，你们有灯泡吗？""灯泡？灯泡？首相，你简直成了个收藏杂物的喜鹊了。"[109]

古多尔说：

> 我喜欢她的直率、她仿佛透明的大脑、她直接抓住问题要害的能力……还有她坚持进攻的勇气和决心。她善于激励别人，能够表现出善意，可以跟人开玩笑。不太迷人的方面是视野狭窄，我觉得最关键的似乎是在一定程度上缺乏慷慨精神：她蔑视"慷慨"这个字眼，仿佛这个词的含义是她的敌人。[110]

她关系最紧密的一位助手罗宾·巴特勒在很多方面崇拜她，巴特勒相信，自己和许多同事能在历史上留下一笔的唯一原因，就是曾为撒切尔夫人工作过。不过他对撒切尔夫人也有一些不愉快的感觉。他回忆说:"我坐在她旁边时,总会感到忐忑不安。"她从不闲谈,他总有"处于危险中的感觉"。与她面对面交往活像"饲喂一头猛兽"。⑪

虽然在撒切尔夫人执政时,没有一位女士正式掌握着权力,但在她的所谓"宫廷"中也有几位重要女性。她们证明说,她的性格特征的一些方面男性往往理解不深。查尔斯的意大利籍妻子卡拉·鲍威尔活泼愉快,常常在服装和室内装饰方面向撒切尔夫人提供非正式帮助。卡拉认为:"她的方方面面都完全具有女性特征。她欣赏服装的细节。我把她称作金发女郎,因为她喜爱小伙子(她的私人秘书们)。"⑫撒切尔夫人喜爱在接受采访或在公开场合露面时大家为她做准备的方式,"小伙子们"对此似乎心领神会。罗宾·巴特勒用一个骑马的比喻描述为首相在议会问答环节做的准备:"重要的是让马腹两侧出的汗水恰好适量。"⑬卡拉·鲍威尔说,撒切尔夫人"的一切都是女人的东西"。⑭重要的是不能让其他人把首相比得相形见绌。她记得罗宾·巴特勒说过一句说教式的警语:"要记住撒切尔夫人是个女人,所以你自己不能像往常一样穿着过分华丽。"⑮由于撒切尔夫人自己关注服装,所以往往对女儿卡萝尔比较随便的态度感到烦恼。"她想要卡萝尔穿着比较得体,仿佛想把女儿丢进洗衣机似的。"⑯卡拉认为,这跟撒切尔夫人心中渴望女儿成婚有关系。[1]一谈起卡萝尔,撒切尔夫人就觉得内疚,眼眶里会滚动着泪水。[2]她自己的婚姻无疑是稳固的,照卡拉·鲍威尔所说,两人甚至经常调情打趣,这与舆论的说法截然不同。她回忆起两人的对话片段:"丹尼斯:'你知道我不喜欢你身穿黑裙子。'撒切尔夫人:'我只好这么穿着。我是首相。'接着丹尼斯做了个手势,意思是'随你便

---

[1] 直到写这本书时,卡萝尔尚未结婚,不过有个长期伴侣,名叫马尔科·格拉斯。
[2] 如果她感到自己的孩子受了委屈,就绝对不能持原谅态度,不过她在行为上努力表现出符合职业要求。1986年,《每日电讯报》新任编辑马克斯·黑斯廷斯决定将卡萝尔和"另一个没用的人"赶出特写组(与马克斯·黑斯廷斯爵士通信)。"我天真地认为,首相会认为这是个正常的报社业务问题,但她怒气十足,对康拉德·布莱克(报社业主)说我行为可耻……她后来再也没跟我说过话。"然而,与此同时撒切尔夫人设法与电讯报集团重修旧好,与康拉德·布莱克和当时的主管安德鲁·奈特拉关系,奈特回忆说,她在解雇卡萝尔问题上"有雅量"。(安德鲁·奈特访谈)

吧！'"⑰可是，照辛西亚·克劳福德的话说，他们的婚姻"不是热烈爱情的结晶，但两人是灵魂伴侣"，而且撒切尔夫人一直对丹尼斯的第一次婚姻感到担忧，丹尼斯与前妻分手让他深受伤害。有一次她说："克劳福德，我永远是个第二任撒切尔夫人。"（参见第一卷第5章）尽管她从来行动果断，取得很多成功，但她心中一直受到不安全感的折磨。

撒切尔夫人随时准备"利用她的女性气质"。⑱她可能"完全彻底冷酷无情"，其中的部分原因与她的女性角色意识有关。一次，她遇到卡拉·鲍威尔，见卡拉心烦意乱，为某事大声嚷叫，她设法安慰卡拉，然后说："卡拉，女人既然战斗就一定要赢。"这是她一个最强的信念，也能解释她为何本能上缺乏宽宏大度。她相信，男人们会聚在一起对付女人：必须为争夺每一寸土地战斗。她付出忠诚也收获忠诚，而且"她把爱给予每一个人"。⑲

就连她的苛刻天性也颇具吸引力。她浑身散发出一种令人吃惊的温柔感。尤其是在出国旅行时，她喜欢由几位她称作"女儿们"的秘书陪在身边。¹卡罗琳·赖德陪她出国旅行过几次，她回忆说："她要我们在清晨、傍晚、深夜陪在身旁，跟我们说话。好像我们真是她亲女儿。"⑳撒切尔夫人总是设法为这些年轻女子做媒，常常粘住几个"合适"的男子，却不曾想他们是同性恋者。她喜欢在这种事情上聊八卦，尤其喜欢说男人追求女人时的荒唐举动。她就任首相初期，艾利森·沃德对她说，一位年轻单身议员在出租车里猛地往前扑了一下，把她手提包里的东西全都扣翻在地板上。撒切尔夫人听了"又是笑又是叫"。㉑她的工作人员相信，在这种事情上，她从自己早年经历中学会了"如何应付"。㉒虽然撒切尔夫人有传统的婚姻观，从来不赞成当时所说的"伴侣"关系，但她个人对此并不吹毛求疵，宁愿把爱情行为看作"人间喜剧"的一部分。她从来没有因为性关系排斥任何人，只有塞西尔·帕金森是个例外，因为外部压力大得无法抵御。

上流名媛和女权运动者常常批评撒切尔夫人，说她没有为女性事业做出应有的贡献。她肯定不急于让女性人才坐满议会席位。然而，她认识的女子单独提出的说法却证实她与妇女们团结一心。一个事例是帕特丽

---

1 她的亲生女儿卡萝尔对此十分慷慨，也赞成她"特别喜欢'她的女儿们'"。（卡萝尔·撒切尔访谈）

夏·霍奇森说的，她最初与撒切尔夫人相遇是在她职业生涯的早期。1976年，帕特丽夏·霍奇森担任了"鲍集团"的主席，这是个有影响力的政党核心集团。1976年3月她主持该集团成立25周年的午宴，出席者中包括当时的保守党领袖和撒切尔夫人的前任希思、霍姆和麦克米伦，这是一次前所未有的四巨头聚会。帕特丽夏·霍奇森做了仔细准备，事先还与撒切尔夫人询问了出席时的服装，免得两人穿同样款式露面。结果那天恰逢哈罗德·威尔逊辞去首相职务，于是这次聚会应该是撒切尔夫人的一个机会，但她那天在议会下院的表现不佳，出席宴会时神情显得紧张。为了凸显这次聚会的盛况，年轻的帕特丽夏出去为自己买了一身奶油色的东方晚礼服，全然把自己在领导人办公室答应的服装安排抛在了脑后。她走进宴会厅时，撒切尔夫人两眼瞪着她，厉声说："你说过你要穿蓝色服装。"也许是因为那天意外的匆忙，她似乎没有做好发言准备，整个晚宴期间什么都没说，也没吃东西，到了最后时刻才潦草写了几行发言提纲。宴会中的一个插曲让她更加紧张了：特德·希思隔着餐桌对麦克米伦大声说了句话，让她听到了："咱们得把那个可怕的女人赶走。"撒切尔夫人的发言内容可怜，她似乎为此感到难过，事后屈膝下问霍姆："我那么说行吗？"其实不行。[120]

第二天，帕特丽夏·霍奇森收到撒切尔夫人的道歉信，信中为她前一天晚上的不礼貌行为道歉，并邀请她来喝茶。她接受了，茶点或晚餐成了每年一次的活动，后来霍奇森在1985年被任命为英国广播公司的主管。英国广播公司禁止与首相进一步接触后（参见第5章），撒切尔夫人与霍奇森在首相别墅享用了一顿"告别午餐"，两人喝了廉价的莱茵白葡萄酒。撒切尔夫人对她说："你看，这酒太好了。这是《世界新闻报》的一项特别优惠。"[121] 在那些会见中，撒切尔夫人偶然请她帮助撰写发言稿，此外会见她时没有其他"议程"。她怀孕时身体不适，撒切尔夫人给她写过几封鼓励的信。帕特丽夏·霍奇森回顾受到的种种善待时说："我扪心自问：'为什么？'得出的结论只有一个：她只是想要与其他妇女保持联系。"

撒切尔夫人信中牢牢记着妇女在男性世界中体验到的压力。一次，她的私人办公室向她抱怨说，有太多的大臣夫人想要参加丈夫的官方出国旅行，"常常没有什么正当理由"。[122] 问她能否出面干预。撒切尔夫人批注道："我恐怕不能。丈夫外出太多，还常常在议会开会到很晚，有些妻子打发时光的境况很惨，偶尔随行出访也算是一种补偿。"然而，应该指出，虽然不是所有大臣的妻子有这种看法，但许多大臣的妻子认为撒切尔夫人或多或少忽视了她们的存在。她明显宁愿与男人们交谈。在平等问题上，她不一定站在妇女一边，也并非总能意识到她因此可能被指缺乏姊妹情谊。例如，在女性牧师问题出现时，她出于本能表示反对，担心这会让教会发生分裂。她在议会的一位私人秘书阿奇·汉密尔顿对她说，她是位女首相，不该反对授予女性神职。他说："无论如何，我不知道你担心的是什么。妇女的灵性比男人更高，而且不易受到性诱惑。"撒切尔夫人回答道："这我倒不知道。"她没有当面向汉密尔顿做出让步，但心里接受了他的建议，最后对授予妇女神职表示赞成。⑫

在撒切尔夫人职业生涯开始后不久，一位女子通过非同寻常的方式对她作了分析。艾丽斯·科尔曼教授是位地理学家，她的试验项目是如何通过改善住房环境降低犯罪率，后来撒切尔夫人对这个项目发生了兴趣。另外，科尔曼教授还是个笔迹学家。她见到撒切尔夫人前，将撒切尔夫人的手稿做了大量笔迹分析。分析报告称，撒切尔夫人的笔迹显示出，她具有"高度的智慧"和"明晰的思想"，但缺乏"想象力"："她极其重视事实和客观性，用移情同感和直觉替代想象力。"⑫ 科尔曼教授认为："她有完成使命的才干。准确地说，她的不少于28种特质可以被描述为完成工作的加强基因。她会不怕麻烦地仔细关注细节，将一棵树当成整个树林的重要组成部分。"科尔曼教授甚至认为，她"能够表现出热烈情绪"，但补充说，"她坚强意志和自我控制的一个结果，是情感表达不能反映内心的热情和慷慨的天性。占主流的客观性或者冷淡在一定程度上可能让一些人认为她铁石心肠。"⑫ 科尔曼教授会见撒切尔夫人时，记得有一件事让她特别触动，因为政客们很少有那种表现："她想要全面了解情况，遇事都要充分恰当地了解。"⑫

撒切尔夫人担任首相期间，成为一个郊区房产业主，这仿佛证实了左翼漫画中对她习惯与态度的夸张描述。1985年复活节期间，她在11天内访问了五个国家，在斯里兰卡议会讲演时，声音都嘶哑了，所有随员回国后都累得疲惫不堪，他的几位私人秘书恳请她休息，并询问大家和她是否都可以在圣灵降临节放几天假。她同意了，但是，圣灵降临节假期临近时，她却开始谈论在首相别墅举行经济研讨会的事。她喊起来："要是你们让我去首相别墅，却不让我在圣灵降临节做任何事，我非憋死不可。"⑩于是，她的私人办公室同意每天安排一位秘书值班。其中有两天轮到罗宾·巴特勒值班。第二天，撒切尔夫人要求去西德纳姆的圣克里斯托弗收容所视察，那个收容所是西塞莉·桑德斯¹女爵士建立的。然而，问题来了：视察过后她该做什么？那个收容所位于达利奇，靠近巴特勒家，他询问撒切尔夫人的想法时，她问，她和丹尼斯能不能陪巴特勒一家吃顿"平静的晚饭"。罗宾的妻子吉尔同意，但提出她做饭时不能招待撒切尔夫妇，所以丈夫要陪他们在达利奇公园散散步，因为这个时节杜鹃花到处绽放，是那里最漂亮的时节。撒切尔夫人历来对"新建房屋"感兴趣，巴特勒便在安排中增加了参观公园旁开发中的公屋。他回忆说："我以为那不过是个消遣，根本没想过到头来变成了购房。"⑪²

然而，撒切尔夫妇有了迁居的愿望，很容易受到诱惑，有意购房者往往会在初夏时节受到诱惑。他们先前已经决定不再继续出租切尔西市福拉德大街的那所房子，前一年已经出售了房子的其余部分。他们当时正在研究雷金特花园位于肯特台地的一所房子，但感觉房地产商皇家财产公司的资金要求太苛刻。撒切尔夫人觉得自己买不起那所房子。巴特勒曾提出建议："你当然买得起。分期付款嘛！"⑫但撒切尔夫人对自己的钱从来谨慎，不愿走这条路，免得许多英国人在尼格尔·劳伦斯任财政大臣期间仿效她的做法。她当时反驳巴特勒说："要是我死了，怎么还款？"

于是，她参观在建的巴雷特小区时，向正在梯子上干活的抹灰工提了几个问题，问他飞椽上怎么抹灰，那工匠谈到一半才意识到，自己是在跟首相交谈。撒切尔夫人迷上了这个地方。这将是他们的避难所，是他们退休养老的家。这儿距离达利奇和西德纳姆高尔夫球场只有十米远，撒切尔夫人立刻相信，这对丹尼斯是个非常好的地方，可他此前其实只在练习球

---

1 西塞莉·桑德斯（Cicely Saunders, 1918—2005），毕业于罗丁女校和牛津大学圣安妮学院。接受过护士训练，担任医学社会工作者和医生。现代收容运动的先驱，1867年建立了圣克里斯托弗收容所。1980年受封女爵士。1989年获颁英国功劳勋章。

2 关于撒切尔夫人在达利奇购房的另外一些说法称，是罗宾·巴特勒想要她购房，但这些说法没有文件记录佐证。

道上打打球，球道上尘土飞扬，让他"讨厌死了"。㉝ 丹尼斯自己谈的，这地方对玛格丽特非常合适，因为她可以"走出去观看达利奇的小伙子们打橄榄球"。罗宾·巴特勒说："我感到奇怪，两个人结婚这么久，对相互的品味竟几乎全然无知。"㉞

巴特勒向撒切尔夫人指出，她是穿过达利奇公园走来的，因此没有看到令人不太愉快的地段，假如住在这里，要去威斯敏斯特，就要穿过布里克斯顿（1981年暴乱发生地）。他这番忠告没有得到重视。在撒切尔夫人60岁生日前不久，撒切尔夫妇花费35万英镑，购买了这里尚未完工的一所房子，地址是汉布尔登区11号，房子是仿乔治王朝风格的，有五间卧室。她借丹尼斯的说法对媒体说，回归砖块砂浆的房子非常重要，因为价格正在上涨。她对《妇女界》杂志热心地说："平生头一回，我有了自己一直想要的厨房……那是个乡村风格的厨房。"㉟ 她也许真的幻想过在那间厨房里烹饪。她女儿卡萝尔回忆起自己的童年时光，说她母亲"只要能从忙碌的生活中挤出一点儿闲暇，就会烘焙一种食物"。㊱ 撒切尔夫人说："为布置房子做计划是我唯一的消遣。"㊲ 这可能是她的真心话。当地保守党议员杰拉尔德·鲍登¹请来一位装修工，帮助撒切尔家装修房子，便于他们在1985年秋天入住。装修工来看房子时吃了一惊，只见首相围着厚厚的工匠围裙，双手戴着厚橡胶手套，腿上戴着护膝，正跪着清理溅在地板上的油漆斑点，为第二天铺地毯做准备。㊳ 不久之后，房子可以入住了，装饰整洁明亮，挂着价格低廉的彼得·琼斯风格的窗帘，这些都是撒切尔夫人喜爱的。

其实，按照丹尼斯后来的说法，购买汉布尔登区11号房犯了个"大错误"。㊴ 他当时对鲍登说过，这房子的用途"不是为我住，是为我的遗孀退休后居住的。我到时候就死了埋葬啦，可她仍然要生活。她可以脚步蹒跚提着篮子去村里店铺买东西。要是议会上院要她去开会，他们可以派辆车来接她"。㊵

撒切尔夫人仍然在职的时候就开始注意到，那地方距离伦敦市中心太远，从安全角度考虑，受到的保护太差，其实无法居住。撒切尔夫妇在唐

---

1 杰拉尔德·鲍登（Gerald Bowden, 1935— ），毕业于伦敦巴特西区文法学校和牛津大学莫德林学院。1983—1992年任达利奇选区保守党在议会的议员。

宁街岁月的最后时光中，只在那里住过不多几个夜晚，他们的儿女对那地方不感兴趣。[1] 卡萝尔记得自己在那里只住过一夜，后来母亲离职后她再次想去那里，竟找不到路了。⑭ 这所房子除了让他们的钱保值，还有个重要的心理功能，他们当时自然不愿放弃。丹尼斯"回忆起特德·希思出乎意料被赶下台的可怕情景……他没有安身的住处。我对玛格丽特说，我们离开唐宁街时，一定要有个地方可住才成"。⑫ 假如（唐宁街）10号住不成了，他们现在就可以入住（汉布尔登区）11号。

尽管上了这道保险，但撒切尔夫人一直谨慎地避免承认自己在政治上将失败。她购买过这所房子后，杰拉尔德·鲍登鼓励她和丹尼斯在达利奇登记为选民，因为那里有个边缘席位，而每一个议员席位都至关重要。撒切尔夫人说："杰拉尔德，先别这么做，我们现在（1986年）还不准备在那里登记。假如我们这么做，某个记者会抓住这事，认为我们自己觉得在唐宁街住不久了。但是，下次大选后，我们几乎肯定要在汉布尔登区注册我们的住宅。"⑭ 赢得1987年大选后，她和丹尼斯及时去注册了住宅。

虽然她在某种意义上确实是个乡下家庭主妇，但1987年的玛格丽特·撒切尔比她八年前任职时在公众心目中的地位更加显赫。她是西方世界最资深的政治家，她也相应地掌握了衣着得体的秘诀。向她提出服装建议的人们感到，她到1987年终于形成了自己的最佳服装风格，既适于3月份访问莫斯科时会见戈尔巴乔夫，也适于在6月的大选中露面。按时装史学家简·马尔瓦的话说，"她看来凝固了纯净"，这是裁缝对她控制政府心理的表达方式。⑭ 在80年代中期，卡拉·鲍威尔称："我向她介绍了王朝服装的垫肩。"⑮ 克劳福德则认为，是她让撒切尔夫人相信自己的服装显得过时守旧。克劳福德请来雅格狮丹（服装品牌）的玛格丽特·金帮助，为她形成"权力套装"，让她表现出最大限度的信心。她还给所有服装编了目录，注明何时穿过，并按她穿着的地点（"基辅"、"凡尔赛"等）或者服装的外观（"丝经棉纬绸"）给套装命名。撒切尔夫人竞选时身穿海军蓝与白

---

[1] 丹尼斯说那里的高尔夫球场"糟糕"，不过他确实在那儿打过球，还加入了一个名叫"周三老绅士"的意趣相投的退休老人团体，退休老人们为这个名称的缩写WOG跟"为政府部门工作"相同（Working On Government service）而感到开心。

色相间的套装尤其让她高兴,她身穿那套服装"就像个百万美元宝贝"。[144] 撒切尔夫人对何时穿过哪身服装记得很清楚,也喜欢身穿以前喜爱的服装,她有时翻新旧服装,戏称它们是老"食谱",认为它们给她带来过好运。[1] 她签署香港协议和在美国国会参众两院联席会议上演讲,穿的是同一套服装。

当然,著名杂志《时尚》的编辑安娜·温图尔的格言成为撒切尔夫人的信条:"服装最重要的部位是双肩",因为能放松胸部,收窄腰部。她从50年代和60年代看上去漂亮的乡村妇女开始发生变化,经历过70年代的城市风格(各种不同图案、脖子下有松软蝴蝶结的宽松上衣、无袖背心、硬褶边宽松上衣、往往让双肩显得无力的种种设计),最后形成更加清晰、坚挺的外观,在电视上展现效果更佳。她的服装颜色呈现出整体色块:蓝宝石色、樱桃色、翠玉色、金丝雀黄色,还有相当适合她的黑米色,在男士服装的一片灰色中显得十分引人瞩目。在某些方面,她的穿着有些像女王,例如,她会穿一双厚鞋跟的高光泽皮鞋,起初穿雷恩牌,后来穿菲拉格慕牌,当然,还要挎一只名牌高光泽的提包。对于如此忙碌因此需要迅速换装的人,穿戴服装会是个耗时费力的弱点,套装就好多了。她在英国广播公司接受安吉拉·胡特的直播采访时说,在秋冬季节,"我过着身穿套装的生活"。[147] 照卡萝尔所说,"她将自己的服装视为工作的一部分"。[148] 撒切尔夫人对胡特说,重要的是不能用满是褶皱的面料。例如,她喜欢粗花呢、织锦、英国毛呢,而不喜欢软绵绵的丝绸或亚麻布,对服装"非常好的线条"斤斤计较。[149] 女式衬衫能给予所需的温柔元素。她母亲是一位裁缝,从母亲的专门知识中,她学会了关注细节和品质,还学到了窍门,例如衣边不能熨得太重,免得变成"刀锋边",以后个子长高了就不能放开加长。她的发型从来修整保护得十分完美,不过,旅行时她从不带发型师,只依靠当地美发师。[2] 她在美国选择的美发师埃温德·毕尔克回忆说:"她的头发非常漂亮,(不过)发丝稍有点细。按当今的说法,她的喜好有点老派。她喜欢让自己的头发保持蓬松。她喜爱能梳理的发型,喜欢卷发,喜

---

1 然而,克劳福德注意到,撒切尔夫人并不迷信。例如,她不在意自己的生日是10月13号,而且曾选择在12月13号成婚。(辛西亚·克劳福德访谈)

2 撒切尔夫人的个人助理陪她旅行时常常为她带着卡门卷发器备用,就像有一次在泰国时,当地美发师出错,便由个人助理弥补。(阿曼达·庞森比访谈)

欢喷上发胶。她要求自己的发型从各个角度拍摄都好看。"⑩她从不表现出非正式形象，因为她本能地认识到，那给人形成的印象会削弱她的形象，她从母亲那里学会了："身穿好衣服不要随便坐。"⑯安吉拉·胡特在采访中问她，是否有过"炫耀、放纵、性感"的情况。她回答说："从来没有！那种情况我想都不愿想。"⑫[1] 英国广播公司坚持要求安吉拉·胡特在采访中问撒切尔夫人在哪里购买内衣，她不愿提这个问题，后来在三小时拍摄的最后时刻，她终于鼓起勇气提出了这个问题。⑬让她感到安慰的是，这个问题的答案并不带性感："玛莎百货。"

虽然撒切尔夫人的穿戴风格在某种意义上比较传统守旧，但她拒绝女性像主管人员那样追求模仿男人的老套——细条纹布衬衫、单调的海军蓝色套装。她的穿戴务求出色，而且她与男人用途相当的女性装备让她感觉自己强势，但她清楚，强势就跟想做一名女士一样：如果你告诉别人你是什么人，你往往不是那种人。虽然她自己心里可能不是这么想的，但她的想法可能是自己服饰可以传递出自己的生活经历。[2] 她理解标志的意义，私下为帽子太老套感到遗憾，平时不戴帽子，只有特殊场合是个例外（"戴帽子拍的照片显得完美"）。⑭她还深谙珠宝在传递感情方面的意义，她戴着马克送的手表、丹尼斯送的南非项链和黄金底座上镶嵌着不很珍贵宝石的结婚戒指。

在某种程度上，撒切尔夫人看待自己服装的态度就像个中世纪骑士看待自己的甲胄。她穿的服装必须漂亮，必须制作精良，不过也必须履行其作战功能。她的服装必须吸引所有目光，必须抵御所有攻击。如此装备后，她便感到准备停当，可以作为保守党领袖参加第三次大选了。

---

1 一次，在华盛顿举行的晚宴上，自由主义影片导演迈克·尼古拉斯坐在撒切尔夫人旁边，觉得她关于苏联邪恶的长篇独白太折磨人。事后，她再次坐到他身旁，继续这个话题。尼古拉斯感到焦头烂额，说："我的朋友约翰·勒卡雷说，你是个非常性感的女人。"撒切尔夫人回答道："这个嘛，我可不是，"说完继续进行抨击。（戴维·赫尔访谈）

2 认识撒切尔夫人的人们对她的品味有不同看法。卡拉·鲍威尔以前说起这个话题，会做个鬼脸，装作拉一下厕所的冲水绳，但其他人觉得她对质量和魅力独具慧眼。也许她自身会怎么做无关紧要：问题是她会按照好的建议行事。

10.

最后一次胜利

"这个女人绝不会为下一次竞选奋斗了"

诺曼·特比特说:"凡是有道德心的人就不会投保守党的票。"[①] 这是《卫报》首席专栏作家雨果·杨[1]在1987年初告诉读者的。这一年预期要举行大选。那篇专题文章显然得到过消息灵通人士的恶意透露,文章罗列出保守党主席与撒切尔夫人的分歧:"她现在认为,特比特是她担任保守党领袖12年来最糟糕的一次任命。"其实,特比特从未说过杨自称引述的话。他起诉《卫报》诽谤,一年多后最终赢得被告的道歉和赔偿。

雨果·杨的错误是个关于陷阱的突出例子,在撒切尔夫人的整个首相任期中,左翼一再落入这样的陷阱。不仅是极左翼,就连崇拜杨这类作家的温和左派也真心憎恨她。他们觉得,她的行为绝不仅仅是错误,而且是邪恶的,他们出于本能讨厌她。在这类人的心目中,诺曼·特比特也是一样,甚至更糟糕。杨那篇文章的标题是《比撒切尔主义更恶劣的命运》,但这些看法却导致他们在选举中一再重复出严重的错误。他们认为撒切尔夫人和她的亲信是邪恶的,便往往以为只要指出这一点,如果声音足够响亮,选民便会背离保守党。但是,在他们与她对垒的三次大选中,他们没有一次冷静分析出她为什么会获胜,并基于分析结果击败她。杨的文章就是一个例子。那个主题本质上是一篇重要的政治报道——撒切尔主义的两大核心人物在竞选中发生分裂,工党和社会民主党—自由党联盟原本可以利用这种题材的。但是,讨厌特比特的人们谎称引用他的话表达了一个不愉快

---

[1] 雨果·杨(Hugo Young, 1938—2003),毕业于安普尔福思的学校和牛津大学贝利奥尔学院。1965—1984年任《星期日泰晤士报》记者(1981—1984年兼任副编辑之一);1984—2003年任《卫报》政治专栏作家。

的想法，结果却转移了注意力。自以为优于撒切尔夫人和保守党的道德感激发起各反对党的许多人，但这也让他们变得纪律涣散，难以赢得选举。

彼得·曼德尔森就懂得这个道理。他1985年成为工党总部的成员，当时正在为重塑工党改变现状而努力。虽然他不赞成撒切尔夫人，认为她"破坏多于创造"，②但并不憎恨她，而且认为特比特"具体体现了她对上进工人阶级的吸引力"。特比特是"对工党最危险的人物"。曼德尔森认为，工党需要理解她正在做的几件事是正确的——控制赤字、改革工会和国有行业、维持核威慑。撒切尔夫人就任首相前，"人们有一种感觉，觉得整个国家对工会俯首称臣了"。③

塞奇菲尔德选区的工党议员托尼·布莱尔与曼德尔森有相同的观点。布莱尔理解她为何"夺走我们的一些支持者"。④他回忆说："我父亲持工人阶级保守党立场，是她的积极支持者。"例如，在反对她关于罢工前举行无记名投票的改革中，"我们处于不利地位"。布莱尔的许多同事口口声声称，撒切尔夫人是个"法西斯主义者"，他们要"挖出"像他这类意见不同的温和派。他们不承认撒切尔夫人有一种"关于抱负的哲学，向我们提出一些严厉的问题"。他们"低估了她的智慧能力"。布莱尔相信，目前的任务是分析出"她身上的保守党成分和激进成分"，进而反对第一种成分，控制第二种。

在为1987年大选参选过程中，工党在整体上仍然没有为这个任务做好准备。在1986年的工党大会上，彼得·曼德尔森说服了该党采用红玫瑰图案为自己的象征，而不是红旗，并自称这是为了"用户友好"。由于发生在沃平的争执（参见第4章），尽管工党自我强加了不与鲁珀特·默多克的报纸接触的禁令，但他却与他们保持着秘密接触。⑤他知道尼尔·基诺克想要改变工党，让它逃出左翼教条主义的牢笼，但是在政治方面，这些改变几乎还没有开始。基诺克不由感到，他不得不将最主要的精力用于反击自己党内的极左势力，因而无力应对这个国家的首相。正如基诺克自己所说："她获得胜利的部分原因是我们输得太精彩了。"⑥从1983年基诺克成为工党领袖以后，他一直相信，要击败保守党，需要"两个回合"（即：两次大选）。他首先要控制住自己的党并治愈其弊病，还要击退社会民主党—自由党的联盟，他担心许多人认为这个联盟比自己的党更好："工党失去了工

10. 最后一次胜利

会,再支持核威慑,这一来他们真要把我们打到第三位了。"⑦

此外,基诺克在许多方面是个温和而多愁善感的人。曼德尔森敦促他放弃单方面核裁军的立场时,他抗议道:"彼得,你这不是要把我剥个精光吗?"⑧曼德尔森写道:"我们的形象和包装最后都发生了改变。但是在党大会的一个又一个决议中,我们的产品却没变。"⑨这正是撒切尔夫人对1986年工党大会感到喜悦的事。按照基诺克的办公室主任查尔斯·克拉克所说:"玛格丽特·撒切尔的最大力量源泉是我们的无能。"⑩进入新年后,她的信心在增长,认为自己的主要对手仍然没找准方向。雨果·杨的文章发表几天后,电视节目"周末世界"(基于哈里斯民意调查结果)推测,保守党在下届议会下院将占100个席位的优势。撒切尔夫人得到通报,按照前七次大选的统计事实,选举日前四到五个月占优势的政党都赢得了大选。⑪尽管撒切尔夫人对这个问题在习惯上感到踌躇,但她已经开始用铅笔在自己的日记中写下拟初夏举行大选的几个日期。

2月底,伦敦南部格林尼治选区工党前边缘席位补缺选举,这成了竞选状态的试水。在1983年的大选中,联盟排名第三,而保守党接近第二。在这次补缺选举中,联盟的候选人罗西·巴恩斯以超过半数获胜,领先工党6611票。保守党下滑,仅得到11%选票,但并没有失去信心,因为明显的失败者是需要获胜的工党。工党的候选人是该党肯·利文斯通派的支持者。媒体抨击她的个人生活,还拿她与品貌兼优、家庭观念强的巴恩斯太太做对比。事实上,尽管工党大肆吹嘘其现代化主张,但在这一关键时刻推选出这么个候选人,这让保守党人看作对自己有利的迹象,因为工党没有发生实质性变化。

其他事态似乎对保守党人也是些好迹象。在同一个月,英国航空公司终于实现了私有化,股票超额认购达11倍之多。这次大众资本主义胜利前几天,激进的工会主义者发起的最后一次大搏斗以失败告终。印刷工会罢工长达一年多,最终因电工工会的"工贼"和警方成功保持工厂不受纠察影响,并受到罚款和隔离的威胁而失败,最终在沃平争执中宣布屈服。鲁珀特·默多克成功将新技术引进自己的各报社,而且这么做不是通过与工会达成协议,而是通过击败他们。此后,各报社仿效的道路已经打通,终于能让他们赚取比较合理的利润,并逃脱他们视为激进工会主义的暴虐和破坏。考虑到这一变化对舰队街（结果，这个报业的地理中心从此消失了）产生了巨大的有利变化，撒切尔夫人便稳稳得到了印刷媒体的支持。印刷媒体对她未来的成功充满信心。这时，她事实上保证了自己在竞选中获得报界的有利报道。

这些事态都证明了撒切尔夫人的力量和带来变化的能力。在全球范围，她对莫斯科的访问也同样是个明证（参见第 8 章）。左翼为赢得公共舆论打的少数几张牌中，有一张是关于核武器问题的，他们声称，撒切尔夫人与苏联的对抗性太强，因此威胁了世界和平。这与指责撒切尔夫人不加鉴别地接近里根总统的批评如出一辙。（研究战略的 A 组意识到韦斯特兰－英国利兰－利比亚效应，曾就"罗纳德·里根的信任危机"向撒切尔夫人发出过警告，并警告她说，公众有一种观念，认为英国对美国政府采取"哈巴狗主义"。）[12] 然而，她现在要与苏联领导人会谈，态度坦率甚至凶猛，不过本着友好的精神，这便打赢了这手牌。

撒切尔夫人访问莫斯科的前景让尼尔·基诺克感到，追求在世界舞台上和北约盟国中的体面愈发重要了。他回忆说："我要让人们看到，工党领袖哪儿都能去。"[13] 这意味着他要试图跟美国政府搞好关系。基诺克的前任迈克尔·富特以自己 25 年来从未访问过美国而自豪，基诺克渴望与他决裂，于 1984 年 2 月飞往华盛顿，首次会见了里根总统。他在很多方面崇拜美国的生活方式，只有核武器问题是个例外，他在伦敦的美国大使馆与美国公使爱德华·斯特里特讨论过这个问题，但在出访前，那次谈话"戛然而止"。[14] 斯特里特回忆说，基诺克当时说，"假如我在核武器问题上做出一丝一毫让步，格莱尼丝[1] 绝对不会跟我保持婚姻关系。所以我赞成核裁军。"[15] 里根很不情愿会见基诺克。他问："我为什么非见他不可？我清楚这家伙是怎么想的。他的想法全是错的。"[16] 尽管如此，1984 年这次会晤仍然"相当和睦"，[17] 两人一致同意核武器是恐怖的，不过里根特别陈述了他反对单方面裁军的立场。

---

1 格莱尼丝·基诺克（Glenys Kinnock, 1944— ），毕业于霍利黑德综合学校和加的夫市威尔士大学学院。1994—1999年任南威尔士东选区工党议员；1999—2009年任威尔士议员；2009年受封基诺克女勋爵。

10. 最后一次胜利

在接下来的那年，美国在伦敦的大使查尔斯·普赖斯对基诺克的单边主义立场日益感到担忧，他日益成为撒切尔夫人的支持者。美国国务院的罗兹·里奇韦说："普赖斯不愿跟基诺克交谈。我们一再跟他说：'你是派驻英国的大使，不是派到撒切尔夫人身边的大使。'"[18] 与工党讨论的任务便落在大使馆中接替斯特里特职位的职业外交家雷蒙德·塞茨[1]身上。塞茨是一位优秀的职业外交家，他渴望保持交流渠道畅通，但无疑看出工党若执政便会对美国的利益构成威胁，不仅威胁美国的共和党政府还对整个政治体系构成威胁：

> 国务院、五角大楼和中央情报局都担心与英国的防卫安排会解体……我们在欧洲的整个防卫态势都依赖英伦三岛。假如基诺克获胜……对两国乃至与盟国关系的结果将是灾难性的。[19]

大使馆甚至制定了一个计划，要对竞选发挥影响。[20] 普赖斯向里根通报说，基诺克可能寻求在新一年里会见他，并报告说，他和同事们"正全力以赴，保证让人们广泛理解工党国防政策的全部含义"。他建议里根接见基诺克"希望你的说服力能对他发挥一些影响"。[21]

基诺克的同僚们建议他不要会见里根，影子内阁外交大臣丹尼斯·希利也表示不赞成，认为不会有任何收获，但基诺克仍提出会见请求。白宫勉强接受了他的请求，会见安排在3月27日，这是撒切尔夫人抵达莫斯科的前一天。当时担任国家安全顾问的弗兰克·卡卢奇向总统解释说，基诺克设计的这个会见时机是要"表现出，他像撒切尔一样，也是国际舞台上的重要表演者"。[22]

基诺克在为这次会见做准备时，稍稍调整了一下他的国防政策，宣称若工党执政，将接受在英国领土上部署巡航导弹，条件是日内瓦军控谈判继续取得进展（日内瓦会谈的目标是完全撤出这些导弹）。在普赖斯终于决定请基诺克出席的午餐会上，基诺克强调说："若工党执政，英国将保持对

---

[1] 雷蒙德·塞茨（Raymond Seitz, 1940— ），1982—1984年在首都华盛顿担任国务卿乔治·舒尔茨的行政助理；1984—1989年在伦敦任美国大使馆公使、外交使团副团长；1991—1994年任美国驻英国大使。

盟国的忠诚……"基诺克说:"拜访总统对消除他的党内仍存在的反美元素将具有重要的象征意义。"㉓ 谁也没有预料这次会谈会达成一致意见。卡卢奇对里根说:"虽然基诺克想要强调积极成分,但我们的目标是不同的:我们想要强调的是,工党的国防政策会对我们共同的安全利益产生不利影响,对美英关系造成严重的紧张气氛。"㉔ 两人会见之前,里根的顾问们提醒他说:"你对基诺克说话要当心,因为他会引用你说的任何措辞表现你支持他的论点。"㉕ 在另一方面,他应当记住,基诺克也有可能成为下一届首相。里根只说了句:"这个嘛,我想要玛格丽特获胜。"㉖

基诺克在丹尼斯·希利、查尔斯·克拉克和英国大使安东尼·阿克兰爵士陪同下来到椭圆形办公室;陪同里根接见的有乔治·舒尔茨、卡斯帕·温伯格和许多助手。在工党代表团看来,这次会见气氛平静。基诺克向媒体介绍情况时挑选了里根与撒切尔主义相悖的讨厌核武器观点:"总统明确声明,他想看到……消除所有核武器,用他自己的话说,核武器是'不道德、不文明的'……我和丹尼斯·希利都表示,这是我们共同的愿望。"㉗1

白宫不喜欢他这么说。白宫认为,基诺克对这次会见的解释是错误的,根本没有形成他所谓的共识。白宫新闻秘书马林·菲茨沃特认定,不能忍受这种说法。菲茨沃特回忆说:"我为此感到烦恼。我知道正面抨击基诺克会成为大新闻。但我没有别的选择。"㉘ 他自己及时召开了一个记者吹风会。菲茨沃特坚持说,总统对基诺克说:"我们不同意工党的国防政策。"那会对"北约、东西方关系产生强烈影响,还会破坏我们在日内瓦的谈判地位"。㉙ 里根在会见结束前时曾说:"这与第二次世界大战不同,我们必须做好准备。我们千万不能允许再次发生那种情况。"菲茨沃特补充说,这次会见持续的时间"只有不到20分钟",而不是基诺克一行记录的28分钟。这个说法隐含的意义是,总统与基诺克没有足够的话题占满原定的20分钟时间。有一则报道透露称(内容是准确的),里根没认出希利,与他打

---

1 基诺克觉得,在这次会见时,总统表现出智力衰退的迹象:"我得到的印象是他上了年纪,如果把我与他联系在一起,我会感到担忧的。谈话时,他照着剪成手掌形状的卡片念上面的文字。"(基诺克勋爵访谈)

10. 最后一次胜利

招呼时说的原话是:"高兴再次见到你,大使先生。"[1]

听了菲茨沃特的陈述,媒体沸腾了。《观察家》杂志的标题是:"椭圆形办公室中之谜。"[30]《每日邮报》的标题是:"里根报复基诺克。"[31]《卫报》用了"崩溃"这个字眼。[32] 这些文章标题与报道撒切尔夫人莫斯科之行的标题大相径庭。她与戈尔巴乔夫的遭遇战令人激动,她受到大批热情群众的欢迎,她的衣着光鲜亮丽,这些都证实了她是全球舞台上早已站稳脚跟的巨星。这次访问还有助于将她塑造成给人们带来希望的人物,而不仅仅是力量的象征,她不仅是位铁娘子,还是个迷人的女子。相形之下,基诺克则像个遭抛弃的小人物。

虽然基诺克本人并不想就会见里根的情况公开进行争执,但他们一行返回伦敦后,希利却指责白宫试图"帮助撒切尔夫人赢得选战"。[33] 基诺克当时并没有表达自己的看法,不过照他看,"设那个圈套的不是里根,而是他的幕僚"。[34]

基诺克的怀疑并非毫无道理。美国官方对那次会见的记录并不支持菲茨沃特所说的任何内容。[2] 也许是让基诺克的说法激怒了,白宫似乎决定发布一个介绍事态的版本,口吻更接近幕僚们在会谈前向总统提供的严厉介绍,却与里根真正说的内容相差较远。然而,按照阿克兰的看法,白宫在传递里根"相当冷淡"的态度方面是准确的:"我觉得美国人冷落基诺克是想要表现不支持他……很明显,会见前后都没有意见表达一致的情况。"[35] 里根在自己的日记中证实了这种印象:"那是一次简短的会面,不过我讲话时插进一两句责备的话,说工党的国防政策对我们应付苏联人产生了相反的效果。"[36]

基诺克和他的工作人员假如了解完整的真实内情,准会感到更加愤怒,而且有理由感到愤怒。查尔斯·鲍威尔回忆道:"恐怕我们破坏了与基诺克

---

1 当时的新任大使其实是安东尼·阿克兰,他说,这可能不一定是总统的一个荒谬或者故意出的错误。他(阿克兰)当时与里根还不熟悉,而他的前任奥利弗·赖特"长相与希利不无相似,他头发乌黑,眉毛粗重"。(与安东尼·阿克兰通信)

2 例如,里根并没有对基诺克说,他的立场会"破坏我们在日内瓦的谈判地位"。总统谴责工党的国防政策时说过的内容最接近的话是说这些政策会"对北约和东西方关系产生深刻的影响"。("总统与英国工党领袖尼尔·基诺克会谈摘要",1987年3月27日,时间1987年3月24日—3月29日,第92202号文件盒,萨默文件,里根图书馆)

325

的一次重要会谈。"鲍威尔承认道,整个事情"有点小尴尬。我们想要减小那次访问的影响。查尔斯·普赖斯读懂了我们的信号,便将那次会谈安排在20分钟以内,而且会谈中的一切都是敷衍了事。我现在承认感到有点羞愧,不过这是真的"。㊲

鲍威尔没有与撒切尔夫人讨论此事,显然这事最好不让她得知。普赖斯支持了鲍威尔关于密谋的说法:"可以说,英国方面作了一定程度的策划,为的是让那次访问时间短暂。"㊳事实上,里根-撒切尔纽带牢不可破,基诺克想要打开缺口纯属愚蠢。威尔士的工党政治家安奈林·贝文[1]是基诺克少年时代的英雄人物,他曾说过一句著名的警句:持单边主义立场的工党"等于是脱光了身子走进会议室"。而基诺克则是脱光了身子走进椭圆形办公室。

到这时,撒切尔夫人开始越来越多地为竞选做准备。3月17日,尼格尔·劳森提交了他的第四份预算案。大选日期尚未公布,但这无疑是一份为大选铺路的预算案。尽管发生了所谓"第三次石油危机",石油价格体系崩溃,但财政大臣仍对一年来的良性收支和健康趋势提交了非常乐观的报告。如今,通胀率仅为3.5%。过去六个月来,失业率出现自1973年以来最大幅度的降低(不过失业总人数仍然远远超过300万人)。制造业的生产力在70年代的G7峰会时创下最低后,如今达到了峰值。英国正经历着战后最长的经济稳定增长期,公共部门借贷需求优于劳森判断的"合理目标",仅占国内生产总值的1%。㊴他所谓的"真正大众资本主义"发展得太成功了,如今850万人拥有资产股份——比1979年多了将近三倍。

劳森将所有这些好消息直接解释为每一位选民会注意的量化值。他宣布说,不会提高对酒精饮料和烟草的消费税,甚至不按价格指数调整税率。制定零售价格指数的这种方式让人们看到的通胀形势优于真实情形,可以理解这是收买选举人的巧妙方法。他在前一年的预算案中预示并在党大会

---

[1] 安奈林·贝文(Aneurin Bevan, 1897—1960),就读于塞豪伊初级学校和中央劳工学院。矿工的儿子,13岁离校后从事相同职业。1929—1960年任埃布韦尔选区工党在议会的议员;1945—1951年任健康大臣;1956—1960年任工党司库。曾是销毁核武器的单边主义者,后改变立场。

10. 最后一次胜利

的讲话中提到过,他将收入所得税进一步降低了2%,成为27%。他还重申,要在不久的将来将这一税率降低到25%。他说,此次降低收入所得税税率"是工党发誓要逆转的削减——假如他们能得到机会,但他们得不到这样的机会"。⑩

照尼格尔·劳森本人所说,议会的后座议员们认为,这个预算案是个"好的大选前预算,不过并不算明目张胆为选举铺路"。⑪他也为《金融时报》的文章标题感到高兴:"劳森的大选前最后一次预算案选择谨慎";"基本税率降低2个百分点是个不错的一揽子预算"。⑫其实,他的预算案根本算不得非常谨慎。评论员们已经开始注意到,在他控制英镑汇率降低和提高货币目标的临时方式上,播撒下很多通胀麻烦的种子。劳森回顾起当时情况,认为他的预算内容是对的,但承认说:"我使用的措辞不够谨慎:我的确有些得意。"⑬但这不会立即损害保守党的选举前景,结果恰恰相反。由于劳森在自己的事业上是位大师,人们常常觉得,他是个"不关心政治的财政大臣"。但是,在如何赢得大选胜利方面,谁付出的心计都不能跟他相提并论。

撒切尔夫人自然对预算案中的任何内容都没有表示反对。她对伍德罗·怀亚特说:"《太阳报》的文章妙极了。在赞扬这份预算案方面,它的标题是最好的:'看看你得到了多少'。"⑭她保持着对自己财政大臣的信任。查尔斯·鲍威尔认为他的"声誉相当好"。⑮她敬佩他的经济管理工作,珍视他对竞选宣言提出的政策建议。2月初劳森去首相别墅与她讨论预算计划时,直接问她大选后是否继续要他担任财政大臣。她回答说:"我当然要。"⑯

只有一件事美中不足。这年年初,A组认为,劳森主持的政策组报告是"管理经济"。⑰1 布赖恩·格里菲思提交给她的顾问意见中说,报告的建议都令人满意,"只有加入汇率机制问题是个例外"。⑱他接着写道:"这份报告提倡在策略上做一项重要改变。报告重申公共开支需要控制,但只字未提公共部门借贷需求,也未提货币供应,甚至没有提到中期财政战略,却转而提倡大选后加入汇率机制的约束性承诺。"格里菲思表示,这对大选政策将是危险的,会导致市场"极具破坏性的投机"。他表示:"大选获胜

---

1 政策组共有11个,每组由各部大臣主持,并向称作"A组"的策略组汇报工作。

后，会有充分的时间审视汇率机制成员国问题。"撒切尔夫人接受了这一建议，在这个阶段，她和劳森都没有进一步就此进行争论，但她记录下了劳森和参与此计划的杰弗里·豪要做什么事。

她有理由感到有人联合起来反对她。大约在向她提交经济报告的同时，向她提交外交事务、欧洲和防御问题的政策组也提交了报告，其中也提到加入汇率机制问题。在结论部分的"各项责任"标题下，报告以惋惜的口吻提到："我们缺席欧洲货币体系的汇率机制让商人们感到遗憾，这对我们在欧洲的可信度蒙上了阴云。"⁴⁹认为这个问题有阴云效应的一个人是杰弗里·豪。杰弗里·豪几乎完全没有参与大选计划，说明他与撒切尔夫人已经分道扬镳。¹

尽管保守党的运气在 1986 年最后三个月有所改善，但是在何时举行大选和如何进行竞选方面还没有真正达成一致意见。保守党中央办公厅的特比特和迈克尔·多布斯意见与撒切尔夫人不一致，与戴维·杨格和（幕后的）蒂姆·贝尔等在这些问题上与她关系密切的人意见也不一致。新年举行了第一次"军事会议"，地点在距离议会三分钟步行路程之外的皇家学院街 17 号阿利斯泰尔·麦卡尔平家。会议保密是不争的事实，假如让媒体得知，对选举的猜测将不胫而走。撒切尔夫人是让人静悄悄送到皇家学院街的，陪她来的舍伯恩在这里与中央办公厅的特比特、迈克尔·多布斯等人会见。⁵⁰会议之前，她曾努力设法避免让多布斯参会。蒂姆·贝尔回忆说："她忍受不了这个人，觉得他不是很好。"⁵¹但舍伯恩力促让他参加会议，坚持说，特比特独自一人不可能应对中央办公厅的全部问题。⁵²撒切尔夫人勉强同意了，但后来将多布斯排除在她参加的所有"军事会议"之外。会上没有发生争执，没有真正的意识形态差异，甚至在选举策略上也没有深的隔阂。这不是个撒切尔夫人想要什么的问题，而是她想要什么人参加的问题。特别是在让她高度紧张的选举问题上，她必须要有长期喜欢和信得过的人陪在身边。

---

1 在后来讨论竞选宣言的一次会议上，杰弗里·豪抱怨说，其中没有包括足够多的外交政策问题，要求提到在欧洲议会的保守党成员。撒切尔夫人说："杰弗里，这是英国的选举。"杰弗里·豪厉声说："这个不用提醒我，首相。"（与约翰·奥沙利文通信）

10. 最后一次胜利

自从前一年 4 月份的首相别墅会议以来（参见第 5 章），或者更早一些时间以来，她便认为多布斯是特比特挑战她领导地位的代理人。她没有与特比特直接对抗，而是严厉对待多布斯。她回忆说："萨奇公司把迈克尔安插在诺曼身边，我对此相当不快。"㊃仿佛特比特、多布斯和萨奇公司在阴谋排挤她、起码要取代她。蒂姆·贝尔认为，在争取萨奇公司的争斗中，多布斯是他的对手，或者是与杨格勋爵争斗中的对手，当时杨格勋爵在寻求更显赫的角色，[1]但撒切尔夫人没有听从贝尔的劝阻。尽管贝尔反复无常，让塞西尔·帕金森等人对他不放心，但他在应对撒切尔夫人方面却实在有的天赋。帕金森回忆道：

> 蒂姆让她感到愉快，他还属于少数几个能向她暗示出真相的人。他可以当面跟她说："公众认为你非常专横，"而且还会补充一句话来弥补，"但是他们认为你是个伟大的领袖。"结果，她能听进贝尔的话。㊄

按照贝尔的看法，前一年"那该死的女人"在首相别墅的表现中最大的问题在于，那次会议"让玛格丽特感到，仿佛有人在对她说：'你是保守党中最不重要的人物'"。㊄他从戈登·里斯学到的方法恰恰相反。他认为让她高兴是自己的本分，便"向她报喜不报忧"。㊄撒切尔夫人根本不理解贝尔与萨奇公司的问题，也可能是假装不理解。帕金森曾说："她以为蒂姆就是萨奇。"㊄她在撰写回忆录时说："我记得，当时不太信任萨奇公司，便对他们说：'我以前从来没跟你们打过交道；我一直是跟蒂姆·贝尔打交道的。蒂姆是你们的顾问，因此我要跟他打交道。'他们觉得那么做非常困难，于是我没再那么做……"㊄在萨奇公司问题上，她没有进一步联系，但她也没有放弃。1986 年年初开始的"平行操作"从来没有停止过。撒切尔夫人在开始竞选活动前并没有选定正式或非正式顾问，也从未向正式顾问通报非正式顾问的情况。

---

1 虽然杨格个人跟任何代理人没有关联，但他通过蒂姆·贝尔发现自己最可信赖的特别顾问是豪厄尔·詹姆斯。（杨格勋爵访谈）杨格和詹姆斯的联系虽然不像特比特和多布斯那么密切，却是反对他们的有效盟友。

影响撒切尔夫人的另一个重要人物是阿利斯泰尔·麦卡尔平，截至此时，麦卡尔平是她在党组织中时间最久关系最密切的同事。按照蒂姆·贝尔的所说，"她以前总是单独会见麦卡尔平"（因为他向撒切尔夫人秘密汇报资金方面的情况）。㊴ 他既是一位慷慨的主人，又是个能让大商人为党慷慨捐助的老练司库，还是个不追求权力地位或捷径的朋友，因此对撒切尔夫人有着巨大的价值。多年来，麦卡尔平送走过几位试图排挤他的保守党主席，其中有桑尼克罗夫特和格默，但在撒切尔夫人眷顾下从未失去自己的位置。他与蒂姆·贝尔和戈登·里斯关系密切，有点怨恨想要排挤他们和他本人的特比特。理查德·赖德说："脾气乖戾的特比特没有体会到对女人殷勤的麦卡尔平有多大的影响力。"㊵ 麦卡尔平做事的方式狡黠而低调，他懂得在撒切尔夫人面前该如何赞扬一些人或贬低另一些人。[1] 特比特成为党主席后，他便散布特比特有野心的说法。"他说了很多话，提到诺曼做了最大努力，但相当大程度上失去了立场，诺曼的竞争活动动力不足，在布莱顿爆炸事件后判若两人。"㊶ 赖德消息灵通，按他的说法，是麦卡尔平把贝尔拉回到撒切尔夫人阵营的，而且是他建议让戴维·杨格在实际上取代特比特。杨格的日志中充满了与麦卡尔平共进晚餐享用香槟的热情描述。麦卡尔平不止一次为他敲开撒切尔夫人的门。麦卡尔平比任何人都让撒切尔夫人感到，特比特似乎是个威胁，而且脾气暴躁。他作为撒切尔夫人的首席竞选资金募集人，还有权不必在主席授权的情况下为额外的民调研究支付款项。

3月15日，戴维·杨格给首相别墅打电话找撒切尔夫人。按照他当时的说法，[2] 他在电话中说："首相，我只想让你了解，我对中央办公厅的情况感到担心。我认为我们还没有做好准备……我想与你谈谈我可以帮助你和帮助你竞选的方法。"㊷ 他还对撒切尔夫人说，关于失业问题的最新新闻（季度化调整后的数字是减少了44000人）显示这是"有失业人数记录以来

---

[1] 其实是麦卡尔平首先向笔者介绍说，在布莱顿市爆炸案后，特比特在病床上组织了争取担任领导人的活动。（麦卡尔平勋爵访谈）

[2] 在竞选过程中，每天夜里杨格都要用磁带录音机口头录下"竞选日志"。后来他听着录音抄写成文，并在1990年基于这些文字写下了自己的回忆录《进取岁月：内阁中的商人》，但并未出版。尽管有明显的偏见，这部书稿但仍然是了解那个时期非常有用的资料。

10. 最后一次胜利

最佳数字"。⑥3 1

两天后，杨格在前往唐宁街 10 号途中决定拜访特比特，向他解释说要去见撒切尔夫人，讨论他可以"帮助竞选"的方式。⑥4 按照杨格的录音，特比特"显得相当和蔼可亲"。他们两人自从特比特在就业部任职时就一直是朋友，而且杨格担任人力服务委员会主任是特比特任命的，这份工作是杨格从政的跳板。杨格让他想到，他们俩加上党中央办公厅的彼得·莫里森，是就业部的"老团队"。但到了这时，原来那种老团队精神已经不复存在了。虽然没有过公开反目，但关系已经变得提心吊胆。特比特在自己的回忆录中写道："我们过去曾密切合作，定期讨论即将来临的选举，而且玛格丽特·撒切尔喜欢他，信赖他。所以我邀请戴维来中央办公厅帮助竞选。"⑥5 虽然这话在技术上不错，但几乎未能让人意识到真正发生的情况，而真实的情况让特比特感到十分不快。

特比特对杨格说，他计划了一场竞选运动，要通过提醒人们是自由民主党与工党的协议在 70 年代末期造成了"不满之冬"，揭示出联盟的种种危险。特比特形成了一种策略，认为保守党需要根据与联盟还是工党做斗争而调整自己的战略，主要看哪个是主要政敌。这在撒切尔夫人反对他的记录中添加了一笔。特比特回忆道："这种策略太复杂，玛格丽特无法理解。"⑥6 她喜欢的策略从来是集中火力攻击工党，而将联盟基本当成个笑料，使之边缘化。她后来写道："有些保守党战略家认为（联盟）是我们的主要威胁。我不同意这个看法。"⑥7 2

杨格与特比特谈话之后，从罗伯特·阿姆斯特朗的办公室得到一把仔细保管的钥匙，能让他从内阁办公室走进唐宁街 10 号，去见撒切尔夫人。他对撒切尔夫人说，如果 5 月 7 日的地方选举结果满意，她该雇用他为 6

---

1 杨格这话的意思是：统计数字显示出有史以来最大降幅。但失业总人数仍远远高于撒切尔时代以前任何时期的数字。

2 然而，4月底撒切尔夫人却在唐宁街召开会议，讨论联盟的威胁。约翰·梅杰是与会者之一，他后来致函撒切尔夫人，陈述了"社会民主党/自由党的具体政策，该政策能破坏保守党潜在变节者的自身利益"。（梅杰致函撒切尔夫人，1987年5月5日，CAC: THCR 2/7/5/41）竞选运动即将结束之际，梅杰以负责社会安全事务的大臣身份出席了每日新闻会。按照约翰·惠廷德尔的记录："那是撒切尔夫人第一次见到他……他在那些新闻发布会上表现上佳……我一直认为，她是在那次大选中最先注意到梅杰的。"（撒切尔回忆录素材，CAC: THCR 4/3）

331

月开始的大选做一切准备。撒切尔夫人说："是的。你必须来。首先帮助准备竞选宣言——就是说宣言的形式。"⑱杨格向她提出建议说，唯一真正重要的事情，就是每次她出现在电视镜头中"都受到崇拜她的群众欢迎"。接着，两人离开她的书房，下楼来到内阁会议室，大臣们正聚集在这里，听取劳森这天下午要在议会下院公布的预算案。劳森的众多好消息"受到热情洋溢的欢迎"。⑲会后，撒切尔夫人请特比特和杨格留下。她对特比特说，自己在考虑竞选的事情："戴维现在有点空闲时间，我想要他来帮忙。"按照杨格的说法："诺曼稍有点吃惊，说：'哦，那当然没问题，我很高兴这么安排。'"⑳其实他根本不喜欢这个安排。

向媒体宣布杨格的新任职务前，杨格与彼得·莫里森共进晚餐。莫里森对杨格说："如今的诺曼跟咱们三年前为之效命的诺曼不一样，那桩爆炸案后，他就判若两人了。""我从彼得那里得到的感觉，仿佛是党外人士看待保守党的中央办公厅。"㉑特比特"不再是原来的诺曼"成了人们的口头禅，常常用来反对他，不过也有少数人利用这个说法支持他，说他变得深沉而睿智了。杨格和蒂姆·贝尔则利用这个说法为自己排挤他的野心正名。在组织竞选运动中，一个秘密的权力斗争也在进行，因而会将预期的竞选胜利视为参加斗争者的功劳。蒂姆·贝尔和豪威尔·詹姆斯甚至笼络了年代史编纂者、记者罗德·泰勒。泰勒与撒切尔夫人关系密切，以前曾通过贝尔为伊恩·麦格雷戈撰写自传捉刀。杨格在中央办公厅就任后曾在录音中记录道，他曾与泰勒一道喝酒。㉒从那时起，泰勒便能了解中央办公厅的内部事务，也能与撒切尔竞选班子的人接触，这对首相是桩幸事。他"瞬间"写成的书《竞选！》（1987年）中引用了种种灵通的消息，这本书自然袒护带他进入核心人物的圈子中。特比特认为，杨格是向撒切尔夫人通报对他不利消息的"主要报信者"，而且有"强烈的野心"。㉓

这一切成了冲突的导火索。4月5日，杨格得知，"诺曼听了对我的任命后吐血了"。㉔他连忙安排第二天会见特比特。按照杨格的说法，他们会见后，这样开始谈话：

"我想跟你谈谈，看看我们怎么合作。"

"哦，这是非常困难的。"

"诺曼，我来是想帮你的。如果你想要我离开，只要你说

10. 最后一次胜利

句话，我就走。"接下来 45 分钟的谈话极为艰难，这是我首次试图说服一位银行经理让我首次透支以来最难的一次交谈。⑦

特比特隐晦表达了对杨格谮越的怨恨后，抱怨说，撒切尔夫人不喜欢他向她提出的竞选巡行计划。杨格回答说："诺曼……你熟悉她的偏好……如果你提出一种竞选巡行计划她觉得不好，如果我提出同样的计划，她就会觉得好。"⑥ 杨格心中觉得拿撒切尔夫人开这个玩笑挺逗乐，但特比特是不是感到有趣就值得怀疑了。没等大选打响第一枪，一种非工作关系便建立起来了。这是重要的，因为这不仅是特比特和杨格之间感情不和的问题，而且与撒切尔夫人有密切关系。迈克尔·多布斯回忆说："诺曼从唐宁街 10 号返回后，往往不知所措。他感到自己不再是核心圈子的成员。他这个感觉是有道理的。"⑦

在这种敌对状态中，极为有利的外部政治环境让人看了感觉稍有点不真实。4月5日，《星期日泰晤士报》在撒切尔夫人莫斯科之行成功后做的一项民调显示，保守党领先联盟 12 个百分点，而工党沦落到排名第三的境地。⑧

尽管有这种阴谋气氛，但竞选宣言的准备工作相对有序。宣言基于 1979 年以来发生的事态和未来做出展望。撒切尔夫人委托印刷了一个封面光鲜的竞选宣传册，称作《我们的前八年：保守党》，其中罗列出两届任期取得的成就。这个宣传册与竞选宣言的设计旨在赢得第三任选举。其中的概念完全符合 A 组让政府表现出整体性的思路，并成功套入特比特前一年在保守党大会上提出的框架："下一步发展规划"。谁也想不出宣言的更好标题了，优化的想法可以是"下一步发展的种种规划"。[1]

撒切尔夫人觉得，1983 年的那个竞选宣言没有抓住机会陈述一个完整的工作议程。她想要这个宣言"坚持根本原则的方向……保持向前的势头"。⑦ 这将意味着要比 1983 年提出更多新想法、更多具体措施、更多

---

[1] 大家就标题达成一致后，斯蒂芬·舍伯恩感觉到，撒切尔夫人对这个选择并非完全满意，便提出了一个"更加活力蓬勃"的口号："英国再次起飞。"撒切尔夫人坚持用原来的口号。（舍伯恩致函撒切尔，1987年5月7日：CAC: THCR 2/7/5/11）

具体承诺。归纳各种草案的"主持人"是财政部的首席秘书约翰·麦格雷戈,在撒切尔夫人的记忆中,他"天生"是担任这项任务无可比拟的人物。⑧ 主要起草者是政策组的约翰·奥沙利文[1]。撒切尔夫人认为,他"表达一切事情都是个天才",㉛ 但其他一些人说,他在迟到方面也是个天才。他的助手罗尼·米勒撰写了辞藻华丽的段落。奥沙利文因撰写的稿子段落太长而受到毁谤,而政策组赞成的论点是:"我们需要再次证明'理由'",㉜ 并解释有些事尚待完成的原因。撒切尔夫人接受了这个论点。保守党的宣言应当表现出历史性的发展,展示出内在逻辑:这是"发展中的撒切尔主义"。第一届任期是拯救经济免于灾难;第二届任期是为经济机会创造正确的条件;第三届任期将更多转向"社会撒切尔主义"——主题是适用于公共服务领域的责任和选择。然而,在保守党历来感到紧张的公共卫生服务主题上,却没有彻底的计划,唯一的策略就是吹嘘说花费了多少资金。正如撒切尔夫人在准备撰写回忆录时所说:"我曾说过:'我们这次要应对教育和住房问题,在卫生服务上的各种具体变化要留给下次竞选。'"㉝ 这并不是因为她有个隐性议程,而是她对卫生服务根本就没有什么议程。[2]

参与者们越来越意识到,大选将在6月份举行。在实际考虑方面,要避开6月4日,因为这是犹太人的一个假日,撒切尔夫人要保证自己芬奇利选区的犹太居民不受阻碍地投票支持她。㉞ 4月15日星期三,撒切尔夫人在唐宁街10号与莫里斯·萨奇会见。按照舍伯恩的建议,特比特会见时在场,免得排除他"导致你和主席的关系发生问题,影响第二天的会议气氛"。㉟ 在第二天基督受难周礼拜四举行的会议上,杨格"眨巴着眼睛"对撒切尔夫人说,他的部门"碰巧"预定了5月份和6月份的许多海报位置。㊱ 如果宣布大选,将禁止政府贴广告,这些位置将会出缺,可供保守党张贴海报:"萨奇公司便可选择这些位置。"

---

[1] 约翰·奥沙利文(John O'Sullivan,1942—),毕业于克罗斯比的圣玛丽学校和伦敦大学。1986—1988年任首相(唐宁街10号政策组)特别顾问。他在新闻界担任的职位包括《每日电讯报》在议会的报道员、《泰晤士报》副编辑、《国家评论》编辑、自由欧洲电台和自由电台的执行编辑。

[2] 撒切尔夫人的卫生服务政策将在本书第五卷中讨论。

10. 最后一次胜利

撒切尔夫人后来去了肯特郡的斯科特尼城堡，由于她现在拥有了达利奇的那所房子，便最终放弃租用套房了。她收拾起自己在套房里的东西，然后在首相别墅度过了复活节。第二天早上，她在首相别墅召开一次持续了一整天的会议，一开始就"提出大量要点，说竞选宣言不行，对过去谈论不足"。[87]她按照经常怒气冲冲讲话的习惯，"总是不停地问'为什么？'"到了傍晚，她"开始对大选时间开始变得不安"，还批评杨格为他选择的竞选巡行地点。她不停地重复说："我必须去大工厂，我必须去大工厂。"

在这种会议上，撒切尔夫人总是急得像热锅上的蚂蚁，独自滔滔不绝，时而纠缠一些琐事，时而高瞻远瞩纵览全局，时而表现出自信，时而焦虑得急不可耐，这便是大选序幕中恒定的特色。在这段时间，始终无法就至关重要的方面达成一致意见。蒂姆·贝尔的角色暧昧，躲在同僚们的视线之外。有人谈起他，说他被宣布为中央办公厅"顾问"，安插在戴维·杨格的部门，由杨格将蒂姆的想法传达给撒切尔夫人。[88]但这事并没有向特比特通报。特比特不断地向杨格抱怨说，自己不知道正在发生的情况。舍伯恩向撒切尔夫人报告说，杨格感到特比特仍然为他（杨格）参与组织竞选活动"感到一些不安"，因此建议她谨慎处理与特比特的关系。[89]杨格的角色也没有明确。虽然他如今在中央办公厅有一间办公室，但他没有职务头衔，也没有明确的任务。虽然他越来越参与到竞选核心活动中，可他不断地问撒切尔夫人，想要他做什么工作。她几乎不做出明确答复。杨格是她的一个忠实崇拜者，然而也感到"她就是不懂得如何应对人事问题"。由于她根本没有解决特比特的问题，"我便如履薄冰"。[90]消息灵通的外部人士认为，这个形势非常奇怪，让选举"处女"杨格接管竞选运动没有明显的理由。尼格尔·劳森认为："对他的任命荒唐可笑。"[91]

关于撒切尔夫人该跟谁联系也有互相抵触的看法。舍伯恩告诫她说："如果戴维·杨格是你的联系人，就有可能增加你跟主席发生龃龉的传言，会引起误解。"他建议说，若有紧急情况，撒切尔夫人应该向特比特或彼得·莫里森通报。[92]这是个移动电话刚刚开始普及的时代。杨格安排所有内阁大臣和参与竞选活动的其他人都携带手机，但这些手机并不一定有效。有些大臣甚至不知道如何开机关机。[93]杨格希望特比特参加竞选旅行，他是个公认的好演说者。这一来，杨格就能得到额外的好处，可以管理中央办公厅。撒切尔夫人有时赞成这个想法，却唯恐发生舍伯恩书面提到的误解；有时感到害怕，唯恐不能始终控制住特比特。撒切尔夫人明确表示，她要特比特待在史密斯广场，杨格因此感到气馁。[1]

5月7日举行的地方选举结果揭晓：保守党占选票的40%，工党占30%，联盟占27%。因此，没有什么理由不尽快举行大选。[2] 与撒切尔夫人关系最密切的大臣和顾问们5月10日星期日在首相别墅开会，做最后的审查。《观察家》杂志把与会的大臣称作"七个小矮人"[3]：杰弗里·豪、劳森、特比特、杨格、赫德、韦克厄姆。前一天夜里，撒切尔夫人安排蒂姆·贝尔随家庭的客人来参加丹尼斯72岁寿辰的晚宴，并且不动声色地来见她。在那个星期六晚上，杨格和妻子应邀与威利和西莉亚·怀特劳下榻怀特劳在多尼伍德的官邸，第二天去首相别墅。赫德和贝克夫妇也出席了寿筵。杨格为自己跻身另外三位"小矮人"之间而极为满意。他就此写道："我们在讨论总的政治安排，我突然首次意识到自己已经成为这个小圈子的成员了。"[4]

---

1 撒切尔夫人属于不习惯使用移动电话的上一代人，这对大家的神经也许是桩幸事。一想到她随时可以用手机给任何一位大臣打电话，人们就感到无法忍受。使用手机的一种额外危险是可能威胁安全与保密，因为手机信号很容易被窃听。《世界新闻报》雇用一位专家"黑"进撒切尔夫人的流动竞选车信号。此事后来受到报道。(《世界新闻报》，1987年5月24日）但是，有一个情况没有报道：这位专家窃听了流动竞选车上的斯蒂芬·舍伯恩与唐宁街的查尔斯·鲍威尔之间的电话交谈。因为鲍威尔是个公务员，不该参与竞选活动，如果公开这些谈话内容，将会让他们非常尴尬。(撒切尔回忆录素材，CAC: THCR 4/3)

2 鲁珀特·默多克已经决定在大选期间待在英国，并不等待决定大选的具体日期。他想在英国助玛格丽特·撒切尔一臂之力。按照伍德罗·怀亚特所说："我们（怀亚特和玛格丽特·撒切尔）也许还可以告诉他，想要他的各家报纸说什么内容……撒切尔夫人答复说：'他是个绝妙的人物。'"（怀亚特，《伍德罗·怀亚特日记》，第一卷，1987年5月3日，p. 339）

3 这个说法其实是拾人牙慧。1983年大选前，丹尼斯·希利就用这个说法描绘过一次大臣会议。（参见第三卷第3章）

4 杨格从政时年纪相对较大，而且未经选举，他这时产生了很高的政治抱负。他在自己的《选举日志》中记载的不同时间段，考虑过大选后自己能否继续担任就业大臣，加上为党主席工作，进而成为党的主席、成为议会上院领袖、贸易工业部国务大臣，或成为外交大臣。他避免考虑卫生服务部和能源部，因为那等于降级。他甚至乐于想象着通过一个特别法案，让他放弃贵族头衔，被选入议会下院，最终成为首相。他借用别人的闲话记载下这个想法。其实，他后来似乎真的怀有这种想法，还利用艾伦·克拉克就此试探大臣同僚们的看法。（赖德勋爵访谈）

10. 最后一次胜利

1983年大选前，撒切尔夫人决定大选日时优柔寡断得几乎有点可笑（参见第三卷第3章），而这次在首相别墅的会议十分直截了当。人人都建议日期确定在6月11日，她没有提出异议。比较有争议的是发布竞选宣言后撒切尔夫人是否参加候选人视频会议。杨格在午餐后饮咖啡时靠近她，表示赞成她参加。

> 我看到了自己的机会……说："你跟蒂姆的会见顺利吗？（蒂姆也推动视频会议的想法）"她显得十分吃惊，说："嘘！"显然她与蒂姆举行了一次很好的会见，她不想让诺曼听到。从她的反应中我发现，她现在喜爱视频会议这个想法。[95][1]

那天下午向她提交了私下做的民调结果，还附上对所有公开民调结果的分析，她看了感到鼓舞。根据地方选举结果做出的推测认为，在议会下院将会有94个席位的优势。特比特向她提出自己谨慎的预测——总的优势是19个席位。[96]撒切尔夫人说，她要留待第二天做出决定。第二天上午11点钟举行了一次内阁特别会议，她宣布，大选日期确定为6月11日。然后她前往王宫请求女王正式同意。一个星期后将解散议会下院，然后将开始大选。

在这之间的七天里，撒切尔夫人的活动进展不很顺利。因为她长期以来就相信，竞选时间应当尽可能短，因此第一个星期没有组织多少活动。然而，发令枪响后的那个晚上，她同意接受英国广播电台的采访，这是竞选运动的第一个失误。她在电视中解释说，保守党在全国的活动广泛，她得花费一些时间才能完成。她接着说："不错，我希望不断前进（停顿）再前进。"[97]她刚说完这话，眼皮就耷拉下来，仿佛意识到话说得多了点儿。她这个"前进再前进"的想法给公众对她跋扈个性的担忧提供了原料，迅速被用来反对她。而保守党人则希望强调团队合作，缩小个人崇拜的成分；

---

1 玛格丽特·撒切尔起初对视频会议持保留态度："我看这除了成本高昂外没多大用处，不如阅读宣言原文的好。"（撒切尔对舍伯恩备忘录的评论，1987年4月29日，CAC: THCR 2/7/5/24）

以工党为首的各反对党则想玩弄对她个人全能的恐惧感。他们无法否认她的杰出性，但可以对此做出批评。向选民大肆宣传说，假如保守党获胜，撒切尔夫人或许会永远任职，如此宣传的目的在于让许多选民倒戈。在这个星期，保守党与其他党的差距显著缩小了，工党遥遥领先于联盟。

撒切尔夫人退休后回忆起这些事件时，虽然日期记得不准确，但她记得特比特利用了这个怀有敌意的主题："在这次竞选中……他实际上在对我说，我就是麻烦所在。他对我说'人们在说TBW。'我问，'什么是TBW？'他说：是几个字的缩写，意思是'那该死的女人！'……他做出结论，认为是我妨碍了保守党获胜，而我不会承认这一点。"[98]

"ONCE MORE UNTO THE BREACH, DEAR FRIENDS, ONCE MORE …"

原载《独立报》1987年5月12日，尼古拉斯·加兰德画。
图中标题："向滩头堡前进，亲爱的朋友们，前进，再前进……"
骑马人盾牌上的文字：6月11日。
（原图在原书692页）

在这种对个人批评的背景下，（杨格和贝尔主张的）候选人视频成了个疑问。视频由特比特做介绍，仿佛他是个乐队指挥，其中表现了六位大臣称颂保守党在过去八年取得的成就，其中有杰弗里·豪轻率地声称，英国"不再与欧洲争吵"。约翰·韦克厄姆回忆说："我恐怕视频效果在很大程度上是侮辱撒切尔夫人，因为其中有一部分让诺曼显得像个首相。"[99]视频中没有对真正首相的采访内容，而是在结尾处闪过几个她与里根、戈尔巴乔夫、科尔、密特朗、中国人和沙特人会面的精彩镜头。参与制作者对自己的作品感到自豪，豪威尔·詹姆斯安排并监督4频道的人员剪辑整理拍的

10. 最后一次胜利

视频。杨格尤其感到高兴。他在自己的日志中写道:"竞选视频把诺曼当成主角了。但是我认为4频道……会使用今天拍的一些内容,而且我会被视为这一切的幕后人物。"[⑩]

在接下来的星期一,杨格安排在唐宁街为撒切尔夫人展示这段视频。他记录下后来发生的情况:

> 她看过后说:"棒极了!实在太奇妙了,我们应当把这用作一次政党竞选的广播内容。"接着她补充道:"在另一方面,里面只有我在海外的镜头。本来是我的竞选宣言,但显得像是诺曼的宣言。这是我的宣言!"她自言自语着,让人颇感难堪……这是我头一回感觉到她是个女人……她喋喋不休说了好几分钟,变得难以收场。[⑩]

杨格离开唐宁街时承诺为她把一切都重新整理好。"我登上汽车时切实感到,仿佛我的整个世界都崩塌了……她不但不喜欢这视频,还觉得是我辜负了她的希望。"[⑩]被视为"这一切的幕后人物"不再是桩好事了。

杨格为了避免与特比特发生冲突,也许还想避免让这个对头得知自己惹怒了撒切尔夫人,他和约翰·韦克厄姆一道捏造了个说法,后来对特比特说,他们看了视频,但没给撒切尔夫人看,因为担心对她的描写不中她的意,因为视频没有应对联盟对她的攻击,说她"乐于去莫斯科,却从不去米德尔斯堡"。韦克厄姆说:"我们需要更多地表现国内市场,应当有她穿件白大褂视察工厂的镜头。"[⑩]考虑到时间紧张,大家认为视察工厂行不通,韦克厄姆和杨格便坚持说,应当马上拍摄一段撒切尔夫人接受采访的内容,添加在视频的尾声。[⑩]特比特忍受了这个做法。撒切尔夫人不了解幕后的伎俩,那天下午来到皇家学院街,录制接受采访的内容。蒂姆·贝尔经常拍摄党派政治广播节目,这时照例坐在一片摄像机旁边,两眼正视她,脸上对她露出安慰的微笑。撒切尔夫人即使身处险境也有上佳表现,她的举止极为专业,完美传达了对英国"改革"的赞美。[⑩]候选人和媒体审视后,这段视频顺利通过了。

一系列令人忍俊不禁的事件在整个竞选过程中并不是非典型活动,这是"厨子多了做坏汤"的结果,在谁该做大厨的问题上,最终该追究的是撒切尔夫人的优柔寡断。

第二天上午，保守党竞选宣言在首次保守党竞选运动记者会上公布了。为了努力表现"团队"合作，许多位大臣挤在中央办公厅相对比较小的房间里，在电视摄像灯的炽热照明下，人们都出了汗，展示的效果不像团结倒更像是紧张。

保守党的最终竞选宣言尽管篇幅仍然较长，却是个深思熟虑且连贯清晰的文件。撒切尔夫人在晚年时称："我明确了解自己想要的是什么。"宣言的论点是"与70年代的英国迥然不同的巨大变化"。"拥有房产、股票和养老金的自豪感"已然确立。如今到了在住房和教育等领域提供"更大选择和责任"的时候。在国立学校中将首次开设全国统一的核心课程。这些学校可以决定不由其地方教育当局管理，由中央政府直接拨付经费自行经营。[1] 宣言称，"工党左翼地方议会的胡作非为让全国感到震动"，这种行为将终结，办法是以"比较公平的社区费"取代地方税，"这将加强地方的民主和可说明性"。就业将由青年培训计划提供保证，该计划对失业六个月或更长时间的十六七岁到二十五岁青年提供培训。市中心的复兴计划包括消除工党强加给个人投资的障碍：伦敦码头区等获得成功的城市发展公司将获授权开发遗弃的土地。至于导弹问题，只有保守党承诺要继续以三叉戟核导弹替代北极星导弹系列。

工党的竞选宣言于同一天发布，在内容深度方面无法与保守党的宣言相提并论，其主要政策——单方面核裁军、增加基本个人所得税2%、废除保守党的所有工会法律（包括恢复二级纠察，这是在矿工罢工中剥夺掉阿瑟·斯卡吉尔权力的一件利器）引不起人们的兴趣。首次支持购买地方公房的权利几乎算是唯一对现代潮流的主要让步。[2] 一些记者来撒切尔夫人

---

1 保守党曾一再做出不懈的努力，要在竞选宣言中包括承诺关闭精神病院，将精神病患者移交到"社区内照顾"的内容，但撒切尔夫人坚持认为，这种照顾其实是残忍的。（约翰·奥沙利文访谈）

2 然而，撒切尔夫人得到的通报称，工党的政策允许某些地方当局自由裁量购买权。这等于是"根本没有权利"。（"工党竞选宣言，1987年"保守党研究部准备的摘要，1987年5月20日，CAC: THCR 2/7/33）

10. 最后一次胜利

局促狭窄的记者会现场前曾出席过附近伊丽莎白二世女王中心基诺克举行的记者会,那里高雅宽敞,装饰着红玫瑰,他们为两个记者会现场的强烈对比感到吃惊,一边是工党的现代化排场环境,另一边是保守党的闷热和混乱。一边是年轻清新的基诺克,另一边是声音刺耳的撒切尔夫人,记者们用速记符号写下两人醒目的对比:"可爱先生与TBW(那该死的女人)。"两位政党领袖组织竞选运动的方式差别同样醒目。基诺克的运动是一场战争行动——一连数日离开伦敦搞竞选旅行,把记者会交给品貌兼优的竞选主任布赖恩·古尔德[1]处理。撒切尔夫人则每日出席在伦敦的几乎全部记者会,部分原因是担心爱尔兰共和军恐怖袭击,即使在竞选旅行时,也与公众隔着相当远的距离。中央办公厅担忧撒切尔夫人的竞选活动会显得"过分'首相化'不能亲密接触选民,与基诺克先生的家人年轻、亲民的形象相比,产生不利的反差"。[⑩] 伍德罗·怀亚特责备她说:"在超市和学校里闲逛,用喊话器对着空荡荡的田野喊叫是浪费你的时间。"她表示同意。[⑩]

宣言发布两天后,工党推出第一次政党竞选宣传片。[2]这部宣传片是奥斯卡获奖片《烈火战车》的导演休·哈德逊拍摄的,影片标志着这类宣传片的一次革命。一架皇家空军的狂风战机划过天空,接着变形为一只海鸥。海鸥下面是尼尔·基诺克和格莱尼丝·基诺克,两人手拉手漫步在兰迪德诺旁的大奥姆岬角。影片点缀着基诺克对自己热诚态度和可爱的工人阶级背景的解释,并辅以威尔士亲友们对他在赞颂。影片还切换到工党大会1985年对好战分子的攻击和他一个星期前在兰迪德诺发表的竞选演说,他在演说中脱离讲稿,[⑩]自称是"基诺克家一千代人中头一个"上大学的。[3]他要传递的信息是:只要一个政党能提供所需的"平台",工人阶级中有天

---

1 布赖恩·古尔德(Bryan Gould, 1939—),毕业于奥克兰大学和牛津大学贝利奥尔学院。1974年10月—1979年任南安普敦泰斯特选区工党在议会的议员;1983—1994年任达格南选区议员;1986—1992年为影子内阁成员。

2 对于每个政党的竞选广播,法律规定了最长时间和播出次数。政党竞选广播播出时,会同时出现在全部电视频道上,观众不会错过,除非关掉电视不看。结果,这种广播在原则上不受欢迎,却受到广泛收视。

3 有人刻薄地指出,由于追溯到荷马时代只有一百代,因此姓基诺克的人肯定不会有一千代(上大学的人也不会有一千代祖宗)。

赋的人便能享有自由与机会。但他没有提到政策。这部影片不断使用"基诺克"这个名字，仿佛是一场美国的总统选举，却压根儿没用"工党"这个字眼。影片中没有提到也没有描述撒切尔夫人，但暗含的意义是她拒绝向普通人民提供所需的平台。

这部宣传片取得了巨大的成功，有助于减少联盟威胁工党的目标，但民意调查结果并没有发生多少变化。戴维·斯蒂尔和戴维·欧文关系不和睦，他们的"双戴维"演出表现不佳。但这部影片刺激了人们对竞选的兴致，媒体多年来一致报道工党无所作为，这时开始相信工党要发生变化，相信基诺克将是个风云人物。节目还让人联想到，撒切尔时代行将终结。影片充分突出了基诺克比较年轻的特征（他年仅45岁，而撒切尔夫人已经61岁），当然人们无法想象丹尼斯与玛格丽特会手拉手站在威尔士的悬崖上。[1]

撒切尔夫人没时间看电视，不喜欢媒体，没有录像机，所以没看到电视播出宣传基诺克的那部影片。[2] 不过她得知了影片取得成功的情况，感到不快。"工党让尼尔和格莱尼丝亲密地站在悬崖上……媒体真的认定，不论基诺克怎么做都是对的……"⑩她回忆起自己对手的这个精彩时刻时，口吻尖刻地补充说，"这正是我们要反对的，这个了不起的家伙激发出了人们的想象力。"工党觉得这部影片的宣传太成功了，竟然做出个独特的决定，要在竞选中再播一次，而不是播放新影片。[3]

基诺克的影片播出后第二天早上，撒切尔夫人出了竞选中的第二个口误。在记者会上回答关于学校政策问题时，她稀里糊涂地说，选择退出地

---

[1] 竞选中，撒切尔夫人容易发怒，年龄也许第一次发挥了一些小作用。与她关系密切的人们注意到，她比以前容易犯困。戴维·杨格回忆说："她在会议上频频打哈欠。她看来每天要睡七个钟头，但自己不愿承认。"（杨格勋爵访谈）大选过后不久，杨格在一次私下采访中说："你不能不承认，她有点上了年纪。"（采访杨格勋爵，1987年7月，戴维·巴特勒档案）

[2] 撒切尔夫人没有直接看电视播出的节目，这让杨格勋爵感到沮丧，他安排人送给她录制着每天重要节目的录像带。斯蒂芬·舍伯恩知道，她既没有时间看，也没有兴趣，便把录像带装进抽屉了事。（舍伯恩勋爵访谈）反正她不去伯纳德·英厄姆的办公室，就无法看录像，整座楼里只有那个办公室才有录像机。

[3] 工党做出这个决定还有一点考虑：另一部影片中关于失业问题的论点太离谱，因为提出要给予政治补贴。（参见罗德尼·泰勒，《竞选：出卖首相》，格拉夫顿图书出版公司，1987年，p.202）

10. 最后一次胜利

方当局控制的学校在接受中央政府标准资金的基础上，或许可以收费，或许可以确定择优录取的政策。这个问题在竞选宣言中本来比较含糊，因为撒切尔夫人想要这类学校额外募集资金，而肯尼思·贝克不同意。[112] 口误既出，就不能马上纠正，因为教育大臣肯尼思·贝克关了手机，谁也联系不上他。撒切尔夫人内心中觉得，出这个问题是因为贝克是个"粗枝大叶的人，非常、非常善于泛泛而谈，而我……不得不给他补充细节"。[113] 可事实上，由于造成了政治上的危害，她被迫在一定程度上退缩。在中央办公厅为她操作政治问题的戴维·威利茨建议说，她应当退缩，她说："戴维，怎么连你也让左翼中产阶级压榨得感到愧疚了。"[114] 不过她放弃了。但这是她粗心出的错，在过去的竞选中，她极少出这类错误。竞选过后不久，多布斯私下说：这是"在跨第一道栏时出的悲剧性错误。教育问题本来应当是王冠上的一颗宝石"。[115]

午夜，撒切尔夫人打电话给杨格，说她刚刚与女儿卡萝尔通过电话，女儿说："照这样下去，我们这次大选要失败了。"[116] 约翰·韦克厄姆完全没有在电视节目中出镜的经验，两天前，他在"竞选采访"节目中露面，表现非常糟糕，向他提出的问题，他大部分回答不上。星期六早上，各报纸主要报道的是保守党糊涂的教育政策，报纸开始谈论保守党"失败的一周"。

那天夜里，撒切尔夫人邀请蒂姆·贝尔和杨格来唐宁街10号的公寓，陪丹尼斯和斯蒂芬·舍伯恩喝酒，卡萝尔也在场。照蒂姆·贝尔的话说，卡萝尔的角色"跟我一样，是听她妈妈咆哮"。[117] 丹尼斯也一样，他"有点置身事外的冷漠，不过时而会做个小评论：'瞧哪，这个女人又生气啦！'"[118] 撒切尔夫人感到绝望："几乎不值得费这种周折，咱们放弃算啦，完了。"[119] 她对韦克厄姆的表现而恼火，说："他再也当不成大臣了。"丹尼斯不停地要她听听贝尔和杨格怎么说。他俩仔细阐述了自己的想法：应当"释放出杀手诺曼"，让他干掉基诺克。

她稍感平静，但第二天却给杨格打了两次电话，言语中充满了焦虑。她在第一个电话中重复了伍德罗·怀亚特的想法：她应当多出现在保守党的竞选宣传片中。第二个电话则抱怨他的大臣们在电视上露面时穿戴不堪入目，尤其是劳森、肯尼思·克拉克和尼古拉斯·里德利（他的罪过是穿一件开襟羊毛衫就露面）："尼格尔必须理发。""说得太对了。""你能告诉他吗？""不行，首相……这得你跟他说。""好吧。"[120] 结果她没跟他说，是他自己的妻子说的。[121]她对各种小毛病小错误一次次爆发出怒火,却不愿跟相关人员直说,这导致剥夺了韦克厄姆在大臣中担任电视广播协调人的职务,她自己还不向他传递这个坏消息。协调任务落在了杨格肩上。杨格执行她的命令,心里却很不痛快:"她这是让我跟人家终生为敌。"[122]整个竞选期间都充斥着这种不快、愤怒、优柔寡断和阴谋气氛。这种麻烦的部分原因是她多年身居高位,除了很少几位高级官员,几乎不与其他人联系。一次,她向戴维·威利茨提出的问题实在太多了,搞得他无法读一份能回答她所有问题的简报,戴维·沃尔夫森插嘴对撒切尔夫人说:"快闭嘴,把那该死的简报读完再说,"[123]如此勇气令人难忘,但平时却难得有人敢这么说。所有这些困难皆由于撒切尔夫人有着深深的不安全感,以及她没有一个可以完全信赖的团队。

更广博的政治现实对她要有利得多。在整个5月份,民意调查结果几乎没有发生任何波动,唯一的例外是对联盟减少的支持率让工党从中受益稍多于保守党从中受到的益处。在政策方面,保守党得分明显增高,而工党得分平平。在社区费问题上,虽然媒体质疑保守党关于什么人受益什么人受损的说法严重不一致,但反对党对这个问题尽量避而不谈,因为担心受到增税指责,也担心选民联想到"工党极左派"。正如杨格在大选后接受私下采访时所说:"工党在人头税问题上错过一个机会,这个税种还没有考虑成熟,而且保守党在这个问题上非常易受攻击。"[124]

尼格尔·劳森参加了一场他所谓的"兼职竞选",因为杨格把他排斥在神经中枢之外了。[125]他研究工党的经济承诺时,被工党宣言中鲜有的具体数字吸引了。有个数字是承诺提高儿童补助金,每个孩子每周7.36英镑。他感到奇怪,但很快便计算出,这是取消已婚男人的免税额得到的总金额。工党竞选宣言的前几个草案曾提到要取消这个免税项目,为的是得到每周7.36英镑这个数字,但后来这个项目是为了避免已婚男人愤怒。然而,这个能泄露内幕的具体数字却粗心地留下来忘记删除了,[126]结果暴露了他们的欺诈。劳森还向工党发起攻击,指责他们的开支承诺必然涉及增税,而且远远超过他们愿意承认的幅度。撒切尔夫人回忆说:"尼格尔在找准工党税务弱点方面非常老练。我们该给他应得的荣誉。"[127]

工党的单方面核裁军政策对保守党的帮助更大。萨奇公司就此推出一个宣传广告，这是在竞选中唯一公认的成功广告。广告的简单口号是，"工党的武器政策"，画面中，一个英国士兵举起双手投降。

就在撒切尔夫人以绝望的声调给杨格打电话抱怨劳森没理发那天，基诺克接受了戴维·弗罗斯特的电视采访。这位工党领袖回答核武器问题时，言辞极为费解，他在采访临结束时说，由于他不相信英国会真的使用核武器，因此若受到攻击将面对"经典的选择：（入侵者）要么消灭我们维护的一切……要么利用我们拥有的资源进行根本无法维持的占领"。㉘基诺克用"占领"这个字眼似乎提前承认了被击败和投降的概念。各报纸便评论说，基诺克的提倡是，假如英国遭入侵，就应当"逃走躲起来"。报纸取笑他，说他想要创作自己版本的《老爸上战场》[1]。"杀手诺曼"前一晚原则上表示同意后，开始采取行动。他宣称："英国无意在社会主义的红旗下苟且，也不愿在投降的白旗下偷生。"㉙

在星期二上午的记者会上（星期一是个法定假日），有记者就基诺克的国防政策提的问题等于是向撒切尔夫人馈赠的一件礼物，但她的竞选班子深感恼怒，因为她"干脆把这个问题抛在一边，说今天的主题是中心城区，不是国防。她这人有时真离奇"。㉚然而，那天夜里在威尔士纽波特港的一次集会上，她却发起了自己擅长的那种谴责。她回到发动竞选时的主题：工党的竞选宣言是一座"冰山"，危险潜伏在水面下。她引述了基诺克关于占领的说法，"我猜想应该是被苏联占领。因此我们现在知道了，工党的无核国防政策是失败的政策，是投降的政策，是被占领的政策，是准备长期打游击战的政策……我实在无法理解，一个渴望管理政府的人，竟打算如此轻描淡写处理我国的国防问题。"㉛[2]

---

[1]《老爸上战场》是诺曼·科恩导演的一部喜剧电影，内容是一群根本没有军事素质的老人挑起后防重担，闹出诸多荒唐笑话。

[2] 有两个人本不该参与帮她竞选实际上却帮了她的忙：罗纳德·里根和查尔斯·鲍威尔。两人在核武器问题上支持她。里根在公开讲话中谈到了工党在这个问题上犯的"严重错误"。〔里根在威尼斯经济峰会前接受外国电视记者采访，1987年5月27日，美国总统项目 (http://www.presidency.ucsb.edu/ws/index.php?pid=34337&st=&st1=)〕鲍威尔则承认说，他按照行政惯例对工党竞选宣言中的政府政策的一贯性做了深度研究，建议修改其国防方面的政策。他还对撒切尔夫人讲话中关于外交事务和国防问题的措辞提出建议，因为政策问题"太重要了，不能留给中央办公厅的下属处理"。（与鲍威尔勋爵通信）

5月份的最后一个星期日是整整一个星期竞选活动的开始,民意调查结果仍然未受各政党相互公开猛烈攻讦的影响,当然也未受幕后歇斯底里气氛的干扰。《星期日电讯报》发布的盖洛普民意调查是保守党得票最少的一次,但仍然领先工党8.5%。根据报道,保守党候选人们的支持率水平相当高。劳森在乡下旅行时,见那里的气氛比1983年更好:"人们的反应强烈而积极,真正感受到了英国经济的奇迹。"㉜他的话完全引用了他在书中的叙述,[1] 但选民们显然对失业的担心少了,还广泛相信好时代已经来临并将持续下去。

然而,撒切尔夫人感到极为心神不定,也让她周围的大多数工作人员忐忑不安。他们认为这些民调结果令人惊恐,尽管结果几乎没有发生改变。各家星期日报纸报道称,工党将转移方向,准备抨击撒切尔夫人的个人品行,攻击她专横傲慢的方式。年轻的托尼·布莱尔这时已经成为议会前排就座的财政部发言人,他谈起"她毫无节制的失衡心智"。㉝杨格在一个备忘录中把自己对目前竞选方略的看法告诉她:"我们昨晚离开时你说,现在的形势不及上周明朗。我要明确几点:1. 从今天到本周三或周四,我们必须保持进攻态势……进攻的目标应当是选民担心的问题……'他们要毁掉我们的工业平静,他们要破坏我们街道上的安全、他们要夺走我们口袋里的金钱。'"㉞撒切尔夫人向来喜欢进攻,很高兴将目标集中在工党的简单问题上,联盟的障碍似乎已经清除掉了。在接下来的星期二(6月2日),她在爱丁堡讲话时谴责工党诉诸"人身攻击",对"温柔面具"后面的危险提出警告。㉟她还直接对苏格兰人说:"我们承诺废除住宅税,我们履行了诺言(掌声)……我还要骄傲地说,我们要在苏格兰首先引进社区费……将投入实施。(掌声)"

那天夜里,英国广播公司晚间新闻主持人文森特·汉内利用他所谓补缺选举偏爱的技术,组织了一次民调,结果是保守党的支持率仅比工党稍稍高出4%,这是大选开始后最糟糕的民调结果。撒切尔夫人从来为自己离开行动中心太久感到担忧,这是大选开始以来她头一回没有在伦敦过夜。没等她返回唐宁街,她这个星期开始的激越斗争情绪便因"剧烈牙疼"而

---

[1] 他的话完全引用了他在书中的叙述:他在自己的回忆录中完整叙述了这个"奇迹"以及自己在其中的主要作用。

10. 最后一次胜利

削弱了。⑬后来牙疼诊断为脓肿。6月3日星期三，她返回战场时，感受到了不亚于真实的痛楚，不过不是身体上的痛楚。

那天下午，伦敦城里传播的流言让股价开始下跌。第二天《每日电讯报》公布的盖洛普民意调查结果证实，保守党得票40.5%，工党36.5%，联盟21.5%。对她个人在竞选中的表现评价落后尼尔·基诺克16个百分点。民调结果的消息最先传来时，斯蒂芬·舍伯恩正在唐宁街与撒切尔夫人在一起，他说："我们的反应相当不科学。大家都感到恐惧。我们扪心自问：'难道这是个恐怖的转折点吗？'"⑬

杨格在南安普敦做了一次演讲后连忙在夜里10点钟返回唐宁街，眼前是一幅沮丧的景象。"她开始谈论真正失败后的前景。"⑬

第二天上午的情形更糟糕。撒切尔夫人受牙疼折磨，度过一个不眠之夜，凌晨克劳福德给她服了几片药，早上有昏沉沉的感觉。她抵达中央办公厅后猛烈责骂特比特和杨格："你和戴维露面太多，年纪太大。我们必须让比较年轻的面孔上电视。"⑬虽然她比他们年纪更大，却想要自己多露面："我认为，诺曼给人的印象是太严厉，我这么说是桩怪事。我说，我们很久没在电视上露面了，我现在要多露面。"⑭她自己在记者会上出面，结果落入她过去接受治疗问题的陷阱。她说，自己接受的治疗"让我在自己选择的日子去医院，在我选择的时间见我想找的医生"。⑭她的评论与基诺克在街对面举行的记者会内容形成不愉快的反差，突出集中在一个十岁男孩的病例上，那孩子心脏有个穿孔，不得不等待15个月才能接受手术。事后戴维·威利茨与她讨论时，她似乎没有理解这个问题的要点不是她享有私人诊所的医疗权利（潜在支持保守党的选民对此并不持怀疑态度），而是她暗示出，本该由她负责的国民医疗保险制度没有向她珍视的普通人提供快速优质的服务，而普通人与她不同，付不起私人诊所的医疗费用。⑭在这次大选中，她那个评论始终受到媒体的纠缠。

事后会见党主席等人时，撒切尔夫人"两条手臂乱挥舞，几乎像是发了疯"。⑭"她两眼闪着凶光，射出仇恨的光芒，活像条狗，马上要扑上来咬人。"⑭她要求看萨奇拟推出的广告。尽管因多布斯亲近萨奇公司受到她排斥，多布斯便不参与广告活动了，但画板和其他有关材料仍保留在他的办公室。约翰·韦克厄姆走进去要求他让撒切尔夫人看广告画，多布斯说："我没有受到邀请。"韦克厄姆焦虑不安，说："你不去我就不走。"⑭多布斯只好把广告画拿出来展示。他后来回忆说:"她严厉指责我,尖声惊叫,口吐白沫。诺曼设法跟她说理。戴维·杨格说:'玛格丽特,我来处理这事。'威利·怀特劳默默转动着一对眼珠。"她说的唯一清晰的话,就是想要这些材料更多表现出保守党的成就。⑭

杨格在自己的录音日志中说:

> 我变得越来越绝望,最后我说:"首相,你想要我做什么?"她发作了,说:"我自己不能做所有这些事,我无法告诉你。"……接着她继续说政党选举广播,会见没有做出任何决定便不欢而散。我感到非常沮丧。我真的认为……自己被抛弃在外面的寒冷中,为事情进展不顺利受到责备。⑰

他脚步踉跄,跑去安排下午与蒂姆·贝尔等人的会议,设法纠正广告画和选举广播的事。由于政府的正常业务仍然不受影响地进行着,接下来,他必须参加接待中国航空工业部部长的一次午餐会。

撒切尔夫人冒着大雨去斯塔福德郡参观奥尔顿塔主题乐园。安排这次旅行是一个试图舒缓竞选紧张气氛的尝试,但她来到这里"却没有欢乐的心境"。⑱她出发去奥尔顿塔,怀特劳转向多布斯说:"这个女人绝不会为下一次竞选奋斗了。"⑲1

多种谣言传遍了议会和市场,称那天晚上的民调结果更加不利,保守党仅领先2个百分点,于是,杨格和贝尔等人害怕撒切尔夫人情绪波动,相信自己必须做好准备,等她晚上早早返回。他们将竞选广告视为赢得这次大选的唯一手段。他们在唐宁街见面。贝尔和他的业务合作伙伴弗兰克·洛已经早早抵达,带来了海报招贴口号:"英国再获成功——别让工党毁掉。"这个口号是受了保守党1959年连续三次竞选胜利的口号启发:"保守党领导下生活更好。别让工党毁掉。"⑳与此同时,萨奇公司和特比特发疯般以同样的朦胧概念取代这天上午提出的想法。

情绪低落的短途旅游后,撒切尔夫人乘坐直升机返回。萨奇公司代表(莫里斯·萨奇和约翰·夏基)带着他们构思的广告图动身去唐宁街,为避

---

1 受这次高度紧张的场合启发,多布斯创作了他的小说《纸牌屋》三部曲。(多布斯勋爵访谈)

10. 最后一次胜利

免如注的大雨淋湿，他们把画作仔细卷起来封好。舍伯恩和威利茨不得不导演"一出费多式的闹剧"，⑮将竞争公司的代表们稳在不同的房间里，让他们不知道有其他公司代表在场。特比特独自抵达。杨格把他拉到一旁，让他看了贝尔的作品，他此前还根本没看过。他问："这是谁的作品？"我说："蒂姆·贝尔。"他说："那好，就它吧。就它吧。"⑯杨格接着"靠近他肩膀，说：'诺曼，听我说，我们看来要输掉这次该死的竞选了，你完了，我完了，一切全完了。这次大选有赖她在以后五天在电视露面的上佳表现——得让她表现出快乐，我们得让她快乐。'"照特比特所说，杨格当时"激动得要命"。⑰特比特颇为冷静地审视了两家公司的广告作品，认定他的对手提交的内容比较好，让撒切尔夫人喜欢的可能性较大。

萨奇公司的代表进一步坚持，莫里斯·萨奇怒气冲冲，⑱杨格一把抓住他的西装领子，对他说了一番话，内容和情绪都跟刚才对特比特说话时类似。萨奇公司受到特比特的鼓励，同意接受贝尔的建议，条件是委托他们实施并改进。他们为挽回面子做了改进，口号改变成"英国再度辉煌，别让工党踩躏她"。贝尔觉得"不够微妙"，⑮但是在非专业人士看来，还可以接受。这一点同意后，特比特说："好吧，我想去告诉她。"⑯就这样，撒切尔夫人最终看到的不是几个相互竞争的选择，而是大家已经同意的建议。"她看上去感到非常宽慰"，⑰表示接受。那天傍晚时分，消息传来，原本让他们害怕的马普兰民调结果相当好——44%支持保守党，34%支持工党。于是，争吵的热浪消弭了，过去24小时的可怕经历成了个笑话。[1]戴维·杨格回忆说："我们的行为简直是孩子气。"⑱那天晚上，撒切尔夫人没有伏案修改她的下次演讲稿，这可是非常难得的一次破例。但这是因为她太疲惫，竟趴在书桌上睡着了。⑲

第二天是6月5日星期五，人们心里惴惴不安，但都在一起合作。特比特、萨奇公司的团队和杨格在中央办公厅开会。杨格主张用新广告发起大规模凌厉攻势，特比特表示反对，说中央办公厅支付不起那么大的开销。杨格回答说："别为开支担心，我跟阿利斯泰尔谈过，钱多的是。"⑳这个策略与1983年的截然相反，那次竞选中，撒切尔夫人将最后几天的广告

---

[1] 撒切尔夫人那天晚上去参加她的电视节目中与乔纳森·丁布尔比对话，她为节目前没人向她通报这次民调结果感到气愤。（参见撒切尔，《唐宁街岁月》，pp. 585—6）

撤下，避免不必要的浪费（参见第三卷第 3 章），其实，改变策略没什么必要。在竞选过程中，没有哪次民调显示出保守党将失败的一丁点迹象。尼尔·基诺克本人回忆说："我们并没有认真考虑过赢得大选的可能性。"[16]

在许多老练的竞选者看来，后来称作"摇摆的星期四"整个是桩荒唐事。有人为此责备杨格勋爵。尼格尔·劳森相信："是戴维感到恐慌，感染了其他人。其实根本就没有发生什么摇摆，戴维·杨格压根儿就没见过一个选民。"[162] 虽然杨格确实没有参加竞选运动的经验，但这无关紧要。最终的问题在于撒切尔夫人本人。用广告商的行话说，她是客户（不过从技术上讲，客户其实是中央办公厅）；在这次竞选中，她是个让人难以忍受的人——对一切都拿不定主意，只对一点感到肯定：一切都出了错。因此，杨格和贝尔是对的：关键问题是让她保持高兴，便甜言蜜语哄她做出最佳表现。按照查尔斯·鲍威尔的话说，这次大选是"她最糟糕最草率的时期，'摇摆的星期四'让我们一些人感到，得让她逃出自己情绪的控制"。[163]

这事有一个神秘的插曲，特比特早在 4 月中旬便对撒切尔夫人说过，他和"我的玛格丽特"（他妻子）同意在竞选获胜后不再接受任命的职务，因此她继续怀疑特比特与她争权就十分奇怪。也许她不相信他在这个问题上态度坚定。她从来难以想象有人会放弃政治。她当然努力说服他留下，就在选举日的夜里还试图说服他。也许她与特比特打交道时总是感到不安，特比特态度严厉，声音洪亮，有那种迷人男子的随意而难为情的神态。特比特虽然口头上不愿承认，但种种事态让他深受伤害——那是自豪的男人受到非常不公对待的感觉。1987 年保守党大会期间，一天深夜他与一位同僚会见时"像皇家空军发起猛攻扫射般大倒了十分钟苦水，抱怨自己在竞选活动中受到的恶劣对待，指责对象是那个受到过分吹捧的可怕首相"。[164] 他发现撒切尔夫人在竞选期间背着他搞调查，这激怒了他，他试图打电话给那年秋天在温哥华参加峰会的首相，坚持要她公开向他道歉。[165] 那次闹翻是一桩可悲的事件，因为当时她与其他最有能力的资深同僚关系发生了问题。她非常崇拜特比特，然而，尽管两人在种种方面合作，但他们的共同目标感在消退。从一个意义上讲，"摇摆的星期四"也许不是一天内突然形成的分水岭。

10. 最后一次胜利

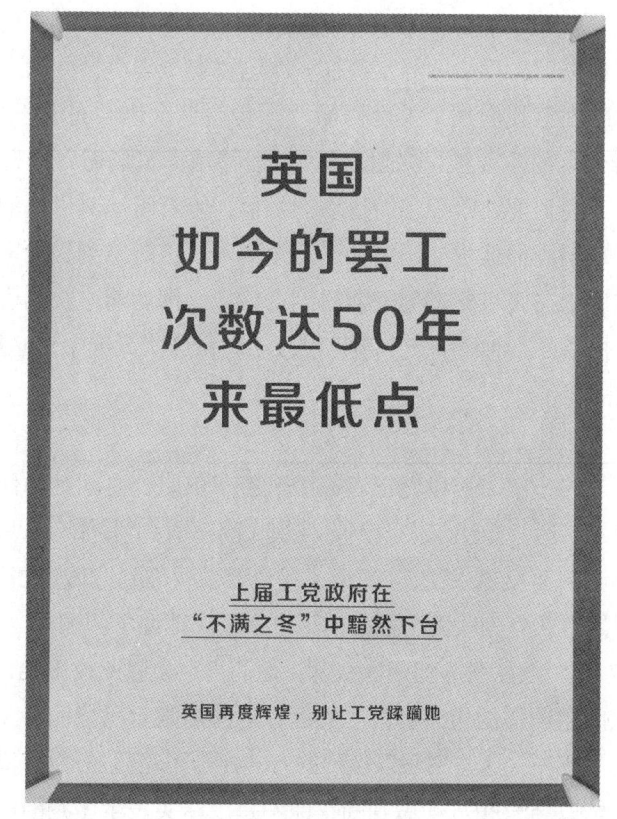

> 英国
> 如今的罢工
> 次数达50年
> 来最低点
>
> 上届工党政府在
> "不满之冬"中黯然下台
>
> 英国再度辉煌，别让工党踩踏她

萨奇公司设计的1987年竞选海报——在内部激烈争吵后，这个新口号的想法是蒂姆·贝尔在戴维·杨格支持下提出的（原图在原文705页）

在竞选的最后几天里，虽然撒切尔夫人的牙疼仍在持续，但她已经恢复过来。由于在几个电视演播室要搞许多活动，而且有了明确的口号去打一场明确的战斗，她恢复了方向感。虽然记者们仍然在卫生问题上穷追不舍，但她开始回击。6月7日星期日，戴维·弗罗斯特追问她时，她以温柔的声音反问他，是否也用私营医疗服务。他只好承认自己也用。不过她依然感到紧张。星期一晚上，罗宾·戴在《全景》节目中采访她，她的表现好极了，但是，戴攻击她是个"不关心别人"的人，她感到极为心烦意乱，按照约翰·惠廷德尔的记录，拍摄结束时，她"几乎落泪"。[166] 她说："在任何别的国家，首相都不会遭受那样的人身攻击。"接着她补充说："我们必须把反对我们的媒体人列个表。"[167]

撒切尔夫人匆匆飞往威尼斯，压缩行程参加 G7 峰会。她提前离开峰会让华盛顿感到失望，乔治·舒尔茨在一次国家安全委员会会议上说，原本依赖她"帮助确定我们几个关键目标"，[168]但是这次峰会有助于提醒选民：她在全球舞台上的重要性。[1]她抵达伦敦盖特威克机场时，斯蒂芬·舍伯恩带着她这天晚上要在哈罗盖特讲演的讲稿，等着听她对讲稿的意见。由于她一周前动手撕掉他提交给她的另一个讲稿，这时感到极为紧张，但是查尔斯·鲍威尔在飞机跑道另一侧看到舍伯恩，挥动着这次的讲稿，对他竖了一下大拇指。[169]她几乎一个字也没改动。在这次竞选中，这是个信号，说明她感到满意了。

在投票前的一次采访中，记者戴维·丁布尔比一再问她为什么似乎不在乎失业者的命运，撒切尔夫人不耐其烦，回答道："假如有人只会胡扯说他们关心，我倒要反过来说：'好吧，我也要看看你到底做过些什么。'"[170]她以非典型的方式立刻收回了播出的这个字眼。她说了两遍："我抱歉用了这些字眼。"假如她在竞选初期这么说，他们肯定会以此攻击她，也许还会制造像卫生问题一样的更多麻烦。然而，这些字眼对玛格丽特·撒切尔是必不可少的。首先，这些字眼以猛烈的方式抨击了左翼对道德高地的自诩，其次概述了她以结果和行动做判断，而不是以口头表示做判断的理念。她确实关心失业者的遭遇，但她希望人们以改善了他们的就业机会来判断她，而不是以她对他们说安慰的话语来做判断。她做出道歉并不是因为觉得说了错话，而是认为自己在政治上不够谨慎。她在讨论社会问题时不断地问这个问题："该怎么做？"因此，她觉得批评她的人只关心她怎么说时，她会感到愤怒。

大选投票两天前，文森特·汉内在《晚间新闻》节目的民调几乎成了个传统，虽然这次民调结果预测到，未来的下院将是个无多数议会，英国广播公司的投票后民调结果也相同，但是开始计票后，真正的结果却毫无悬念。投票前一天，杨格对撒切尔夫人说，他认为议会保守党的多数席位

---

1 玛格丽特·撒切尔还收到里根的消息，不由吃了一惊：他想要修改美国宪法，以便争取第三届总统任期。至于他是不是在开玩笑，还不完全清楚。（与鲍威尔勋爵通信）

10. 最后一次胜利

不可能接近 80 个。她回答说："我必须要 80 个席位的多数，我必须有。如果没有就不合适。"⑰ 星期四的投票过后，早上 2 点 15 分，保守党得到了整体的大多数。所有选票计算完毕后，他们在议会的席位占 102 席的大多数。撒切尔夫人在芬奇利选区的选举结果比工党候选人多出 8913 票，优势稍逊于上次选举，计票结果如下：

    撒切尔夫人（保守党） 21603 票
    J.R.M. 戴维斯（工党） 12690 票
    D. 豪沃思（自由党）   5580 票
    巴克海德勋爵（无党派） 131 票
    M.J. 圣文森特（无党派） 59 票

在全国范围，保守党得票 13763066 票（占总票数的 42.2%）——虽然百分比没有高于前两次大选，但得票总数高于 1979 年或 1983 年。工党得票总数在 1983 年刚刚高出 10000000 票的基础上增加了 1500500 票，占总票数的 30.8%。联盟得票占 22.5%，比 1983 年降低了 3%。给保守党的成功涂抹的唯一严重污点是苏格兰保守党人占的议会席位数暴跌，那里的选民深受资产税率重估之害，保守党的席位从 21 席骤降到 10 席。

在选举日，伯纳德·英厄姆提交给撒切尔夫人一个备忘录，列出她一旦获胜可能想说的话：

    明天的主要新闻将是你赢得历史性的第三届任期……品味
    成功时，你千万不能让人产生依靠荣誉桂冠的印象……继续从
    事因大选而中断的"关怀"目标，才是具有长期价值的举动。⑫

撒切尔夫人的手写备忘录显示出，她或多或少遵循了这个建议。"赢得第三届任期是创造了历史"，⑬ 她感谢诺曼·特比特掌控"胜利的发动机舱"。她在备忘录中提到"代表全体人民的职责落在我们肩上"。她要在"住房和教育方面的更多选择，尤其是让各市中心区居民得到更多选择"。然而，她对着电视摄像机说的话却是："我们必须为那些城市中心区做一些工作。"人们记住了她的这句话。

但是，事实比撒切尔夫人说的话更有力。以前没有一位首相在普选中赢得过第三届任期。尽管她自己感到过极大的焦虑，发过脾气，误判过选举形势，但她胜利赢得了第三届任期。撒切尔主义成为那个时代占优势的信条。

宣布保守党大选获胜那天，查尔斯·鲍威尔写信向他的上司祝贺。[18]虽然信是打印的（"为了保护你的眼神"），但他保证说这封信"没有复制"。他在信中对撒切尔夫人说："假如有过一个政党、一个国家由一人肩负而获得成功的历史时期，那就是在过去八年间。"接着，他勇敢提出如下建议：

> 我仍然希望你再次克服这个过程。在竞选中对你进行的人身攻击是难以置信的，尽管你外表显得恬淡，但是对你的内心必然产生过一些负面影响。如今到了一个重要的时刻：你是一个具有历史意义的人物，你的声誉和地位对你的政党、你的事业和你的祖国比对你本人更加重要……两三年后，你将完成这个国家几十年来前所未有的彻底变革，只有丘吉尔能与你的历史地位齐名。这是个在一些其他领域做出贡献的时代！

在撒切尔夫人赢得最伟大胜利的时刻，与她关系最密切的同事提醒说，她是个凡人。

注　释

第1章　人头税

① 玛格丽特·撒切尔，《唐宁街岁月》，哈珀柯林斯出版社，1993年，p. 644。

② 特恩布尔勋爵访谈。

③ 罗伯特·阿姆斯特朗爵士，内阁秘书的笔记簿，1983年5月10日，（在内阁办公室查阅的文件）。

④ 舍伯恩勋爵访谈。

⑤ 参见第一卷第6章。

⑥ 关于地方政府的文章，《保守的牛津》，1949年10月31日，(http://www.margaretthatcher.org/document/100843)。

⑦ 詹金斯致撒切尔，1983年9月13日。TNA: PREM 19/1080 (http://margaretthatcher.org/document/140755)。

⑧ 撒切尔，《唐宁街岁月》，p. 284。

⑨ 奥利弗·莱特文访谈。

⑩ 斯科拉致函巴拉德，1983年7月13日，TNA: PREM 19/1080. (http://margaretthatcher.org/document/140754)。

⑪ 英厄姆致函詹金斯，1983年12月16日，TNA: PREM19/1303 (http://margaretthatcher.org/document/105968)。

⑫ 詹金斯勋爵访谈。

⑬ 特恩布尔，存档备忘录，1984年2月14日，TNA:PREM 19/1304 (http://

www.margaretthatcher.org/document/141484)。

⑭ 舍伯恩勋爵访谈。

⑮ 迈克尔·斯科拉爵士访谈。

⑯ 英厄姆，报刊文摘，1984年3月27日，CAC: THCR 3/5/3。

⑰ 奥利弗·莱特文访谈。

⑱ "报刊文摘"，英厄姆致撒切尔，1984年3月30日，CAC: THCR 3/5/32。

⑲ 奥利弗·莱特文访谈。

⑳ 同上。

㉑ 戴维·诺格罗夫访谈。

㉒ 莱特文致函巴克利，1984年5月30日，TNA: PREM19/1305（http://www.margaretthatcher.org/document/141490)。

㉓ 奥利弗·莱特文访谈。

㉔ "报刊文摘"，英厄姆致撒切尔，1984年5月16日，CAC: THCR 3/5/34。

㉕ 英厄姆致函枢密院议长，1984年6月28日，TNA: PREM19/1306 (http://www.margaretthatcher.org/document/141497)。

㉖ 肯·利文斯通访谈。

㉗ 英厄姆致函枢密院议长，1984年6月28日，TNA: PREM19/1306 (http://www.margaretthatcher.org/document/141497)。

㉘ 雷德伍德致函撒切尔，1984年8月29日，TNA: PREM 19/1307 (http://www.margaretthatcher.org/document/141493)。

㉙ 玛格丽特·撒切尔，《唐宁街岁月》，p.646。

㉚ 雷德伍德致函撒切尔，1984年9月25日，TNA: PREM 19/1307 (http://www.margaretthatcher.org/document/141492)。

㉛ 特恩布尔致函巴拉德，1984年9月27日，TNA: PREM 19/1307 (http://www.margaretthatcher.org/document/141491)。

㉜ 同上。

㉝ 里斯致函撒切尔，1984年10月3日，TNA: PREM 19/1308(http://www.margaretthatcher.org/document/141496)。

㉞ 劳森勋爵访谈。

㉟ 撒切尔夫人演讲稿，1984年10月8日，CAC: THCR5/1/4/82 (http://www.margaretthatcher.org/docu ment/136222)。

㊱ 沃尔德格雷夫勋爵访谈。

㊲ 同上。

㊳ 同上。

㊴ 撒切尔致罗思柴尔德，1984年10月30日，TNA: PREM 19/1308 (http://www.margaretthatcher.org/document/141495)。

㊵ 吉尔·鲁特访谈。

㊶ 巴特勒勋爵访谈。

㊷ 同上。

㊸ 奥利弗·莱特文访谈。

㊹ 同上。

㊺ 莱特文致函特恩布尔，1984年11月15日，CAC: THCR 2/6/3/131 Part 1 (http://www.margaretthatcher.org/document/137675)。

㊻ 莱特文致函撒切尔，1984年12月6日，CAC: THCR 2/6/3/131 Part 1 (http://www.margaretthatcher.org/document/136334)。

㊼ 莱特文致函特恩布尔，1984年11月15日，CAC: THCR2/6/3/131 Part 1 (http://www.margaretthatcher.org/document/137675)。

㊽ 格雷格森致函撒切尔，1984年11月20日，TNA: PREM 19/1308 (http://www.margaretthatcher.org/document/141494)。

㊾ 电报，编号1596，直接发到北京，1984年12月18日，TNA: PREM 19/1309 (http://www.margaretthatcher.org/document/141498)。

㊿ 罗思柴尔德致函撒切尔，1985年1月1日，TNA: PREM19/1559。

(51) 同上。

(52) 舍伯恩勋爵访谈。

(53) 贝克勋爵访谈。

(54) 贝克致函约瑟夫，1985年1月31日，TNA:PREM 19/1559。

(55) 同上。

(56) 艾利森，会议记录，1985年2月14日，TNA:PREM 19/1559。

(57) 同上。

(58) 杨格致函撒切尔，1985年2月27日。PREM19/1559。

(59) 奥利弗·莱特文访谈。

(60) 门罗致撒切尔，1985年4月18日，CAC: THCR 2/1/4/90。

(61) 杨格致函撒切尔，1985年3月5日，TNA: PREM19/1559。

(62) 巴特勒致函撒切尔，1985年3月15日，TNA: PREM 19/1559。

(63) 巴特勒致函撒切尔 1985年3月25日，TNA: PREM 19/1559。

(64) 巴特勒勋爵访谈。

(65) 同上。

(66) 劳森勋爵访谈。

(67) 同上。

(68) 里斯勋爵访谈。

(69) 罗思柴尔德致函巴特勒，1985年3月27日，TNA: PREM19/1559。

(70) 雷德伍德和莱特文致函撒切尔，1985年3月29日，TNA: PREM19/1559。

(71) 同上。

(72) 巴特勒致函巴拉德，1985年4月2日，TNA: PREM 19/1560。

(73) 贝克勋爵访谈。

(74) 詹金勋爵访谈。

(75) 奥利弗·莱特文访谈。

(76) 特利·海泽爵士访谈。

(77) 巴特勒勋爵访谈。

(78) 沃尔德格雷夫勋爵访谈。

(79) 巴特勒致函巴拉德，1985年4月2日，TNA: PREM 19/1560。

(80) 撒切尔夫人致函罗思柴尔德，1985年4月4日，CAC: THCR 3/2/163。

(81) 特恩布尔勋爵访谈。

(82) 肯·利文斯通访谈。

(83) 利文斯通致斯卡吉尔的公开信，1985年1月24日，引用《观察家》杂志，1985年3月16日。

(84) 罗思柴尔德致函巴特勒，1985年4月2日，TNA: PREM 19/1560。

(85) 雷德伍德和莱特文致函撒切尔，1985年5月17日，TNA: PREM 19/1560。

(86) 格雷格森致函撒切尔，1985年5月17日，TNA: PREM 19/1560。

(87) 财政大臣提交的备忘录，1985年5月16日，TNA: CAB 134/4878。

(88) 雷德伍德和莱特文致函撒切尔，1985年5月17日，出处同上。

(89) 劳森勋爵访谈。

⑨⁰ 沃尔德格雷夫勋爵访谈。

⑨¹ 劳森勋爵访谈。

⑨² 同上。

⑨³ 沃尔德格雷夫勋爵和戴维·诺格罗夫访谈。

⑨⁴ 沃尔德格雷夫勋爵访谈。

⑨⁵ 奥利弗·莱特文访谈。

⑨⁶ 劳森勋爵访谈。

⑨⁷ 奥利弗·莱特文访谈。

⑨⁸ 劳森勋爵访谈。

⑨⁹ 舍伯恩致函撒切尔,1985年4月30日,CAC: THCR 2/1/4/90。

⑩⁰ 参见戴维·巴特勒、安德鲁·阿多尼斯、托尼·特拉弗斯,《英国政府的失败:人头税中的政治学》,牛津大学出版社,1994年,p.80。

⑩¹ 《泰晤士报》,1985年10月1日。

⑩² 《纽约时报》,1985年10月2日,基诺克,1985年10月1日的讲话(http://www.britishpoliticalspeech.org/speech-archive.htm?speech=191)。

⑩³ 雷德伍德计和莱特文致函撒切尔,1985年9月20日,TNA: PREM 19/1562。

⑩⁴ 吉尔·鲁特访谈。

⑩⁵ 巴特勒在罗思柴尔德致撒切尔函件上附的封面说明,1985年7月3日,TNA: PREM 19/1565 (http://www.margaretthatcher.org/document/141599)。

⑩⁶ 昂温致函撒切尔,1985年9月19日,TNA: PREM 19/1562。

⑩⁷ 特恩布尔致函巴拉德,1985年7月8日,TNA: PREM 19/1561。

⑩⁸ 莱特文致函撒切尔,1985年11月8日,TNA: PREM 19/1565 (http://www.margaretthatcher.org/document/141497)。

⑩⁹ 戴维·诺格罗夫访谈。

⑩ 莱特文致函撒切尔,1985年11月8日,TNA: PREM 19/1565 (http://www.margaretthatcher.org/document/141497)。

⑪ 同上。

⑫ 莱特文致函撒切尔,1985年11月12日,TNA: PREM 19/1565 (http://www.margaretthatcher.org/document/141595)。

⑬ 戴维·诺格罗夫访谈。

⑭ 布赖恩·昂温爵士访谈。

⑮ 昂温致函撒切尔，1985年11月8日，TNA: PREM 19/1565 (http://www.margaretthatcher.org/document/141596)。

⑯ 奥利弗·莱特文访谈。

⑰ 沃尔德格雷夫勋爵访谈。

⑱ 同上。

⑲ 赫德致函贝克，1985年9月30日，TNA: PREM 19/1565 (http://www.margaretthatcher.org/document/141598)。

⑳ 沃尔德格雷夫勋爵访谈。

㉑ 同上。

㉒ 戴维·诺格罗夫访谈。

㉓ 劳森勋爵访谈。

㉔ 莱特文致函撒切尔，1985年12月13日，TNA: PREM 19/1565 (http://www.margaretthatcher.org/document/141594)。

㉕ 莱特文致函撒切尔，1985年12月30日，TNA: PREM 19/1565 (http://www.margaretthatcher.org/document/141593)。

㉖ 同上。

㉗ 诺格罗夫致函杨格，1985年12月31日，TNA: PREM 19/1565 (http://www.margaretthatcher.org/document/141601)。

㉘ 诺格罗夫致函撒切尔，1986年1月3日，首相文件，地方政府：未来的税务系统，第4部分（在内阁办公室查阅的文件）。

㉙ 罗伯特·阿姆斯特朗，内阁秘书的笔记，1986年1月9日（在内阁办公室查阅的文件）。

㉚ 同上。

㉛ 肯尼思·贝克，《动荡年代：我的从政生活》，费伯书局，1993年，p. 126。

㉜ 威克斯致函杨格，1986年3月4日，首相文件，地方政府：未来的税务系统，第4部分（在内阁办公室查阅的文件）。

㉝ 玛格丽特·撒切尔，《唐宁街岁月》，p. 649。

㉞ 同上。

㉟ 里德利致函撒切尔，1986年11月18日，首相文件，地方政府：未来的税务系统，第4部分（在内阁办公室查阅的文件）。

⑱ 里德利致函撒切尔，1987年4月10日，出处同上。

⑲ 诺格罗夫致函撒切尔，1987年5月6日，出处同上。

⑳ 福勒致函撒切尔，1987年5月7日，出处同上。

㉑ 洛锡安勋爵（迈克尔·安克拉姆）访谈。

㉒ 舍伯恩勋爵访谈。

㉓ 洛锡安勋爵访谈。

㉔ 内阁备忘录，1986年11月13日，TNA:CAB 128/83 (http://www.mar garettthatcher.org/document/136964)。

㉕ 里夫金德致函怀特劳，1987年2月6日，首相文件，地方政府：未来的税务系统，第4部分（在内阁办公室查阅的文件）。

㉖ 在苏格兰保守党大会上的讲话，1987年5月15日, (http://www.margaretthatcher.org/document/106814)。

㉗ 特利·海泽爵士访谈。

㉘ 洛锡安勋爵访谈。

㉙ 舍伯恩勋爵访谈。

㉚ 同上。

㉛ 戴维·诺格罗夫访谈。

㉜ 伯纳德·英厄姆爵士访谈。

第2章 单一的欧洲人

① "欧盟预算2014—2020"，议会下院图书馆，简报文件，2015年5月22日，06455号。

② 皮埃尔·莫瑞尔访谈。

③ 赫尔穆特·科尔，《回忆录1982—1990》，多罗莫尔出版公司，2005年，p.283。

④ 皮埃尔·莫瑞尔访谈。

⑤ 科尔斯致函阿普尔亚德，撒切尔与科尔谈话记录，1984年5月2日，首相文件，德国，科尔总理1983年4月及以后几次访英，第8部分（在内阁办公室查阅的文件）。

⑥ 汉内勋爵和伦威克勋爵访谈。

⑦ 伦威克勋爵访谈。

⑧ 威廉森勋爵访谈。

⑨ 克里斯托弗·柯林斯写的序言，2015 年 5 月 27 日 (http:/www.margaretthatcher.org/document/139100)。

⑩ "枫丹白露"，撒切尔回忆录，未标明日期，CAC: THCR 1/20/4 (http://www.margaretthatcher.org/document/139100)。

⑪ 伦威克勋爵访谈。这个叙述也引述了他出版物中的说法：罗宾·伦威克，《与玛格丽特·撒切尔同行》，拜特巴克出版社，2013 年。

⑫ "枫丹白露"，撒切尔回忆录，未标明日期。

⑬ 同上。

⑭ 科尔，《回忆录》，p. 283。

⑮ 迈克尔·巴特勒访谈。

⑯ 玛格丽特·撒切尔，《唐宁街岁月》，哈珀柯林斯出版社，1993 年，p. 544。

⑰ "枫丹白露"，未标明日期。

⑱ 伦威克勋爵访谈。

⑲ 于贝尔·韦德里纳访谈。

⑳ 雅克·阿塔利访谈。

㉑ 戴维·汉内，《英国对角色定位的要求：一位外交家从欧洲到联合国的回忆录》I. B. Tauris 出版社，2013 年，p. 106。

㉒ 英国议会议事录，1984 年 6 月 27 日，62/1008 (http://hansard.millbanksystems.com/commons/1984/jun/27/european-council-fontainebleau)。

㉓ 《观察家》报，1984 年 6 月 29 日。

㉔ 英厄姆致撒切尔，"你的记者会"，未注明日期，首相文件，欧洲政策，欧共体在巴黎举行的会议，第 18 部分（在内阁办公室查阅的文件）。

㉕ "枫丹白露"，未标明日期。

㉖ 本书研究团队研究了 1963、1965、1973、1975 年的相关事件。欲了解完整描述，参见特利·古维什，《英国与海峡隧道正史》，劳特利奇出版社，2006 年。

㉗ 在撒切尔会见麦格雷戈前提供的简报，1981 年 11 月 10 日，首相文件，海峡隧道，第 1 部分（在内阁办公室查阅的文件）。

㉘ 同上。

㉙ 斯科拉致函迈耶（运输部），1981 年 11 月 17 日，出处同上。

㉚ 麦格雷戈致函爱德华，1982 年 3 月 31 日，首相文件，交通，海峡隧道，第 2 部分（在内阁办公室查阅的文件）。

㉛ 斯科拉就豪威尔致函撒切尔作的评论，1982 年 1 月 19 日，首相文件，交通，海峡隧道，第 1 部分（在内阁办公室查阅的文件）。

㉜ 比芬致函豪威尔，1982 年 2 月 8 日，出处同上。

㉝ 皮姆致函撒切尔，1982 年 5 月 12 日，首相文件，交通，海峡隧道，第 2 部分（在内阁办公室查阅的文件）。

㉞ 科尔斯致函梅耶，1982 年 5 月 18 日，出处同上。

㉟ 特恩布尔致函尼古拉斯，1984 年 3 月 14 日，出处同上。

㊱ 杨格致函撒切尔，1984 年 5 月 11 日，出处同上。

㊲ 参见古维什,《英国与海峡隧道正史》，pp. 250 － 1。

㊳ 弗莱舍致函撒切尔，1984 年 10 月 31 日，首相文件，交通，海峡隧道，第 2 部分（在内阁办公室查阅的文件）。

㊴ 引用古维什,《英国与海峡隧道正史》，p. 252。

㊵ 同上。

㊶ 伯纳德 · 英厄姆爵士访谈。

㊷ 引用古维什,《英国与海峡隧道正史》，p. 254。

㊸ 同上。

㊹ 怀布鲁致函撒切尔，1985 年 2 月 22 日，首相文件，交通，海峡隧道，第 2 部分（在内阁办公室查阅的文件）。

㊺ 亨德森致撒切尔，1985 年 4 月 10 日，首相文件，交通，海峡隧道，第 3 部分（在内阁办公室查阅的文件）。

㊻ 英厄姆致撒切尔，1985 年 7 月 15 日，出处同上。

㊼ 鲍威尔致函撒切尔，1985 年 12 月 10 日，出处同上。

㊽ 首相文件，交通，海峡隧道，第 4 部分（在内阁办公室查阅的文件）。

㊾ 怀布鲁致函撒切尔，1985 年 12 月 20 日，出处同上。

㊿ 鲍威尔致函 C. R.（可能是卡洛琳 · 莱德），1986 年 1 月 20 日，出处同上。

(51) 巴里 · 斯特雷文斯访谈。

(52) 迈克尔 · 巴特勒爵士访谈。

(53) 伯纳德 · 英厄姆爵士访谈。

(54) 伦威克勋爵访谈。

(55) 里基特致函科尔斯，1984 年 2 月 24 日，首相文件，德国总理科尔访问英国，第 8 部分（在内阁办公室查阅的文件）。

(56) 艾格蒙特勋爵访谈。

(57) 卡林顿致函撒切尔，1981 年 11 月 13 日，首相文件，欧洲政策，1981 年 5 月在芬洛举行的外交部长会议上讨论的政治合作（在内阁办公室查阅的文件）。

(58) 同上。

(59) 科尔斯致函撒切尔，1983 年 2 月 16 日，出处同上。

(60) 科尔斯致函撒切尔，1983 年 2 月 21 日，出处同上。

(61) 皮姆致函撒切尔，1983 年 2 月 28 日，出处同上。

(62) 同上。

(63) 斯蒂芬·沃尔爵士访谈。

(64) 德国《世界报》采访，1984 年 10 月 31 日 (http://www.margaretthatcher.org/document/105580)。

(65) 撒切尔夫人访谈。

(66) 鲍威尔向撒切尔提交的备忘录，未注明日期，首相文件，欧洲政策，1985 年 3 月 29 － 30 日在布鲁塞尔举行的欧共体会议，第 20 部分（在内阁办公室查阅的文件）。

(67) 杰弗里·豪致函撒切尔，1984 年 3 月 14 日，首相文件，欧洲政策，对欧共体主席的任命，第 2 部分（在内阁办公室查阅的文件）。

(68) 杰弗里·豪致函撒切尔，1984 年 7 月 10 日，出处同上。

(69) 撒切尔与杜马斯会谈记录，1984 年 7 月 17 日，出处同上。

(70) 雅克·德洛尔访谈。

(71) 鲍威尔勋爵访谈。

(72) 鲍威尔致函撒切尔，1984 年 8 月 29 日，TNA: PREM 19/1220。

(73) 鲍威尔致函巴德，1984 年 10 月 15 日，出处同上。

(74) 鲍威尔致函巴德，1985 年 5 月 1 日，首相文件，欧洲政策，对欧共体主席的任命，第 3 部分（在内阁办公室查阅的文件）。

(75) 同上。

(76) 雅克·德洛尔访谈。

(77) 鲍威尔致函巴德，1984 年 10 月 16 日，首相文件，欧洲政策，欧共体在米兰的会议，第 21 部分（在内阁办公室查阅的文件）。

⑱ 巴德致函鲍威尔，1985 年 2 月 1 日，欧洲政策，任命欧共体主席，第 3 部分（在内阁办公室查阅的文件）。

⑲ 伦威克勋爵访谈。

⑳ 引用斯蒂芬·沃尔，《欧洲的陌生人：英国与欧盟的关系，从撒切尔到布莱尔》，牛津大学出版社，2008 年，pp.41－2。

㉑ 马尔科姆·里夫金德爵士访谈。

㉒ 布拉德致函鲍威尔，1984 年 9 月 25 日，首相文件，德国，英德关系，第 2 部分（在内阁办公室查阅的文件）。

㉓ 同上。

㉔ 鲍威尔致函撒切尔，1984 年 9 月 27 日，出处同上。

㉕ 撒切尔致函科尔，1984 年 9 月 28 日，出处同上。

㉖ 鲍威尔致函撒切尔，1984 年 10 月 11 日，首相文件，德国，英德关系，第 3 部分（在内阁办公室查阅的文件）。

㉗ 同上。

㉘ 鲍威尔致函撒切尔，1985 年 2 月 7 日，出处同上。

㉙ 鲍威尔致函撒切尔，1985 年 1 月 24 日，首相文件，德国，科尔总理访英，第 9 部分（在内阁办公室查阅的文件）。

⑩ 布拉德，电报，编号 466，1985 年 5 月 8 日，出处同上。

⑪ 鲍威尔致函撒切尔，1985 年 5 月 3 日，出处同上。

⑫ 同上。

⑬ 鲍威尔致函撒切尔，1985 年 5 月 15 日，出处同上。

⑭ 鲍威尔致函阿普尔亚德，1985 年 5 月 19 日，出处同上。

⑮ 布拉德，电报，编号 508，1985 年 5 月 19 日，出处同上。

⑯ 科尔致函撒切尔，1985 年 6 月 19 日，首相文件，欧洲政策，1985 年 6 月 28－29 日在米兰举行的欧共体会议，第 21 部分（在内阁办公室查阅的文件）。

⑰ 杰弗里·豪致函撒切尔，1985 年 6 月 25 日，出处同上。

⑱ 鲍威尔致函巴德，1985 年 6 月 27 日，出处同上。

⑲ 鲍威尔勋爵访谈。

⑳ 记录手稿，1985 年 5 月 28 日，1985 年 6 月 28—29 日米兰举行的欧共体会议，法国 CAC，5 AG4/EG41，第 1 卷。

⑩ 让·维达，会议记录，1985年6月6日，出处同上。

⑩ 同上。

⑩ 杰弗里·豪致函撒切尔，1985年7月1日，首相文件，欧洲政策，1985年6月28—29日米兰举行的欧共体会议，第22部分（在内阁办公室查阅的文件）。

⑩ 斯蒂芬·沃尔爵士访谈。

⑩ 杰弗里·豪勋爵访谈。

⑩ 霍斯特·特尔施克访谈。

⑩ 内阁备忘录，1985年7月4日，TNA: CAB 128/81 (http://www.margaretthatcher.org/document/136791)。

⑩ 伦威克勋爵访谈。

⑩ 英厄姆致函道格拉斯休姆，1985年7月1日，首相文件，欧洲政策，1985年6月28—29日米兰举行的欧共体会议，第22部分（在内阁办公室查阅的文件）。

⑩ 布拉德，电报，编号687，1985年7月4日，出处同上。

⑪ 威廉森勋爵访谈。

⑫ 鲍威尔致函撒切尔，1985年11月22日，首相文件，德国，科尔总理访英，第9部分（在内阁办公室查阅的文件）。

⑬ 汉内，电报，编号4128，1985年11月27日，首相文件，欧洲政策，1985年12月2—3日在卢森堡举行的欧共体会议，第24部分（在内阁办公室查阅的文件）。

⑭ 劳森致函撒切尔，1985年11月28日，出处同上。

⑮ 汉内，《英国对角色定位的要求》，p.131。

⑯ 玛格丽特·撒切尔，《唐宁街岁月》，p.555。

⑰ 威廉森勋爵访谈。

⑱ 沃尔，《欧洲的陌生人》，p.69。

⑲ 引用雨果·杨格，《神佑的阴谋：英国和欧洲从丘吉尔到布莱尔》，麦克米伦出版社纸质书，1999，p.332。

⑳ 汉内，电报，编号4235，1985年12月4日，首相文件，欧洲政策，1985年12月2—3日在卢森堡举行的欧共体会议，第24部分（在内阁办公室查阅的文件）。

㉑ 撒切尔，会议开幕时的干预发言，未表明日期，出处同上。

㉒ 劳森致函撒切尔，1985年11月28日，出处同上。

㉓ 英厄姆致撒切尔，1985年12月3日，出处同上。

㉔ 同上。

㉕ 卢森堡峰会后的记者会，1985年12月4日 (http://www.margaretthatcher.org/document/106187)。

㉖ 同上。

㉗ 威廉森勋爵访谈。

㉘ 斯蒂芬·沃尔爵士访谈。

㉙ 英国议会议事录，HC Deb, 1985年12月5日, 88/433 (http://hansard.millbanksystems.com/commons/1985/dec/05/european-council-luxembourg)。

㉚ 伦威克勋爵访谈。

㉛ 杨格勋爵访谈。

㉜ 同上。

㉝ 威廉森勋爵访谈。

㉞ 同上。

㉟ 鲍威尔勋爵访谈。

㊱ 同上。

㊲ 玛格丽特·撒切尔，《唐宁街岁月》，pp.556 — 7。

㊳ 同上。

㊴ 威廉森勋爵访谈。

第3章 货币主义的丧钟

① 劳森勋爵访谈。

② 《金融时报》，1984年1月21日。

③ 格里菲思勋爵访谈。

④ 同上。

⑤ 参见尼格尔·劳森，《从唐宁街11号的角度观察》，矮脚鸡出版社，1992年，p.484。

⑥ 同上。

⑦ 雷切尔·洛马克斯访谈。

⑧ 撒切尔致函里根，1985年1月15日，CAC:THCR 3/1/43。

⑨ 马尔福德致函里根，"1月18日你与财政大臣劳森早餐会的谈话准备内容"，1985年1月17日，国际事务(8)，第51号文件盒，里根文件，国会图书馆。

⑩ 里根致函撒切尔，1985年1月16日，CAC:THCR 3/1/43。

⑪ 劳森，《从唐宁街11号的角度观察》，p.474。

⑫ 特恩布尔致洛马克斯，1985年2月13日，首相文件，欧洲政策，欧洲货币体系，第2部分（在内阁办公室查阅的文件）。

⑬ 同上。

⑭ 劳森，《从唐宁街11号的角度观察》，p.489。

⑮ 特利·伯恩斯，个人笔记，1985年2月13日（承蒙伯恩斯勋爵允许笔者阅览）。

⑯ 同上。

⑰ 同上。

⑱ 雷德伍德致函撒切尔，1985年2月1日，（雷德伍德的打字员注明这天是1984年2月1日，显然是个错误），TNA: PREM19/1455。

⑲ 特恩布尔致函撒切尔，1985年2月1日，出处同上。

⑳ 参见劳森，《从唐宁街11号的角度观察》，p.365。

㉑ 存档记录，1985年2月4日，TNA: PREM 19/1455。

㉒ 英厄姆致特恩布尔，1984年11月19日，出处同上。

㉓ 参见劳森，《从唐宁街11号的角度观察》，p.362。

㉔ 参见杰弗里·豪，《忠诚的冲突》，麦克米伦出版社，1994年，pp.280－1。

㉕ 特恩布尔致函撒切尔，1985年2月8日，TNA: PREM 19/1455。

㉖ 存档记录，1985年2月13日，出处同上。

㉗ 雷德伍德致函撒切尔，1985年2月13日，出处同上。

㉘ 预算案提交前第六次内阁讨论，1985年2月14日，TNA: CAB 128/82 (http://www.margaretthatcher.org/document/136872)。

㉙ 特恩布尔致函撒切尔，1985年2月27日，TNA: PREM 19/1455。

㉚ 英国议会议事录，HC Deb 1985年3月19日，75/791 (http://hansard.millbanksystems.com/commons/1985/mar/19/tax-reform)。

㉛ 《观察家》报，1985年3月23日。

㉜ 查尔斯·摩尔,《观察家》报, 1985 年 3 月 23 日。

㉝ 劳森,《从唐宁街 11 号的角度观察》, p.330。

㉞ 出处同上, p.331。

㉟ 詹姆斯·贝克访谈。

㊱ 劳森,《从唐宁街 11 号的角度观察》, p.493。

㊲ 劳森勋爵访谈。

㊳ 洛马克斯致函诺格罗夫, 1985 年 9 月 24 日, 首相文件, 欧洲政策, 欧洲货币体系, 第 2 部分 (在内阁办公室查阅的文件)。

㊴ 雷德伍德致函撒切尔, 1985 年 9 月 27 日, 出处同上。

㊵ 诺格罗夫致函撒切尔, 1985 年 9 月 27 日, 出处同上。

㊶ 威利茨致函撒切尔, 1985 年 9 月 27 日, 出处同上。

㊷ 特利·伯恩斯, 个人记录, 1985 年 9 月 30 日 (承蒙伯恩斯勋爵允许笔者阅览)。

㊸ 同上。

㊹ 同上。

㊺ 洛马克斯致函诺格罗夫, 1985 年 10 月 1 日, 首相文件, 欧洲政策, 欧洲货币体系, 第 2 部分 (在内阁办公室查阅的文件)。

㊻ 在伦敦市长官邸会议上的讲话, 1985 年 10 月 17 日, 皇家财政部。

㊼ 劳森,《从唐宁街 11 号的角度观察》, p.496。

㊽ 诺格罗夫致函威克斯、格里菲思、威利茨, 1985 年 11 月 4 日, 首相文件, 欧洲政策, 欧洲货币体系, 第 2 部分 (在内阁办公室查阅的文件)。

㊾ 洛马克斯致函诺格罗夫, 1985 年 11 月 6 日, 出处同上。

㊿ 洛马克斯致函诺格罗夫, 1985 年 11 月 11 日, 出处同上。

㉛ 同上。

㉜ 诺格罗夫致函撒切尔, 1985 年 11 月 12 日, 出处同上。

㉝ 韦克厄姆勋爵访谈。

㉞ 尼格尔·威克斯爵士访谈。

㉟ 与特比特勋爵通信。

㊱ 诺格罗夫, 存档记录, 1985 年 11 月 14 日, 首相文件, 欧洲政策, 欧洲货币体系, 第 2 部分 (在内阁办公室查阅的文件)。

㊲ 特利·伯恩斯, 个人笔记, 1985 年 11 月 13 日 (承蒙伯恩斯勋爵允许笔

者阅览）。

(58) 韦克厄姆勋爵访谈。

(59) 特利·伯恩斯，个人笔记，1985 年 11 月 13 日。

(60) 金斯当勋爵访谈。

(61) 戴维·诺格罗夫访谈。

(62) 诺格罗夫，存档记录，1985 年 11 月 14 日，首相文件，欧洲政策，欧洲货币体系，第 2 部分（在内阁办公室查阅的文件）。

(63) 伯恩斯勋爵访谈。

(64) 韦克厄姆勋爵访谈。

(65) 尼格尔·威克斯爵士访谈。

(66) 伯恩斯勋爵访谈。

(67) 彼得·米德尔顿爵士访谈。

(68) 劳森，《从唐宁街 11 号的角度观察》，p. 501。

(69) 森勋爵访谈。

(70) 戴维·诺格罗夫访谈。

(71) 韦克厄姆勋爵访谈。

(72) 同上。

(73) 戴维·诺格罗夫访谈。

(74) 玛格丽特·撒切尔《唐宁街岁月》，哈珀柯林斯出版社，1993 年，p. 698。

(75) 伯恩斯勋爵访谈。

(76) 《泰晤士》报，1985 年 3 月 3 日。

(77) 撒切尔回忆录素材，CAC: THCR 4/3。

(78) 同上。

(79) 杰拉尔德·豪沃思爵士访谈。

(80) 杰拉尔德·豪沃思的手写备忘录（承蒙杰拉尔德·豪沃思爵士允许笔者阅览）。

(81) 同上。

(82) 杰拉尔德·豪沃思爵士访谈。

(83) 同上。

(84) 舍伯恩致函撒切尔，1985 年 5 月 20 日，CAC: THCR 2/7/5/5。

(85) 巴特勒致函撒切尔，1985 年 5 月 22 日，CAC: THCR 1/14/14。

注 释

㊏ 撒切尔回忆录素材，CAC: THCR 4/3。

㊐ 特恩布尔致函哈特菲尔德，1985年6月20日，TNA:PREM19/1463。

㊑ 特恩布尔致函麦克诺顿，1985年7月10日，出处同上。

㊓ 《太阳报》，1985年7月19日。

㊕ 欧文致函撒切尔，1985年7月22日，出处与注88相同。

㊗ 同上。

㊚ 弗莱舍致函撒切尔，1985年8月8日，出处同上。

㊛ 撒切尔，《唐宁街岁月》，p. 417。

㊜ 劳森致撒切尔，1985年10月28日，TNA: PREM 19/1463。

㊝ 撒切尔，《唐宁街岁月》，p. 417。

㊞ 诺格罗夫致函撒切尔，1985年11月29日，TNA: PREM 19/1463。

㊟ 舍伯恩勋爵访谈。

㊠ 撒切尔，《唐宁街岁月》，p. 417。

㊡ 撒切尔夫人致布拉莫尔，1985年7月31日，CAC: THCR 3/2/170。

⑩ 英厄姆致函撒切尔，1985年8月2日，CAC: THCR 1/14/14。

⑩ 雷德伍德致函撒切尔，1985年8月2日，CAC:THCR 2/7/5/5。

⑩ 同上。

⑩ 撒切尔回忆录素材，CAC: THCR 4/3。

⑩ 高里勋爵访谈。

⑩ 同上。

⑩ 同上。

⑩ 同上。

⑩ 撒切尔回忆录素材，CAC: THCR 4/3。

⑩ 同上。

⑩ 韦克厄姆致函撒切尔，1985年8月22日，CAC: THCR 1/14/14。

⑪ 舍伯恩致函撒切尔，1985年8月22日，出处同上。

⑪ 沃尔夫森致函撒切尔，未注明日期，出处同上。

⑪ 安德鲁·兰斯利访谈。

⑪ 同上。

⑪ 同上。

⑪ 特比特勋爵访谈。

⑰ 麦卡尔平勋爵访谈。

⑱ 多布斯勋爵访谈。

⑲ 撒切尔,《唐宁街岁月》,p. 422。

⑳ 撒切尔回忆录素材,CAC: THCR 4/3。

㉑ 特比特勋爵访谈。

㉒ 安德鲁·兰斯利访谈。

㉓ 多布斯勋爵访谈。

㉔ 特比特致函撒切尔,1985 年 8 月 27 日,CAC: THCR 1/14/14。

㉕ 撒切尔回忆录素材,CAC: THCR 4/3。

㉖ 同上。

㉗ 同上。

㉘ 伯纳德·英厄姆爵士访谈。

㉙ 乔普林勋爵访谈。

㉚ 韦克厄姆勋爵和伯纳德·英厄姆爵士访谈。

㉛ 伯纳德·英厄姆爵士访谈。

㉜ 阿姆斯特朗,存档记录,1984 年 6 月 27 日,内阁办公室文件(在内阁办公室查阅的文件)。

㉝ 克里斯·蒙克利夫,《每日邮报》,2015 年 1 月 22 日。

㉞ 阿姆斯特朗,存档记录,1984 年 6 月 27 日,内阁办公室文件(在内阁办公室查阅的文件)。

㉟ 《私家侦探》报,1984 年 6 月 29 日。

㊱ 《卫报》,1984 年 6 月 27 日。

㊲ 科恩致函撒切尔,1984 年 6 月 29 日,内阁办公室文件(在内阁办公室查阅的文件)。

㊳ 撒切尔夫致科恩,1984 年 7 月 9 日,出处同上。

㊴ 舍伯恩勋爵访谈。

㊵ 布里坦勋爵访谈。

㊶ 韦克厄姆勋爵访谈。

㊷ 同上。

㊸ 撒切尔回忆录素材,CAC: THCR 4/3。

㊹ 特比特勋爵访谈。

注 释

⑭ 多布斯勋爵访谈。

⑯ 撒切尔回忆录素材，CAC: THCR 4/3。

⑰ 同上。

⑱ 同上。

⑲ 杨格勋爵访谈。

⑳ 雨果·杨格，《我们的一员》，麦克米伦出版社，1989年，p.516。

㉑ 艾伦·克拉克，《日记》，1985年4月24日，威登菲尔德与尼科尔森出版社，1993年，p.109。

㉒ 杨格勋爵访谈。

㉓ 同上。

㉔ 撒切尔回忆录素材，CAC: THCR 4/3。

㉕ 特比特勋爵访谈。

㉖ 在保守党大会上的演讲，1985年10月11日 (http://www.margaretthatcher.org/document/106145)。

㉗ 《伦敦晚报》，2000年4月18日。

㉘ 《观察家》报，1985年10月11日。

㉙ 同上。

㉚ 在保守党大会上的演讲，1985年10月11日 (http://www.margaretthatcher.org/document/106145)。

㉛ 撒切尔夫人致函布莱克洛克，1985年10月14日，CAC: THCR 3/2/175。

㉜ 威克斯致函泰勒（内政部），1985年10月7日，首相文件，国内事务，市民骚乱，第3部分（在内阁办公室查阅的文件）。

㉝ 布斯致函撒切尔，1985年11月8日，出处同上。

㉞ 同上。

㉟ 舍伯恩勋爵访谈。

㊱ 撒切尔回忆录素材，CAC: THCR 4/3。

㊲ 贝克致函撒切尔，1985年10月3日，首相文件，地区政策，内城治安与问题，第7部分（在内阁办公室查阅的文件）。

㊳ 布斯和莱特文致函撒切尔，1985年11月12日，出处同上。

㊴ 同上。

㊵ 朗西大主教致函撒切尔，1985年11月27日，出处同上。

(171) 约翰·威瑟里奇教士访谈。

(172)《城市的信念：教会和国家呼吁行动》，教会出版社，1985 年，p. 208。

(173) 格里菲思致函撒切尔，1985 年 11 月 29 日，首相文件，地区政策：内城政策与问题，第 7 部分（在内阁办公室查阅的文件）；另参见《城市的信念》，p. 360。

(174) 理查德·查特斯主教访谈。

(175) 布斯致函撒切尔，1985 年 12 月 2 日，首相文件，地区政策，内城治安与问题，第 7 部分（在内阁办公室查阅的文件）。

(176) 格里菲思致函撒切尔，1985 年 11 月 29 日，出处同上。

(177) 英厄姆致函枢密大臣，1985 年 11 月 28 日，出处同上。

(178)《星期日时报》，1985 年 12 月 1 日。

(179) 德本勋爵访谈。

(180) 约翰·威瑟里奇访谈。

(181) 同上。

(182) 德本勋爵访谈。

(183)《城市的信念》，pp. 135 － 6。

(184) 德本勋爵访谈。关于撒切尔夫人的宗教背景和观点的完整讨论是伊莱扎·菲尔比的《上帝与撒切尔夫人：为英国的灵魂而战》，拜特巴克出版社，2015 年。

(185) 参见雅克博维次勋爵退休演讲，1991 年 2 月 21 日 (http://www.margaretthatcher.org/document/108261)。

(186) 格里菲思和布斯致函撒切尔，1986 年 1 月 29 日，首相文件，地区政策，内城治安与问题，第 7 部分（在内阁办公室查阅的文件）。

(187) 阿姆斯特朗致函撒切尔，未注明日期，应为 1986 年 1 月下旬，出处同上。

第4章　直升机坠落

① 撒切尔回忆录素材，CAC: THCR 4/3。

② 汉内勋爵访谈。

③ 赫塞尔廷致函撒切尔，1985 年 4 月 30 日，TNA: PREM19/1415 (http://www.margaretthatcher.org/document/136734)。

④ 卡翁达致函撒切尔，1985年6月8日，TNA: PREM 19/1415 (http://www.margaretthatcher.org/document/136736)。

⑤ 杰弗里·豪致函撒切尔，1985年7月17日，首相文件，航空航天：韦斯特兰直升飞机公司，第1部分（在内阁办公室查阅的文件）。

⑥ 特比特致函赫塞尔廷，1985年7月1日，TNA: PREM 19/1415 (http://www.margaretthatcher.org/document/136742)。

⑦ 欧文致函撒切尔，1985年7月5日 TNA: PREM 19/1415 (http://www.margaretthatcher.org/document/136743)。

⑧ 特恩布尔致函莫格，1985年7月8日 TNA: PREM 19/1415 (http://www.margaretthatcher.org/document/136846)。

⑨ 卡克尼勋爵访谈。

⑩ 舍伯恩勋爵访谈。

⑪ 拉蒙特勋爵访谈。

⑫ 赫塞尔廷勋爵访谈。

⑬ 布里坦勋爵访谈。

⑭ 鲍威尔勋爵访谈。

⑮ 赫塞尔廷勋爵访谈。

⑯ 参见尼格尔·劳森，《从唐宁街11号的角度观察》，矮脚鸡出版社，1992年，p.674。

⑰ 特比特勋爵访谈。

⑱ 布里坦致函撒切尔，1985年10月4日 TNA: PREM 19/1415 (http://www.margaretthatcher.org/document/136745)。

⑲ 鲍威尔致函撒切尔，1985年10月4日 TNA: PREM 19/1415 (http://www.margaretthatcher.org/document/136847)。

⑳ 布里坦勋爵访谈。

㉑ 霍斯克致函莫特拉姆，1985年10月18日，TNA: PREM19/1415。

㉒ 卡克尼勋爵访谈。

㉓ 赫塞尔廷勋爵访谈。

㉔ 鲍威尔勋爵访谈。

㉕ 卡克尼勋爵访谈。

㉖ 鲍威尔致函撒切尔，1985年11月29日，TNA: PREM 19/1415。

㉗ 卡克尼勋爵访谈。

㉘ 麦格雷戈致函赫塞尔廷，1985年12月3日，TNA: PREM 19/1415 (http://www.margaretthatcher.org/document/136750)。

㉙ 沃里致函鲍威尔，1985年12月4日，TNA: PREM 19/1415 (http://www.margaretthatcher.org/document/136851)。

㉚ 鲍威尔致函撒切尔，1985年12月5日，TNA: PREM 19/1415 (http://www.margaretthatcher.org/document/136752)。

㉛ 鲍威尔致函莫格，1985年12月6日，TNA: PREM 19/1415 (http://www.margaretthatcher.org/document/136753)。

㉜ 同上。

㉝ 赫塞尔廷勋爵访谈。

㉞ 鲍威尔致函撒切尔，1985年12月8日，TNA: PREM19/1415 (http://www.margaretthatcher.org/document/136754)。

㉟ 同上。

㊱ 同上。

㊲ 理查德·莫特拉姆爵士访谈。

㊳ 鲍威尔勋爵访谈。

㊴ 戴维·诺格罗夫访谈。

㊵ 鲍威尔勋爵访谈。

㊶ 赫塞尔廷勋爵访谈。

㊷ 鲍威尔勋爵访谈。

㊸ 劳森，《从唐宁街11号的角度观察》，p. 677。

㊹ 卡克尼勋爵访谈。

㊺ 同上。

㊻ 赫塞尔廷勋爵访谈。

㊼ 与阿姆斯特朗勋爵通信。

㊽ 罗伯特·阿姆斯特朗爵士，内阁秘书的笔记簿，1985年12月12日（在内阁办公室查阅的文件）。

㊾ 布里坦勋爵访谈。

㊿ 赫塞尔廷电报，1985年12月11日，TNA: PREM 19/1416 (http://www.margaretthatcher.org/document/136758)。

(51) 赫塞尔廷勋爵访谈。

(52) 布里坦勋爵访谈。

(53) 威金斯致函昂温，1985 年 12 月 12 日，TNA: PREM 19/1416 (http://www.margaretthatcher.org/document/136759)。

(54) 同上。

(55) 同上。

(56) 鲍威尔致函撒切尔，1985 年 12 月 13 日，TNA: PREM 19/1416 (http://www.margaretthatcher.org/document/136866)。

(57) 同上。

(58) 卡克尼致函撒切尔，1985 年 12 月 13 日，TNA:PREM 19/1416。

(59) 阿姆斯特朗致函威克斯，1985 年 12 月 16 日，TNA: PREM19/1416 (http://www.margaretthatcher.org/document/136767)。

(60) 赫塞尔廷勋爵访谈。

(61)《泰晤士》报，1985 年 12 月 17 日。

(62) 蒂姆·弗莱舍访谈。

(63) 韦克厄姆勋爵访谈。

(64) 同上。

(65) 致赫塞尔廷的信函草稿，1985 年 12 月 18 日，CAC: THCR 1/4/11。

(66) 韦克厄姆勋爵访谈。

(67) 布里坦勋爵访谈。

(68) 撒切尔，回忆录素材，CAC: THCR 4/3。

(69) 同上。

(70) 布里坦勋爵访谈。

(71) 撒切尔，回忆录素材，CAC: THCR 4/3。

(72) 伯纳德·英厄姆爵士访谈。

(73) 理查德·莫特拉姆爵士访谈。

(74) 赫塞尔廷勋爵访谈。

(75) 撒切尔，回忆录素材，CAC: THCR 4/3。

(76) 英厄姆致威克斯，1985 年 12 月 19 日，TNA: PREM 19/1416。

(77) 罗伯特·阿姆斯特朗爵士，内阁秘书的笔记簿，1985 年 12 月 19 日（在内阁办公室查阅的文件）。

� 英国议会议事录，HC Deb, 1985年12月19日, 89/564 (http://hansard.millbanksystems.com/commons/1985/dec/19/engagements)。

⑦⑨ 威克斯致函撒切尔，1985年12月23日，TNA: PREM 19/1416 (http://www.margaretthatcher.org/document/136773)。

⑧⓪ 克莱夫·惠特莫尔爵士访谈。

⑧① 撒切尔，回忆录素材，CAC: THCR 4/3。

⑧② 同上。

⑧③ 赫塞尔廷致函撒切尔，1985年12月23日，TNA: PREM 19/1416 (http://www.margaretthatcher.org/document/136774)。

⑧④ 同上。

⑧⑤ 同上。

⑧⑥ 卡克尼勋爵访谈。

⑧⑦ 同上。

⑧⑧ 参见马格纳斯·林克莱特与戴维·利，《不顾荣誉：韦斯特兰丑闻内幕》，环球出版社，1986年，p. 119。

⑧⑨ 克里斯·蒙克里夫访谈。

⑨⓪ 卡克尼致函撒切尔，1985年12月30日，TNA: PREM 19/1667。

⑨① 桑德斯致函鲍威尔，1985年12月31日，出处同上。

⑨② 撒切尔致函卡克尼，1986年1月1日 TNA: PREM 19/1667。

⑨③ 赫塞尔廷致函霍恩，1986年1月3日，出处同上。

⑨④ 鲍威尔勋爵访谈。

⑨⑤ 同上。

⑨⑥ 同上。

⑨⑦ 鲍威尔致函撒切尔，1986年1月4日，TNA:PREM 19/1667。

⑨⑧ 鲍威尔勋爵访谈。

⑨⑨ 伍德罗·怀亚特，《伍德罗·怀亚特日记》，第一卷，1986年1月5日，麦克米伦出版社，1998年，p. 46。

⑩⓪ 梅休致函赫塞尔廷，1986年1月6日，TNA: PREM19/1667。

⑩① 布里坦勋爵访谈。

⑩② 卡克尼勋爵访谈。

⑩③ 克里斯·蒙克里斯访谈。

⑭ 梅休勋爵访谈。

⑮ 同上。

⑯ "新闻摘要",英厄姆致撒切尔,1986年1月7日,CAC: THCR 3/5/52。

⑰ 讲话草稿,1986年1月7日,TNA:PREM 19/1667。

⑱ 阿姆斯特朗在讲话稿上批注的建议,1986年1月8日,出处同上。

⑲ 讲话草稿,1986年1月8日,出处同上。

⑳ 英厄姆致撒切尔,1986年1月8日,出处同上。

㉑ 罗伯特·阿姆斯特朗,内阁秘书的笔记簿,1986年1月9日(在内阁办公室查阅的文件)。

㉒ 赫塞尔廷勋爵访谈。

㉓ 阿姆斯特朗,内阁秘书的笔记簿,1986年1月9日。

㉔ 同上。

㉕ 同上。

㉖ 鲍威尔勋爵访谈。

㉗ 理查德·莫特拉姆爵士访谈。

㉘ 赫塞尔廷勋爵访谈。

㉙ 同上。

⑳ 撒切尔回忆录素材,CAC: THCR 4/3。

㉑ 鲍威尔勋爵访谈。

㉒ 伯纳德·英厄姆爵士访谈。

㉓ 怀亚特,《伍德罗·怀亚特日记》,第一卷,1986年1月9日,p.49。

㉔ 玛格丽特·撒切尔,《唐宁街岁月》,哈珀柯林斯出版社,1993年,p.433。

㉕ 舍伯恩致函撒切尔,1986年1月10日,CAC: THCR 2/1/5/57。

㉖ 英厄姆致撒切尔,1986年1月8日(实际上是9日),TNA: PREM 19/1667。

㉗ 撒切尔对赫塞尔廷辞职函的复函,1986年1月9日,出处同上。

㉘ 鲍威尔致函撒切尔,1986年1月10日,出处同上。

㉙ 英国议会议事录,HC Deb 1986年1月13日,89/780 (http://hansard.millbanksystems.com/commons/1986/jan/13/westland-plc-1)。

⑳ 同上。

㉛ 怀亚特,《伍德罗·怀亚特日记》,第一卷,1986年1月14日,p.55。

⑫ 同上，1986年1月18日，p.60。
⑬ 同上，1986年1月12日，p.51。
⑭ 同上，p.52。
⑮ 私人信息。
⑯ 约翰·诺特，《今非昔比，昨日已逝：一个游离政客的回忆》，政治出版社，2002年，p.338。
⑰ 约翰·诺特爵士访谈。
⑱ 怀亚特，《伍德罗·怀亚特日记》，第一卷，1986年1月19日，p.63。
⑲ 约翰·惠廷德尔，未出版的日记，1986年1月15日（承蒙约翰·惠廷德尔允许笔者阅览）。
⑳ 怀亚特，《伍德罗·怀亚特日记》，第一卷，1986年1月15日，p.56。
㉑ 同上。
㉒ 惠廷德尔，未出版的日记，1986年1月19日。
㉓ 撒切尔回忆录素材，CAC: THCR 4/3。
㉔ 惠廷德尔，未出版的日记，1986年1月19日。
㉕ 杰弗里·豪，《忠诚的冲突》，麦克米伦出版社，1994年，p.470。
㉖ 撒切尔回忆录素材，CAC: THCR 4/3。
㉗ 英国议会议事录，HC Deb, 1986年1月23日，90/449－51(http://hansard.millbanksystems.com/commons/1986/jan/23/westland-plc)。
㉘ 艾伦·克拉克，《日记》，韦登菲尔德与尼克尔森出版社，1993年 p.134。
㉙ 英国议会议事录，HC Deb, 1986年1月23日，90/453－4 (http://hansard.millbanksystems.com/commons/1986/jan/23/westland-plc)。
㉚ 怀亚特，《伍德罗·怀亚特日记》，第一卷，1986年1月24日，p.70.
㉛ 克拉克，《日记》，p.133。
㉜ 杰拉尔德·马龙访谈。
㉝ 克拉克，《日记》，p.134。
㉞ 杰拉尔德·马龙访谈。
㉟ 布里坦勋爵访谈。
㊱ 同上。
㊲ 同上。
㊳ 同上。

(159) “新闻摘要”，英厄姆致撒切尔，1986年1月24日，CAC:THCR 3/5/52。

(160) 布里坦勋爵访谈。

(161) 《泰晤士报》，1986年1月25日。

(162) 布里坦勋爵访谈。

(163) 同上。

(164) 舍伯恩致函威克斯，1986年1月25日，TNA: PREM 19/1669。

(165) 舍伯恩勋爵访谈。

(166) 舍伯恩致函威克斯，1986年1月24日，TNA: PREM 19/1669。

(167) 舍伯恩勋爵访谈。

(168) 怀亚特，《伍德罗·怀亚特日记》，第一卷，1986年1月25日，p. 71。

(169) 查尔斯致函鲍威尔，存档记录，1986年1月25日，TNA: PREM 19/1669。

(170) 福克斯致函撒切尔，1986年1月25日，出处同上。

(171) 《周末世界》节目，1986年1月26日。

(172) 道格拉斯·赫德，《回忆录》，阿伯克斯出版社，2003，p. 399。

(173) 赖德勋爵访谈。

(174) 同上。

(175) 同上。

(176) 私人信息。

(177) 与阿姆斯特朗勋爵通信。

(178) 《金融时报》，1986年1月27日。

(179) 英厄姆致函威克斯，1986年1月27日，TNA: PREM 19/1669。

(180) 海斯致函威克斯，1986年1月27日，出处同上。

(181) 杰弗里·豪，《忠诚的冲突》，p. 471。

(182) 布里坦勋爵访谈。

(183) 杰弗里·豪，《忠诚的冲突》，p. 471。

(184) 克拉克，《日记》，p. 135。

(185) 托尼·布莱尔访谈。

(186) 基诺克勋爵访谈。

(187) 同上。

(188) 英国议会议事录，HC Deb，1986年1月27日，90/653 － 71 (http://

hansard. millbanksystems. com/commons/1986/jan/27/westland-plc)。
- ⑱⑨ 舍伯恩勋爵访谈。
- ⑲⓪ 克拉克,《日记》,p. 135。
- ⑲① 英厄姆致撒切尔,1986 年 1 月 28 日,CAC: THCR 3/5/52。
- ⑲② 鲍威尔致撒切尔,1986 年 1 月 27 日,TNA: PREM 19/1669。
- ⑲③ 同上。
- ⑲④ 伯纳德·英厄姆爵士访谈。
- ⑲⑤ 鲍威尔勋爵访谈。
- ⑲⑥ 同上。
- ⑲⑦ 舍伯恩勋爵访谈。
- ⑲⑧ 英厄姆致函威克斯,1986 年 7 月 24 日,TNA: PREM 19/1670。
- ⑲⑨ 科莱特·鲍女爵士访谈。
- ⓶⓪⓪ 同上。
- ⓶⓪① 同上。
- ⓶⓪② 同上。
- ⓶⓪③ 同上。
- ⓶⓪④ 同上。
- ⓶⓪⑤ 同上。
- ⓶⓪⑥ 布里坦勋爵访谈。
- ⓶⓪⑦ 莫格勋爵访谈。
- ⓶⓪⑧ 同上。
- ⓶⓪⑨ 莫格勋爵访谈。
- ⓶①⓪ 同上。
- ⓶①① 科莱特·鲍女爵士访谈。
- ⓶①② 同上。
- ⓶①③ 同上。
- ⓶①④ 同上。
- ⓶①⑤ 伯纳德·英厄姆爵士访谈。
- ⓶①⑥ 同上。
- ⓶①⑦ 科莱特·鲍女爵士访谈。
- ⓶①⑧ 同上。

㉙ 同上。

㉚ 同上。

㉛ 鲍威尔勋爵访谈。

㉒ 同上。

㉓ 私人信息。

㉔ 科莱特·鲍女爵士访谈。

㉕ 例如，1986 年 3 月 3 日，阿姆斯特朗，向防务特别委员会提交的备忘录草案，TNA: PREM 19/1670。

㉖ 鲍威尔勋爵访谈。

㉗ 报刊文摘，英厄姆致撒切尔，1986 年 1 月 31 日，CAC: THCR3/5/52。

㉘ 霍金斯致函撒切尔，1986 年 1 月 31 日，CAC: THCR 2/6/3/134，撒切尔夫人做了下划线。

㉙ 《芬奇利时报》，1986 年 2 月 20 日。

㉚ 蒙哥马利致函撒切尔，1986 年 1 月 27 日，CAC: THCR 1/4/11。

㉛ 英国电视 4 台，"与媒体面对面"节目，1986 年 1 月 26 日，（克里斯托弗·柯林斯等，《玛格丽特·撒切尔公开声明全集》，1945—1990，光碟版，牛津大学出版社，1998/2000 年）。

㉜ 撒切尔回忆录素材，CAC: THCR 4/3。

㉝ 撒切尔致函蒂尔尼夫人，1986 年 1 月 17 日，CAC: THCR 1/4/11。

㉞ 与鲍威尔勋爵通信。

㉟ 同上。

㊱ 同上。

㊲ 同上。

㊳ 伯纳德·英厄姆勋爵访谈。

㊴ 撒切尔回忆录素材，CAC: THCR 4/3。

㊵ 鲍威尔勋爵访谈。

㊶ 鲁珀特·默多克访谈。

㊷ 同上。

㊸ 同上。

㊹ 同上。

㊺ 英国议会议事录，HC Deb, 1986 年 1 月 30 日，90/1089 （http://

hansard.millbanksystems.com/commons/1986/jan/30/engagements)。

㉔ 怀亚特,《伍德罗·怀亚特日记》,第一卷,1986年1月25日,p.72。

㉕ 同上,p.73。

第5章 那个该死的女人

① 《伦敦晚报》,1986年1月28日。

② 《泰晤士报》,1986年1月31日。

③ 《观察家报》,1986年2月15日。

④ 伍德罗·怀亚特,《伍德罗·怀亚特日记》,第一卷,1986年2月9日,麦克米伦出版社,p.87。

⑤ 玛格丽特·撒切尔,《唐宁街岁月》,哈珀柯林斯出版社,1993年,p.436。

⑥ 撒切尔回忆录素材,CAC: THCR 4/3。

⑦ 《泰晤士报》,1986年3月25日。

⑧ 特比特致函撒切尔,1985年1月25日,首相文件,工业政策,英国利兰公司的未来,第8部分(在内阁办公室查阅的文件)。

⑨ 撒切尔回忆录素材,CAC: THCR 4/3。

⑩ 特恩布尔致函巴特勒,1985年6月7日,首相文件,工业政策,英国利兰公司的未来,第10部分(在内阁办公室查阅的文件)。

⑪ 沃里致函撒切尔夫人,1985年11月29日,出处同上。

⑫ 布里坦致函撒切尔,1985年11月25日,出处同上。

⑬ 沃里致函撒切尔夫人,1985年11月29日,出处同上。

⑭ 兰斯利致函诺格罗夫,19861月27日,出处同上。

⑮ "新闻摘要",英厄姆致撒切尔,1986年2月4日,CAC: THCR 3/5/53。

⑯ 英国议会议事录,HC Deb,1986年2月5日,91/326-8(http://hansard.millbanksystems.com/commons/1986/feb/05/british-leyland)。

⑰ 同上。

⑱ 撒切尔,《唐宁街岁月》,p.440。

⑲ 同上。

⑳ "新闻摘要",英厄姆致撒切尔,1986年2月7日,CAC: THCR 3/5/53。

㉑ 查尔斯·摩尔，谈话的个人记录，1986年2月。

㉒ 撒切尔夫人致函彼得森，1986年2月14日，首相文件，工业政策，英国利兰公司的未来，第10部分（在内阁办公室查阅的文件）。

㉓ 彼得森致函撒切尔，1986年3月5日，出处同上。

㉔ 撒切尔回忆录素材，CAC: THCR 4/3。

㉕ 罗伯特·阿姆斯特朗爵士，内阁秘书的笔记簿，1986年2月20日（在内阁办公室查阅的文件）。

㉖ 同上。

㉗ 关于卡扎菲对爱尔兰共和军和全国矿工工会的支持，参见第三卷第6章。

㉘ "副总统与英国首相玛格丽特·撒切尔的会见"，1985年7月26日，会见外国人，唐纳德·格雷格文件，布什图书馆。

㉙ 为美国记者举行的记者会，1986年1月10日 (http://www.margaretthatcher.org/document/106300)。

㉚ 伍德罗·怀亚特，未出版的日记，1986年1月5日（承蒙戴安娜·罗斯特朗代表已故怀亚特勋爵允许笔者阅读）。

㉛ 为美国记者举行的记者会，1986年1月10日 (http://www.margaretthatcher.org/document/106300)。

㉜ 萨默致函波因德克斯特，"总统对撒切尔夫人的复函：制裁利比亚"，1986年1月16日，执行秘书：国家安全委员会：系统文件，文件号8600439，里根图书馆。

㉝ 阿普尔亚德致鲍威尔，1986年1月17日，首相文件，利比亚，关系，国际政治局势，第4B部分。（在内阁办公室查阅的文件）

㉞ 撒切尔与密特朗谈话记录，1986年1月20日，出处同上。

㉟ 阿普尔亚德致函鲍威尔，1986年2月10日，出处同上。

㊱ 同上。

㊲ 布赖恩·戴维斯，《卡扎菲，恐怖主义及美国袭击利比亚的根源》，普雷格出版社，1990年，p.115。

㊳ 里根致函撒切尔，1986年4月8日，利比亚－埃尔多拉多峡谷（1），第91747号文件盒，詹姆斯·斯塔克文件，里根图书馆。

㊴ 珀西·柯利达，《追求英国的利益：反思玛格丽特·撒切尔和约翰·梅杰在任期间的外交政策》，约翰默里出版社，1997年，p.74。

㊵ 撒切尔致里根的复函暂定稿，1986年4月9日，首相文件，关系，国内

政治局势，第4A部分（在内阁办公室查阅的文件）。

㊶ 撒切尔，《唐宁街岁月》，p. 443。

㊷ 霍华德·泰彻访谈。

㊸ 同上。

㊹ 里根致函撒切尔，1986年4月9日，利比亚（福捷文件）(6)，第91673号文件盒，唐纳德·福捷文件，里根图书馆。

㊺ 同上。

㊻ 鲍威尔勋爵访谈。

㊼ 鲍威尔致函高尔斯华绥，1986年4月10日，首相文件，利比亚，关系，国际政治局势，第4A部分（在内阁办公室查阅的文件）。

㊽ 鲍威尔致函高尔斯华绥，主题：大臣和官员们的"进一步会谈"，1986年4月10日，出处同上。

㊾ 撒切尔致函里根，1986年4月10日，出处同上。

㊿ 里根致函撒切尔，1986年4月11日，利比亚（福捷文件）(6)，第91673号文件盒，唐纳德·福捷文件，里根图书馆。

(51) "回复尼采会晤撒切尔首相"，1986年4月23日，国务院档案，根据信息自由法案公开，档案号#200801161。

(52) 鲍威尔勋爵访谈。

(53) 同上。

(54) 珀西·柯利达爵士访谈。

(55) 戴维·古多尔爵士访谈。

(56) 弗农·沃尔特斯，《强者与弱者：外交前线信函集》，圣尔敏出版社，2001年，p. 147。

(57) 鲍威尔致函高尔斯华绥，1986年4月12日，首相文件，利比亚，关系，国内政治局势，第5部分（在内阁办公室查阅的文件）。

(58) 《泰晤士报》，1986年4月14日。

(59) 阿姆斯特朗勋爵访谈。

(60) 在国防委员会会议上的讲话提要：利比亚问题，1986年4月13日，首相文件，利比亚，关系，国内政治局势，第5部分（在内阁办公室查阅的文件）。

(61) 鲍威尔勋爵访谈。

(62) 帕蒂森致函撒切尔，1982年2月12日，首相文件，国内事务，复审对商店营业时间和星期日营业的限制，第1部分（在内阁办公室查阅的文件）。

(63) 特恩布尔致函泰勒，1985年3月8日，出处同上。

(64) 格里菲思致函撒切尔，1985年11月5日，出处同上。

(65) 同上。

(66) 迈克尔·施吕特博士访谈。

(67) 布思致函撒切尔，1986年3月4日，首相文件，国内事务，复审对商店营业时间和星期日营业的限制，第2部分（在内阁办公室查阅的文件）。

(68) 格里菲思勋爵访谈。

(69) 关于星期日贸易的辩论激起的宗教和政治情感，可参见伊莱扎·菲尔比，《上帝和撒切尔夫人：为英国灵魂而战》，拜特巴克出版社，2015年，pp. 229 – 32。

(70) 艾利森致函撒切尔，1986年3月4日，CAC: THCR 1/3/20。

(71) 霍华德·泰彻访谈。

(72) 里根，就美国空中打击利比亚对全国发表的讲话，1986年4月14日，美国总统项目 (http://www.presidency.ucsb.edu/ws/index.php?pid=37131&st=&st1=)。

(73) 罗伯特·阿姆斯特朗爵士，内阁秘书的笔记簿，1986年4月15日（在内阁办公室查阅的文件）。

(74) 英厄姆致函鲍威尔，1986年4月24日，首相文件，利比亚，关系，国内政治局势，第6部分（在内阁办公室查阅的文件）。

(75) 同上。

(76) 鲍威尔勋爵访谈。

(77) 安德鲁·兰斯利访谈。

(78) 特比特勋爵访谈。

(79) 舍伯恩致函撒切尔，1986年4月15日，CAC: THCR 1/10/99。

(80) 议会议事录HC Deb，1986年4月15日，95/724 (http://hansard.millbanksystems.com/commons/1986/apr/15/engagements)。

(81) “利比亚－撒切尔首相的支持”，1986年4月16日，国务院档案，根据信息自由法案公开，档案号#200903792。

(82) 鲍威尔致函高尔斯华绥，1986年4月15日，首相文件，利比亚，关系，国内政治局势，第5部分（在内阁办公室查阅的文件）。

(83) 同上。

(84) 《金融时报》，1986 年 4 月 16 日。

(85) 《金融时报》，1986 年 4 月 17 日。

(86) 议会议事录 HC Deb 1986 年 4 月 16 日，95/875 (http://hansard.millbanksystems.com/commons/1986/apr/16/libya)。

(87) 珀西·柯利达爵士访谈。

(88) 《泰晤士报》，1986 年 4 月 17 日。

(89) 《新闻周刊》，1986 年 4 月 28 日。

(90) 怀亚特，《伍德罗·怀亚特日记》第 1 卷，1986 年 4 月 20 日，p. 124。

(91) 普赖斯致函总统，1986 年 4 月 21 日，英国－1986－04/21－04/24，第 90901 号文件盒，彼得·萨默文件，里根图书馆。

(92) 鲍威尔致函高尔斯华绥，1986 年 4 月 24 日，首相文件，利比亚，关系，国内政治局势，第 6 部分（在内阁办公室查阅的文件）。

(93) 鲍威尔致函高尔斯华绥，1986 年 4 月 26 日，出处同上。

(94) 同上。

(95) "空中打击利比亚：2 周后英国的看法"，1986 年 4 月 29 日，国务院档案，根据信息自由法案公开，档案号 #200907365。

(96) 采访保罗·布雷默，前线节目，美国公共广播公司，2001 年 9 月 (http://www.pbs.org/wgbh/pages/frontline/shows/target/interviews/bremer.html)。

(97) 霍华德·泰彻访谈。

(98) 波因德克斯特致总统，致卢格参议员和多尔参议员的信，英国－1986－04/21－04/24，第 90901 号文件盒，彼得·萨默文件，里根图书馆。

(99) 鲍威尔勋爵访谈。

(100) 文件索引 221653z Apr 86，1986 年 4 月 21 日，（美国在利比亚的行动，1986 年）(4/4)，第 91747 号文件盒，詹姆斯·斯塔克文件，里根图书馆。

(101) 里根致函卢格，1986 年 4 月 22 日，美国总统项目 (http://www.presidency.ucsb.edu/ws/index.php?pid=37172)。

(102) 里根，就反恐所做广播讲话，1986 年 5 月 31 日，美国总统项目 (http://www.presidency.ucsb.edu/ws/index.php?pid=37376)。

(103) 总统与撒切尔首相的电话交谈，1986 年 7 月 17 日，恐怖主义，美国－英国，第 14 号文件盒，诺思文件，里根图书馆。

⑭ 撒切尔回忆录素材，CAC: THCR 4/3。

⑮ 鲍威尔致函撒切尔，1986年5月30日，首相文件，美国，英美关系，第4部分（在内阁办公室查阅的文件）。

⑯ 同上。

⑰ 夏基勋爵访谈。

⑱ 同上。

⑲ 多布斯勋爵访谈。

⑳ 舍伯恩勋爵访谈。

㉑ 电视采访，1985年6月7日 (http://www.margaretthatcher.org/document/105826)。

㉒ 多布斯勋爵访谈。

㉓ 夏基勋爵访谈。

㉔ 舍伯恩勋爵访谈。

㉕ 多布斯勋爵访谈。

㉖ 罗宾·哈里斯访谈。

㉗ 杨格勋爵访谈。

㉘ 舍伯恩勋爵访谈。

㉙ 戴维·巴特勒的文件，采访约翰·夏基，1987年6月16日。

㉚ 多布斯勋爵访谈。

㉛ 同上。

㉜ 贝尔勋爵访谈。

㉝ 多布斯勋爵访谈。

㉞ 韦克厄姆勋爵访谈。

㉟ 舍伯恩勋爵访谈。

㊱ 特比特勋爵访谈。

㊲ 戴维·巴特勒的文件，采访约翰·班克斯，1987年7月21日。

㊳ 杨格勋爵访谈。

㊴ 多布斯勋爵访谈。

㊵ 罗宾·哈里斯访谈。

㊶ 撒切尔回忆录素材，CAC: THCR 4/3。

㊷ 多布斯勋爵访谈。

⑬ 约翰·比芬《半独立》，拜特巴克出版社，2013年，p.374。

⑭ 同上，pp.390－1。

⑮ 同上，p.394。

⑯ 同上，pp.399-400。

⑰ 伯纳德·英厄姆爵士访谈。

⑱ 比芬勋爵访谈。

⑲ 比芬《半独立》，p.403。

⑭⓪ 比芬勋爵访谈。

⑭① 撒切尔，《唐宁街岁月》，p.562。

⑭② 在苏格兰保守党大会上的讲话，1986年5月16日 (http://www.margaretthatcher.org/document/106394)。

⑭③ 艾迪生致函威克斯，1986年6月20日，CAC: THCR 2/6/3/129。

⑭④ 撒切尔，《唐宁街岁月》，p.563。

⑭⑤ 比芬勋爵访谈。

⑭⑥ 韦克厄姆勋爵访谈。

⑭⑦ 格里菲思致函撒切尔，1986年4月11日，CAC: THCR1/15/14。

⑭⑧ 策略组备忘录，1986年6月23日，CAC: THCR2/7/5/6。

⑭⑨ 策略组备忘录，1986年6月30日，出处同上。

⑮⓪ 罗宾·哈里斯访谈。

⑮① 舍伯恩致函撒切尔，1986年6月26日，CAC: THCR2/7/5/6。

⑮② 舍伯恩致函撒切尔，1986年4月10日，CAC: THCR 2/7/5/1。

⑮③ 《泰晤士报》，1986年3月10日。

⑮④ 撒切尔回忆录素材，CAC: THCR 4/3。

⑮⑤ 罗宾·哈里斯访谈。

⑮⑥ 舍伯恩致函撒切尔，1986年7月29日，CAC: THCR 2/6/3/57。

⑮⑦ 舍伯恩勋爵访谈。

⑮⑧ 多布斯勋爵访谈。

⑮⑨ 巴里·斯特雷文斯访谈。

⑯⓪ 舍伯恩致函撒切尔，1986年8月6日，CAC: THCR 2/6/3/57。

⑯① 威克斯致函撒切尔夫人，1986年8月8日，出处同上。

⑯② 特比特致函撒切尔，1986年8月8日，出处同上。

⑯ 威克斯致函撒切尔夫人，1986年8月8日，出处同上。

⑭ 同上。

⑮ 特比特勋爵访谈。

⑯ 英厄姆致函惠特莫尔，1980年5月7日，首相文件，广播，广播立法，第1部分（在内阁办公室查阅的文件）。

⑰ 诺格罗夫致函撒切尔，1986年10月14日，首相文件，广播，电视收视费，第3部分（在内阁办公室查阅的文件）。

⑱ 麦金太尔提交的文件，未注明日期，首相文件，广播，电视收视费，第1部分（在内阁办公室查阅的文件）。

⑲ 英厄姆致函巴特勒，1984年12月14日，出处同上。

⑳ 巴克利致函泰勒，1985年1月9日，出处同上。

㉑ 同上。

㉒ 布里坦致函撒切尔，1985年2月28日，出处同上。

㉓ 巴特勒致函泰勒，1985年3月6日，出处同上。

㉔ 沃里致函撒切尔，1984年12月20日，出处同上。

㉕ 道格拉斯·赫德，《回忆录》，阿伯克斯出版社，2003年，p.369。

㉖ 格里菲思勋爵访谈。

㉗ 参见珍·西顿的《左倾分子与叛徒：BBC与国家1974—1987》轮廓图书公司，2015年，p.313。

㉘ 特比特勋爵访谈。

㉙ 特比特致函巴奈特，1986年10月30日，首相文件，广播，电视收视费，第3部分（在内阁办公室查阅的文件）。

⑱⓪ 帕特丽夏·霍奇森女爵士访谈。

⑱① 同上。

⑱② 同上。

⑱③ 沃尔德格雷夫勋爵访谈。

⑱④ 伯特勋爵访谈。

⑱⑤ 格里菲思致函撒切尔，1986年10月24日，CAC:THCR 2/7/5/6。

⑱⑥ 格里菲思勋爵访谈。

⑱⑦ 威克斯致函撒切尔，1986年11月13日，CAC: THCR 2/6/3/61。

⑱⑧ 舍伯恩致函撒切尔，1986年11月13日，CAC: THCR 2/6/3/61。

⑱ 诺曼·特比特，《升迁》，韦登菲尔德和尼克尔森出版社，1988 年，p. 257。

⑲ 帕特丽夏·霍奇森女爵士访谈。

⑳ 尼格尔·劳森，《从唐宁街 11 号的角度观察》，矮脚鸡出版社，1992 年，p. 374。

㉑ 议会议事录 HC Deb 1986 年 3 月 18 日，94/183 (http://hansard.millbanksystems.com/commons/1986/mar/18/income-tax)。

㉒ 劳森，《从唐宁街 11 号的角度观察》，p. 375。

㉓ 撒切尔，《唐宁街岁月》，p. 673。

㉔ 在保守党大会上的讲话，1986 年 10 月 10 日 (http://www.margaretthatcher.org/document/106498)。

㉕ 撒切尔回忆录素材，CAC: THCR 4/3。

㉖ 弗朗西斯·莫德访谈。

㉗ 罗宾·哈里斯访谈。

㉘ 私人信息。

㉙ 汉密尔顿勋爵访谈。

㉚ 特比特勋爵访谈。

㉛ 布鲁克勋爵访谈。

㉜ 巴特勒勋爵访谈。

㉝ "MS"（撒切尔夫人）致罗伯特·阿姆斯特朗爵士，内阁办公室文件，未注明日期（在内阁办公室查阅的文件）。

㉞ 阿姆斯特朗致函达夫，1986 年 1 月 13 日，内阁办公室文件（在内阁办公室查阅的文件）。

㉟ 阿姆斯特朗致函威克斯，1987 年 6 月 22 日，出处同上。

㊱ 巴里·斯特雷文斯访谈。

㊲ 同上。

㊳ 汉密尔顿勋爵访谈。

㊴ 同上。

㊵ 《泰晤士报》，1986 年 11 月 14 日。

㊶ 撒切尔回忆录素材，CAC: THCR 4/3。

㊷ 伯纳德·英厄姆爵士访谈。

第6章 与女王和英联邦对立

① 谈话记录,1980 年 11 月 12 日,首相文件,南非外交部长鲁洛夫·弗雷德里克·博塔先生来访(在内阁办公室查阅的文件)。

② 怀亚特,未出版的日记,1986 年 6 月 23 日(承蒙安娜·罗斯特朗代表已故怀亚特勋爵允许笔者阅读)。

③ 吉斯致函撒切尔,1988 年 4 月 22 日,CAC: THCR 1/10/119。

④ 弗雷德里克·威廉·德克勒克访谈。

⑤ 关于南非问题的讲话备忘录,1985 年 10 月,未注明日期,CAC: THCR 5/1/5/352。

⑥ 《泰晤士报》,1990 年 7 月 5 日。

⑦ 丹尼斯·撒切尔爵士访谈。

⑧ 施里达斯·兰法尔访谈。

⑨ 参见安东尼·桑普森,《黑人与黄金:企业大亨、革命分子和种族隔离》,花冠出版社,1987 年,p.59。

⑩ 图图致函撒切尔,1984 年 5 月 25 日,TNA: PREM 19/1392。

⑪ 马尔科姆·里夫金德爵士访谈。

⑫ 会谈记录,1984 年 6 月 2 日,TNA: PREM 19/1392。

⑬ 特里萨·帕彭法斯,《博塔和他的时代》,德国文学出版社,(英文翻译桑德拉·米尔斯),2010 年。

⑭ "博塔讲话提纲",1984 年 6 月 2 日,CAC: THCR 1/10/154。

⑮ 科尔斯致函博恩,1984 年 6 月 2 日,TNA: PREM 19/1392。

⑯ 与约翰·科尔斯爵士通信。

⑰ 玛格丽特·撒切尔,《唐宁街岁月》,哈珀柯林斯出版社,1993 年,p.515。

⑱ 鲍威尔勋爵访谈。

⑲ 同上。

⑳ 撒切尔致函卡翁达,1985 年 4 月 18 日,CAC: THCR 3/1/46。

㉑ 伦威克勋爵访谈。

㉒ 撒切尔夫人致函博塔,1985 年 7 月 4 日,CAC: THCR 3/1/48。

㉓ 撒切尔夫人致博塔的电报,1985 年 7 月 11 日,出处同上。

㉔ 《金融时报》,1985 年 8 月 17 日。

㉕ 马尔科姆·里夫金德爵士访谈。

㉖ 鲍威尔致函阿普尔亚德，1985 年 7 月 12 日，首相文件，首相出国访问，1985 年英联邦政府首脑会议，巴哈马，第 1 部分（在内阁办公室查阅的文件）。

㉗ 赖德致撒切尔，1985 年 9 月 26 日，出处同上。

㉘ 鲍威尔致函艾伦（运输部），1985 年 6 月 6 日，出处同上。

㉙ 鲍威尔致函撒切尔，1985 年 10 月 11 日，首相文件，首相出国访问，1985 年英联邦政府首脑会议，巴哈马，第 2 部分（在内阁办公室查阅的文件）。

㉚ 鲍威尔致函撒切尔，1985 年 10 月 12 日，出处同上。

㉛ 鲍威尔致函撒切尔，1985 年 10 月 10 日，THCR 5/1/5/352。

㉜ 鲍威尔致函里基特，1985 年 10 月 16 日，首相文件，首相出国访问，1985 年英联邦政府首脑会议，巴哈马，第 10 部分（在内阁办公室查阅的文件）。

㉝ 布赖恩·马尔罗尼《回忆录：1939—1993》，麦克莱兰和斯图亚特出版社，2007 年，p. 402。

㉞ 同上。

㉟ 鲍威尔致函里基特，1985 年 10 月 17 日，首相文件，首相出国访问，1985 年英联邦政府首脑会议，巴哈马，第 10 部分（在内阁办公室查阅的文件）。

㊱ 同上。

㊲ 鲍威尔勋爵访谈。

㊳ 鲍威尔致函里基特，1985 年 10 月 18 日，首相文件，首相出国访问，1985 年英联邦政府首脑会议，巴哈马，第 10 部分（在内阁办公室查阅的文件）。

㊴ BBC 新闻，晚间新闻，1985 年 10 月 18 日（http://www.margaretthatcher.org/document/105921）。

㊵ 鲍威尔致函阿克兰，1985 年 10 月 21 日，首相文件，1985 年英联邦政府首脑会议，巴哈马，第 10 部分（在内阁办公室查阅的文件）。

㊶ 同上。

㊷ 马尔罗尼给撒切尔的手写便签，未注明日期，出处同上。

㊸ 鲍威尔致函阿克兰，1985 年 10 月 21 日，首相文件，1985 年英联邦政府首脑会议，巴哈马，第 10 部分（在内阁办公室查阅的文件）。

㊹ 同上。

㊺ 同上。

㊻ 同上。

㊼ 撒切尔,《唐宁街岁月》, p. 518。

㊽ 鲍威尔致函阿克兰, 1985年10月21日, 首相文件, 1985年英联邦政府首脑会议, 巴哈马, 第10部分 (在内阁办公室查阅的文件)。

㊾ 同上。

㊿ 撒切尔,《唐宁街岁月》, p. 518。

(51) 鲍威尔致函阿克兰, 1985年10月21日, 首相文件, 1985年英联邦政府首脑会议, 巴哈马, 第10部分 (在内阁办公室查阅的文件)。

(52) 鲍威尔致函撒切尔, 1985年10月22日, 出处同上。

(53) 鲍威尔勋爵访谈。

(54) 英厄姆致撒切尔, 1985年10月20日, 首相文件, 1985年英联邦政府首脑会议, 巴哈马, 第10部分 (在内阁办公室查阅的文件)。

(55) 英联邦拿骚峰会的记者会, 1985年10月20日 (http://margaretthatcher.org/document/106151)。

(56) 杰弗里·豪,《忠诚的冲突》, 麦克米伦出版社, 1994年, p. 483。

(57) 同上。

(58) 阿普尔亚德致函鲍威尔, 1985年11月7日, 首相文件, 与南非的关系, 第8部分 (在内阁办公室查阅的文件)。

(59) 鲍威尔勋爵访谈。

(60) 同上。

(61) 凡·德·普司特致函亚历山大, 1980年10月27日, 首相文件, 首相与劳伦斯·凡·德·普司特会见 (在内阁办公室查阅的文件)。

(62) 鲍威尔勋爵访谈。

(63) 鲍威尔勋爵和克劳德·汉克斯爵士访谈。

(64) 鲍威尔致函巴德, 1986年2月6日, 首相文件, 与南非的关系, 第8部分 (在内阁办公室查阅的文件)。

(65) 鲍威尔勋爵访谈。

(66) 博塔致函撒切尔, 1985年11月12日, 首相文件, 与南非的关系, 第8部分 (在内阁办公室查阅的文件)。

(67) 撒切尔致函博塔, 1985年11月17日, 出处同上。

(68) 参见《卫报》, 2000年3月23日。

(69) 报告, 1985年12月3日, 出处同上。

⑩ 博塔致函撒切尔，1985年12月14日，出处同上。

⑪ 杰弗里·豪致函撒切尔，1985年12月20日，出处同上。

⑫ 鲍威尔致函阿普尔亚德，1985年12月20日，首相文件，与南非的关系，第8部分（在内阁办公室查阅的文件）。

⑬ 鲍威尔致函撒切尔，1986年1月6日，出处同上。

⑭ 柯利达致函鲍威尔，1986年2月7日，出处同上。

⑮ 鲍威尔致函撒切尔，1986年1月30日，出处同上。

⑯ 鲍威尔致函巴德，1986年2月3日，出处同上。

⑰ 索尔斯电报，编号009，比勒陀利亚，1986年2月24日，出处同上。

⑱ 马尔科姆·弗雷泽与玛格丽特·西门斯，《马尔科姆·弗雷泽：政治回忆录》，米岗亚出版社，2010年，p.650。

⑲ 鲍威尔致函巴德，1986年3月17日，首相文件，与南非的关系，第9部分（在内阁办公室查阅的文件）。

⑳ 撒切尔夫人致函博塔，1986年3月20日，出处同上。

㉑ 博塔致函撒切尔，1986年4月10日，出处同上。

㉒ 撒切尔致函博塔，1986年4月18日，出处同上。

㉓ 莫伯利，开普敦，电报，编号252，1986年5月6日，出处同上。

㉔ 莫伯利，开普敦，电报，编号267，1986年5月16日，出处同上。

㉕ MISC 118 报告，1986年5月2日，出处同上。

㉖ 撒切尔致函博塔，1986年5月21日，出处同上。

㉗ 博塔致函撒切尔，1986年5月26日，出处同上。

㉘ 同上。

㉙ 杰弗里·豪致函撒切尔，1986年5月28日，出处同上。

㉚ 鲍威尔致函撒切尔，1986年6月11日，首相文件，与南非的关系，第10部分（在内阁办公室查阅的文件）。

㉛ 鲍威尔致函巴德，1986年6月12日，出处同上。

㉜ 同上。

㉝ 同上。

㉞ 鲍威尔致函撒切尔，1986年6月13日，出处同上。

㉟ 鲍威尔致函高尔斯华绥，1986年7月3日，首相文件，与南非的关系，第11部分（在内阁办公室查阅的文件）。

(96) 桑尼·兰法尔爵士访谈。

(97) 赖德致函鲍威尔，1986 年 7 月 1 日，首相文件，与南非的关系，第 11 部分（在内阁办公室查阅的文件）。

(98) 博塔致函撒切尔，1986 年 7 月 1 日，出处同上。

(99) 柯利达致函鲍威尔，1986 年 7 月 3 日，出处同上。

(100) 撒切尔致函博塔，1986 年 7 月 4 日，出处同上。

(101) 韦特致函（威廉·）赫塞尔廷，1986 年 6 月 23 日，出处同上。

(102) 鲍威尔致函撒切尔，1986 年 7 月 8 日，出处同上。

(103) 同上。

(104) 威廉·赫塞尔廷致函高尔斯华绥，1986 年 7 月 15 日，出处同上。

(105) 同上。

(106)《卫报》，1986 年 7 月 9 日。

(107) 同上。

(108) 彼得·马歇尔爵士，未出版的日记，1986，7 月 9 日（承蒙彼得·马歇尔爵士允许笔者阅览）。

(109) 同上。

(110) 同上，1986 年 6 月 20 日。

(111) 布拉德，波恩，电报，编号 624，1986 年 7 月 18 日，首相文件，与南非的关系，第 11 部分（在内阁办公室查阅的文件）。

(112) 同上。

(113) 赖特，华盛顿，电报，编号 1902，日期不可识别，但根据内容判定是 1986 年 7 月 18 日，出处同上。

(114) 里根，对国际事务理事会和外交政策协会成员作的评论，1986 年 7 月 22 日，美国总统项目（http://www.presidency.ucsb.edu/ws/?pid=37643）。

(115) 布赖恩·马尔罗尼访谈。

(116) 鲍威尔致函巴德，1986 年 7 月 14 日，首相文件，与南非的关系，第 11 部分（在内阁办公室查阅的文件）。

(117) 布赖恩·马尔罗尼访谈。

(118) 坦博致函杰弗里·豪，1986 年 7 月 22 日，首相文件，与南非的关系，第 11 部分（在内阁办公室查阅的文件）。

(119) 珀西·柯利达爵士访谈。

⑫ 柯林·巴德访谈。

⑫ 马歇尔,未出版的日记,1986年6月24日。

⑫ 鲍威尔致函巴德,1986年6月23日,首相文件,与南非的关系,第10部分(在内阁办公室查阅的文件)。

⑫ 沃克致函撒切尔,1986年6月24日,出处同上。

⑫ 杰弗里·豪,《忠诚的冲突》,p.486。

⑫ 《星期日电讯报》,1986年7月6日。

⑫ 马歇尔,未出版的日记,1986年7月13日。

⑫ 杰弗里·豪致函撒切尔,1986年7月15日,首相文件,与南非的关系,第11部分(在内阁办公室查阅的文件)。

⑫ 赖德致函撒切尔,1986年7月16日,首相文件,与南非的关系,第12部分(在内阁办公室查阅的文件)。

⑫ 伍德罗·怀亚特,《伍德罗·怀亚特日记》,第一卷,1986年7月17日,麦克米伦出版社,1998年,p.167。

⑬ 桑尼·兰法尔爵士访谈。

⑬ 鲍威尔勋爵访谈。

⑬ 马歇尔,未出版的日记,1986年6月24日。

⑬ 鲍威尔致函撒切尔,1986年7月10日,首相文件,英联邦,关于南非问题的英联邦政府首脑会议,伦敦(在内阁办公室查阅的文件)。

⑬ 同上。

⑬ 桑尼·兰法尔爵士访谈。

⑬ 《星期日泰晤士报》,1986年7月20日。

⑬ 桑尼·兰法尔爵士访谈。

⑬ 欲了解这一事件的详情,参见安德鲁·尼尔,《完整披露》,麦克米伦出版社,1996年,pp.195后。

⑬ 威廉·赫塞尔廷爵士访谈。

⑭ 同上。

⑭ 同上。

⑭ 伍德罗·怀亚特,《伍德罗·怀亚特日记》,第一卷,1986年7月21日,p.174。

⑭ 怀亚特,未出版的日记,1986年7月21日。

⑭ 伍德罗·怀亚特,《伍德罗·怀亚特日记》,第一卷,1986年7月21日,p. 174。

⑭ 威廉·赫塞尔廷爵士访谈。

⑭ 同上。

⑭ 鲍威尔勋爵访谈。

⑭ 巴特勒勋爵访谈。

⑭ 鲍威尔勋爵访谈。

⑮ 马歇尔,未出版的日记,1986年7月26日。

⑮ 同上。

⑮ 《星期日电讯报》的采访,1986年7月19日 (http://www.margaretthatcher.org/document/106269)。

⑮ 同上。

⑮ 鲍威尔鲍威尔致函撒切尔,1986年7月24日,首相文件,与南非的关系,第12部分(在内阁办公室查阅的文件)。

⑮ 同上。

⑮ 鲍威尔致函撒切尔,1986年7月25日,首相文件,英联邦,关于南非问题的英联邦政府首脑会议,伦敦(在内阁办公室查阅的文件)。

⑮ 鲍威尔致函杰弗里·豪的个人办公室,1986年7月25日,首相文件,与南非的关系,第12部分(在内阁办公室查阅的文件)。

⑮ 外交与联邦事务部,电报,编号161,《星期日电讯报》文章,首相文件,英联邦,关于南非问题的英联邦政府首脑会议,伦敦(在内阁办公室查阅的文件)。

⑮ 鲍威尔致杰弗里·豪个人办公室的电报,编号183,1986年7月28日,首相文件,与南非的关系,第12部分(在内阁办公室查阅的文件)。

⑯ 鲍威尔致函高尔斯华绥,1986年7月30日,出处同上。

⑯ 鲍威尔致函撒切尔,1986年7月30日,出处同上。

⑯ 英厄姆致函撒切尔,1986年7月29日,首相文件,英联邦,关于南非问题的英联邦政府首脑会议,伦敦(在内阁办公室查阅的文件)。

⑯ 杰弗里·豪,《忠诚的冲突》,pp. 492 − 3。

⑯ 赖德勋爵访谈。

⑯ 豪勋爵访谈。

⑯ 杰弗里·豪,《忠诚的冲突》,pp. 493 − 6。

(167) 同上，p. 496。

(168) 撒切尔，《唐宁街岁月》，p. 521。

(169) 桑尼·兰法尔访谈。

(170) 同上。

(171) 马歇尔，未出版的日记，1986 年 8 月 3 日。

(172) 鲍威尔致函撒切尔，1986 年 7 月 30 日，首相文件，英联邦，关于南非问题的英联邦政府首脑会议，伦敦（在内阁办公室查阅的文件）。

(173) 鲍威尔致函高尔斯华绥，1986 年 8 月 1 日，出处同上。

(174) 赖德勋爵访谈。

(175) 威廉·赫塞尔廷访谈。

(176) 总统与撒切尔首相会晤纪要，1986 年 11 月 15 日，国务院档案，根据《信息自由法》解禁，文件号 #200802013。

(177) 鲍威尔勋爵访谈。

(178) 赖德勋爵访谈。

(179) 私人信息。

(180) 杰弗里·豪，《忠诚的冲突》，p. 498。

(181) 马歇尔，未出版的日记，1986 年 8 月 4 日。

第7章　保住核弹

① 《纽约时报》，2006 年 4 月 24 日，作者马克斯·坎珀尔曼。

② 乔治·舒尔茨，《动荡与胜利》，查尔斯斯克里布纳出版社，1993 年，p. 607。

③ “尼采 / 珀尔就战略防御计划和《反弹道导弹条约》会见撒切尔首相”，1987 年 2 月 26 日，国务院档案，根据信息自由法解禁，档案号 #200801161。

④ 撒切尔致函里根，1986 年 2 月 11 日，CAC: THCR 3/1/52。

⑤ “尼采拜会撒切尔首相记录”，1986 年 4 月 23 日，国务院档案，根据《信息自由法》解禁，档案号 #200801161。

⑥ 里根致函撒切尔，1986 年 5 月 23 日，执行秘书，国家安全委员会，国家元首，英国首相撒切尔 (8690401—8690687)，第 37 号文件盒，里根图书馆。

⑦ 《泰晤士报》，1986年5月28日。

⑧ 舒尔茨，《动荡与胜利》，p.700。

⑨ 《纽约时报》，1986年1月16日。

⑩ 理查德·珀尔访谈。

⑪ 杰弗里·史密斯，《泰晤士报》，1986年3月28日。

⑫ 她于1990年1月接受杰弗里·史密斯私人访谈时所说。参见杰弗里·史密斯，《里根与撒切尔》，鲍利海出版公司，1990年，p.58。

⑬ 撒切尔致函里根，1986年2月11日，执行秘书，国家安全委员会：国家元首，英国撒切尔首相（8591145—8690149），第37号文件盒，里根图书馆。

⑭ 同上。

⑮ 同上。

⑯ 约翰·波因德克斯特访谈。

⑰ 肯·阿德尔曼访谈。

⑱ 同上。

⑲ 国家安全决策指令，#210，1986年2月4日，美国研究分析公司，第9号文件盒，执行秘书，国家安全委员会：国家安全决策指令，里根图书馆。

⑳ 鲍威尔勋爵访谈。

㉑ 撒切尔致函戈尔巴乔夫，1986年2月27日，CAC: THCR 3/1/52。

㉒ 里根致函撒切尔，1986年2月22日，出处同上。

㉓ 撒切尔致函里根，1986年2月24日，出处同上。

㉔ 鲍威尔致撒切尔，1986年3月14日，首相文件，国防，激光技术在太空的军事用途，第4部分（在内阁办公室查阅的文件）。

㉕ 杰弗里·豪致函撒切尔，1986年4月28日，出处同上。

㉖ 劳森致函撒切尔，1986年5月2日，出处同上。

㉗ 同上。

㉘ 里根致函撒切尔，1986年7月20日，CAC: THCR 3/1/56。

㉙ 里根致函撒切尔，1986年7月26日，出处同上。

㉚ 里根致函撒切尔，1986年3月14日，CAC: THCR 3/1/53。

㉛ 鲍威尔勋爵访谈。

㉜ 谈话记录草稿，1986年5月4日，执行秘书，国家安全委员会：系统文件，编号#8603794，里根图书馆。

㉝ 同上。

㉞ 戈尔巴乔夫致函撒切尔，1986 年 7 月 10 日，首相文件，苏联，英苏关系，第 6 部分（在内阁办公室查阅的文件）。

㉟ 鲍威尔致函撒切尔，1986 年 8 月 6 日，出处同上。

㊱ 撒切尔致函戈尔巴乔夫，1986 年 8 月 20 日，出处同上。

㊲ 乔治·舒尔茨访谈。

㊳ 撒切尔致函里根，1986 年 10 月 6 日，首相文件，外交政策，东西方关系，第 6 部分（在内阁办公室查阅的文件）。

㊴ 同上。

㊵ 撒切尔致函戈尔巴乔夫，1986 年 10 月 3 日，CAC: THCR 3/1/58。

㊶ 致里根的回信稿，1986 年 10 月 3 日，出处同上。

㊷ 里根致函撒切尔，1986 年 10 月 8 日，CAC: THCR 3/1/58。

㊸ 同上。

㊹ 同上。

㊺ 罗兹·里奇韦访谈。

㊻ 契尼耶夫的记录，1986 年 10 月 4 日，"雷克雅未克文件"，国家安全档案，肯·阿德尔曼引用，《里根在雷克雅未克：结束冷战的 48 小时》，哈珀柯林斯出版社，2014 年，p. 75。

㊼ 契尼耶夫的记录，1986 年 10 月 4 日，"雷克雅未克文件"，国家安全档案，斯蒂文·海沃德引用，《里根时代：保守的反革命运动 1980—1989》，顶点论坛出版社，2009 年，p. 493。

㊽ 阿纳托利·契尔尼亚夫，《陪伴戈尔巴乔夫的六年经历》，宾夕法尼亚州立大学出版社，2000 年，p. 81。

㊾ 参见保罗·莱托，《罗纳德·里根及其销毁核武器的追求》，兰登出版社，2005 年，p. 219。

㊿ 雷克雅未克峰会第一次会议，里根－戈尔巴乔夫谈话记录，1986 年 10 月 11 日，第 92140 号文件盒，杰克·马特洛克文件，里根图书馆。（另参见：http://www.margaretthatcher.org/document/109177）

㉛ 罗兹·里奇韦访谈。

㉜ 杰克·马特洛克，《里根与戈尔巴乔夫：冷战是如何结束的》，兰登出版社，2004 年，pp. 228 − 9。

㊼ 阿德尔曼,《里根在雷克雅未克》, p. 141。

㊾ 查尔斯·普赖斯访谈。

㊿ 罗兹·里奇韦访谈。

㊾ 鲍威尔勋爵访谈。

㊼ 波因德克斯特访谈。

㊽ 莱托,《罗纳德·里根及其销毁核武器的追求》, p. 225。

㊾ 杰克·马特洛克访谈。

⑩ 罗兹·里奇韦访谈。

⑪ 莱托,《罗纳德·里根及其销毁核武器的追求》, p. 225。

⑫ 尼格尔·威克斯爵士访谈。

⑬ 同上。

⑭ 雅克·阿达利访谈。

⑮ 玛格丽特·撒切尔,《唐宁街岁月》, 哈珀柯林斯出版社, 1993年, pp. 471 – 2。

⑯ 电话交谈, 里根 – 撒切尔, 1986年10月13日, 撒切尔访问, 11/15/1986 – 11/16/1986, 第92116号文件盒, 罗伯特·林哈德文件, 里根图书馆。

⑰ 电话交谈, 里根 – 撒切尔, 1986年10月13日, 撒切尔访问, 11/15/1986 – 11/16/1986, 第92116号文件盒, 罗伯特·林哈德文件, 里根图书馆。

⑱ 鲍威尔致函巴德, 1986年10月13日, 首相文件, 外交政策, 东西方关系, 第6部分(在内阁办公室查阅的文件)。

⑲ 鲍威尔致函巴德, 1986年10月14日, 出处同上。

⑳ 波因德克斯特致函总统,"为什么我们不能承诺十年内销毁全部核武器", 1986年10月16日, 雷克雅未克会晤概述:关于消除核武器的备忘录, 第91636号文件盒, 奥尔顿·基尔文件, 里根图书馆。

㉑ 波因德克斯特致总统, 与玛格丽特·撒切尔首相的会见, 1986年11月15日, 存档号 CO 167 (440030), 沃姆文件, 里根图书馆。

㉒ 在保守党大会上的演讲, 伯恩茅斯, 1986年10月10日 (http://www.margaretthatcher.org/document/106498)。

㉓ 电话交谈, 里根 – 撒切尔, 1986年10月10日, 撒切尔访问 11/15/1986 – 11/16/1986, 第92116号文件盒, 罗伯特·林哈德文件, 里根图书馆。

㉔ 查尔斯·克拉克访谈。

㉕ 理查德·珀尔访谈。

㉖ 电话交谈，里根－撒切尔，1986年10月10日，撒切尔访问11/15/1986－11/16/1986，第92116号文件盒，罗伯特·林哈德文件，里根图书馆。

㉗ 撒切尔夫人，为《唐宁街岁月》接受采访（BBC1），1993年。

㉘ 波因德克斯特访谈。

㉙ 巴特勒勋爵访谈。

㉚ 柯林·鲍威尔访谈。

㉛ 鲍威尔勋爵访谈。

㉜ 鲍威尔致函高尔斯华绥，1986年12月3日，首相文件，美国，亨利·基辛格访英（在内阁办公室查阅的文件）。

㉝ 撒切尔，《唐宁街岁月》，p. 472。

㉞ 无标题无日期，总统手写信函，CO167 (440030)，沃姆文件，里根图书馆。

㉟ 拉文和萨默致函波因德克斯特，1986年11月10日，撒切尔1986年11月15日的访问 (4)，执行秘书，国家安全委员会：欧洲与苏联事务处，第90902号文件盒，里根图书馆。

㊱ 鲍威尔致函撒切尔，1986年10月21日，首相文件，首相与外交大臣的双边关系（在内阁办公室查阅的文件）。

㊲ 鲍威尔致函撒切尔，1986年10月23日，首相文件，美国，首相访问华盛顿（戴维营），1986年11月14—15日，第6部分（在内阁办公室查阅的文件）。

㊳ 同上。

㊴ 鲍威尔致函撒切尔，1986年10月30日，出处同上。

㊵ 同上。

㊶ 同上。

㊷ 巴德致函鲍威尔，出处同上。

㊸ 鲍威尔勋爵访谈。

㊹ 鲍威尔致撒切尔，1986年11月11日，首相文件，美国，首相访问华盛顿（戴维营），1986年11月14—15日，第6部分（在内阁办公室查阅的文件）。

㊺ 理查德·里夫斯，《里根总统：空想的胜利》，西蒙与舒斯特出版社，2006年，p. 264。

㊻ 欲了解这个问题最早出版的说法，参见杰弗里·史密斯的书，《里根与撒切尔》，pp. 204－7。

⑨⑦ 鲍威尔勋爵访谈。

⑨⑧ 同上。

⑨⑨ 史密斯,《里根与撒切尔》,p. 211。

⑩⓪ 威廉·克罗,《战场:从华盛顿到海湾,政治与新军事战斗》,西蒙与舒斯特出版社,1993,p. 267。

⑩① 同上。

⑩② 国家安全决策指令,#250,1986年11月3日,RAC第10号文件盒,执行秘书,国家安全委员会:国家安全决策指令集,里根图书馆。

⑩③ 舒尔茨致总统,"英国首相1986年11月15日的撒切尔访问",1986年11月12日,CO167 43000 – 44099,沃姆文件,里根图书馆,

⑩④ 同上。

⑩⑤ "撒切尔备忘录",泰·柯布亭笔记,1986年11月12日-与英国首相撒切尔的早餐会,会见外国人,唐纳德·格里格文件,布什图书馆。

⑩⑥ 编号052220z Nov 86,"撒切尔夫人访问华盛顿",1986年11月5日,国务院档案,根据《信息自由法》解禁,文件号#200601516。

⑩⑦ 英厄姆致撒切尔,1986年11月15日,首相文件,美国,首相访问华盛顿(戴维营),1986年11月14—15日第6部分(在内阁办公室查阅的文件)。

⑩⑧ 鲍威尔致函高尔斯华绥,"与温伯格部长会谈",1986年11月16日,出处同上。

⑩⑨ 乔治·舒尔茨访谈。

⑪⓪ 鲍威尔致函高尔斯华绥,"与温伯格部长会谈",1986年11月,14日,首相文件,美国,首相访问华盛顿(戴维营),1986年11月14—15日,第6部分(在内阁办公室查阅的文件)。

⑪① 晚上阅读项目,"我与撒切尔首相的会谈",1986年11月14日,国务院档案,根据《信息自由法》解禁,文件号#F‐200601579。

⑪② 史密斯,《里根与撒切尔》,p. 222。

⑪③ 约翰·波因德克斯特访谈。

⑪④ 与鲍威尔勋爵通信。

⑪⑤ 鲍威尔勋爵访谈。

⑪⑥ 鲍威尔致函高尔斯华绥,"会见里根总统",1986年11月16日,首相文件,美国,首相访问华盛顿(戴维营),1986年11月14—15日第6部分(在内阁

办公室查阅的文件）。

⑰ 同上。

⑱ 吉姆·库恩，《非公开场合的罗纳德·里根：我在白宫岁月的回忆》，森蒂纳出版社，2004年，p.142。

⑲ 鲍威尔致函高尔斯华绥，"会见里根总统"，1986年11月16日，首相文件，美国，首相访问华盛顿（戴维营），1986年11月14—15日第6部分。（在内阁办公室查阅的文件）

⑳ 鲍威尔致函高尔斯华绥，1986年11月16日，"会见布什副总统"，首相文件，美国，首相访问华盛顿（戴维营），1986年11月14—15日第6部分。（在内阁办公室查阅的文件）

㉑ 鲍威尔致函高尔斯华绥，"会见里根总统"，1986年11月16日，首相文件，美国，首相访问华盛顿（戴维营），1986年11月14—15日第6部分。（在内阁办公室查阅的文件）

㉒ 撒切尔，《唐宁街岁月》，p.473。

㉓ 记者会，英国大使馆圆形大厅，华盛顿特区，1986年11月15日。(http://www.margaretthatcher.org/document/106514)

㉔ "新闻摘要"，英厄姆致撒切尔，1986年11月17日，CAC: THCR 3/5/62。

㉕ 《泰晤士报》，1986年11月17日。

㉖ 弗兰克·卡卢奇访谈。

㉗ 同上。

㉘ 柯林·鲍威尔访谈。

㉙ 乔治·舒尔茨访谈。

㉚ 撒切尔，《唐宁街岁月》，p.471。

㉛ 鲍威尔勋爵访谈。

㉜ 伯纳德·英厄姆爵士访谈。

第8章 访问莫斯科

① 撒切尔致函戈尔巴乔夫，未注明日期，CAC: THCR 3/1/59。

② 卡特利奇的电报，编号1504，1986年12月15日，首相文件，苏联，

英－苏关系，第6部分（在内阁办公室查阅的文件）。

③ 同上。

④ 鲍威尔致函高尔斯华绥，1986年12月16日，出处同上。

⑤ 鲍威尔致函巴德，1986年11月28日，首相文件，苏联，人权与苏联持不同政见者，第2部分（在内阁办公室查阅的文件）。

⑥ 萨哈罗夫给撒切尔的信，1987年1月6日收到，首相文件，苏联，安德烈·萨哈罗夫被捕及流放（在内阁办公室查阅的文件）。

⑦ 《生活》杂志，1987年10月。

⑧ 鲍威尔致函撒切尔，"戈尔巴乔夫领导下的苏联制度研讨会备忘录"，1986年12月18日，首相文件，苏联，英－苏关系，第6部分（在内阁办公室查阅的文件）。

⑨ 鲍威尔致函撒切尔，"问题列表"，1987年2月20日，出处同上。

⑩ 鲍威尔致函高尔斯华绥，"苏联问题研讨会的备忘录"，1987年3月1日，出处同上。

⑪ 同上。

⑫ 迈克尔·霍华德爵士访谈。

⑬ 阿奇·布朗访谈。

⑭ 鲍威尔致函高尔斯华绥，1986年5月28日，首相文件，苏联，英－苏关系，第6部分（在内阁办公室查阅的文件）。

⑮ 奥列格·戈德尔维斯基访谈。

⑯ 鲍威尔致函高尔斯华绥，1986年5月28日，首相文件，苏联，英－苏关系，第6部分（在内阁办公室查阅的文件）。

⑰ 奥列格·戈德尔维斯基访谈。

⑱ 鲍威尔致函高尔斯华绥，1986年5月28日，首相文件，苏联，英－苏关系，第6部分（在内阁办公室查阅的文件）。

⑲ 柯林·麦科尔爵士访谈。

⑳ 同上。

㉑ 奥列格·戈德尔维斯基访谈。

㉒ 鲍威尔致函高尔斯华绥，"首相与戈尔巴乔夫先生会见"，1987年3月19日，首相文件，苏联，英－苏关系，第6部分（在内阁办公室查阅的文件）。

㉓ 同上。

㉔ 高尔斯华绥致函鲍威尔，1987年3月16日，首相文件，苏联，首相1987年3月28日至4月1日访问苏联，第1部分。（在内阁办公室查阅的文件）

㉕ 罗宾·伦威克，《与玛格丽特·撒切尔同行》，拜特巴克出版社，2013年，p.167。

㉖ 卡特利奇电报，编号423，1987年3月20日，首相文件，苏联，首相1987年3月28日到4月1日访问苏联，第1部分。（在内阁办公室查阅的文件）

㉗ 迈克尔·卢埃林·史密斯访谈。

㉘ 鲍威尔勋爵访谈。

㉙ 阿曼达·庞森比访谈。

㉚ 辛西亚·克劳福德访谈。

㉛ 阿曼达·庞森比访谈。

㉜ 玛格丽特·撒切尔，《唐宁街岁月》，哈珀柯林斯出版社，1993年，p.477。

㉝ "密特朗总统，3月23日星期一"，1987年3月23日，CAC: THCR 1/10/113。

㉞ "科尔总理的评论"，未注明日期，CAC: THCR 1/10/113。

㉟ 撒切尔致函里根，1987年3月25日，CAC: THCR 3/1/6。

㊱ 同上。

㊲ 同上。

㊳ 辛西亚·克劳福德访谈。

㊴ 鲍威尔勋爵访谈。

㊵ 撒切尔，《唐宁街岁月》，p.479。

㊶ 阿曼达·庞森比访谈。

㊷ 撒切尔回忆录素材，CAC: THCR 4/3。

㊸ 阿曼达·庞森比访谈。

㊹ 波洛克致函鲍威尔，1987年4月6日，CAC: THCR1/10/117。

㊺ 同上。

㊻ 托尼·毕晓普给笔者的书面介绍。

㊼ 鲍威尔致函高尔斯华绥，1987年3月30日，首相文件，苏联，首相访苏，第1部分。（在内阁办公室查阅的文件）

㊽ 撒切尔，《唐宁街岁月》，p.483。

㊾ 波洛克致函鲍威尔，1987 年 4 月 6 日，CAC: THCR 1/10/117。

㊿ 阿纳托利·契尔尼亚夫，《陪伴戈尔巴乔夫的六年经历》，宾夕法尼亚州立大学出版社，2000 年，p. 99。

(51) 在保守党中央会议上的演讲，1987 年 3 月 21 日 (http://www.margaretthatcher.org/document/106769)。

(52) 鲍威尔致函高尔斯华绥，1987 年 3 月 30 日，首相文件，苏联，首相访苏，第 1 部分（在内阁办公室查阅的文件）。

(53) 契尔尼亚夫，《陪伴戈尔巴乔夫的 6 年经历》，p. 99。

(54) 鲍威尔致函高尔斯华绥，1987 年 3 月 30 日，首相文件，苏联，首相访苏，第 1 部分（在内阁办公室查阅的文件）。

(55) 同上。

(56) 同上。

(57) 同上。

(58) 同上。

(59) 撒切尔，《唐宁街岁月》，p. 482。

(60) 苏共中央政治局会议，1987 年 4 月 16 日，阿纳托利·契尔尼亚夫的记录，戈尔巴乔夫基金会。承蒙国家安全档案馆的斯维特拉娜·萨兰斯卡娅提供。

(61) 鲍威尔勋爵访谈。

(62) 米哈伊尔·戈尔巴乔夫，《回忆录》，道布尔迪出版社，1996 年，p. 434。

(63) 鲍威尔致函高尔斯华绥，1987 年 3 月 30 日，首相文件，苏联，首相访苏，第 1 部分（在内阁办公室查阅的文件）。

(64) 撒切尔致函里根，1987 年 4 月 1 日，首相文件，苏联，首相访苏，第 2 部分（在内阁办公室查阅的文件）。

(65) 契尔尼亚夫，《陪伴戈尔巴乔夫的六年经历》，p. 103。

(66) 同上。

(67) 鲍威尔致函高尔斯华绥，1987 年 3 月 30 日，首相文件，苏联，首相访苏，第 1 部分（在内阁办公室查阅的文件）。

(68) 罗里克·布雷思韦特，《戈尔巴乔夫与撒切尔》，欧洲一体化期刊，第 16 期第 1 卷，2010 年，p. 36。

(69) 撒切尔致函里根，1987 年 4 月 1 日，首相文件，苏联，首相访苏，第 2 部分（在内阁办公室查阅的文件）。

⑦ 鲍威尔致函高尔斯华绥，1987年3月30日，首相文件，苏联，首相访苏，第1部分（在内阁办公室查阅的文件）。

㊀ 撒切尔致函里根，1987年4月1日，首相文件，苏联，首相访苏，第2部分（在内阁办公室查阅的文件）。

㊁ 鲍威尔致函高尔斯华绥，1987年3月30日，首相文件，苏联，首相访苏，第1部分（在内阁办公室查阅的文件）。

㊂ 同上。

㊃ 同上。

㊄ 同上。

㊅ 同上。

㊆ 卡特利奇的电报，编号537，1987年4月1日，首相文件，苏联，首相访苏，第2部分（在内阁办公室查阅的文件）。

㊇ 鲍威尔致函高尔斯华绥，1987年3月30日，首相文件，苏联，首相访苏，第1部分（在内阁办公室查阅的文件）。

㊈ 撒切尔致函里根，1987年4月1日，首相文件，苏联，首相访苏，第2部分（在内阁办公室查阅的文件）。

⑧ 在苏联正式宴会上的讲话，1987年3月30日 (http://www.margaretthatcher.org/document/106776)。

㉑ 撒切尔致函里根，1987年4月1日，首相文件，苏联，首相访苏，第2部分（在内阁办公室查阅的文件）。

㉒ 波洛克致鲍威尔，1987年4月6日，CAC: THCR 1/10/117。

㉓ 伊格尔·科契洛夫，《翻译史：一名外交前线作战30年的高级苏联翻译》，斯克里布纳出版社，1997年，p.36。

㉔ 同上，p.37。

㉕ 帕克致函鲍威尔，1987年3月20日，CAC: THCR 5/1/5/461。

㉖ 托尼·毕晓普给笔者的书面介绍。

㉗ 乔纳森·艾特肯，《玛格丽特·撒切尔：权力与个性》，布鲁姆斯伯里出版社，2013年，p.496。

㉘ 柯利达致函鲍威尔，1987年6月24日，首相文件，苏联，首相访苏，第2部分（在内阁办公室查阅的文件）。

㉙ 鲍威尔致函高尔斯华绥，1987年3月30日，首相文件，苏联，首相访

苏，第 1 部分（在内阁办公室查阅的文件）。

⑨⓪ 波洛克致函鲍威尔，1987 年 4 月 6 日，CAC: THCR 1/10/117。

⑨① 鲍威尔致函高尔斯华绥，1987 年 3 月 31 日，首相文件，苏联，首相访苏，第 1 部分（在内阁办公室查阅的文件）。

⑨② 撒切尔致里根，1987 年 4 月 1 日，首相文件，苏联，首相访苏，第 2 部分（在内阁办公室查阅的文件）。

⑨③ 波洛克致函鲍威尔，1987 年 4 月 6 日，CAC: THCR 1/10/117。

⑨④ 布赖恩·卡特利奇，英国口头外交史计划，剑桥大学，丘吉尔学院(https://www.chu.cam.ac.uk/media/uploads/files/Cartledge.pdf)。

⑨⑤ 鲍威尔致函高尔斯华绥，1987 年 3 月 31 日，首相文件，苏联，首相访苏，第 1 部分（在内阁办公室查阅的文件）。

⑨⑥ 波洛克致函鲍威尔，1987 年 4 月 6 日，CAC: THCR 1/10/117。

⑨⑦ 苏共中央政治局会议，1987 年 4 月 16 日，戈尔巴乔夫基金会。

⑨⑧ 卡特利奇，电报，编号 537，1987 年 4 月 1 日，首相文件，苏联，首相访苏，第 2 部分（在内阁办公室查阅的文件）。

⑨⑨ 卡特利奇，电报，编号 538，1987 年 4 月 1 日，出处同上。

⑩⓪ "新闻摘要"，珀克斯致函撒切尔，1987 年 4 月 1 日，CAC:THCR 3/5/67，《卫报》，1987 年 4 月 1 日。

⑩① 撒切尔致函戈尔巴乔夫，1987 年 4 月 2 日，CAC: THCR 3/1/62。

⑩② 苏共中央政治局会议，1987 年 4 月 16 日，戈尔巴乔夫基金会。

⑩③ 鲍威尔勋爵访谈。

⑩④ 苏共中央政治局会议，1987 年 4 月 16 日，戈尔巴乔夫基金会。

⑩⑤ 引用契尔尼亚夫，《陪伴戈尔巴乔夫的 6 年经历》，p. 104。

⑩⑥ 乔治·舒尔茨访谈。

⑩⑦ 引用契尔尼亚夫，《陪伴戈尔巴乔夫的 6 年经历》，p. 104。

⑩⑧ 鲍威尔致函高尔斯华绥，1987 年 4 月 8 日，首相文件，苏联，首相访苏，第 2 部分（在内阁办公室查阅的文件）。

⑩⑨ 托马斯致函鲍威尔，1987 年 4 月 10 日，出处同上。

⑪⓪ 撒切尔致函里根，1987 年 4 月 1 日，首相文件，苏联，首相访苏，第 2 部分（在内阁办公室查阅的文件）。

⑪① 鲍威尔勋爵访谈。

第9章 舆论褒贬势如潮

① 《观察家报》,1987年6月7日。

② 《每日电讯报》,1987年6月13日。

③ 《观察家》杂志,1987年5月22日。

④ 同上。

⑤ 《卫报》,1988年5月30日。

⑥ "为何英国的书呆子们瞧不起撒切尔夫人",《星期日电讯报》,1988年1月10日。

⑦ 格雷厄姆·特纳,采访记录(承蒙格雷厄姆·特纳允许笔者阅览)。

⑧ 同上。

⑨ 同上。

⑩ 同上。

⑪ 同上。

⑫ 艾伦·本奈特,《家书》,皮卡多出版社,1994年,p.558。

⑬ 《卫报》,2013年4月9日。

⑭ 戴维·赫尔访谈。

⑮ 安东尼·伯吉斯,《撒切尔时代的思想》(1989年),再版书名为《一个人的合唱》,卡罗尔和格拉夫出版社,1998年,p.148。

⑯ 《卫报》,2009年4月11日。

⑰ 尼古拉斯·加兰德访谈。

⑱ 同上。

⑲ 同上。

⑳ 同上。

㉑ 同上。

㉒ 同上。

㉓ 柯林·西摩-尤尔,《首相与媒体:权力与控制问题》,布莱克威尔出版社,2003年,p.237。

㉔ 格雷厄姆·特纳,采访文字记录。

㉕ 《卫报》,1990年11月29日。

㉖ 《卫报》,1987年6月8日。

㉗ 伊恩·柯蒂斯访谈。

㉘ 莱斯特·弗里德曼,《火已燃起：英国电影和撒切尔主义》，明尼苏达大学出版社，1993，p. 235。

㉙《卫报》，2014年3月29日。

㉚《星期日泰晤士报》，2010年2月14日。

㉛ 同上。

㉜ 撒切尔致函林恩，1983年6月15日，CAC: THCR 2/4/1/19 (http://www.margaretthatcher.org/document/131132)。

㉝ 参见莫蒂默的讣告,《每日电讯报》，2009年1月17日。

㉞ 艾丽斯·托马斯·埃利斯,《天空的鸟》，达克沃斯出版社，1980年，p. 57。

㉟ 休·汤森,《艾德里安·莫尔的痛苦》，11月6日星期六的日记，啄木鸟出版社，1984年。

㊱《新政治家》杂志，1999年9月20日。

㊲ 戴维·赫尔爵士访谈。

㊳ 同上。

㊴ 菲利普·亨舍,《厨房蛇毒》，哈米什汉密尔顿出版社，1996年，p. 90。

㊵ 同上。

㊶ 菲利普·亨舍访谈。

㊷ 同上。

㊸ 同上。

㊹ 同上。

㊺ 亨舍,《厨房蛇毒》。p. 90。

㊻ 阿兰·霍灵赫斯特,《美的线条》，皮卡多出版社，2004年，pp. 376－85。

㊼ 卡萝尔·撒切尔,《护墙之下：丹尼斯·撒切尔传记》，哈珀柯林斯出版社，1996年，p. 146。

㊽ 同上，p. 147。

㊾ 迪兹勋爵访谈。

㊿ 塞巴斯蒂安·福克斯访谈。

(51)《星期日电讯报》，1988年1月10日。

(52) 特纳的文字记录。

(53) 《观察家》杂志，2013 年 4 月 13 日。

(54) 《星期日电讯报》，1988 年 1 月 10 日。

(55) 同上。

(56) 特纳的文字记录。

(57) 约翰·勒加雷写给休·托马斯的信，1982 年 10 月。

(58) 戴维·康韦尔（笔名约翰·勒加雷）访谈。

(59) 弗拉基米尔·布科夫斯基访谈。

(60) 同上。

(61) 查尔斯·摩尔，同期记录。

(62) 鲍威尔勋爵访谈。

(63) 乔治·沃尔登访谈。

(64) 同上。

(65) 格雷厄姆·洛德采访菲利普·拉金《星期日快报》，1979 年 8 月 8 日。

(66) 给罗伯特·康奎斯特的信，1984 年 12 月 22 日。

(67) 詹姆斯·利斯－米尔恩，《1984—1997 年日记》，1990 年 11 月 25 日的日记，约翰默里出版社，2008 年。詹姆斯·利斯－米尔恩，《无尽的动荡：1988—1992 年日记》，约翰默里出版社，2004 年。

(68) 《每日电讯报》，2009 年 7 月 5 日。

(69) 莫泽勋爵访谈。

(70) 理查德·奥斯本，《赫伯特·冯·卡拉扬：音乐人生》，皮姆利科出版社，1999，p. 695。

(71) 同上。

(72) 阿姆斯特朗勋爵访谈。

(73) 温迪·巴伦博士访谈。

(74) 同上。

(75) 同上。

(76) 卢斯勋爵访谈。

(77) 《卫报》，1989 年 4 月 14 日。

(78) 以赛亚·柏林，致阿瑟·弗里德未公开发表的信函，1988 年 11 月 29 日，以赛亚·柏林文献托管档案，牛津大学，沃尔夫森学院，以赛亚·柏林文献托管受托人，2015。

㊀ 《自然》杂志,1983 年 9 月 29 日。

㊅ 布莱克致函撒切尔,1984 年 11 月 2 日,CAC: THCR 6/2/115。

㊆ 巴特勒致撒切尔,1984 年 11 月 29 日,出处同上。

㊇ 巴特勒勋爵访谈。

㊈ 撒切尔致函多里,1984 年 12 月 17 日,CAC: THCR 6/2/115。

㊉ 由布赖恩·哈里森教授保管的诺布尔教授的演讲稿(承蒙布赖恩·哈里森爵士允许笔者阅览)。

㊊ 布赖恩·哈里森对彼得·普尔策教授的访谈,1991 年。

㊋ 同上。

㊌ 《星期日电讯报》,1985 年 2 月 3 日。

㊍ 《观察家》杂志,1985 年 2 月 2 日。

㊎ 同上。

㊏ 约翰·文森特,《玛格丽特·撒切尔:她在历史上的地位》,引用约翰·坎贝尔、马丁·霍尔姆斯、G·W·琼斯(编辑),《撒切尔年代》,《当代记录》,第一卷,第三期,1987 年,pp. 23 — 4。

㊐ 巴特勒勋爵夫人访谈。

㊑ 巴特勒勋爵访谈。

㊒ 《星期日邮报》,1985 年 2 月 3 日。

㊓ 巴特勒勋爵访谈。

㊔ 撒切尔夫人致函昆顿,1985 年 2 月 26 日,CAC: THCR2/1/5/121。

㊕ 撒切尔致函帕克,1985 年 2 月 1 日,CAC: THCR 3/2/159。

㊖ 美联社采访,1989 年 5 月 3 日 (http://www.margaretthatcher.org/document/107427)。

㊗ 参见斯蒂芬·罗宾逊,《比尔·迪兹的非凡人生》,利特尔布朗出版社,2008 年,p. 320。

㊘ 迪兹致函丹尼斯·撒切尔,1985 年 1 月 30 日,CAC: THCR 3/1/15。

⑩ 丹尼斯·撒切尔爵士访谈。

⑩① 布赖恩·哈里森采访彼得·普尔策教授,1991 年 8 月 7 日。

⑩② 约翰·科尔斯的个人回忆录,写于 1984 年离开唐宁街后,1984 年 6 月 14 日,CAC: THCR 3/24 (http://www.margaretthatcher.org/document/135761)。

⑬ 同上。
⑭ 同上。
⑮ 同上。
⑯ 同上。
⑰ 古多尔，未发表的手稿（承蒙戴维·古多尔爵士让笔者阅览）。
⑱ 同上。
⑲ 同上。
⑳ 同上。
㉑ 巴特勒勋爵访谈。
㉒ 鲍威尔勋爵夫人访谈。
㉓ 巴特勒勋爵访谈。
㉔ 鲍威尔勋爵夫人访谈。
⑮ 同上。
⑯ 同上。
⑰ 同上。
⑱ 同上。
⑲ 同上。
⑳ 赖德勋爵夫人访谈。
㉑ 韦克厄姆夫人访谈。
㉒ 阿曼达·庞森比访谈。
㉓ 帕特丽夏·霍奇森女爵士访谈。
㉔ 同上。
㉕ 弗莱舍致函撒切尔，1986年3月26日，首相文件，大臣，大臣出访规定，第2部分（在内阁办公室查阅的文件）。
㉖ 汉密尔顿勋爵访谈。
㉗ 艾丽斯·科尔曼未发表的玛格丽特·撒切尔笔迹分析（承蒙艾丽斯·科尔曼允许笔者阅览）。
㉘ 同上。
㉙ 艾丽斯·科尔曼教授访谈。
㉚ 巴特勒勋爵访谈。
㉛ 同上。

⑬㉒ 同上。

⑬㉓ 同上。

⑬㉔ 同上。

⑬㉕ 接受《妇女界》杂志采访，1985年10月12日。

⑬㉖ 卡萝尔·撒切尔访谈。

⑬㉗ 接受《妇女界》杂志采访，1985年10月12日。

⑬㉘ 杰拉尔德·鲍登，《撒切尔在达利奇的岁月》，个人文章（承蒙杰拉尔德·鲍登允许笔者阅览）。

⑬㉙ 丹尼斯·撒切尔爵士访谈。

⑭⓪ 鲍登，个人文章。

⑭① 卡萝尔·撒切尔访谈。

⑭② 丹尼斯·撒切尔爵士访谈。

⑭③ 鲍登，个人文章。

⑭④ 简·马尔瓦访谈。

⑭⑤ 鲍威尔勋爵夫人访谈。

⑭⑥ 辛西亚·克劳福德访谈。

⑭⑦ BBC二套节目，《一个英国女人的衣柜》，1986年7月18日（克里斯托弗·柯林斯，编辑，《玛格丽特·撒切尔公开声明全集1945—1990》光盘版，牛津大学出版社，1998年、2000年）。

⑭⑧ 卡萝尔·撒切尔访谈。

⑭⑨ 《一个英国女人的衣柜》，1986年7月18日。

⑮⓪ 埃温德·毕尔克访谈

⑮① 《一个英国女人的衣柜》，1986年7月18日。

⑮② 同上。

⑮③ 安吉拉·胡特访谈。

⑮④ 撒切尔夫人访谈。

第10章 最后一次胜利

① 《卫报》，1987年1月9日。

② 曼德尔森勋爵访谈。

③ 同上。

④ 托尼·布莱尔访谈。

⑤ 参见彼得·曼德尔森，《第三个人：生活在新工党的核心》，哈珀出版社，2010 年，p. 90。

⑥ 基诺克勋爵访谈。

⑦ 同上。

⑧ 曼德尔森勋爵访谈。

⑨ 曼德尔森，《第三个人》，p. 93。

⑩ 查尔斯·克拉克访谈。

⑪ 撒切尔对 1986 年 12 月 "保守党竞选运动计划" 第 12 页的手写评论，CAC: THCR 2/7/5/3；彼得·里德尔，《金融时报》，1986 年 12 月 31 日。

⑫ "战略组关于外交事务的报告，欧洲与防御"，1986 年 12 月 18 日，CAC: THCR 2/7/5/10。

⑬ 基诺克勋爵访谈。

⑭ 爱德华·斯特里特访谈。

⑮ 同上。

⑯ 罗伯特·麦克法兰访谈。

⑰ 基诺克勋爵访谈。

⑱ 罗兹·里奇韦访谈。

⑲ 雷蒙德·塞茨访谈。

⑳ 参阅 221627z Sep 86，"为英国下届大选所做准备"，1986 年 9 月 22 日，UK-1986-09/01/1986—09/24/1986，第 90901 号文件盒，萨默文件，里根图书馆。

㉑ 普赖斯致函里根，1986 年 10 月 15 日，CO167 4265485，WHORM 文件，里根图书馆。

㉒ 卡卢奇致总统，"会见尼尔·基诺克"，1987 年 3 月 26 日，CO167 464657，WHORM 文件，里根图书馆。

㉓ 参见 201733z Mar 87，"大使与尼尔·基诺克的午餐会：可以保留巡航导弹，疯狂左翼必须离开"，1987 年 3 月 20 日，UK-1987-Cables (2)，第 92082 号文件盒，莱德斯基文件，里根图书馆。

㉔ 卡卢奇致总统，"会见尼尔·基诺克"，1987 年 3 月 26 日，CO167 464657，

WHORM 文件，里根图书馆。

㉕ 马林·菲茨沃特访谈。

㉖ 同上。

㉗ 参见 302200z Mar 87，"尼尔·基诺克访问华盛顿：全国新闻俱乐部记者会，1987 年 3 月 27 日"，1987 年 3 月 30 日，国务院，根据《信息自由法案》解禁，档案号 #200905655。

㉘ 马林·菲茨沃特访谈。

㉙ 媒体吹风会，马林，菲茨沃特，1987 年 3 月 27 日，记者会文件，里根图书馆。

㉚ 《观察家》杂志，1987 年 3 月 29 日。

㉛ 《每日邮报》，1987 年 3 月 28 日。

㉜ 《卫报》，1987 年 3 月 30 日。

㉝ 《金融时报》，1987 年 3 月 30 日。

㉞ 基诺克勋爵访谈。

㉟ 与安东尼·阿克兰通信。

㊱ 罗纳德·里根，《里根日记》，1987 年 3 月 27 日，哈珀柯林斯出版社，2007 年，p.486。

㊲ 鲍威尔勋爵访谈。

㊳ 与查尔斯·普赖斯通信。

㊴ 英国议会议事录，HC Deb 1987 年 3 月 17 日，112/818－48(http://hansard.millbanksystems.com/commons/1987/mar/17/public-sector-borrowing)。

㊵ 同上。

㊶ 尼格尔·劳森，《从唐宁街 11 号的角度观察》，矮脚鸡出版社，1992，p.689。

㊷ 同上。

㊸ 劳森勋爵访谈。

㊹ 伍德罗·怀亚特，《伍德罗·怀亚特日记》，第一卷，1987 年 3 月 2 日，麦克米伦出版社，1998 年，p.316。

㊺ 与鲍威尔勋爵通信。

㊻ 劳森，《从唐宁街 11 号的角度观察》，p.692。

㊼ “管理经济：一个政策组的报告——1986年秋季”，1986年12月19日，CAC: THCR 2/7/5/49。另参见，“策略组备忘录：第11次会议：1987年1月19日星期一”，1987年1月21日，CAC: THCR 2/7/5/7。

㊽ 格里菲思致撒切尔，1987年1月16日，CAC: THCR 2/7/5/7。

㊾ “外交事务、欧洲和防御问题政策组报告”，1986年12月18日，CAC: THCR 2/7/5/10。

㊿ 舍伯恩致撒切尔，1986年11月25日，CAC: THCR 2/7/5/5。

(51) 贝尔勋爵访谈。

(52) 舍伯恩勋爵访谈。

(53) 撒切尔回忆录素材，CAC: THCR 4/3。

(54) 帕金森勋爵访谈。

(55) 贝尔勋爵访谈。

(56) 同上。

(57) 与帕金森勋爵通信。

(58) 撒切尔回忆录素材，CAC: THCR 4/3。

(59) 贝尔勋爵访谈。

(60) 赖德勋爵访谈。

(61) 同上。

(62) 杨格勋爵，对尚未出版的竞选日志的介绍（承蒙杨格勋爵允许笔者阅览）。

(63) 同上。

(64) 同上。

(65) 诺曼·特比特，《升迁》，韦登菲尔德和尼克尔森出版社，1988年，p. 262。

(66) 特比特勋爵访谈。

(67) 玛格丽特·撒切尔，《唐宁街岁月》，哈珀柯林斯出版社，1993年，p. 578。

(68) 杨格勋爵，对尚未出版的竞选日至的介绍。

(69) 同上。

(70) 同上。

(71) 同上。

(72) 同上。

(73) 特比特勋爵访谈。

(74) 杨格勋爵，对尚未出版的竞选日至的介绍。

(75) 杨格勋爵，对尚未出版的竞选日至的介绍，1987 年 4 月 6 日。

(76) 同上。

(77) 多布斯勋爵访谈。

(78) 《星期日泰晤士报》，1987 年 4 月 5 日。

(79) 撒切尔回忆录素材，CAC: THCR 4/3。

(80) 同上。

(81) 同上。

(82) 约翰·奥沙利文访谈。

(83) 撒切尔回忆录素材，CAC: THCR 4/3。

(84) 威克斯致函撒切尔，1987 年 3 月 20 日，CAC: THCR 2/7/5/42。

(85) 舍伯恩致函撒切尔，1987 年 4 月 8 日，出处同上。

(86) 杨格，尚未出版的竞选日志，1987 年 4 月 16 日。

(87) 同上，1987 年 4 月 20 日。

(88) 舍伯恩致函撒切尔，1987 年 4 月 14 日，CAC: THCR 2/7/5/24.

(89) 同上。

(90) 杨格勋爵访谈。

(91) 劳森勋爵访谈。

(92) 舍伯恩致函撒切尔，1987 年 4 月 15 日，CAC: THCR 2/7/5/45。

(93) 杨格勋爵访谈。

(94) 杨格，尚未出版的竞选日志，1987 年 5 月 9 日。

(95) 同上，1987 年 5 月 10 日。

(96) 同上。

(97) BBC 电视采访，1987 年 5 月 12 日 (http://www. margaretthatcher.org/document/106615)。

(98) 撒切尔回忆录素材，CAC: THCR 4/3。

(99) 韦克厄姆勋爵访谈。

(100) 杨格，尚未出版的竞选日志，1987 年 5 月 15 日。

(101) 同上，1987 年 5 月 18 日。

(102) 同上。

(103) 韦克厄姆勋爵访谈。

(104) 杨格，尚未出版的竞选日志，1987 年 5 月 18 日。

⑤ 保守党竞选视频,《下一步发展的种种规划》,艾德里安·罗博瑟姆导演。

⑥ 撒切尔回忆录素材,CAC: THCR 4/3。

⑦ 《下一步发展的种种规划》,保守党竞选宣言,1987年,CAC: THCR 2/7/5/14。

⑧ "保守党中央办公厅竞选运动计划",1986年12月,CAC: THCR 2/7/5/3。

⑨ 《伍德罗·怀亚特日记》第一卷,1987年6月4日,p.359。

⑩ 基诺克勋爵访谈。

⑪ 撒切尔回忆录素材,CAC: THCR 4/3。

⑫ 戴维·威利茨访谈。

⑬ 撒切尔回忆录素材,CAC: THCR 4/3。

⑭ 戴维·威利茨访谈。

⑮ 迈克尔·多布斯接受采访,1987年6月23日,戴维·巴特勒存档文件。

⑯ 杨格,尚未出版的竞选日志,1987年5月22日。

⑰ 贝尔勋爵访谈。

⑱ 同上。

⑲ 杨格,尚未出版的竞选日志,1987年5月23日。

⑳ 同上,1987年5月24日。

㉑ 劳森勋爵访谈。

㉒ 杨格勋爵访谈。

㉓ 戴维·威利茨访谈。

㉔ 杨格勋爵接受采访,1987年7月,戴维·巴特勒存档文件。

㉕ 劳森勋爵访谈。

㉖ 参见劳森,《从唐宁街11号的角度观察》,p.703。

㉗ 撒切尔回忆录素材,CAC: THCR 4/3。

㉘ 参见戴维·巴特勒和丹尼斯·卡瓦纳,《英国大选1987年》,麦克米伦出版社,1992年,p.103。

㉙ 参见罗德尼·泰勒,《竞选!:出卖首相》,格拉夫顿图书出版公司,1987年,p.186。

㉚ 撒切尔回忆录素材,CAC: THCR 4/3。

㉛ 在纽波特保守党集会上的讲话,1987年5月26日 (http://www.

注 释

margaretthatcher.org/document/106843)。

⑬² 劳森勋爵访谈。

⑬³ 泰勒,《竞选!》,p. 204。

⑬⁴ 杨格致撒切尔, 1987 年 5 月 30 日, CAC: THCR 2/7/5/64。

⑬⁵ 在爱丁堡保守党集会上的讲话, 1987 年 6 月 2 日 (http://www.margaretthatcher.org/document/106861)。

⑬⁶ 撒切尔,《唐宁街岁月》, p. 584。

⑬⁷ 舍伯恩勋爵访谈。

⑬⁸ 杨格, 尚未出版的竞选日志, 1987 年 6 月 3 日。

⑬⁹ 同上, 1987 年 6 月 4 日。

⑭⁰ 撒切尔回忆录素材, CAC: THCR 4/3。

⑭¹ "大选记者会(卫生与社会保障部)", 1987 年 6 月 4 日 (http://www.margaretthatcher.org/document/106866)。

⑭² 戴维·威利茨访谈。

⑭³ 舍伯恩勋爵访谈。

⑭⁴ 罗宾·哈里斯访谈。

⑭⁵ 多布斯勋爵访谈。

⑭⁶ 泰勒,《竞选!》, pp. 216 – 17。

⑭⁷ 杨格, 尚未出版的竞选日志, 1987 年 6 月 4 日。

⑭⁸ 撒切尔,《唐宁街岁月》p. 585。

⑭⁹ 多布斯勋爵访谈。

⑮⁰ 贝尔勋爵访谈。

⑮¹ 戴维·威利茨访谈。

⑮² 杨格, 尚未出版的竞选日志, 1987 年 6 月 4 日。

⑮³ 特比特勋爵访谈。

⑮⁴ 夏基勋爵访谈。

⑮⁵ 贝尔勋爵访谈。

⑮⁶ 杨格, 尚未出版的竞选日志, 1987 年 6 月 4 日。

⑮⁷ 同上。

⑮⁸ 杨格勋爵访谈。

⑮⁹ 撒切尔回忆录素材, CAC: THCR 4/3。

⑯⁰ 杨格，尚未出版的竞选日志，1987年6月5日。

⑯¹ 基诺克勋爵访谈。

⑯² 劳森勋爵访谈。

⑯³ 鲍威尔勋爵访谈。

⑯⁴ 私人信息。

⑯⁵ 舍伯恩勋爵访谈。

⑯⁶ 撒切尔回忆录素材，CAC: THCR 4/3。

⑯⁷ 同上。

⑯⁸ 国家安全委员会，1987年5月21日，执行秘书，国家安全委员会：会议文件，第9号文件盒，里根图书馆。

⑯⁹ 舍伯恩勋爵访谈。

⑰⁰ 接受BBC电视采访，1987年6月10日 (http://www.margaretthatcher.org/document/106649)。

⑰¹ 杨格勋爵接受采访，1987年7月，戴维·巴特勒存档文件。

⑰² 英厄姆致撒切尔，1987年6月11日，CAC: THCR 2/7/5/63。

⑰³ 撒切尔夫人讲稿，1987年6月11日。CAC: THCR 2/7/5/64。

⑰⁴ 鲍威尔致撒切尔，1987年6月13日，CAC: THCR 1/3/23。

大事年表

时间	政治事务	经济事务	东西方关系	其他外交事务	北爱尔兰事务
			1985 年		
1月	1日，沃达丰宣布英国首个移动电话网络建成。29日，牛津大学拒绝向撒切尔夫人颁授荣誉学位。	14日，英镑流失（利率提高到14%）。	7日，葛罗米柯与舒尔茨在日内瓦会议上同意举行新的军控谈判。	31日，P.W. 博塔提出释放纳尔逊·曼德拉的条件。	
2月	13日，撒切尔夫人与大臣们讨论汇率机制成员国问题；13日，苏格兰税率再评估结果公布。		19—21日，撒切尔夫人访问华盛顿（参加里根的"星控研讨会"；在国会演讲）。	11日，侯赛因国王和亚西尔·阿拉法特同意合作解决阿以争端。	
3月	3日，矿工罢工结束：全国矿工工会大会投票决定复工。27日，（调查英国广播公司财政问题）的皮科克委员会成立。31日，撒切尔夫人在首相别墅的会议上原则上赞成社区费。	19日，提交预算案（提高三个税折扣）。	11日，苏联领导人康斯坦丁·契尔年科去世。13日，撒切尔夫人在莫斯科参加契尔年科的葬礼（会见戈尔巴乔夫）。15日，杰弗里·豪发表战略防御计划是"空间马其诺防线"。		
4月					
5月	2日，地方选举（保守党失去一些席位）。			18日，科尔米米首相别墅拜访撒切尔夫人（对首相建议的欧洲议程反应积极）。	15日，北爱尔兰地区议会选举：新芬党赢得59席。

（续表）

时间	政治事务	经济事务	东西方关系	其他外交事务	北爱尔兰事务
6月	4日，布雷肯和拉多选区补缺选举（保守党失去席位）。24日，下院反抗最高薪酬审查机构的建议（多数优势变为17席）。			28—29日，欧洲理事会在米兰举行会议（撒切尔夫人提议的欧洲议程协议遭到挟持，转为新协议计划）。	
7月			22日，奥列格·戈德耶夫斯基逃出苏联抵达英国。25—27日，撒切尔夫人访问华盛顿（会见副总统乔治·布什，在国际民主联盟演讲）。		25日，内阁批准《英—爱协议》草案。30日，英国广播公司主管人员阻止播出纪录片《现实生活》。
8月			12日，戈德耶夫斯基叛逃公布；从英国驱逐25位苏联官员。	15日，南非总统P.W.博塔在德班发表"跨过卢比孔河"讲话（没有承诺改革）。	30日，联合主义领导人詹姆斯·莫利诺和伊恩·佩斯利在唐宁街会见撒切尔夫人。
9月	2日，内阁改组：特比特成为党主席；布里坦辞职成为贸易工业大臣；赫德任内政大臣；杨格勋爵任就业大臣；肯尼思·克拉克入阁任总会计师。9—10日，汉兹沃思暴乱。28日，布里克斯顿暴乱。30日，撒切尔夫人就汇率机制成员国问题召开研讨会。	22日，"广场协议"出台（应对美元估价过高和恢复汇率稳定）。		17—20日，撒切尔夫人访问埃及和约旦：同埃斯特哈达代表团约旦—巴勒斯坦代表团会见。26日，赫塞尔廷签署正式的《阿尔马利亚》协议。	2日，汤姆·金被任命为北爱尔兰大臣。

（续表）

时间	政治事务	经济事务	东西方关系	其他外交事务	北爱尔兰事务
10月	1日，基诺克在工党大会讲话中攻击好斗分子。6—7日，布罗得沃特农场暴乱（杀害了布莱克洛克警长）。7—11日，保守党在黑潭召开年度大会。	17日，劳森在伦敦市长官邸的年度会议上发言，宣布放弃英镑的M3货币供应目标。		13日，撒切尔夫人取消与约旦—巴勒斯坦联合代表团的会见。16—20日，英联邦政府首脑会议在拿骚举行（撒切尔夫人反对制裁南非的立场遭到孤掌难挖）。	30日，联合主义者领导人莫利诺和佩斯利在唐宁街会见撒切尔夫人。
11月	13日，撒切尔夫人在全体大臣讨论汇率机制问题时受孤立。29日，赫塞尔廷操纵国家军备主管协议，阻止西科斯基参与韦斯特兰投标。		19—21日，里根和戈尔巴乔夫在日内瓦举行首次峰会。	27日，科来伦敦访问撒切尔夫人（为卢森堡峰会做准备）。	15日，撒切尔签署《英法斯特协议》。23日，联合主义者集会，抗议《英—爱协议》。
12月	3日，公布长篇报告《城市的信念》。9日，关于韦斯特兰风波的媒体报道出现。12日，韦斯特兰董事会投票，提议西科斯基投标。19日，内阁重申韦斯特兰的未来只应由股东决定。		6日，英国签署参与战略防御御计划协议。	2—3日，在卢森堡举行政府间会议（撒切尔夫人收获了欧洲单一市场协议，但在提到欧洲货币联盟问题上做出让步）。	2—3日，撒切尔夫人在卢森堡峰会同歌舒德荻特拉德（"你特别了荣耀"）。11日，根据《英—爱协议》举行首次政府间会议。17日，北爱议员集体辞职，抗议《英—爱协议》。

（续表）

时间	政治事务	经济事务	东西方关系	其他外交事务	北爱尔兰事务
			1986年		
1月	6日，帕特里克·梅休警告赫塞尔廷"材料不准确"的信泄露。9日，赫塞尔廷在内阁开会时辞职（乔治·杨格接替国防大臣）。9日，布里坦批准地产社区费。13日，布里坦向下院陈述时遭赫塞尔廷批评。15日，撒切尔夫人在韦斯特兰问题辩论中表现失佳。23日，撒切尔向韦斯特兰问题辩论——阿姆斯特朗对韦斯特兰问题的调查结果。24日，沃平印刷工人争执开始。27日，撒切尔夫人在下院紧急会议中侥幸逃脱。28日，关于社区费的绿皮书公布。	31日，报告的失业人数达340万的峰值。	16日，戈尔巴乔夫提出令人惊讶的建议：到2000年销毁核武器。28日，"挑战者"号航天飞机发射时解体，七名机组人员遇难。	7日，德洛尔成为欧共体主席。20日，撒切尔夫人前往里尔访问密特朗（宣布里海峡隧道计划）。31日，P. W. 博塔公布有限改革纲要，包括恢复南非黑人的公民权。	23日，补缺选举中，除一个席位外，其余所有席位再次由北爱尔兰联合主义者当选。
2月	4日，放弃向福特出售奥斯丁路宝品牌。12日，韦斯特兰股东投票接受西科斯基投票。			12日，撒切尔签署《海峡隧道协议》。17日，撒切尔夫人签署《单一欧洲法案》。	25日，联合主义领导人莫利诺和佩斯利在唐宁街10号会见撒切尔夫人。
3月	17日，安德鲁王子与萨拉·弗格森举行婚礼。25日，放弃销售路虎品牌。31日，撒销大伦敦市议会。	18日，提交预算案（基本税率削减1%达到29%）。		12日，高级专家代表团会见纳尔逊·曼德拉，曼德拉要求向撒切尔夫人传递信息。	3日，联合主义者举行"行动日"活动，抗议《英一爱协议》。

(续表)

时间	政治事务	经济事务	东西方关系	其他外交事务	北爱尔兰事务
4月	10日，富勒姆补缺选举（保守党败给工党）。13日，首相别墅会议讨论竞选策略。14日，暴露首相与特比特不和，政府的商店法案遭否决。		5日，德国拉贝尔舞厅发生炸弹爆炸。15日，美国轰炸利比亚（利用英国基地）。26日，切尔诺贝利核电站灾难。	18日，在贝鲁特杀害的两名英国人质的尸体找到。	
5月	8日，赖代尔区补缺选举（保守党败给自由党）；地方选举保守党遭重大失败。12日，英国汤姆称约翰·比芬是"半独立者"。21日，内阁改组：尼古拉斯·里德森任北爱尔兰大臣；肯尼思·贝克任教育大臣；基思·约瑟夫离开内阁。29日，皮科克提交关于英国广播公司的报告。		4—6日，东京G7峰会（撒切尔夫人同里根特达戈尔巴乔夫的意思：渴望新峰会）。23日，里根警告撒切尔夫人：美国将不再坚持第二阶段《限制战略武器条约》的限制。	19日，南非军队在博茨瓦纳、赞比亚和津巴布韦袭击非国大办事处；撒切尔夫人遭谴责。24—27日，首相访问以色列。	
6月	23日，竞选策略组（"A组"）第一次开会。			12日，高级专家代表团报告（南非消除种族隔离无进展）。24日，外交与联邦事务部国务大臣琳达·乔克见非国大领袖奥利弗·坦博。26日，撒切尔夫人参加在海牙举行的欧洲理事会会议（同意对南非进行一些制裁）。	23日，北爱尔兰议会解散。

429

(续表)

时间	政治事务	经济事务	东西方关系	其他外交事务	北爱尔兰事务
7月	20日,《星期日泰晤士报》报道,女王与首相不和。30日,特比特就媒体的敌意报道与撒切尔夫人冲突,他认为消息源自唐宁街10号。		17日,英美批准引渡条约。25日,里根首次建议废除弹道导弹。	9日,杰弗里·豪开始在前线国家执行欧洲使命。15日,杰弗里·豪致函撒切尔夫人,担心英国被视为种族主义的"唯一捍卫者"。24日,爱丁堡举行英联邦运动会。	
8月	5日,撒切尔夫人住院,右手接受手术。8日,撒切尔夫人与特比特休战,敌意消退。29日,英国广播公司董事长斯图尔特·杨格去世。			1日,杰弗里·豪致函撒切尔夫人,对英国内阁的南非审视感到极为担忧。3—5日,英联邦举行会议(若得到欧共体同意,撒切尔夫人同意采取"进一步制裁措施")。16日,欧共体对南非实施制裁。	
9月	10日,人员调整:约翰·梅杰任社会安全部国务大臣。				
10月	6—10日,保守党在伯恩茅斯召开大会。26日,杰弗里·阿彻辞去党的副主席之职。	27日,"大爆炸":金融系统让伦敦发生改观。	11—12日,里根和戈尔巴乔夫在雷克雅未克会晤(接近达成废除全部核武器协议)。		
11月	26日,引进在苏格兰取缔住房税的法案。	14日,失业人数骤降至约320万人。	3日,伊朗门丑闻首次公布。15—16日,撒切尔夫人赴戴维营拜访里根(同意撒销销售拜克米未克建议,赞成比较适度的日程)。		
12月	29日,前首相哈罗德·伯伯爵去世。	3日,英国天然气公司上市。			

（续表）

1987年

时间	政治事务	经济事务	东西方关系	其他外交事务	北爱尔兰事务
1月	29日，阿拉斯代尔·米尔恩辞去英国广播公司总经理职务，迈克尔·切克兰德接任。				20日，工党撤销支持后，菲茨杰拉德的联盟最终结。
2月	6日，沃平印刷工人争执结束。26日，格林尼治选区补缺选举（工党败给社会民主党）。	11日，英国航空公司上市。	28日，戈尔巴乔夫同意中程核力量谈判与战略防御计划谈判分别举行。		
3月	27日，基诺克访问华盛顿受辱。	17日，提交预算案（基本税率削减到27%）。	28日至4月1日，撒切尔夫人访问苏联。	23日，撒切尔夫人在诺曼底会见密特朗，在波恩会见科尔（她访问莫斯科前提前磋商）。	10日，查尔斯·豪伊组成少数派政府，担任爱尔兰总理。
4月					
5月	7日，地方选举（保守党席位增加）。11日，"摇摆的星期四"，竞选运动启动。				
6月	4日，"摇摆的星期四"，11日，选举日：撒切尔夫人以议会下院102席的优势再次当选。	19日，报告的失业人数降低到300万以下。	8—9日，G7峰会在威尼斯举行（撒切尔夫人因竞选提前离去）。		

431